LC 214/2025
COMENTADA
Reforma Tributária – Imposto sobre Bens e Serviços (IBS), Contribuição Social sobre Bens e Serviços (CBS) e Imposto Seletivo (IS)

O GEN | Grupo Editorial Nacional – maior plataforma editorial brasileira no segmento científico, técnico e profissional – publica conteúdos nas áreas de concursos, ciências jurídicas, humanas, exatas, da saúde e sociais aplicadas, além de prover serviços direcionados à educação continuada.

As editoras que integram o GEN, das mais respeitadas no mercado editorial, construíram catálogos inigualáveis, com obras decisivas para a formação acadêmica e o aperfeiçoamento de várias gerações de profissionais e estudantes, tendo se tornado sinônimo de qualidade e seriedade.

A missão do GEN e dos núcleos de conteúdo que o compõem é prover a melhor informação científica e distribuí-la de maneira flexível e conveniente, a preços justos, gerando benefícios e servindo a autores, docentes, livreiros, funcionários, colaboradores e acionistas.

Nosso comportamento ético incondicional e nossa responsabilidade social e ambiental são reforçados pela natureza educacional de nossa atividade e dão sustentabilidade ao crescimento contínuo e à rentabilidade do grupo.

HUGO DE BRITO MACHADO SEGUNDO

LC 214/2025 COMENTADA

Reforma Tributária – Imposto sobre Bens e Serviços (IBS), Contribuição Social sobre Bens e Serviços (CBS) e Imposto Seletivo (IS)

- O autor deste livro e a editora empenharam seus melhores esforços para assegurar que as informações e os procedimentos apresentados no texto estejam em acordo com os padrões aceitos à época da publicação, e todos os dados foram atualizados pelo autor até a data de fechamento do livro. Entretanto, tendo em conta a evolução das ciências, as atualizações legislativas, as mudanças regulamentares governamentais e o constante fluxo de novas informações sobre os temas que constam do livro, recomendamos enfaticamente que os leitores consultem sempre outras fontes fidedignas, de modo a se certificarem de que as informações contidas no texto estão corretas e de que não houve alterações nas recomendações ou na legislação regulamentadora.

- Fechamento desta edição: *17.01.2025*

- O autor e a editora se empenharam para citar adequadamente e dar o devido crédito a todos os detentores de direitos autorais de qualquer material utilizado neste livro, dispondo-se a possíveis acertos posteriores caso, inadvertida e involuntariamente, a identificação de algum deles tenha sido omitida.

- **Atendimento ao cliente: (11) 5080-0751 | faleconosco@grupogen.com.br**

- Direitos exclusivos para a língua portuguesa
  Copyright © 2025 by
  Editora Atlas Ltda.
  Uma editora integrante do GEN | Grupo Editorial Nacional
  Travessa do Ouvidor, 11 – Térreo e 6º andar
  Rio de Janeiro – RJ – 20040-040
  www.grupogen.com.br

- Reservados todos os direitos. É proibida a duplicação ou reprodução deste volume, no todo ou em parte, em quaisquer formas ou por quaisquer meios (eletrônico, mecânico, gravação, fotocópia, distribuição pela Internet ou outros), sem permissão, por escrito, da Editora Atlas Ltda.

- Capa: Daniel Kanai

- **DADOS INTERNACIONAIS DE CATALOGAÇÃO NA PUBLICAÇÃO (CIP)**
  DE ACORDO COM ISBD
  ELABORADO POR VAGNER RODOLFO DA SILVA – CRB-8/9410

  S456l   Segundo, Hugo de Brito Machado
  Lei complementar 214/2025 comentada: ibs, cbs e is / Hugo de Brito Machado
       Segundo. – 1. ed. – [4. Reimp.] – São Paulo : Atlas Jurídico, 2025.

  480 p.

  ISBN: 978-65-5977-711-2 (Impresso)

  1. Direito. 2. Direito Tributário. I. Título.

                               CDD 341.39
     2025-384   CDU 34:336.2

  Índice para catálogo sistemático:
  1. Direito Tributário 341.39
  2. Direito Tributário 34:336.2

SOBRE O AUTOR

Bacharel em Direito (UFC, 2000), Mestre em Direito (UFC, 2005), Doutor em Direito Constitucional (Unifor, 2009) e Livre-Docente em Direito Tributário (USP, 2024). Professor da graduação, do mestrado e do doutorado da Faculdade de Direito da Universidade Federal do Ceará (UFC). Professor do Centro Universitário Christus (Unichristus). *Visiting Scholar da Wirtschaftsuniversität* (Viena, Áustria). Membro do Instituto Cearense de Estudos Tributários (Icet) e do Instituto Brasileiro de Direito Tributário (IBDT). Advogado e Consultor Jurídico. Autor de diversas obras jurídicas.

Instagram: @hugo2segundo
YouTube: @HugodeBritoMachadoSegundo
E-mail: hugo.segundo@ufc.br

NOTA PRELIMINAR

O Imposto sobre o Valor Agregado que a Proposta de Emenda Constitucional (PEC) 45/2019 pretendia implementar foi, no decorrer do processo legislativo de aprovação da mudança do texto constitucional, dividido em duas partes espelhadas, tal como uma noz que, aberta, tem dentro de sua dura casca uma amêndoa com dois lados: um Imposto sobre Bens e Serviços (IBS), de competência de Estados, Distrito Federal e Municípios, e uma Contribuição sobre Bens e Serviços (CBS), de competência federal.

A solução representou tentativa de escapar da incidência do art. 60, § 4º, I, da CF/1988, e da crítica de parte das comunidades acadêmica e política nacionais, que viam na proposta inicial uma centralização talvez incompatível com a forma federativa de Estado. A supressão das principais fontes de receita – e de autonomia – de Estados, Distrito Federal e Municípios (ICMS e ISS) não seria compensada com a mera repartição posterior, pela União, do produto arrecadado com o IVA Federal. Isso porque Estados, Distrito Federal e Municípios perderiam também a autonomia de legislar sobre seus próprios impostos, pelo menos no que tange aos principais deles.

Tal como um cobertor curto em uma noite fria, a solução cobriu a cabeça, mas descobriu os pés de quem buscava abrigo. Não se resolveu inteiramente o problema representado pela crítica ligada à autonomia federativa, e ainda se criaram problemas maiores, de difícil solução, relacionados especialmente ao *enforcement* do novo tributo dual.

Não se resolveu inteiramente o problema porque mesmo o IBS é visivelmente um tributo federal com outro nome, e cuja legislação é regulamentada e aplicada de forma *sui generis*, com a participação direta de Estados, Distrito Federal e Municípios. Naturalmente que, à luz da Teoria do Estado, um órgão formado por *todos* os entes subnacionais é, a toda evidência, um órgão federal, como é o caso do Comitê Gestor, encarregado de regulamentar e disciplinar a aplicação da legislação do IBS. Além de serem, ambos, IBS e CBS, regidos pela mesma lei complementar, no caso, esta de cujos comentários cuida este livro. IBS, portanto, é um tributo federal, em cuja administração entes subnacionais participam de modo próprio, o que deixa um pouco mais distante, mas não afasta completamente a crítica calcada na invalidade de alterações tendentes a abolir a forma federativa de Estado.

Criaram-se, de qualquer sorte, problemas novos com a "dualidade", os quais não existiriam se mantida a identidade confessadamente federal do tributo. Um IVA Federal seria criado por leis da União (como, aliás, o IVA-Dual), mas sem a necessidade de leis de Estados e Municípios e Distrito Federal fixarem suas alíquotas, a serem todas somadas depois a depender do local de destino da operação. Além disso, seria regulamentado por um só decreto, feito pelo Poder Executivo da União, fiscalizado e lançado por fiscais da Receita Federal, que julgaria, por sua Delegacia de Julgamento, eventuais impugnações. Recursos contra as decisões das Delegacias de Julgamento seriam apreciados pelo Carf, tal como hoje se dá com PIS, Cofins ou IPI. Quanto ao contencioso judicial, nenhuma linha de texto normativo precisaria, por conta do novo tributo, ser alterada. A Procuradoria da Fazenda Nacional representaria judicialmente a União, ativa e passivamente, nas demandas referentes ao novo tributo, tal como hoje se dá com qualquer outro tributo federal.

A dualidade criou, nesse cenário, uma dificuldade que, até o momento, sequer as pessoas que idealizaram a reforma, e colaboraram com a redação dos textos da emenda e, depois, das leis complementares, sabem como resolver. Tendo em conta que o teor de um texto normativo se revela no ato de sua aplicação, à luz do contexto, com todas as dificuldades inerentes às divergências interpretativas e de interesses envolvidos, é difícil fazer com que duas administrações tributárias diferentes (ou três, ou vinte e sete, ou mais de cinco mil) tenham a mesma compreensão sobre o sentido e o alcance dos mesmos dispositivos normativos, de sorte a dar cumprimento ao que se acha prescrito no art. 149-B da CF/1988.

E isso para não mencionar os problemas relacionados ao processo judicial, a começar pelo órgão jurisdicional competente para julgar questões relacionadas a todos os entes federativos ao mesmo tempo, mas que é cobrado por um órgão que não se sabe exatamente a quem pertence, e que tem por contribuinte o vendedor situado em um lugar, e cujo produto da arrecadação pertence ao Município e ao Estado onde estiver localizado o destinatário da operação.

Não à toa, na mensagem que acompanhou o PLP 108/2024, embrião da outra lei complementar regulamentadora da reforma tributária, encarregada de disciplinar a criação do Comitê Gestor do IBS e dispor sobre o processo administrativo de controle interno da legalidade de atos relacionados ao IBS e à CBS, reconhece-se expressamente que não se sabe como tais questões devem ser endereçadas:

> 23. Neste ponto, cabe sublinhar um aspecto importante. A Reforma Tributária provavelmente demandará mudanças no Direito material tributário (sic), sobretudo no tocante aos processos relacionados à execução fiscal do IBS e às demais espécies de ações que tenham este tributo como o seu objeto de discussão. Tal quadro requer uma reavaliação das normas processuais de regência do contencioso judicial em sede de IBS, de sorte a conformá-las à nova realidade trazida pela Reforma, o que pode envolver, inclusive, eventual reorganização judiciária. Esta discussão demanda um diálogo entre todas as partes interessadas, notadamente o Poder Judiciário, advocacia pública e privada, administrações tributárias e contribuintes. A despeito de se reconhecer a importância do tema e a necessidade de endereçá-lo, o presente Projeto de Lei Complementar não veicula a resolução destas questões, cujo disciplinamento dar-se-á em instrumentos normativos a serem oportunamente apresentados ao Congresso Nacional, que serão elaborados a partir de um amplo diálogo sobre o tema com todas as partes interessadas.

É extraordinário que se tenha alterado o texto constitucional, para dar aos principais tributos existentes na atualidade um prazo certo para desaparecerem, tenha-se iniciado a criação dos tributos que os substituirão, e ainda não se faça sequer ideia de como endereçar a questão do contencioso judicial. Não se trata de "apenas um detalhe", mas de saber como lesões ou ameaças a direito, havidas no âmbito da aplicação do novo sistema, serão levadas à apreciação do Judiciário, para que as controle (CF/1988, art. 5º, XXXV).

NOTA PRELIMINAR

Trata-se de um lembrete, aos reformadores, de que o Direito, assim como a sociedade por ele regulada, e a Economia são sistemas complexos. Não no sentido de serem difíceis de entender, ou complicados, mas no sentido de serem formados por diversas partes, que interagem entre si, e que apenas conhecendo bem uma dessas partes não se tem como antecipar os efeitos de suas interações com outras partes, e os resultados que daí advirão para o todo formado pelo conjunto delas, que as transcende. São vivos, evoluem[1], se modificam, e as intervenções que se fazem neles dificilmente têm (só) os efeitos que o intervenor antevê. É o que ilustra Monteiro Lobato com o personagem Américo Pisca-Pisca, sendo preciso cuidado para não fazer como ele, colocando o grande fruto na copa da grande árvore, que depois cairá na cabeça do próprio reformador.

Mudou-se a estrutura do IVA, para torná-lo "dual", com a ideia de criar um Comitê Gestor e deixar sua gestão centralizada, "como se fosse" federal. Algo novo, que pareceu a Américo Pisca-Pisca como uma ideia brilhante. Até que alguém lembrou Américo do contencioso...

O mesmo lembrete vale para as importações de soluções estrangeiras, algo muito frequente nos debates que antecederam a aprovação da EC 132/2023 e desta lei complementar. Textos normativos de outros países, pinçados em alguns de seus parágrafos ou incisos, apresentados como dogmas a serem seguidos irrefletidamente, porque em outros países "mais avançados" seria dessa ou daquela maneira. Como lembra Pontes de Miranda:

> *Direito* é sistema de regras, sistema lógico, que satisfaz as exigências metalógicas de *coerência*, ou lógicas de *consistência*. As regras jurídicas hão de construir sistema. Nenhuma regra jurídica é sozinha, nenhuma é gota, ainda quando tenha sido o artigo ou o parágrafo único de uma lei. Cairia, como gota, no copo cheio de líquido colorido, e a sua cor juntar-se-ia às das outras gotas que lá se pingaram, noutros momentos[2].

Tem-se aí bela metáfora para ilustrar como um mesmo texto de lei, copiado de um país para outro, termina sendo entendido e aplicado de maneira diversa, não por má vontade ou má-fé, ou, pior, por não se "estar em dia" com "nações mais avançadas", mas simplesmente porque a gota por ele representada caiu em líquido de coloração bem diversa daquela de onde extraído em águas alienígenas.

É fundamental usar o direito comparado como método[3]. O Direito de outros países muitas vezes é a solução por eles encontrada para problemas muitas vezes comuns, ou muito semelhantes, aos nossos. Servem de lição do que fazer, mas também do que não fazer. E devem sempre ser vistos como filtro da nossa Constituição, e da nossa realidade social. Uma legislação penitenciária da Noruega, ou da Dinamarca, por exemplo, pode ser muito boa para resolver as questões havidas nos presídios escandinavos, mas talvez não seja o melhor caminho para endereçar as que se colocam nos presídios brasileiros, seja porque os detentos se comportam de modo diferente, ou porque as autoridades carcerárias os tratam de modo

---

[1] RIDLEY, Matt. *The evolution of everything*: how new ideas emerge. New York: Harper Collins, 2015, *passim*.

[2] MIRANDA, Pontes de. *Comentários à Constituição de 1967*. São Paulo: RT, 1968, v. 1, p. 39.

[3] Como observam Sacchetto e Marassi, a análise comparada "allows a better understanding of domestic law and its evolution" (SACCHETTO, Claudio; MARASSI, Marco (ed.). *Introduction to comparative tax law*. Torino; Catanzaro: Rubbettino, 2008, p. 8).

diferente, seja porque a realidade social subjacente é, de qualquer modo, diferente. O mesmo, com evidentemente as ressalvas que qualquer metáfora merece, vale para a aplicação do Direito Tributário; ou do Civil, do Comercial ou do Trabalhista.

O histórico brasileiro de promessas não cumpridas de não cumulatividade ampla é um exemplo, do qual o art. 33 da LC 87/1996 dá o tragicômico testemunho. O mesmo se deu, anos depois, com o PIS e a Cofins, e a desastrada utilização do conceito de insumo haurido da legislação do IPI. Nos dois casos, o brutal aumento de alíquotas, lubrificado pelo discurso do "crédito amplo", foi sucedido pela rançosa visão de que o crédito seria um favor, uma benesse, e de que é preciso conter a "criatividade de contribuintes" que podem eventualmente "se locupletar" aproveitando-se deles. É preciso lembrar disso ao tratar de disposições sobre possíveis restrições ao creditamento de IBS e CBS, não permitindo que a lei, e muito menos o regulamento, extrapole as hipóteses de restrição permitidas constitucionalmente, que são apenas aquelas relacionadas a bens e serviços que não guardem relação com a atividade do contribuinte, sendo por isso tidos como de uso ou consumo "pessoal" de sócios ou colaboradores, e não da atividade tributada.

A tributação sobre vendas remonta à Antiguidade Romana, tendo se espalhado para alguns lugares da Europa nos quais permaneceu mesmo após a queda do Império[4]. Apesar disso, a sua conjugação com técnicas de não cumulatividade somente surgiu muitos séculos depois, na França, no período subsequente à Segunda Guerra Mundial. No Brasil, sua adoção deu-se na década de 1950, no âmbito infraconstitucional (Lei 2.974/1956), relativamente ao imposto de consumo, antecessor do IPI. Com a Emenda 18 à Constituição de 1946, alcançou o patamar constitucional, aplicando-se ao IPI e ao então ICM[5]. Depois de sucessivas promessas não cumpridas de "creditamento amplo", com o ICMS e, depois, com PIS e Cofins, tem-se de novo o assunto no plano dos debates legislativos, com a EC 132/2023, desta vez com uma redação, na parte dedicada à não cumulatividade, menos aberta a interpretações restritivas, mas ainda assim elas estão presentes em alguns pontos desta lei complementar, como será comentado, e há o risco de outras restrições serem indevidamente veiculadas no regulamento, ao qual esta lei delega assuntos em demasia.

Aliás, quanto à delegação legislativa, além de fazê-lo em situações em que a Constituição não o permite, esta lei o faz impondo ao regulamento limites mínimos, em vez de máximos, a revelar o inescondível ranço fiscalista de quem a redigiu originariamente, como a temer que o Chefe do Executivo fosse mais condescendente com os contribuintes que ele próprio, ao fazer o texto que esperava aprovado sem muitas mudanças pelo Congresso Nacional. Uma lei há de limitar o que um decreto pode no máximo fazer, não "no mínimo", quando se trata de impor deveres acessórios ao cidadão.

Houve algum debate em torno do projeto, sobretudo quando este se achava no Senado, e alguns aprimoramentos foram feitos, assim como importantes correções efetivadas. De uma forma ou de outra, como diria uma vez mais Pontes de Miranda, esta lei não é a que faríamos, e a que faríamos não foi feita. Mas é esta que está em vigor, e por isso é que segue

---

[4] TERRA, Ben. *Sales taxation*: the case of value added tax in the European Community. Boston: Kluwer Law and Taxation Publishers, 1988, p. 3.

[5] Sobre o tema, confira-se Aliomar Baleeiro. *Limitações constitucionais ao poder de tributar.* 7. ed. atual. por Misabel Abreu Machado Derzi. Rio de Janeiro: Forense, 1997, p. 448. E, especialmente, o texto por ele referido, de Rubens Gomes de Sousa: "Imposto sobre valor acrescido no sistema tributário", *RDA* 110/17.

adiante comentada. Sou muito grato a toda a equipe da Editora Atlas, pelo excelente trabalho de acompanhamento legislativo e de edição dos originais deste livro, bem como pelo cuidado e atenção que tem por vários outros livros meus. Aproveito o ensejo também para agradecer a você, leitora, pela curiosidade nestes comentários, colocando-me à disposição para a troca de ideias e a recepção de críticas ou comentários que por certo serão úteis para tornar futuras edições deste livro menos imperfeitas.

Fortaleza, janeiro de 2025.

Hugo de Brito Machado Segundo

SUMÁRIO

LEI COMPLEMENTAR 214, DE 16 DE JANEIRO DE 2025

LIVRO I – DO IMPOSTO SOBRE BENS E SERVIÇOS (IBS) E DA CONTRIBUIÇÃO SOCIAL SOBRE BENS E SERVIÇOS (CBS) *(arts. 1º a 408)* 1

TÍTULO I – DAS NORMAS GERAIS DO IBS E DA CBS *(arts. 1º a 83)* 1

CAPÍTULO I – DISPOSIÇÕES PRELIMINARES *(arts. 1º a 3º)* 1

CAPÍTULO II – DO IBS E DA CBS SOBRE OPERAÇÕES COM BENS E SERVIÇOS *(arts. 4º a 57)* 6

    Seção I – Das Hipóteses de Incidência *(arts. 4º a 7º)* 6

    Seção II – Das Imunidades *(arts. 8º e 9º)* 12

    Seção III – Do Momento de Ocorrência do Fato Gerador *(art. 10)* 17

    Seção IV – Do Local da Operação *(art. 11)* 19

    Seção V – Da Base de Cálculo *(arts. 12 e 13)* 22

    Seção VI – Das Alíquotas *(arts. 14 a 20)* 28

        Subseção I – Das Alíquotas-Padrão *(arts. 14 a 17)* 28

        Subseção II – Das Alíquotas de Referência *(arts. 18 a 20)* 31

    Seção VII – Da Sujeição Passiva *(arts. 21 a 26)* 34

    Seção VIII – Das Modalidades de Extinção dos Débitos *(arts. 27 a 37)* 43

        Subseção I – Disposições Gerais *(arts. 27 e 28)* 43

        Subseção II – Do Pagamento pelo Contribuinte *(arts. 29 e 30)* 46

        Subseção III – Do Recolhimento na Liquidação Financeira (*Split Payment*) *(arts. 31 a 35)* 48

        Subseção IV – Do Recolhimento pelo Adquirente *(art. 36)* 55

        Subseção V – Do Pagamento pelo Responsável *(art. 37)* 57

    Seção IX – Do Pagamento Indevido ou a Maior *(art. 38)* 57

    Seção X – Do Ressarcimento *(arts. 39 e 40)* 59

Seção XI – Dos Regimes de Apuração *(arts. 41 a 46)* 62

Seção XII – Da Não Cumulatividade *(arts. 47 a 56)* 67

Seção XIII – Dos Bens e Serviços de Uso ou Consumo Pessoal *(art. 57)* 79

CAPÍTULO III – DA OPERACIONALIZAÇÃO DO IBS E DA CBS *(arts. 58 a 62)* 82

Seção I – Disposições Gerais *(art. 58)*.. 82

Seção II – Do Cadastro com Identificação Única *(art. 59)* 83

Seção III – Do Documento Fiscal Eletrônico *(art. 60)* 85

Seção IV – Dos Programas de Incentivo à Cidadania Fiscal *(art. 61)* 86

Seção V – Disposições Transitórias *(art. 62)*... 87

CAPÍTULO IV – DO IBS E DA CBS SOBRE IMPORTAÇÕES *(arts. 63 a 78)* 88

Seção I – Da Hipótese de Incidência *(art. 63)*... 88

Seção II – Da Importação de Bens Imateriais e Serviços *(art. 64)* 89

Seção III – Da Importação de Bens Materiais *(art. 65 a 78)* 90

    Subseção I – Do Fato Gerador *(art. 65 e 66)*.. 90

    Subseção II – Do Momento da Apuração *(art. 67)* 94

    Subseção III – Do Local da Importação de Bens Materiais *(art. 68)*... 95

    Subseção IV – Da Base de Cálculo *(arts. 69 e 70)* 95

    Subseção V – Da Alíquota *(art. 71)* 97

    Subseção VI – Da Sujeição Passiva *(arts. 72 a 75)* 97

    Subseção VII – Do Pagamento *(arts. 76 e 77)* 101

    Subseção VIII – Da Não Cumulatividade *(art. 78)*............................... 102

CAPÍTULO V – DO IBS E DA CBS SOBRE EXPORTAÇÕES *(arts. 79 a 83)*..... 109

Seção I – Disposições Gerais *(art. 79)*.. 109

Seção II – Das Exportações de Bens Imateriais e de Serviços *(art. 80)*...... 109

Seção III – Das Exportações de Bens Materiais *(arts. 81 a 83)*................. 111

TÍTULO II – DOS REGIMES ADUANEIROS ESPECIAIS E DOS REGIMES DE BAGAGEM, DE REMESSAS INTERNACIONAIS E DE FORNECIMENTO DE COMBUSTÍVEL PARA AERONAVES EM TRÁFEGO INTERNACIONAL *(arts. 84 a 111)*.. 115

CAPÍTULO I – DOS REGIMES ADUANEIROS ESPECIAIS *(arts. 84 a 98)*.... 115

Seção I – Do Regime de Trânsito *(art. 84)* 115

Seção II – Dos Regimes de Depósito *(arts. 85 a 87)* 116

Seção III – Dos Regimes de Permanência Temporária *(arts. 88 e 89)* 118

Seção IV – Dos Regimes de Aperfeiçoamento *(arts. 90 a 92)* 119

Seção V – Do Regime Aduaneiro Especial Aplicável ao Setor de Petróleo e Gás (Repetro) *(art. 93)* 121

Seção VI – Dos Regimes de Bagagem e de Remessas Internacionais *(arts. 94 a 97)* 123

Seção VII – Do Regime de Fornecimento de Combustível para Aeronave em Tráfego Internacional *(art. 98)* 125

CAPÍTULO II – DAS ZONAS DE PROCESSAMENTO DE EXPORTAÇÃO *(arts. 99 a 104)* 125

CAPÍTULO III – DOS REGIMES DOS BENS DE CAPITAL *(arts. 105 a 111)* 129

Seção I – Do Regime Tributário para Incentivo à Modernização e à Ampliação da Estrutura Portuária (Reporto) *(art. 105)* 129

Seção II – Do Regime Especial de Incentivos para o Desenvolvimento da Infraestrutura (Reidi) *(art. 106)* 131

Seção III – Do Regime Tributário para Incentivo à Atividade Naval – Renaval *(art. 107)* 132

Seção IV – Da Desoneração da Aquisição de Bens de Capital *(arts. 108 a 111)* 133

TÍTULO III – DA DEVOLUÇÃO PERSONALIZADA DO IBS E DA CBS (*CASHBACK*) E DA CESTA BÁSICA NACIONAL DE ALIMENTOS *(arts. 112 a 125)* 136

CAPÍTULO I – DA DEVOLUÇÃO PERSONALIZADA DO IBS E DA CBS (*CASHBACK*) *(arts. 112 a 124)* 136

CAPÍTULO II – DA CESTA BÁSICA NACIONAL DE ALIMENTOS *(art. 125)* 145

TÍTULO IV – DOS REGIMES DIFERENCIADOS DO IBS E DA CBS *(arts. 126 a 171)* 145

CAPÍTULO I – DISPOSIÇÕES GERAIS *(art. 126)* 145

CAPÍTULO II – DA REDUÇÃO EM TRINTA POR CENTO DAS ALÍQUOTAS DO IBS E DA CBS *(art. 127)* 147

CAPÍTULO III – DA REDUÇÃO EM SESSENTA POR CENTO DAS ALÍQUOTAS DO IBS E DA CBS *(arts. 128 a 142)* 150

Seção I – Disposições Gerais *(art. 128)* 150

Seção II – Dos Serviços de Educação *(art. 129)* 150

Seção III – Dos Serviços de Saúde *(art. 130)* 151

Seção IV – Dos Dispositivos Médicos *(art. 131)* 152

Seção V – Dos Dispositivos de Acessibilidade Próprios para Pessoas com Deficiência *(art. 132)* 152

Seção VI – Dos Medicamentos *(arts. 133 e 134)* 153

Seção VII – Dos Alimentos Destinados ao Consumo Humano *(art. 135)*.... 154

Seção VIII – Dos Produtos de Higiene Pessoal e Limpeza Majoritariamente Consumidos por Famílias de Baixa Renda *(art. 136)* 154

Seção IX – Dos Produtos Agropecuários, Aquícolas, Pesqueiros, Florestais e Extrativistas Vegetais *In Natura* *(art. 137)* 155

Seção X – Dos Insumos Agropecuários e Aquícolas *(art. 138)* 156

Seção XI – Das Produções Nacionais Artísticas, Culturais, de Eventos, Jornalísticas e Audiovisuais *(art. 139)* 157

Seção XII – Da Comunicação Institucional *(art. 140)* 159

Seção XIII – Das Atividades Desportivas *(art. 141)* 160

Seção XIV – Da Soberania e da Segurança Nacional, da Segurança da Informação e da Segurança Cibernética *(art. 142)* 161

CAPÍTULO IV – DA REDUÇÃO A ZERO DAS ALÍQUOTAS DO IBS E DA CBS *(arts. 143 a 156)*.. 161

Seção I – Disposições Gerais *(art. 143)*................................... 161

Seção II – Dos Dispositivos Médicos *(art. 144)* 162

Seção III – Dos Dispositivos de Acessibilidade Próprios para Pessoas com Deficiência *(art. 145)* 163

Seção IV – Dos Medicamentos *(art. 146)* 164

Seção V – Dos Produtos de Cuidados Básicos à Saúde Menstrual *(art. 147)*... 165

Seção VI – Dos Produtos Hortícolas, Frutas e Ovos *(art. 148)* 166

Seção VII – Dos Automóveis de Passageiros Adquiridos por Pessoas com Deficiência ou com Transtorno do Espectro Autista e por Motoristas Profissionais que Destinem o Automóvel à Utilização na Categoria de Aluguel (Táxi) *(arts. 149 a 155)*.................................... 166

Seção VIII – Dos Serviços Prestados por Instituição Científica, Tecnológica e de Inovação (ICT) sem Fins Lucrativos *(art. 156)* 172

CAPÍTULO V – DO TRANSPORTE PÚBLICO COLETIVO DE PASSAGEIROS RODOVIÁRIO E METROVIÁRIO DE CARÁTER URBANO, SEMIURBANO E METROPOLITANO *(art. 157)* 173

CAPÍTULO VI – DA REABILITAÇÃO URBANA DE ZONAS HISTÓRICAS E DE ÁREAS CRÍTICAS DE RECUPERAÇÃO E RECONVERSÃO URBANÍSTICA *(arts. 158 a 163)* 174

CAPÍTULO VII – DO PRODUTOR RURAL E DO PRODUTOR RURAL INTEGRADO NÃO CONTRIBUINTE *(arts. 164 a 168)* 177

CAPÍTULO VIII – DO TRANSPORTADOR AUTÔNOMO DE CARGA PESSOA FÍSICA NÃO CONTRIBUINTE *(art. 169)* 182

CAPÍTULO IX – DOS RESÍDUOS E DEMAIS MATERIAIS DESTINADOS À RECICLAGEM, REUTILIZAÇÃO OU LOGÍSTICA REVERSA ADQUIRIDOS DE PESSOA FÍSICA, COOPERATIVA OU OUTRA FORMA DE ORGANIZAÇÃO POPULAR *(art. 170)* 184

CAPÍTULO X – DOS BENS MÓVEIS USADOS ADQUIRIDOS DE PESSOA FÍSICA NÃO CONTRIBUINTE PARA REVENDA *(art. 171)* 185

TÍTULO V – DOS REGIMES ESPECÍFICOS DO IBS E DA CBS *(arts. 172 a 307)* .. 187

    CAPÍTULO I – DOS COMBUSTÍVEIS *(arts. 172 a 180)* 187

        Seção I – Disposições Gerais *(art. 172)* 187

        Seção II – Da Base de Cálculo *(art. 173)* 187

        Seção III – Das Alíquotas *(arts. 174 e 175)* 188

        Seção IV – Da Sujeição Passiva *(arts. 176 e 177)* 192

        Seção V – Das Operações com Etanol Anidro Combustível (EAC) *(arts. 178 e 179)* 193

        Seção VI – Dos Créditos na Aquisição de Combustíveis Submetidos ao Regime de Tributação Monofásica *(art. 180)* 194

    CAPÍTULO II – DOS SERVIÇOS FINANCEIROS *(arts. 181 a 233)* 195

        Seção I – Disposições Gerais *(arts. 181 a 184)* 195

        Seção II – Disposições Comuns aos Serviços Financeiros *(arts. 185 a 191)* 199

        Seção III – Das Operações de Crédito, de Câmbio, com Títulos e Valores Mobiliários, de Securitização e de Faturização *(arts. 192 a 200)* 202

        Seção IV – Do Arrendamento Mercantil *(arts. 201 a 203)* 207

        Seção V – Da Administração de Consórcio *(arts. 204 a 206)* 210

        Seção VI – Da Gestão e Administração de Recursos, inclusive de Fundos de Investimento *(arts. 207 a 211)* 213

        Seção VII – Do Fundo de Garantia do Tempo de Serviço (FGTS) e dos demais Fundos Garantidores e Executores de Políticas Públicas *(arts. 212 e 213)* 215

        Seção VIII – Dos Arranjos de Pagamento *(arts. 214 a 219)* 216

Seção IX – Das Atividades de Entidades Administradoras de Mercados Organizados, Infraestruturas de Mercado e Depositárias Centrais *(arts. 220 a 222)* 220

Seção X – Dos Seguros, Resseguros, Previdência Complementar e Capitalização *(arts. 223 a 228)*.. 222

Seção XI – Dos Serviços de Ativos Virtuais *(arts. 229 e 230)* 228

Seção XII – Da Importação de Serviços Financeiros *(art. 231)*................... 229

Seção XIII – Da Exportação de Serviços Financeiros *(art. 232)* 230

Seção XIV – Disposições Transitórias *(art. 233)*.. 231

CAPÍTULO III – DOS PLANOS DE ASSISTÊNCIA À SAÚDE *(arts. 234 a 243)*... 232

CAPÍTULO IV – DOS CONCURSOS DE PROGNÓSTICOS *(arts. 244 a 250)*... 238

Seção I – Disposições Gerais *(arts. 244 a 248)*.. 238

Seção II – Da Importação de Serviços de Concursos de Prognósticos *(art. 249)* 240

Seção III – Da Exportação de Serviços de Concursos de Prognósticos *(art. 250)* 241

CAPÍTULO V – DOS BENS IMÓVEIS *(arts. 251 a 270)* 242

Seção I – Disposições Gerais *(arts. 251 a 253)*.. 242

Seção II – Do Momento da Ocorrência do Fato Gerador *(art. 254)*........... 245

Seção III – Da Base de Cálculo *(arts. 255 a 260)*.. 247

    Subseção I – Disposições Gerais *(arts. 255 e 256)*................................ 247

    Subseção II – Do Redutor de Ajuste *(arts. 257 e 258)* 249

    Subseção III – Do Redutor Social *(arts. 259 e 260)* 252

Seção IV – Da Alíquota *(art. 261)* 253

Seção V – Da Incorporação Imobiliária e do Parcelamento de Solo *(art. 262)*.. 254

Seção VI – Da Sujeição Passiva *(arts. 263 e 264)*.. 256

Seção VII – Disposições Finais *(arts. 265 a 270)*.. 257

CAPÍTULO VI – DAS SOCIEDADES COOPERATIVAS *(arts. 271 e 272)* ... 260

CAPÍTULO VII – DOS BARES, RESTAURANTES, HOTELARIA, PARQUES DE DIVERSÃO E PARQUES TEMÁTICOS, TRANSPORTE COLETIVO DE PASSAGEIROS E AGÊNCIAS DE TURISMO *(arts. 273 a 291)*........... 262

Seção I – Dos Bares e Restaurantes *(arts. 273 a 276)*................................. 262

Seção II – Da Hotelaria, Parques de Diversão e Parques Temáticos *(arts. 277 a 283)* 264

Seção III – Do Transporte Coletivo de Passageiros Rodoviário Intermunicipal e Interestadual, Ferroviário, Hidroviário e Aéreo Regional e Do Transporte de Carga Aéreo Regional *(arts. 284 a 287)* 268

Seção IV – Das Agências de Turismo *(arts. 288 a 291)* 270

CAPÍTULO VIII – DA SOCIEDADE ANÔNIMA DO FUTEBOL – SAF *(arts. 292 a 296)*.. 272

CAPÍTULO IX – DAS MISSÕES DIPLOMÁTICAS, REPARTIÇÕES CONSULARES E OPERAÇÕES ALCANÇADAS POR TRATADO INTERNACIONAL *(arts. 297 a 299)* 275

CAPÍTULO X – DISPOSIÇÕES COMUNS AOS REGIMES ESPECÍFICOS *(arts. 300 a 307)*... 276

TÍTULO VI – DOS REGIMES DIFERENCIADOS DA CBS *(arts. 308 a 316)* 280

CAPÍTULO I – DO PROGRAMA UNIVERSIDADE PARA TODOS – PROUNI *(art. 308)* 280

CAPÍTULO II – DO REGIME AUTOMOTIVO *(arts. 309 a 316)* 280

TÍTULO VII – DA ADMINISTRAÇÃO DO IBS E DA CBS *(arts. 317 a 341)* 288

CAPÍTULO I – DO REGULAMENTO DO IBS E DA CBS *(art. 317)* 288

CAPÍTULO II – DA HARMONIZAÇÃO DO IBS E DA CBS *(arts. 318 a 323)* .. 289

CAPÍTULO III – DA FISCALIZAÇÃO E DO LANÇAMENTO DE OFÍCIO *(arts. 324 a 341)*... 292

Seção I – Da Competência para Fiscalizar *(arts. 324 a 327)* 292

Seção II – Da Fiscalização e do Procedimento Fiscal *(arts. 328 e 329)* 295

Seção III – Do Lançamento de Ofício *(arts. 330 e 331)* 296

Seção IV – Do Domicílio Tributário Eletrônico – DTE e das Intimações *(arts. 332 a 334)* 298

Seção V – Das Presunções Legais *(art. 335)* 301

Seção VI – Da Documentação Fiscal e Auxiliar *(arts. 336 e 337)* 307

Seção VII – Do Regime Especial de Fiscalização – REF *(arts. 338 a 341)* 308

TÍTULO VIII – DA TRANSIÇÃO PARA O IBS E PARA A CBS *(arts. 342 a 408)* 312

CAPÍTULO I – DA FIXAÇÃO DAS ALÍQUOTAS DURANTE A TRANSIÇÃO *(arts. 342 a 370)* 312

Seção I – Da Fixação das Alíquotas do IBS durante a Transição *(arts. 342 a 344)*... 312

Seção II – Da Fixação das Alíquotas da CBS durante a Transição *(arts. 345 a 347)*... 314

Seção III – Disposições Comuns ao IBS e à CBS em 2026 *(art. 348)*............. 315

Seção IV – Da Fixação das Alíquotas de Referência de 2027 a 2035 *(arts. 349 a 369)* 316

    Subseção I – Disposições Gerais *(art. 349)* 316

    Subseção II – Da Receita de Referência *(art. 350)* 319

    Subseção III – Do Cálculo das Alíquotas de Referência *(art. 351)*...... 320

    Subseção IV – Do Cálculo da Alíquota de Referência da CBS *(arts. 352 a 359)*... 321

    Subseção V – Do Cálculo das Alíquotas de Referência do IBS *(arts. 360 a 365)* 324

    Subseção VI – Da Fixação das Alíquotas de Referência em 2034 e 2035 *(art. 366)*.. 327

    Subseção VII – Do Limite para as Alíquotas de Referência em 2030 e 2035 *(arts. 367 a 369)* 327

Seção V – Do Redutor a ser aplicado sobre as Alíquotas da CBS e do IBS nas Operações Contratadas pela Administração Pública de 2027 a 2033 *(art. 370)*.. 329

CAPÍTULO II – DO LIMITE PARA REDUÇÃO DAS ALÍQUOTAS DO IBS DE 2029 A 2077 *(art. 371)*.. 331

CAPÍTULO III – DA TRANSIÇÃO APLICÁVEL AO REGIME DE COMPRAS GOVERNAMENTAIS *(art. 372)*... 332

CAPÍTULO IV – DO REEQUILÍBRIO DE CONTRATOS ADMINISTRATIVOS *(arts. 373 a 377)*... 333

CAPÍTULO V – DA UTILIZAÇÃO DO SALDO CREDOR DO PIS E DA COFINS *(arts. 378 a 383)*... 335

CAPÍTULO VI – DOS CRITÉRIOS, LIMITES E PROCEDIMENTOS RELATIVOS À COMPENSAÇÃO DE BENEFÍCIOS FISCAIS OU FINANCEIRO-FISCAIS DO ICMS *(arts. 384 a 405)* 338

Seção I – Disposições Gerais *(arts. 384 e 385)*.. 338

Seção II – Das Competências Atribuídas à RFB *(arts. 386 e 387)*.............. 341

Seção III – Da Habilitação do Requerente à Compensação *(arts. 388 a 390)*.. 342

Seção IV – Da Demonstração e Reconhecimento do Crédito Apurado e da Revisão da Regularidade do Crédito Retido *(arts. 391 e 392)*..... 344

Seção V – Da Autorregularização das Informações Prestadas *(art. 393)*... 346

Seção VI – Dos Procedimentos de Revisão da Apuração do Crédito e do Rito Processual *(art. 394)* 347

Seção VII – Da Constituição do Crédito da União *(art. 395)* 348

Seção VIII – Da Representação Para Fins Penais *(art. 396)* 350

Seção IX – Da Comunicação e da Representação Fiscal pelas Unidades Federadas *(arts. 397 e 398)* 351

Seção X – Disposições Finais *(arts. 399 a 405)* 351

CAPÍTULO VII – DA TRANSIÇÃO APLICÁVEL AOS BENS DE CAPITAL *(arts. 406 e 407)* 355

CAPÍTULO VIII – DISPOSIÇÕES FINAIS *(art. 408)* 357

LIVRO II – DO IMPOSTO SELETIVO *(arts. 409 a 438)* 359

TÍTULO I – DISPOSIÇÕES PRELIMINARES *(arts. 409 a 411)* 359

TÍTULO II – DAS NORMAS GERAIS DO IMPOSTO SELETIVO *(arts. 412 a 433)* 362

CAPÍTULO I – DO MOMENTO DE OCORRÊNCIA DO FATO GERADOR *(art. 412)* 362

CAPÍTULO II – DA NÃO INCIDÊNCIA *(art. 413)* 363

CAPÍTULO III – DA BASE DE CÁLCULO *(arts. 414 a 418)* 363

CAPÍTULO IV – DAS ALÍQUOTAS *(arts. 419 a 423)* 368

Seção I – Dos Veículos *(arts. 419 e 420)* 368

Seção II – Das Aeronaves e Embarcações *(art. 421)* 369

Seção III – Dos Demais Produtos Sujeitos ao Imposto Seletivo *(arts. 422 e 423)* 370

CAPÍTULO V – DA SUJEIÇÃO PASSIVA *(arts. 424 e 425)* 372

CAPÍTULO VI – DA EMPRESA COMERCIAL EXPORTADORA *(arts. 426 e 427)* 374

CAPÍTULO VII – DA PENA DE PERDIMENTO *(arts. 428 e 429)* 375

CAPÍTULO VIII – DA APURAÇÃO *(arts. 430 e 431)* 377

CAPÍTULO IX – DO PAGAMENTO *(arts. 432 e 433)* 379

TÍTULO III – DO IMPOSTO SELETIVO SOBRE IMPORTAÇÕES *(arts. 434 e 435)* 380

TÍTULO IV – DISPOSIÇÕES FINAIS *(arts. 436 a 438)* 381

LIVRO III – DAS DEMAIS DISPOSIÇÕES *(arts. 439 a 544)* 383

TÍTULO I – DA ZONA FRANCA DE MANAUS, DAS ÁREAS DE LIVRE COMÉRCIO E DA DEVOLUÇÃO DO IBS E DA CBS AO TURISTA ESTRANGEIRO *(arts. 439 a 471)* 383

    CAPÍTULO I – DA ZONA FRANCA DE MANAUS *(arts. 439 a 457)* 383

    CAPÍTULO II – DAS ÁREAS DE LIVRE COMÉRCIO *(arts. 458 a 470)* 396

    CAPÍTULO III – DA DEVOLUÇÃO DO IBS E DA CBS AO TURISTA ESTRANGEIRO *(art. 471)* 403

TÍTULO II – DAS COMPRAS GOVERNAMENTAIS *(arts. 472 e 473)* 404

TÍTULO III – DISPOSIÇÕES TRANSITÓRIAS *(arts. 474 a 490)* 405

    CAPÍTULO I – DA AVALIAÇÃO QUINQUENAL *(arts. 475 e 476)* 406

    CAPÍTULO II – DA COMPENSAÇÃO DE EVENTUAL REDUÇÃO DO MONTANTE ENTREGUE NOS TERMOS DO ART. 159, INCISOS I E II, DA CONSTITUIÇÃO FEDERAL EM RAZÃO DA SUBSTITUIÇÃO DO IPI PELO IMPOSTO SELETIVO *(arts. 477 a 479)* 408

    CAPÍTULO III – DO COMITÊ GESTOR DO IBS *(arts. 480 a 484)* 410

        Seção I – Disposições Gerais *(art. 480)* 410

        Seção II – Do Conselho Superior do CGIBS *(arts. 481 e 482)* 412

        Seção III – Da Instalação do Conselho Superior *(arts. 483 e 484)* 416

    CAPÍTULO IV – DO PERÍODO DE TRANSIÇÃO DAS OPERAÇÕES COM BENS IMÓVEIS *(arts. 485 a 490)* 419

        Seção I – Das Operações Iniciadas antes de 1º de Janeiro de 2029 *(arts. 485 a 487)* 419

            Subseção I – Da Incorporação *(art. 485)* 419

            Subseção II – Do Parcelamento do Solo *(art. 486)* 420

            Subseção III – Da Locação, da Cessão Onerosa e do Arrendamento do Bem Imóvel *(art. 487)* 421

        Seção II – Das Operações Iniciadas a partir de 1º de Janeiro de 2029 *(art. 488)* 422

        Seção III – Disposições Finais *(arts. 489 e 490)* 424

TÍTULO IV – DISPOSIÇÕES FINAIS *(arts. 491 a 544)* 425

ANEXOS 454

REFERÊNCIAS BIBLIOGRÁFICAS 455

LEI COMPLEMENTAR 214, DE 16 DE JANEIRO DE 2025

Institui o Imposto sobre Bens e Serviços (IBS), a Contribuição Social sobre Bens e Serviços (CBS) e o Imposto Seletivo (IS); cria o Comitê Gestor do IBS e altera a legislação tributária.

O PRESIDENTE DA REPÚBLICA Faço saber que o Congresso Nacional decreta e eu sanciono a seguinte Lei Complementar:

LIVRO I
DO IMPOSTO SOBRE BENS E SERVIÇOS (IBS) E DA CONTRIBUIÇÃO SOCIAL SOBRE BENS E SERVIÇOS (CBS)

TÍTULO I
DAS NORMAS GERAIS DO IBS E DA CBS

CAPÍTULO I
DISPOSIÇÕES PRELIMINARES

Art. 1º Ficam instituídos:

I – o Imposto sobre Bens e Serviços (IBS), de competência compartilhada entre Estados, Municípios e Distrito Federal, de que trata o art. 156-A da Constituição Federal; e

II – a Contribuição Social sobre Bens e Serviços (CBS), de competência da União, de que trata o inciso V do *caput* do art. 195 da Constituição Federal.

 COMENTÁRIOS

Esta Lei Complementar, em cumprimento ao disposto na EC 132/2023, inicia a instituição do chamado "IVA-Dual" e do Imposto Seletivo, tributos que passarão a onerar o consumo no Brasil, em substituição a IPI, PIS, Cofins, ISS e ICMS, que serão gradualmente reduzidos e finalmente extintos.

Segue-se tendência mundial – mas não adotada na maior economia do mundo, os Estados Unidos – de tributar-se o valor adicionado, ou agregado, por meio de tributo sobre o consumo plurifásico, vale dizer, incidente em diversas fases do ciclo econômico, desde a produção até o consumo, permitindo-se o abatimento, em cada incidência, do montante representado pelas incidências anteriores, de modo a evitar que a carga tributária se altere conforme a quantidade de operações praticadas.

Diz-se "Dual" o IVA, porque composto de dois tributos supostamente iguais, diferenciando-se apenas na entidade credora, nas alíquotas e na destinação legal do produto da arrecadação. Para o contribuinte que os examina à distância, e considera o somatório de suas alíquotas para efeito de recolhimento, teria a aparência de um único tributo. Há evidente impropriedade em dizer-se "Imposto Dual", pois uma de suas metades é uma contribuição, não um imposto. Subjaz a essa impropriedade, por certo, a consideração de que contribuições são mesmo, ao fim e ao cabo, impostos nos quais se coloca outro nome para burlar alguns limites constitucionais e a partilha de receitas tributárias com outros entes federativos. Em vez de corrigir as deformações e assimetrias criadas pela legislação e pela jurisprudência nos últimos 25 anos, em matéria de contribuições, a reforma as incorporou acriticamente, e até as incrementou, com a ampliação da "contribuição de iluminação pública", e com a consagração de PIS e Cofins não cumulativos como verdadeiro "IVA-Federal", unificadas, aperfeiçoadas e agora atendendo pelo nome de CBS.

Recorde-se que, em regra, no Direito Brasileiro, não cabe à lei complementar instituir tributos, mas apenas traçar normas gerais, destinadas a conferir uniformidade à legislação da União, Estados-membros, Distrito Federal e Municípios, explicitando e desdobrando limitações constitucionais ao poder de tributar e dirimindo conflitos de competência. A criação se dá por lei, em regra ordinária, da entidade política competente, a saber, União, Estado-membro, Distrito Federal ou Município. Excepcionalmente, quando o texto constitucional o exige, o próprio tributo é criado por lei complementar, como se dá com os empréstimos compulsórios, com o imposto sobre grandes fortunas e com os impostos residuais. Dá-se o mesmo com a CBS.

Quanto ao IBS, tem-se com a EC 132/2023 a criação de uma figura absolutamente singular. A competência é supostamente "compartilhada" por todos, todos os entes federativos periféricos subnacionais, ressalvada apenas a União (que é a própria "reunião" de todos eles, e por isso nem precisaria estar mencionada no art. 156-A da CF/1988). Entretanto, apesar de compartilhada por todos, ou talvez justamente por isso, é exercida por intermédio da lei complementar editada pela União. Aos Estados, Distrito Federal e Municípios cabe apenas editar lei ordinária para estabelecer a alíquota, como aliás cabe também à União, no que tange à alíquota da CBS. Desse modo, inclusive, só se pode dizer que tais tributos estarão efetivamente "instituídos", apesar do que já afirma o artigo ora comentado, quando se editarem tais leis ordinárias estabelecendo as alíquotas, sem as quais os tributos não estão completos, não podem ser cobrados e não podem ser considerados instituídos.

Trata-se, essa "dualidade", e principalmente a competência "compartilhada" para instituir o IBS, de artifício para disfarçar a excessiva centralização que a EC 132/2023 levou a efeito, que poderia ser considerada contrária ao princípio federativo e, nessa condição, inconstitucional. Encontrou-se um meio de viabilizar a participação dos entes subnacionais no órgão regulamentador e aplicador que, a rigor, é da União (o Comitê Gestor), deu-se aos entes subnacionais o papel de fixar alíquotas (não essencial, pois na falta delas prevalecerá a fixada pelo Senado), e essa foi a maquiagem que disfarçou o caráter federal do novo tributo. Ver-se-á, quando se for examinar as questões processuais, que não foram disciplinadas pela presente lei complementar, o custo dessa maquiagem.

> **Art. 2º** O IBS e a CBS são informados pelo princípio da neutralidade, segundo o qual esses tributos devem evitar distorcer as decisões de consumo e de organização da atividade econômica, observadas as exceções previstas na Constituição Federal e nesta Lei Complementar.

TÍTULO I – DAS NORMAS GERAIS DO IBS E DA CBS   Art. 3º

 COMENTARIOS

Como o próprio artigo define, diz-se neutro o tributo que não interfere nas escolhas ou nos comportamentos dos agentes econômicos tributados, vale dizer, com o tributo, ou sem o tributo, os contribuintes fariam as mesmas coisas, tomariam as mesmas decisões, celebrariam os mesmos contratos, seguiriam os mesmos caminhos. Trata-se, naturalmente, de um ideal, inalcançável em sua plenitude, mas que serve justamente como um ideal, um norte, um objetivo a ser seguido na máxima intensidade possível. A não cumulatividade ampla presta-se para contribuir com essa neutralidade, pois a circunstância de toda aquisição de bem ou serviço que guarde relação com a atividade tributada gerar crédito torna irrelevante, para fins tributários, a própria empresa realizar a atividade, ou terceirizá-la, contratando sua feitura com um terceiro. As restrições ao creditamento amplo, constantes das disposições, por exemplo, alusivas ao que "se consideram" bens e serviços de uso ou consumo pessoal, contrariam essa ideia.

Mas o artigo estabelece que, ressalvadas as exceções previstas na Constituição e nesta Lei – onde mais, se ele não pode ser disciplinado em outro instrumento? –, o tributo deve ser neutro. Só a abertura para as exceções adianta que se trata mais de um belo *slogan* do que algo efetivo, mas, como conclusão ou síntese, pode-se inferir que os tributos em comento não podem ser usados com função extrafiscal nem devem ser seletivos, além de deverem permitir creditamento amplo no âmbito da sistemática não cumulativa. Sua alíquota, conquanto possa variar de Estado para Estado, e de Município para Município, no caso do IBS, deve ser a mesma, dentro do respectivo território do ente tributante, para todos os bens e serviços onerados pelo tributo.

> **Art. 3º** Para fins desta Lei Complementar, consideram-se:
>
> I – operações com:
>
> a) bens todas e quaisquer que envolvam bens móveis ou imóveis, materiais ou imateriais, inclusive direitos;
>
> b) serviços todas as demais que não sejam enquadradas como operações com bens nos termos da alínea *a* deste inciso;
>
> II – fornecimento:
>
> a) entrega ou disponibilização de bem material;
>
> b) instituição, transferência, cessão, concessão, licenciamento ou disponibilização de bem imaterial, inclusive direito;
>
> c) prestação ou disponibilização de serviço;
>
> III – fornecedor: pessoa física ou jurídica que, residente ou domiciliado no País ou no exterior, realiza o fornecimento;
>
> IV – adquirente:
>
> a) aquele obrigado ao pagamento ou a qualquer outra forma de contraprestação pelo fornecimento de bem ou serviço;
>
> b) nos casos de pagamento ou de qualquer outra forma de contraprestação por conta e ordem ou em nome de terceiros, aquele por conta de quem ou em nome de quem decorre a obrigação de pagamento ou de qualquer outra forma de contraprestação pelo fornecimento de bem ou serviço; e
>
> V – destinatário: aquele a quem for fornecido o bem ou serviço, podendo ser o próprio adquirente ou não.

Art. 3º

> § 1º Para fins desta Lei Complementar, equiparam-se a bens materiais as energias que tenham valor econômico.
>
> § 2º Incluem-se no conceito de fornecedor de que trata o inciso III do *caput* deste artigo as entidades sem personalidade jurídica, incluindo sociedade em comum, sociedade em conta de participação, consórcio, condomínio e fundo de investimento.

 COMENTÁRIOS

O art. 3º preocupa-se em definir os conceitos, termos e expressões que o texto da lei utilizará nos demais artigos, na disciplina do IBS e da CBS. Entretanto, embora o texto do anteprojeto, que era bem pior, tenha sido sensivelmente melhorado pelo Congresso Nacional, continua, com todo o respeito, contendo imperfeições e atecnias, com lapsos importantes.

Estabelece-se que o IBS e a CBS incidem sobre *operações*, diminuindo-se o elastério infinito dado ao seu âmbito de incidência na redação original do anteprojeto. Ainda assim, há o equívoco de se definir bem como "qualquer bem material ou imaterial, inclusive direito". Não se utiliza a palavra definida na própria definição. Trata-se de uma evidente tautologia, ou petição de princípio. Como dizer: animal é todo animal; carro é todo carro; tributo é todo tributo... "Bem" poderia ter sido definido como tudo quanto pode proporcionar ao ser humano a satisfação de suas necessidades, tendo assim valor econômico ou moral e podendo ser objeto de relação jurídica. Mas definir *bem como bem* é de uma circularidade constrangedora.

Fornecimento, por sua vez, é definido como a entrega ou a disponibilização, quando se trata de bens materiais. Porque estes podem ser fisicamente entregues, ou postos à disposição de terceiros. Inclusive a energia elétrica, daí a equiparação do parágrafo único. Quanto aos bens imateriais, que não são propriamente entregues de modo físico, a definição é mais ampla, e corrige novamente lapsos graves que constavam do anteprojeto, como o de incluir no conceito de fornecimento não só a transferência, a cessão, a concessão, o licenciamento e a disponibilização, o que seria adequado, mas também a instituição e a aquisição. Ocorre que não há sentido possível para que *instituir* e, pior, *adquirir* possam ser considerados o mesmo que fornecer, pelo que andou bem o Congresso quando corrigiu o texto para que tenha a redação ora vigente.

Quanto à definição de serviço, embora corrigindo a redação desastrada do anteprojeto (PLP 68/2024), o artigo em comento (inciso I, *b*) contém uma cláusula geral, ou residual, segundo a qual toda operação não classificável como sendo "com bens" deve ser considerada como sendo "serviço". Em um primeiro olhar, parece uma norma que não define, não delimita, não circunscreve o conjunto de fatos que podem ser alcançados pelos tributos em questão. Não define seu fato gerador, pois definir, delimitar, circunscrever, significa traçar uma linha divisória entre o que está dentro da definição e o que está fora. O que se considera abrangido ou abarcado pela definição e o que não se considera. No caso, ao dizer que tudo e qualquer coisa que não seja operação com bem será operação com serviço, a lei concede ao intérprete um cheque em branco para tributar absolutamente qualquer coisa, ressalvadas, talvez, apenas as hipóteses de imunidade expressamente previstas no texto constitucional[1]. A redação do PLP era mais aberta nesse sentido, tendo sido ligeira-

---

[1] Merece elogios, nesse sentido, a participação da Professora Betina Grupenmacher na audiência pública havida no Congresso Nacional em 03.06.2024, disponível em: https://www.camara.leg.br/evento--legislativo/73169, em que, segundo consta do relatório produzido pela Casa, ela defendeu a supressão

TÍTULO I – DAS NORMAS GERAIS DO IBS E DA CBS Art. 3º

mente corrigida no texto legal finalmente aprovado, mas ainda assim é preciso cautela na compreensão do dispositivo.

Se considerarmos que as hipóteses de não incidência, na clássica definição da literatura do Direito Tributário, são todas aquelas não enquadradas nas hipóteses de incidência, podemos concluir que não existem, diante da disposição do inciso I, *b*, deste artigo, hipóteses de não incidência. Uma hipótese de incidência assim tão ampla, a abranger qualquer evento havido no universo, não seria, contudo, compatível com o texto constitucional, embora por ele aparentemente preparada (art. 156-A, § 8º, inserido pela EC 132/2023[2]). Primeiro, por ofensa à legalidade. Em vez de definir em que situações o tributo será devido, a lei afirma-o devido sobre qualquer evento, cabendo ao bom senso da autoridade administrativa não o exigir de quem coça a cabeça, leva o cachorro para passear, lava a louça de manhã ou manda uma mensagem para a esposa, fatos que, não sendo operações com bens, poderiam literalmente ser definidos como prestação de serviços. Segundo, por esvaziamento da competência residual, limitada a fatos não abrangidos pelos impostos atualmente previstos na Constituição (CF/1988, art. 154, I), âmbito que desaparece com a infinitude de abrangência do IBS e da CBS. Terceiro, por ofensa à capacidade contributiva, pois existe uma gama infinita de situações que não são operações com bens, mas que tampouco podem ser consideradas operações de prestação de serviços.

Na verdade, apesar do caráter aparentemente ilimitado da definição legal do fato gerador do IBS e da CBS, há sim limites que não o tornam um tributo que tudo alcança. Trata-se do conceito de fornecimento e de operação, algo que o Congresso Nacional, ao melhorar a redação do PLP 68/2024, deixou mais claro. É a *operação que visa a fornecer*, expressão que antecede os termos "bem" e "serviço", que delimita a incidência desse imposto a negócios, dos mais variados formatos, onerosos (em regra, sendo as exceções de duvidosa constitucionalidade e ainda assim a serem entendidas nos seus devidos termos), praticados com habitualidade, no âmbito de atividade econômica.

Recorde-se, a propósito, que o legislador não é livre para brincar com as palavras, definindo-as como lhe aprouver, como se inexistissem limites ou constrições impostas pelo contexto em que empregada a palavra, e pelos usos anteriores que a ela se deram, em contextos iguais ou semelhantes. Do contrário, não só a supremacia constitucional e a própria ideia de hierarquia normativa tornar-se-iam concepções vazias de qualquer sentido, mas a própria comunicação humana seria impossível.

No caso de serviço, considera-se fornecimento não apenas a sua prestação, mas a disponibilização, ou o ato de colocá-lo, o serviço, à disposição do consumidor, usuário ou tomador.

Ao definir fornecedor, a lei limita-se a afirmar que é aquele que "realiza o fornecimento", estando no Brasil ou não, arrolando em seguida todo tipo de entidade possível, personificada ou não, passível de subsumir-se no conceito. Coerente, no ponto, com o disposto no art. 126 do Código Tributário Nacional, ao definir o sujeito passivo da relação tributária.

Finalmente, adquirente é o obrigado ao pagamento (ou outra forma de contraprestação), ou a pessoa em nome de quem esse pagamento é feito, na hipótese de ser efetuado por conta e ordem ou em nome de terceiro, enquanto destinatário é a pessoa a quem fornecido o bem ou o serviço, ainda que não seja seu adquirente.

"da extensão do conceito de serviço, com a pretensão de tributar tudo". Talvez o alerta tenha levado a uma pequena melhoria do texto da lei.

[2] Mesmo por emenda, há limites a serem observados (CF/1988, art. 60, § 4º), os quais incluem ou abrangem o respeito aos princípios que no texto se apontam como violados.

Definições assaz amplas, que serão ainda mais esticadas nos artigos subsequentes, mas em face das quais se pode perceber que o IVA-Dual somente onera operações com significação econômica, em regra onerosas, que revelam capacidade contributiva, e caracterizadas pela habitualidade[3]. Uma pessoa que vende seu relógio usado, uma vez na vida, a um vizinho, não é fornecedor, não realizando "operação" que configure o fato gerador do tributo, por mais amplitude que aparentemente estas e outras disposições desta lei complementar deem, ou tentem dar, ao seu âmbito de incidência.

CAPÍTULO II
DO IBS E DA CBS SOBRE OPERAÇÕES COM BENS E SERVIÇOS

Seção I
Das Hipóteses de Incidência

Art. 4º O IBS e a CBS incidem sobre operações onerosas com bens ou com serviços.

§ 1º As operações não onerosas com bens ou com serviços serão tributadas nas hipóteses expressamente previstas nesta Lei Complementar.

§ 2º Para fins do disposto neste artigo, considera-se operação onerosa com bens ou com serviços qualquer fornecimento com contraprestação, incluindo o decorrente de:

I – compra e venda, troca ou permuta, dação em pagamento e demais espécies de alienação;

II – locação;

III – licenciamento, concessão, cessão;

IV – mútuo oneroso;

V – doação com contraprestação em benefício do doador;

VI – instituição onerosa de direitos reais;

VII – arrendamento, inclusive mercantil; e

VIII – prestação de serviços.

§ 3º São irrelevantes para a caracterização das operações de que trata este artigo:

I – o título jurídico pelo qual o bem encontra-se na posse do fornecedor;

II – a espécie, tipo ou forma jurídica, a validade jurídica e os efeitos dos atos ou negócios jurídicos;

III – a obtenção de lucro com a operação; e

IV – o cumprimento de exigências legais, regulamentares ou administrativas.

§ 4º O IBS e a CBS incidem sobre qualquer operação com bem ou com serviço realizada pelo contribuinte, incluindo aquelas realizadas com ativo não circulante ou no exercício de atividade econômica não habitual, observado o disposto no § 4º do art. 57 desta Lei Complementar.

§ 5º A incidência do IBS e da CBS sobre as operações de que trata o *caput* deste artigo não altera a base de cálculo do:

I – Imposto sobre a Transmissão *Causa Mortis* e Doação de Quaisquer Bens ou Direitos (ITCD), de que trata o inciso I do *caput* do art. 155 da Constituição Federal;

---

[3] OLDMAN, Oliver; SCHENK, Alan. *Value added tax*: a comparative approach. Cambridge: Cambridge University Press, 2007, p. 98-99.

TÍTULO I – DAS NORMAS GERAIS DO IBS E DA CBS   Art. 4º

> II – Imposto sobre a Transmissão *Inter Vivos* de Bens Imóveis e Direitos a eles relativos (ITBI), de que trata o inciso II do *caput* do art. 156 da Constituição Federal.

 COMENTÁRIOS

Fato gerador é expressão muito utilizada no âmbito do Direito Tributário, causando a impressão de ser própria deste domínio do Direito. Mas não é. Toda e qualquer regra, ou proposição prescritiva, vale dizer, toda proposição linguística destinada a prescrever condutas, comportamentos, consequências, precisa descrever a situação de fato que, se e quando ocorrida, torna devido o cumprimento do que nela se acha disposto.

Isso permite, inclusive, esclarecer a distinção entre as expressões "fato gerador" e "hipótese de incidência", que podem sem prejuízo ser usadas como sinônimas, em diversas situações, mas que com maior rigor podem designar realidades ligeiramente diversas.

Toda regra, inclusive as não jurídicas (*v.g.*, regra de um jogo, como Uno, vôlei ou futebol), prevê uma situação, nela descrita hipoteticamente (se...), que, se e quando ocorrida, torna devido o cumprimento de uma consequência, também nela prescrita. Tome-se o exemplo da regra de futebol que trata do pênalti: *se um jogador comete falta dentro de sua própria área penal, aquela delimitada em frente ao gol...* Esta é a hipótese que, se e quando ocorrer, torna devida a consequência, que é uma *cobrança direta (chute sem barreira) do ponto de pênalti, situado a 11 metros da linha do gol, contra o time que cometeu a infração*.

Note-se que a descrição hipotética (se um jogador comete falta...) consta dos manuais, compêndios e demais fontes oficiais de consulta das regras do futebol. Mas, se em determinada data e lugar, um jogador realiza conduta que preenche, realiza ou concretiza essa previsão hipotética, diz-se ocorrido o fato que gera, para o time adversário, o direito de exigir a consequência (bater o pênalti), e, para o time que incorreu na falta, o dever de se submeter a ela.

A descrição hipotética diz-se hipótese de incidência. A ocorrência dela, no mundo dos fatos, o fato gerador. Gerador porque gera o direito, para um polo da relação, e o dever, para o outro, de que se cumpra a consequência, normativamente prevista.

O que as leis contêm são as descrições das hipóteses de incidência. Mas, nessa condição, não é errado dizer que se trata da descrição do fato gerador. Não se trata do fato gerador propriamente dito: este estará presente nas ruas, nos armazéns, nas lojas, no mundo concreto, fenomênico. Trata-se da descrição hipotética do fato gerador.

As expressões, inclusive, são intercambiáveis, sem perda da precisão. A hipótese de incidência é a descrição abstrata do fato gerador, e este, o fato gerador, é a hipótese de incidência concretizada, ocorrida, consumada.

Nessa ordem de ideias, este art. 4º define as situações que, se e quando ocorrerem, fazem devido o IVA-Dual. Elas incluem operações onerosas – no mais amplo sentido da palavra, como se depreende do § 2º – e também as não onerosas, embora estas sejam somente as definidas na própria lei complementar. Algo impede outra lei complementar de ampliar esse rol, ou alterar a disposição em comento para aumentá-lo? Sim, sendo de validade duvidosa o próprio rol aqui indicado. Operações não onerosas não revelam capacidade contributiva, e, de mais a mais, carecem de base de cálculo, sendo esta a dimensão econômica ou o aspecto dimensível do fato gerador. De mais a mais, o imposto tem vocação mercantil, e o propósito de alcançar operações onerosas, assim entendidos aqueles negócios, no mais amplo sentido da palavra, realizados com habitualidade no âmbito de uma

7

atividade empresarial[4]. Nesse sentido devem ser entendidas as exceções, que em nenhuma hipótese podem ser ampliadas.

O § 3º, em sintonia com a ideia de *non olet*, e com o disposto no art. 118 do CTN, esclarece ser irrelevante, para a configuração do fato gerador do IBS e da CBS, a validade jurídica ou eventuais formalidades exigidas para o negócio correspondente. O relevante é que, de fato, ele se tenha consumado.

Como se sabe, o IBS substituirá o ICMS e o ISS, mas haverá um período de transição durante o qual os três serão devidos, razão pela qual é preciso esclarecer, embora não seja o que expressamente consta do § 5º, que a incidência do IBS e da CBS não altera a base de cálculo dos impostos de que tratam o art. 155, II, e o art. 156, III, da Constituição Federal, os quais porventura podem ser incidentes sobre as mesmas operações. Isso significa que o montante correspondente ao IBS e à CBS não integrará a base de cálculo do ISS, não se considerando parte integrante do preço do serviço, nem do ICMS, por não integrar o valor da operação de circulação de mercadoria. Pela mesma lógica, embora isso não esteja aqui explicitado, não devem integrar a base de cálculo de PIS e Cofins. Como explicita o § 5º, IBS e CBS tampouco devem integrar a base de cálculo do ITCMD e do ITBI.

> **Art. 5º** O IBS e a CBS também incidem sobre as seguintes operações:
>
> I – fornecimento não oneroso ou a valor inferior ao de mercado de bens e serviços, nas hipóteses previstas nesta Lei Complementar;
>
> II – fornecimento de brindes e bonificações;
>
> III – transmissão, pelo contribuinte, para sócio ou acionista que não seja contribuinte no regime regular, por devolução de capital, dividendos *in natura* ou de outra forma, de bens cuja aquisição tenham permitido a apropriação de créditos pelo contribuinte, inclusive na produção; e
>
> IV – demais fornecimentos não onerosos ou a valor inferior ao de mercado de bens e serviços por contribuinte a parte relacionada.
>
> § 1º O disposto no inciso II do *caput* deste artigo:
>
> I – não se aplica às bonificações que constem do respectivo documento fiscal e que não dependam de evento posterior; e
>
> II – aplica-se ao bem dado em bonificação sujeito a alíquota específica por unidade de medida, inclusive na hipótese do inciso I deste parágrafo.
>
> § 2º Para fins do disposto nesta Lei Complementar, considera-se que as partes são relacionadas quando no mínimo uma delas estiver sujeita à influência, exercida direta ou indiretamente por outra parte, que possa levar ao estabelecimento de termos e de condições em suas transações que divirjam daqueles que seriam estabelecidos entre partes não relacionadas em transações comparáveis.
>
> § 3º São consideradas partes relacionadas, sem prejuízo de outras hipóteses que se enquadrem no disposto no § 2º deste artigo:
>
> I – o controlador e as suas controladas;
>
> II – as coligadas;
>
> III – as entidades incluídas nas demonstrações financeiras consolidadas ou que seriam incluídas caso o controlador final do grupo multinacional de que façam parte preparasse tais demonstrações se o seu capital fosse negociado nos mercados de valores mobiliários de sua jurisdição de residência;

---

[4] OLDMAN, Oliver; SCHENK, Alan. *Value added tax*: a comparative approach. Cambridge: Cambridge University Press, 2007, p. 98-99.

TÍTULO I – DAS NORMAS GERAIS DO IBS E DA CBS Art. 5º

IV – as entidades, quando uma delas possuir o direito de receber, direta ou indiretamente, no mínimo 25% (vinte e cinco por cento) dos lucros da outra ou de seus ativos em caso de liquidação;

V – as entidades que estiverem, direta ou indiretamente, sob controle comum ou em que o mesmo sócio, acionista ou titular detiver 20% (vinte por cento) ou mais do capital social de cada uma;

VI – as entidades em que os mesmos sócios ou acionistas, ou os seus cônjuges, companheiros, parentes, consanguíneos ou afins, até o terceiro grau, detiverem no mínimo 20% (vinte por cento) do capital social de cada uma; e

VII – a entidade e a pessoa física que for cônjuge, companheiro ou parente, consanguíneo ou afim, até o terceiro grau, de conselheiro, de diretor ou de controlador daquela entidade.

§ 4º Para fins da definição de partes relacionadas, o termo entidade compreende as pessoas físicas e jurídicas e as entidades sem personalidade jurídica.

§ 5º Para fins do disposto no § 3º deste artigo, fica caracterizada a relação de controle quando uma entidade:

I – detiver, de forma direta ou indireta, isoladamente ou em conjunto com outras entidades, inclusive em função da existência de acordos de votos, direitos que lhe assegurem preponderância nas deliberações sociais ou o poder de eleger ou destituir a maioria dos administradores de outra entidade;

II – participar, direta ou indiretamente, de mais de 50% (cinquenta por cento) do capital social de outra entidade; ou

III – detiver ou exercer o poder de administrar ou gerenciar, de forma direta ou indireta, as atividades de outra entidade.

§ 6º Para fins do disposto no inciso II do § 3º deste artigo, considera-se coligada a entidade que detenha influência significativa sobre outra entidade, conforme previsto nos §§ 1º, 4º e 5º do art. 243 da Lei 6.404, de 15 de dezembro de 1976.

§ 7º O regulamento poderá flexibilizar a exigência de verificação do valor de mercado de que trata o inciso IV do *caput* deste artigo nas operações entre partes relacionadas, desde que essas operações não estejam sujeitas a vedação à apropriação de créditos, no âmbito de programas de conformidade fiscal.

 COMENTÁRIOS

Esta lei complementar não autoriza, ao contrário do que pode parecer em uma primeira leitura, a incidência ampla de IBS e CBS sobre operações não onerosas. Tampouco se trata de algo que fique a critério do legislador complementar. A regra é a onerosidade de uma operação como elemento essencial do fato gerador do tributo. Como se percebe do artigo em comento, a tributação de operações tidas como não onerosas, excepcionalmente autorizada nas situações que indica, é apenas uma técnica, caminho ou fórmula para que haja o estorno proporcional dos créditos correspondentes às entradas desses bens que são objeto das saídas não onerosas.

Isso explica, por exemplo, o motivo pelo qual as bonificações e os brindes ensejam tributação – como forma de anular ou cancelar o crédito da entrada –, salvo quando se tratar de bonificação que conste de documento fiscal e não dependa de evento posterior. Neste caso, seu tratamento deve ser o mesmo dado aos descontos: trata-se de algo equivalente a um desconto, que se deve, nessa condição, refletir na respectiva base de cálculo.

Imagine-se, por exemplo, que um fornecedor oferta a um comprador uma promoção, em face da qual, se este comprar dez unidades de um produto, ganha uma como brinde.

As onze saem ao preço de dez. O que se tem, no caso, é a mesma realidade de quando se concede um desconto de 10%. As onze mercadorias foram vendidas pelo preço de dez, e este preço deve ser a base de cálculo do tributo, sem qualquer restrição ao creditamento inerente à entrada das onze. Como escreveu Hugo de Brito Machado, em livro dedicado ao ICM, ainda em 1971, a pretensão do Fisco de exigir tributos sobre os brindes é "um evidente sofisma. Na realidade, o vendedor cobrou pelas 12 unidades o preço de 10. Concedeu um desconto equivalente a 2 unidades"[5]. Trata-se de algo que já era pacífico no âmbito da jurisprudência, relativamente ao ICMS (p. ex., no STJ, REsp 1.111.156/SP), ao IPI, e que não poderia ser diferente em matéria de IBS ou CBS.

> **Art. 6º** O IBS e a CBS não incidem sobre:
> I – fornecimento de serviços por pessoas físicas em decorrência de:
> a) relação de emprego com o contribuinte; ou
> b) sua atuação como administradores ou membros de conselhos de administração e fiscal e comitês de assessoramento do conselho de administração do contribuinte previstos em lei;
> II – transferência de bens entre estabelecimentos pertencentes ao mesmo contribuinte, observada a obrigatoriedade de emissão de documento fiscal eletrônico, nos termos do inciso II do § 2º do art. 60 desta Lei Complementar;
> III – baixa, liquidação e transmissão, incluindo alienação, de participação societária, ressalvado o disposto no inciso III do *caput* do art. 5º desta Lei Complementar;
> IV – transmissão de bens em decorrência de fusão, cisão e incorporação e de integralização e devolução de capital, ressalvado o disposto no inciso III do *caput* do art. 5º desta Lei Complementar;
> V – rendimentos financeiros, exceto quando incluídos na base de cálculo no regime específico de serviços financeiros de que trata o Capítulo II do Título V deste Livro e da regra de apuração da base de cálculo prevista no inciso II do § 1º do art. 12 desta Lei Complementar;
> VI – recebimento de dividendos e de juros sobre capital próprio, de juros ou remuneração ao capital pagos pelas cooperativas e os resultados de avaliação de participações societárias, ressalvado o disposto no inciso III do *caput* do art. 5º desta Lei Complementar;
> VII – demais operações com títulos ou valores mobiliários, com exceção do disposto para essas operações no regime específico de serviços financeiros de que trata a Seção III do Capítulo II do Título V deste Livro, nos termos previstos nesse regime e das demais situações previstas expressamente nesta Lei Complementar;
> VIII – doações sem contraprestação em benefício do doador;
> IX – transferências de recursos públicos e demais bens públicos para organizações da sociedade civil constituídas como pessoas jurídicas sem fins lucrativos no País, por meio de termos de fomento, termos de colaboração, acordos de cooperação, termos de parceria, termos de execução descentralizada, contratos de gestão, contratos de repasse, subvenções, convênios e demais instrumentos celebrados pela administração pública direta, por autarquias e por fundações públicas;
> X – destinação de recursos por sociedade cooperativa para os fundos previstos no art. 28 da Lei 5.764, de 16 de dezembro de 1971, e reversão dos recursos dessas reservas; e
> XI – o repasse da cooperativa para os seus associados dos valores decorrentes das operações previstas no *caput* do art. 271 desta Lei Complementar e a distribuição em dinheiro das sobras por sociedade cooperativa aos associados, apuradas em demonstração do

---

[5] MACHADO, Hugo de Brito. *O ICM*. São Paulo: Sugestões Literárias, 1971, p. 101.

TÍTULO I – DAS NORMAS GERAIS DO IBS E DA CBS   Art. 7º

> resultado do exercício, ressalvado o disposto no inciso III do *caput* do art. 5º desta Lei Complementar.
>
> § 1º O IBS e a CBS incidem sobre o conjunto de atos ou negócios jurídicos envolvendo as hipóteses previstas nos incisos III a VII do *caput* deste artigo que constituam, na essência, operação onerosa com bem ou com serviço.
>
> § 2º Caso as doações de que trata o inciso VIII do *caput* deste artigo tenham por objeto bens ou serviços que tenham permitido a apropriação de créditos pelo doador, inclusive na produção:
>
> I – a doação será tributada com base no valor de mercado do bem ou serviço doado; ou
>
> II – por opção do contribuinte, os créditos serão anulados.

 COMENTÁRIOS

A existência deste artigo de algum modo evidencia a atecnia ou a impropriedade do dispositivo anteriormente comentado, segundo o qual tudo e qualquer coisa que não se enquadrar como operação com bens será operação com serviço, sem deixar espaço lógico para hipóteses de não incidência. Sua abrangência é tamanha – âmbito infinito – que torna necessário um paradoxal artigo que enumere situações de não incidência. Não basta dizer que de não incidência são todas as hipóteses que não se encaixem na hipótese de incidência, pois nesta, vista isoladamente, se encaixa tudo e qualquer coisa.

No mais, a rigor, o artigo reforça a ideia já exposta em comentários a artigos anteriores: a natureza empresarial do IVA-Dual, a onerar atividades econômicas desenvolvidas com habitualidade e de modo empresarial[6]. Daí a exclusão de serviços prestados no âmbito de relação de emprego, ou por vínculos societários, ou a mera transmissão de bens entre estabelecimentos do mesmo contribuinte, bem como aquelas em que não há qualquer tipo de contraprestação por parte do destinatário. No caso destas, a eventual incidência, a critério do contribuinte (§ 2º), dá-se apenas como forma de neutralizar ou anular o crédito inerente à entrada. Nessa ordem de ideias, diante de um âmbito de incidência aparentemente de amplitude infinita, é preciso aferir, por exclusão, a partir de disposições como esta, a efetiva natureza do tributo e os contornos de sua base imponível, de modo a remediar a redação.

No caso de transmissão decorrente de fusão, incorporação, cisão, integralização e devolução de capital, não se tem propriamente transmissão, ou sequer "operação", mas transformação ou mudança na própria estrutura do titular do bem. Daí a não incidência. Quando uma sociedade comercial se funde com outra, seus bens não mudam de dono; é o dono que se transforma. Como escreveu Hugo de Brito Machado, em livro dedicado ao ICM, há mais de cinquenta anos, em tais hipóteses, "não havendo saída de mercadorias, nenhuma das operações referidas enseja a incidência do ICM"[7]. Embora mais moderno e diferente em muitos aspectos, o IVA-Dual, neste ponto, segue a mesma lógica.

> **Art. 7º** Na hipótese de fornecimento de diferentes bens e de serviços em uma mesma operação, será obrigatória a especificação de cada fornecimento e de seu respectivo valor, exceto se:
>
> I – todos os fornecimentos estiverem sujeitos ao mesmo tratamento tributário; ou

---

[6] Veja-se, a propósito, a definição de contribuinte, constante do art. 21 desta lei.
[7] MACHADO, Hugo de Brito. *O ICM*. São Paulo: Sugestões Literárias, 1971, p. 49.

Art. 8º

> II – algum dos fornecimentos puder ser considerado principal e os demais seus acessórios, hipótese em que se considerará haver fornecimento único, aplicando-se a ele o tratamento tributário correspondente ao fornecimento principal.
>
> § 1º Para fins do disposto no inciso I do *caput* deste artigo, há tratamento tributário distinto caso os fornecimentos estejam sujeitos a regras diferentes em relação a incidência, regimes de tributação, isenção, momento de ocorrência do fato gerador, local da operação, alíquota, sujeição passiva e não cumulatividade.
>
> § 2º Para fins do disposto no inciso II do *caput* deste artigo, consideram-se fornecimentos acessórios aqueles que sejam condição ou meio para o fornecimento principal.
>
> § 3º Caso haja a cobrança unificada de diferentes fornecimentos em desacordo com o disposto neste artigo, cada fornecimento será considerado independente para todos os fins e a base de cálculo correspondente a cada um será arbitrada na forma do art. 13 desta Lei Complementar.

 COMENTÁRIOS

O artigo em comento teria pouca utilidade e aplicação, caso o IBS e a CBS tivessem seguido seu propósito original, ainda referido na parte inicial desta lei, de neutralidade. Todas as operações seriam tributadas da mesma forma, não se colocando a questão de saber como onerá-las caso nelas se combinassem fornecimento de bens e serviços de diferentes naturezas.

Não foi isso, porém, o que se deu, tendo o Congresso, já na aprovação da EC 132/2023, admitido alguns regimes especiais ou formas de oneração diferenciadas, para IBS e CBS, o que levanta o problema endereçado neste artigo. E se se fornecerem bens e serviços sujeitos a regimes diferentes de tributação, em uma mesma operação ou fatura? A solução primordial, a ser adotada preferencialmente, é a de o contribuinte identificar, do valor total da operação, quanto corresponde à parcela sujeita a um regime jurídico, e quanto corresponde à parcela submetida a regime diferente. Caso isso não ocorra, e também não seja o caso de uma das "partes" da operação ser apenas meio ou acessório destinado a viabilizar a outra parte, a principal, cujo regime seria então inteiramente aplicável a toda a operação, a solução constante do assaz fiscalista PLP 68/2024, que deu origem a esta lei complementar, era a de se aplicar o regime jurídico mais oneroso, pressupondo desde já a malícia do contribuinte, em total violação ao princípio da cooperação. Andou bem, portanto, o Congresso, quando determinou a aplicação das regras de arbitramento em tais casos, até porque nem sempre, como o próprio artigo esclarece, a diferença de regimes significará maior ou menor onerosidade, podendo consistir na definição do local da operação etc.

Seção II
Das Imunidades

> **Art. 8º** São imunes ao IBS e à CBS as exportações de bens e de serviços, nos termos do Capítulo V deste Título.

 COMENTÁRIOS

Imunidade é exceção à regra de competência. Nesse sentido, sendo a competência matéria a ser tratada por normas constitucionais, o mesmo se pode dizer das exceções a ela. Não cabe à lei conceder imunidades. Quando ela diz fazê-lo, empregando terminologia imprópria, é de isenção que se trata. Entretanto, cabe à lei complementar (CF/1988, art. 146, II) regulamentar ou disciplinar as limitações constitucionais ao poder de tributar, âmbito no qual se inclui o trato das imunidades. Não para as conceder, mas para traçar os contornos e requisitos para o seu reconhecimento.

No caso das exportações, a imunidade é concedida pelo art. 156-A, III, da CF/1988, inserido pela EC 132/2023, não por este art. 8º, que apenas reitera o que consta da Constituição. Talvez porque, como nesta seção se trata de imunidade, e algumas serão nos dispositivos seguintes efetivamente regulamentadas, como exige o art. 146 da CF/1988, a não repetição da aplicável às exportações poderia levar mentes mais literalistas e sem maior conhecimento jurídico a concluir que estas teriam sido abolidas, ou que sua não remissão aqui impediria o contribuinte de se beneficiar dela.

A imunidade das exportações é uma prática internacionalmente comum[8], notadamente no que tange aos tributos incidentes sobre o consumo. O usual é que se exonerem, por imunidades ou isenções, as exportações, e se tributem as importações, dentro de uma ideia de que a tributação deve ocorrer no destino, e de que não se deve "exportar tributo".

> **Art. 9º** São imunes também ao IBS e à CBS os fornecimentos:
> I – realizados pela União, pelos Estados, pelo Distrito Federal e pelos Municípios;
> II – realizados por entidades religiosas e templos de qualquer culto, inclusive suas organizações assistenciais e beneficentes;
> III – realizados por partidos políticos, inclusive seus institutos e fundações, entidades sindicais dos trabalhadores e instituições de educação e de assistência social, sem fins lucrativos;
> IV – de livros, jornais, periódicos e do papel destinado a sua impressão;
> V – de fonogramas e videofonogramas musicais produzidos no Brasil contendo obras musicais ou literomusicais de autores brasileiros e/ou obras em geral interpretadas por artistas brasileiros bem como os suportes materiais ou arquivos digitais que os contenham, salvo na etapa de replicação industrial de mídias ópticas de leitura a *laser*;
> VI – de serviço de comunicação nas modalidades de radiodifusão sonora e de sons e imagens de recepção livre e gratuita; e
> VII – de ouro, quando definido em lei como ativo financeiro ou instrumento cambial.
> § 1º A imunidade prevista no inciso I do *caput* deste artigo é extensiva às autarquias e às fundações instituídas e mantidas pelo poder público e à empresa pública prestadora de serviço postal, bem como:
> I – compreende somente as operações relacionadas com as suas finalidades essenciais ou as delas decorrentes;
> II – não se aplica às operações relacionadas com exploração de atividades econômicas regidas pelas normas aplicáveis a empreendimentos privados ou em que haja contraprestação ou pagamento de preços ou tarifas pelo usuário; e
> III – não exonera o promitente comprador da obrigação de pagar tributo relativamente a bem imóvel.
> § 2º Para efeitos do disposto no inciso II do *caput* deste artigo, considera-se:

---

[8] No Brasil, há imunidade para exportações relativamente a praticamente todos os tributos, com exceção, óbvia e naturalmente, do imposto de exportação, o qual, ainda assim, é exigido com propósito meramente extrafiscal e em apenas algumas excepcionais situações.

> I – entidade religiosa e templo de qualquer culto a pessoa jurídica de direito privado sem fins lucrativos que tem como objetivos professar a fé religiosa e praticar a religião; e
>
> II – organização assistencial e beneficente a pessoa jurídica de direito privado sem fins lucrativos vinculada e mantida por entidade religiosa e templo de qualquer culto, que fornece bens e serviços na área de assistência social, sem discriminação ou exigência de qualquer natureza aos assistidos.
>
> § 3º A imunidade prevista no inciso III do *caput* deste artigo aplica-se, exclusivamente, às pessoas jurídicas sem fins lucrativos que cumpram, de forma cumulativa, os requisitos previstos no art. 14 da Lei 5.172, de 25 de outubro de 1966 (Código Tributário Nacional).
>
> § 4º As imunidades das entidades previstas nos incisos I a III do *caput* deste artigo não se aplicam às suas aquisições de bens materiais e imateriais, inclusive direitos, e serviços.

 COMENTÁRIOS

As disposições do art. 9º, ora comentadas, repetem, desdobram e consolidam normas constitucionais sobre imunidade, constantes do art. 150, VI e §§, da CF/1988, e esparsas em alguns outros dispositivos, como o § 5º do art. 153 da CF, amoldando-as ainda ao entendimento do Supremo Tribunal Federal em torno do tema.

Na proposital indefinição entre quem seria o "verdadeiro" contribuinte do tributo indireto, ora considerado o contribuinte dito "de direito", ora reputado como sendo o consumidor, dito contribuinte "de fato", permanece a visão, apoiada pela jurisprudência, de considerar, para efeito de imunidade, o contribuinte "de direito". Daí reconhecerem-se imunes os fornecimentos feitos por entes federativos[9] (CF/1988, art. 150, VI, *a*), entidades religiosas e templos de qualquer culto, inclusive suas organizações assistenciais e beneficentes (CF/1988, art. 150, VI, *b*), partidos políticos, inclusive fundações, entidades sindicais de trabalhadores e instituições de educação e assistência social, sem fins lucrativos (CF/1988, art. 150, VI, *c*), vale dizer, as imunidades ditas *subjetivas*, assim entendidas aquelas concedidas em função de características ostentadas pelo sujeito da relação. Não se reconhecem imunes operações que os tenham como consumidores, destinatários ou adquirentes, ou seja, neste momento eles não são os "verdadeiros contribuintes"[10]. Serão quando alguém recolher IBS e CBS indevidamente em operação destinada a eles, e posteriormente pleitear a restituição.

---

[9] Há regra específica, neste caso, que lhes destina o IBS correspondente (CF/1988, art. 149-C), chegando-se economicamente ao mesmo resultado com maior complexidade, mas as demais entidades subjetivamente imunes não gozam dessa possibilidade.

[10] Especificamente quanto a esse ponto, mais recentemente o STF decidiu, com repercussão geral, que a imunidade subjetiva do contribuinte dito "de fato" não pode ser invocada para afastar a cobrança do ICMS em operação de compra e venda, visto que o contribuinte "de direito" não seria imune: "Vide que o ente beneficiário de imunidade tributária subjetiva ocupante da posição de simples contribuinte de fato – como ocorre no presente caso –, embora possa arcar com os ônus financeiros dos impostos envolvidos nas compras de mercadorias (a exemplo do IPI e do ICMS), caso tenham sido transladados pelo vendedor contribuinte de direito, desembolsa importe que juridicamente não é tributo, mas sim preço, decorrente de uma relação contratual. Note-se, ademais, que a existência ou não dessa translação econômica e sua intensidade dependem de diversos fatores externos à natureza da exação, como o momento da pactuação do preço (se antes ou depois da criação ou da majoração do tributo), a elasticidade da oferta e a elasticidade da demanda. Sobre o tema, destaco as lições de Hugo de Brito Machado: 'O argumento de que o imposto sobre produtos industrializados (IPI) assim como o imposto sobre operações relativas à circulação de mercadorias (ICMS) não incidem na saída de mercadorias que o particular (industrial, comerciante ou produtor) vende ao Poder Público, porque

TÍTULO I – DAS NORMAS GERAIS DO IBS E DA CBS | Art. 9º

Ainda quanto a este ponto, a redação original do PLP 68/2024, que originou esta lei complementar, explicitava não serem imunes as *importações* feitas pelas entidades referidas nas alíneas *a* a *c* do inc. VI do art. 150 da CF/1988, no que incorria em manifesta inconstitucionalidade. A redação foi alterada pelo Congresso, fazendo remissão agora apenas às "aquisições", ressalva que, todavia, não abrange as importações, pois neste caso a operação (que é a importação) é feita pela entidade imune, ainda que na condição de adquirente. Que as imunidades não se apliquem a compras que façam no mercado interno, trata-se de decorrência da definição destas, nessas hipóteses, como meras "contribuintes de fato", o que não se dá nas importações, conforme, aliás, farta jurisprudência do STF[11], mas não é esse o caso em se tratando de importação.

---

o ônus financeiro respectivo recai sobre este, não tem qualquer fundamento jurídico. Pode ser válido no âmbito da Ciência das Finanças. Não no Direito Tributário. A relação tributária instaura-se entre o industrial, ou comerciante, que vende, e por isto assume a condição de contribuinte, e a Fazenda Pública, ou Fisco, credor do tributo. Entre o Estado comprador da mercadoria e o industrial, ou comerciante, que a fornece, instaura-se uma relação jurídica inteiramente diversa, de natureza contratual. O Estado comprador paga simplesmente o preço da mercadoria adquirida. Não o tributo. Este pode estar incluído no preço, mas neste também está incluído o salário dos empregados do industrial, ou comerciante, e nem por isto se pode dizer que há no caso pagamento de salários. Tal inclusão pode ocorrer, ou não. É circunstancial e independe de qualquer norma jurídica. Em última análise, no preço de um produto poderão estar incluídos todos os seus custos, mas isto não tem relevância para o Direito, no pertinente à questão de saber quem paga tais custos' (MACHADO, Hugo de Brito. *Curso de Direito Tributário*. 30. ed. São Paulo: Malheiros, 2009, p. 286-287). Desenvolvendo o assunto, o professor aponta a impossibilidade de, no contexto do exercício de atividades econômicas, ter-se a certeza de que houve a transferência do encargo financeiro dos tributos, em razão de o lucro não ser tabelado. Quanto ao art. 150, § 5º, da Constituição Federal, leciona não haver a transformação dos consumidores finais em contribuintes de direito dos impostos incidentes sobre mercadorias e serviços que repercutem economicamente, mas sim existir o reconhecimento de que 'o consumidor ou usuário não é o contribuinte, tanto assim que precisa ser informado a respeito dos tributos que oneram as mercadorias e serviços' (MACHADO, Hugo de Brito. Tributação indireta no Direito brasileiro. In: MACHADO, Hugo de Brito (coord.). *Tributação indireta no Direito brasileiro*. São Paulo: Malheiros, 2013, p. 208). Na mesma toada, Hugo de Brito Machado Segundo ensina que a repercussão econômica tributária ocorre por força de uma 'oportunidade de transferência': se o mercado permitir, será possível repassar todo o encargo financeiro da exação. Igualmente afirma que "em qualquer caso, o terceiro para o qual é transferido esse ônus estará pagando, juridicamente, preço, regido pelas normas contratuais correspondentes' (MACHADO SEGUNDO, Hugo de Brito. Tributação indireta no Direito brasileiro. In: MACHADO, Hugo de Brito (coord.). *Tributação indireta no Direito brasileiro*. São Paulo: Malheiros, 2013, p. 218). Para Geraldo Ataliba, a classificação dos tributos em direto e indireto, segundo o critério da translação econômica, não é jurídica, mas simplesmente econômica. O professor ainda afirma que a exação pode ter sua classe alterada pela conjuntura econômica, mesmo inexistindo mudança no sistema jurídico (ATALIBA, Geraldo. *Hipótese de incidência tributária*. 6. ed. São Paulo: Malheiros, 2010, p. 143)" (voto proferido pelo Min. Dias Toffoli, no RE 608.872/MG, com repercussão geral).

[11] Como a CF/1988 refere-se à imunidade do "patrimônio, renda ou serviços", a União Federal chegou a invocar, para excluir o imposto de importação e o IPI incidente na importação – que têm o importador entidade imune como contribuinte "de direito" – da abrangência da imunidade em exame, a classificação dos impostos pelos capítulos do CTN (impostos sobre comércio exterior; impostos sobre patrimônio e renda; impostos sobre produção e circulação etc.). Segundo a União, tal imunidade diria respeito apenas aos impostos sobre "patrimônio e renda" (IPTU, IPVA, IRPJ...), e aos impostos sobre "serviços" (ISS), e somente a eles. O imposto de importação não estaria alcançado, pois é imposto "sobre o comércio exterior". O STF rechaçou essa tese, afirmando que não se pode invocar, "para o fim de ser restringida a imunidade, critérios de classificação dos impostos adotados por normas infraconstitucionais, mesmo porque não é adequado distinguir entre bens e patrimônio, dado que este se constitui do conjunto daqueles. O que cumpre perquirir, portanto, é se o bem adquirido, no mercado interno ou externo, integra o patrimônio da entidade abrangida pela imunidade" (STF, RE 193.969-9, rel. Min. Carlos Velloso, 2ª Turma, v.u., *DJ* 06.12.1996, p. 48733). No mesmo sentido: "A

15

Ao repetir a norma que cuida da imunidade de livros, jornais e periódicos, o artigo não mencionou a abrangência sobre livros eletrônicos e sobre os leitores digitais a eles correspondentes, itens que a jurisprudência do STF já pacificou como albergados pela regra imunizante e que, por isso, devem ser considerados como também excluídos – quanto "fornecidos" – da incidência de IBS e CBS. O mesmo ocorre quando explicita que a imunidade recíproca, conquanto não alcance em regra as empresas públicas, beneficia os Correios: o STF já entendeu que isso ocorre com outras empresas públicas que prestem serviços públicos essenciais em regime de monopólio, como as que fornecem água.

Quanto à imunidade dos fonogramas, pode-se aqui repetir crítica que pode ser feita ao próprio dispositivo constitucional. Primeira é a ofensa a tratados internacionais firmados pelo Brasil, nos quais o país se compromete a onerar produtos estrangeiros e nacionais, no que tange aos tributos incidentes internamente (com exceção portanto apenas do imposto de importação), com as mesmas alíquotas, impondo-lhes os mesmos ônus. A segunda, para além do anacronismo de inserir em texto que se supõe longevo – o constitucional – remissões específicas a determinadas tecnologias, como são os discos ópticos a *laser* (CDs), os quais já haviam caído em desuso mesmo quando a emenda constitucional que inseriu tal disposição na CF/1988 foi aprovada. O mais problemático desta imunidade, contudo, é sua implementação prática, no âmbito das atuais plataformas por meio das quais se ouvem músicas. Como separar, em uma assinatura paga a uma empresa fornecedora de músicas via *streaming*, valor fixo mensal, a parcela equivalente à remuneração por músicas de autores brasileiros, ou interpretadas por artistas brasileiros?

Para além de repetir e compilar dispositivos constitucionais, como dito, o artigo em comento traz algumas explicitações. Define entidade religiosa como aquela que professa fé religiosa e pratica religião, em sintonia com a jurisprudência do STF que, forte nessas razões, negou a imunidade em questão às casas maçônicas[12]. Quanto à explicitação de que as entidades beneficentes e assistenciais devem fornecer exclusiva e gratuitamente bens e serviços na área de assistência social, sem discriminação ou exigência de qualquer natureza aos assistidos, registre-se que se trata de esclarecimento aplicável àquelas ligadas às entidades religiosas e que nessa condição usufruam da imunidade, nos termos inovados pela EC 132/2023. Se se tratar de entidade de educação, ou de assistência social, sem fins lucrativos (CF/1988, art. 150, VI, *c*, parte final), a gratuidade não se faz necessária, sendo essencial o cumprimento do art. 14 do CTN, o qual, ao cuidar da não distribuição de resultados, e do investimento destes, chega mesmo a pressupor a não gratuidade.

---

imunidade prevista no art. 150, VI, *c*, da Constituição Federal, em favor das instituições de assistência social, abrange o Imposto de Importação e o Imposto sobre Produtos Industrializados, que incidem sobre bens a serem utilizados na prestação de seus serviços específicos" (STF, RE 243.807/SP, rel. Min. Ilmar Galvão, 1ª Turma, j. 15.02.2000, v.u., *DJ* 28.04.2000, p. 98). Essa também tem sido a orientação da Câmara Superior de Recursos Fiscais, órgão de julgamento de última instância no plano do processo administrativo fiscal federal: "A imunidade do art. 150, VI, *a* e § 2º, da Constituição Federal alcança os Impostos de Importação e sobre Produtos Industrializados, vez que a significação do termo 'patrimônio' não é o contido na classificação dos impostos adotada pelo CTN, mas sim a do art. 57 do Código Civil, que congrega o conjunto de todos os bens e direitos, à guisa do comando normativo do art. 110 do próprio CTN" (CSRF, Proc. 10814.007231/94-03, Ac. CSRF/03-02.898, rel. Cons. Nilton Luiz Bártoli, *DOU* 31.03.1999, p. 15, *RDDT* 45/99, p. 220).

[12] "A imunidade tributária conferida pelo art. 150, VI, *b*, é restrita aos templos de qualquer culto religioso, não se aplicando à maçonaria, em cujas lojas não se professa qualquer religião" (STF, RE 562.351, rel. Min. Ricardo Lewandowski, 1ª Turma, *DJe-245* divulgado em 13.12.2012).

TÍTULO I – DAS NORMAS GERAIS DO IBS E DA CBS   Art. 10

Seção III
Do Momento de Ocorrência do Fato Gerador

Art. 10. Considera-se ocorrido o fato gerador do IBS e da CBS no momento do fornecimento nas operações com bens ou com serviços, ainda que de execução continuada ou fracionada.

§ 1º Para fins do disposto no *caput* deste artigo, considera-se ocorrido o fornecimento no momento:

I – do início do transporte, na prestação de serviço de transporte iniciado no País;

II – do término do transporte, na prestação de serviço de transporte de carga quando iniciado no exterior;

III – do término do fornecimento, no caso dos demais serviços;

IV – em que o bem for encontrado desacobertado de documentação fiscal idônea; e

V – da aquisição do bem nas hipóteses de:

a) licitação promovida pelo poder público de bem apreendido ou abandonado; ou

b) leilão judicial.

§ 2º Nas aquisições de bens e serviços pela administração pública direta, por autarquias e por fundações públicas, que estejam sujeitas ao disposto no art. 473 desta Lei Complementar, considera-se ocorrido o fato gerador no momento em que se realiza o pagamento.

§ 3º Nas operações de execução continuada ou fracionada em que não seja possível identificar o momento de entrega ou disponibilização do bem ou do término do fornecimento do serviço, como as relativas a abastecimento de água, saneamento básico, gás canalizado, serviços de telecomunicação, serviços de internet e energia elétrica, considera-se ocorrido o fato gerador no momento em que se torna devido o pagamento.

§ 4º Para fins do disposto no *caput* deste artigo, caso ocorra pagamento, integral ou parcial, antes do fornecimento:

I – na data de pagamento de cada parcela:

a) serão exigidas antecipações dos tributos, calculadas da seguinte forma:

1. a base de cálculo corresponderá ao valor de cada parcela paga;

2. as alíquotas serão aquelas vigentes na data do pagamento de cada parcela;

b) as antecipações de que trata a alínea *a* deste inciso constarão como débitos na apuração;

II – na data do fornecimento:

a) os valores definitivos dos tributos serão calculados da seguinte forma:

1. a base de cálculo será o valor total da operação, incluindo as parcelas pagas antecipadamente;

2. as alíquotas serão aquelas vigentes na data do fornecimento;

b) caso os valores das antecipações sejam inferiores aos definitivos, as diferenças constarão como débitos na apuração; e

c) caso os valores das antecipações sejam superiores aos definitivos, as diferenças serão apropriadas como créditos na apuração.

§ 5º Na hipótese do § 4º deste artigo, caso não ocorra o fornecimento a que se refere o pagamento, inclusive em decorrência de distrato, o fornecedor poderá apropriar créditos com base no valor das parcelas das antecipações devolvidas.

 COMENTÁRIOS

Dedicado ao aspecto temporal do fato gerador do IBS e da CBS, o art. 10 contém disposições que podem gerar choques com outras normas desta mesma lei e em especial com

17

princípios constitucionais, devendo ser vistas com temperamentos de sorte a evitá-los. Recorde-se que o legislador não pode, arbitrariamente, alterar a realidade apenas com o uso de palavras ou expressões como "considera-se". Não pode "considerar" ocorrido um fato gerador, antes de ele, assim entendido aquele que se situa no âmbito constitucionalmente permitido ao legislador tributário alcançar, ter efetivamente ocorrido. Se o fato é a ocorrência de uma operação com bens ou serviços, não pode a lei dizer que esse fato "considera-se" ocorrido apenas porque o contribuinte sonhou, ou pensou em realizá-lo, por exemplo.

De início, no que tange à generalidade das operações com bens ou serviços, estabelece que o fato gerador se considera ocorrido no momento do fornecimento, ou do pagamento, *o que ocorrer primeiro*. Isso estava explícito na redação do PLP 68/2024, que deu origem a esta lei complementar, e segue implícito nesta, ainda que bastante melhorada, pois agora se define o momento "do fornecimento", mas assevera fazer-se devido o tributo antes dela, se em antecipação ao fornecimento houver o pagamento da operação, ainda que parcial.

Acontece que o fornecimento pode ocorrer, e não se dar o pagamento. Neste caso, o imposto será devido? E se o pagamento jamais acontecer? É preciso decidir se o fato gerador é o fornecimento, ou se é o pagamento (como no caso de PIS e Cofins, que é a receita), não podendo ser os dois, "o que ocorrer primeiro", sob pena de surgirem situações até mesmo de dupla tributação.

Imagine-se a hipótese de *split payment*, ou de pagamento feito pelo adquirente. Fornecida a mercadoria e não efetuado o pagamento (da mercadoria), por inadimplência do comprador, dá-se a ocorrência do fato gerador, porque o fornecimento "ocorreu primeiro". Exige-se o imposto do contribuinte fornecedor? E depois, quando o pagamento ocorrer, em atraso, exige-se novamente o imposto, pela via do *split payment*? O sistema informatizado que gerenciar o *split payment* será programado para esta hipótese? Esses são aspectos que deveriam ser tratados na lei, não podendo ficar para o regulamento, e menos ainda para o arbítrio da autoridade aplicadora, e seriam eliminados se não se recorresse a essa gananciosa duplicidade de critérios pautados sempre na maior vantagem para o Fisco.

Quanto aos serviços de prestação continuada, a lei também não é clara ao definir se o tributo é devido com o pagamento, ou se independe deste, sendo devido mesmo no caso de inadimplência, quando estabelece que o fato gerador se considera ocorrido no momento em que se faz devido o pagamento.

É preciso adotar-se critério coerente. Se o fato gerador é o fornecimento, a entrega, a remessa, ou, como no ICMS, a "saída da mercadoria do estabelecimento", o efetivo recebimento do preço pode não ser relevante para tornar o tributo devido. Mas se se diz que o pagamento é feito pelo adquirente, que o contribuinte é "mero coletor", não é coerente estabelecer o tributo como devido antes e independentemente de este pagamento ocorrer.

Quanto às situações nas quais o bem é encontrado desacobertado de documentação idônea, é preciso fazer observação, de resto aplicável a quaisquer outras situações nas quais a legislação se reporta à inidoneidade documental como requisito ou pressuposto para imposições tributárias, tais como arbitramentos, exigência do imposto etc. Inidônea é a documentação que não se presta ao fim a que se destina, a saber, comprovar que a operação foi realizada, com seus elementos identificadores, vale dizer, os elementos necessários à determinação do montante de tributo devido. A partir da nota, deve ser possível definir os elementos da obrigação: quem deve, a quem deve, quanto deve etc. Se tais informações constarem do documento, mas este for omisso em algum aspecto formal que não comprometa a veracidade do que nele se documenta, não se pode afirmá-lo inidôneo para exigir tributos à revelia do que se acha registrado.

Faz-se o esclarecimento porque foi, aliás, ainda é, comum, no âmbito do ICMS, que a legislação defina como idôneo o documento que preenche os requisitos legais, e, em outro artigo, indique quais requisitos são esses, descendo a detalhes como tipo ou cor do papel, no caso de documentos impressos, ou versão do *software*, no caso de documentos eletrônicos. Nesse contexto, diante de tais disposições, autoridades fiscais percebem que o contribuinte realizou operação, escriturou, emitiu a nota e tributou, mas identificam que, na nota, o CNPJ do destinatário, ou do remetente, tem um dígito trocado, ou o número da rua, no endereço, foi escrito errado. Fazem então o silogismo de que o CNPJ correto ou o endereço correto são elementos essenciais da nota, sem os quais esta se torna inidônea, e com base nisso arbitram e exigem o imposto novamente, ignorando o fato de que ele já foi suficientemente recolhido. Trata-se de procedimento tão equivocado quanto arbitrário, pois a nota é um meio de prova de que a operação ocorreu, e de seus contornos e elementos, não podendo um vício formal incapaz de tirar dela esse poder probante ser, por si, fato gerador de uma segunda e adicional exigência do mesmo tributo.

Seção IV
Do Local da Operação

Art. 11. Considera-se local da operação com:

I – bem móvel material, o local da entrega ou disponibilização do bem ao destinatário;

II – bem imóvel, bem móvel imaterial, inclusive direito, relacionado a bem imóvel, serviço prestado fisicamente sobre bem imóvel e serviço de administração e intermediação de bem imóvel, o local onde o imóvel estiver situado;

III – serviço prestado fisicamente sobre a pessoa física ou fruído presencialmente por pessoa física, o local da prestação do serviço;

IV – serviço de planejamento, organização e administração de feiras, exposições, congressos, espetáculos, exibições e congêneres, o local do evento a que se refere o serviço;

V – serviço prestado fisicamente sobre bem móvel material e serviços portuários, o local da prestação do serviço;

VI – serviço de transporte de passageiros, o local de início do transporte;

VII – serviço de transporte de carga, o local da entrega ou disponibilização do bem ao destinatário constante no documento fiscal;

VIII – serviço de exploração de via, mediante cobrança de valor a qualquer título, incluindo tarifas, pedágios e quaisquer outras formas de cobrança, o território de cada Município e Estado, ou do Distrito Federal, proporcionalmente à correspondente extensão da via explorada;

IX – serviço de telefonia fixa e demais serviços de comunicação prestados por meio de cabos, fios, fibras e meios similares, o local de instalação do terminal; e

X – demais serviços e demais bens móveis imateriais, inclusive direitos, o local do domicílio principal do:

a) adquirente, nas operações onerosas;

b) destinatário, nas operações não onerosas.

§ 1º Para fins do disposto no inciso I do *caput* deste artigo:

I – em operação realizada de forma não presencial, assim entendida aquela em que a entrega ou disponibilização não ocorra na presença do adquirente ou destinatário no estabelecimento do fornecedor, considera-se local da entrega ou disponibilização do bem ao destinatário o destino final indicado pelo adquirente:

a) ao fornecedor, caso o serviço de transporte seja de responsabilidade do fornecedor; ou

b) ao terceiro responsável pelo transporte, caso o serviço de transporte seja de responsabilidade do adquirente;

II – considera-se ocorrida a operação no local do domicílio principal do destinatário, na aquisição de veículo automotor terrestre, aquático ou aéreo;

III – considera-se ocorrida a operação no local onde se encontra o bem móvel material:

a) na aquisição de bem nas hipóteses de:

1. licitação promovida pelo poder público de bem apreendido ou abandonado; ou

2. leilão judicial; e

b) na constatação de irregularidade pela falta de documentação fiscal ou pelo acobertamento por documentação inidônea.

§ 2º Para fins do disposto no inciso II do *caput* deste artigo, caso o bem imóvel esteja situado em mais de um Município, considera-se local do imóvel o Município onde está situada a maior parte da sua área.

§ 3º Para fins desta Lei Complementar, considera-se local do domicílio principal do adquirente ou, conforme o caso, do destinatário:

I – o local constante do cadastro com identificação única de que trata o art. 59 desta Lei Complementar, que deverá considerar:

a) para as pessoas físicas, o local da sua habitação permanente ou, na hipótese de inexistência ou de mais de uma habitação permanente, o local onde as suas relações econômicas forem mais relevantes; e

b) para as pessoas jurídicas e entidades sem personalidade jurídica, conforme aplicável, o local de cada estabelecimento para o qual seja fornecido o bem ou serviço;

II – na hipótese de adquirente ou destinatário não regularmente cadastrado, o que resultar da combinação de ao menos 2 (dois) critérios não conflitantes entre si, à escolha do fornecedor, entre os seguintes:

a) endereço declarado ao fornecedor;

b) endereço obtido mediante coleta de outras informações comercialmente relevantes no curso da execução da operação;

c) endereço do adquirente constante do cadastro do arranjo de pagamento utilizado para o pagamento da operação; e

d) endereço de Protocolo de Internet (IP) do dispositivo utilizado para contratação da operação ou obtido por emprego de método de geolocalização;

III – caso não seja possível cumprir o disposto no inciso II deste parágrafo, será considerado o endereço declarado ao fornecedor.

§ 4º Nas aquisições realizadas de forma centralizada por contribuinte sujeito ao regime regular do IBS e da CBS que possui mais de um estabelecimento e que não estejam sujeitas a vedação à apropriação de créditos:

I – os serviços de que trata o inciso IX do *caput* deste artigo serão considerados prestados no domicílio principal do adquirente; e

II – para fins do disposto no inciso X do *caput* deste artigo e no inciso I deste parágrafo, considera-se como domicílio principal do adquirente o local do seu estabelecimento matriz.

§ 5º Aplica-se aos serviços de que trata o inciso III do *caput* deste artigo que forem prestados à distância, ainda que parcialmente, o disposto no inciso X do *caput* deste artigo.

§ 6º Caso a autoridade tributária constate que as informações prestadas pelo adquirente nos termos do § 3º deste artigo estejam incorretas e resultem em pagamento a menor do IBS e da CBS, a diferença será exigida do adquirente, com acréscimos legais.

TÍTULO I – DAS NORMAS GERAIS DO IBS E DA CBS Art. 11

> § 7º Nas operações com abastecimento de água, gás canalizado e energia elétrica, considera-se como local da operação:
>
> I – o local da entrega ou disponibilização, nas operações destinadas a consumo;
>
> II – o local do estabelecimento principal do adquirente, definido nos termos do § 4º deste artigo:
>
> a) no fornecimento de serviços de transmissão de energia elétrica; e
>
> b) nas demais operações, inclusive nas hipóteses de geração, distribuição ou comercialização de energia elétrica.
>
> § 8º Na hipótese de que trata o inciso X do *caput* deste artigo, caso o adquirente seja residente ou domiciliado no exterior e o destinatário seja residente ou domiciliado no País, considera-se como local da operação o domicílio do destinatário.
>
> § 9º Nas aquisições de energia elétrica realizadas de forma multilateral, considera-se local da operação o do estabelecimento ou domicílio do agente que figure com balanço energético devedor.
>
> § 10. Nas operações de transporte dutoviário de gás natural, o local da operação será o do estabelecimento principal do:
>
> I – fornecedor na contratação de capacidade de entrada de gás natural do duto, nos termos da legislação aplicável; e
>
> II – adquirente, na contratação de capacidade de saída do gás natural do duto.
>
> § 11. Aplica-se o disposto no inciso X do *caput* deste artigo às operações de cessão de espaço para prestação de serviços publicitários.

 COMENTÁRIOS

Dedicado ao aspecto espacial do fato gerador do IBS e da CBS, o art. 11 veicula normas destinadas a determinar onde se deve considerar ocorrido o fato que gera a obrigação de pagar IBS e CBS. Não basta definir que esse fato é a realização de uma operação com bens ou serviços, e que o local dessa operação seria logicamente o local da ocorrência do fato gerador, pois há situações em que a operação se dá em conexão ou contato com mais de uma localidade. É preciso estabelecer critérios, até para evitar possíveis conflitos de pretensão impositiva, determinantes de qual, dos vários locais em tese possíveis, deve ser considerado como aquele em que se consumou, ocorreu ou realizou o fato gerador. O relevo disso é, especialmente, definir qual o Estado-membro, e o Município, ou se é o Distrito Federal, que tem competência para exigir o IBS.

Em se tratando de bem móvel material (*v.g.*, sapato, roupa, câmera fotográfica), considera-se ocorrido o fato gerador no local da entrega ou da disponibilização do bem ao destinatário. Se se compram algumas caixas de vinho, não importa se a empresa vendedora se situa em Porto Alegre, no Rio Grande do Sul, e se o comprador está estabelecido em Salvador, na Bahia. Se comprador e vendedor pactuam a entrega dos vinhos em endereço indicado pelo comprador, no Rio de Janeiro, será o Município do Rio, no Estado do Rio, o local da ocorrência do fato gerador. Exceção é o caso de veículos automotores, quando o local não será o da entrega, ou da disponibilização, mas o do domicílio principal do destinatário. Assim, se uma locadora de veículos adquirir centenas de veículos, determinando à vendedora que os deixe em agências suas espalhadas pelo país, o IBS será todo devido ao Município e ao Estado onde funcionar sua sede.

Em sendo a operação com imóvel, ou com bem imaterial relacionado a imóvel, ou serviço prestado sobre imóvel (p. ex., limpeza, reforma), o local da ocorrência é facilmente identificado como o local onde o imóvel estiver situado. Segue-se regra semelhante à que se adotava para fins de ISS, quando se tratava de serviço de construção civil (desde o art. 12 do hoje revogado Decreto-Lei 406/1968).

Observe-se a diferença em se tratando de serviço de transporte. Em se tratando de passageiros, local da ocorrência é o do início. No caso da carga, o da entrega ou da disponibilização do bem transportado. O critério legal, conquanto satisfatório em se tratando de serviço de carga, pode gerar problemas no que tange a transporte de passageiros. Se o cidadão compra, em João Pessoa, utilizando a *internet*, passagem no *site* de uma companhia aérea, para fazer voo para o Rio Grande do Sul, saindo de Recife, fazendo conexão em Guarulhos, e seguindo para Porto Alegre em outro voo, qual Município, e Estado, será considerado como aquele em que o fato gerador ocorreu? Recife, que foi onde o serviço de transporte aéreo começou? Em havendo a conexão em Guarulhos, o IBS referente ao segundo trecho será devido a São Paulo, ou, como o preço da passagem foi um só, e a viagem começou em Recife, pertencerá a esse Município, e ao Estado de Pernambuco, o respectivo IBS? Essa segunda resposta parece a mais razoável, mas não se pode excluir a possibilidade de conflitos, como de resto ocorreu em relação ao ICMS, levando o STF até mesmo a declarar inconstitucional (ADI 1.600/DF) a cobrança do imposto enquanto a lei complementar não dirimisse adequadamente tais conflitos, o que nunca chegou a ocorrer.

Finalmente, no caso de demais serviços e bens imateriais em geral, considera-se local da ocorrência do fato gerador o local do domicílio principal do destinatário. Em se tratando de um serviço de *streaming*, ou de armazenamento de dados em nuvem, por exemplo, o local é o do endereço do usuário no "cadastro único de identificação", o qual, se for omisso, será considerado como sendo aquele decorrente da combinação de pelo menos dois dos critérios indicados no inciso II do § 3º, que não forem conflitantes. Assim, por exemplo, se o usuário do serviço de *streaming* não possui cadastro com seu endereço no cadastro com identificação única de que trata o art. 59 desta lei complementar, mas usou cartão de crédito para pagar pelo serviço, pode-se adotar o endereço indicado para a empresa de cartão de crédito (caso não tenha usado o cartão de um terceiro), caso este convirja com o endereço eletrônico (IP) da máquina usada quando da celebração do contrato, ou com endereço encontrado por método de geolocalização, ou com outras informações obtidas diante da operação a ser tributada.

Se a conjugação de tais métodos não for possível, recorre-se unicamente ao endereço declarado ao fornecedor, no caso do exemplo, o endereço do titular da conta no serviço de *streaming* inserido quando de seu cadastro na respectiva plataforma. Se o endereço do destinatário situar-se no exterior, mas o do adquirente encontrar-se no Brasil (quem paga é pessoa diferente de quem é beneficiado), considera-se, para fins de ocorrência do fato gerador, este último, a evidenciar, uma vez mais, o viés fiscalista presente na redação da lei, de sempre incoerentemente mudar de critérios e de parâmetros, em diversos momentos de definição de elementos da relação obrigacional, sempre com o intuito de sempre favorecer a Fazenda. O fato gerador é a entrega ou o pagamento, o que ocorrer primeiro. O local é o do destinatário ou do adquirente, o que for no país, e assim por diante...

Seção V
Da Base de Cálculo

Art. 12. A base de cálculo do IBS e da CBS é o valor da operação, salvo disposição em contrário prevista nesta Lei Complementar.

§ 1º O valor da operação compreende o valor integral cobrado pelo fornecedor a qualquer título, inclusive os valores correspondentes a:

I – acréscimos decorrentes de ajuste do valor da operação;

II – juros, multas, acréscimos e encargos;

III – descontos concedidos sob condição;

IV – valor do transporte cobrado como parte do valor da operação, no transporte efetuado pelo próprio fornecedor ou no transporte por sua conta e ordem;

V – tributos e preços públicos, inclusive tarifas, incidentes sobre a operação ou suportados pelo fornecedor, exceto aqueles previstos no § 2º deste artigo; e

VI – demais importâncias cobradas ou recebidas como parte do valor da operação, inclusive seguros e taxas.

§ 2º Não integram a base de cálculo do IBS e da CBS:

I – o montante do IBS e da CBS incidentes sobre a operação;

II – o montante do Imposto sobre Produtos Industrializados (IPI);

III – os descontos incondicionais;

IV – os reembolsos ou ressarcimentos recebidos por valores pagos relativos a operações por conta e ordem ou em nome de terceiros, desde que a documentação fiscal relativa a essas operações seja emitida em nome do terceiro; e

V – o montante incidente na operação dos tributos a que se referem o inciso II do *caput* do art. 155, o inciso III do *caput* do art. 156 e a alínea *b* do inciso I e o inciso IV do *caput* do art. 195 da Constituição Federal, e da Contribuição para os Programas de Integração Social e de Formação do Patrimônio do Servidor Público (Contribuição para o PIS/Pasep) a que se refere o art. 239 da Constituição Federal, de 1º de janeiro de 2026 a 31 de dezembro de 2032;

VI – a contribuição de que trata o art. 149-A da Constituição Federal.

§ 3º Para efeitos do disposto no inciso III do § 2º deste artigo, considera-se desconto incondicional a parcela redutora do preço da operação que conste do respectivo documento fiscal e não dependa de evento posterior, inclusive se realizado por meio de programa de fidelidade concedido de forma não onerosa pelo próprio fornecedor.

§ 4º A base de cálculo corresponderá ao valor de mercado dos bens ou serviços, entendido como o valor praticado em operações comparáveis entre partes não relacionadas, nas seguintes hipóteses:

I – falta do valor da operação;

II – operação sem valor determinado;

III – valor da operação não representado em dinheiro; e

IV – operação entre partes relacionadas, nos termos do inciso IV do *caput* do art. 5º, observado o disposto nos seus §§ 2º a 7º.

§ 5º Caso o valor da operação esteja expresso em moeda estrangeira, será feita sua conversão em moeda nacional por taxa de câmbio apurada pelo Banco Central do Brasil, de acordo com o disposto no regulamento.

§ 6º Caso o contribuinte contrate instrumentos financeiros derivativos fora de condições de mercado e que ocultem, parcial ou integralmente, o valor da operação, o ganho no derivativo comporá a base de cálculo do IBS e da CBS.

§ 7º A base de cálculo relativa à devolução ou ao cancelamento será a mesma utilizada na operação original.

§ 8º No transporte internacional de passageiros, caso os trechos de ida e volta sejam vendidos em conjunto, a base de cálculo será a metade do valor cobrado.

COMENTÁRIOS

Dedicado ao aspecto dimensível do fato gerador do IBS e da CBS, o art. 12 estabelece critérios para a determinação da base de cálculo de tais tributos. Recorde-se, a propósito, que a base de cálculo há de ser, sempre, o fato gerador do tributo transformado em moeda, ou economicamente dimensionado[13]. Não pode haver dissociação ou separação entre essas duas realidades, sob pena de desnaturação do tributo. Alguns exemplos podem elucidar a ideia. Pense-se no IPTU. Seu fato gerador é a propriedade predial e territorial urbana. Sua base de cálculo, nessa ordem de ideias, não pode ser nada diferente do valor desse imóvel cuja propriedade é tributada. Se se colher como base de cálculo o valor dos veículos automotores de propriedade desse contribuinte, ou o valor de seus rendimentos mensais, ter-se-á, travestido de IPTU, um IPVA, ou um Imposto sobre a Renda, respectivamente. É a base de cálculo que confirma o verdadeiro fato escolhido como "gerador" para o tributo, denunciando, por igual, eventuais distorções ou extrapolações deste, por parte do legislador.

Nessa ordem de ideias, sendo o fato gerador do IBS, e da CBS, a prática de operações com bens ou serviços, a base de cálculo há de ser o valor de tais operações. Admite-se que se recorram a outros critérios, quando o valor da operação não for conhecido, como ocorre nas hipóteses de arbitramento; mas, mesmo nesses casos, o que se procura é chegar o mais próximo possível do verdadeiro, conquanto desconhecido, valor dessa operação.

Por tal razão os descontos incondicionais não integram a base de cálculo, seguindo orientação da literatura especializada[14] relativamente ao ICMS e ao IPI, e firme na jurisprudência dos tribunais superiores[15]. Se o preço de uma camisa é R$ 600,00, mas um contribuinte encontra uma pequena mancha e ainda assim realiza a compra, mas postula e obtém

---

[13] BECKER, Alfredo Augusto. *Teoria geral do Direito Tributário*. 3. ed. São Paulo: Lejus, 1998, p. 373. No mesmo sentido: ROCHA, Valdir de Oliveira. *Determinação do montante do tributo*. São Paulo: Dialética, 1995, p. 109; CARVALHO, Paulo de Barros. A definição da base de cálculo como proteção constitucional do contribuinte. In: ASOREY, Rubén O. (dir.). *Protección constitucional de los contribuyentes*. Madri/Barcelona: Marcial Pons, 2000, p. 69.

[14] "A rigor, o desconto incondicional não poderia mesmo integrar a base de cálculo, porque não faz parte do valor da operação, que não é o preço proposto, mas o preço efetivo, ou preço contratado. Quando a mercadoria é posta à venda geralmente é fixado um preço, que é o preço proposto, ou preço da oferta. O desconto incondicional é aquele concedido no momento em que se faz a venda. No momento em que se efetiva o contrato. O desconto incondicional é concedido ao comprador, para que se efetive a venda. É a diferença entre o preço da oferta e o preço do contrato" (MACHADO, Hugo de Brito. *Aspectos fundamentais do ICMS*. 2. ed. São Paulo: Dialética, 1999, p. 78).

[15] "O valor referente aos descontos incondicionais deve ser excluído da base de cálculo do ICMS, sendo que os descontos condicionais a evento futuro não acarretam a redução da exação" (STJ, AgRg no REsp 792.251/RJ, rel. Min. Francisco Falcão, 1ª Turma, j. 14.03.2006, *DJ* 27.03.2006, p. 226). No mesmo sentido: "'os valores concernentes aos descontos ditos promocionais, assim como os descontos para pagamento à vista, ou de quaisquer outros descontos cuja efetivação não fique a depender de evento futuro e incerto, não integram a base de cálculo do ICMS, porque não fazem parte do valor da operação da qual decorre a saída da mercadoria' (Hugo de Brito Machado, *Direito Tributário – II*, São Paulo, Editora RT, 1994, p. 237). 2. O valor dos descontos incondicionais oferecidos nas operações mercantis deve ser excluído da base de cálculo do ICMS, ao passo que os descontos concedidos de maneira condicionada não geram a redução do tributo. Precedentes" (STJ, EREsp 508.057/SP, rel. Min. Castro Meira, 1ª Seção, j. 18.10.2004, v.u., *DJ* 16.11.2004, p. 181). No STJ, a matéria se encontra atualmente sumulada: "Os descontos incondicionais nas operações mercantis não se incluem na base de cálculo do ICMS" (Súmula 457/STJ).

um desconto, saindo a camisa por R$ 540,00, esse último valor, reduzido pelo desconto, é o valor da operação e, nessa condição, a base de cálculo a ser considerada para IBS e CBS.

Literalmente, pode parecer que o ser "condicional" implica não ser concedido a todos, mas só a quem cumpra determinada condição (*v.g.*, compre à vista). Não é bem assim, porém, até porque, nesse sentido, tudo pode ser considerado condicional (em última análise, a concessão do desconto seria "condicionada" à efetivação da compra...). Na verdade, a distinção essencial entre descontos condicionais e incondicionais está no *momento* em que são efetivados: descontos concedidos sob condição são aqueles que ficam a depender da ocorrência de um fato futuro e incerto, a se realizar *depois da ocorrência do fato gerador do tributo*. É por isso que não influem na base de cálculo do IBS ou da CBS. É o caso, por exemplo, do contribuinte que compra uma mercadoria por R$ 100,00, para efetuar o pagamento em 60 dias, mas que poderá (ou não) efetuar esse mesmo pagamento em 30 dias e obter desconto de 10%. Tal desconto será condicional, e não poderá ser considerado para fins de reduzir a base de cálculo do IVA-Dual, que deverá incidir sobre os R$ 100,00. Já o desconto *incondicional* é aquele concedido à luz de fatores que ocorrem *antes* da consumação do fato gerador, como na hipótese de o comprador localizar pequeno defeito na mercadoria anunciada por R$ 100,00 (p. ex., uma mancha em uma camisa), antes de comprá-la, e obter, por conta do defeito, a concessão de um desconto de 10%. Quando a venda se consuma, seu valor já está previamente reduzido pelo desconto, devendo o IVA-Dual incidir sobre os R$ 90,00 pelos quais a operação foi realizada.

Diversamente é o caso do desconto condicional. Suponha-se que a venda ocorre, e a mercadoria é levada pelo comprador, e o negócio se consuma pelo preço de R$ 600,00, para ser pago em 60 dias. O vendedor, contudo, promete um desconto de 10%, para a hipótese de o comprador efetuar o pagamento em até 15 dias. Trata-se de um evento futuro (em relação à realização da venda, à saída da mercadoria) e incerto, e que por isso não implica diminuição da base imponível.

Incluem-se na base de cálculo eventuais acréscimos decorrentes de ajuste em seu valor. Suponha-se, por exemplo, que alguém faz uma corrida com motorista contratado por meio de aplicativo de prestação de serviço de transporte individual urbano (p. ex., Uber), e, por mudança havida no trajeto a ser seguido, o valor inicialmente cobrado pela corrida precisa ser ajustado. Nesse caso, eventual acréscimo, que leve a corrida a ter o preço mais elevado, deverá ser tributado. Mas, por coerência, ajustes que levem à sua redução precisam ter igual sorte, embora isso não esteja expresso no texto, talvez escrito por mãos preocupadas apenas com os interesses fazendários, viés perceptível em inúmeras de suas passagens.

Juros, multas, acréscimos e encargos, se tornam o preço cobrado pelo bem ou pelo serviço mais elevado, majoram o valor da operação – o aspecto dimensível do fato gerador –, e nessa condição integram a base de cálculo. Evidentemente, tais itens integrarão a base de cálculo quando cobrados pelo fornecedor do bem ou do serviço em cujo preço se acrescentam, não quando exigidos por terceiros. Se, por exemplo, um terceiro financia o pagamento do preço para o comprador, e depois cobra deste os juros decorrentes de eventual atraso, estes não integrarão a base de cálculo do tributo incidente sobre o produto comprado por meio de tal financiamento[16]. O mesmo se pode dizer no caso de transporte, pois se este for feito pelo próprio comprador, ou por sua conta e ordem, ou não será tributado (quanto próprio), ou será por se tratar de outra operação, mas sujeito a outra incidência, sendo seu valor

---

[16] MACHADO, Hugo de Brito. *O ICM*. São Paulo: Sugestões Literárias, 1971, p. 100.

integrante da base de cálculo desta outra incidência, não daquela havida sobre a venda do produto assim transportado.

Forma alternativa de se conceder um desconto é por meio de bonificação em mercadorias, ou brindes, conforme anteriormente comentado relativamente às disposições do art. 5º desta lei complementar. Em vez de o comprador adquirir dez garrafas de vinho, e ganhar uma de brinde, o que equivale a vender onze pelo preço de dez. Sofisticação dessa sistemática, mas que possui a mesma natureza, é a adoção de programas de pontos. O comprador adquire dez garrafas de vinho e ganha com o comprador "pontos" que pode trocar pela décima primeira garrafa, tal como no exemplo da bonificação anteriormente apresentado, ou por outro produto, como uma garrafa de outro vinho, ou de outra bebida.

Nos termos do § 4º, utiliza-se como base de cálculo o "valor de mercado" dos bens e serviços, sempre que não for conhecido o valor da operação, quando ela ocorrer sem valor determinado ou por valor não expresso em dinheiro (doação onerosa, permuta...), bem como quando ela ocorrer entre "partes relacionadas", a saber, pessoas sujeitas ao mesmo poder decisório (p. ex., sociedades comerciais de um mesmo grupo econômico, dirigidas pela mesma pessoa). A disposição, neste último caso, é de validade duvidosa. Quando não há valor, como o fato gerador é a operação, é preciso atribuir-lhe um, de modo semelhante à hipótese de o valor existir, mas não ser documentado, objeto do próximo artigo. No caso de operação entre partes relacionadas, não: a operação existe e foi efetivamente praticada pelo valor informado. A circunstância de as empresas serem comandadas por um mesmo centro de vontade faz com que seu valor seja mais alto, ou mais baixo, do que poderia ser, mas isso não quer dizer que não seja real, verdadeiro. Por outro lado, o valor maior, ou menor, praticado entre uma empresa e outra refletir-se-á nos créditos que serão gerados para a compradora, que serão por igual maiores, ou menores. Diferentemente do que se dá com a sistemática dos preços de transferência no plano internacional, destinada a combater planejamentos tributários em matéria de imposto de renda, no caso do IBS e da CBS não há motivo para desconsiderar a operação real, e levar em conta um preço de mercado.

Ressalte-se que a base de cálculo do IBS e da CBS, diversamente do que ocorre com o ICMS, não é integrada pelos próprios tributos, tampouco pelo ICMS, ISS e IPI, enquanto subsistirem, antes de concluída definitivamente a sucessão. A ideia é evitar a incidência de tributo sobre tributo, elevando artificialmente a alíquota efetiva e tornando mais claro o ônus por ela representado sobre o produto final. Tanto que, à exceção destes, tidos por "indiretos", os demais incluem-se na base (§ 1º, V). Trata-se também de medida coerente com a ideia de que o tributo onera o consumidor final, sendo apenas "coletado" pelo contribuinte. Outras incoerências nesse terreno subsistem, mas pelo menos esta foi corrigida pela nova legislação.

No caso de devoluções ou cancelamentos, a base de cálculo a ser usada deve ser a mesma utilizada na operação original, objeto do cancelamento ou da devolução. Trata-se apenas de um esclarecimento, a rigor desnecessário, mas destinado a afastar possíveis (conquanto infundados) questionamentos, nas hipóteses em que uma mercadoria é vendida pelo preço X, sendo este usado como base para o cálculo do tributo sobre ela incidente, mas posteriormente a venda é cancelada, ou a mercadoria é devolvida, mas o preço praticado para a mesma mercadoria, no momento da devolução ou do cancelamento, já é outro. Suponha-se que um sapato é vendido por R$ 450,00, e assim tributado, mas posteriormente é devolvido pelo comprador, quando, na mesma loja, seu preço já passou a ser R$ 500,00, ou, em virtude de promoção, R$ 400,00. O valor a ser considerado, quando do respectivo cancelamento, é o mesmo de R$ 450,00 que ensejou a inicial tributação, não podendo haver ganho, ou perda,

TÍTULO I – DAS NORMAS GERAIS DO IBS E DA CBS   Art. 13

relativamente ao IBS e à CBS devidos no período, em razão do posterior aumento ou redução do preço da mercadoria devolvida.

Finalmente, se estabelece que, nas operações de transporte internacional de passageiros, se vendida a viagem de ida e volta por um preço único, a base de cálculo será a metade, dentro da lógica de que as exportações, incluindo as exportações de serviços, são imunes. Quando não for possível separar o que se paga pela ida e pela volta, em uma viagem internacional, por conta de o pagamento de viagem ser feito de modo unificado, a divisão da base de cálculo em duas partes iguais e a tributação de apenas uma delas realiza, de algum modo, a regra imunizante.

> **Art. 13.** O valor da operação será arbitrado pela administração tributária quando:
>
> I – não forem exibidos à fiscalização, inclusive sob alegação de perda, extravio, desaparecimento ou sinistro, os elementos necessários à comprovação do valor da operação nos casos em que:
>
> a) for realizada a operação sem emissão de documento fiscal ou estiver acobertada por documentação inidônea; ou
>
> b) for declarado em documento fiscal valor notoriamente inferior ao valor de mercado da operação;
>
> II – em qualquer outra hipótese em que forem omissos, conflitantes ou não merecerem fé as declarações, informações ou documentos apresentados pelo sujeito passivo ou por terceiro legalmente obrigado.
>
> **Parágrafo único.** Para fins do arbitramento de que trata este artigo, a base de cálculo do IBS e da CBS será:
>
> I – o valor de mercado dos bens ou serviços fornecidos, entendido como o valor praticado em operações comparáveis entre partes não relacionadas; ou
>
> II – quando não estiver disponível o valor de que trata o inciso I deste parágrafo, aquela calculada:
>
> a) com base no custo do bem ou serviço, acrescido das despesas indispensáveis à manutenção das atividades do sujeito passivo ou do lucro bruto apurado com base na escrita contábil ou fiscal; ou
>
> b) pelo valor fixado por órgão competente, pelo preço final a consumidor sugerido pelo fabricante ou importador ou pelo preço divulgado ou fornecido por entidades representativas dos respectivos setores, conforme o caso.

 COMENTÁRIOS

Nos mesmos moldes do art. 148 do CTN, que cuida do arbitramento de uma forma geral, aplicável à determinação da base de cálculo de qualquer tributo, o art. 13 da LC 214/2025 estabelece critérios para que se proceda ao arbitramento da base de cálculo do IBS e da CBS, quando forem omissos ou não merecerem fé os documentos e as declarações do contribuinte.

De forma elogiável, o artigo estabelece caminhos para que se proceda ao arbitramento de forma não arbitrária. Primeiro, indica que, na hipótese de a documentação ser inidônea, deve-se recorrer ao valor de operações equivalentes ou semelhantes, praticadas por outros contribuintes que não sejam vinculados uns aos outros (em condições de livre concorrência, ou *at arms' length*). Quando não disponível tal valor para comparação, deverá ser utilizada a escrita fiscal do contribuinte para determinação, de modo indireto, do valor correspondente. A simples omissão da documentação fiscal, aliás, não afasta a necessidade de busca pela verdade por outros meios de prova, sendo certo que a nota fiscal é apenas isso, um meio de prova da ocorrência da operação e de seus contornos. Omissa ou faltante a nota, tal prova pode ser feita por outros caminhos. Apenas na hipótese de mesmo esses serem omissos ou não merecerem fé, procede-se ao arbitramento, recorrendo-se a valores estimados ou presumidos, dada a impossibilidade de se alcançar o valor efetivo ou real no caso concreto.

O arbitramento deve buscar, prioritariamente, o valor de mercado do bem ou do serviço. Caso este não seja passível de conhecimento (bem exclusivo, sem similar etc.), recorrem-se a critérios subsidiários: o custo do bem, acrescido das despesas necessárias à atividade e da margem de lucro, tudo passível de apuração na contabilidade, ou, ainda sucessivamente, valor fornecido pelo fabricante ou importador, ou divulgado pelo próprio contribuinte em outros momentos, ou por entidades do setor. Reforça-se a ideia de que não há como aplicar a lei corretamente sobre fatos errados – ou inexistentes –, o que torna indispensável a adequada determinação da verdade quanto aos fatos. Arbitramento não é pena – pela não emissão do documento adequadamente existem multas, sujeitas a outro regime jurídico – e sua feitura, além disso, não pode ser arbitrária, sendo igualmente vinculada à atividade administrativa que o leva a efeito. Daí a relevância dos pressupostos e dos critérios explicitados neste artigo.

Seção VI
Das Alíquotas

Subseção I
Das Alíquotas-Padrão

Art. 14. As alíquotas da CBS e do IBS serão fixadas por lei específica do respectivo ente federativo, nos seguintes termos:

I – a União fixará a alíquota da CBS;

II – cada Estado fixará sua alíquota do IBS;

III – cada Município fixará sua alíquota do IBS; e

IV – o Distrito Federal exercerá as competências estadual e municipal na fixação de suas alíquotas.

§ 1º Para fins do disposto no inciso III do *caput* deste artigo, o Estado de Pernambuco exercerá a competência municipal relativamente às operações realizadas no Distrito Estadual de Fernando de Noronha, conforme o art. 15 do Ato das Disposições Constitucionais Transitórias (ADCT).

§ 2º Ao fixar sua alíquota, cada ente federativo poderá:

I – vinculá-la à alíquota de referência da respectiva esfera federativa, de que trata o art. 18 desta Lei Complementar, por meio de acréscimo ou decréscimo de pontos percentuais; ou

II – defini-la sem vinculação à alíquota de referência da respectiva esfera federativa.

§ 3º Na ausência de lei específica que estabeleça a alíquota do ente federativo, será aplicada a alíquota de referência da respectiva esfera federativa.

§ 4º As referências nesta Lei Complementar às alíquotas-padrão devem ser entendidas como remissões às alíquotas fixadas por cada ente federativo nos termos deste artigo.

 COMENTÁRIOS

Dentro da ideia de que o Imposto sobre o Valor Adicionado previsto na EC 132/2023 é "dual", ou seja, é composto de uma parcela de competência da União (CBS), e outra dos

Estados, Distrito Federal, e Municípios (IBS), a LC 214/2025 prevê um regime único para ambos, em respeito ao art. 149-B da CF/1988, mas não lhes estabelece as alíquotas. Cabe à União, aos Estados, ao Distrito Federal e aos Municípios essa tarefa, no que tange à parcela que lhes é devida, definindo a alíquota por lei ordinária de sua competência.

Para um tributo ser considerado como efetivamente "criado", todos os elementos da norma tributária devem estar previstos normativamente. Para a criação se diga feita "por lei", todos esses elementos precisam constar da lei, sendo inválido, salvo nos casos previstos na Constituição, que a lei delegue à norma infralegal o preenchimento ou a definição de algum deles. A única exceção válida que se tem atualmente é de alguns impostos, como o imposto de importação, o IPI, o IOF e o imposto de exportação, que podem ter suas alíquotas fixadas por ato do Poder Executivo, atendidas as condições e respeitados os limites previstos em lei. Nessa ordem de ideias, se a LC 214/2025 define todos esses elementos, menos as alíquotas, que serão fixadas por lei da União (no caso da CBS), dos Estados, do Distrito Federal e dos Municípios (no caso do IBS), pode-se dizer que todos os entes federativos laboram na efetiva criação do tributo, assim visto como "dual" e de fato de competência "compartilhada".

Alguns pontos merecem atenção, ainda, no que tange a este ponto.

O primeiro é a indicação de que o Senado fixará uma "alíquota de referência", a ser seguida caso o Estado, o Distrito Federal ou o Município não fixe a alíquota no exercício de sua própria competência.

Outro é a expressa permissão – já constante da EC 132/2023 – de que a lei estadual ou municipal reporte-se à sua alíquota local com remissão à alíquota de referência, estabelecendo que será "a de referência", ou "meio ponto percentual superior à alíquota de referência", ou "um ponto percentual inferior à alíquota de referência", por exemplo. Tal atrelamento ou vinculação já havia sido tentado pelos Estados, sem que na época houvesse autorização constitucional (em relação ao ITCMD), e foi repelido pela jurisprudência do STF.

Como Fernando de Noronha é um território estadual do Estado de Pernambuco, não dividido em Municípios, e que não tem a estrutura política de um Município, cabe ao Estado de Pernambuco fixar a "alíquota municipal" inerente às operações que tenham pessoas ali situadas como destinatárias. Algo semelhante se dá em relação ao Distrito Federal, no que tange à alíquota estadual e à municipal (CF/1988, art. 156-A, § 2º).

Note-se, por fim, que alterações na alíquota de referência, que levem a reboque as alíquotas dos Estados e Municípios que a ela estejam atreladas, sujeitam-se à anterioridade do exercício, mas não à anterioridade nonagesimal (art. 130, § 1º, do ADCT). Podem ser feitas nos últimos dias de dezembro, para entrar em vigor em primeiro de janeiro do ano seguinte. Mas as alterações de alíquota estadual que não digam respeito a mudanças na alíquota de referência submetem-se a ambas as anterioridades, a nonagesimal e a do exercício.

> **Art. 15.** A alíquota do IBS incidente sobre cada operação corresponderá:
> I – à soma:
> a) da alíquota do Estado de destino da operação; e
> b) da alíquota do Município de destino da operação; ou
> II – à alíquota do Distrito Federal, quando este for o destino da operação.
> **Parágrafo único.** Para fins do disposto neste artigo, o destino da operação é o local da ocorrência da operação, definido nos termos do art. 11 desta Lei Complementar.

Art. 16

 COMENTÁRIOS

Com o propósito de "acabar com a guerra fiscal", assim entendida a *harmful tax competition* que se estabelecia entre Estados-membros, no que tange ao ICMS, e, embora em menor intensidade, entre Municípios, no tocante ao ISS, a EC 132/2023 contemplou a previsão, ora regulamentada, de que o IVA-Dual (IBS + CBS) seria devido no destino. De nada adianta um Estado ou um Município reduzir suas alíquotas, para com isso atrair empresas para o seu território, se estas empresas forem tributadas pela alíquota incidente no destino das operações que realizarem.

Embora possa ter essa aparente vantagem, para os que são contrários à guerra fiscal, ou ao uso do efeito indutor do tributo por entes federativos como forma de atrair investimentos, a tributação no destino criará enormes dificuldades no que tange ao contencioso, especialmente judicial, assunto que, todavia, esta lei complementar não endereça.

Para determinar-se qual o Estado, o Município, ou se o Distrito Federal, é o destino, seguem-se os critérios do art. 11, já comentado.

> **Art. 16.** A alíquota fixada por cada ente federativo na forma do art. 14 desta Lei Complementar será a mesma para todas as operações com bens ou com serviços, ressalvadas as hipóteses previstas nesta Lei Complementar.
>
> **Parágrafo único.** As reduções de alíquotas estabelecidas nos regimes diferenciados de que trata o Título IV deste Livro serão aplicadas sobre a alíquota de cada ente federativo.

 COMENTÁRIOS

Como anunciado nos primeiros artigos desta lei, e no próprio texto constitucional, um dos propósitos a serem alcançados com o IVA-Dual, pelo menos em tese, é a neutralidade. Como ideal, o tributo não deve alterar as decisões dos agentes econômicos, que devem ser as mesmas que estes tomariam mesmo que o ônus tributário não existisse.

Por conta disso, afasta-se a ideia de seletividade, ou de uso extrafiscal, ou indutor, do tributo. Daí a unicidade de alíquotas, ressalvadas apenas as alíquotas diferenciadas previstas nesta lei, que são aplicáveis apenas àquelas atividades e setores já indicados no próprio texto constitucional. Em suma, o IVA pode ter algumas alíquotas diferentes, mas apenas nos patamares, e para os setores, previstos na Constituição e regulamentados nesta lei, a fim de que se afaste o que poderia ser considerado o maior mal do ICMS: a multiplicidade de "regimes especiais" previstos em termos de acordo, inteiramente à margem da lei, tornando o imposto completamente disforme e assistemático.

Para conciliar a existência de um número limitado de regimes especiais, aos quais se aplicam alíquotas reduzidas, inferiores à modal, com a autonomia da União, Estados, Distrito Federal e Municípios de fixarem suas próprias alíquotas, estabelece-se que as reduções (percentuais de redução) previstas nesta lei aplicam-se à alíquota geral fixada por cada ente federativo. Assim, em síntese, cada ente fixa apenas uma alíquota, e as reduções previstas de forma limitada e específica nesta lei aplicar-se-ão sobre essa alíquota, para as atividades e setores aos quais a redução for pertinente.

> **Art. 17.** A alíquota aplicada para fins de devolução ou cancelamento da operação será a mesma cobrada na operação original.

TÍTULO I – DAS NORMAS GERAIS DO IBS E DA CBS   Art. 19

 COMENTÁRIOS

A devolução da mercadoria ou o cancelamento da operação implicam o desfazimento do fato gerador. O imposto recolhido em virtude dele, assim, deixa de ser devido, cabendo ao contribuinte o crédito inerente ao respectivo valor. Para afastar dúvidas, o artigo dispõe que o cálculo desse crédito há de ser feito com a mesma alíquota usada na operação de saída de cuja devolução ou cancelamento se cogita. Aplica-se, aqui, a mesma ideia subjacente às disposições sobre base de cálculo, segundo as quais a base deve ser por igual a mesma usada na operação cancelada ou devolvida – ainda que tenha havido posterior alteração do respectivo preço, ou que na devolução não tenha havido frete etc.

Subseção II
Das Alíquotas de Referência

> **Art. 18.** As alíquotas de referência serão fixadas por resolução do Senado Federal:
> I – para a CBS, de 2027 a 2035, nos termos dos arts. 353 a 359, 366, 368 e 369 desta Lei Complementar;
> II – para o IBS, de 2029 a 2035, nos termos dos arts. 361 a 366 e 369 desta Lei Complementar;
> III – para o IBS e a CBS, após 2035, as vigentes no ano anterior.

 COMENTÁRIOS

Tem-se aqui regra de transição, destinada ao período em que CBS e IBS conviverão com ICMS, ISS, IPI, PIS e Cofins, bem como com o IOF incidente sobre seguro. Lembre-se que, concluída a transição, o âmbito de incidência do IOF será reduzido, para que deixe de alcançar operações de seguros, as quais passarão ao âmbito do IBS e da CBS.

Entre 2027, para CBS, e 2029, para IBS, até 2035, a alíquota de referência será fixada de modo a ocupar, gradualmente, o espaço que vai sendo deixado pelo fim dos tributos substituídos (ICMS, ISS, PIS, Cofins, IOF-Seguro), de modo que, a partir de 2035, a alíquota aplicável aos referidos tributos será a de referência vigente no ano anterior, estabilizando-se a carga tributária, a menos que alterações se façam necessárias em virtude de mudanças na legislação que impactem a arrecadação, para mais ou para menos, nos termos do art. 19. Caso se queira aumentar a alíquota mesmo sem alterações na legislação que o justifiquem, nos moldes do art. 19, isso não será impossível, mas lei complementar precisará, primeiro, alterar este art. 18, não sendo suficiente a alteração da alíquota de referência via Resolução do Senado.

> **Art. 19.** Qualquer alteração na legislação federal que reduza ou eleve a arrecadação do IBS ou da CBS:
> I – deverá ser compensada pela elevação ou redução, pelo Senado Federal, da alíquota de referência da CBS e das alíquotas de referência estadual e municipal do IBS, de modo a preservar a arrecadação das esferas federativas;
> II – somente entrará em vigor com o início da produção de efeitos do ajuste das alíquotas de referência de que trata o inciso I deste *caput*.
> § 1º Para fins do disposto no *caput* deste artigo:
> I – deverá ser considerada qualquer alteração na legislação federal que reduza ou eleve a arrecadação do IBS ou da CBS, contemplando, entre outros:

a) alterações nos critérios relativos à devolução geral de IBS e de CBS a pessoas físicas, de que trata o Capítulo I do Título III deste Livro;

b) alterações nos regimes diferenciados, específicos ou favorecidos de tributação previstos nesta Lei Complementar, inclusive em decorrência da avaliação quinquenal de que trata o Capítulo I do Título III do Livro III desta Lei Complementar; e

c) alterações no regime favorecido de tributação do Regime Especial Unificado de Arrecadação de Tributos e Contribuições devidos pelas Microempresas e Empresas de Pequeno Porte (Simples Nacional) e do Microempreendedor Individual (MEI), de que trata a Lei Complementar 123, de 14 de dezembro de 2006;

II – não serão consideradas:

a) alterações na alíquota da CBS, nos termos do inciso I do *caput* e do § 2º do art. 14 desta Lei Complementar; e

b) alterações no montante da devolução específica da CBS a pessoas físicas por legislação federal, de que trata o Capítulo I do Título III deste Livro;

III – deverá o ajuste das alíquotas de referência ser estabelecido por resolução do Senado Federal, com base em cálculos elaborados pelo Comitê Gestor do IBS e pelo Poder Executivo da União e homologados pelo Tribunal de Contas da União, observada a anterioridade nonagesimal prevista na alínea *c* do inciso III do *caput* do art. 150 da Constituição Federal e, para o IBS, também a anterioridade anual prevista na alínea *b* do inciso III do *caput* do art. 150 da Constituição Federal.

§ 2º Para fins do disposto no inciso III do § 1º deste artigo:

I – os cálculos deverão ser enviados ao Tribunal de Contas da União, acompanhados da respectiva metodologia, no prazo de 60 (sessenta) dias após a promulgação da lei que reduzir ou elevar a arrecadação do IBS ou da CBS:

a) pelo Comitê Gestor do IBS, no caso de alterações legais que afetem apenas a receita do IBS;

b) pelo Poder Executivo da União, no caso de alterações legais que afetem apenas a receita da CBS; ou

c) em ato conjunto do Comitê Gestor do IBS e do Poder Executivo da União, no caso de alterações legais que afetem a receita do IBS e da CBS;

II – o Tribunal de Contas da União poderá solicitar ajustes na metodologia ou nos cálculos, no prazo de 60 (sessenta) dias após seu recebimento;

III – o Comitê Gestor do IBS e o Poder Executivo da União terão até 30 (trinta) dias para ajustar a metodologia ou os cálculos;

IV – o Tribunal de Contas da União decidirá de forma definitiva em relação aos cálculos e os encaminhará ao Senado Federal, no prazo de 30 (trinta) dias; e

V – o Senado Federal estabelecerá o ajuste das alíquotas de referência, no prazo de 30 (trinta) dias.

 COMENTÁRIOS

Autonomia federativa não se exerce apenas diante de uma fonte de receita. A atribuição de competência tributária é essencial à autonomia federativa também porque, por seu intermédio, o ente federativo escolhe de modo independente *como* tributar, editando lei própria, por seu órgão dotado de competência legislativa. Com a figura da competência compartilhada, a ser exercitada por lei complementar que define quase todos os elementos da relação tributária, deixando apenas um deles aos entes subnacionais (alíquotas), parece haver efetivo "compartilhamento" da criação, mas remanesce a questão de que é uma lei da União, editada pelo Congresso Nacional, que trata de aspectos essenciais de tributo supostamente compartilhado por

TÍTULO I – DAS NORMAS GERAIS DO IBS E DA CBS Art. 20

Estados e Municípios. Mesmo sem alterar alíquotas, a União pode proceder a uma alteração nessa legislação complementar (*v.g.*, dispondo sobre regime de creditamento, sobre *cashback* etc.) que impacta a arrecadação de Estados e Municípios, o que vê que a autonomia destes, de fato, pode ter sido bastante sacrificada.

Para tentar remediar isto, o artigo em comento condiciona a tramitação de projetos que alterem esta legislação complementar à prévia feitura de estudos sobre o impacto das mudanças na arrecadação, de sorte que se procedam a alterações, para mais ou para menos, na alíquota de referência.

A disposição é problemática por uma série de razões.

Primeiro, há evidente dificuldade em se estabelecer o impacto arrecadatório de muitas alterações, algumas das quais de efeito em larga medida imprevisível. Mesmo se se alterar alíquota, não se pode ter certeza do efeito: uma redução de alíquota pode aumentar a arrecadação, enquanto um aumento de alíquota pode reduzi-la, em virtude da conhecida ideia subjacente à curva de Laffer, em face da qual quanto maior o ônus do tributo, maior a tendência do sujeito passivo, por meios legais ou ilegais, a tentar escapar dele. E isso quando se cogita de mudança direta na alíquota: em sendo a alteração em outro elemento da disciplina jurídica, os efeitos são ainda mais indiretos e difusos, e, nessa condição, difíceis de serem previstos.

Segundo, é difícil de acreditar que uma mudança que leve a uma previsão de aumento da arrecadação seja acompanhada de estudo indicando-o, ensejando assim uma redução de alíquota. Encontrar-se-ão novos gastos a serem atendidos com a arrecadação extra, em vez de se reduzir o ônus, como a própria reforma levada a efeito pela EC 132/2023 dá exemplo, embora em outro tributo: a contribuição de iluminação pública, que gera recursos superavitários para Municípios, os quais, não podendo gastá-los com outras coisas, em vez de reduzirem a contribuição, obtiveram autorização para outros gastos, ligados ao monitoramento e à segurança. Se a preocupação é, como se escreveu no artigo em comento, "preservar a arrecadação das esferas federativas", a referência a que as alíquotas serão elevadas *ou reduzidas* é meramente retórica. Para completar a dificuldade, é possível que uma alteração leve a aumento de arrecadação para um Estado, mas a redução para outro, ou leve a impactos diferentes na arrecadação dos Estados. Caso se amplie ou restrinja o direito de crédito, pondo de lado os aspectos constitucionais da validade dessa ampliação ou dessa restrição, tal mudança pode ter maior impacto em determinado Estado, e menor em outro, sendo ainda mais difícil, por isso, condicioná-la a uma mudança na alíquota de referência aplicável a todos.

> **Art. 20.** Os projetos de lei complementar que reduzam ou aumentem a arrecadação do IBS ou da CBS, nos termos do art. 19, somente serão apreciados pelo Congresso Nacional se estiverem acompanhados de estimativa de impacto nas alíquotas de referência do IBS e da CBS.
>
> § 1º A estimativa de impacto de que trata o *caput* deste artigo, acompanhada da respectiva metodologia, será elaborada:
>
> I – pelo Poder Executivo da União, nos projetos de sua iniciativa, com a manifestação do Comitê Gestor do IBS no prazo de até 30 (trinta) dias; ou
>
> II – pelo autor e pelo relator do projeto perante o órgão responsável por se manifestar em relação aos aspectos financeiros e orçamentários do projeto, nos demais casos.
>
> § 2º Para fins do disposto no inciso II do § 1º deste artigo, a Câmara dos Deputados, o Senado Federal, ou quaisquer de suas Comissões, poderão consultar o Poder Executivo da União, o Comitê Gestor do IBS ou o Tribunal de Contas da União, que deverão apresentar a estimativa de impacto no prazo de 60 (sessenta) dias.

COMENTÁRIOS

Reiterem-se, aqui, os comentários feitos em face do artigo anterior. A dificuldade de se preverem os impactos, os quais podem até mesmo ser distintos de Estado para Estado, ou de Município para Município, torna a aplicação deste artigo, e do anterior, bastante desafiadora.

Não deixa de ser importante, porém, e louvável, que pelo menos se estabeleça o debate, e um certo contraditório, quanto a esses possíveis impactos, e da necessidade de, em face deles, se alterar a alíquota de referência do tributo. Recorde-se, neste ponto, que a alteração pode ser inclusive para menos, caso as alterações levem a um possível aumento de arrecadação.

Seção VII
Da Sujeição Passiva

> **Art. 21.** É contribuinte do IBS e da CBS:
> I – o fornecedor que realizar operações:
> a) no desenvolvimento de atividade econômica;
> b) de modo habitual ou em volume que caracterize atividade econômica; ou
> c) de forma profissional, ainda que a profissão não seja regulamentada;
> II – o adquirente, ainda que não enquadrado no inciso I deste *caput*, na aquisição de bem:
> a) apreendido ou abandonado, em licitação promovida pelo poder público; ou
> b) em leilão judicial;
> III – o importador;
> IV – aquele previsto expressamente em outras hipóteses nesta Lei Complementar.
> § 1º O contribuinte de que trata o *caput* deste artigo é obrigado a se inscrever nos cadastros relativos ao IBS e à CBS.
> § 2º O fornecedor residente ou domiciliado no exterior fica obrigado a se cadastrar como contribuinte caso realize operações no País ou como responsável tributário no caso de importações, observada a definição do local da operação prevista no art. 11 e o disposto no art. 23 desta Lei Complementar.
> § 3º O regulamento também poderá exigir inscrição nos cadastros relativos ao IBS e à CBS dos responsáveis pelo cumprimento de obrigações principais ou acessórias previstas nesta Lei Complementar.
> § 4º Na importação de bens materiais, o disposto no § 2º deste artigo somente se aplica às remessas internacionais sujeitas a regime de tributação simplificada nos termos do art. 95.

 COMENTÁRIOS

Embora diverso, mais amplo e mais "moderno" que o ICMS, o IPI e o ISS, o IVA-Dual (IBS + CBS) não deixa de ser um tributo incidente sobre o exercício de atividade empresarial, o giro ou movimento de um empreendimento econômico, alcançando, de modo não cumulativo, aquilo que ele negocia com habitualidade. Daí a remissão a contribuinte como sendo quem desenvolve atividade econômica, conceito para o qual a regularidade formal pode não ser essencial, mas a habitualidade sim.

Desse modo, apesar da amplitude do conceito de operação com serviços, definido como qualquer coisa que não seja definível como operação com bens – não deixando espaço lógico para a não incidência, conforme anteriormente comentado –, é ínsito a que se considere havida uma *operação* tributável o fato de ser praticada com habitualidade, no âmbito de uma atividade de cunho empresarial[17]. Muitos fatos, portanto, mesmo não se enquadrando como "operações com bens", não poderão ser vistos como "operações com serviços", para fins de incidência do IBS, por não serem sequer operações tributáveis pelo imposto. Dar uma risada assistindo a uma comédia, nesse contexto, mesmo não sendo uma operação com bens, subsumindo-se assim na absurda definição de operação com serviço do art. 3º, I, *b*, desta lei, não será algo realizado com habitualidade no âmbito de atividade econômica, com substância econômica, não estando assim no âmbito de incidência do tributo, a reforçar o equívoco do já apontado art. 3º, I, *b*, revelador apenas e tão somente do viés fiscalista de quem redigiu seu texto.

O contribuinte do IBS, e da CBS, tradicionalmente, é o fornecedor. Nos termos deste art. 21, contudo, quando o fornecedor é o próprio poder público, seja porque vende um bem público em processo licitatório, seja porque vende o bem de algum particular expropriado para a satisfação de algum crédito em juízo, o contribuinte passa a ser o adquirente, como forma de se exigir o tributo de uma maneira ou de outra. Em tais situações, o valor do tributo deverá ser acrescido ao preço definido para o leilão. Não há, contudo, qualquer habitualidade, principalmente no caso de hasta pública, por parte de quem arremata, de sorte a ser definido como contribuinte do tributo. Trata-se de operação equiparável à venda ocasional de um bem usado, a qual não deveria ser alcançada pelo tributo.

Obrigatoriedade de cadastro

Dispõe o § 1º que o contribuinte do IBS e da CBS é obrigado a se inscrever nos cadastros referentes a esses tributos. Trata-se de obrigação acessória importante para que o Fisco e os demais contribuintes possam identificar o contribuinte cadastrado, conhecendo sua natureza de contribuinte, endereço e demais características. Tal como se dá, atualmente, com outros cadastros exigidos pelas Fazendas, estaduais, municipais e federal. É preciso, porém, atenção para a natureza do cadastro, e da obrigação de nele se inscrever. Trata-se, como o artigo determina, de uma obrigação, não de uma condição para o exercício do direito à liberdade de iniciativa, não sendo lícito que o Fisco transforme o aludido cadastro em verdadeira autorização para o exercício de atividades econômicas, verdadeira sanção política que o STF sempre repeliu (Súmulas 70, 323 e 574), contrária frontalmente ao art. 170, parágrafo único, da CF/1988.

O uso do cadastro como sanção política se dá, por exemplo, quando o Fisco condiciona o exercício de uma série de direitos ao fato de o contribuinte achar-se nele inscrito, e nega essa inscrição, ou cancela a daquele que já a obteve, sempre que não se atendem às suas exigências. Na verdade, só é lícito negar a inscrição, ou cancelar a já existente, quando se constata que a empresa contribuinte não existe, que é "de fachada" etc. Tal como o CPF, que pode ser cancelado quando se descobre que a pessoa já morreu, ou não existe, mas não porque a pessoa está com uma dívida, ou porque não fez algo que a autoridade queria que tivesse sido feito.

Cadastro e contribuinte no exterior

Dispõe o artigo em comento (§ 2º) que o fornecedor situado no exterior, quando realizar operações para destinatários no país, precisará cadastrar-se como contribuinte do IBS

---

[17] OLDMAN, Oliver; SCHENK, Alan. *Value added tax*: a comparative approach. Cambridge: Cambridge University Press, 2007, p. 98-99.

e da CBS. No caso de envio de mercadorias físicas, que precisam passar por controles, a exigência pode ter algum *enforcement* caso o trânsito das mercadorias seja embaraçado, legal ou ilegalmente, pela falta do tal cadastro, mas no caso de bens imateriais e serviços, não há como impor, na prática, ao fornecedor o respeito a essa obrigatoriedade. Nem como controlar os consumidores, no Brasil, sobre se estão mesmo adquirindo serviços e bens imateriais de fornecedores do exterior.

> **Art. 22.** As plataformas digitais, ainda que domiciliadas no exterior, são responsáveis pelo pagamento do IBS e da CBS relativos às operações e importações realizadas por seu intermédio, nas seguintes hipóteses:
>
> I – solidariamente com o adquirente ou destinatário e em substituição ao fornecedor, caso este seja residente ou domiciliado no exterior; e
>
> II – solidariamente com o fornecedor, caso este:
>
> a) seja residente ou domiciliado no País;
>
> b) seja contribuinte, ainda que não inscrito nos termos do § 1º do art. 21 desta Lei Complementar; e
>
> c) não registre a operação em documento fiscal eletrônico.
>
> § 1º Considera-se plataforma digital aquela que:
>
> I – atua como intermediária entre fornecedores e adquirentes nas operações e importações realizadas de forma não presencial ou por meio eletrônico; e
>
> II – controla um ou mais dos seguintes elementos essenciais à operação:
>
> a) cobrança;
>
> b) pagamento;
>
> c) definição dos termos e condições; ou
>
> d) entrega.
>
> § 2º Não é considerada plataforma digital aquela que executa somente uma das seguintes atividades:
>
> I – fornecimento de acesso à internet;
>
> II – serviços de pagamentos prestados por instituições autorizadas a funcionar pelo Banco Central do Brasil;
>
> III – publicidade; ou
>
> IV – busca ou comparação de fornecedores, desde que não cobre pelo serviço com base nas vendas realizadas.
>
> § 3º Na hipótese de que trata o inciso I do *caput* deste artigo, o fornecedor residente ou domiciliado no exterior fica dispensado da inscrição de que trata o § 2º do art. 21 desta Lei Complementar se realizar operações exclusivamente por meio de plataforma digital inscrita no cadastro do IBS e da CBS no regime regular.
>
> § 4º Para fins de aplicação do disposto no inciso II do *caput* deste artigo, compete ao Comitê Gestor do IBS e à Secretaria Especial da Receita Federal do Brasil (RFB) informar à plataforma digital a condição de contribuinte do fornecedor residente ou domiciliado no País que não esteja inscrito no cadastro.
>
> § 5º A plataforma digital apresentará ao Comitê Gestor do IBS e à RFB, na forma do regulamento, informações sobre as operações e importações com bens ou com serviços realizadas por seu intermédio, inclusive identificando o fornecedor, ainda que não seja contribuinte.
>
> § 6º Na hipótese em que o processo de pagamento da operação ou importação seja iniciado pela plataforma digital, esta deverá apresentar as informações necessárias para

TÍTULO I – DAS NORMAS GERAIS DO IBS E DA CBS   Art. 22

a segregação e o recolhimento dos valores do IBS e da CBS devidos pelo fornecedor na liquidação financeira da operação (*split payment*), quando disponível, inclusive no procedimento simplificado, nos termos dos arts. 31 a 35 desta Lei Complementar.

§ 7º A plataforma digital que cumprir o disposto nos §§ 5º e 6º deste artigo não será responsável pelo pagamento de eventuais diferenças entre os valores do IBS e da CBS recolhidos e aqueles devidos na operação pelo fornecedor residente ou domiciliado no País.

§ 8º Na hipótese em que o fornecedor seja residente ou domiciliado no País e o processo de pagamento da operação não seja iniciado pela plataforma digital, esta não será responsável tributária caso cumpra o disposto no § 5º e o fornecedor emita documento fiscal eletrônico pelo valor da operação realizada por meio da plataforma.

§ 9º Aplica-se o disposto no § 8º, também, caso o processo de pagamento da operação seja iniciado pela plataforma digital e não seja realizado o *split payment*.

§ 10. Nas hipóteses em que a plataforma digital for responsável, nos termos dos incisos I e II do *caput* deste artigo:

I – a plataforma será responsável solidária pelos débitos de IBS e de CBS do fornecedor relativos à operação, de acordo com as regras tributárias a ele aplicáveis, caso o fornecedor seja residente ou domiciliado no País e esteja inscrito como contribuinte do IBS e da CBS, no regime regular ou em regime favorecido; e

II – nos demais casos, os débitos de IBS e de CBS serão calculados pelas regras do regime regular, inclusive quanto às alíquotas, regimes diferenciados e regimes específicos aplicáveis aos bens e serviços.

§ 11. A plataforma digital não será responsável tributária em relação às operações em que ela não controle nenhum dos elementos essenciais, nos termos do inciso II do § 1º deste artigo.

§ 12. A plataforma digital poderá optar, com anuência do fornecedor residente ou domiciliado no País, observados os critérios estabelecidos no regulamento:

I – por emitir documentos fiscais eletrônicos em nome do fornecedor, inclusive de forma consolidada; e

II – por pagar o IBS e a CBS, com base no valor e nas demais informações da operação intermediada pela plataforma, mantida a obrigação do fornecedor em relação a eventuais diferenças.

 COMENTÁRIOS

Nos dias atuais, muito do comércio de bens e serviços se dá eletronicamente, por meio de plataformas virtuais. Daí a indicação destas como responsáveis tributárias pelos tributos incidentes sobre as operações por elas intermediadas, algo que já vinha ocorrendo, mesmo antes da reforma operada pela EC 132/2023, relativamente ao ICMS e ao ISS.

Como existem diversos tipos de plataformas diferentes, que atuam ou intermedeiam os negócios tributáveis de distintas formas, é preciso lembrar que, para atribuir responsabilidade tributária a um terceiro, pessoa diversa do contribuinte do tributo, é preciso que este terceiro tenha vinculação, ao menos indireta, com a situação que configura o fato gerador do imposto (CTN, art. 128).

Contribuinte é quem tem relação pessoal e direta com a situação que configura o fato gerador (CTN, art. 121, parágrafo único, I). Se o fato gerador é composto por situação praticada, realizada por alguém, assim integrada por um *verbo* (importar, exportar, auferir, fornecer etc.), o contribuinte é o sujeito da oração que tem o aludido verbo em seu predicado (quem importa, quem exporta, quem aufere, quem fornece). Não é assim apenas porque está escrito no art. 121

37

do CTN, mas como consequência da regra de competência constante do texto constitucional, conjugada com o princípio da capacidade contributiva. Se o imposto fosse, por exemplo, sobre a propriedade imobiliária, mas tivesse por contribuinte não o proprietário, mas aquele que fez viagem no ano anterior, e a base de cálculo fosse o preço da viagem, teríamos imposto sobre viagem, não imposto sobre a propriedade. Daí por que fato gerador, base de cálculo e sujeito passivo devem estar, todos, conectados ou relacionados à mesma situação.

Igual lógica vale para o responsável tributário. Não é lícito exigir dele o pagamento do tributo, sem a presença de uma vinculação indireta ao fato gerador, pois é essa vinculação que permite a ele meios para fazer com que o tributo seja pago, retido, repassado, suportado, ou descontado, do contribuinte. No caso de uma plataforma digital, quando o comprador paga à plataforma, que depois repassa o valor da mercadoria ao vendedor, retendo uma comissão, torna-se possível, para ela, reter do vendedor também o tributo. Daí ser lícito, nestes casos, atribuir-lhe responsabilidade. Do contrário, se nelas apenas se anunciam produtos, mas não há a vinculação com a venda, que lhe permita reter ou descontar o tributo, a responsabilização não é juridicamente admissível, o que se acha explicitado com alguns exemplos não exaustivos no § 2º.

Dispensa-se ao fornecedor no exterior o registro como contribuinte do IBS, se este operar apenas por meio de plataforma, porque esta, a plataforma, mesmo situada no exterior, deverá ser inscrita. Coloca-se, contudo, o problema já apontado em comentário a artigo anterior, quanto aos problemas relacionados ao *enforcement* dessa regra, caso a plataforma não se cadastre. No caso de grandes plataformas que intermedeiam o fornecimento de mercadorias com existência física, a imposição pode se fazer possível com a aplicação de restrições às remessas, quando chegarem ao país, mas, em se tratando de serviços, e de bens imateriais, a solução talvez não seja tão simples.

> **Art. 23.** A plataforma digital, inclusive a domiciliada no exterior, deverá se inscrever no cadastro do IBS e da CBS no regime regular para fins de cumprimento do disposto no art. 22.
>
> **Parágrafo único.** Caso o fornecedor ou a plataforma digital residentes ou domiciliados no exterior não se inscrevam no cadastro do IBS e da CBS no regime regular de que trata o *caput* deste artigo:
>
> I – o IBS e a CBS serão segregados e recolhidos, pelas alíquotas de referência, nas remessas ao fornecedor ou à plataforma, pela instituição que realiza a operação de câmbio, observados os critérios estabelecidos em regulamento; e
>
> II – eventual diferença do IBS e da CBS devidos na operação ou importação deverá ser:
>
> a) paga pelo adquirente ou importador, caso as alíquotas incidentes sejam maiores que as alíquotas de referência; ou
>
> b) devolvida ao adquirente ou importador, caso as alíquotas incidentes sejam menores que as alíquotas de referência.

 ## COMENTÁRIOS

O presente artigo cuida da hipótese de a plataforma digital de intermediação de compras *on-line* não se cadastrar junto à Administração Tributária Brasileira, para o efeito de recolher o IVA-Dual incidente sobre as operações realizadas por seu intermédio, nos termos do art. 22, anteriormente comentado. Neste caso, o IVA-Dual deverá ser recolhido, aplicando-se as alíquotas de referência, pela instituição encarregada de realizar a operação de câmbio. Geralmente, pelo menos nos dias atuais, serão as operadoras de cartão de crédito internacional. A aplicação da alíquota de referência dá-se por não ter a operadora de cartão, em princípio, como ter segurança da destinação da operação e, nessa condição, da alíquota vigente no Estado e no Município de destino. Daí a necessidade de se proceder a ajuste posterior, a cargo do destinatário da operação, seja para que tenha de recolher diferença, seja para receber eventual restituição.

> **Art. 24.** Sem prejuízo das demais hipóteses previstas na Lei 5.172, de 25 de outubro de 1966 (Código Tributário Nacional) e na legislação civil, são solidariamente responsáveis pelo pagamento do IBS e da CBS:
>
> I – a pessoa ou entidade sem personalidade jurídica que, a qualquer título, adquire, importa, recebe, dá entrada ou saída ou mantém em depósito bem, ou toma serviço, não acobertado por documento fiscal idôneo;
>
> II – o transportador, inclusive empresa de serviço postal ou entrega expressa:
>
> a) em relação a bem transportado desacobertado de documento fiscal idôneo;
>
> b) quando efetuar a entrega de bem em local distinto daquele indicado no documento fiscal;
>
> III – o leiloeiro, pelo IBS e pela CBS devidos na operação realizada em leilão;
>
> IV – os desenvolvedores ou fornecedores de programas ou aplicativos utilizados para registro de operações com bens ou com serviços que contenham funções ou comandos inseridos com a finalidade de descumprir a legislação tributária;
>
> V – qualquer pessoa física, pessoa jurídica ou entidade sem personalidade jurídica que concorra por seus atos e omissões para o descumprimento de obrigações tributárias, por meio de:
>
> a) ocultação da ocorrência ou do valor da operação; ou
>
> b) abuso da personalidade jurídica, caracterizado pelo desvio de finalidade ou pela confusão patrimonial; e
>
> VI – o entreposto aduaneiro, o recinto alfandegado ou estabelecimento a ele equiparado, o depositário ou o despachante, em relação ao bem:
>
> a) destinado para o exterior sem documentação fiscal correspondente;
>
> b) recebido para exportação e não exportado;
>
> c) destinado a pessoa ou entidade sem personalidade jurídica diversa daquela que o tiver importado ou arrematado; ou
>
> d) importado e entregue sem a devida autorização das administrações tributárias competentes.
>
> § 1º A imunidade de que trata o § 1º do art. 9º desta Lei Complementar não exime a empresa pública prestadora de serviço postal da responsabilidade solidária nas hipóteses previstas no inciso II do *caput* deste artigo.
>
> § 2º A responsabilidade a que se refere a alínea *a* do inciso V do *caput* deste artigo restringe-se ao valor ocultado da operação.
>
> § 3º Não enseja responsabilidade solidária a mera existência de grupo econômico quando inexistente qualquer ação ou omissão que se enquadre no disposto no inciso V do *caput* deste artigo.
>
> § 4º Os rerrefinadores ou coletores autorizados pela Agência Nacional do Petróleo, Gás Natural e Biocombustíveis (ANP) são solidariamente responsáveis pelo pagamento do IBS e da CBS incidentes na aquisição de óleo lubrificante usado ou contaminado de contribuinte sujeito ao regime regular.
>
> § 5º Na hipótese do § 4º, a emissão do documento fiscal eletrônico relativo à operação será efetuada pelos rerrefinadores ou coletores, na forma estabelecida em regulamento, que poderá prever, inclusive, que a emissão ocorra de forma periódica, englobando as operações realizadas no período.

COMENTÁRIOS

Recorde-se o que se comentou no art. 21 sobre a responsabilidade tributária, e a necessidade de vinculação do terceiro à situação que configura o fato gerador do tributo, como consequência do princípio da capacidade contributiva e das regras constitucionais de competência.

Quanto à responsabilidade por infrações, as disposições do CTN devem ser seguidas, não porque constam de lei com *status* de complementar – algo que a lei em comento, que também é complementar, poderia revogar ou excepcionar –, mas porque decorrem de princípios constitucionais, como aquele segundo o qual a pena – o que inclui a pena pecuniária administrativa – não pode passar da pessoa do infrator.

Quando a pessoa concorre com o fato gerador, e também com a infração, é legítimo exigir-lhe a penalidade, além do tributo, na condição de responsável. É o caso de quem adquire, importa etc., mercadoria sem documentação fiscal idônea. Neste ponto, é importante apenas lembrar o que se explicou em artigos anteriores sobre a definição de idoneidade, e de inidoneidade. Um contribuinte que adquire mercadoria acompanhada de documento fiscal que lhe parece legítimo, e que não tem como identificar eventual falha neste, não pode ser responsabilizado sob o argumento de que tal documento seria inidôneo por ostentar o CNPJ do fornecedor com um dígito trocado, por exemplo.

A atribuição da responsabilidade ao transportador levou o legislador a explicitar, a rigor desnecessariamente, que a imunidade dos Correios não os exime da responsabilidade, em especial por conta da incidência de IBS e CBS em importações simplificadas feitas por via postal, ocasião em que os Correios procedem à cobrança do tributo incidente sobre os bens que entregam aos importadores.

Quanto aos grupos econômicos, o § 3º faz importante esclarecimento, seguindo a orientação da literatura especializada e da jurisprudência do STJ, segundo a qual pessoas deles integrantes não respondem, só por isso, pelos débitos tributários umas das outras. Houve alguma confusão, nesse quesito, porque o Fisco não distinguia o que lhe parecia ser um "grupo econômico irregular ou de fato", de meros "grupos familiares" ou "grupos econômicos" regulares, estes últimos identificados pela existência de duas ou mais pessoas jurídicas ou atividades empresariais diferentes, submetidas a um mesmo poder decisório. Calcado na confusão entre tais conceitos, e em visão equivocada do disposto no art. 124 do CTN, pretendia responsabilizar diversas pessoas físicas, e jurídicas, por débitos de uma pessoa jurídica específica, apenas por conta de um mesmo sobrenome, absurdo que dispensa comentários adicionais, mas que era eventualmente perpetrado por fiscais e defendido por procuradores.

O que ocorre, na verdade, é que, quando duas ou mais pessoas jurídicas estão sujeitas a um mesmo poder decisório, e, *adicionalmente*, há confusão patrimonial entre elas, além de os empregados de uma darem expediente na outra, todas utilizando a mesma razão social, o que se tem é uma pessoa jurídica só, que se divide em várias por razões diversas e inconfessáveis, que vão desde a tapeação de credores até a burla aos limites legais de permanência no Simples Nacional. Mas o combate a tais condutas evasivas e abusivas nada tem a ver com a responsabilização – que a ordem jurídica brasileira não permite – de uma pessoa pelo débito de outra, apenas e tão somente porque integrantes regulares de um mesmo "grupo", a saber, porque suas ações pertencem a uma mesma *holding* ou porque têm pessoas de uma mesma família como diretoras.

TÍTULO I – DAS NORMAS GERAIS DO IBS E DA CBS   Art. 26

Art. 25. As responsabilidades de que trata esta Lei Complementar compreendem a obrigação pelo pagamento do IBS e da CBS, acrescidos de correção e atualização monetária, multa de mora, multas punitivas e demais encargos.

 COMENTÁRIOS

A responsabilidade tributária abrange o crédito tributário e, nessa condição, seus acessórios, como juros ou multas. Entretanto, no que tange a estas últimas, quando sua natureza é punitiva, é de validade duvidosa a atribuição de responsabilidade tributária por elas àqueles que não concorreram com a infração, nem tinham meios de evitá-la, porquanto a vedação constitucional a que penas passem da pessoa dos infratores evidentemente se aplica a multas administrativas de cunho punitivo.

Art. 26. Não são contribuintes do IBS e da CBS, ressalvado o disposto no inciso II do § 1º do art. 156-A da Constituição Federal:

I – condomínio edilício;

II – consórcio de que trata o art. 278 da Lei 6.404, de 15 de dezembro de 1976;

III – sociedade em conta de participação;

IV – nanoempreendedor, assim entendido a pessoa física que tenha auferido receita bruta inferior a 50% (cinquenta por cento) do limite estabelecido para adesão ao regime do MEI previsto no § 1º do art. 18-A observado ainda o disposto nos §§ 4º e 4º-B do referido artigo da Lei Complementar 123, de 14 de dezembro de 2006, e não tenha aderido a esse regime; e

V – ~~fundos de investimento, observado o disposto nos §§ 5º a 8º deste artigo~~ (VETADO);

VI – produtor rural de que trata o art. 164 desta Lei Complementar;

VII – transportador autônomo de carga de que trata o art. 169 desta Lei Complementar;

VIII – entidade ou unidade de natureza econômico-contábil, sem fins lucrativos que presta serviços de planos de assistência à saúde sob a modalidade de autogestão;

IX – entidades de previdência complementar fechada, constituídas de acordo com a Lei Complementar 109, de 29 de maio de 2001; e

X – ~~fundos patrimoniais instituídos nos termos da Lei 13.800, de 4 de janeiro de 2019~~ (VETADO).

§ 1º Poderão optar pelo regime regular do IBS e da CBS, observado o disposto no § 6º do art. 41 desta Lei Complementar:

I – as entidades sem personalidade jurídica de que tratam os incisos I a III do *caput* deste artigo;

II – a pessoa física de que trata o inciso IV do *caput* deste artigo; e

III – ~~os fundos de investimento que realizem operações com bens imóveis, observado o disposto no § 6º deste artigo~~ (VETADO).

IV – o produtor rural de que trata o inciso VI do *caput* deste artigo, na forma do art. 165 desta Lei Complementar; e

V – o transportador autônomo de carga de que trata o inciso VII do *caput* deste artigo.

§ 2º Em relação ao condomínio edilício de que trata o inciso I do *caput* deste artigo:

I – caso exerça a opção pelo regime regular de que trata o § 1º deste artigo, o IBS e a CBS incidirão sobre todas as taxas e demais valores cobrados pelo condomínio dos seus condôminos e de terceiros; e

II – caso não exerça a opção pelo regime regular e desde que as taxas e demais valores condominiais cobrados de seus condôminos representem menos de 80% (oitenta por cento) da receita total do condomínio:

a) ficará sujeito à incidência do IBS e da CBS sobre as operações com bens e com serviços que realizar de acordo com o disposto no inciso I do *caput* do art. 21 desta Lei Complementar; e

b) apropriará créditos na proporção da receita decorrente das operações tributadas na forma da alínea *a* deste inciso, em relação à receita total do condomínio.

§ 3º Caso o consórcio de que trata o inciso II do *caput* não exerça a opção pelo regime regular de que trata o § 1º deste artigo, os consorciados ficarão obrigados ao pagamento do IBS e da CBS quanto às operações realizadas pelo consórcio, proporcionalmente às suas participações.

§ 4º Caso a sociedade em conta de participação de que trata o inciso III do *caput* não exerça a opção pelo regime regular de que trata o § 1º deste artigo, o sócio ostensivo ficará obrigado ao pagamento do IBS e da CBS quanto às operações realizadas pela sociedade, vedada a exclusão de valores devidos a sócios participantes.

§ 5º Os Fundos de Investimento Imobiliário (FII) e os Fundos de Investimento nas Cadeias Produtivas do Agronegócio (Fiagro) de que trata a Lei 8.668, de 25 de junho de 1993, que realizem operações com bens imóveis são contribuintes do IBS e da CBS no regime regular caso:

I – não obedeçam às regras previstas para a isenção do imposto de renda sobre os rendimentos recebidos pelos cotistas, constantes do inciso III do caput e dos §§ 1º a 4º do art. 3º da Lei 11.033, de 21 de dezembro de 2004; ou

II – estejam sujeitos à tributação aplicável às pessoas jurídicas, nos termos do art. 2º da Lei 9.779, de 19 de janeiro de 1999 (VETADO).

§ 6º Não são contribuintes do IBS e da CBS no regime regular os FII e os Fiagro cujas cotas sejam detidas, em mais de 95% (noventa e cinco por cento), por:

I – FII ou Fiagro que não seja contribuinte do IBS e da CBS;

II – fundo de investimento constituído e destinado, exclusivamente, para acolher recursos de planos de benefícios de previdência complementar e de planos de seguros de pessoas, regulados e fiscalizados pelos órgãos governamentais competentes; e

III – entidades de previdência e fundos de pensão no País, regulados e fiscalizados pelos órgãos governamentais competentes (VETADO).

§ 7º São contribuintes do IBS e da CBS no regime regular os fundos de investimento que liquidem antecipadamente recebíveis, nos termos previstos no art. 193 ou no art. 219 desta Lei Complementar.

§ 8º Caso, após a data da publicação desta Lei Complementar, venha a ser permitida, conforme regulamentação a ser expedida pelos órgãos governamentais que compõem o Sistema Financeiro Nacional, a realização de novas operações com bens ou com serviços sujeitas à incidência do IBS e da CBS por fundo de investimento, esse fundo será considerado contribuinte no regime regular (VETADO).

§ 9º As entidades e as unidades de natureza econômico-contábil referidas nos incisos VIII e IX do *caput* deste artigo serão contribuintes do IBS e da CBS caso descumpram os requisitos previstos no art. 14 do Código Tributário Nacional.

§ 10. Para fins de enquadramento como nanoempreendedor, nos termos do inciso IV do *caput* deste artigo, será considerada como receita bruta da pessoa física prestadora de serviço de transporte privado individual de passageiros ou de entrega de bens intermediado por plataformas digitais 25% (vinte e cinco por cento) do valor bruto mensal recebido.

§ 11. O regulamento poderá estabelecer obrigações acessórias simplificadas para as pessoas e entes sem personalidade jurídica e as unidades de natureza econômico-contábil de que trata este artigo.

TÍTULO I – DAS NORMAS GERAIS DO IBS E DA CBS   Art. 27

 COMENTÁRIOS

O contribuinte do IBS, e da CBS, poderia ser definido simplesmente como aquele que realiza o seu fato gerador, ou seja, quem promove ou fornece operações com bens ou serviços. O problema é que se deu um elastério infinito ao conceito de operações com bens e serviços, conforme explicado nos comentários ao art. 3º, *supra*, impondo ao legislador tentativas de fechamento, nos artigos seguintes, quando da definição do contribuinte, sob pena de o tributo alcançar absolutamente qualquer coisa feita por qualquer pessoa.

Daí a preocupação, que de outro modo não seria necessária, em esclarecer que condomínios, por exemplo, não são contribuintes do IBS e da CBS, a menos que adiram ao regime inerente a esses tributos, voluntariamente, ou pratiquem operações tributáveis. Um afrouxamento de limites para, na hipótese de qualquer incidência ser questionada, subsistirem argumentos para justificá-la, deixando ao sabor da vontade do Fisco, e não de um limite legal claro, tributar ou não.

Seção VIII
Das Modalidades de Extinção dos Débitos

Subseção I
Disposições Gerais

Art. 27. Os débitos do IBS e da CBS decorrentes da incidência sobre operações com bens ou com serviços serão extintos mediante as seguintes modalidades:

I – compensação com créditos, respectivamente, de IBS e de CBS apropriados pelo contribuinte, nos termos dos arts. 47 a 56 e das demais disposições desta Lei Complementar;

II – pagamento pelo contribuinte;

III – recolhimento na liquidação financeira da operação (*split payment*), nos termos dos arts. 31 a 35 desta Lei Complementar;

IV – recolhimento pelo adquirente, nos termos do art. 36 desta Lei Complementar; ou

V – pagamento por aquele a quem esta Lei Complementar atribuir responsabilidade.

Parágrafo único. A extinção de débitos de que trata o *caput* deste artigo:

I – nas hipóteses dos incisos I e II do *caput* deste artigo, será imputada aos valores dos débitos não extintos do IBS e da CBS incidentes sobre as operações ocorridas no período de apuração na ordem cronológica do documento fiscal, segundo critérios estabelecidos no regulamento;

II – nas hipóteses dos incisos III e IV do *caput* deste artigo, será vinculada à respectiva operação; e

III – na hipótese do inciso V do *caput* deste artigo, será vinculada à operação específica a que se refere ou, caso não se refira a uma operação específica, será imputada na forma do inciso I deste parágrafo.

 COMENTÁRIOS

O tributo dual, composto por IBS e CBS, é não cumulativo, o que significa dizer que em cada operação devem ser abatidos ou apropriados os créditos alusivos a incidências anteriores. Daí dizer-se que o pagamento do tributo devido pode ser feito por recolhimento efetuado pelo próprio contribuinte, por recolhimento feito pelo adquirente, por *split payment* ou por aproveitamento de créditos inerentes a recolhimentos alusivos a operações anteriores. Reconhece-se, ainda, a possibilidade de o recolhimento ser feito responsável tributário.

43

Split payment e recolhimento pelo adquirente

A lei prevê a possibilidade de o recolhimento do tributo incidente na operação com bem ou serviço ser feito pelo próprio adquirente. Ao comprar mercadoria, ou tomar serviço, o adquirente já efetua o pagamento do tributo incidente na operação.

Não se trata, aqui, de pagamento em sentido amplo, e não técnico, utilizado já em relação ao ICMS, quando se diz que o consumidor final é quem "efetivamente paga" o imposto. Não é de suportar ônus que se cogita, mas de efetivo pagamento, em termos técnicos e jurídicos: o adquirente recolhe *ao Fisco*, extinguindo a relação jurídica tributária, o tributo a ela correspondente.

Neste caso, tem-se o que se pode chamar de *split payment* manual, ou não automático. O próprio adquirente paga ao fornecedor o valor da mercadoria, ou do serviço, sem o tributo, e paga o tributo ao Fisco. Não se alcança qual seria a lógica de alguém pagar o tributo devido por terceiro só para depois poder aproveitar crédito no mesmo valor, sem correção; seria mais vantajoso não fazer esse pagamento e não aproveitar o crédito, simplesmente, mas a lei contém, de uma forma ou de outra, a previsão. No caso de *split payment* propriamente dito, isso se dá automaticamente: a própria administradora do cartão de crédito, ou o banco, ao receber o pagamento, já segrega, do valor total, a quantia correspondente ao tributo, e aquela alusiva ao valor líquido da mercadoria ou do serviço, destinando a primeira ao Fisco, e a segunda ao contribuinte, fornecedor do bem ou prestador do serviço.

Em ambos os casos, mas de modo mais intenso em se tratando de *split payment* propriamente dito, feito de modo eletrônico, colocam-se problemas relacionados, primeiro, à questão de saber se o valor retido é realmente o valor correto, e se é devido. Se se definir que o valor a ser retido e pago por meio dessa modalidade somente será aquele destacado no documento fiscal pelo próprio contribuinte – que não o faria em se tratando de operação isenta, imune ou não sujeita ao tributo –, a questão pode ser minimizada. Subsiste, contudo, o fato de que o valor retido será automaticamente utilizado para quitar outros débitos, caso haja saldo em relação à operação a que ele diz respeito. Isso introduz a questão de saber, por igual, se esses outros débitos são devidos, e se são devidos pelo montante que o sistema afirma que eles têm. Tudo parece ficar fora do alcance do sujeito passivo da obrigação tributária.

Imputação de pagamento e gestão da "conta gráfica"

O artigo possui uma série de disposições cuidando de imputar o pagamento feito à quitação de outras dívidas, diversas daquela que lhe diz respeito. Assim, o contribuinte pode efetuar a venda de uma mercadoria, sujeita ao IBS, e à CBS, em que tributos são retidos e pagos por *split payment*, ou pagos por um responsável tributário (*v.g.*, transportador, por se considerar que a documentação que acobertava a operação era inidônea), mas o valor correspondente pode ser utilizado para a quitação do IBS e da CBS incidentes sobre outras operações havidas no período. Forma-se, em verdade, uma conta-corrente, creditando-se os valores recolhidos, e debitando-se os valores devidos, tal como ocorre com o ICMS, só que de forma automática, sendo o encontro de contas operado em plataforma eletrônica de apuração gerida pelo Fisco, não nos livros contábeis do contribuinte.

Art. 28. Nas operações com energia elétrica ou com direitos a ela relacionados, o recolhimento do IBS e da CBS relativo à geração, comercialização e distribuição e transmissão será realizado exclusivamente:

TÍTULO I – DAS NORMAS GERAIS DO IBS E DA CBS   Art. 28

> I – pela distribuidora de energia elétrica, caso ocorra a venda para adquirente atendido no ambiente de contratação regulada;
>
> II – pelo alienante de energia elétrica, caso se trate de aquisição no ambiente de contratação livre de energia para consumo do adquirente ou quando o adquirente não esteja sujeito ao regime regular do IBS e da CBS;
>
> III – pelo adquirente, na condição de responsável, de energia elétrica caso se destine para consumo na aquisição de energia elétrica realizada de forma multilateral; ou
>
> IV – pela transmissora de energia elétrica, na prestação de serviço de transmissão de energia elétrica a consumidor conectado diretamente à rede básica de transmissão.
>
> § 1º O recolhimento do IBS e da CBS incidentes nas operações com energia elétrica, ou com direitos a ela relacionados, relativas à geração, comercialização, distribuição e transmissão ocorrerá somente no fornecimento:
>
> I – para consumo; ou
>
> II – para contribuinte não sujeito ao regime regular do IBS e da CBS.
>
> § 2º No serviço de transmissão de energia elétrica, considera-se ocorrido o fornecimento no momento em que se tornar devido o pagamento relativo ao serviço de transmissão, nos termos da legislação aplicável.
>
> § 3º Exclui-se da base de cálculo da CBS e do IBS a energia elétrica fornecida pela distribuidora à unidade consumidora, na quantidade correspondente à energia injetada na rede de distribuição pela mesma unidade consumidora, acrescidos dos créditos de energia elétrica originados na própria unidade consumidora no mesmo mês, em meses anteriores ou em outra unidade consumidora do mesmo titular.
>
> § 4º A exclusão de que trata o § 3º deste artigo:
>
> I – aplica-se somente a consumidores participantes do Sistema de Compensação de Energia Elétrica, de que trata a Lei 14.300, de 6 de janeiro de 2022;
>
> II – aplica-se somente à compensação de energia elétrica produzida por microgeração e minigeração, cuja potência instalada seja, respectivamente, menor ou igual a 75 kW e superior a 75 kW e menor ou igual a 1 MW; e
>
> III – não se aplica ao custo de disponibilidade, à energia reativa, à demanda de potência, aos encargos de conexão ou uso do sistema de distribuição, aos componentes tarifárias não associadas ao custo da energia e a quaisquer outros valores cobrados pela distribuidora.

 COMENTÁRIOS

Cuida-se aqui de sistemática de incidência própria para as operações com energia elétrica. Procura-se estabelecer uma sistemática de monofasia, em que o IBS e a CBS seriam devidos "exclusivamente" em determinadas operações, com a exclusão das demais que, sendo operações "com bens ou serviços", em tese poderiam ser alcançadas, mas não o serão.

Em outros termos, embora em tese o IBS e a CBS pudessem incidir na geração, na comercialização, na distribuição e na transmissão, elegem-se apenas uma dessas etapas, com exclusão das demais, nos casos indicados no artigo, para que o IVA-Dual se faça devido.

Releva notar que, em sintonia com a ideia de orientação do sistema tributário pelo vetor da preservação ambiental (CF/1988, art. 145, § 3º), estabelece-se que, no caso de contribuinte dotado de unidades microgeradoras de energia, que injeta na rede pública energia por si produzida, e por igual consome energia da rede pública, o IVA-Dual será devido apenas pela diferença, ou seja, exclui-se da base de cálculo do IBS e da CBS o montante correspondente à energia pelo contribuinte injetada na rede pública. Resolve-se, com isso, problema que alguns Estados-membros criaram para os proprietários de unidades microgeradoras de energia, relativamente ao ICMS: se o contribuinte injeta X de energia na rede pública, e consome 2X de energia da rede pública, pagando à concessionária apenas pelo saldo devedor de X, havia Estados que cobravam o ICMS sobre 3X, o que, além de contrário ao princípio da não cumulatividade, é incompatível com a máxima segundo a qual o sistema tributário deve orientar-se de modo a favorecer a proteção ambiental. Paradoxalmente, e a confirmar que tais princípios muitas vezes soam como meros *slogans* para deixar mais bonitos *slides* que tentam convencer o público de algum aumento de carga tributária, esses mesmos Estados desoneram do ICMS o carvão usado por usinas termoelétricas[18].

No âmbito do IVA-Dual, como se abate, da base de cálculo do IBS e da CBS devidos em face do fornecimento de energia, o valor da energia injetada pelo consumidor/microgerador, o tributo terminará por corretamente onerar apenas eventual saldo devedor, estimulando, ou pelo menos não desestimulando, as pessoas a utilizarem formas limpas e descentralizadas de produção de energia elétrica.

Subseção II
Do Pagamento pelo Contribuinte

> **Art. 29.** O contribuinte deverá, até a data de vencimento, efetuar o pagamento do saldo a recolher de que trata o art. 45 desta Lei Complementar.
>
> § 1º Caso o pagamento efetuado pelo contribuinte seja maior do que o saldo a recolher, a parcela excedente, até o montante dos débitos do período de apuração que tenham sido extintos pelas modalidades previstas nos incisos III a V do *caput* do art. 27 desta Lei Complementar entre o final do período de apuração e o dia útil anterior ao do pagamento pelo contribuinte, será transferida ao contribuinte em até 3 (três) dias úteis.
>
> § 2º O pagamento efetuado após a data de vencimento será acrescido de:
>
> I – multa de mora, calculada à taxa de 0,33% (trinta e três centésimos por cento), por dia de atraso; e
>
> II – juros de mora, calculados à taxa referencial do Sistema Especial de Liquidação e de Custódia (Selic), a partir do primeiro dia do mês subsequente ao vencimento do prazo até o mês anterior ao do pagamento, e de 1% (um por cento) no mês de pagamento.
>
> § 3º A multa de que trata o inciso I do § 2º deste artigo será calculada a partir do primeiro dia subsequente ao do vencimento do prazo previsto para o pagamento do tributo até o dia em que ocorrer o seu pagamento.
>
> § 4º O percentual da multa de que trata o inciso I do § 2º deste artigo fica limitado a 20% (vinte por cento).

 COMENTÁRIOS

Até a data do vencimento, que será definida em regulamento, o contribuinte deverá proceder ao pagamento do IBS e da CBS apurados no período anterior. Pode ocorrer de, entre o final do período de apuração, e o dia do vencimento, algum valor ser recolhido, seja por *split payment*, seja por recolhimento pelo adquirente, por exemplo, e neste caso deverá haver a respectiva dedução relativamente ao valor a ser pago.

---

[18] MACHADO SEGUNDO, Hugo de Brito; MACHADO, Raquel Cavalcanti. La fiscalité de la micro--production d'énergie életrique au Brésil. *Revista Direito Tributário Atual*, n. 48, ano 39, p. 557-567, 2º quad. 2021.

TÍTULO I – DAS NORMAS GERAIS DO IBS E DA CBS   Art. 30

Exemplificando, suponha-se que o vencimento é definido pelo regulamento como sendo o último dia útil da primeira quinzena do mês seguinte ao período de apuração. Encerra-se o mês de setembro, e o contribuinte conclui a apuração do IBS e da CBS com saldo devedor a pagar de R$ 1.000,00. Mas, entre o dia 30 de setembro e o dia 15 de outubro, é possível que uma das vendas feitas no mês anterior, ainda não pagas, sejam pagas por cartão de crédito, e este, por meio do *split payment*, repassa ao Fisco o valor do IBS e da CBS incidentes, digamos, de R$ 200,00. Neste caso, esse valor a ser pago no vencimento passará a ser de R$ 800,00. Em sendo recolhidos os R$ 1.000,00, a diferença será (deverá ser) restituída ao contribuinte em até três dias úteis. Mas isso apenas se nesses primeiros quinze dias algum pagamento pendente remanescente de operações feitas no período anterior ocorrer. Se se derem, mesmo nesses quinze dias, pagamentos de IBS e CBS feitos por adquirentes ou por *split payment*, mas alusivos já a operações havidas em outubro, a dedução se dá sobre o tributo apurado em outubro, não ocorre no valor a ser pago até o dia 15 e relativo a setembro.

Seguindo regra aplicável à generalidade dos tributos federais, o não pagamento do tributo no prazo, por qualquer motivo, enseja a incidência de multa de mora de 0,33% ao dia, limitada ao teto de 20%, e juros de mora Selic.

> **Art. 30.** O Comitê Gestor do IBS e a RFB poderão oferecer, como opção ao contribuinte, mecanismo automatizado de pagamento, respectivamente, do IBS e da CBS.
> § 1º A utilização do mecanismo previsto no *caput* deste artigo pelo contribuinte fica condicionada à sua prévia autorização.
> § 2º O mecanismo automatizado de que trata o *caput* deste artigo permitirá a retirada e o depósito de valores em contas de depósito e contas de pagamento de titularidade do contribuinte.

 COMENTÁRIOS

O uso da tecnologia pode fazer com que o Fisco adote sistemas de inteligência artificial que auxiliem o contribuinte não só na apuração do IBS e da CBS, mas no próprio pagamento de tais tributos. Caso expressamente adira a isso, que é voluntário, o contribuinte deverá permitir que esse sistema tenha franco acesso à sua conta bancária, para nela creditar valores – de créditos e ressarcimentos de IBS e CBS –, mas também para debitar valores.

Começa-se a caminhar no sentido de que volte para o Fisco a apuração dos tributos, como se percebe da legislação de outros impostos, como o imposto de renda, e agora com mais ênfase, desta lei complementar de regência do IVA-Dual. Mas é preciso que isso se dê de modo coerente.

No passado, a maior parte dos tributos era lançada de ofício. Ou por declaração. Tomando conhecimento dos fatos, por sua própria iniciativa, ou por provocação do sujeito passivo, a Administração Fazendária apurava e calculava o tributo devido, notificando o sujeito passivo para pagar ou impugnar.

Tal sistemática tinha, para o contribuinte, grandes vantagens: *(i)* o custo da apuração recaía sobre o Fisco; *(ii)* eventuais erros presentes nessa apuração eram de responsabilidade do Fisco, pelo que a complexidade da legislação e possíveis erros de interpretação de suas disposições não levavam à imposição de multas ao contribuinte; *(iii)* tais erros, ou quaisquer outras deficiências ou imperfeições presentes no lançamento, poderiam ser objeto de impugnação administrativa, recursos, e posterior judicialização, sem se alegar, em oposição, que o direito de defesa não faria sentido por ter sido a apuração feita pelo próprio contribuinte.

O aumento da complexidade das relações sociais e econômicas, porém, levou à proliferação das hipóteses de lançamento por homologação, notadamente nos anos 1990 em diante. Com o tempo, praticamente todos os tributos, com raras exceções, passaram a ser de apuração feita pelo próprio sujeito passivo, a quem cabe compreender a legislação, apurar o tributo e se responsabilizar pelos erros, imputando-se-lhe pesadas penalidades em caso de equívoco. Isso se o equívoco legar ao pagamento do tributo a menor. Se o erro for para mais, além de se negar o direito de defesa administrativa ao contribuinte que pretender corrigir o erro, chega-se ao extremo de se lhe suprimir até mesmo o direito aos honorários advocatícios de sucumbência[19].

Com o avanço da tecnologia, e a automação das Administrações Tributárias, que têm acesso a grande quantidade de dados e podem processá-los com auxílio de algoritmos de inteligência artificial, faz-se possível o retorno, ainda que gradual ou parcial, do lançamento de ofício. A tecnologia pode ser usada não apenas para dar mais comodidade às autoridades fiscais, mas também para facilitar a vida do contribuinte, não só porque ajudá-lo a pagar o tributo é também interesse do Fisco, como porque o propósito a ser perseguido pelas autoridades – e pelos sistemas que elas usam – deve ser cumprir a lei, não o de arrecadar com comodidade. Aliás, tais sistemas têm não só que ajudar na apuração do tributo, mas também em sua devolução, no reconhecimento de isenções etc.

O problema é que esse uso da tecnologia não tem retirado responsabilidades do contribuinte. Erros na apuração automática não inibem o Fisco de cobrar diferenças que eventualmente encontre, pelos métodos mais tradicionais que queira usar, nem implicam qualquer punição a quem for responsável por eles, caso prejudiquem o contribuinte. Se o sistema errar, e cobrar dele mais que o devido, ou se ele, usando o sistema, pagar mais que o devido, com muito custo, e sorte, conseguirá a restituição, e nada mais que isso. Mas erros para menos não só podem ensejar lançamento de ofício, como as mesmas multas de sempre. É importante dar maior equilíbrio à relação se se pretende que o contribuinte subscreva uma autorização para que o sistema tenha acesso franqueado às suas contas.

Subseção III
Do Recolhimento na Liquidação Financeira (Split Payment)

Art. 31. Nas transações de pagamento relativas a operações com bens ou com serviços, os prestadores de serviços de pagamento eletrônico e as instituições operadoras de sistemas de pagamentos deverão segregar e recolher ao Comitê Gestor do IBS e à RFB, no momento da liquidação financeira da transação (*split payment*), os valores do IBS e da CBS, de acordo com o disposto nesta Subseção.

§ 1º Os procedimentos do *split payment* previstos nesta Subseção compreenderão a vinculação entre:

---

[19] "Tributário e processual civil. Sucumbência da Fazenda Pública. Cobrança indevida causada por erro do contribuinte. 1. Ainda que acolhidos os embargos à execução, não deve a Fazenda Pública ser condenada nas verbas da sucumbência se a cobrança foi proposta em razão de erro do contribuinte quando se autolançou de tributo que era indevido. 2. É mais que milenar o brocardo jurídico no sentido de que 'a ninguém é lícito beneficiar-se do próprio erro ou da nulidade a que deu causa', consagrado em dispositivo do nosso CPC e perfeitamente aplicável ao caso. Apelação provida" (TRF5, Ac 171.576/AL, Rel. Des. Fed. Castro Meira, j. 17.08.2000, *DJU* II 27.10.2000, p. 1483).

> I – os documentos fiscais eletrônicos relativos a operações com bens ou com serviços; e
> II – a transação de pagamento das respectivas operações.
>
> § 2º Atos conjuntos do Comitê Gestor do IBS e da RFB disciplinarão o disposto nesta Subseção, inclusive no que se refere às atribuições dos prestadores de serviços de pagamento eletrônico e das instituições operadoras de sistemas de pagamento, considerando as características de cada arranjo de pagamento e das operações com bens e serviços.
>
> § 3º O disposto nesta Subseção aplica-se a todos os prestadores de serviços de pagamento eletrônico de que trata o caput deste artigo, participantes de arranjos de pagamento, abertos e fechados, públicos e privados, inclusive os participantes e arranjos que não estão sujeitos à regulação do Banco Central do Brasil.

COMENTÁRIOS

Veiculado como uma grande novidade da reforma tributária levada a efeito pela EC 132/2023, o *split payment* consiste, como o nome em inglês sugere, em uma divisão no pagamento efetuado pelo comprador do bem ou do serviço. Sob a ótica do comprador, faz-se um único pagamento, pelo valor cobrado pelo bem ou pelo serviço, que é debitado de seu cartão de crédito, conta bancária ou do outro meio de pagamento que utilizar. Mas a instituição que intermedeia esse pagamento, ao receber o valor pago pelo comprador, ou dele debitado, *divide-o*, destinando uma parte ao credor do negócio, vale dizer, da operação com bem ou serviço (*v.g.*, o vendedor da mercadoria), e outra parte à Fazenda Pública (no caso, ao Comitê Gestor e à Receita Federal).

Incrementa-se, com isso, a segurança (da Fazenda) quanto ao recebimento do valor do tributo, reduzindo significativamente as possibilidades de evasão ou sonegação. Como nos dias de hoje a maior parte dos pagamentos é feita por cartão de crédito ou alguma outra modalidade eletrônica, sendo cada vez mais raro o uso do dinheiro "de papel", praticamente toda operação tributável terá o valor devido já retido antecipadamente e destinado aos cofres públicos de modo automático, eliminando as possibilidades de sonegação.

Do lado do contribuinte, também se aponta como vantagem a simplicidade, e a redução do ônus burocrático relacionado ao cálculo e ao pagamento do tributo, visto que tudo é feito automaticamente pelo sistema.

Há, contudo, riscos e problemas que o entusiasmo diante da novidade tem impedido algumas pessoas de enxergar. Não que por causa deles a sistemática deva ser abolida ou abandonada; eles precisam, todavia, ser enfrentados, até para que as promessas a ela subjacentes não sejam amesquinhadas ou se restrinjam ao plano do discurso teórico destinado a seduzir os que poderiam barrar sua adoção.

Em primeiro lugar, é preciso lembrar que nem tudo que é automático é, só por isso, infalível. Há falhas subjacentes ao mecanismo, ou à forma como ele é projetado, e aquelas que dizem respeito ao seu funcionamento inadequado. Ou, por outras palavras: o programador pode propositalmente projetá-lo para não proceder de modo correto, ou, apesar de seus esforços, a incorreção pode ocorrer, por desatenção, falta de previsão, enviesamento dos dados ou do programador etc.

Quando se diz, por exemplo, que o sistema procederá à retenção automática do valor devido, parte-se da premissa de que não haverá jamais divergência, imprecisão ou dúvida sobre o montante desse valor, bem como sobre saber se ele é mesmo devido ou não[20].

---

[20] Sobre os problemas do uso da tecnologia para calcular e cobrar tributos de modo automático, veja-se MACHADO SEGUNDO, Hugo de Brito. *Direito e inteligência artificial*: o que os algoritmos têm a ensinar sobre interpretação, valores e justiça. São Paulo: Foco, 2022, p. 22-26.

Caso só ocorra o *split payment* diante de valores destacados no documento fiscal pelo próprio contribuinte, que assim não destacará o tributo nas operações que considerar não tributáveis, e destacará pelo percentual que considerar devido, sobre a base que indicar no documento como devida, esse risco diminui. Mas nada garante ao contribuinte que a retenção só ocorrerá nesses casos, e pelos valores que ele próprio apontar no documento fiscal. E se os valores forem outros? Se a retenção se der por valor diverso do destacado no documento fiscal, ou em hipóteses nas quais no documento fiscal sequer houver destaque, a automaticidade, pelo menos para o cidadão – e para o Estado de Direito, caso o valor retido seja ilegal –, não será assim tão vantajosa, sobretudo se para remediar seus excessos houver dificuldades ou embaraços.

Muito do que se defende para a reforma tributária implementada para a EC 132/2023 é fruto da experiência internacional. Quando a literatura especializada, no Brasil, faz alguma crítica ou sugestão discrepante do modelo oficial apresentado para o IVA-Dual, a resposta, quando há, funda-se na acusação de desconhecimento da experiência internacional mais moderna, havendo disposições na legislação que parecem mesmo apenas traduzidas de normas de outros países. No caso do *split payment*, então, talvez fosse o caso de investigar os motivos pelos quais praticamente nenhum outro país o adote, embora alguns já tenham tentado. Não que isso, por si, seja motivo para rejeição, há várias experiências brasileiras únicas que são exemplo de excelência, como o processo eletrônico, a votação eletrônica, e o Pix, mas deve haver coerência na valorização pelo que nos é original e próprio, e a coerência não deve ser representada apenas pela adesão ao que favorece os interesses arrecadatórios da Fazenda. Adota-se o *split payment* porque precisamos ser inovadores e originais, mas se adota uma definição de âmbito de incidência infinita porque em outros países já é assim.

Veja-se que, pela sistemática em questão, primeiro se retém o valor do tributo integralmente, pela alíquota cheia incidente sobre a "saída", para só depois se aferir o montante efetivamente devido e, assim, proceder-se ao ressarcimento, à restituição ou à compensação. Isso faz com que a regra, a premissa, o *default*, seja o recolhimento antecipado e integral. Para fugir a isso e obter a restituição correspondente à consideração dos créditos, inerentes à sistemática da não cumulatividade, a iniciativa caberá ao contribuinte. Será dele o ônus de pleitear o ajuste para que o montante dele extraído corresponda ao devido, e não ao antecipado. Trata-se da volta do *solve et repete*[21], e isso em relação a tributo cuja restituição pode mesmo tornar-se impossível, por força do art. 166 do CTN, por esta lei invocado e amplificado.

> **Art. 32.** O procedimento padrão do *split payment* obedecerá ao disposto neste artigo.
>
> § 1º O fornecedor é obrigado a incluir no documento fiscal eletrônico informações que permitam:
>
> I – a vinculação das operações com a transação de pagamento; e
>
> II – a identificação dos valores dos débitos do IBS e da CBS incidentes sobre as operações.
>
> § 2º As informações previstas no § 1º deste artigo deverão ser transmitidas aos prestadores de serviço de pagamento:
>
> I – pelo fornecedor;
>
> II – pela plataforma digital, em relação às operações e importações realizadas por seu intermédio, nos termos do art. 22 desta Lei Complementar; ou
>
> III – por outra pessoa ou entidade sem personalidade jurídica que receber o pagamento.

---

[21] Cf. TEIXEIRA, Alexandre Alkmim. *To split or not to split*: o *split payment* como mecanismo de recolhimento de IVA e seus potenciais impactos no Brasil. *Revista Direito Tributário Atual*, n. 50, p. 27-46, 2022. Disponível em: https://revista.ibdt.org.br/index.php/RDTA/article/view/2139.

TÍTULO I – DAS NORMAS GERAIS DO IBS E DA CBS   Art. 32

> § 3º Antes da disponibilização dos recursos ao fornecedor, o prestador de serviço de pagamento ou a instituição operadora do sistema de pagamento deverá, com base nas informações recebidas, consultar sistema do Comitê Gestor do IBS e da RFB sobre os valores a serem segregados e recolhidos, que corresponderão à diferença positiva entre:
>
> I – os valores dos débitos do IBS e da CBS incidentes sobre a operação, destacados no documento fiscal eletrônico; e
>
> II – as parcelas dos débitos referidos no inciso I deste parágrafo já extintas por quaisquer das modalidades previstas no art. 27 desta Lei Complementar.
>
> § 4º Caso a consulta não possa ser efetuada nos termos do § 3º deste artigo, deverá ser adotado o seguinte procedimento:
>
> I – o prestador de serviços de pagamento ou a instituição operadora do sistema de pagamentos segregará e recolherá ao Comitê Gestor do IBS e à RFB o valor dos débitos do IBS e da CBS incidentes sobre as operações vinculadas à transação de pagamento, com base nas informações recebidas; e
>
> II – o Comitê Gestor do IBS e a RFB:
>
> a) efetuarão o cálculo dos valores dos débitos do IBS e da CBS das operações vinculadas à transação de pagamento, com a dedução das parcelas já extintas por quaisquer das modalidades previstas no art. 27 desta Lei Complementar; e
>
> b) transferirão ao fornecedor, em até 3 (três) dias úteis, os valores recebidos que excederem ao montante de que trata a alínea *a* deste inciso.

 COMENTÁRIOS

Como explicado nos comentários ao artigo anterior, *split payment* é a sistemática por meio da qual o pagamento (*payment*) feito pelo comprador de bens ou serviços é dividido (*split*) pela entidade encarregada de intermediá-lo (p. ex., administradora de cartão de crédito), de modo que parte seja entregue ao Comitê Gestor e à Receita Federal (IBS e CBS), e parte ao vendedor dos bens ou serviços (valor líquido da operação). Para o comprador, há apenas um pagamento, com o débito, em sua fatura de cartão de crédito, de apenas um valor. Mas o prestador do serviço de pagamento eletrônico procede à divisão desse valor, retirando das mãos do contribuinte o numerário destinado à satisfação do débito correspondente ao IBS e à CBS incidentes na operação.

Naturalmente que não será um ser humano que receberá, no guichê da empresa de cartão de crédito, o dinheiro em espécie necessário ao pagamento da operação, realizando a separação manualmente e destinando as respectivas cédulas a diferentes gavetas. Tudo será feito eletronicamente, por algoritmos. Se eles fizerem a segregação apenas quando o documento fiscal indicar débito de IBS e CBS destacado, e o fizerem exatamente pelo valor destacado (pelo contribuinte emissor do documento fiscal), as chances de cobrança a maior *neste ponto* são reduzidas, mas é preciso recordar que IBS e CBS são tributos não cumulativos. O valor devido apura-se a partir do confronto entre a aplicação da alíquota sobre a base de cálculo, representada pelo valor da operação de saída, com os créditos apurados no mesmo período, ou transferidos de períodos anteriores. O recolhimento via *split payment*, mesmo que não cometa erros, levará em conta apenas a metade desta equação, justamente aquela que interessa à Fazenda Pública.

O fornecedor é obrigado a informar o vínculo entre a transação de pagamento (o pagamento feito via cartão de crédito, por exemplo) e a operação com bens ou serviços que é fato gerador do IBS e da CBS, bem como identificar, no documento, o valor (dos débitos) de IBS e CBS incidentes sobre essa operação. Tudo para que a instituição intermediadora

Art. 33

do pagamento possa fazer a segregação (*split*) no pagamento. O problema, como dito, é que isso leva ao recolhimento antecipado e integral do débito de um tributo que tem a alíquota bastante elevado porque é não cumulativo, ou seja, porque tal alíquota não corresponde ao valor efetivamente recolhido, o qual se obtém com o abatimento dos créditos. O *split payment*, pelo menos em um primeiro momento, faz com que a alíquota mais elevada (do que a de um tributo cumulativo) incida sobre o total da operação, deixando o contraste com os créditos para depois.

Mas a Lei prevê um mecanismo para que os créditos sejam considerados: ao processar o *split payment*, antes de entregar os recursos efetivamente para o contribuinte, vendedor do bem ou do serviço, e para a Fazenda (Receita e CG) credora da CBS e do IBS, a entidade responsável por esse processamento deverá *consultar o Comitê Gestor e a Receita Federal sobre o valor a ser recolhido*. Esse valor a ser recolhido, nos termos da lei, corresponderá à diferença entre o valor do débito incidente na operação e destacado no documento, e "a parcela desses débitos" que já tiver sido paga por meio de compensação com créditos ou por outras modalidades. Mas quem dirá o montante dessa parcela será o Fisco.

Ou seja: aquele que processa o pagamento desconta o débito inteiro, e depois consulta a Fazenda para saber quando ela deseja receber desse valor. Se não houver resposta, ou se a consulta "não puder ser efetuada", o valor do débito deve ser transferido integralmente ao Fisco, e este calculará o montante de créditos a ser apropriado e abatido, devolvendo ao fornecedor em até três dias úteis os valores recebidos a maior.

É interessante que o regulamento explicite o que se deve entender por não poder efetuar a consulta. Apenas defeitos técnicos, como o sistema estar "fora do ar" por mais de um dia, justificariam essa impossibilidade, que não pode consistir no mero silêncio voluntário do Fisco. E, mais interessante ainda, é que o referido prazo de três dias seja respeitado, não havendo sanção legalmente prevista para o caso de desrespeito. O direito é *dever ser*, e, como se diz vulgarmente, o papel aguenta tudo. Escrever no texto de uma lei complementar que a restituição ocorrerá em três dias, sem especificar uma consequência objetiva e explícita para o caso de desrespeito a esse prazo, é um convite a fazer dele letra morta, como o "imediata e preferencial restituição" do art. 150, § 7º, da CF/1988.

Mas o grande problema será o que fazer o contribuinte caso o Comitê Gestor e a Receita Federal dele divirjam quanto ao valor dessa diferença. O tributo já estará recolhido pelo valor que o Fisco entende devido, e o pedido de restituição, se judicializado, esbarrará no odioso óbice do art. 166 do CTN. A modernidade e a simplificação do *split payment* podem ser muito boas, mas podem ser também o pesadelo dos contribuintes, deitando por terra todas as garantias do Estado de Direito: o Fisco arrecada antecipada e automaticamente o quanto quer, o que não precisará corresponder ao que a lei permite, e pouco ou nada poder-se-á fazer para remediá-lo.

> **Art. 33.** O contribuinte poderá optar por procedimento simplificado do *split payment* para todas as operações cujo adquirente não seja contribuinte do IBS e da CBS no regime regular.
>
> § 1º No procedimento simplificado de que trata o *caput* deste artigo, os valores do IBS e da CBS a serem segregados e recolhidos pelo prestador de serviço de pagamento ou pela instituição operadora do sistema de pagamentos serão calculados com base em percentual preestabelecido do valor das operações.
>
> § 2º O percentual de que trata o § 1º deste artigo:

TÍTULO I – DAS NORMAS GERAIS DO IBS E DA CBS Art. 34

> I – será estabelecido pelo Comitê Gestor do IBS, para o IBS, e pela RFB, para a CBS, vedada a aplicação de procedimento simplificado para apenas um desses tributos;
>
> II – poderá ser diferenciado por setor econômico ou por contribuinte, a partir de cálculos baseados em metodologia uniforme previamente divulgada, incluindo dados da alíquota média incidente sobre as operações e do histórico de utilização de créditos; e
>
> III – não guardará relação com o valor dos débitos do IBS e da CBS efetivamente incidentes sobre a operação.
>
> § 3º Os valores do IBS e da CBS recolhidos por meio do procedimento simplificado de que trata o *caput* serão utilizados para pagamento dos débitos não extintos do contribuinte decorrentes das operações de que trata o *caput* ocorridas no período de apuração, em ordem cronológica do documento fiscal, segundo critérios estabelecidos no regulamento.
>
> § 4º O Comitê Gestor do IBS e a RFB:
>
> I – efetuarão o cálculo do saldo dos débitos do IBS e da CBS das operações de que trata o *caput* deste artigo, após a dedução das parcelas já extintas por quaisquer das modalidades previstas no art. 27 desta Lei Complementar, no período de apuração; e
>
> II – transferirão ao fornecedor, em até 3 (três) dias úteis contados da conclusão da apuração, os valores recebidos que excederem o montante de que trata o inciso I deste parágrafo.
>
> § 5º A opção de que trata o *caput* deste artigo será irretratável para todo o período de apuração.
>
> § 6º Ato conjunto do Comitê Gestor do IBS e da RFB poderá determinar a utilização do procedimento simplificado de que trata este artigo para as operações mencionadas no *caput*, enquanto o procedimento padrão descrito no art. 32 não estiver em funcionamento em nível adequado para os principais instrumentos de pagamento eletrônico utilizados nessas operações.

 COMENTÁRIOS

Dispondo sobre a possibilidade de um "regime simplificado" de *split payment*, o artigo em comento estabelece que o montante a ser retido, segregado e destinado aos cofres públicos pelo prestador de serviço de pagamento/intermediação de pagamento *não precisa guardar relação com o IBS e a CBS efetivamente devidos na operação*. Será um "percentual preestabelecido" do valor da transação, outro nome encontrado para a palavra alíquota, que entretanto não será fixado por lei, mas por ato conjunto do Comitê Gestor do IBS e da Receita Federal.

O regime simplificado deve aplicar-se a ambos os tributos, IBS e CBS, sendo opcional ao contribuinte. Feita a opção, opera-se a irretratabilidade dentro do período de apuração, que é de apenas um mês. Insatisfeito com a opção, o contribuinte pode manifestar a intenção de a ela não mais aderir, podendo retornar à sistemática ordinária já no período de apuração (mês) seguinte.

Como os valores retidos não guardam relação com IBS e CBS devidos efetivamente, sendo usados para quitar débitos porventura existentes do contribuinte, trata-se apenas de uma sistemática de antecipação – uma substituição tributária modernizada – depois sujeita a ajuste, diante dos valores efetivamente devidos, sendo de se lembrar, todavia, que esse ajuste – e o juízo a respeito da devolução de eventuais excessos – é da Fazenda Pública. Um resultado, para o Fisco, semelhante ao do antigo "ICMS-ST", só que por outros caminhos, mais modernos.

> **Art. 34.** Deverão ser observadas ainda as seguintes regras para o *split payment*:
>
> I – a segregação e o recolhimento do IBS e da CBS ocorrerão na data da liquidação financeira da transação de pagamento, observados os fluxos de pagamento estabelecidos entre os participantes do arranjo;

53

II – nas operações com bens ou com serviços com pagamento parcelado pelo fornecedor, a segregação e o recolhimento do IBS e da CBS deverão ser efetuados, de forma proporcional, na liquidação financeira de todas as parcelas;

III – a liquidação antecipada de recebíveis não altera a obrigação de segregação e de recolhimento do IBS e da CBS na forma dos incisos I e II deste *caput*;

IV – o disposto nesta Subseção não afasta a responsabilidade do sujeito passivo pelo pagamento do eventual saldo a recolher do IBS e da CBS, observados o momento da ocorrência do fato gerador e o prazo de vencimento dos tributos; e

V – os prestadores de serviços de pagamentos e as instituições operadoras de sistemas de pagamento:

a) serão responsáveis por segregar e recolher os valores do IBS e da CBS de acordo o disposto nesta Subseção; e

b) não serão responsáveis tributários pelo IBS e pela CBS incidentes sobre as operações com bens e com serviços cujos pagamentos eles liquidem.

COMENTÁRIOS

Dando sequência ao disciplinamento da sistemática de *split payment*, o artigo em comento procura esclarecer que a destinação dos valores à Fazenda Pública (Receita Federal e Comitê Gestor) dar-se-á quando da respectiva liquidação financeira da operação, ou seja, quando o numerário for efetivamente pago ou posto à disposição do beneficiário do pagamento, o contribuinte do IBS e da CBS que realizou a operação tributável, com bens ou serviços. Caso a venda tenha sido parcelada, parcelados serão também os recolhimentos de IBS e CBS – bem como a possibilidade de geração/apropriação dos créditos a eles relativos.

Split payment e responsabilidade (do contribuinte e dos prestadores de serviços de pagamentos)

Estabelece o inciso IV do artigo em comento que a adoção da sistemática de *split payment* não afasta a responsabilidade do sujeito passivo pelo pagamento dos tributos (IBS e CBS), o que deve ser visto com reservas, *pois não se pode exigir dele o pagamento da quantia que lhe foi descontada e retida* quando da venda da mercadoria ou da prestação do serviço. A disposição significa, apenas, que o valor retido dessa forma entrará na apuração do IVA-Dual devido no período, como crédito, cabendo-lhe o recolhimento de eventual diferença, caso subsista algum saldo devedor. Mas não pode ser visto como a possibilidade de o Fisco exigir dele, que só recebeu o valor líquido da venda, uma segunda vez, o tributo sobre ela incidente, caso por algum problema na sistemática o valor termine não chegando aos cofres públicos na forma e prazo por ele desejados.

Estabelece-se que os prestadores de serviços de pagamento (*v.g.*, empresas de cartão de crédito) não são responsáveis tributários. São responsáveis por "segregar e recolher os valores do IBS e da CBS de acordo com o disposto nesta subseção", o que parece um mero jogo de palavras. O valor é recebido pelo prestador do serviço de pagamento, e este é por lei obrigado a destiná-lo aos cofres públicos. Se a retenção ocorrer, mas a destinação não se completar por alguma razão, o Fisco poderá, sim, exigir do prestador do serviço de pagamento – e não mais do contribuinte – essa respectiva quantia. É, sem dúvida, portanto, um responsável tributário, apesar do que dispõe o texto legal, que parece habituado ao expediente de determinar que certas realidades "consideram-se" ou "não se consideram" o que ele arbitrariamente deseja que elas sejam ou não sejam, como se ao seu alcance estivesse livremente constituí-las e modificá-las.

TÍTULO I – DAS NORMAS GERAIS DO IBS E DA CBS   Art. 36

Art. 35. O Poder Executivo da União e o Comitê Gestor do IBS deverão aprovar orçamento para desenvolvimento, implementação, operação e manutenção do sistema do *split payment*.

§ 1º O *split payment* deverá entrar em funcionamento de forma simultânea, nas operações com adquirentes que não são contribuintes do IBS e da CBS no regime regular, para os principais instrumentos de pagamento eletrônico utilizados nessas operações.

§ 2º Ato conjunto do Comitê Gestor do IBS e da RFB:

I – estabelecerá a implementação gradual do *split payment*; e

II – poderá prever hipóteses em que a adoção do *split payment* será facultativa.

§ 3º São instrumentos de pagamento eletrônico principais, para fins do disposto no § 1º deste artigo, aqueles preponderantemente utilizados no setor de varejo.

 COMENTÁRIOS

A neutralidade é uma das bandeiras do IVA-Dual, e isso se deve refletir não apenas na definição de alíquotas e hipóteses de incidência, mas também na forma de apuração e cálculo do tributo, prazos de recolhimento etc. Se o *split payment* for adotado para algumas modalidades de pagamento, mas não para outras, isso poderá servir de estímulo para que algumas sejam preferidas a outras, inclusive com os contribuintes concedendo – licitamente, diga-se de passagem – descontos ou outras vantagens para que os compradores optem por aquelas que lhes forem mais atrativas. Se por cartão houver *split payment*, mas por Pix não, podem-se conceder descontos para o uso deste último, de sorte que, com ele, o fornecedor não sofra a segregação antecipada do tributo pelo valor do débito, tendo de esperar pelo reconhecimento dos créditos com os quais o valor efetivamente devido deve ser encontrado.

Caso a prática se mostre efetivamente desvantajosa para contribuintes, com arbítrio do Fisco na definição de valores devidos e atraso ou outras dificuldades na restituição de excessos, é mesmo possível que haja um retorno de meios de pagamento hoje cada vez menos usuais, mas que não são compatíveis com o *split payment*, como o uso do dinheiro em espécie.

É importante que a sistemática seja implantada gradualmente, para que agentes econômicos, instituições financeiras e o próprio Fisco tenham tempo de se adaptar, e é importante também que sua adoção seja facultativa. Só isso servirá de estímulo a que o Fisco regulamente e aplique a sistemática de modo a torná-la realmente interessante ao contribuinte, e não uma armadilha para a volta do *solve et repete* à margem de um devido processo legal e arrematada com excessivo atraso ou mesmo a não devolução dos valores antecipados (CTN, art. 166).

Subseção IV
Do Recolhimento pelo Adquirente

Art. 36. O adquirente de bens ou de serviços que seja contribuinte do IBS e da CBS pelo regime regular poderá pagar o IBS e a CBS incidentes sobre a operação caso o pagamento ao fornecedor seja efetuado mediante a utilização de instrumento de pagamento que não permita a segregação e o recolhimento nos termos dos arts. 32 e 33 desta Lei Complementar.

§ 1º A opção de que trata o *caput* deste artigo será exercida exclusivamente mediante o recolhimento, pelo adquirente, do IBS e da CBS incidentes sobre a operação.

§ 2º Na hipótese de que trata o *caput* deste artigo, o adquirente será solidariamente responsável pelo valor do IBS e da CBS incidentes sobre a operação (VETADO).

> § 3º O valor recolhido na forma deste artigo:
>
> I – será utilizado exclusivamente para pagamento dos valores dos débitos ainda não extintos do IBS e da CBS relativos às respectivas operações; e
>
> II – quando excedente ao valor utilizado nos termos do inciso I deste parágrafo, será transferido ao contribuinte em até 3 (três) dias úteis.
>
> § 4º O Comitê Gestor do IBS e a RFB estabelecerão mecanismo para acompanhamento, pelo fornecedor, do recolhimento pelo adquirente.

COMENTÁRIOS

O dispositivo em comento trata do recolhimento do IBS e da CBS incidentes sobre operação com bem ou serviço pelo próprio adquirente, que é expressamente colocado como responsável tributário pelo débito correspondente. É um *split payment* manual, ou analógico, aplicável, nos termos do artigo, às hipóteses nas quais o *split payment* automático ou digital não possa ser utilizado.

A disposição suscita alguns problemas.

O primeiro é que, como em muitos outros dispositivos, usa-se e abusa-se do termo "poderá". Como, no Direito Tributário, a cobrança do tributo processa-se por atividade plenamente vinculada, tais aspectos deveriam ser tratados na própria lei. Não se está aqui, como ocorre com o CTN, diante de uma norma geral de Direito Tributário, ou "norma sobre normas". Não. Trata-se da própria regra tributária, norma instituidora do tributo, delegando-se às leis ordinárias dos entes federativos correspondentes apenas a fixação da alíquota. Assim, o "poderá" remete por certo ao ato infralegal, ao regulamento, sendo certo que não cabe a ele definir em quais situações o recolhimento dar-se-á por *split payment* ou não.

O curioso é que, embora se trate de sistemática rigorosamente igual à do *split payment*, no que tange à sua essência, alterando-se apenas a tecnologia usada (divisão automática do pagamento ou não), neste caso se reconhece que o adquirente é responsável tributário. Não há motivo, como explicado no comentário ao artigo correspondente, para que nas hipóteses de *split payment* automático se estabeleça que, conquanto as instituições financeiras sejam obrigadas a segregar e recolher o tributo, elas não seriam responsáveis tributárias. Mais uma manifestação do abuso linguístico de quem editou o texto desta lei complementar, que acha que pode dizer o que quiser a respeito dos institutos jurídicos, até mesmo dizer que quem é obrigado a reter e recolher o tributo devido pelo contribuinte não se chama responsável tributário.

Observe-se que a instituição do *split payment*, seja o manual, seja o automático, permite a consideração do adquirente de bens e serviços não mais como um "mero contribuinte de fato". Se até *cashback* ele em certas condições pode receber, isso sinaliza o início de um caminho para a superação da contradição subjacente ao art. 166 do CTN, caso ele prevaleça e seja tido como aplicável ao IVA-Dual. Como o repasse sempre se presume, e o adquirente em diversos trechos da Lei é referido como sujeito passivo legalmente definido como tal, assiste-lhe legitimidade ativa *ad causam* para pleitear a devolução do tributo, caso recolhido indevidamente. Assim, se o vendedor não atender aos requisitos do art. 166 do CTN e do art. 38 desta Lei Complementar, hipótese na qual a restituição seria devida a ele, a repetição do indébito caberá, sem mais amarras ou óbices, ao comprador que a pleitear.

TÍTULO I – DAS NORMAS GERAIS DO IBS E DA CBS

Art. 38

Subseção V
Do Pagamento pelo Responsável

> **Art. 37.** Aplica-se o disposto no art. 29 desta Lei Complementar, no que couber, ao pagamento do IBS e da CBS por aquele a quem esta Lei Complementar atribuir a condição de responsável.

 COMENTÁRIOS

A disposição em comento limita-se a estabelecer que ao responsável por igual se aplica a incidência de multa e juros no caso de atraso, pois ao responsável não faria sentido aplicar-se a parte do art. 29 alusiva ao abatimento, sobre o valor devido pelo contribuinte até a data do vencimento, das quantias recolhidas por terceiros entre o encerramento do período de apuração e a data do efetivo pagamento pelo contribuinte. Curioso, diante desta disposição, é saber se instituições financeiras encarregadas de proceder ao *split payment* não serão devedoras de multas e de juros, caso atrasem a remessa de quantias tempestivamente segregadas dos valores pagos aos contribuintes, pois impropriamente esta lei estabelece que, apesar de terem esse dever jurídico, não seriam elas responsáveis tributários.

Seção IX
Do Pagamento Indevido ou a Maior

> **Art. 38.** Em caso de pagamento indevido ou a maior, a restituição do IBS e da CBS somente será devida ao contribuinte na hipótese em que:
> I – a operação não tenha gerado crédito para o adquirente dos bens ou serviços; e
> II – tenha sido observado o disposto no art. 166 da Lei 5.172, de 25 de outubro de 1966 (Código Tributário Nacional).

 COMENTÁRIOS

O artigo em comento repete, e amplifica, restrição odiosa à restituição do indébito tributário, relativamente à CBS e ao IBS, acrescentando ao art. 166 do CTN uma exigência adicional: a prova do não creditamento do imposto indevidamente recolhido a maior, por parte de pessoas situadas em posição posterior na cadeia econômica que conduz o produto ou o serviço tributado até o consumo final.

Mantém-se a incoerência, e a contradição, no trato da sujeição passiva na relação jurídica tributária, que ora considera o consumidor final como "o verdadeiro contribuinte", ora se esquece disso e trata o contribuinte legalmente definido como tal como "o verdadeiro contribuinte". Se este último paga o tributo de modo indevido e pleiteia a restituição, se lhe nega esse direito ao argumento de que houve o repasse ao elo seguinte da cadeia. Se quem pleiteia a restituição é o elo seguinte da cadeia, na condição de consumidor final, se alega, de modo contraditório e incoerente, que se trata de mero consumidor, sem relação jurídica com o Fisco, carente portanto de legitimidade ativa *ad causam*.

Nem é preciso entrar na polêmica questão de saber se o repasse ao consumidor final ocorre, se ocorre sempre, ou se não ocorre. A questão é de coerência. Se esse repasse é *presumido* por lei, como ocorrendo integralmente, como se dá com o art. 166 do CTN, a legitimidade deveria caber ao consumidor final, presumivelmente o "verdadeiro" pagador do tributo, salvo prova em contrário. Se se diz, ao revés, que ele, o consumidor, não tem relação com o Fisco, sendo meramente econômico esse repasse, isso deveria servir de motivo, então, para se ignorar esse mesmo repasse como motivo ou causa para se negar a restituição ao contribuinte dito de direito. Manter a contradição é que não se pode admitir, até porque ela impacta, de frente, o disposto no art. 5º, XXXV, da CF/1988.

O correto seria suprimir da ordem jurídica este artigo, e o art. 166 do CTN, estabelecendo que o direito à restituição cabe ao contribuinte dito de direito, sempre. Se o elo seguinte da cadeia é também contribuinte de direito, e creditou-se do tributo, não haveria interesse do contribuinte de pleitear a restituição, e, se este ainda assim o fizesse, caberia ao Fisco alegar o creditamento do elo seguinte, e prová-lo, por se tratar de fato possivelmente extintivo, modificativo ou impeditivo do direito da ação de restituição. Não se pode atribuir o ônus da prova negativa ao contribuinte autor da ação, até porque, no caso da venda a consumidor final, essa prova, como a própria prova do não repasse, é muito difícil, ou impossível. Por outro lado, restituindo-se o tributo ao contribuinte dito "de direito", esse crédito assim inserido em sua conta gráfica refletir-se-ia na apuração dos tributos indiretos (IBS e CBS) correntes e futuros, reduzindo os preços dos produtos e serviços. Se a repercussão se presume quando o ônus é maior, não há por que agir de modo diverso quando se trata de restituição, e em qualquer hipótese não se justifica negá-la ao argumento de que houve o repasse.

Tendo a atual reforma copiado tantas disposições do direito estrangeiro, relativamente ao IVA, teria sido saudável importar, também, o entendimento firmado pela Suprema Corte do Canadá, e pelo Tribunal de Justiça Europeu, sobre essa "defesa do repasse", ou *passing on defense*[22], que cria a chamada inconstitucionalidade eficaz e permite à Fazenda não restituir as quantias que indevidamente recebe, locupletando-se indevidamente de sua própria torpeza.

Se se respeitasse a Constituição, portanto, o artigo em comento deveria ser assim redigido, além de se revogar, nesta mesma lei complementar, o art. 166 do CTN:

> Art. 38. Em caso de pagamento indevido, a restituição do IBS e da CBS será devida ao contribuinte nos termos do art. 165 da Lei 5.172, de 1966 – Código Tributário Nacional, independentemente de prova de não repercussão do ônus financeiro.
>
> Parágrafo único. Na hipótese de a Fazenda comprovar que o recolhimento indevido gerou creditamento em operações posteriores, a restituição implicará o cancelamento desse crédito.

Aliás, por dever de coerência, se a geração de crédito "maior que o devido", provocada por um recolhimento indevido no meio da cadeia, impede a restituição, a geração de crédito "menor que o devido", ocasionada por um recolhimento menor que o devido no meio da cadeia, também deveria impedir o lançamento de diferenças. Com efeito, o contribuinte que, ao fornecer bens ou serviços, paga tributo menor que o devido, gera por igual crédito menor que o devido. O valor, que ele não teria recolhido a tempo, terminou por ser pago por seus clientes, aos quais forneceu bens e serviços, na medida em que tomaram créditos menores

---

[22] Confira-se, a propósito: MACHADO SEGUNDO, Hugo de Brito. Ainda a restituição dos tributos indiretos. *Nomos*, v. 32.2, p. 223-274, 2012; MACHADO SEGUNDO, Hugo de Brito. *Repetição do Tributo Indireto*: incoerências e contradições. São Paulo: Malheiros, 2011; NEVIANI, Tarcísio. *A restituição de tributos indevidos, seus problemas, suas incertezas*. São Paulo: Resenha Tributária, 1983.

que os que teriam tomado caso o recolhimento correto tivesse acontecido. Logo, não seria cabível a lavratura de qualquer auto de infração. Terá o Fisco essa coerência?

Enfim, caso o artigo em comento seja considerado constitucional, como lamentavelmente vem sendo, e aplicável às hipóteses de pagamento indevido de IBS e CBS, o artigo preservará a incoerência e a contradição no discurso, ora de ter o consumidor como "verdadeiro" contribuinte, ora tê-lo como figura juridicamente irrelevante. E, nessa condição, caberá ao contribuinte tomar a máxima cautela para não efetuar recolhimentos indevidos, certo de que estará da extrema dificuldade de obter a respectiva restituição.

Quanto a isso, lembre-se que tanto este art. 38 como o art. 166 do CTN se reportam apenas à *restituição*. Assim, se o contribuinte *deixar de pagar* o tributo que considera indevido – em vez de pagá-lo para depois pleitear a devolução –, o art. 166 do CTN não se aplica: "O art. 166 do CTN se aplica unicamente nos casos de repetição de indébito, não podendo ser invocado quando a discussão em torno da legalidade do crédito tributário se dá nos embargos à execução fiscal, em que o objetivo do embargante cinge-se ao não pagamento ou à redução da quantia executada. Nesse caso, é totalmente descabida a exigência da prova do não repasse do encargo financeiro, pois não houve, ainda, pagamento do tributo executado"[23]. Esse entendimento foi, posteriormente, ratificado pela 1ª Seção do STJ[24].

Seção X
Do Ressarcimento

Art. 39. O contribuinte do IBS e da CBS que apurar saldo a recuperar na forma do art. 45 ao final do período de apuração poderá solicitar seu ressarcimento integral ou parcial.

§ 1º Caso o ressarcimento não seja solicitado ou a solicitação seja parcial, o valor remanescente do saldo a recuperar constituirá crédito do contribuinte, o qual poderá ser utilizado para compensação ou ressarcido em períodos posteriores.

§ 2º A solicitação de ressarcimento de que trata este artigo será apreciada pelo Comitê Gestor do IBS, em relação ao IBS, e pela RFB, em relação à CBS.

§ 3º O prazo para apreciação do pedido de ressarcimento será de:

I – até 30 (trinta) dias contados da data da solicitação de que trata o *caput* deste artigo, para pedidos de ressarcimento de contribuintes enquadrados em programas de conformidade desenvolvidos pelo Comitê Gestor do IBS e pela RFB que atendam ao disposto no art. 40 desta Lei Complementar;

II – até 60 (sessenta) dias contados da data de solicitação de que trata o *caput* deste artigo, para pedidos de ressarcimento que atendam ao disposto no art. 40 desta Lei Complementar, ressalvada a hipótese prevista no inciso I deste parágrafo; ou

III – até 180 (cento e oitenta) dias contados da data da solicitação de que trata o *caput* deste artigo, nos demais casos.

§ 4º Se não houver manifestação do Comitê Gestor do IBS ou da RFB nos prazos previstos no § 3º deste artigo, o crédito será ressarcido ao contribuinte nos 15 (quinze) dias subsequentes.

§ 5º Caso seja iniciado procedimento de fiscalização relativo ao pedido de ressarcimento antes do encerramento dos prazos estabelecidos no § 3º deste artigo serão:

I – suspensos os prazos; e

---

[23] STJ, REsp 698.611/SP, rel. Min. Eliana Calmon, 2ª Turma, j. 03.05.2005, *DJ* 06.06.2005, p. 288.
[24] EREsp 651.224/SP, rel. Min. Eliana Calmon, j. 10.05.2006, *DJ* 19.06.2006, p. 90.

II – ressarcidos os créditos homologados em até 15 (quinze) dias contados da conclusão da fiscalização.

§ 6º O procedimento de fiscalização de que trata o § 5º deste artigo não poderá estender-se por mais de 360 (trezentos e sessenta) dias.

§ 7º Caso o procedimento de fiscalização não seja encerrado no prazo de que trata o § 6º deste artigo, o crédito será ressarcido ao contribuinte nos 15 (quinze) dias subsequentes.

§ 8º O ressarcimento efetuado nos termos deste artigo não afasta a possibilidade de fiscalização posterior dos créditos ressarcidos nem prejudica a conclusão do procedimento de que trata o § 6º deste artigo.

§ 9º O valor dos saldos credores cujo ressarcimento tenha sido solicitado nos termos deste artigo será corrigido, caso o pagamento ocorra a partir do primeiro dia do segundo mês seguinte ao do pedido, pela taxa Selic acumulada mensalmente a partir desta data até o mês anterior ao pagamento, acrescido de 1% (um por cento) no mês de pagamento.

§ 10. Os prazos de que trata o § 3º serão suspensos, por até 5 (cinco) anos, não aplicado o disposto no § 9º deste artigo, caso o contribuinte realize a opção:

I – pelo Simples Nacional ou pelo MEI, exceto na hipótese de que trata o § 3º do art. 41 desta Lei Complementar; ou

II – por não ser contribuinte de IBS e de CBS, nas hipóteses autorizadas nesta Lei Complementar.

§ 11. Na hipótese de descumprimento dos prazos previstos nos §§ 3º a 5º deste artigo, o valor do saldo credor será corrigido diariamente pela taxa Selic a partir do primeiro dia do início do prazo para apreciação do pedido até o dia anterior ao do ressarcimento.

 COMENTÁRIOS

No âmbito do IVA-Dual, eventuais saldos credores de IBS e CBS podem ser objeto de pedido de ressarcimento em dinheiro, algo que, com o ICMS e o IPI, não ocorria. Apenas os exportadores tinham esse direito, que, ainda assim, nunca foi respeitado pelos Estados-membros. O contribuinte pode solicitar o ressarcimento integral ou parcial de seu saldo credor; nesta segunda hipótese, o saldo remanescente, cujo ressarcimento não foi solicitado, continuará podendo ser utilizado para compensação com outros débitos de IBS e CBS, de períodos subsequentes.

O ressarcimento em dinheiro é uma solução importante para implementar a não cumulatividade ampla, caso o excesso de créditos não tenha como ser absorvido pelos débitos havidos (p. ex., atividade que consiste na construção de uma fábrica, com a aquisição de muitas máquinas de valor elevado, mas cuja operação demora a ocorrer e, portanto, saídas geradoras de débito levarão mais de cinco anos – prazo de decadência para aproveitamento do crédito – para ocorrer). É o caso ainda da construção de itens que levam tempo para serem fabricados, como aviões ou navios, que ensejam a aquisição de peças, matérias-primas etc., tributadas, e cuja saída pode por igual levar prazo superior ao decadencial dos créditos para ocorrer. Em tais hipóteses, o pedido de ressarcimento é uma solução.

Estabelecem-se prazos diversos, a depender de o contribuinte ser aderente de programas de conformidade (*compliance*), em espécie de prêmio pela adimplência, quando então são mais curtos, ou dos fatores apontados no próximo artigo, a saber, tratar-se de crédito relativo a bem destinado ao ativo permanente, ou quando o valor pleiteado for igual ou menor que uma vez e meia a diferença entre os créditos apropriados e os débitos incidentes sobre as operações do contribuinte, sendo os demais casos sujeitos ao longo prazo de 180 dias.

TÍTULO I – DAS NORMAS GERAIS DO IBS E DA CBS   Art. 40

Note-se que o silêncio da Fazenda Pública durante o prazo de que dispõe para apreciar o pedido de restituição implica o seu deferimento.

> **Art. 40.** Aplicam-se os prazos de ressarcimento previstos nos incisos I ou II do § 3º do art. 39 desta Lei Complementar para:
>
> I – os créditos apropriados de IBS e de CBS relativos à aquisição de bens e serviços incorporados ao ativo imobilizado do contribuinte;
>
> II – os pedidos de ressarcimento cujo valor seja igual ou inferior a 150% (cento e cinquenta por cento) do valor médio mensal da diferença entre:
>
> a) os créditos de IBS e de CBS apropriados pelo contribuinte; e
>
> b) os débitos de IBS e de CBS incidentes sobre as operações do contribuinte.
>
> § 1º O cálculo do valor médio mensal de que trata o inciso II do *caput* será realizado com base nas informações relativas aos 24 (vinte e quatro) meses anteriores ao período de apuração, excluídos do cálculo os créditos apropriados nos termos do inciso I do *caput* deste artigo.
>
> § 2º Cabe ao regulamento dispor sobre a forma de aplicação do disposto neste artigo, inclusive quanto:
>
> I – à utilização de estimativas para os valores de que tratam as alíneas *a* e *b* do inciso II do *caput* deste artigo, durante os anos iniciais de cobrança do IBS e da CBS, enquanto as informações referidas nessas alíneas não estiverem disponíveis;
>
> II – à possibilidade de ajuste no cálculo de que trata o inciso II do *caput* deste artigo, em decorrência da elevação da alíquota do IBS entre 2029 e 2033.
>
> § 3º O valor calculado nos termos do inciso II do *caput* deste artigo poderá ser ajustado, nos termos do regulamento, de modo a contemplar variações sazonais no valor das operações e das aquisições do contribuinte e variações decorrentes de expansão ou implantação de empreendimento econômico pelo contribuinte.
>
> § 4º Para os fins do disposto no inciso I do *caput* deste artigo, também serão considerados como bens e serviços incorporados ao ativo imobilizado aqueles com a mesma natureza que, em decorrência das normas contábeis aplicáveis, forem contabilizados por concessionárias de serviços públicos como ativo de contrato, intangível ou financeiro.

 COMENTÁRIOS

O art. 39, anteriormente comentado, cuida de prazos de 30, 60 e 180 dias para a apreciação dos pedidos de ressarcimento de créditos acumulados de IBS e CBS. Os prazos de 30 e 60 dias aplicam-se excepcionalmente, ao passo que o de 180 dias seria a regra. O art. 40, aqui comentado, cuida das situações nas quais se aplicam os prazos excepcionais, mais curtos.

Esses mais curtos, de 30 e 60 dias, ambos se submetem às condições deste art. 40. O que os diferencia entre si é que o de 30 dias se aplica aos contribuintes que atendam aos programas de conformidade – dos quais esta lei, que deveria ser o documento único a regrar o IVA-Dual, não trata.

Para que sejam aplicáveis os prazos de 60 dias para a generalidade dos contribuintes, e de 30 dias para os que estejam de acordo com programas de conformidade, é preciso que o crédito diga respeito a bem destinado ao ativo permanente, ou ao ativo intangível – no caso de concessionárias de serviços públicos –, ou, mesmo não dizendo respeito a bens do ativo permanente, sejam em valor igual ou inferior a 150% da média mensal da diferença entre créditos e débitos de IBS e CBS, ou seja, correspondam no máximo a uma vez e meia o valor de IVA-Dual a que se sujeita o contribuinte requerente, relativamente aos 24 meses anteriores ao pedido.

61

Certamente preside essa diferença de prazos a consideração de que a aquisição eventual de bens destinados ao ativo permanente é causa comum ou "mais aceitável" para a geração de excesso de créditos a serem restituídos, o que também se dá quando o valor destes não é tão elevado se considerada a média do que se vem recolhendo de tributo. Nos demais casos, o Fisco precisaria de mais tempo para análise.

Seção XI
Dos Regimes de Apuração

Art. 41. O regime regular do IBS e da CBS compreende todas as regras de incidência e de apuração previstas nesta Lei Complementar, incluindo aquelas aplicáveis aos regimes diferenciados e aos regimes específicos.

§ 1º Fica sujeito ao regime regular do IBS e da CBS de que trata esta Lei Complementar o contribuinte que não realizar a opção pelo Simples Nacional ou pelo MEI, de que trata a Lei Complementar 123, de 14 de dezembro de 2006.

§ 2º Os contribuintes optantes pelo Simples Nacional ou pelo MEI ficam sujeitos às regras desses regimes.

§ 3º Os optantes pelo Simples Nacional poderão exercer a opção de apurar e recolher o IBS e a CBS pelo regime regular, hipótese na qual o IBS e a CBS serão apurados e recolhidos conforme o disposto nesta Lei Complementar.

§ 4º A opção a que se refere o § 3º será exercida nos termos da Lei Complementar nº 123, de 14 de dezembro de 2006.

§ 5º É vedado ao contribuinte do Simples Nacional ou ao contribuinte que venha a fazer a opção por esse regime retirar-se do regime regular do IBS e da CBS caso tenha recebido ressarcimento de créditos desses tributos no ano-calendário corrente ou anterior, nos termos do art. 39 desta Lei Complementar.

§ 6º Aplica-se o disposto no § 5º deste artigo, em relação às demais hipóteses em que a pessoa física, pessoa jurídica ou entidade sem personalidade jurídica exerça a opção facultativa pela condição de contribuinte sujeito ao regime regular, nos casos previstos nesta Lei Complementar.

COMENTÁRIOS

O agente econômico fornecedor de bens ou serviços é dispensado de inscrever-se como contribuinte do IBS + CBS caso seja optante pelo Simples Nacional ou pelo regime aplicável ao Microempreendedor Individual (MEI), nos termos da Lei Complementar 123/2006. Nesse caso, recolherá todos os tributos incidentes sobre sua operação, incluindo IBS e CBS, pela aplicação de percentual legalmente indicado, sobre seu faturamento, sem submissão à sistemática de débitos e créditos inerentes à não cumulatividade. Caso efetue uma venda ou preste serviços a contribuinte do IBS e da CBS pelo regime normal, em operação chamada *business to business*, ou B2B, não poderá abater créditos, e gerará, para seu comprador, crédito equivalente ao IBS e à CBS pagos pelo regime do Simples ou do MEI. Essa limitação ao crédito gerado, que é apenas o do valor pago no âmbito do Simples, nos parece equivocada, e contrária ao princípio da não cumulatividade, pois o contribuinte do Simples ou o MEI pagam alíquota menor, mas não se apropriam de créditos, pelo que os tributos incidentes em operações anteriores às por eles praticadas oneraram o produto ou o serviço por eles produzidos ou prestados, apenas não estão explícitos na fatura. O correto seria, tal como se dá atualmente com PIS e Cofins não cumulativos, a geração de cré-

TÍTULO I – DAS NORMAS GERAIS DO IBS E DA CBS   Art. 44

dito para seus compradores, nas operações B2B, pela alíquota devida por estes nas saídas que realizam. Além de mais coerente com a ideia de não cumulatividade, tal possibilidade daria eficácia ao comando constitucional segundo o qual microempresas e empresas de pequeno porte devem ter tratamento favorecido, algo não observado pela EC 132/2023 ou por esta Lei Complementar.

Caso queiram gerar créditos de IBS e CBS pela alíquota aplicável à sistemática normal, contribuintes do Simples e MEI precisam manifestar opção pela submissão, no que tange ao IBS e CBS, à sistemática normal. Passam assim a se apropriar de créditos referentes a operações anteriores, e a gerar créditos para as seguintes, tal como contribuintes não submetidos à sistemática da LC 123/2006.

> **Art. 42.** A apuração relativa ao IBS e à CBS consolidará as operações realizadas por todos os estabelecimentos do contribuinte.
> § 1º O pagamento do IBS e da CBS e o pedido de ressarcimento serão centralizados em um único estabelecimento.
> § 2º A apuração consolidará todos os débitos e créditos do contribuinte no regime regular, inclusive aqueles decorrentes da apuração dos regimes diferenciados e específicos, salvo nas hipóteses previstas expressamente nesta Lei Complementar.
> **Art. 43.** O período de apuração do IBS e da CBS será mensal.
> **Art. 44.** O regulamento estabelecerá:
> I – o prazo para conclusão da apuração; e
> II – a data de vencimento dos tributos.

 ## COMENTÁRIOS

Definido o período de apuração como mensal, tem-se que o IBS e a CBS serão devidos tendo em conta as entradas, e os créditos por elas gerados, e as saídas, com os débitos delas decorrentes, havidos durante um mês, trazendo-se do mês anterior eventual saldo credor para compor a apuração do período. Além das entradas e das saídas, pura e simplesmente, devem-se considerar também os valores previamente "adiantados" ao Fisco, pelo regime do *split payment* e do recolhimento pelo adquirente (*split payment* "manual"). Findo o período, caso se apure saldo devedor, o recolhimento deve ocorrer no dia do mês seguinte que vier a ser indicado em regulamento como sendo o "vencimento" do débito.

A jurisprudência admite que o vencimento do tributo seja definido em regulamento, ou em outra norma infralegal, sendo exigida lei para fazê-lo apenas se uma outra lei já o houver fixado anteriormente, visto que só uma lei pode modificar outra. Delegações como a constante no artigo ora comentado, entretanto, são admissíveis[25].

Considerando que são poderes executivos em tese diferentes – diz-se em tese porque o Comitê Gestor, a rigor, é órgão *sui generis* da estrutura federal –, coloca-se a questão de saber se se terá um regulamento só, ou dois, para IBS e CBS. O art. 156-B da CF/1988 se reporta a regulamento único, mas o faz aludindo ao Comitê Gestor e ao IBS, sendo de se presumir

---

[25] "O prazo de apuração do tributo não constitui elemento submetido à estrita reserva legal, pelo que não há óbice à antecipação do período para apuração do ICMS por decreto estadual, conforme ocorrera no caso em apreço" (STJ, REsp 141.112/SP, rel. Min. Franciulli Netto, 2ª Turma, j. 17.05.2001, *DJ* 13.08.2001, p. 85).

que o Presidente da República editará, por decreto, o regulamento, também único, da CBS. Espera-se que sejam convergentes, ou o malferimento ao art. 149-B da CF/1988 começará bem antes do que se imagina, não só no contencioso administrativo ou mesmo só no judicial, mas já na própria regulamentação infralegal.

> **Art. 45.** Para cada período de apuração, o contribuinte deverá apurar, separadamente, o saldo do IBS e da CBS, que corresponderá à diferença entre os valores:
>
> I – dos débitos do IBS e da CBS decorrentes dos fatos geradores ocorridos no período de apuração;
>
> II – dos créditos apropriados no mesmo período, incluindo os créditos presumidos, acrescido do saldo a recuperar de período ou períodos anteriores não utilizado para compensação ou ressarcimento.
>
> § 1º O contribuinte poderá realizar ajustes positivos ou negativos no saldo apurado na forma do *caput* deste artigo, nos termos previstos no regulamento.
>
> § 2º Inclui-se entre os ajustes de que trata o § 1º deste artigo o estorno de crédito apropriado em período de apuração anterior, aplicados os acréscimos de que tratam os §§ 2º a 4º do art. 29 desta Lei Complementar desde a data em que tiver ocorrido a apropriação indevida do crédito.
>
> § 3º Do saldo apurado na forma do *caput* e do § 1º deste artigo, serão deduzidos os valores extintos pelas modalidades previstas nos incisos III a V do *caput* do art. 27, que resultará:
>
> I – quando positivo, saldo a recolher que deverá ser pago pelo contribuinte; e
>
> II – quando negativo, saldo a recuperar que poderá ser utilizado para ressarcimento ou compensação na forma prevista nesta Lei Complementar.
>
> § 4º A apuração realizada nos termos deste artigo implica confissão de dívida pelo contribuinte e constitui o crédito tributário.
>
> § 5º A confissão de dívida de que trata o § 4º é instrumento hábil e suficiente para a exigência do valor do IBS e da CBS incidentes sobre as operações nela consignadas.
>
> § 6º A apuração de que trata este artigo deverá ser realizada e entregue ao Comitê Gestor do IBS e à RFB no prazo para conclusão da apuração, de que trata o inciso I do *caput* do art. 44 desta Lei Complementar.

 COMENTÁRIOS

Embora IBS e CBS sejam sujeitos ao mesmo regime jurídico, são dois tributos diferentes, com credores diferentes. Ou, pelo menos, alíquotas e destinações constitucionais diversas. Daí por que sua apuração deve ser feita paralela, mas separadamente.

A não cumulatividade é a técnica por meio da qual se alcança a finalidade ou o objetivo de tributar, em cada operação, apenas o valor agregado, ou adicionado, evitando a incidência em cascata, a verticalização das empresas e a maior oneração de produtos mais elaborados, permitindo, ainda, maior transparência na determinação do ônus total incidente sobre bens e serviços, independentemente de por quantos elos ou etapas eles tenham passado. Daí por que o direito aos créditos, a serem apropriados para compensação ou abatimento com os débitos decorrentes das incidências, não deve ser visto como prêmio ou favor. Até porque a existência do direito ao crédito é que faz com que a alíquota seja tão mais elevada do que aquela aplicável a um tributo análogo que seja cumulativo. Para aferi-lo, basta comparar as alíquotas do antigo IVC com as do ICMS, ou as do PIS e da Cofins cumulativos com as aplicáveis às mesmas contribuições não cumulativas.

TÍTULO I - DAS NORMAS GERAIS DO IBS E DA CBS   Art. 46

Em cada período de apuração, que no caso do IBS e da CBS é mensal, consideram-se todos os créditos, decorrentes de incidências previamente havidas sobre bens e serviços empregados na atividade tributada, e todos os débitos, oriundos das operações com bens e serviços realizadas pelo estabelecimento. O saldo, se credor, é transferido ao período seguinte. Se devedor, enseja pagamento do valor correspondente, no vencimento, o dia do mês subsequente indicado no regulamento. Nessa apuração, consideram-se não apenas os créditos decorrentes de aquisições de bens e serviços, mas aqueles que decorrem de recolhimentos antecipados dos tributos incidentes nas operações de saída, geradoras dos débitos, como é o caso de pagamentos feitos por responsáveis tributários em geral, por *split payment*, ou por recolhimento efetuado pelo adquirente (*split payment* manual).

Cabe ao contribuinte apurar o IBS e a CBS, elaborando a chamada "conta gráfica" do tributo, contrastando débitos e créditos, apuração esta que, como usualmente ocorre com tributos submetidos ao lançamento por homologação, é considerada "confissão da dívida" para fins de lançamento tributário, dispensando lançamento de ofício. Por outras palavras, quando o contribuinte apura e declara o tributo, mas não paga o produto de sua própria apuração, esta pode ser encaminhada para cobrança, inscrição em dívida ativa e, se for o caso, ajuizamento da execução fiscal, dispensando lavratura de auto de infração e abertura de oportunidade para defesa. Embora se possam fazer críticas e ressalvas no plano acadêmico, teórico, trata-se de possibilidade plenamente aceita pela jurisprudência[26], que pelo menos a trata com rara coerência, sobretudo na definição dos termos de prazos de decadência e prescrição.

No caso do IVA-Dual, a questão que se pode colocar diz respeito às situações nas quais o contribuinte sequer realiza essa apuração que se diz ser confissão de dívida, em face da previsão (adiante comentada) de uma confissão ficta, tácita, em face do silêncio diante de apuração que sequer ele elaborou.

> **Art. 46.** O Comitê Gestor do IBS e a RFB poderão, respectivamente, apresentar ao sujeito passivo apuração assistida do saldo do IBS e da CBS do período de apuração.
>
> § 1º O saldo da apuração de que trata o *caput* deste artigo será calculado nos termos do *caput* do art. 45 desta Lei Complementar e terá por base:
>
> I – documentos fiscais eletrônicos;
>
> II – informações relativas à extinção dos débitos do IBS e da CBS por quaisquer das modalidades previstas no art. 27 desta Lei Complementar; e
>
> III – outras informações prestadas pelo contribuinte ou a ele relativas.
>
> § 2º Caso haja a apresentação da apuração assistida de que trata o *caput* deste artigo, a apuração pelo contribuinte de que trata o art. 45 desta Lei Complementar somente poderá ser realizada mediante ajustes na apuração assistida.
>
> § 3º A apuração assistida realizada nos termos deste artigo, caso o contribuinte a confirme ou nela realize ajustes, implica confissão de dívida e constitui o crédito tributário.
>
> § 4º Na ausência de manifestação do contribuinte sobre a apuração assistida no prazo para conclusão da apuração de que trata o inciso I do *caput* do art. 44 desta Lei Complementar, presume-se correto o saldo apurado e considera-se constituído o crédito tributário.
>
> § 5º A confissão de dívida e a apuração assistida a que se referem, respectivamente, os §§ 3º e 4º deste artigo, são instrumentos hábeis e suficientes para a exigência dos valores do IBS e da CBS incidentes sobre as operações nelas consignadas.

---

[26] Súmula 436 do STJ: "A entrega de declaração pelo contribuinte, reconhecendo o débito fiscal, constitui o crédito tributário, dispensada qualquer outra providência por parte do Fisco".

Art. 46

> § 6º O saldo resultante da apuração de que trata este artigo constituirá saldo a recolher ou saldo a recuperar, conforme o caso, aplicado o disposto no § 3º do art. 45 desta Lei Complementar.
>
> § 7º O disposto neste artigo não afasta a prerrogativa de lançamento de ofício de crédito tributário relativo a diferenças posteriormente verificadas pela administração tributária.
>
> § 8º A apuração assistida de que trata o *caput* deste artigo deverá ser uniforme e sincronizada para o IBS e a CBS.

 COMENTÁRIOS

Tal como atualmente acontece com o imposto de renda das pessoas físicas, a tecnologia poderá ser utilizada para auxiliar o contribuinte a apurar e pagar o tributo devido, por meio da declaração "pré-preenchida" de IBS e CBS. Trata-se essencialmente do mesmo processo, inerente ao lançamento por homologação[27], no qual o próprio sujeito passivo apura e paga o tributo que entende devido (CTN, art. 150), sujeito a posterior conferência do Fisco, com a possibilidade de lançamento de ofício de eventuais diferenças identificadas em eventual fiscalização e não previamente declaradas e pagas. A distinção é que o sistema informatizado faz uso das informações de que dispõe não apenas para assessorar posterior fiscalização e autuação, mas já na própria apuração do valor devido.

Essa apuração assistida deve ser sincronizada, entre IBS e CBS, em face do regime uno que ambos os tributos devem seguir (CF/1988, art. 149-B).

Tal como ocorre no âmbito de qualquer outro tributo lançado por homologação, caso o contribuinte apure, declare, e não pague quantias por ele próprio apuradas, o Fisco pode encaminhá-las para cobrança sem a necessidade de auto de infração e de contencioso administrativo[28]. Como consequência, já começa a fluir, a partir do vencimento do débito, ou da entrega da declaração (se posterior ao vencimento), o prazo prescricional para o Fisco proceder à respectiva cobrança.

A questão é que a premissa da qual parte a jurisprudência, para admitir a cobrança sem processo administrativo e sem direito de defesa na via administrativa, das quantias declaradas e não pagas, é a de que elas foram apuradas e declaradas pelo próprio contribuinte. Não é o que ocorre, porém, no caso de declaração pré-preenchida que o contribuinte não altera, talvez por sequer ter acessado ou conferido, e que por isso é pelo artigo ora comentado tratada como uma "confissão tácita". Trata-se, neste ponto, de indevido alargamento da já questionável jurisprudência, que tolhe o direito ao devido processo legal administrativo.

Além disso, mesmo entendendo-se que a apuração feita pelo contribuinte implica constituição do crédito, não se pode excluir a possibilidade de ajustes nessa apuração, ainda que eles precisem ser levados a efeito na apuração do IBS e da CBS devidos em períodos

---

[27] Como explica Geraldo Ataliba, o lançamento "por homologação – impropriamente chamado autolançamento – ocorre quando a lei atribuiu ao sujeito passivo a incumbência de todo o preparo material e técnico do ato, que, destarte, se reduz a uma simples homologação. O lançamento persiste sendo ato privativo do fiscal. O contribuinte é mero preparador. O lançamento, propriamente dito, no caso, consiste na homologação" (ATALIBA, Geraldo. *Apontamentos de Ciência das Finanças, Direito Financeiro e Tributário*. São Paulo: RT, 1969, p. 287-288).

[28] Súmula 436 do STJ: "A entrega de declaração pelo contribuinte, reconhecendo o débito fiscal, constitui o crédito tributário, dispensada qualquer outra providência por parte do Fisco".

seguintes. Imagine-se, por exemplo, que o contribuinte deixa de apropriar um crédito, e ele por alguma razão não aparece na declaração "pré-preenchida", mas ao cabo de alguns meses o contribuinte se dá conta da omissão, e das operações geradoras do crédito que ele poderia estar aproveitando na apuração do IVA-Dual: é claro que ele poderá apropriar todo o crédito, dito neste caso *extemporâneo*, desde que não consumado o prazo decadencial, apesar do que por lapso tenha constado das declarações pré-preenchidas entregues nos períodos em que tais entradas ocorreram e foram esquecidas.

Não é razoável, nem lícito, que o erro ou a falha da apuração automática, ou pré-preenchida, seja ele imputável a quem for, só possa ser corrigido posteriormente pelo Fisco (§ 7º), nunca pelo contribuinte. O relevante é que o lançamento ocorra nos termos da lei, não sendo o controle da legalidade uma ferramenta apenas para corrigir aqueles ilegalmente menores que o devido, mas complacente com quaisquer ilegalidades que ensejem pagamentos maiores que os devidos.

Seção XII
Da Não Cumulatividade

Art. 47. O contribuinte sujeito ao regime regular poderá apropriar créditos do IBS e da CBS quando ocorrer a extinção por qualquer das modalidades previstas no art. 27 dos débitos relativos às operações em que seja adquirente, excetuadas exclusivamente aquelas consideradas de uso ou consumo pessoal, nos termos do art. 57 desta Lei Complementar, e as demais hipóteses previstas nesta Lei Complementar.

§ 1º A apropriação dos créditos de que trata o *caput* deste artigo:

I – será realizada de forma segregada para o IBS e para a CBS, vedadas, em qualquer hipótese, a compensação de créditos de IBS com valores devidos de CBS e a compensação de créditos de CBS com valores devidos de IBS; e

II – está condicionada à comprovação da operação por meio de documento fiscal eletrônico idôneo.

§ 2º Os valores dos créditos do IBS e da CBS apropriados corresponderão:

I – aos valores dos débitos, respectivamente, do IBS e da CBS que tenham sido destacados no documento fiscal de aquisição e extintos por qualquer das modalidades previstas no art. 27; ou

II – aos valores de crédito presumido, nas hipóteses previstas nesta Lei Complementar.

§ 3º O disposto neste artigo aplica-se, inclusive, nas aquisições de bem ou serviço fornecido por optante pelo Simples Nacional.

§ 4º Nas operações em que o contribuinte seja adquirente de combustíveis tributados no regime específico de que trata o Capítulo I do Título V deste Livro, fica dispensada a comprovação de extinção dos débitos do IBS e da CBS para apropriação dos créditos.

§ 5º Na hipótese de que trata o § 4º, os créditos serão equivalentes aos valores do IBS e da CBS registrados em documento fiscal eletrônico idôneo.

§ 6º O adquirente deverá estornar o crédito apropriado caso o bem adquirido venha a perecer, deteriorar-se ou ser objeto de roubo, furto ou extravio.

§ 7º No caso de roubo ou furto de bem do ativo imobilizado, o estorno de crédito de que trata o § 6º deste artigo será feito proporcionalmente ao prazo de vida útil e às taxas de depreciação definidos em regulamento.

§ 8º Na devolução e no cancelamento de operações por adquirente não contribuinte no regime regular, o fornecedor sujeito ao regime regular poderá apropriar créditos com base nos valores dos débitos incidentes na operação devolvida ou cancelada.

> § 9º Na hipótese de o pagamento do IBS e da CBS ser realizado por meio do Simples Nacional, quando não for exercida a opção pelo regime regular de que trata o § 3º do art. 41 desta Lei Complementar:
>
> I – não será permitida a apropriação de créditos do IBS e da CBS pelo optante pelo Simples Nacional; e
>
> II – será permitida ao contribuinte sujeito ao regime regular do IBS e da CBS a apropriação de créditos do IBS e da CBS correspondentes aos valores desses tributos pagos na aquisição de bens e de serviços de optante pelo Simples Nacional, em montante equivalente ao devido por meio desse regime.
>
> § 10. A realização de operações sujeitas a alíquota reduzida não acarretará o estorno, parcial ou integral, dos créditos apropriados pelo contribuinte em suas aquisições, salvo quando expressamente previsto nesta Lei Complementar.
>
> § 11. O contribuinte do IBS e da CBS no regime regular poderá creditar-se dos valores dos débitos extintos relativos a fornecimentos de bens e serviços não pagos por adquirente que tenha a falência decretada, nos termos da Lei 11.101, de 9 de fevereiro de 2005, desde que:
>
> I – a aquisição do bem ou serviço não tenha permitido a apropriação de créditos pelo adquirente;
>
> II – a operação tenha sido registrada na contabilidade do contribuinte desde o período de apuração em que ocorreu o fato gerador do IBS e da CBS; e
>
> III – o pagamento dos credores do adquirente falido tenha sido encerrado de forma definitiva.

 COMENTÁRIOS

Contrariando entendimento historicamente seguido em relação ao ICM, ao ICMS e ao IPI, estabelece-se agora, na lei complementar do IVA-Dual, que o direito ao creditamento do tributo, inerente à implementação da sistemática da não cumulatividade, depende do pagamento do tributo no âmbito das operações geradoras do crédito.

De fato, ao tratar do direito ao crédito – que começa, no plano da lei complementar, a ser tratado como "favor", cheio de controles, ressalvas e restrições –, a redação do art. 47 parece indicar que sempre, em qualquer situação, o direito ao creditamento do tributo incidente em operações anteriores depende do respectivo pagamento. Afinal, consta que o contribuinte pode apropriar créditos "quando ocorrer a extinção por qualquer das modalidades previstas no art. 27 dos débitos relativos às operações em que seja adquirente".

Este artigo, contudo, deve ser visto em sintonia com o art. 48 desta mesma Lei Complementar, e com o art. 156-A, § 5º, II, da CF/1988, os quais, a nosso ver indevidamente, já quebram um entendimento que vinha sendo adotado há mais de cinquenta anos em relação ao ICM: o direito ao crédito, ínsito à sistemática da não cumulatividade, não depende do efetivo pagamento do tributo incidente nas etapas anteriores, mas de sua *incidência* sobre elas. Não importa se foi pago: é relevante saber que é devido.

Hugo de Brito Machado, em livro escrito ainda em 1971, observou:

> A palavra *pago* deve ser entendida como "incidente", ou "devido" relativamente às operações anteriores. Para que se apure a diferença de que trata o art. 36, *supra*, não se terá em conta o imposto efetivamente pago nas operações anteriores, mas

TÍTULO I – DAS NORMAS GERAIS DO IBS E DA CBS   Art. 47

o imposto incidente, ou devido. Não se há de indagar se foi ou não efetuado o recolhimento[29].

Essa opinião foi seguida por praticamente toda a literatura especializada, a exemplo de Ylves José de Miranda Guimarães[30] e Alcides Jorge Costa[31]. Ylves José, ao comentar o art. 55 do Regulamento do ICM do Estado de São Paulo, que utiliza a palavra "pago" no sentido de incidente ou devido. E Alcides Jorge Costa, reportando-se ao art. 3º, § 1º, do Decreto-Lei 406/1968, que também emprega a palavra "pago" no sentido de incidente ou devido. Na mesma ordem de ideias, e já se referindo ao ICMS, Roque Antonio Carrazza por igual pontua que "em função do princípio da não cumulatividade, veiculado pela Carta Magna, o contribuinte, ao realizar a operação ou a prestação, tem o direito de creditar-se de todo o montante de ICMS cobrado (ou cobrável) nas operações ou prestações anteriores"[32].

Mais recentemente, José Eduardo Soares de Melo observa os motivos pelos quais esse entendimento deve ser acolhido:

> Na análise do direito de abater, há que se ter em conta o sentido da expressão "montante cobrado", que não pode ser interpretado literalmente, porque a efetiva cobrança (arrecadação) escapa ao conhecimento do adquirente das mercadorias ou tomador dos serviços[33].

Talvez por isso, tanto a Constituição como esta lei complementar possibilitam o condicionamento do direito ao crédito ao efetivo pagamento do imposto apenas nas hipóteses em que esse pagamento é levado a efeito diretamente pelo próprio adquirente, que é aquele a quem o crédito irá beneficiar em seguida.

Mas esta não é a única razão pela qual o direito ao crédito não depende, nem pode depender, do efetivo pagamento do tributo incidente na operação anterior. Há outras duas razões, tão fortes quanto evidentes, que o confirmam.

Por força de a não cumulatividade ser técnica destinada a fazer com que o tributo incida apenas sobre o valor agregado, ou adicionado. Se uma pessoa adquire produto por R$ 1.000,00, e revende por R$ 1.500,00, estando sujeita a um tributo sobre o valor agregado de 10%, a rigor deveria ser-lhe facultado recolher o tributo calculado pela alíquota incidente sobre o fato gerador "agregar valor" transformado em cifra. Se agregado no caso R$ 500,00 ao preço do produto, essa seria a base de incidência dos 10%, sendo devidos R$ 50,00 de imposto, pouco importando quando na etapa anterior se pagou, ou mesmo quanto incidiu, ou ainda se era ou não tributável. Adotando-se a incidência na saída pelo valor total, cheio, com a permissão de abatimento dos créditos, tem-se apenas uma outra metodologia que deve, ou pelo menos deveria, chegar ao mesmo resultado, pelo que não faz sentido que esse abatimento dependa do efetivo pagamento, não só porque ele não está sob o controle do adquirente

---

[29] MACHADO, Hugo de Brito. *Imposto de Circulação de Mercadorias*. São Paulo: Sugestões Literárias, 1971, p. 133.
[30] GUIMARÃES, Ylves José de Miranda. *ICM: análise e princípios estruturais*. São Paulo: LTr, 1976, p. 193.
[31] COSTA, Alcides Jorge. *ICM na Constituição e na lei complementar*. São Paulo: Resenha Tributária, 1978, p. 151 e 156.
[32] CARRAZZA, Roque Antonio. *ICMS*. 8. ed. São Paulo: Malheiros, 2002, p. 441.
[33] MELO, José Eduardo Soares de. *ICMS: teoria e prática*. São Paulo: Dialética, 1996, p. 158.

muitas vezes, como comentado, mas porque nesta segunda incidência se deve colher o que se acrescentou (ou o nome dado ao imposto é apenas retórico?).

Além disso, o direito ao crédito não pode depender do efetivo pagamento do tributo incidente em etapas anteriores, pois isso levaria a inevitável e evidente *cumulatividade*, a menos que disposição de lei estabelecesse, diante do não creditamento, a remissão da dívida do elo anterior da cadeia. Sim, porque se o contribuinte situado na etapa anterior da cadeia não paga o tributo incidente sobre o produto que vendeu, e isso não dá direito ao elo seguinte de creditar-se, o elo seguinte pagará tributo mais elevado, na exata proporção do que o elo anterior deixou de recolher. Ocorre que o Fisco continuará cobrando o tributo do elo anterior, cuja inadimplência apenas naquele mês de apuração, conquanto suficiente para se negar o crédito ao elo seguinte, não será por isso "perdoada". O Fisco autuará, inscreverá em dívida, em cadastros de inadimplentes, negará certidões, protestará CDA, executará bens, e um dia finalmente receberá o tributo não pago: e receberá duas vezes, pois já o terá recebido quando ao elo seguinte negou o direito ao crédito.

Desse modo, seja porque a Constituição o proíbe, salvo nos casos indicados no art. 48, *infra*, seja porque o não creditamento, caso não acompanhado do imediato perdão da dívida do elo anterior, levaria a evidente acumulação do imposto, deve-se preservar e manter o entendimento de que o direito ao crédito não depende do efetivo recolhimento do imposto, com exceção das hipóteses previstas no art. 48, *infra*, apesar do que textualmente parece indicar o art. 47 ora comentado.

A questão da idoneidade do documento

A lei condiciona o direito ao crédito, inerente à prometida ampla não cumulatividade, à "comprovação da operação por meio de documento fiscal eletrônico hábil e idôneo", definindo como tal "aquele que atenda às exigências estabelecidas no regulamento".

Disposições assim, no que tange ao ICMS, levaram por muito tempo autoridades fiscais a silogismos excessivamente formais, cujos resultados beiram o cinismo. Contrastavam o documento fiscal com as tais "exigências estabelecidas no regulamento", incluindo aquelas relacionadas à cor, ao formato, ou à quantidade de campos do tal documento, quando ainda físico ou impresso, e às mais minudentes informações. Diante disso, quando um contribuinte apropriava-se de um crédito, mesmo sem haver qualquer dúvida quanto à ocorrência da operação geradora do crédito, ou ao seu montante, ou mesmo ao efetivo recolhimento do imposto pelo elo anterior da cadeia, apenas porque a cor do documento não era a indicada no regulamento, ou porque um dígito do CNPJ do contribuinte indicado no documento estaria trocado, ou porque faltante o seu CEP no respectivo endereço, a documentação era tida por inidônea e o crédito glosado.

Diante de tais disparates, que não se pode excluir a possibilidade de ocorrerem de modo análogo no âmbito de IBS e CBS, em face da visão enviesada do crédito fiscal como um favor, e não como algo inerente à não cumulatividade (a qual por conta deles leva alíquotas que poderiam ser de 6% para o patamar de 26%), tanto a literatura especializada[34] como a

---

[34] "Documento idôneo, aqui, é qualquer documento que seja hábil a comprovar a entrada que enseja o crédito. Não apenas a nota fiscal tal como exigida pela legislação estadual" (MACHADO, Hugo de Brito. *Aspectos fundamentais do ICMS*. São Paulo: Dialética, 1997, p. 145). A lição, escrita à luz de dispositivo da legislação do ICMS quase idêntico ao ora comentado, permanece plenamente atual, assim como a jurisprudência que a acolheu.

jurisprudência pacificaram o entendimento de que idôneo, nesse sentido, é o documento que serve como prova de que a operação geradora do crédito efetivamente aconteceu, não se podendo negar o direito ao creditamento por conta de defeitos formais no documento que não comprometem a veracidade do que nele se acha indicado.

Nesse sentido, "constatada a veracidade da operação comercial de compra e venda, não pode o adquirente de boa-fé (que, no caso, é presumida) ser responsabilizado por eventuais irregularidades posteriormente verificadas nas notas fiscais emitidas pela empresa vendedora" (STJ, REsp 246.134/MG, rel. Min. João Otávio de Noronha, 2ª Turma, j. 06.12.2005, *DJ* 13.03.2006, p. 233). Na mesma ordem de ideias, e destacando que, diante de inidoneidade da documentação, apenas inverte-se o ônus da prova quanto à efetiva ocorrência das operações que dão direito ao crédito: "II – Esta Corte já se manifestou no sentido de que cabe ao contribuinte provar a efetiva realização das operações de compra e venda de mercadorias, no caso da alegação de inidoneidade das notas fiscais pelo Fisco, a fim de obter o direito ao crédito do ICMS. Precedentes: REsp 556.850/MG, rel. Min. Eliana Calmon, *DJ* 23.05.2005 e REsp 182.161/RS, rel. Min. Ari Pargendler, *DJ* 06.09.1999. III – Tendo a Corte de origem sufragado entendimento de que o contribuinte não efetuou a prova da existência de registros contábeis, os quais comprovariam a ocorrência da operação mercantil, não cabe a este Sodalício, com base no circunlóquio probatório dos autos, possibilitar o direito ao creditamento do tributo requerido pela recorrente, sob pena de infringência à Súmula 7/STJ" (STJ, REsp 649.530/RS, rel. Min. Francisco Falcão, 1ª Turma, j. 21.02.2006, *DJ* 13.03.2006, p. 197). A matéria, atualmente, encontra-se sumulada: "É lícito ao comerciante de boa-fé aproveitar os créditos de ICMS decorrentes de nota fiscal posteriormente declarada inidônea, quando demonstrada a veracidade da compra e venda" (Súmula 509/STJ).

Créditos em caso de devolução

Em havendo a devolução do bem, como desfazimento da operação, o imposto sobre ela incidente mostra-se indevido. Daí o recurso, previsto neste artigo, de o contribuinte creditar-se do imposto correspondente: é uma maneira de anular o débito gerado pela saída desfeita com a devolução. Por óbvio, em uma situação assim, o crédito não é condicionado a estar o comprador, autor da devolução, cadastrado ou inscrito como contribuinte do IBS e da CBS.

Furto, roubo, perecimento

Estabelece a lei que, no caso de o bem cuja entrada deu direito ao crédito ser furtado, roubado, ou por qualquer meio perecer, em vez de ser vendido, deve-se proceder ao estorno do crédito.

Trata-se, porém, de disposição contrária ao princípio da não cumulatividade, aferrada ainda à ideia de *crédito físico* que tanto se disse superada com a EC 132/2023 e com o moderno "IVA-Dual" por ela implementado.

De fato, o direito ao crédito depende da entrada do bem, e de IBS e CBS terem sido devidos sobre ele em operações anteriores. Não depende de sua saída física. Tanto que bens de uso e consumo, desde que não sejam de uso e consumo *pessoais*, geram direito ao crédito.

Imagine-se, nessa ordem de ideias, um supermercado, que vende alimentos, atividade na qual uma certa margem de perda é inerente. Parte dos peixes, das carnes, das verduras, se estraga. Perece. Mas, porque não saíram fisicamente, o crédito terá de ser estornado? E se tivessem sido consumidos *na atividade*? Como controlar a diferença entre tais situações? Na verdade, o estorno, em tais hipóteses, pressupõe a sistemática do crédito físico, que não é mais a aplicável ao IBS e à CBS. Em se tratando de furto ou roubo, tem-se o agravante de o contribuinte não poder tirar proveito econômico da atividade por falha em uma das funções mais essenciais do próprio Estado, que mesmo o maior libertário, no plano da filosofia política, lhe reconhece como dever.

Crédito e Simples Nacional

Nos moldes do já comentado art. 21, contribuintes optantes pela sistemática do Simples Nacional podem recolher o IBS e a CBS pela sistemática normal, aplicável à generalidade dos contribuintes, *fora, portanto*, do regime do Simples. Nesse caso, apropriar-se-ão de créditos, e gerarão débitos, da mesma forma que qualquer outro contribuinte. Caso, entretanto, não façam essa opção, não poderão se aproveitar de quaisquer créditos, e gerarão débitos apenas no montante do IBS e da CBS por eles efetivamente devidos no âmbito da sistemática. Trata-se, como explicado nos comentários ao art. 21, de desrespeito à própria sistemática da não cumulatividade, e ao mandamento constitucional de que tais contribuintes sejam sujeitos a tratamento tributário simplificado e favorecido.

Alíquota reduzida e estorno

O direito ao crédito pode eventualmente ser afetado no caso de as operações subsequentes serem imunes ou isentas, mas o fato de se submeterem a alíquota inferior à incidente na entrada, não. Afasta-se, com isso, entendimento, a nosso ver equivocado, com todo o respeito, do Supremo Tribunal Federal, que determinava o estorno parcial do ICMS incidente nas entradas, quando as saídas eram beneficiadas com "isenção parcial", conceito tecnicamente equivocado em si mesmo[35]. A isenção é o recorte da hipótese de incidência, fazendo com que a norma deixe de incidir sobre tais situações, as quais deixam de desencadear o nascimento da obrigação tributária. Não existe, nessa condição, isenção parcial, embora possam existir mecanismos, que com ela não se confundem, de redução do ônus tributário, variáveis que determinam o montante devido (alíquota e base de cálculo). Redução em quaisquer dessas duas variáveis não se confunde com isenção, e nessa condição não se há de refletir negativamente no direito ao crédito.

Art. 48. Ficará dispensado o requisito de extinção dos débitos para fins de apropriação dos créditos de que trata o *caput* do art. 47 desta Lei Complementar, exclusivamente, se não houver sido implementada nenhuma das seguintes modalidades de extinção:

---

[35] "Imposto sobre Circulação de Mercadorias. ICMS. Créditos relativos à entrada de insumos usados em industrialização de produtos cujas saídas foram realizadas com redução da base de cálculo. Caso de isenção fiscal parcial. Previsão de estorno proporcional" (STF, RE 174.478/SP, rel. Min. Marco Aurélio, rel. p/ acórdão Min. Cezar Peluso, Pleno, j. 17.03.2005, m.v., *DJ* 30.09.2005, p. 5). Com todo o respeito, como dito, a expressão "isenção parcial" é uma contradição de termos (COÊLHO, Sacha Calmon Navarro. *Curso de Direito Tributário*. 9. ed. Rio de Janeiro: Forense, 2007, p. 178). A isenção é promovida por norma legal que realiza recorte na hipótese de incidência da regra de tributação, estabelecendo exceções nas quais a regra de tributação não incide e, por isso, o tributo não é devido, integralmente. A redução de base de cálculo é uma técnica análoga, em tudo, à redução da alíquota. Base de cálculo e alíquota são duas variáveis ou fatores empregados na determinação do montante devido, pelo que tanto faz reduzir a alíquota em 50%, ou a base de cálculo em 50%. A rigor, como a base de cálculo de um tributo deverá ser, sempre, a expressão econômica de seu fato gerador, a redução de base de cálculo é, ela própria, a rigor, uma atecnia, uma expressão diferente para designar uma redução de alíquota. Por isso, é indevido o estorno proporcional do crédito correspondente, da mesma forma como seria indevido exigir esse estorno no caso de mera redução da alíquota incidente na saída, como corretamente esclarece o artigo em comento.

TÍTULO I – DAS NORMAS GERAIS DO IBS E DA CBS   Art. 50

> I – recolhimento na liquidação financeira da operação (*split payment*), nos termos dos arts. 31 e 32 desta Lei Complementar; ou
>
> II – recolhimento pelo adquirente, nos termos do art. 36 desta Lei Complementar.
>
> **Parágrafo único.** Na hipótese de que trata o *caput* deste artigo, a apropriação dos créditos ficará condicionada ao destaque dos valores corretos do IBS e da CBS no documento fiscal eletrônico relativo à aquisição.

COMENTÁRIOS

Como explicado no comentário ao artigo anterior, a reforma levada a efeito pela EC 132/2023 abriu o espaço, e a lei complementar em comento aproveitou-o, para, contrariando entendimento historicamente seguido em relação ao ICM, ao ICMS e ao IPI, condicionar o direito ao crédito do tributo, inerente à implementação da sistemática da não cumulatividade, ao pagamento do tributo no âmbito das operações anteriores, geradoras do crédito. Mas isso somente nas hipóteses de *split payment* "manual" (recolhimento pelo adquirente) e automático, ou *split payment* propriamente dito, levado a efeito pelo algoritmo.

Em se tratando de uma das hipóteses citadas, em que o pagamento é necessário ao crédito, este, o pagamento, já é de conhecimento do Fisco tão logo ocorre, tendo "entrado no sistema" o valor do tributo previamente descontado na operação. Além disso, nesses casos o recolhimento terá sido feito pelo próprio contribuinte de cujo creditamento se cogita, sendo, de qualquer modo, fácil para ele demonstrar ter pago o tributo, caso se coloque dúvida a esse respeito.

Este artigo tem de ser compreendido em sintonia com o artigo anterior, que faz parecer que o próprio direito ao crédito depende de ter sido pago o tributo relativo à operação anterior, o que, além de contrariar o disposto no art. 156-A, § 5º, II, da CF/1988, criaria os problemas apontados no comentário anterior.

> **Art. 49.** As operações imunes, isentas ou sujeitas a alíquota zero, a diferimento ou a suspensão não permitirão a apropriação de créditos pelos adquirentes dos bens e serviços.
>
> **Parágrafo único.** O disposto no *caput* deste artigo não impede a apropriação dos créditos presumidos previstos expressamente nesta Lei Complementar.
>
> **Art. 50.** Nas hipóteses de suspensão, caso haja a exigência do crédito suspenso, a apropriação dos créditos será admitida somente no momento da extinção dos débitos por qualquer das modalidades previstas no art. 27 desta Lei Complementar, vedada a apropriação de créditos em relação aos acréscimos legais.

COMENTÁRIOS

Seguindo entendimento inserido no texto constitucional ainda nos anos 1980, no âmbito da chamada "Emenda Passos Porto", a lei complementar em comento, em sintonia com as disposições da EC 132/2023, determina que operações isentas, imunes ou sujeitas à alíquota zero não geram crédito para utilização nas operações seguintes, tampouco permitem a manutenção do crédito inerente a operações anteriores, conforme será examinado no artigo subsequente.

Trata-se de amesquinhamento do princípio da não cumulatividade, e das regras isentivas e imunizantes, e dos valores que lhes subjazem, porquanto a restrição transforma a imunidade e a isenção em meros diferimentos: em vez de se cobrar o tributo na operação imune, cobra-

-se na subsequente, na medida em que se lhe nega o crédito. Além disso, o tributo deixa de incidir apenas sobre o valor agregado, ou adicionado, alcançando todo o preço cobrado pelo produto revendido, ainda que adquirido, ou feito com o uso de insumo ou matéria-prima, com isenção ou imunidade.

> **Art. 51.** A imunidade e a isenção acarretarão a anulação dos créditos relativos às operações anteriores.
>
> § 1º A anulação dos créditos de que trata o *caput* deste artigo será proporcional ao valor das operações imunes e isentas sobre o valor de todas as operações do fornecedor.
>
> § 2º O disposto no *caput* e no § 1º deste artigo não se aplica às:
>
> I – exportações; e
>
> II – operações de que tratam os incisos IV e VI do *caput* do art. 9º desta Lei Complementar.

 COMENTÁRIOS

Conforme explicado em comentários anteriores, contrariando a jurisprudência do STF firmada em sede de ICM, a Constituição passou a dispor, relativamente a esse imposto, que operações isentas ou imunes tanto não geram créditos para as etapas subsequentes como implicam estorno dos créditos relativamente às anteriores. A orientação foi seguida pela EC 132/2023 em relação ao IBS e à CBS, no art. 156-A, § 7º, da CF/1988.

Note-se que, no que tange à anulação do crédito por conta de saídas isentas, ou imunes, ela deve ser proporcional à quantidade dessas saídas desoneradas, em comparação ao total das saídas realizadas pelo contribuinte. Exemplificando, se 50% das saídas são tributadas, e 50% são isentas, o estorno deverá alcançar 50% de todos os créditos que digam respeito a entradas indistintamente relacionadas a essas saídas. Se houver entrada inteiramente utilizada apenas para viabilizar a saída do produto tributado (*v.g.*, matéria-prima do produto tributado, mas não do isento), o estorno do crédito a ela relacionado não deve ocorrer.

Mais uma complicação que contraria a promessa do crédito amplo e cria controles, complexidades e espaço para conflitos e controvérsias.

Exceção às exportações

Seguindo regra já presente na legislação do ICMS, as exportações, conquanto imunes, não implicam a anulação dos créditos referentes às incidências anteriores, que se acumulam no âmbito da escrita fiscal do exportador. No caso do ICMS, há o direito ao ressarcimento em dinheiro, jamais respeitado pelos Estados, a possibilidade de compensação com outros débitos, gerados por força de vendas feitas no mercado interno, ou a transferência a terceiros. Em se tratando de IBS e CBS, a promessa é a de que a restituição aconteça, nos moldes dos arts. 39 e ss. desta lei.

> **Art. 52.** No caso de operações sujeitas a alíquota zero, serão mantidos os créditos relativos às operações anteriores.

 COMENTÁRIOS

Há duas explicações para as operações com alíquota zero não implicarem anulação do crédito, e as isentas e imunes, sim. Poder-se-ia dizer que o texto constitucional só impõe o estorno ou a anulação no caso de isenção e imunidade, silenciando quanto à alíquota zero. E ainda que, no caso de alíquota zero, há incidência, apenas o conteúdo da obrigação é esvaziado. Se a alíquota fosse apenas menor, ou gradativamente reduzida, tal como no paradoxo de sorites, até 0,0001%, não haveria estorno, logo, no caso de alíquota zero, tampouco deveria haver.

Trata-se, contudo, de um grande jogo de palavras. Alíquota zero é apenas um artifício para se conceder isenção, sendo até mesmo uma contradição matemática[36], pois alíquota é a quantidade de vezes em que uma parte cabe dentro de um todo para inteirá-lo, não fazendo sentido o uso das duas palavras juntas, alíquota e zero, pois zero, por mais que se multiplique, será sempre zero, nunca correspondendo à base cheia. Em caso de tributo que tem todos os elementos da relação definidos em norma de igual natureza, como o imposto de renda, ou o IPTU, alíquota zero e isenção correspondem exatamente à mesma coisa. Apenas em tributos cuja alíquota é fixada por ato normativo diferente (p. ex., imposto de importação, IPI, IOF...), o uso do expediente faz algum sentido na prática, pois é uma forma de, por ato infralegal, do Executivo, conceder-se "na prática" isenção que pode ser revogada de igual modo, por ato do Executivo.

Em se tratando de IBS, e CBS, a alíquota zero, quando concedida pela própria Lei Complementar Nacional que institui tais tributos de modo compartilhado, é por igual o mesmo que isenção, sendo usado o artifício apenas para criar exceção na qual créditos não são estornados. O mesmo deve ocorrer quando a alíquota zero for a fixada pelo Estado, ou pelo Município, o que dificilmente ocorrerá, dada a obrigatoriedade de se fixarem alíquotas uniformes para todos os produtos e serviços, o que não levaria o ente federativo a esse suicídio fiscal de estabelecê-las em zero.

> **Art. 53.** Os créditos do IBS e da CBS apropriados em cada período de apuração poderão ser utilizados, na seguinte ordem, mediante:
>
> I – compensação com o saldo a recolher do IBS e da CBS vencido, não extinto e não inscrito em dívida ativa relativo a períodos de apuração anteriores, inclusive os acréscimos legais; e
>
> II – compensação com os débitos do IBS e da CBS decorrentes de fatos geradores do mesmo período de apuração, observada a ordem cronológica de que trata o inciso I do parágrafo único do art. 27 desta Lei Complementar; e
>
> III – compensação, respectivamente, com os débitos do IBS e da CBS decorrentes de fatos geradores de períodos de apuração subsequentes, observada a ordem cronológica de que trata o inciso I do parágrafo único do art. 27 desta Lei Complementar.
>
> § 1º Alternativamente ao disposto no inciso III, o contribuinte poderá solicitar ressarcimento, nos termos da Seção X deste Capítulo.

---

[36] "A alíquota zero representa uma solução encontrada pelas autoridades fazendárias no sentido de excluir o ônus do tributo sobre certos produtos, temporariamente, sem os isentar. A isenção só pode ser concedida por lei (CTN, art. 97, VI). Como é permitido ao Poder Executivo, por disposição constitucional (CF, art. 153, § 1º), alterar as alíquotas do IPI, dentro dos limites fixados em lei, e a lei não fixou limite mínimo, tem sido utilizado o expediente de reduzir a zero as alíquotas de certos produtos. Tais alíquotas, entretanto, podem ser elevadas a qualquer tempo, independentemente de lei. Embora o efeito prático da redução de uma alíquota a zero seja o mesmo da isenção, as duas figuras não se confundem. São juridicamente bem distintas. Alíquota zero, aliás, não passa de simples eufemismo. Simples forma de burlar a lei. Alíquota é expressão matemática que indica o número de vezes que a parte está contida no todo, logo jamais pode ser zero" (MACHADO, Hugo de Brito. *Curso de Direito Tributário*. 27. ed. São Paulo: Malheiros, 2006, p. 343).

§ 2º Os créditos do IBS e da CBS serão apropriados e compensados ou ressarcidos pelo seu valor nominal, vedadas correção ou atualização monetária, sem prejuízo das hipóteses de acréscimos de juros relativos a ressarcimento expressamente previstas nesta Lei Complementar.

 COMENTÁRIOS

O artigo em exame cuida de como serão utilizados os créditos de IBS e CBS apropriados pelo contribuinte. Usa-se a palavra "apropriados" para designar o fato de que os créditos são imputados, reconhecidos, associados, contabilizados pelo contribuinte, tornando-se aptos à utilização, ou ao abatimento com os débitos, no âmbito da sistemática da não cumulatividade.

Em primeiro lugar, o crédito deverá ser usado para o abatimento, a compensação, a quitação, de saldo devedor oriundo de períodos anteriores. Coloca-se como limite a inscrição desses créditos em dívida ativa, o que significa dizer que, em qualquer momento anterior a isso, o crédito pode ser usado na compensação de débitos anteriores remanescentes.

Em seguida, quitam-se débitos de IBS e CBS – lembrando que créditos de um não podem ser usados para abater débitos do outro – surgidos no próprio período de apuração em que apropriados os créditos, também na ordem cronológica indicada nesta lei, a saber, seguindo-se a ordem cronológica dos respectivos documentos fiscais geradores do débito.

Se ainda assim remanescer saldo credor, o contribuinte terá duas opções. Solicitar o ressarcimento em dinheiro, ou utilizar o crédito, que remanescerá à sua disposição, no período de apuração subsequente. A transposição de eventuais saldos credores de tributos não cumulativos, de um período de apuração para os subsequentes, era medida comum já nos atuais tributos não cumulativos, como o ICMS e o IPI, sucedidos pelo IVA-Dual ora comentado. Ressalte-se apenas que, dada a forma como as atividades econômicas se exercem, visando o lucro e, nessa condição, procurando vender produtos e serviços por valores que superem os respectivos custos e despesas, a ocorrência de saldos credores que remanescem de um período para outro não costuma ser a regra. Pode ocorrer se em determinados períodos as compras superam muito as vendas, para formar um estoque (p. ex., no período que antecede as vendas de Natal), ou quando o contribuinte faz muitas aquisições de matéria-prima ou material intermediário para produzir itens cuja fabricação é demorada, e nessa condição os débitos demoram a ocorrer. Desde que os créditos efetivamente existam, porém, nada disso importa: o contribuinte tem o direito de aproveitá-los dentro do prazo previsto no artigo seguinte.

Quanto aos créditos não poderem ser atualizados, ou corrigidos, trata-se de incoerência grave em que incorre o legislador, a evidenciar, uma vez mais, o ranço fiscalista subjacente à redação do texto. Quando o direito de crédito, no âmbito do ICMS e do IPI, dependia apenas da incidência em operações anteriores, e não do efetivo recolhimento, dizia-se que os chamados *créditos extemporâneos* – assim entendidos aqueles apropriados e utilizados em período muito posterior aos que deveriam tê-lo sido – não poderiam ser objeto de atualização, pois seriam créditos "meramente escriturais"[37], e não elementos verdadeiramente patrimoniais, ou financeiros. Agora, para embasar a tese de que só é possível o crédito quando há o efetivo pagamento na etapa anterior, diz-se que o crédito não é mais escritural, é financeiro, mas

---

[37] STF, RE-AgR-EDv-AgR 212.163/SP, rel. Min. Mauricio Corrêa, Pleno, j. 18.02.2002, *DJ* 26.04.2002, p. 66. No mesmo sentido: STF, RE 221.584/SP, rel. p/ ac. Min. Celso de Mello, 2ª Turma, j. 21.03.2000, *DJ* 18.06.2001, p. 13.

mantém-se a regra da não atualização. Verdadeiro enriquecimento sem causa do Fisco, em ofensa, ainda, ao princípio da não cumulatividade.

Ainda sobre a atualização ou correção de créditos extemporâneos, quanto ao ICMS e ao IPI, vale lembrar que a jurisprudência sempre admitiu a atualização, mesmo diante de textos legais restritivos como o deste artigo aqui comentado, se o crédito não houver sido aproveitado oportunamente por óbice oferecido pela Fazenda Pública. Isso porque, nesse caso, "havendo oposição constante de ato estatal, administrativo ou normativo, impedindo a utilização dos créditos tributários oriundos da aplicação do princípio da não cumulatividade, esses créditos não podem ser classificados como escriturais, considerados aqueles oportunamente lançados pelo contribuinte em sua escrita contábil. Isto porque a vedação legal ao seu aproveitamento impele o contribuinte a socorrer-se do Judiciário, circunstância que acarreta demora no reconhecimento do direito pleiteado, dada a tramitação normal dos feitos judiciais. [...] Dessarte, exsurge clara a necessidade de atualizar-se monetariamente esses créditos, sob pena de enriquecimento sem causa do Fisco"[38].

No âmbito do Supremo Tribunal Federal, a distinção em relação aos casos em que o Fisco se opõe à utilização tempestiva do crédito também é feita, inclusive com a ressalva de que se trata de exceção à regra de que tais créditos não são passíveis de correção: "É assente a jurisprudência do Supremo Tribunal que, em se tratando de regular lançamento de crédito tributário em decorrência de recolhimento de ICMS, não haverá incidência de correção monetária no momento da compensação com o tributo devido na saída da mercadoria do estabelecimento. Precedentes. 2. O caso, contudo, é de crédito tributário – reconhecido pelo acórdão embargado e não contestado pelo embargante –, cuja escrituração não ocorrera por óbice imposto pelo Estado, hipótese em que é devida a correção monetária e não se aplica a jurisprudência citada, cujo pressuposto é a regularidade da escrituração. Precedente: RE 282.120, Maurício Corrêa, *RTJ* 184/332"[39].

> **Art. 54.** O direito de utilização dos créditos extinguir-se-á após o prazo de 5 (cinco) anos, contado do primeiro dia do período subsequente ao de apuração em que tiver ocorrido a apropriação do crédito.

 COMENTÁRIOS

O dispositivo em questão, seguindo tradição de outros análogos constantes da legislação do ICMS, do PIS e da Cofins, estabelece um prazo para aproveitamento do crédito de IBS e CBS, no que tange à sistemática da não cumulatividade.

Trata-se de prazo para o exercício de um direito potestativo, a saber, a utilização do crédito apropriado, inerente ao tributo incidente em operações anteriores àquela praticada pelo fornecedor da mercadoria ou do serviço, a saber, o contribuinte da relação jurídica correspondente. Nessa condição, sendo não o prazo para que se pleiteie de um terceiro uma prestação, mas o prazo para o exercício unilateral de um direito subjetivo, tem-se que sua natureza é decadencial.

---

[38] STJ, AgRg no Ag 583.878/RS, rel. Min. Luiz Fux, 1ª Turma, j. 03.11.2005, *DJ* 21.11.2005, p. 127.
[39] STF, RE-ED-ED-EDv 200.379/SP, rel. Min. Sepúlveda Pertence, Pleno, j. 15.02.2006, *DJ* 05.05.2006, p. 4.

A lei estabelece que o início do prazo decadencial é a apropriação do crédito, a partir de quando se inicia o lapso temporal para seu aproveitamento ou utilização. É preciso, contudo, ter em conta que não é possível iniciar-se o prazo para o exercício de um direito, antes de ele poder ser efetivamente exercitado. Desse modo, no caso do ICMS, poder-se-ia questionar, em situações nas quais havia entradas tributadas, *v.g.*, para a implantação de uma fábrica, mas as saídas tributadas demoravam mais de quatro ou cinco anos para ocorrer, se o prazo não se iniciaria apenas quando da ocorrência de saídas tributadas com as quais os créditos pudessem ser aproveitados. Só diante de tais saídas poder-se-ia falar efetivamente em direito de crédito não aproveitado. No caso do IBS, e da CBS, entretanto, em que se faz possível até mesmo o pedido de restituição em dinheiro, não faz sentido que o crédito seja apropriado e permaneça por mais de cinco anos sem aproveitamento. Basta o contribuinte, diante de eventual inocorrência de saídas suficientes ao aproveitamento de todos os créditos, pleitear a respectiva restituição, dentro do prazo previsto neste artigo. O que deve ocorrer dentro do prazo é o pedido de restituição, não seu deferimento, até para não beneficiar a Fazenda devedora do crédito com a decadência decorrente de sua própria torpeza em demorar a apreciar o pedido de restituição.

> **Art. 55.** É vedada a transferência, a qualquer título, para outra pessoa ou entidade sem personalidade jurídica, de créditos do IBS e da CBS.
>
> **Parágrafo único.** Na hipótese de fusão, cisão ou incorporação, os créditos apropriados e ainda não utilizados poderão ser transferidos para a pessoa jurídica sucessora, ficando preservada a data original da apropriação dos créditos para efeitos da contagem do prazo de que trata o art. 54 desta Lei Complementar.

 COMENTÁRIOS

Dentro da lógica de tratar créditos como favores ou benefícios, e não como mecanismos de determinação do montante devido à luz do princípio da não cumulatividade, a lei restringe a transferência de créditos acumulados a terceiros. A restrição seria odiosa, em cenário no qual tais créditos se acumulassem e não pudessem ser aproveitados por seus titulares, mas, no que tange ao IBS e à CBS, em que se promete crédito amplo, e restituição em dinheiro em caso de não aproveitamento, a questão, se respeitada a lei em tais pontos, não precisará ser colocada.

Em se tratando de fusão, incorporação ou cisão, a vedação evidentemente não se aplica, pois não há transferência, propriamente, mas é a própria estrutura societária do titular originário do crédito que se altera. Apenas o termo inicial do prazo de decadência que, conforme explicitado, não se renova ou altera, algo que, se os créditos forem restituídos em dinheiro como prometido na lei, em caso de acumulação, não será um problema prático efetivo, pois bastará ao titular do crédito acumulado pleitear seu ressarcimento em dinheiro junto à Administração Tributária dentro do lapso legal.

> **Art. 56.** O disposto nesta Seção aplica-se a todas as hipóteses de apropriação e de utilização de créditos do IBS e da CBS previstas nesta Lei Complementar.

 COMENTÁRIOS

Mesmo quando artigos de outras seções desta lei se reportarem a creditamento, restituição ou ressarcimento, em uma visão sistêmica do texto legal, deve o intérprete ser remetido a esta seção, no que tange a prazos, condições, limites etc.

Isso suscita a questão de saber se o art. 38, comentado *supra*, que atrai ao IBS e à CBS a aplicação do art. 166 do CTN, seria aplicável a quaisquer creditamentos, ou disputas em torno da possibilidade, ou não, de esta ou aquela operação gerar crédito, ou ainda às questões relacionadas a créditos extemporâneos. E a resposta, mesmo que constitucional ele fosse, seria negativa. O artigo aplica-se apenas a pedidos de restituição decorrentes de pagamentos indevidos, não ao creditamento, e a todos que lhe orbitam – pedido de reconhecimento de crédito, aproveitamento ou ressarcimento desse crédito etc. – inerente à sistemática da não cumulatividade. Nesse sentido, a jurisprudência, embora firmada em torno do ICMS, parte de premissas que a fazem inteiramente aplicável ao IBS e à CBS: "É firme a orientação da 1ª Seção do STJ no sentido da desnecessidade de comprovação da não transferência do ônus financeiro correspondente ao tributo, nas hipóteses de aproveitamento de créditos de IPI, como decorrência do mecanismo da não cumulatividade"[40]. A distinção está bem evidente no seguinte julgado: "Embora o ICMS seja tributo indireto, quando se trata de aproveitamento de créditos, afasta-se a aplicação do art. 166 do CTN, não se exigindo a prova negativa da repercussão. Contudo, em se tratando de devolução (restituição ou compensação), o contribuinte deve provar que assumiu o ônus ou está devidamente autorizado por quem o fez a pleitear o indébito"[41].

Seção XIII
Dos Bens e Serviços de Uso ou Consumo Pessoal

> **Art. 57.** Consideram-se de uso ou consumo pessoal:
>
> I – os seguintes bens e serviços:
>
> a) joias, pedras e metais preciosos;
>
> b) obras de arte e antiguidades de valor histórico ou arqueológico;
>
> c) bebidas alcoólicas;
>
> d) derivados do tabaco;
>
> e) armas e munições;
>
> f) bens e serviços recreativos, esportivos e estéticos;
>
> II – os bens e serviços adquiridos ou produzidos pelo contribuinte e fornecidos de forma não onerosa ou a valor inferior ao de mercado para:
>
> a) o próprio contribuinte, quando este for pessoa física;
>
> b) as pessoas físicas que sejam sócios, acionistas, administradores e membros de conselhos de administração e fiscal e comitês de assessoramento do conselho de administração do contribuinte previstos em lei;
>
> c) os empregados dos contribuintes de que tratam as alíneas *a* e *b* deste inciso; e
>
> d) os cônjuges, companheiros ou parentes, consanguíneos ou afins, até o terceiro grau, das pessoas físicas referidas nas alíneas *a*, *b* e *c* deste inciso.
>
> § 1º Para fins do inciso II do *caput* deste artigo, consideram-se bens e serviços de uso ou consumo pessoal, entre outros:
>
> I – bem imóvel residencial e os demais bens e serviços relacionados à sua aquisição e manutenção; e

---

[40] STJ, AgRg no REsp 635.973/SC, rel. Min. Teori Albino Zavascki, 1ª Turma, j. 03.05.2005, *DJ* 16.05.2005, p. 244.

[41] STJ, REsp 493.902/SP, rel. Min. Eliana Calmon, 2ª Turma, j. 03.05.2005, *DJ* 06.06.2005, p. 256.

II – veículo e os demais bens e serviços relacionados à sua aquisição e manutenção, inclusive seguro e combustível.

§ 2º No caso de sociedade que tenha como atividade principal a gestão de bens das pessoas físicas referidas no inciso II do *caput* deste artigo e dos ativos financeiros dessas pessoas físicas (*family office*), os bens e serviços relacionados à gestão serão considerados de uso e consumo pessoal.

§ 3º Não se consideram bens e serviços de uso ou consumo pessoal aqueles utilizados preponderantemente na atividade econômica do contribuinte, de acordo com os seguintes critérios:

I – os bens previstos nas alíneas *a* a *d* do inciso I do *caput* deste artigo que sejam comercializados ou utilizados para a fabricação de bens a serem comercializados;

II – os bens previstos na alínea *e* do inciso I do *caput* deste artigo que cumpram o disposto no inciso I deste parágrafo ou sejam utilizados por empresas de segurança;

III – os bens previstos na alínea *f* do inciso I do *caput* deste artigo que cumpram o disposto no inciso I deste parágrafo ou sejam utilizados exclusivamente em estabelecimento físico pelos seus clientes;

IV – os bens e serviços previstos no inciso II do *caput* deste artigo que consistam em:

a) uniformes e fardamentos;

b) equipamentos de proteção individual;

c) alimentação e bebida não alcoólica disponibilizada no estabelecimento do contribuinte para seus empregados e administradores durante a jornada de trabalho;

d) serviços de saúde disponibilizados no estabelecimento do contribuinte para seus empregados e administradores durante a jornada de trabalho;

e) serviços de creche disponibilizados no estabelecimento do contribuinte para seus empregados e administradores durante a jornada de trabalho;

f) serviços de planos de assistência à saúde e de fornecimento de vale-transporte, de vale-refeição e vale-alimentação destinados a empregados e seus dependentes em decorrência de acordo ou convenção coletiva de trabalho, sendo os créditos na aquisição desses serviços equivalentes aos respectivos débitos do fornecedor apurados e extintos de acordo com o disposto nos regimes específicos de planos de assistência à saúde e de serviços financeiros;

g) benefícios educacionais a seus empregados e dependentes em decorrência de acordo ou convenção coletiva de trabalho, inclusive mediante concessão de bolsas de estudo ou de descontos na contraprestação, desde que esses benefícios sejam oferecidos a todos os empregados, autorizada a diferenciação em favor dos empregados de menor renda ou com maior núcleo familiar; e

V – outros bens e serviços que obedeçam a critérios estabelecidos no regulamento.

§ 4º Os bens e serviços que não estejam relacionados ao desenvolvimento de atividade econômica por pessoa física caracterizada como contribuinte do regime regular serão consideradas de uso ou consumo pessoal.

§ 5º Em relação aos bens e serviços de uso ou consumo pessoal de que trata este artigo, fica vedada a apropriação de créditos.

§ 6º Caso tenha havido a apropriação de créditos na aquisição de bens ou serviços de uso ou consumo pessoal, serão exigidos débitos em valores equivalentes aos dos créditos, com os acréscimos legais de que trata o § 2º do art. 29, calculados desde a data da apropriação.

§ 7º Na hipótese de fornecimento de bem do contribuinte para utilização temporária pelas pessoas físicas de que trata o inciso II do *caput* deste artigo, serão exigidos débitos em valores equivalentes aos dos créditos, calculados proporcionalmente ao tempo de

TÍTULO I – DAS NORMAS GERAIS DO IBS E DA CBS   Art. 57

> vida útil do bem em relação ao tempo utilizado pelo contribuinte, com os acréscimos legais de que trata o § 2º do art. 29, na forma do regulamento.
>
> § 8º O regulamento disporá sobre a forma de identificação da pessoa física destinatária dos bens e serviços de que trata este artigo.

 COMENTÁRIOS

A única restrição ao direito de creditamento amplo, pela técnica do crédito financeiro, inerente à não cumulatividade do IBS e da CBS, foi a da entrada de bens destinados ao uso ou ao consumo *pessoais* do contribuinte.

A ressalva, diga-se de passagem, é totalmente desnecessária. É evidente que só é possível creditar-se de entradas, sejam elas quais forem, *inerentes à atividade*. Sem necessidade de qualquer remissão no texto constitucional, bastava que na lei complementar se incluísse norma semelhante à constante do art. 20, § 1º, da LC 87/1996, alusiva ao ICMS, e que neste ponto nunca suscitou questionamentos importantes, estabelecendo que não darão direito a crédito as entradas "que se refiram a mercadorias ou serviços alheios à atividade do estabelecimento".

Diversamente, e imbuída de evidente ranço fiscalista, a tratar o crédito, prometido como amplo e irrestrito antes da reforma, agora como favor ou benesse, a lei complementar, no artigo em comento, considera-se com a licença para dizer, livremente, o que se considera, e o que não se considera, "bem de uso e consumo pessoais", e o faz não a partir do uso ou do consumo pessoais, que tenham quaisquer bens ou serviços, mas a partir da indicação nominal de alguns deles, os quais "sempre" serão considerados como tal, ou seja, como de uso ou consumo pessoais, independentemente de efetivamente o serem, ou não.

É evidente, contudo, que a lei não tem esse poder, de brincar com as palavras usadas no texto constitucional para limitar a atuação do legislador, como se estas pudessem significar o que ele, legislador, pudesse entender que significam, apenas com a adição mágica da palavra "considera-se".

No que tange aos bens descritos neste artigo, notadamente os referidos nas alíneas *a* a *d* do inciso I, a lei simplesmente regressa à sistemática da não cumulatividade pelo crédito físico, reconhecendo o crédito apenas quando tais bens forem revendidos, ou usados na fabricação ou produção de bens a serem vendidos, neles se integrando fisicamente. Há, claro, evidente afronta ao texto constitucional. Se se tratar de hotel de luxo, cuja diária é sim base imponível para IBS e CBS (que, no momento da definição do débito, incidem sobre tudo, a teor da definição infinita do que seja serviço, já anteriormente comentada), por que o IBS e a CBS incidentes sobre quadros, esculturas e tapetes usados para adornar corredores, salões, quartos e suítes – e que sem dúvida ajudam a justificar a diária cobrada dos hóspedes – não poderiam gerar créditos, se a toda evidência não figuram como algo de uso e consumo pessoal de ninguém, muito menos do próprio contribuinte? Se se trata de museu, cuja exibição das obras de arte e antiguidades é o que justifica a cobrança de entrada ou ingresso, submetida ao IBS e à CBS "de base ampla"?

Bebidas alcoólicas e produtos derivados do tabaco podem ser usados para presentear clientes, fidelizando-os e gerando maior receita, tributada pelo IBS e pela CBS. Armas e munições podem ser adquiridas não só por empresas de segurança, mas por clubes de tiro, ou de caça, que as podem alugar para os tomadores de seus serviços. O mesmo pode ser dito de bens esportivos ou recreativos, que podem ser objeto de aluguel, o qual, conquanto tributado pelo IBS e pela CBS, não permitirá o crédito dos próprios bens de cujo aluguel se cogita. E essas são apenas as hipóteses que ocorrem à imaginação de quem escreve estas linhas, neste momento, sendo a realidade certamente rica de outras situações que, com o tempo, aparecerão. O relevante é notar que o que define um bem como sendo de uso ou consumo pessoal é o uso, ou o consumo, que se fizer desse bem, qualquer que seja ele, sendo inconstitucional elaborar uma lista de bens que *assim se consideram* mesmo quando não o são em realidade[42].

CAPÍTULO III
DA OPERACIONALIZAÇÃO DO IBS E DA CBS

Seção I
Disposições Gerais

> **Art. 58.** O Comitê Gestor do IBS e a RFB atuarão de forma conjunta para implementar soluções integradas para a administração do IBS e da CBS, sem prejuízo das respectivas competências legais.
>
> § 1º O contribuinte acessará as informações da apuração e do pagamento do IBS e da CBS em plataforma eletrônica unificada, com gestão compartilhada entre o Comitê Gestor do IBS e a RFB.
>
> § 2º A plataforma eletrônica unificada de que trata o § 1º deste artigo disponibilizará canal de atendimento ao contribuinte para resolução de problemas operacionais relacionados à apuração e pagamento do IBS e da CBS.
>
> § 3º Sem prejuízo do disposto nos §§ 1º e 2º deste artigo, o Comitê Gestor do IBS e a RFB poderão manter seus próprios sistemas para administração do IBS e da CBS.

 COMENTÁRIOS

Tendo em vista que IBS e CBS precisam, por imposição constitucional, submeterem-se ao mesmo regime jurídico (CF/1988, art. 149-B), é imprescindível que o *enforcement* das disposições referentes a ambos seja, senão operado pelo mesmo órgão, levado a efeito de modo concertado, integrado ou harmonizado. A norma é a interpretação que se dá a ela, e não há como respeitar o mandamento constitucional de que IBS e CBS devem ter mesmos fatos geradores, imunidades etc., se distintas forem as autoridades encarregadas de entender isso, sem que haja comunicação ou integração entre elas. Não será admissível que uma situação seja considerada tributável por um, e imune ao outro, por exemplo.

Como se planeja uma apuração para IBS e CBS inteiramente informatizada, em ambiente digital ou virtual, torna-se mais fácil implementar essa harmonização, inclusive com a apuração sendo feita virtualmente, de ambos, na mesma plataforma, seguindo os mesmos parâmetros.

O grande desafio será como proceder no caso de contencioso administrativo, e principalmente judicial, assunto que, entretanto, não é objeto desta lei complementar.

---

[42] Veja-se, a propósito: MACHADO SEGUNDO, Hugo de Brito. IVA-dual: pode a lei dispor livremente sobre o que são bens destinados ao uso ou ao consumo pessoal(is)? *Revista Direito Tributário Atual*, n. 56, p. 317-328, 2024. Disponível em: https://doi.org/10.46801/2595-6280.56.13.2024.2541.

TÍTULO I – DAS NORMAS GERAIS DO IBS E DA CBS   Art. 59

Seção II
Do Cadastro com Identificação Única

Art. 59. As pessoas físicas e jurídicas e as entidades sem personalidade jurídica sujeitas ao IBS e à CBS são obrigadas a se registrar em cadastro com identificação única, observado o disposto nas alíneas *a* e *b* do inciso I do § 3º do art. 11 desta Lei Complementar.

§ 1º Para efeitos do disposto no *caput* deste artigo, consideram-se os seguintes cadastros administrados pela RFB:

I – de pessoas físicas, o Cadastro de Pessoas Físicas (CPF);

II – de pessoas jurídicas e entidades sem personalidade jurídica, o Cadastro Nacional da Pessoa Jurídica (CNPJ); e

III – de imóveis rurais e urbanos, o Cadastro Imobiliário Brasileiro (CIB).

§ 2º As informações cadastrais terão integração, sincronização, cooperação e compartilhamento obrigatório e tempestivo em ambiente nacional de dados entre as administrações tributárias federal, estaduais, distrital e municipais.

§ 3º O ambiente nacional de compartilhamento e integração das informações cadastrais terá gestão compartilhada por meio do Comitê para Gestão da Rede Nacional para Simplificação do Registro e da Legalização de Empresas e Negócios (CGSIM) de que trata o inciso III do *caput* do art. 2º da Lei Complementar 123, de 14 de dezembro de 2006.

§ 4º As administrações tributárias federal, estaduais, distrital e municipais poderão tratar dados complementares e atributos específicos para gestão fiscal do IBS e da CBS, observado o disposto no § 2º deste artigo.

§ 5º O Domicílio Tributário Eletrônico (DTE) previsto no art. 332 desta Lei Complementar será unificado e obrigatório para todas as entidades e demais pessoas jurídicas sujeitas à inscrição no CNPJ.

 COMENTÁRIOS

Cadastrar-se junto aos órgãos de controle estatais, em especial os fiscais, é uma obrigação do contribuinte. Por meio do cadastro, o Fisco conhece os agentes econômicos que atuam sob sua jurisdição, tendo informações sobre sua localização, ramo de atividade etc.

Precisamente por isso, desde que existam de fato, todos os agentes econômicos se devem cadastrar. Quando um agente realiza atividades econômicas tributáveis e não possui cadastro, sendo apanhado pelo Fisco, este invariavelmente procede ao seu cadastro de ofício.

É muito importante, portanto, que tais cadastros não sejam transformados em autorização para o desempenho de atividades econômicas, passando a ser suspensos, cassados ou cancelados diante de contribuintes que, não obstante tenham existência de fato e exerçam atividades tributáveis, apenas desatendam a quaisquer exigências formuladas pelo Fisco. Da mesma forma como não se pode cancelar o CPF de uma pessoa física viva (e que não esteja duplicado, ou que não o obteve usando nome ou identidade falsa), apenas porque ela tem débitos de imposto de renda, não se pode cancelar o CNPJ, ou, no caso deste artigo, o Cadastro com Identificação Única do IVA-Dual, de empresa que exista e esteja a exercer atividades, apenas por conta de inadimplência ou descumprimento de alguma outra obrigação acessória. Trata-se de evidente e inadmissível sanção política, repelida há décadas pela jurisprudência do Supremo Tribunal Federal (Súmulas 70, 323 e 574).

Vale mencionar, neste ponto, a observação, que segue inteiramente atual, de Hugo de Brito Machado:

> A legislação de alguns Estados faculta a suspensão, e até o cancelamento, da inscrição no cadastro de contribuintes, como forma de punição. A legislação tributária do Estado do Ceará, por exemplo, admite a suspensão das inscrições de contribuintes que praticarem determinadas infrações, que menciona, e até a cassação da inscrição, na hipótese de não resolução das pendências no prazo de 60 dias (Decreto 24.569, de 31.07.1997, arts. 101 a 103). A de Pernambuco, a seu turno, estabelece o cancelamento da inscrição como forma de punição das infrações que menciona, chegando ao cúmulo de colocar entre os casos de cancelamento outras hipóteses previstas em portaria do Secretário da Fazenda (Decreto 14.876, de 12.03.1991, art. 77). (...)
>
> Maior absurdo não pode haver, porque isto significa colocar como condição para o exercício da atividade econômica o pagamento do tributo.
>
> A inscrição no cadastro de contribuintes não pode ser transformada em autorização para exercer a atividade econômica. Nem o seu cancelamento em forma de obrigar o contribuinte a cumprir seus deveres para com o Estado. Mesmo o contribuinte mais renitente na prática de infrações à lei tributária não pode ser proibido de comerciar. Mesmo aquele que tenha sido condenado, no juízo criminal competente, por prática de crime de sonegação de tributos, tem o direito de continuar exercendo o comércio, porque a lei não comina aos que cometem esse crime a pena de proibição do exercício do comércio.
>
> Aliás, mesmo a lei penal, lei ordinária federal posto que à União compete legislar em matéria penal, não pode cominar a pena de cancelamento da inscrição do contribuinte, posto que estaria instituindo pena de caráter perpétuo, que a Constituição proíbe (CF/1988, art. 5º, XLVII, *b*).
>
> A ilicitude do não pagar os tributos devidos não exclui o direito de exercer a atividade econômica, que é direito fundamental. Atividade econômica lícita, é certo, mas a ilicitude do não pagar o tributo não faz ilícita a atividade geradora do dever tributário. Uma coisa é a ilicitude de certa atividade. Outra, bem diversa, a ilicitude consistente no descumprimento da obrigação tributária, principal ou acessória. Mesmo incorrendo nesta última, quem exercita atividade econômica continua protegido pela garantia constitucional. Cabe ao Fisco a utilização dos caminhos que a ordem jurídica oferece para constituir o crédito tributário, e cobrá-lo, mediante a ação de execução fiscal[43].

Que Receita Federal e Comitê Gestor não façam com este novo cadastro o que as Fazendas Estaduais costumavam fazer, inconstitucionalmente, com os cadastros gerais de fazenda, do ICMS, e a Receita Federal, com o CNPJ, cancelando-os ou suspendendo-os como evidente instrumento oblíquo de cobrança, contrário frontalmente ao art. 170, parágrafo único, da CF/1988, por implicar a transformação do cadastro, que é uma obrigação, em verdadeira autorização para o exercício de atividade econômica.

---

[43] MACHADO, Hugo de Brito. Sanções políticas no Direito Tributário. *Revista Dialética de Direito Tributário*, n. 30, p. 46-49.

TÍTULO I – DAS NORMAS GERAIS DO IBS E DA CBS   Art. 60

Seção III
Do Documento Fiscal Eletrônico

Art. 60. O sujeito passivo do IBS e da CBS, ao realizar operações com bens ou com serviços, inclusive exportações, e importações, deverá emitir documento fiscal eletrônico.

§ 1º As informações prestadas pelo sujeito passivo nos termos deste artigo possuem caráter declaratório e constituem confissão do valor devido de IBS e de CBS consignados no documento fiscal.

§ 2º A obrigação de emissão de Jocumentos fiscais eletrônicos aplica-se inclusive:

I – a operações imunes, isentas ou contempladas com alíquota zero ou suspensão;

II – à transferência de bens entre estabelecimentos pertencentes ao mesmo contribuinte; e

III – a outras hipóteses previstas no regulamento.

§ 3º Para fins de apuração do IBS e da CBS, o Comitê Gestor do IBS e as administrações tributárias responsáveis pela autorização ou recepção de documentos fiscais eletrônicos observarão a forma, o conteúdo e os prazos previstos em ato conjunto do Comitê Gestor do IBS e da RFB.

§ 4º Os documentos fiscais eletrônicos relativos às operações com bens ou com serviços deverão ser compartilhados com todos os entes federativos no momento da autorização ou da recepção, com utilização de padrões técnicos uniformes.

§ 5º O regulamento poderá exigir do sujeito passivo a apresentação de informações complementares necessárias à apuração do IBS e da CBS.

§ 6º Considera-se documento fiscal idôneo o registro de informações que atenda às exigências estabelecidas no regulamento, observado o disposto nesta Lei Complementar.

 COMENTÁRIOS

A prática de uma operação com bens ou serviços deve ser acompanhada de documento fiscal que espelhe as suas características juridicamente relevantes, como fornecedor, destinatário, tipo de bem ou de serviço, valor e demais elementos capazes de identificá-la. Mesmo operações isentas ou imunes devem ser acompanhadas de documento fiscal, seja porque a inexistência da obrigação principal não dispensa o cumprimento das acessórias, como regra no Direito Tributário, seja porque o documento fiscal é necessário inclusive para que se afiram se os bens ou os serviços respectivos são efetivamente imunes, ou isentos.

Emissão de documento e confissão de dívida

A emissão de documento fiscal com destaque de IBS e CBS indicados como devidos configura, nos termos do artigo, "confissão do valor devido". Daí por que, a partir do documento fiscal, os sistemas informatizados dos agentes de pagamento podem proceder ao *split payment* e já transferir ao Poder Público o valor destacado no documento, assim tido por devido, assim como se procederá, conforme comentado a seguir, à apuração do tributo devido de forma assistida, a partir dessas informações.

O que significa, contudo, "confessar o valor devido"?

Primeiro, recorde-se que só se confessam fatos[44], não direitos. A confissão é meio de prova, e a prova diz respeito ao fato jurídico, não à existência ou à validade das normas apli-

---

44   Como observa Pontes de Miranda, "só existe confissão de fato, e não de direito; o direito incide: está, portanto, fora da órbita da confissão. Ninguém confessa que o contrato é de mútuo ou de hipoteca, confessa

cáveis sobre esse fato. Não se confessa que uma lei está em vigor, ou que é compatível com a Constituição. Tampouco se confessa que um livro é imune, ou que não é imune, ao IBS. O que se pode confessar é o fato, de que o objeto de uma operação é um livro, ou que é uma garrafa de cachaça. Mas os *efeitos jurídicos* do fato não se confessam.

E quando esse efeito jurídico é o nascimento de uma obrigação tributária, há um elemento adicional: o tributo é prestação pecuniária compulsória (CTN, art. 3º). Isso não quer dizer, como muitos repetem de maneira imprecisa e atécnica, que é obrigatório *pagar* o tributo. Toda obrigação o é! Caso alguém voluntariamente celebre um contrato, e em face dele se obrigue a pagar o preço na compra e venda de um veículo, que lhe é entregue, o pagamento é obrigatório, como o de toda obrigação, com a licença da redundância, que só revela o quão impróprio é confundir compulsoriedade com a mera obrigatoriedade de pagamento. Compulsório, no art. 3º do CTN, que dialoga com o art. 118, com o 126 e com o 165, todos do mesmo Código, quer dizer que o nascimento, a gênese, da obrigação tributária independe da vontade. É isso, aliás, o que diferencia a prestação tributária e a prestação contratual, a taxa e a tarifa, o tributo e o preço.

Nessa ordem de ideias, não sendo a vontade elemento formador da obrigação tributária, de nada adianta o contribuinte "confessar" que está devendo. Isso quando muito significa a confissão dos fatos dos quais pode – pode! – decorrer uma obrigação tributária, se leis vigentes, válidas, e aplicáveis, sobre eles incidirem, e estes pontos não são confessáveis. Se o contribuinte confessar que vendeu um livro, e confessar que dessa venda resulta dívida de IBS e CBS, essa confissão *não tem* o condão de fazer nascer obrigação tributária alguma, por força da imunidade, que a confissão não modifica.

Seção IV
Dos Programas de Incentivo à Cidadania Fiscal

> **Art. 61.** O Comitê Gestor do IBS e a RFB poderão instituir programas de incentivo à cidadania fiscal por meio de estímulo à exigência, pelos consumidores, da emissão de documentos fiscais.
>
> § 1º Os programas de que trata o *caput* deste artigo poderão ser financiados pelo montante equivalente a até 0,05% (cinco centésimos por cento) da arrecadação do IBS e da CBS.
>
> § 2º O regulamento poderá prever hipóteses em que as informações apresentadas nos termos do inciso I do § 1º do art. 32 desta Lei Complementar poderão ser utilizadas para identificar o adquirente que não seja contribuinte do IBS e da CBS nos respectivos documentos fiscais eletrônicos, garantida a opção do adquirente por outra forma de identificação.

 COMENTÁRIOS

O adquirente de um produto ou serviço, se não for contribuinte do IBS e da CBS, poderá não querer identificar-se? Se não é contribuinte – e lembre-se da contradição e da incoerência de ora ele ser, ora não ser, considerado sujeito passivo legal desse tributo –, não pode

---

fatos de que pode resultar tratar-se de mútuo, ou de hipoteca" (MIRANDA, Pontes de. *Comentários ao Código de Processo Civil*. 3. ed. atual. por Sérgio Bermudes. Rio de Janeiro: Forense, 2001, t. IV, p. 320).

ser obrigado a identificação e cadastramento. Mas se se estabelecem mecanismos de recolhimento pelo adquirente e de *split payment*, surgem cada vez mais caminhos para aproximá-lo de uma sujeição passiva legal e formal, e para que se captem dados ou informações pessoais suas. Hoje isso inclusive já é muito comum, feito por empresas privadas que colhem tais dados em troca de pontos, *cashback* ou descontos para induzir à fidelização ou ao retorno do consumidor (programas como *Dotz*, *Stix* etc.).

Nesse sentido, e seguindo a mesma linha, o artigo em comento estabelece que a Administração Tributária do IVA-Dual (CG e RFB) pode criar programas destinados a incentivar a cidadania fiscal, algo que inclusive já existe no âmbito de muitos Estados e Municípios. Em troca do CPF na nota (que faz com que ela seja emitida), concorre o consumidor a prêmios em dinheiro, veículos etc.

Seção V
Disposições Transitórias

Art. 62. Ficam a União, os Estados, o Distrito Federal e os Municípios obrigados a:

I – adaptar os sistemas autorizadores e aplicativos de emissão simplificada de documentos fiscais eletrônicos vigentes para utilização de leiaute padronizado, que permita aos contribuintes informar os dados relativos ao IBS e à CBS, necessários à apuração desses tributos; e

II – compartilhar os documentos fiscais eletrônicos, após a recepção, validação e autorização, com o ambiente nacional de uso comum do Comitê Gestor do IBS e das administrações tributárias da União, dos Estados, do Distrito Federal e dos Municípios.

§ 1º Para fins do disposto no *caput* deste artigo, os Municípios e o Distrito Federal ficam obrigados, a partir de 1º de janeiro de 2026, a:

I – autorizar seus contribuintes a emitir a Nota Fiscal de Serviços Eletrônica de padrão nacional (NFS-e) no ambiente nacional ou, na hipótese de possuir emissor próprio, compartilhar os documentos fiscais eletrônicos gerados, conforme leiaute padronizado, para o ambiente de dados nacional da NFS-e; e

II – compartilhar o conteúdo de outras modalidades de declaração eletrônica, conforme leiaute padronizado definido no regulamento, para o ambiente de dados nacional da NFS-e.

§ 2º O disposto no § 1º deste artigo aplica-se até 31 de dezembro de 2032.

§ 3º Os dados do ambiente centralizador nacional da NFS-e deverão ser imediatamente compartilhados em ambiente nacional nos termos do inciso II do § 1º deste artigo.

§ 4º O padrão e o leiaute a que se referem os incisos I e II do § 1º deste artigo são aqueles definidos em convênio firmado entre a administração tributária da União, do Distrito Federal e dos Municípios que tiver instituído a NFS-e, desenvolvidos e geridos pelo Comitê Gestor da Nota Fiscal de Serviços Eletrônica de padrão nacional (CGNFS-e).

§ 5º O ambiente de dados nacional da NFS-e é o repositório que assegura a integridade e a disponibilidade das informações constantes dos documentos fiscais compartilhados.

§ 6º O Comitê Gestor do IBS e a RFB poderão definir soluções alternativas à plataforma NFS-e, respeitada a adoção do leiaute do padrão nacional da NFS-e para fins de compartilhamento em ambiente nacional.

§ 7º O não atendimento ao disposto no *caput* deste artigo implicará a suspensão temporária das transferências voluntárias.

COMENTÁRIOS

O artigo em comento estabelece regra transitória destinada a viabilizar a paulatina adoção de documentos fiscais nacionalmente unificados, usando-se os sistemas atualmente existentes nas Fazendas estaduais, distrital e municipal e fazendo com que se adequem gradualmente ao padrão nacional.

Como acontece com disposições da Lei de Responsabilidade Fiscal, a norma prevê sanção aplicável apenas aos entes periféricos, não ao ente central, pois este não recebe transferências voluntárias. Assim, se o Estado, o Distrito Federal, ou o Município, não passarem a adotar a documentação nacionalmente unificada, nem adequarem a sua local à unificação nacional e a disponibilizarem no ambiente nacional – que tem efeito prático equivalente –, deixarão de receber repasses federais, ou, no caso dos Municípios, federais e estaduais, que não digam respeito à partilha obrigatória dos tributos arrecadados pelo ente central (CF/1988, arts. 157 e ss.), mas decorrem de convênios ou outros atos que o ente central tem liberdade para celebrar ou não.

CAPÍTULO IV
DO IBS E DA CBS SOBRE IMPORTAÇÕES

Seção I
Da Hipótese de Incidência

> **Art. 63.** O IBS e a CBS incidem sobre a importação de bens ou de serviços do exterior realizada por pessoa física ou jurídica ou entidade sem personalidade jurídica, ainda que não inscrita ou obrigada a se inscrever no regime regular do IBS e da CBS, qualquer que seja a sua finalidade.
>
> **Parágrafo único.** Salvo disposição específica prevista neste Capítulo, aplicam-se à importação de que trata o *caput* deste artigo as regras relativas às operações onerosas de que trata o Capítulo II deste Título.

COMENTÁRIOS

No âmbito do ICM, e do seu sucessor ICMS, a incidência tributária pressupunha, ou dependia de, uma operação relativa à circulação de mercadorias. Mercadorias, por sua vez, são coisas móveis e corpóreas, destinadas ao comércio, vale dizer, que se produzem para vender ou se compram para revender. Isso fazia com que o ICM, e o ICMS, não pudessem incidir na importação feita por pessoas não contribuintes do imposto, que adquirissem no exterior bens destinados ao seu uso pessoal (que não fossem destinados à revenda).

A Emenda Constitucional 33/2001 alterou o sistema para permitir essa incidência na importação, criando a inusitada figura do "contribuinte não habitual do imposto", para não ter de contraditoriamente estabelecer que o imposto teria por contribuinte mesmo aquele que não é seu contribuinte. A palavra "habitual" remendou a contradição.

Com o IBS, e a CBS, segue-se a mesma linha, que já vinha sendo adotada em todos os tributos por eles sucedidos (PIS, Cofins, IPI, ISS, ICMS), e que é uma tendência internacional quanto à tributação do consumo: adotar-se o princípio do destino, daí por que se imunizam as exportações e se tributam as importações, para além dos tributos aduaneiros (imposto de importação), que têm função regulatória, também com aqueles incidentes sobre o consumo.

Seção II
Da Importação de Bens Imateriais e Serviços

Art. 64. Para fins do disposto no art. 63 desta Lei Complementar, considera-se importação de serviço ou de bem imaterial, inclusive direitos, o fornecimento realizado por residente ou domiciliado no exterior cujo consumo ocorra no País, ainda que o fornecimento seja realizado no exterior.

§ 1º Consideram-se consumo de bens imateriais e serviços a utilização, a exploração, o aproveitamento, a fruição ou o acesso.

§ 2º Considera-se ainda importação de serviço a prestação por residente ou domiciliado no exterior:

I – executada no País;

II – relacionada a bem imóvel ou bem móvel localizado no País; ou

III – relacionada a bem móvel que seja remetido para o exterior para execução do serviço e retorne ao País após a sua conclusão.

§ 3º Na hipótese de haver consumo de serviços ou de bens imateriais, inclusive direitos, concomitantemente no território nacional e no exterior, apenas a parcela cujo consumo ocorrer no País será considerada importação.

§ 4º Os bens imateriais, inclusive direitos, e serviços cujo valor esteja incluído no valor aduaneiro de bens materiais importados nos termos do art. 69 desta Lei Complementar sujeitam-se à incidência do IBS e da CBS na forma da Seção III deste Capítulo.

§ 5º Na importação de bens imateriais ou de serviços a que se refere o *caput* deste artigo:

I – considera-se ocorrido o fato gerador do IBS e da CBS:

a) no momento definido conforme o disposto no art. 10 desta Lei Complementar;

b) no local definido conforme o disposto no art. 11 desta Lei Complementar;

II – a base de cálculo é o valor da operação nos termos do art. 12 desta Lei Complementar;

III – as alíquotas do IBS e da CBS incidentes sobre cada importação de bem imaterial ou de serviço são as mesmas incidentes no fornecimento do mesmo bem imaterial ou serviço no País, observadas as disposições próprias relativas à fixação das alíquotas nas importações de bens imateriais ou de serviços sujeitos aos regimes específicos de tributação;

IV – para fins da determinação das alíquotas estadual, distrital e municipal do IBS, o local da importação é o destino da operação definido nos termos do art. 11 desta Lei Complementar;

V – o adquirente é contribuinte do IBS e da CBS nas aquisições de bens imateriais, inclusive direitos, e serviços de fornecedor residente ou domiciliado no exterior;

VI – caso o adquirente seja residente ou domiciliado no exterior, o destinatário é contribuinte do IBS e da CBS nas aquisições de bens imateriais, inclusive direitos, e serviços de fornecedor residente ou domiciliado no exterior;

VII – o adquirente sujeito ao regime regular do IBS e da CBS pode apropriar e utilizar crédito conforme o disposto nos arts. 47 a 56 desta Lei Complementar;

VIII – o fornecedor residente ou domiciliado no exterior é responsável solidário pelo pagamento do IBS e da CBS com o contribuinte, observando-se o disposto nos arts. 21 e 23 desta Lei Complementar;

IX – as plataformas digitais, ainda que residentes e domiciliadas no exterior, serão responsáveis pelo pagamento do IBS e da CBS nas importações realizadas por seu intermédio, observando-se o disposto nos arts. 22 e 23 desta Lei Complementar.

§ 6º Aplicam-se também as regras específicas previstas no Título V deste Livro às importações de bens e serviços objeto de regimes específicos.

> § 7º Não será considerado como importação de serviço ou de bem imaterial, inclusive direitos, o consumo eventual por pessoa física não residente que permaneça temporariamente no País, nos termos do regulamento.

 COMENTÁRIOS

IBS e CBS incidem sobre bens e serviços, sendo a definição destes últimos, como se viu nos comentários ao art. 3º, bastante larga. Na incidência sobre as importações, alcançam também serviços, por coerência, como já se vinha tentando fazer em relação ao seu antecessor – nessa parte – ISS. Trata-se de um caminho para se tributarem realidades da chamada economia digital, que tem virtualizado ou desmaterializado, cada vez mais, realidades antes físicas (como a "compra" de músicas e filmes), não obstante existam desafios a serem superados. Desafios fáticos, ligados à viabilidade do *enforcement*, e não propriamente jurídico-formais.

Dada a natureza imaterial do serviço, nem sempre é fácil determinar quando ele se considera importado. Dificuldade semelhante se coloca na definição da *exportação* do serviço, mas desta feita para a finalidade inversa, que é a não tributação em decorrência da imunidade. O relevante, acima de tudo, é que haja coerência de critérios em uma situação e na outra. Ou, como se diz na sabedoria popular, que o pau que bate em Chico, bata também em Francisco.

Tem-se por importação de serviço, em primeiro lugar, a prestação dele por um residente ou domiciliado no exterior, quando executada no país. Seria o caso do médico, do massagista, do cantor que residem no exterior e vêm ao Brasil para uma apresentação ou para realizar uma cirurgia. Ou do decorador ou paisagista residente no exterior que vem ao país fazer a decoração de um imóvel aqui localizado. Caso alguém envie bem móvel ao exterior, para reparo, pagando por esse serviço de manutenção, com a posterior devolução do bem consertado, por igual se reputa importado o serviço. É o caso de quem envia ao exterior uma aeronave, para revisão na fábrica nos Estados Unidos, paga por essa revisão e em seguida a aeronave retorna. É preciso atenção, em tais hipóteses, para se evitar a dupla tributação do negócio, pois é possível que no país em que se dá o serviço considere-se que houve a prestação de um serviço local, sem exportação, e por isso se exija em duplicidade o tributo alienígena equivalente ao IBS e à CBS brasileiros.

No caso dos bens imateriais utilizados de modo virtual, pela internet, a questão que se coloca é a da identificação da ocorrência do fato gerador do tributo. Caso alguém pague para acessar *sites* estrangeiros, configura-se a materialização da hipótese de incidência do tributo, mas o Fisco muitas vezes sequer fica sabendo, e não tem como sabê-lo.

Seção III
Da Importação de Bens Materiais

Subseção I
Do Fato Gerador

> **Art. 65.** Para fins do disposto no art. 63 desta Lei Complementar, o fato gerador da importação de bens materiais é a entrada de bens de procedência estrangeira no território nacional.
>
> **Parágrafo único.** Para efeitos do disposto no *caput* deste artigo, presumem-se entrados no território nacional os bens que constem como tendo sido importados e cujo extravio

TÍTULO I – DAS NORMAS GERAIS DO IBS E DA CBS   Art. 65

> venha a ser apurado pela autoridade aduaneira, exceto quanto às malas e às remessas postais internacionais.

 COMENTÁRIOS

O fato gerador de impostos que incidem sobre a importação, usualmente definido como sendo a entrada destes no território nacional, já foi motivo de inúmeras controvérsias.

Relativamente ao imposto de importação, cujo fato gerador é definido em termos semelhantes pelo CTN (art. 19), mas cujas alíquotas variam com maior frequência e com vigência imediata, a questão foi colocada do ponto de vista temporal. Quando se considera que o produto entrou no território nacional? Isso porque, diante de aumento de alíquotas do imposto de importação incidente sobre veículos, contribuintes que estavam com os veículos já em águas brasileiras, em navios que aguardavam autorização para atracar no porto, ou mesmo já no pátio da alfândega, foram surpreendidos com a exigência do imposto incidente na importação com a alíquota majorada.

No caso do imposto de importação, o Supremo Tribunal Federal entendeu que, conquanto se trate de fato complexo, cuja ocorrência se inicia com a compra do produto estrangeiro, seguindo-se o contrato de câmbio e a remessa do pagamento, a contratação do frete, o transporte do bem até o Brasil etc., a operação somente está *concluída* com o registro da declaração de importação junto à Alfândega, para fins de desembaraço aduaneiro[45]. Assim, caso as alíquotas tivessem sido majoradas um dia antes do registro da declaração de importação, seriam elas, mais elevadas, que deveriam ser aplicadas à importação, ainda que os bens já estivessem, literalmente, em território brasileiro. Entendeu-se que o território nacional, no caso, não é a delimitação geográfica, mas a economia brasileira, na qual o produto entra quando se dá o início de seu desembaraço aduaneiro. Antes disso, ele poderia estar apenas "de passagem", como é o caso de itens que se achem dentro de uma aeronave que apenas faz escala no país, mas que dela sequer são desembarcados. Daí por que não haveria incompatibilidade entre o art. 19 do CTN e as normas específicas relativas ao imposto de importação que definem o momento da ocorrência do fato gerador deste como a data do registro da DI[46].

O entendimento não deixa de criar algumas incoerências sistêmicas. Afinal, se o fato gerador só se consuma com o registro da DI, bastaria não a registrar para que o fato não ocorresse, não nascendo a dívida tributária. Se alguém trouxesse produtos estrangeiros para o país e não registrasse qualquer DI, não seria devedor do imposto. Aliás, nem existiria o crime de descaminho, pois, não registrando a DI, não haveria tributo a ser "iludido" das autoridades aduaneiras. É claro que o ingresso de produtos de modo clandestino no país é fato gerador do imposto de importação, e pode configurar o crime de descaminho, o que apenas revela a fragilidade da tese que põe no mero registro de um documento a manifestação tem-

---

[45] "O fato gerador do imposto de importação considera-se ocorrido na data do registro da declaração apresentada pelo importador à repartição alfandegária competente" (STF, RE 237.986-1/CE, rel. Min. Ilmar Galvão, 1ª Turma, j. 06.04.1999, *DJ* 03.09.1999, p. 43, *RDDT* n. 50, p. 226).

[46] "O STJ já pacificou o entendimento de que inexiste incompatibilidade entre o art. 19 do Código Tributário Nacional e o art. 23, parágrafo único, do Decreto-Lei 37/1966, visto que o desembaraço aduaneiro completa a importação e, consequentemente, representa, para efeitos fiscais, a entrada no território nacional da mercadoria" (STJ, REsp 184.861/RJ, rel. Min. João Otávio de Noronha, 2ª Turma, j. 08.03.2005, *DJ* 16.05.2005, p. 273).

poral deste fato, que antes, ou independentemente deste registro, não se poderia considerar ainda "ocorrido".

No que tange ao IBS e à CBS, esta lei não define quando se considera ingressado no território nacional o produto, mas a circunstância de que as alíquotas de tais tributos não são flexíveis como as do imposto de importação talvez faça com que o tema suscite menos controvérsias. E, de mais a mais, a tendência é que se siga o entendimento já firmado quanto ao imposto de importação, de resto aplicável também ao ICMS, ao IPI, e ao PIS e à Cofins já incidentes na importação, e que estão sendo sucedidos pelo IVA-Dual.

Quanto ao extravio, é de validade duvidosa a disposição segundo a qual se presume ocorrido o fato gerador quando os bens "constem como tendo sido importados e cujo extravio venha a ser apurado pela autoridade aduaneira". Se o extravio se deu antes de seu efetivo desembaraço aduaneiro, o fato gerador sequer se completa, não sendo razoável exigir o tributo sobre ele incidente. A menos que o extravio se dê depois de desembaraçado o produto e pago o tributo. Do contrário, se o extravio se dá antes da chegada do produto ao país, ou depois de sua chegada, mas antes do desembaraço, não há sequer importação que sirva de fato gerador. Pau que bate em Chico bate em Francisco, então o fato gerador do imposto não pode ser ora o registro da DI, ora a mera entrada do navio em águas brasileiras, ou, pior, a mera celebração de contrato com fornecedor internacional, a depender de qual desses entendimentos seja mais favorável ao Fisco.

Do mesmo modo que uma remessa postal ou uma mala extraviadas não reclamam a cobrança do imposto incidente na importação, a mesma lógica se aplica a uma importação pelos meios ordinários, do sistema de comércio exterior, caso extraviada antes de ser entregue ao importador.

Art. 66. Não constituem fatos geradores do IBS e da CBS sobre a importação os bens materiais:

I – que retornem ao País nas seguintes hipóteses:

a) enviados em consignação e não vendidos no prazo autorizado;

b) devolvidos por motivo de defeito técnico, para reparo ou para substituição;

c) por motivo de modificações na sistemática de importação por parte do país importador;

d) por motivo de guerra ou de calamidade pública; ou

e) por outros fatores alheios à vontade do exportador;

II – que, corretamente descritos nos documentos de transporte, cheguem ao País por erro inequívoco ou comprovado de expedição e que sejam redestinados ou devolvidos para o exterior;

III – que sejam idênticos, em igual quantidade e valor, e que se destinem à reposição de outros anteriormente importados que se tenham revelado, após sua liberação pela autoridade aduaneira, defeituosos ou imprestáveis para o fim a que se destinavam, nos termos do regulamento;

IV – que tenham sido objeto de pena de perdimento antes de sua liberação pela autoridade aduaneira;

V – que tenham sido devolvidos para o exterior antes do registro da declaração de importação;

VI – que sejam considerados como pescado capturado fora das águas territoriais do País por empresa localizada no seu território, desde que satisfeitas as exigências que regulam a atividade pesqueira;

TÍTULO I – DAS NORMAS GERAIS DO IBS E DA CBS   Art. 66

> VII – aos quais tenha sido aplicado o regime de exportação temporária;
> VIII – que estejam em trânsito aduaneiro de passagem, acidentalmente destruídos; e
> IX – que tenham sido destruídos sob controle aduaneiro, sem ônus para o poder público, antes de sua liberação pela autoridade aduaneira.

 COMENTÁRIOS

As hipóteses de não incidência, a rigor, são todas aquelas que não se enquadram nas hipóteses de incidência, e, nessa condição, não precisam ser descritas na lei. Aliás, seria impossível à lei definir todas as hipóteses de não incidência, pois seriam todos os fatos do universo, atuais e futuros, desde que não encaixados nas hipóteses de incidência. Basta, portanto, definir estas últimas, que as primeiras se encontram por exclusão.

Essa ideia, por certo, é posta em risco pela desastrada definição de serviço constante do art. 4º desta lei. Tudo o que não for operação com bem será, por exclusão, operação de prestação de serviço. Até escrever livros sobre a reforma tributária, coçar a cabeça ou ouvir música. O absurdo da conclusão, contudo, revela que o art. 4º deve ser visto com temperamentos, e conciliado com outros artigos desta mesma lei complementar, a exemplo do que define os contribuintes do IBS e da CBS, já comentados, e destes, do qual o ora comentado é exemplo, que cuidam das hipóteses de não incidência.

Há, ainda, as situações nas quais a lei elenca hipóteses como sendo de não incidência, mas se trata na verdade de isenção. O critério, para diferenciar umas e outras, não é o nome utilizado pelo legislador, mas o raciocínio a partir da exclusão do texto correspondente. Se não fosse esse dispositivo legal, afirmando a não incidência, o tributo incidiria? Se a resposta for sim, trata-se de uma isenção impropriamente chamada de não incidência. Se a resposta for não, trata-se de não incidência apenas ali explicitada.

As explicitações das hipóteses de não incidência, aliás, são excelentes mecanismos ou instrumentos para que se compreendam melhor, por exclusão, as próprias hipóteses de incidência.

É o que se dá no caso. Bens que retornam ao país pelos motivos indicados no inciso I do artigo em comento, vale dizer, enviados em consignação e devolvidos, ou devolvidos por defeito, ou por óbices burocráticos impostos pelo país exportador, guerra, ou qualquer outro fato alheio à vontade do exportador, não configuram importações. São o desfazimento de uma exportação, em explicitação que deveria ser desnecessária não fosse a maneira como a Fazenda costuma proceder em situações assim. De fato, embora o literalismo divorciado de considerações a fins, espírito e propósitos sirva ao contribuinte que faz planejamentos tributários abusivos, e neste caso o Fisco invoca a necessidade de se considerar a substância, quando a situação se inverte, e o literalismo serve à cobrança de tributos, o Fisco se aferra a ele e exige o tributo mesmo que isso contrarie por completo os fins e os propósitos da norma de tributação. Daí a importância de esclarecimentos como o do artigo em exame, sem os quais autoridades talvez pretendessem tributar a devolução de mercadorias exportadas, como se importações fossem.

No caso de bens destruídos antes do desembaraço ou devolvidos ao exterior antes do registro da DI (que é o momento de consumação do fato gerador), o fato gerador não se chega a consumar. O mesmo se dá quando decretada a pena de perdimento antes da liberação. O fato não acontece. Daí o esclarecimento de que se trata de hipótese de não incidência.

Quanto ao pescado capturado fora das águas territoriais por empresa localizada no território do Brasil, tampouco há importação, pois o pescado, nessa condição, não foi adquirido de um exportador estrangeiro, não houve operação econômica subjacente à entrada dele no país.

Quanto aos destinados a repor itens anteriormente importados e que se mostraram defeituosos, trata-se por igual de operação sem substância econômica. Sua substância é a da operação anterior, cujos bens eram imprestáveis – sem valor econômico, conquanto se tenha pagado por eles – e por isso estão sendo substituídos. Trata-se de uma segunda remessa, de valor zero, para repor remessa anterior, de valor positivo e já tributado, mas cujos bens se apurou não valerem nada. Daí a não incidência, seja porque não se trata de operação de importação, seja à míngua de base de cálculo, seja porque, se base de cálculo houvesse, o valor assim devido seria neutralizado pelo indevidamente pago na importação anterior.

Subseção II
Do Momento da Apuração

Art. 67. Para efeitos de cálculo do IBS e da CBS, considera-se ocorrido o fato gerador do IBS e da CBS na importação de bens materiais:

I – na liberação dos bens submetidos a despacho para consumo;

II – na liberação dos bens submetidos ao regime aduaneiro especial de admissão temporária para utilização econômica;

III – no lançamento do correspondente crédito tributário, quando se tratar de:

a) bens compreendidos no conceito de bagagem, acompanhada ou desacompanhada;

b) bens constantes de manifesto ou de outras declarações de efeito equivalente, cujo extravio tenha sido verificado pela autoridade aduaneira; ou

c) bens importados que não tenham sido objeto de declaração de importação.

§ 1º Para efeitos do inciso I do *caput* deste artigo, entende-se por despacho para consumo na importação o despacho aduaneiro a que são submetidos os bens importados a título definitivo.

§ 2º O disposto no inciso I do *caput* deste artigo aplica-se, inclusive, no caso de despacho para consumo de bens sob regime suspensivo de tributação e de bens contidos em remessa internacional ou conduzidos por viajante, sujeitos ao regime de tributação comum.

COMENTÁRIOS

Cuida-se aqui do aspecto dimensível do fato gerador do IBS e da CBS incidentes sobre a importação.

No inciso III, há uma evidente impropriedade. O fato gerador não pode ser considerado como ocorrendo no momento do lançamento. Este tem caráter declaratório da obrigação, não sendo admissível que somente com ele a própria obrigação lançada tenha nascido. Do contrário, no aludido lançamento não se poderiam exigir multas, nem juros: afinal, só com ele o tributo se fez devido, não se podendo falar assim em mora, atraso ou omissão (em declarações ou em recolhimentos anteriores).

O mesmo se pode dizer dos incisos I e II. A liberação dos bens, seja para consumo, seja para admissão temporária, dá-se depois do registro da importação, depois da entrada dos bens no país, e nessa condição o fato gerador do tributo, temporalmente, lhes antecede.

TÍTULO I – DAS NORMAS GERAIS DO IBS E DA CBS   Art. 69

Subseção III
Do Local da Importação de Bens Materiais

> **Art. 68.** Para efeitos do IBS e da CBS incidentes sobre as importações de bens materiais, o local da importação de bens materiais corresponde ao:
>
> I – local da entrega dos bens ao destinatário final, nos termos do art. 11 desta Lei Complementar, inclusive na remessa internacional;
>
> II – domicílio principal do adquirente de mercadoria entrepostada; ou
>
> III – local onde ficou caracterizado o extravio.

 COMENTÁRIOS

Tem-se, agora, disposição alusiva ao aspecto espacial da hipótese de incidência do IVA-Dual, ou do local em que se considera ocorrido o fato gerador da respectiva obrigação. A definição do local é de suma importância, pois ele determinará a qual Estado-membro, e Município, ou se ao Distrito Federal, será devido o IBS. Para a CBS não faria diferença, dada a sua destinação à União.

Considera-se havido o fato gerador, e nessa condição devido o imposto, no local onde efetuada a entrega do bem material ao seu destinatário. Como se trata de bem material, com existência corpórea, não importa onde está a pessoa que pagou pelo bem, que eventualmente pode ser outra, ou ter mais de um domicílio, sendo relevante saber onde ele foi entregue. No caso de mercadoria entrepostada, vale dizer, situada em entreposto aduaneiro (já no país, mas ainda não desembaraçada), se quem a adquire possui mais de um domicílio, considera-se local da ocorrência do fato gerador o domicílio principal, assim entendido aquele para esse fim identificado em seu cadastro junto à Administração Tributária.

Se se trata de mercadoria extraviada, como já comentado em artigo anterior, o imposto não é sequer devido, se o extravio se dá antes da consumação da importação. Mas se ocorre entre o desembaraço e a efetiva entrega ao importador, o fato se considera ocorrido no local do extravio. Saliente-se, contudo, que, no caso de bagagens ou de importação por via postal, o imposto não se faz devido.

Subseção IV
Da Base de Cálculo

> **Art. 69.** A base de cálculo do IBS e da CBS na importação de bens materiais é o valor aduaneiro acrescido de:
>
> I – Imposto sobre a Importação;
>
> II – Imposto Seletivo (IS);
>
> III – taxa de utilização do Sistema Integrado do Comércio Exterior (Siscomex);
>
> IV – Adicional ao Frete para a Renovação da Marinha Mercante (AFRMM);
>
> V – Contribuição de Intervenção no Domínio Econômico incidente sobre a importação e a comercialização de petróleo e seus derivados, gás natural e seus derivados, e álcool etílico combustível (Cide-Combustíveis);
>
> VI – direitos *antidumping*;
>
> VII – direitos compensatórios;

Art. 70

VIII – medidas de salvaguarda; e

IX – quaisquer outros impostos, taxas, contribuições ou direitos incidentes sobre os bens importados até a sua liberação.

§ 1º A base de cálculo do IBS e da CBS na hipótese de que trata o § 2º do art. 71 desta Lei Complementar será o valor que servir ou que serviria de base para o cálculo do Imposto de Importação acrescido dos valores de que tratam o *caput*, ressalvado o disposto no § 2º deste artigo.

§ 2º Não compõem a base de cálculo do IBS e da CBS:

I – O Imposto sobre Produtos Industrializados (IPI), previsto no inciso IV do *caput* do art. 153 da Constituição Federal;

II – o Imposto sobre operações relativas à Circulação de Mercadorias e sobre prestações de Serviços de Transporte Interestadual e Intermunicipal e de Comunicação (ICMS), previsto no inciso II do *caput* do art. 155 da Constituição Federal; e

III – o Imposto sobre Serviços de Qualquer Natureza (ISS), previsto no inciso III do *caput* do art. 156 da Constituição Federal.

 COMENTÁRIOS

A base de cálculo, ou base imponível, já se disse em comentário anterior, deve ser necessariamente o aspecto dimensível da hipótese de incidência, ou, em termos mais simples, ela deve corresponder ao fato gerador transformado em moeda. Se o fato gerador é uma operação de importação com bem ou serviço, sua base de cálculo há de ser o valor dessa operação.

No caso da importação, ao valor do preço pago pelo bem ou pelo serviço, pelo importador situado no país, contribuinte do IBS, e da CBS, deve-se acrescer todos os ônus incidentes sobre essa operação, tributários ou não, pois eles são custo dessa importação, agregando-se ao preço do bem ou do serviço importado. Excluem-se apenas ICMS, ISS e IPI, porque substituídos pelo IBS e CBS. Serão exigidos por valores paulatinamente menores, até serem inteiramente sucedidos pelo IVA-Dual, pelo que não faria sentido uns incidirem sobre os outros. Seria como se o IVA-Dual neste caso estivesse integrando sua própria base de cálculo.

Art. 70. Para efeitos de apuração da base de cálculo, os valores expressos em moeda estrangeira deverão ser convertidos em moeda nacional pela taxa de câmbio utilizada para cálculo do Imposto sobre a Importação, sem qualquer ajuste posterior decorrente de eventual variação cambial.

Parágrafo único. Na hipótese de não ser devido o Imposto sobre a Importação, deverá ser utilizada a taxa de câmbio que seria empregada caso houvesse tributação.

 COMENTÁRIOS

Assim como no caso das isenções para bagagens e remessas postais, atrela-se o IBS e a CBS, no que tange à importação de bens materiais, ao regime aplicável ao imposto de importação. Como se trata de parâmetro apenas para a identificação da taxa de câmbio, deve ser usado mesmo que, no caso específico, o imposto de importação não seja devido (*v.g.*, por conta de alguma isenção ou alíquota zero): deve-se adotar o câmbio que seria usado para o cálculo do imposto de importação, se devido ele fosse.

A grande vantagem disto é a simplificação, decorrente da unidade de regimes. Quanto ao câmbio, deve-se seguir o CTN, e adotar aquele vigente na data da ocorrência do fato gerador.

TÍTULO I – DAS NORMAS GERAIS DO IBS E DA CBS | Art. 72

Subseção V
Da Alíquota

Art. 71. As alíquotas do IBS e da CBS incidentes sobre cada importação de bem material são as mesmas incidentes sobre a aquisição do respectivo bem no País, observadas as disposições próprias relativas à fixação das alíquotas nas importações de bens sujeitos aos regimes específicos de tributação.

§ 1º Para fins da determinação das alíquotas estadual, distrital e municipal do IBS, o destino da operação é o local da importação, definido nos termos do art. 68 desta Lei Complementar.

§ 2º Na impossibilidade de identificação do bem material importado, em razão de seu extravio ou consumo, e de descrição genérica nos documentos comerciais e de transporte disponíveis, serão aplicadas, para fins de determinação do IBS e da CBS incidentes na importação, as alíquotas-padrão do destino da operação.

 COMENTÁRIOS

Seja por conta da propalada neutralidade do tributo, seja por força de compromissos internacionais firmados pela República Federativa do Brasil, os quais não raro preveem a necessidade de se dar ao produto nacional, e ao importado de países signatários (*v.g.*, do Mercosul), o mesmo tratamento tributário *no que tange aos tributos internos*, a alíquota aplicável às importações deve ser a mesma aplicável às operações internas com produtos equivalentes.

Conforme comentado no artigo dedicado ao local da ocorrência do fato gerador (art. 68), é ele que determina o Estado e o Município ao qual é devido o IBS e, nessa condição, quais alíquotas (estadual e municipal) serão utilizadas para o seu cálculo.

Subseção VI
Da Sujeição Passiva

Art. 72. É contribuinte do IBS e da CBS na importação de bens materiais:

I – o importador, assim considerado qualquer pessoa ou entidade sem personalidade jurídica que promova a entrada de bens materiais de procedência estrangeira no território nacional; e

II – o adquirente de mercadoria entrepostada.

Parágrafo único. Na importação por conta e ordem de terceiro, quem promove a entrada de bens materiais de procedência estrangeira no território nacional é o adquirente dos bens no exterior.

 COMENTÁRIOS

Contribuinte, por força de compreensão das regras de competência, e do princípio da capacidade contributiva, não é figura de livre determinação por parte do legislador. Trata-se, sempre, como de modo didático esclarece o art. 121, parágrafo único, I, do CTN, da pessoa que tem relação pessoal e direta com o fato gerador. Ou, em termos mais simples: é a pessoa que pratica o fato gerador. Daí por que o artigo em comento o define como sendo o importador, assim entendido quem realiza a operação de importação, ou aquele em nome de quem ela é realizada, ou o adquirente da mercadoria situada em entreposto aduaneiro, ou seja, já fisicamente no país, mas aguardando desembaraço, o que ocorre quando adquirida pela pessoa indicada no inciso II.

> **Art. 73.** É responsável pelo IBS e pela CBS na importação de bens materiais, em substituição ao contribuinte:
>
> I – o transportador, em relação aos bens procedentes do exterior, ou sob controle aduaneiro, que transportar, quando constatado o extravio até a conclusão da descarga dos bens no local ou recinto alfandegado;
>
> II – o depositário, em relação aos bens procedentes do exterior que se encontrarem sob controle aduaneiro e sob sua custódia, quando constatado o extravio após a conclusão da descarga no local ou recinto alfandegado;
>
> III – o beneficiário de regime aduaneiro especial que não tiver promovido a entrada dos bens estrangeiros no território nacional; e
>
> IV – o beneficiário que der causa ao descumprimento de aplicação de regime aduaneiro suspensivo destinado à industrialização para exportação, no caso de admissão de mercadoria no regime por outro beneficiário, mediante sua anuência, com vistas à execução de etapa da cadeia industrial do produto a ser exportado.

COMENTÁRIOS

Responsável tributário é aquele que, sem ser contribuinte, figura como devedor da obrigação tributária por expressa disposição de lei. Não basta, contudo, que a lei assim disponha: é preciso que o responsável tenha alguma vinculação com o fato gerador, que lhe permita, antes ou depois de pagar o tributo em seu lugar, providenciar para que o ônus correspondente recaia sobre o contribuinte, que foi quem deu causa ao nascimento da obrigação, praticando o fato gerador e assim revelando capacidade econômica para contribuir.

Um oficial de cartório, por exemplo, tem a oportunidade de exigir que o imposto incidente sobre a transmissão de um imóvel, que se opera perante seu ofício, seja recolhido por seu contribuinte. Não o fazendo, pode, depois, ter de responder por esse tributo (CTN, art. 134, VI). Uma fonte pagadora de rendimentos, antes mesmo de ter de responder pelo imposto incidente sobre tais rendimentos, que tem o beneficiário, que os aufere, como contribuinte, tem oportunidade de reter, sobre os rendimentos brutos que paga, o montante do tributo, entregando ao contribuinte apenas a quantia líquida.

No caso deste artigo, todas as pessoas indicadas têm alguma vinculação com o fato gerador da obrigação tributária. Transportador e depositário, por exemplo, em relação a bens oriundos do exterior, já chegados no país, e extraviados antes da conclusão do desembaraço, têm vinculação com o fato, que é a importação, e neste caso pressupõe-se que foram eles que deram causa, ainda que culposamente, ao extravio, e se a mercadoria se extraviou já no país, entrou no mercado interno sem o pagamento dos tributos devidos, que assim recaem sobre o responsável. Não se trata, no caso, de este fazer o ônus recair sobre o contribuinte, quem nem receberá as mercadorias que importou, mas de responder por ter, de fato, dado ingresso das mercadorias no país, permitindo que, já tendo ingressado em seu território, se extraviassem. Daí por que o artigo se reporta a uma responsabilidade "em substituição" ao contribuinte, que desocupa o polo passivo. O mesmo, analogamente, se dá com o beneficiário do regime aduaneiro especial que não formaliza a entrada dos bens em território nacional, e a quem provoca o descumprimento de regime suspensivo destinado à industrialização e reexportação (*drawback*), quando quem importa é uma pessoa, mas quem deve industrializar e reexportar é outra, e o descumprimento das condições para gozo do benefício se dá por essa outra.

TÍTULO I – DAS NORMAS GERAIS DO IBS E DA CBS   Art. 74

Como o artigo expressamente sugere, a responsabilidade por substituição, no caso, exclui o contribuinte do polo passivo da obrigação, nas hipóteses que indica.

> **Art. 74.** É responsável solidário pelo IBS e pela CBS na importação de bens materiais:
>
> I – a pessoa que registra, em seu nome, a declaração de importação de bens de procedência estrangeira adquiridos no exterior por outra pessoa;
>
> II – o encomendante predeterminado que adquire bens de procedência estrangeira de pessoa jurídica importadora;
>
> III – o representante, no País, do transportador estrangeiro;
>
> IV – o expedidor, o operador de transporte multimodal ou qualquer subcontratado para a realização do transporte multimodal; e
>
> V – o tomador de serviço ou o contratante de afretamento de embarcação ou aeronave, em contrato internacional, em relação aos bens admitidos em regime aduaneiro especial por terceiro.

 COMENTÁRIOS

Diversamente do artigo anterior, que cuida de responsáveis que substituem o contribuinte e, nessa condição, excluem a responsabilidade deste, que deixa de ocupar o polo passivo da relação obrigacional, o presente artigo cuida de situações nas quais o terceiro, responsável, ocupa o polo passivo conjuntamente com o contribuinte, havendo solidariedade entre ambos.

A pessoa que registra em nome próprio a declaração de importação de bens adquiridos por terceiro, ou seja, faz importação por conta e ordem de terceiro, é responsável tributária pelos tributos incidentes na operação, da qual o contribuinte é o importador, vale dizer, aquele em nome e por conta de quem o terceiro fez a importação (art. 72, parágrafo único, *supra*).

Quando uma pessoa jurídica importadora procede a importação de um bem que foi previamente encomendado por um terceiro, este, o terceiro, é por igual responsável solidário. Imagine-se, por exemplo, que uma pessoa encomenda um carro, ainda inexistente no país, e inclusive paga um "sinal". A importadora, então, efetua a importação, para posterior conclusão do negócio, pagamento do restante do preço e entrega do bem a quem o encomendou. Responde pelo IBS e pela CBS incidentes na importação, no caso, o encomendante, solidariamente com o importador.

Transportadores estrangeiros geralmente têm filiais, estabelecimentos permanentes ou, quando não, pelo menos representantes no país, que têm seus serviços como destino e, nessa condição, precisam de um ponto de contato com clientes e parceiros. Caso devido o IBS e a CBS na importação, e o transportador figure como responsável (*v.g.*, em substituição ao contribuinte, em razão da incidência de norma contida no artigo anterior), seu representante no país o será por igual, solidariamente com ele.

No caso de transporte multimodal, assim entendido aquele que se utiliza de diferentes meios de transporte, com a contratação do serviço como um todo seguida de diversas subcontratações, todos são colocados como responsáveis solidários, o que pode ser questionado, por eventual falta de vinculação ao fato que motiva a obrigação. Suponha-se que uma pessoa situada no interior do país contrata o transporte de uma mercadoria oriunda da China, e que de sua origem virá primeiro de navio, que a desembarcará em um porto, e que depois seguirá de caminhão, efetuando um só contrato com um prestador do serviço multimodal, que em seguida subcontrata com a empresa aérea e com outra de transporte terrestre.

Nesta hipótese, não será legítimo responsabilizar a empresa aérea, que fez a primeira etapa do transporte e nenhuma falta cometeu, se a mercadoria se extravia e o IBS e a CBS se fazem devidos quando da etapa seguinte, terrestre, por omissão ou falha da empresa que efetua o transporte por caminhão (ou por balsa ou barco, se necessário transpor algum rio e essa modalidade de transporte for por igual incluída no contrato multimodal).

> **Art. 75.** Os sujeitos passivos a que se referem os arts. 72 a 74 desta Lei Complementar devem se inscrever para cumprimento das obrigações relativas ao IBS e à CBS sobre importações, nos termos do regulamento.

 COMENTÁRIOS

Diante da possibilidade de serem responsáveis tributários pelo IBS e pela CBS, em substituição ao contribuinte ou solidariamente com este, todas as pessoas indicadas nos artigos anteriores se devem inscrever junto à Administração Tributária, seja pela possibilidade de terem de adimplir a obrigação principal alusiva ao IVA-Dual, seja para que se viabilize o controle do cumprimento de eventuais obrigações acessórias. E, como se trata, tanto a inscrição como outras obrigações acessórias que daí decorram, de matéria passível de regulação por norma infralegal, delega-se, neste caso validamente, o trato do assunto ao regulamento[47].

---

[47] De acordo com o art. 113, § 2º, do CTN, a obrigação tributária acessória (que consiste sempre numa obrigação de fazer, não fazer ou tolerar) pode decorrer da legislação tributária, conceito que, como se sabe, a teor do art. 96 do CTN, abrange não apenas as leis, mas também atos infralegais, tais como decretos, portarias, instruções normativas etc. Assim, a teor do que dispõe esse artigo, e ainda o art. 97 do CTN (que reserva à lei apenas a fixação das penalidades pelo descumprimento das obrigações acessórias), as obrigações acessórias poderiam ser previstas em atos infralegais, e não necessariamente em lei. Hugo de Brito Machado sustenta esse entendimento. Demonstra que as obrigações acessórias devem ser meros deveres instrumentais, adequados, necessários e não excessivos para que se afira se as obrigações principais – estas sim previstas em lei – estão sendo cumpridas. A multa pelo descumprimento de uma obrigação acessória deve estar prevista em lei, mas não a própria obrigação acessória. E cita o seguinte exemplo: "A lei institui a obrigação de pagar Imposto de Renda, para quem auferir rendimentos superiores a certo montante durante o ano. É evidente que o regulamento pode estabelecer para tais pessoas a obrigação de declarar os rendimentos auferidos. Essa obrigação de declarar é instrumental. Sem ela não haveria como tornar efetiva a obrigação de pagar o imposto. É instituída *para fiel execução da lei*" (MACHADO, Hugo de Brito. *Comentários ao Código Tributário Nacional*. São Paulo: Atlas, 2004, v. 2, p. 305). Poderíamos citar como exemplo as infrações de trânsito. A lei deve estipular quais condutas configuram infração, e, ao fazê-lo, pode determinar que trafegar na "contramão" é motivo para a aplicação de determinada penalidade. A lei não especificará, contudo, o sentido de "mão" e "contramão" de cada uma das vias do país. Esse papel, meramente instrumental, cabe às normas infralegais. Da mesma forma, a lei tributária pode cuidar da obrigação de documentar as operações tributáveis, impondo penalidades para quem não o fizer, mas não precisa descer às minúcias e especificar quais documentos devem ser emitidos, dispondo sobre suas dimensões, cores, números de vias etc. Na jurisprudência, há acórdãos do STJ que, acolhendo expressamente a doutrina de Hugo de Brito Machado, afirmam a validade da instituição de obrigações acessórias pela legislação tributária: "pode o Estado criar obrigação acessória, com o fim de exercer suas funções de controle e fiscalização, ainda que por mero ato administrativo, como é a portaria, já que o CTN se refere à 'legislação tributária', e não à lei. A propósito, ensina Hugo de Brito Machado: 'Nos termos do Código Tributário Nacional esse fato gerador pode ser definido pela *legislação*, e não apenas pela lei' (*Curso de Direito Tributário*, 23. ed., São Paulo, Malheiros, 2003, p. 125)" (STJ, RMS 17.940/MT, rel. Min. Castro Meira, 2ª Turma, j. 10.08.2004, *DJ* 20.09.2004, p. 215). A transcrição é de trecho do voto do ministro relator. No mesmo sentido, quando do julgamento do REsp 507.467/PR (e do agravo regimental e dos embargos declaratórios que o sucederam), o STJ consignou que, estando a penalidade prevista em lei, as formalidades a serem cumpridas (sob pena de aplicação da dita penalidade) podem

TÍTULO I – DAS NORMAS GERAIS DO IBS E DA CBS   Art. 76

Subseção VII
Do Pagamento

> **Art. 76.** O IBS e a CBS devidos na importação de bens materiais deverão ser pagos até a entrega dos bens submetidos a despacho para consumo, ainda que esta ocorra antes da liberação dos bens pela autoridade aduaneira.
>
> § 1º O sujeito passivo poderá optar por antecipar o pagamento do IBS e da CBS para o momento do registro da declaração de importação.
>
> § 2º Eventual diferença de tributos gerada pela antecipação do pagamento será cobrada do sujeito passivo na data de ocorrência do fato gerador para efeitos de cálculo do IBS e da CBS, sem a incidência de acréscimos moratórios.
>
> § 3º O regulamento poderá estabelecer hipóteses em que o pagamento do IBS e da CBS possa ocorrer em momento posterior ao definido no *caput* deste artigo, para os sujeitos passivos certificados no Programa Brasileiro de Operador Econômico Autorizado (Programa OEA) estabelecido na forma da legislação específica.
>
> § 4º O pagamento do IBS e da CBS é condição para a entrega dos bens, observado o disposto no § 3º deste artigo.
>
> § 5º O IBS e a CBS devidos na importação serão extintos exclusivamente mediante recolhimento pelo sujeito passivo.

 COMENTÁRIOS

O artigo estabelece que o IBS e a CBS devem ser pagos até a entrega dos bens destinados ao consumo, mesmo que esta ocorra antes da liberação pela autoridade. Em outras palavras, o pagamento deve ocorrer com a liberação, ou com a entrega, o que ocorrer primeiro. Embora o tributo se faça devido com a entrega ou com a liberação, o sujeito passivo pode pagá-lo antes, quando do registro da DI, para agilizar o procedimento. Se da antecipação houve acréscimo – porque, *v.g.*, o câmbio mudou da data da antecipação até a data em que o tributo efetivamente seria devido –, esta diferença poderá ser paga sem acréscimos. Nota do ranço fiscalista subjacente à redação desta lei é a ausência de qualquer previsão para a hipótese de, com a antecipação, haver diferença a *restituir*, e não a pagar a mais, o que por igual deveria ensejar o ajuste e, portanto, a restituição ao contribuinte da diferença eventualmente paga a maior.

O § 4º reafirma a prática de uma sanção política, ofensiva ao entendimento subjacente à Súmula 323 do STF, mas que foi chancelada pela própria Corte Maior, que criou um jogo de palavras para diferenciar "apreensão de mercadorias como meio coercitivo de cobrança de tributo" de "retenção de mercadoria até que aconteça o pagamento", como se fossem coisas diferentes.

Na verdade, é lícito condicionar a liberação do bem ao pagamento do tributo, na importação, *desde que não haja controvérsia quanto ao valor devido*. Em havendo discussão quanto

---

ser disciplinadas em ato infralegal. Entendeu-se, na oportunidade, que "a entrega intempestiva da DCTF implica multa legalmente prevista, por isso que o Decreto-Lei 2.065/1983 assim assentou: 'Art. 11. A pessoa física ou jurídica é obrigada a informar à Secretaria da Receita Federal os rendimentos que, por si ou como representante de terceiros, pagar ou creditar no ano anterior, bem como o Imposto de Renda que tenha retido'. [...] A Instrução Normativa 73/1996 estabelece apenas os regramentos administrativos para a apresentação das DCTFs, revelando-se perfeitamente legítima a exigibilidade da obrigação acessória, não havendo que se falar em violação ao princípio da legalidade" (STJ, EDcl nos EDcl no AgRg no REsp 507.467/PR, rel. Min. Luiz Fux, 1ª Turma. j. 05.05.2005, *DJ* 20.06.2005, p. 126).

ao valor efetivamente devido, tendo o contribuinte questionado a exigência, a "retenção" da mercadoria funciona como instrumento cerceador do direito de defesa, e da própria possibilidade de se submeter o lançamento a um controle de sua legalidade, impondo ao sujeito passivo a odiosa prática do *solve et repete*, vale dizer, tem de pagar para depois pedir a restituição.

Finalmente, o § 5º tem uma clara impropriedade, fruto do ranço fiscalista presente na redação do texto. Não se pode estabelecer, juridicamente, que a única causa de extinção do crédito tributário alusivo ao IBS e à CBS é o recolhimento pelo sujeito passivo. Existem todas as outras causas de extinção previstas no art. 156 do Código Tributário Nacional, além da possibilidade de o recolhimento ser efetuado por outra pessoa, por qualquer razão, o que pode ser improvável, mas não é impossível, e ninguém diria, neste caso, que o tributo segue devido pelo sujeito passivo apenas porque pago por quem não teria a obrigação legal de fazê-lo.

Caso o sujeito passivo questione judicialmente a incidência do IBS e da CBS, a dívida, decorrente de eventual lançamento, poderá ser extinta por decisão judicial. Imagine-se, por hipótese, que uma entidade sem fins lucrativos, ou um partido político, ou uma igreja, faz uma importação, e o Fisco exige o IBS e a CBS apesar da imunidade tributária concedida a essas entidades pelo art. 150, VI, *b* e *c*, da CF/1988. Caso estas submetam a discussão ao Judiciário e ganhem, ter-se-á "desmentido" o § 5º deste artigo. O mesmo ocorrerá nas hipóteses de decadência ou prescrição, por exemplo.

> **Art. 77.** As diferenças percentuais de bens a granel que, por sua natureza ou condições de manuseio, estejam sujeitos a quebra, a decréscimo ou a acréscimo, apuradas pela autoridade aduaneira, não serão consideradas para efeito de exigência do IBS e da CBS, até o limite percentual a ser definido no regulamento, o qual poderá ser diferenciado por tipo de bem.

COMENTÁRIOS

O artigo esclarece a necessidade de se levarem a efeito as diferenças percentuais de bens a granel, sujeitos a quebra, decréscimo ou acréscimo. Diz-se "a granel" a venda de bens em grande quantidade, não embalados individualmente. Não há, portanto, garrafas de um litro contendo determinado líquido, ou latas de um quilo contendo determinado cereal. A grande quantidade, e a falta de embalagens individualizadas, faz com que pequenas variações possam ocorrer. Grãos de café, ou de milho, por exemplo, podem se quebrar, resultando em carga recebida com quantidade inferior de grãos. Do mesmo modo, a umidade presente no grão pode evaporar, ou elevar-se, com a absorção de alguma quantidade de água, fazendo com que seu peso varie. Há limites aproximados dentro dos quais tais variações acontecem, os quais devem ser considerados para que as autoridades não criem problemas diante de possíveis (e aparentes) divergências entre as quantidades declaradas na documentação fiscal e aquelas verificadas em inspeção da carga recebida.

Subseção VIII
Da Não Cumulatividade

> **Art. 78.** Quando estiverem sujeitos ao regime regular do IBS e da CBS, os contribuintes de que trata o art. 72 e os adquirentes de bens tributados pelo regime de remessa internacional de que trata o art. 95 poderão apropriar e utilizar créditos correspondentes aos

TÍTULO I – DAS NORMAS GERAIS DO IBS E DA CBS | Art. 78

> valores do IBS e da CBS efetivamente pagos na importação de bens materiais, observado o disposto nos arts. 47 a 56 desta Lei Complementar.

 COMENTÁRIOS

A explicitação constante deste artigo deveria ser desnecessária, sendo certo que IBS e CBS são não cumulativos de modo amplo, admitindo-se a restrição ao creditamento apenas no que toca aos bens considerados como destinados ao uso ou ao consumo pessoal do contribuinte, não se relacionando, portanto, com a atividade empresarial tributada. Desse modo, obviamente, se o importador é contribuinte do IBS e da CBS por realizar operações com bens ou serviços no mercado brasileiro, terá direito ao crédito de tais tributos em relação a todas as operações de importação por eles alcançadas, ressalvadas apenas, como dito, as de bens ou serviços destinadas ao uso e consumo pessoal, as quais não gerariam direito a crédito independentemente de sua origem.

Em face dos princípios aos quais o Estado Brasileiro se vincula, não só pelo texto constitucional, mas pelos tratados internacionais que celebra, não seria mesmo válida uma disposição normativa que discriminasse bens importados, e bens nacionais, para que os segundos tivessem tratamento mais benéfico que os primeiros, em relação a IBS e CBS, que são tributos "internos". Tanto que o art. 71 impõe a aplicação, às importações, das mesmas alíquotas aplicáveis às operações internas para cada bem ou serviço. Igual equiparação se deve dar no que tange aos demais aspectos relevantes na determinação do montante devido, como é o caso dos créditos, da sistemática da não cumulatividade, e da aplicabilidade de eventuais benefícios ou reduções.

A esse respeito, pode ser o caso de se superar uma incoerência na qual há muitos anos a jurisprudência do Superior Tribunal de Justiça incorre, em matéria de PIS e Cofins incidentes na importação, sucedidos agora por CBS.

Com a aprovação da EC 42/2003 e da Lei 10.865/2004[48], foram instituídas novas hipóteses nas quais as contribuições do PIS e Cofins seriam devidas, a saber, na importação de bens e serviços do exterior (CF/1988, art. 195, IV[49]). Tal como, agora, CBS incidirá por igual nas importações (e nas operações internas).

Veja-se que as citadas contribuições passaram a ter como fato gerador, de maneira expressa, a importação, passando a ser denominadas, no vocabulário da prática tributária, de "PIS-Importação" e "Cofins-Importação". Assim como, aqui, tem-se um capítulo para regular o IBS e a CBS incidentes na importação.

Quando instituídas as aludidas exações, PIS e Cofins-Importação, os contribuintes que importavam produtos da Argentina, do Uruguai ou do Paraguai questionaram a validade de sua incidência sobre as operações que realizavam, com amparo nos arts. 2º e 3º do anexo do Decreto 550/1992[50] (Tratado de Assunção – Mercosul), os quais dispõem:

---

[48] BRASIL. *Lei 10.865, de 30 de abril de 2004*. Dispõe sobre a Contribuição para os Programas de Integração Social e de Formação do Patrimônio do Servidor Público e a Contribuição para o Financiamento da Seguridade Social incidentes sobre a importação de bens e serviços e dá outras providências. *Diário Oficial da República Federativa do Brasil – edição extra*, Brasília, DF, 30 abr. 2004. Disponível em: http://www.planalto.gov.br/ccivil_03/_ato2004-2006/2004/lei/L10.865compilado.htm. Acesso em: 12 dez. 2019.

[49] BRASIL. *Constituição Federal*. Brasília: Senado Federal, 1988. Disponível em: http://www.planalto.gov.br/ccivil_03/constituicao/constituiçao.htm. Acesso em: 19 dez. 2019.

[50] BRASIL. *Decreto 550, de 27 de maio de 1992*. Dispõe sobre a execução do Acordo de Alcance Parcial de Complementação Econômica 18, entre Brasil, Argentina, Paraguai e Uruguai. *Diário Oficial da República*

Art. 2º Os países signatários acordam eliminar, o mais tardar em 31 de dezembro de 1994, os gravames e demais restrições aplicadas ao seu comércio recíproco.

No que se refere às Listas de Exceções apresentadas pela República do Paraguai e pela República Oriental do Uruguai, o prazo para sua eliminação se estenderá até 31 de dezembro de 1995, nos termos do art. 8º do presente Acordo.

Art. 3º Para os efeitos do disposto no artigo anterior, se entenderá:

a) por "gravames", os direitos aduaneiros e quaisquer outras medidas de efeito equivalente, sejam de caráter fiscal, monetário, cambial ou de qualquer natureza, que incidam sobre o comércio exterior. Não estão compreendidas no mencionado conceito taxas e medidas análogas quando respondam ao custo aproximado dos serviços prestados; e

b) por "restrições", qualquer medida de caráter administrativo, financeiro, cambial ou de qualquer natureza, mediante a qual um país signatário impeça ou dificulte, por decisão unilateral, o comércio recíproco. Não estão compreendidas no mencionado conceito as medidas adotadas em virtude das situações previstas no art. 50 do Tratado de Montevidéu de 1980.

Observe-se que o tratado determina a eliminação de *quaisquer* medidas de efeito equivalente ao aduaneiro, sejam elas de caráter fiscal ou de qualquer outra natureza. Diante disso, e tendo em conta que PIS-Importação e Cofins-Importação configuram medidas de caráter tributário incidentes na importação, tendo inclusive a palavra "importação" em seu nome, os que importavam bens e serviços de países signatários do Mercosul tinham bons argumentos para questionar a cobrança de tais contribuições.

A Fazenda Nacional, porém, opôs-se à pretensão dos ditos importadores de produtos do Mercosul, sustentando que a Cofins e o PIS incidentes na importação seriam em verdade *o mesmo tributo* já incidente nas operações internas. PIS-Importação e Cofins-Importação, apesar do nome, não seriam tributos incidentes "na importação", mas tributos que onerariam normalmente também os produtos e operações internos. Assim como o IPI e o ICMS, impostos que oneram produtos nacionais e também importados, sendo cobrados destes últimos quando da importação, PIS e Cofins poderiam incidir nas importações, pois já incidiam nas operações internas. O importante era que o gravame fosse o mesmo. Afinal, a finalidade de sua incidência na importação seria apenas dar *igual tratamento* ao produto nacional e ao importado, equalizando-os, com prestígio ao art. 7º daquele mesmo Tratado de Assunção, que dispõe: "Em matéria de impostos, taxas e outros gravames internos, os produtos originários do território de um Estado-parte gozarão, nos outros Estados-partes, do mesmo tratamento que se aplique ao produto nacional".

A "equalização" do ônus entre produtos nacionais e importados, aliás, constou expressamente da exposição de motivos da Medida Provisória 164/2004[51], que originou a Lei 10.865/2004[52], diploma que institui as "contribuições-importação":

Federativa do Brasil, Brasília, DF, 29 maio 1992. Disponível em: http://www.planalto.gov.br/ccivil_03/decreto/Antigos/D0550.htm. Acesso em: 12 dez. 2019.

[51] BRASIL. *Medida Provisória 164, de 29 de janeiro de 2004*. Dispõe sobre a Contribuição para os Programas de Integração Social e de Formação do Patrimônio do Servidor Público e a Contribuição para o Financiamento da Seguridade Social incidentes sobre a importação de bens e serviços e dá outras providências. *Diário Oficial da República Federativa do Brasil*, Brasília, DF, 29 jan. 2004. Disponível em: http://www.planalto.gov.br/ccivil_03/_ato2004-2006/2004/Mpv/164.htm. Acesso em: 19 dez. 2019.

[52] BRASIL. *Lei 10.865, de 30 de abril de 2004*. Dispõe sobre a Contribuição para os Programas de Integração Social e de Formação do Patrimônio do Servidor Público e a Contribuição para o Financiamento da

TÍTULO I – DAS NORMAS GERAIS DO IBS E DA CBS • Art. 78

> As contribuições ora instituídas dão tratamento isonômico entre a tributação dos bens produzidos e serviços prestados no país, que sofrem a incidência da Contribuição para o PIS-Pasep e da Contribuição para o Financiamento da Seguridade Social (Cofins), e os bens e serviços importados de residentes ou domiciliados no exterior, que passam a ser tributados às mesmas alíquotas dessas contribuições.

Quanto ao uso da medida provisória enquanto espécie de ato normativo, afirmou-se o seguinte, na mesma exposição de motivos da MP 164/2004[53]:

> justifica-se a edição de Medida Provisória diante da relevância e urgência em equalizar, mediante tratamento tributário isonômico, principalmente após a instituição da Contribuição para o PIS/Pasep e da Cofins não cumulativa e da EC 42, de 2003, a tributação dos bens e serviços produzidos no país com os importados de residentes e domiciliados no exterior, sob pena de prejudicar a produção nacional, favorecendo as importações pela vantagem comparativa proporcionada pela não incidência hoje existente, prejudicando o nível de emprego e a geração de renda no país.

Por todas essas razões, o Superior Tribunal de Justiça negou razão aos contribuintes que importavam produtos de países signatários do Mercosul. Considerou que PIS e Cofins incidentes na importação seriam, em suma, *as mesmas* contribuições já incidentes internamente, que apenas seriam cobradas *também* de produtos importados, quando de seu ingresso no país, sem qualquer oneração adicional, com o mero propósito de *equalização* da carga. Afinal, a distinção entre produtos importados e nacionais, para fins tributários, pode ser feita apenas pelo imposto de importação, que o tratado já afasta, não sendo as contribuições em comento a ele equiparáveis. Julgando o REsp 1.002.069/CE[54], por exemplo, a 2ª Turma do Superior Tribunal de Justiça consignou que:

> O art. 7º do Tratado de Assunção, à semelhança do que ocorre no Tratado do Gatt, determina que, "em matéria de impostos, taxas e outros gravames internos, os produtos originários do território de um Estado-parte gozarão, nos outros Estados-partes, do mesmo tratamento que se aplique ao produto nacional".

> Assim, com "base no referido tratado, é válida a cobrança da Cofins e da contribuição ao PIS sobre o desembaraço de mercadoria importada de país integrante do Mercosul, quando não estiver o produto nacional também desonerado dessas contribuições"[55].

Seguridade Social incidentes sobre a importação de bens e serviços e dá outras providências. *Diário Oficial da República Federativa do Brasil – edição extra*, Brasília, DF, 30 abr. 2004. Disponível em: http://www.planalto.gov.br/ccivil_03/_ato2004-2006/2004/lei/L10.865compilado.htm. Acesso em: 12 dez. 2019.

[53] BRASIL. *Medida Provisória 164, de 29 de janeiro de 2004*. Dispõe sobre a Contribuição para os Programas de Integração Social e de Formação do Patrimônio do Servidor Público e a Contribuição para o Financiamento da Seguridade Social incidentes sobre a importação de bens e serviços e dá outras providências. *Diário Oficial da República Federativa do Brasil*, Brasília, DF, 29 jan. 2004. Disponível em: http://www.planalto.gov.br/ccivil_03/_ato2004-2006/2004/Mpv/164.htm. Acesso em: 19 dez. 2019.

[54] BRASIL. Superior Tribunal de Justiça. *Acórdão de decisão que afirmou válida a incidência de PIS e Cofins-Importação em operações oriundas de países signatários do Mercosul*. Recurso Especial 1.002.069/CE. Importadora Celi Ltda. e Fazenda Nacional. Relator: Ministro Castro Meira. 22 abr. 2008. Disponível em: http://www.stj.jus.br/SCON/jurisprudencia/toc.jsp?processo=1002069&&tipo_visualizacao=RESUMO&b=ACOR&thesaurus=JURIDICO&p=true. Acesso em: 19 dez. 2019.

[55] BRASIL. Superior Tribunal de Justiça. *Acórdão de decisão que afirmou válida a incidência de PIS e Cofins-Importação em operações oriundas de países signatários do Mercosul*. Recurso Especial 1.002.069/CE.

Art. 78

Sem discutir, aqui, o acerto da referida decisão, em si mesma considerada, o relevante é notar que, para ela, o Mercosul não traria uma desoneração geral e indiscriminada do PIS e da Cofins incidentes na importação oriunda de países signatários. Ao revés, o aludido Tratado implicaria apenas a necessidade de produtos nacionais e importados de países signatários *terem o mesmo tratamento quanto aos tributos incidentes internamente*. Se os nacionais pagam Cofins, os importados também devem pagar, e vice-versa, pelas mesmas alíquotas e nos mesmos termos.

É exatamente o que ocorre com CBS e IBS. Incidem na importação porque incidem também nas operações internas, sendo preciso tratar uns e outros de forma equivalente. Mas que isso seja lembrado quando, no plano interno, houver algum regime diferenciado de incidência da CBS e do IBS, pois, com a Cofins e o PIS, essa coerência não ocorreu.

Com efeito, editou-se, em 2010, legislação destinada a conceder tratamento diferenciado, no que tange ao PIS e à Cofins incidentes em operações internas com frango e milho. Estabelece a Lei 12.350/2010[56] que todas as operações com milho (destinado à alimentação de frangos) e com os próprios frangos não se submetem à incidência das citadas contribuições, que passam a ser objeto de uma "suspensão", a qual, por força do princípio da não cumulatividade, equivale a um diferimento do tributo, que passa a efetivamente onerar apenas a última operação realizada com tais produtos, quando da venda do frango ao consumidor final.

Assim, em virtude da suspensão, o milho adquirido – no Brasil – por produtores de frango passou a não mais ser onerado por PIS e Cofins. É o que consta do art. 54 da apontada lei:

> Art. 54. Fica suspenso o pagamento da Contribuição para o PIS/Pasep e da Cofins incidente sobre a receita bruta da venda, no mercado interno, de:
>
> I – insumos de origem vegetal, classificados nas posições 10.01 a 10.08, exceto os dos códigos 1006.20 e 1006.30, e nas posições 12.01, 23.04 e 23.06 da Nomenclatura Comum do Mercosul (NCM), quando efetuada por pessoa jurídica, inclusive cooperativa, vendidos: (...)
>
> b) para pessoas jurídicas que produzam preparações dos tipos utilizados na alimentação de animais vivos classificados nas posições 01.03 e 01.05, classificadas no código 2309.90 da NCM; e (...)

Importadora Celi Ltda. e Fazenda Nacional. Relator: Ministro Castro Meira. 22 abr. 2008. Disponível em: http://www.stj.jus.br/SCON/jurisprudencia/toc.jsp?processo=1002069&&tipo_visualizacao=RESUMO&b=ACOR&thesaurus=JURIDICO&p=true. Acesso em: 19 dez. 2019.

[56] BRASIL. *Lei 12.350, de 20 de dezembro de 2010*. Dispõe sobre medidas tributárias referentes à realização, no Brasil, da Copa das Confederações Fifa 2013 e da Copa do Mundo Fifa 2014; promove desoneração tributária de subvenções governamentais destinadas ao fomento das atividades de pesquisa tecnológica e desenvolvimento de inovação tecnológica nas empresas; altera as Leis 11.774, de 17 de setembro de 2008, 10.182, de 12 de fevereiro de 2001, 9.430, de 27 de dezembro de 1996, 7.713, de 22 de dezembro de 1988, 9.959, de 27 de janeiro de 2000, 10.887, de 18 de junho de 2004, 12.058, de 13 de outubro de 2009, 10.865, de 30 de abril de 2004, 10.931, de 2 de agosto de 2004, 12.024, de 27 de agosto de 2009, 9.504, de 30 de setembro de 1997, 10.996, de 15 de dezembro de 2004, 11.977, de 7 de julho de 2009, e 12.249, de 11 de junho de 2010, os Decretos-Leis 37, de 18 de novembro de 1966, e 1.455, de 7 de abril de 1976; revoga dispositivos das Leis 11.196, de 21 de novembro de 2005, 8.630, de 25 de fevereiro de 1993, 9.718, de 27 de novembro de 1998, e 10.833, de 29 de dezembro de 2003; e dá outras providências. *Diário Oficial da República Federativa do Brasil*, Brasília, DF, 21 dez. 2010. Disponível em: http://www.planalto.gov.br/ccivil_03/_ato2007-2010/2010/Lei/L12350.htm. Acesso em: 22 dez. 2019.

TÍTULO I – DAS NORMAS GERAIS DO IBS E DA CBS   Art. 78

As vendas de frango vivo efetuadas de produtores a revendedores, por igual, passaram a ser submetidas à suspensão, nos seguintes termos:

> Art. 54. Fica suspenso o pagamento da Contribuição para o PIS/Pasep e da Cofins incidente sobre a receita bruta da venda, no mercado interno, de: (...)
>
> III – animais vivos classificados nas posições 01.03 e 01.05 da NCM, quando efetuada por pessoa jurídica, inclusive cooperativa, vendidos para pessoas jurídicas que produzam mercadorias classificadas nos códigos 02.03, 0206.30.00, 0206.4, 02.07 e 0210.1 da NCM; (...)
>
> Parágrafo único. A suspensão de que trata este artigo:
>
> I – não alcança a receita bruta auferida nas vendas a varejo;
>
> II – aplicar-se-á nos termos e condições estabelecidos pela Secretaria da Receita Federal do Brasil.

Como se percebe, a sistemática da suspensão era concluída, apenas, no âmbito daquele contribuinte que efetua *vendas a varejo, para consumo final*, única hipótese em que expressamente não se aplica, a teor do parágrafo único do art. 54 da Lei 12.350/2010, acima transcrito. Este – o último elo da cadeia – teria de recolher normalmente a Cofins e o PIS. A "suspensão", como dito, funciona como uma espécie de *diferimento* do tributo, que passa a ser integralmente devido apenas pelo elo final da cadeia produtiva. Em apertada síntese: no que tange à produção de frangos, o PIS e a Cofins *não oneram* a cadeia produtiva, desde a compra do milho que serve de ração, até a venda do frango aos comerciantes varejistas.

Diante desse contexto, e tendo em conta o que decidira o STJ quando dos questionamentos feitos por importadores de produtos oriundos de países signatários do Mercosul, os produtores de frango que eventualmente compram de fornecedores situados em outros países o milho que lhes serve de ração passaram a pleitear o mesmo tratamento – a suspensão – também para o PIS e a Cofins incidentes na importação.

Observe-se que a Cofins e o PIS internamente são objeto de suspensão em toda a cadeia, com exceção da venda a varejo para consumidor final, e o STJ havia decidido que a incidência de tais contribuições nas importações oriundas do Mercosul era devida porque se deveria dar ao produto nacional e ao importado, no que tange ao ônus representado pelas contribuições, o mesmo tratamento. Assim, nada mais natural que aplicar à Cofins e ao PIS incidentes na importação de frango ou de milho o mesmo tratamento dado na compra de frango ou milho no mercado interno: a suspensão.

A Receita Federal, contudo, negou a aplicação de referida suspensão às operações oriundas do exterior, inclusive daquelas provenientes de países signatários do Mercosul. Isso levou à judicialização do problema, provocando o Superior Tribunal de Justiça a sobre ele se posicionar. Entendeu a Corte, porém, nesta oportunidade, que Cofins e PIS incidentes na importação seriam tributo diverso daqueles de mesmo nome incidentes em operações internas. Seriam tributos aduaneiros, tal como o imposto de importação, e por isso mesmo não se lhes aplicaria a regra segundo a qual o tratamento entre produtos nacionais e importados deveria ser o mesmo. Pelo contrário, os importados, precisamente por se tratar de um ônus aduaneiro, não poderiam se beneficiar do mesmo tratamento diferenciado dado ao produto nacional.

Com efeito, a mesma 2ª Turma do STJ, apreciando o REsp 1.437.172/RS[57], decidiu que:

---

[57] BRASIL. Superior Tribunal de Justiça. *Acórdão de decisão que negou aplicação do benefício previsto na Lei 12.350 aos produtos importados oriundos de países signatários do Mercosul*. Recurso Especial 1.437.172/

o PIS-Importação e a Cofins-Importação são tributos distintos do PIS e da Cofins denominados convencionais, pois, enquanto estes têm por fato gerador o faturamento, aqueles são originados de substrato inteiramente diverso, isto é, a importação de bens ou o "pagamento, crédito, a entrega, o emprego ou a remessa de valores a residentes ou domiciliados no exterior como contraprestação por serviço prestado" (art. 3º, I e II, da Lei 10.865/2004).

Como se vê, para negar aos importadores a aplicação da disposição do Mercosul que veda a cobrança de tributos que têm por fato gerador a importação, o STJ afirmou que a Cofins e o PIS incidentes na importação teriam, na verdade, a mesma natureza das contribuições incidentes internamente, e que o relevante seria que o ônus sobre o produto interno e o importado fosse sempre o mesmo. Depois, quando passou a estar diante de situação na qual esse ônus não é equivalente, a mesma Turma afirma que PIS e Cofins incidentes na importação não têm a mesma natureza das contribuições de mesmo nome incidentes internamente. E, não fosse suficiente essa contradição, decidiu a Turma, ainda, que, por razões de política fiscal, as contribuições incidentes internamente podem ser objeto de benefícios ou diferenciações que não seriam aplicáveis às que oneram as importações. Em suas palavras:

> A suspensão da incidência do PIS e da Cofins convencionais, prevista no art. 9º da Lei 10.925/2004, representa medida de política fiscal específica, destinada a beneficiar exclusivamente um segmento restrito de empresas que procedam à venda de determinados produtos, sob as condições nele previstas.

Como as contribuições seriam (agora) essencialmente diversas, não haveria como

> ampliar a concessão do benefício relativo ao PIS e à Cofins convencionais, disciplinados pelas Leis 10.637/2002 e 10.833/2003, para abranger, à margem do texto da lei, a contribuição ao PIS-Importação e à Cofins-Importação, tributos inteiramente diversos, disciplinados na Lei 10.865/2004.

Quanto ao art. 7º do Tratado de Assunção, e à tese, dele decorrente, da obrigação de tratamento equivalente, que motivou a tese segundo a qual tais contribuições poderiam ser cobradas mesmo em operações que deveriam ser desoneradas de tributos aduaneiros, entendeu a Corte que "somente poderia ser pleiteada se houvesse demonstração de que idênticos tributos estivessem recebendo tratamento desigual"[58]. Dessa vez, o PIS e a Cofins devidos por produtores brasileiros, e aqueles devidos por importadores, passaram a ser tributos diferentes, dada a natureza "aduaneira" do que incide na importação. Ocorre que, por essa natureza "aduaneira", ele não poderia ser cobrado em nenhuma operação oriunda do

---

RS. Cooperativa Agroindustrial Alfa e Fazenda Nacional. Relator: Ministro Mauro Campbell. Relator para o acórdão: Ministro Herman Benjamin. 15 nov. 2015. Disponível em: http://www.stj.jus.br/SCON/jurisprudencia/toc.jsp?processo=1437172&&tipo_visualizacao=RESUMO&b=ACOR&thesaurus=JURIDICO&p=true. Acesso em: 19 dez. 2019.

[58] BRASIL. Superior Tribunal de Justiça. *Acórdão de decisão que negou aplicação do benefício previsto na Lei 12.350 aos produtos importados oriundos de países signatários do Mercosul.* Recurso Especial 1.437.172/RS. Cooperativa Agroindustrial Alfa e Fazenda Nacional. Relator: Ministro Mauro Campbell. Relator para o acórdão: Ministro Herman Benjamin. 15 nov. 2015. Disponível em: http://www.stj.jus.br/SCON/jurisprudencia/toc.jsp?processo=1437172&&tipo_visualizacao=RESUMO&b=ACOR&thesaurus=JURIDICO&p=true. Acesso em: 19 dez. 2019.

TÍTULO I – DAS NORMAS GERAIS DO IBS E DA CBS   Art. 80

Mercosul, o que todavia foi afastado no precedente anterior, que reconheceu à exação a natureza de tributos "internos"...

A clara e frontal contradição dos entendimentos deve servir de alerta para que algo semelhante não se repita em relação à CBS e ao IBS incidentes na importação, tidos como "internos" quando do afastamento de normas que desoneram o comércio exterior, mas depois considerados "aduaneiros" quando um contribuinte ou operação sujeita a regime diferenciado nas operações internas pleitear aplicação do mesmo tratamento às oriundas do exterior. Pau que bate em Chico precisa bater em Francisco. E é também por isso que importações devem gerar créditos da mesma forma como geram aquisições feitas no mercado interno.

CAPÍTULO V
DO IBS E DA CBS SOBRE EXPORTAÇÕES

Seção I
Disposições Gerais

> **Art. 79.** São imunes ao IBS e à CBS as exportações de bens e de serviços para o exterior, nos termos do art. 8º desta Lei Complementar, asseguradas ao exportador a apropriação e a utilização dos créditos relativos às operações nas quais seja adquirente de bem ou de serviço, observadas as vedações ao creditamento previstas nos arts. 49 e 51, as demais disposições dos arts. 47 e 52 a 57 desta Lei Complementar e o disposto neste Capítulo.

 COMENTÁRIOS

Com o IVA-Dual – IBS e CBS –, segue-se padrão internacional de tributar as importações pelos mesmos percentuais que se tributam as operações internas, conforme visto nos artigos anteriores, mas não se tributarem as exportações. Adota-se o chamado "princípio do destino", de modo que o tributo incidente sobre o consumo seja cobrado pelo país onde situado o consumidor, lógica que permite ainda aos preços brasileiros se tornarem mais competitivos no mercado internacional.

A prática, que já vinha sendo adotada com o ICMS, com o IPI, e com o PIS e a Cofins, simplesmente passou aos seus sucessores, por igual com a ressalva de manutenção integral dos créditos acumulados, não se operando o "estorno" que é imposto nas demais hipóteses de operações isentas ou imunes, relativamente aos créditos das operações anteriores.

Ao exportador se assegura não só o direito de manter o crédito, mas de usá-lo para abater com o débito oriundo de outras operações tributadas, que eventualmente realize no mercado interno, ou pedir seu ressarcimento em dinheiro, nos moldes dos arts. 39 e ss. examinados *supra*.

Seção II
Das Exportações de Bens Imateriais e de Serviços

> **Art. 80.** Para fins do disposto no art. 79 desta Lei Complementar, considera-se exportação de serviço ou de bem imaterial, inclusive direitos, o fornecimento para residente ou domiciliado no exterior e consumo no exterior.

§ 1º Considera-se ainda exportação:

I – a prestação de serviço para residente ou domiciliado no exterior relacionada a:

a) bem imóvel localizado no exterior;

b) bem móvel que ingresse no País para a prestação do serviço e retorne ao exterior após a sua conclusão, observado o prazo estabelecido no regulamento; e

II – a prestação dos seguintes serviços, desde que vinculados direta e exclusivamente à exportação de bens materiais ou associados à entrega no exterior de bens materiais:

a) intermediação na distribuição de mercadorias no exterior (comissão de agente);

b) seguro de cargas;

c) despacho aduaneiro;

d) armazenagem de mercadorias;

e) transporte rodoviário, ferroviário, aéreo, aquaviário ou multimodal de cargas;

f) manuseio de cargas;

g) manuseio de contêineres;

h) unitização ou desunitização de cargas;

i) consolidação ou desconsolidação documental de cargas;

j) agenciamento de transporte de cargas;

k) remessas expressas;

l) pesagem e medição de cargas;

m) refrigeração de cargas;

n) arrendamento mercantil operacional ou locação de contêineres;

o) instalação e montagem de mercadorias exportadas; e

p) treinamento para uso de mercadorias exportadas.

§ 2º Caso não seja possível ao fornecedor nacional identificar o local do consumo pelas condições e características do fornecimento, presumir-se-á local do consumo o local do domicílio do adquirente no exterior.

§ 3º Caso o consumo de que trata o § 2º ocorra no País, será considerada importação de serviço ou bem imaterial, inclusive direito, observado o disposto no art. 64 desta Lei Complementar.

§ 4º A pessoa que não promover a exportação dos bens materiais de que trata o inciso II do § 1º fica obrigada a recolher o IBS e a CBS, acrescidos de juros e multa de mora, na forma do § 2º do art. 29 desta Lei Complementar, contados a partir da data da ocorrência da operação, na condição de responsável.

§ 5º Na hipótese de haver fornecimento de serviços ou de bens imateriais, inclusive direitos, concomitantemente no território nacional e no exterior, apenas a parcela cuja execução ou consumo ocorrer no exterior será considerada exportação.

§ 6º Aplica-se o disposto no § 1º do art. 64 desta Lei Complementar para fins da definição de consumo no exterior de serviços ou de bens imateriais, inclusive direitos.

§ 7º Aplicam-se também as regras específicas previstas no Título V deste Livro às exportações de bens e serviços objeto de regimes específicos.

 COMENTÁRIOS

Da mesma forma que exportação de bens materiais é imune, as de bens imateriais também o são. A regra é a mesma, e inclusive já se aplicava antes ao ICMS, ao ISS, ao PIS e à Cofins, no que tange à exportação de serviços alcançados por tais tributos, ou, no caso de

TÍTULO I – DAS NORMAS GERAIS DO IBS E DA CBS   Art. 81

PIS e Cofins, às receitas oriundas de exportação, pouco importando o que se exportasse (se bem ou serviço).

Por um dever de coerência, deve-se aplicar às exportações os mesmos critérios (para definição de momentos, bases, identificação de que houve efetiva exportação etc.) que se usam na importação, só que ao contrário, ou fazendo o caminho inverso. Não seria admissível adotar critérios largos para identificar importações, para o efeito de tributar no país o que ocorre fora dele, e estreitos para definir o que são exportações, de sorte a amesquinhar o alcance da regra imunizante.

Corretamente, o § 1º enumera uma série de operações que, tendo em vista o histórico de interpretações restritivas das Fazendas no que tange à imunidade de ICMS nas exportações (que não queriam reconhecer como sendo exportação operações intimamente relacionadas à remessa da mercadoria ao exterior, sem as quais esta não poderia ocorrer), são didaticamente apontadas como incluídas no conceito de exportação. É o caso da refrigeração e da medição de cargas, ou do treinamento das pessoas que, no exterior, utilizarão as mercadorias a serem exportadas.

Seção III
Das Exportações de Bens Materiais

Art. 81. A imunidade do IBS e da CBS sobre a exportação de bens materiais a que se refere o art. 79 desta Lei Complementar aplica-se às exportações sem saída do território nacional, na forma disciplinada no regulamento, quando os bens exportados forem:

I – totalmente incorporados a bem que se encontre temporariamente no País, de propriedade do comprador estrangeiro, inclusive em regime de admissão temporária sob a responsabilidade de terceiro;

II – entregues a órgão da administração direta, autárquica ou fundacional da União, dos Estados, do Distrito Federal ou dos Municípios, em cumprimento de contrato decorrente de licitação internacional;

III – entregues no País a órgão do Ministério da Defesa, para ser incorporados a produto de interesse da defesa nacional em construção ou fabricação no território nacional, em decorrência de acordo internacional;

IV – entregues a empresa nacional autorizada a operar o regime de loja franca;

V – vendidos para empresa sediada no exterior, quando se tratar de aeronave industrializada no País e entregue a fornecedor de serviços de transporte aéreo regular sediado no território nacional;

VI – entregues no País para ser incorporados a embarcação ou plataforma em construção ou conversão contratada por empresa sediada no exterior ou a seus módulos, com posterior destinação às atividades de exploração, de desenvolvimento e de produção de petróleo, de gás natural e de outros hidrocarbonetos fluidos previstas na legislação específica; e

VII – destinados exclusivamente às atividades de exploração, de desenvolvimento e de produção de petróleo, de gás natural e de outros hidrocarbonetos fluidos previstas na legislação específica, quando vendidos a empresa sediada no exterior e conforme definido em legislação específica, ainda que se faça por terceiro sediado no País.

 COMENTÁRIOS

Há hipóteses nas quais, conquanto não haja a saída física do bem material do país, configura-se uma exportação, o que deve ser levado a efeito para fins de reconhecimento

da imunidade ao IBS e à CBS e do direito à manutenção dos créditos. O papel deste artigo é explicitá-las.

Suponha-se que uma empresa brasileira vende componentes eletrônicos que serão totalmente incorporados a uma máquina industrial que pertence a uma empresa estrangeira e está temporariamente no Brasil para ser montada e testada. Após a incorporação, a máquina completa será enviada de volta para a empresa estrangeira. Trata-se de exportação, ainda que os componentes eletrônicos tenham sido incorporados à máquina ainda no país.

Ou, ainda como exemplo, imagine-se que uma aeronave seja fabricada no Brasil, e vendida a uma empresa estrangeira, mas esta faz com uma companhia aérea brasileira um contrato de *leasing* para que a companhia brasileira utilize o referido avião. O avião não sairá fisicamente do país, salvo temporariamente, se realizar alguma viagem internacional, mas juridicamente será transferida a sua propriedade à empresa estrangeira, que o arrendará à empresa brasileira de transporte. Inclusive esse contrato de *leasing* será sujeito ao IBS e à CBS por configurar importação de bem imaterial, sendo coerente que a venda do avião à empresa estrangeira que o arrendará seja tratada como exportação, como de fato o é.

Quanto à "forma disciplinada em regulamento", expressão abundante nesta lei complementar, é importante lembrar que todos os elementos da relação obrigacional tributária devem constar da lei, não sendo lícito delegar ao ato normativo infralegal o seu disciplinamento. Não é constitucional que um regulamento estreite ou amesquinhe as hipóteses nas quais se considera ocorrida uma exportação, ou que alargue as situações a serem alcançadas pelo imposto, à margem da legalidade.

Art. 82. Poderá ser suspenso o pagamento do IBS e da CBS no fornecimento de bens materiais com o fim específico de exportação a empresa comercial exportadora que atenda cumulativamente aos seguintes requisitos:

I – seja certificada no Programa OEA;

II – possua patrimônio líquido igual ou superior ao maior entre os seguintes valores:

a) R$ 1.000.000,00 (um milhão de reais); e

b) uma vez o valor total dos tributos suspensos;

III – faça a opção pelo DTE, na forma da legislação específica;

IV – mantenha escrituração contábil e a apresente em meio digital; e

V – esteja em situação de regularidade fiscal perante as administrações tributárias federal, estadual ou municipal de seu domicílio.

§ 1º Para fins do disposto no *caput* deste artigo, a empresa comercial exportadora deverá ser habilitada em ato conjunto do Comitê Gestor do IBS e da RFB.

§ 2º Para fins da suspensão do pagamento do IBS, a certificação a que se refere o inciso I do *caput* deste artigo será condicionada à anuência das administrações tributárias estadual e municipal de domicílio da empresa.

§ 3º Consideram-se adquiridos com o fim específico de exportação os bens remetidos para embarque de exportação ou para recintos alfandegados, por conta e ordem da empresa comercial exportadora, sem que haja qualquer outra operação comercial ou industrial nesse interstício.

§ 4º A suspensão do pagamento do IBS e da CBS prevista no *caput* converte-se em alíquota zero após a efetiva exportação dos bens, desde que observado o prazo previsto no inciso I do § 5º deste artigo.

§ 5º A empresa comercial exportadora fica responsável pelo pagamento do IBS e da CBS que tiverem sido suspensos no fornecimento de bens para a empresa comercial exportadora, nas seguintes hipóteses:

I – transcorridos 180 (cento e oitenta) dias da data da emissão da nota fiscal pelo fornecedor, não houver sido efetivada a exportação;

II – forem os bens redestinados para o mercado interno;

III – forem os bens submetidos a processo de industrialização; ou

IV – ocorrer a destruição, o extravio, o furto ou o roubo antes da efetiva exportação dos bens.

§ 6º Para efeitos do disposto no § 5º deste artigo, consideram-se devidos o IBS e a CBS no momento de ocorrência do fato gerador, conforme definido no art. 10 desta Lei Complementar.

§ 7º Nas hipóteses do § 5º deste artigo, os valores que forem pagos espontaneamente ficarão sujeitos à incidência de multa e juros de mora na forma do § 2º do art. 29 desta Lei Complementar.

§ 8º O valor fixado no inciso II do *caput* deste artigo será atualizado pelo Índice Nacional de Preços ao Consumidor Amplo (IPCA), em periodicidade não inferior a 12 (doze) meses, mediante ato conjunto do Comitê Gestor do IBS e da RFB, que fixará os termos inicial e final da atualização.

§ 9º O regulamento estabelecerá:

I – os requisitos específicos para o procedimento de habilitação a que se refere o § 1º deste artigo;

II – a periodicidade para apresentação da escrituração contábil a que se refere o inciso IV do *caput* deste artigo;

III – hipóteses em que os bens possam ser remetidos para locais diferentes daqueles previstos no § 3º deste artigo, sem que reste descaracterizado o fim específico de exportação; e

IV – requisitos e condições para a realização de operações de transbordo, baldeação, descarregamento ou armazenamento no curso da remessa a que se refere o § 3º deste artigo.

§ 10. O regulamento poderá estabelecer prazo estendido para aplicação do disposto no inciso I do § 5º deste artigo, em razão do tipo de bem.

§ 11. Também fica suspenso o pagamento do IBS e da CBS no fornecimento de produtos agropecuários *in natura* para contribuinte do regime regular que promova industrialização destinada a exportação para o exterior:

I – cuja receita bruta decorrente de exportação para o exterior, nos 3 (três) anos-calendário imediatamente anteriores ao da aquisição, tenha sido superior a 50% (cinquenta por cento) de sua receita bruta total de venda de bens e serviços no mesmo período, após excluídos os tributos incidentes sobre a venda; e

II – que cumpra o disposto nos incisos II a V do *caput* deste artigo.

§ 12. O adquirente a que se refere o § 11 fica responsável pelo pagamento do IBS e CBS suspensos, com os acréscimos previstos no § 2º do art. 29 desta Lei Complementar, caso, no prazo de 180 (cento e oitenta) dias contados da data da emissão da nota fiscal pelo fornecedor:

I – o produto agropecuário *in natura* adquirido com suspensão não seja utilizado para industrialização; ou

II – o produto industrializado resultante dos produtos agropecuários *in natura* adquiridos com suspensão:

a) não seja exportado para o exterior; ou

b) não seja comercializado no mercado doméstico, com a respectiva tributação.

> § 13. O regulamento poderá estabelecer:
>
> I – critérios para enquadramento no disposto neste artigo para o contribuinte em início de atividade ou que tenha iniciado as suas atividades há menos de 3 (três) anos; e
>
> II – hipóteses em que o prazo de que trata o § 12 deste artigo poderá ser estendido.

 COMENTÁRIOS

O dispositivo em comento trata de uma "suspensão" do IBS e da CBS, que provisoriamente não são cobrados, caso se trate de fornecimento de bens materiais com o fim específico de exportação, a uma empresa exportadora que atenda aos requisitos previstos no artigo. A suspensão "converte-se" em alíquota zero caso a efetiva exportação ocorra nas condições previstas no artigo, e sua finalidade é desonerar as exportações racionalizando o processo, de sorte que o exportador não sofra o ônus do IBS e da CBS sobre os materiais que adquire para posterior exportação, só para depois creditar-se, acumular os créditos e ter de pleitear o respectivo ressarcimento.

Caso a exportação – que daria direito ao crédito e ao ressarcimento do IBS e da CBS eventualmente pagos sobre tais operações – não aconteça, os tributos que estavam até então "suspensos" fazem-se devidos, desde a data da ocorrência de seu fato gerador. Esse é o motivo pelo qual, quando a empresa exportadora, para a qual os bens foram fornecidos, tem de pagar o tributo até então suspenso, deve fazê-lo com o acréscimo de juros. Quanto à inclusão da multa, como não se trata de infração da qual o Fisco já tinha conhecimento (como ocorre no caso de atraso no pagamento de tributos declarados e não pagos no âmbito do lançamento por homologação), sua exigência viola frontalmente o instituto da denúncia espontânea. Entretanto, o art. 138 do CTN se acha na mesma hierarquia desta lei complementar, podendo ser por ela alterado ou excepcionado.

Tem-se também aqui delegações ao regulamento, de duvidosa constitucionalidade, como a de extensão do prazo de suspensão, e a fixação de critérios para que um contribuinte possa enquadrar-se no disposto neste artigo. Considerando tratar-se de hipótese de suspensão do IVA-Dual, tais delegações a normas infralegais são contrárias ao art. 150, I e § 6º, da CF/1988.

> **Art. 83.** A habilitação a que se refere o § 1º do art. 82 desta Lei Complementar poderá ser cancelada nas seguintes hipóteses:
>
> I – descumprimento dos requisitos estabelecidos nos incisos I a V do *caput* do art. 82 desta Lei Complementar; ou
>
> II – pendência no pagamento a que se refere o § 5º do art. 82 desta Lei Complementar.
>
> § 1º O cancelamento da habilitação será realizado pela autoridade fiscal da RFB ou da administração tributária estadual, distrital ou municipal de domicílio da empresa comercial exportadora.
>
> § 2º Nas hipóteses previstas no *caput* deste artigo, será aberto processo de cancelamento da habilitação, instruído com termo de constatação, e a empresa comercial exportadora será intimada a se regularizar ou a apresentar impugnação no prazo de 30 (trinta) dias úteis, contado da data da ciência da intimação.
>
> § 3º A intimação a que se refere o § 2º deste artigo será efetuada preferencialmente por meio eletrônico, mediante envio ao domicílio tributário eletrônico da empresa comercial exportadora.
>
> § 4º Caso a empresa comercial exportadora se regularize por meio do cumprimento de todos os requisitos e condições estabelecidos no *caput* do art. 82, e desde que não haja pendência de pagamento relativo às hipóteses referidas no § 5º do art. 82 desta Lei Complementar, o processo de cancelamento de que trata o § 2º deste artigo será extinto.

§ 5º Fica caracterizada a revelia, e será dado prosseguimento ao processo de cancelamento, caso a empresa comercial exportadora não se regularize na forma do § 4º nem apresente a impugnação referida no § 2º deste artigo.

§ 6º Apresentada a impugnação referida no § 2º deste artigo, a autoridade preparadora terá o prazo de 15 (quinze) dias para remessa do processo a julgamento.

§ 7º Caberá recurso da decisão que cancelar a habilitação, a ser apresentado no prazo de 20 (vinte) dias úteis, contado da data da ciência da decisão, ao Comitê Gestor do IBS ou à RFB, de acordo com a autoridade fiscal que houver realizado o cancelamento da habilitação nos termos do § 1º deste artigo.

§ 8º O regulamento poderá prever atos procedimentais complementares ao disposto neste artigo.

COMENTÁRIOS

O regime de suspensão do IBS e da CBS incidentes no fornecimento de bens destinados à exportação por empresa exportadora, como forma de "antecipar" a imunidade aplicável à exportação e o ressarcimento do IBS e da CBS incidentes nas etapas anteriores, será aplicável apenas a contribuintes que cumpram determinados requisitos, como explicado nos comentários ao artigo anterior, podendo ser cancelado caso a empresa descumpra os requisitos, ou não pague IBS e CBS que se façam devidos diante de eventuais exportações que não se consumem.

Suponha-se, por exemplo, que empresa beneficiária do regime deixa de exportar certos bens que lhe tiverem sido fornecidos com suspensão de IBS e CBS. Se não pagar os tributos que se fizerem devidos pela não exportação, nos moldes do artigo anterior, perderá o benefício. O mesmo ocorre caso deixe de cumprir quaisquer dos requisitos indicados no art. 86.

É importante, contudo, que o regime não se converta em instrumento de sanção política, sendo a sua concessão, ou o seu cancelamento, usados como instrumento de pressão na cobrança de quantias que o sujeito passivo eventualmente pode considerar que não são devidas. Deve-se respeitar as causas de suspensão de exigibilidade, e o devido processo legal, caso, por exemplo, o contribuinte seja acusado de não ter efetuado uma exportação, cobrando-se-lhe o IVA-Dual daí decorrente, mas ele sustente o contrário, apresentando impugnação. Enquanto esta não for definitivamente apreciada, com a manutenção da dívida que, confirmada, não seja paga no vencimento, não se poderá alegar o inadimplemento como causa para exclusão do regime, por exemplo, sem prejuízo da necessidade de respeito ao devido processo legal no que tange ao ato de exclusão em si, referido nos §§ 5º a 7º deste artigo.

TÍTULO II
DOS REGIMES ADUANEIROS ESPECIAIS E DOS REGIMES DE BAGAGEM, DE REMESSAS INTERNACIONAIS E DE FORNECIMENTO DE COMBUSTÍVEL PARA AERONAVES EM TRÁFEGO INTERNACIONAL

CAPÍTULO I
DOS REGIMES ADUANEIROS ESPECIAIS

Seção I
Do Regime de Trânsito

Art. 84. Fica suspenso o pagamento do IBS e da CBS incidentes na importação enquanto os bens materiais estiverem submetidos ao regime aduaneiro especial de trânsito

> aduaneiro, em qualquer de suas modalidades, observada a disciplina estabelecida na legislação aduaneira.

 COMENTÁRIOS

A legislação aduaneira prevê hipóteses nas quais se dá a suspensão do pagamento de tributos incidentes na importação, dentro dos chamados "regimes especiais". Um deles é o de trânsito aduaneiro, no qual a mercadoria ingressa no território, transita de um ponto a outro deste, a fim de que seja exportada, permanecendo, durante o trajeto, sob o controle da autoridade aduaneira. Se a reexportação não ocorrer, os tributos incidentes na importação se fazem devidos, com o fim da suspensão.

Seção II
Dos Regimes de Depósito

> **Art. 85.** Fica suspenso o pagamento do IBS e da CBS incidentes na importação enquanto os bens materiais estiverem submetidos a regime aduaneiro especial de depósito, observada a disciplina estabelecida na legislação aduaneira.
> **Parágrafo único.** O regulamento discriminará as espécies de regimes aduaneiros especiais de depósito.

 COMENTÁRIOS

Nos termos do art. 480 do Regulamento Aduaneiro, o regime aduaneiro de depósito especial é o que permite a estocagem de partes, peças, componentes e materiais de reposição ou manutenção, com suspensão do pagamento dos impostos e contribuições federais, para veículos, máquinas, equipamentos, aparelhos e instrumentos, estrangeiros, nacionalizados ou não, e nacionais em que tenham sido empregados partes, peças e componentes estrangeiros. O que o dispositivo em comento faz, simplesmente, é esclarecer sua aplicabilidade ao IBS e à CBS incidentes na importação.

Suponha-se que uma montadora ou fábrica, beneficiada pelo regime, importa peças de reposição, mas as mantém em regime de depósito aduaneiro especial. Enquanto estiverem no depósito, conquanto já em território nacional, não estarão sujeitas aos tributos incidentes na importação, incluindo IBS e CBS. Caso sejam despachadas para consumo, a fim de que sejam utilizadas na manutenção de veículos no país, somente neste caso, e neste momento, os tributos até então suspensos serão devidos. Mas se forem reexportadas, ou destruídas, por exemplo, não passando do depósito (que figura como algo análogo ainda ao território estrangeiro) para a economia nacional, os tributos suspensos não se fazem devidos.

> **Art. 86.** O disposto no *caput* do art. 85 desta Lei Complementar não se aplica aos bens admitidos no regime aduaneiro especial de depósito alfandegado certificado.
> **Parágrafo único.** Consideram-se exportados, os bens admitidos no regime aduaneiro especial de depósito alfandegado certificado, nos termos do regulamento.

 COMENTÁRIOS

O regime de depósito alfandegado certificado é, nos termos do art. 493 do Regulamento Aduaneiro, o que permite considerar exportada, para todos os efeitos fiscais, creditícios e

TÍTULO II – DOS REGIMES ADUANEIROS ESPECIAIS E DOS REGIMES DE BAGAGEM   Art. 87

cambiais, a mercadoria nacional depositada em recinto alfandegado, vendida a pessoa sediada no exterior, mediante contrato de entrega no território nacional e à ordem do adquirente (Decreto-Lei 2.472/1988, art. 6º).

Por se considerar equiparado a uma exportação, o depósito, no qual as mercadorias vendidas a pessoa sediada no exterior são postas à sua disposição, não enseja propriamente "suspensão" do IBS e da CBS, temporária enquanto durar o regime ou até que ocorra seu despacho para consumo interno. Enviadas ao depósito, neste caso, elas são tidas como exportadas, imunes portanto ao IBS e à CBS. O que a empresa estrangeira, em favor de quem foram disponibilizadas no depósito, fizer com elas depois será assunto dessa empresa estrangeira com o Fisco Brasileiro, eventualmente, não do contribuinte que enviou os bens ao tal depósito.

> **Art. 87.** Fica suspenso o pagamento do IBS e da CBS incidentes na importação e na aquisição no mercado interno de bens materiais submetidos a regime aduaneiro especial de loja franca, observada a disciplina estabelecida na legislação aduaneira.
>
> **Parágrafo único.** Aplica-se o regime previsto no *caput* ao fornecimento de bens materiais destinados ao uso ou consumo de bordo, em aeronaves exclusivamente em tráfego internacional com destino ao exterior e entregues em zona primária alfandegada ou área de porto organizado alfandegado.

 COMENTÁRIOS

Seguindo a mesma lógica dos dispositivos anteriores, estabelece-se aqui que IBS e CBS são suspensos tanto na importação como nas aquisições no mercado interno, feitas por lojas francas, também conhecidas como *duty-free shop*, um estabelecimento comercial autorizado a operar em áreas específicas, como zonas de fronteira terrestre, portos ou aeroportos internacionais, onde a comercialização de bens ocorre com isenção ou, no caso, suspensão de tributos. Essas lojas destinam-se principalmente ao atendimento de viajantes em trânsito internacional, permitindo-lhes adquirir produtos sem a incidência de tributos locais. Além de atrair turistas e facilitar o acesso a bens importados a preços mais competitivos, as lojas francas também têm a função de fomentar o comércio internacional e o turismo, contribuindo para a economia das regiões em que estão localizadas.

Nessa ordem de ideias, o art. 87 introduz uma suspensão do pagamento do IBS e da CBS incidentes sobre a importação e aquisição no mercado interno de bens materiais destinados a lojas francas e bens para consumo de bordo em aeronaves internacionais. Essa disposição se insere em um contexto de regimes aduaneiros especiais, buscando incentivar operações vinculadas ao comércio internacional e à aviação, setores estratégicos para o turismo e a conectividade global. Também se leva em conta que, por meio de tais lojas, e do fornecimento de serviço de bordo, não deixa de haver uma exportação, sendo, portanto, necessário dar cumprimento à regra imunizante que acoberta tais operações.

No parágrafo único, há uma ampliação importante do regime às operações de fornecimento de bens para uso ou consumo de bordo em aeronaves internacionais. Essa disposição reflete uma prática consolidada em sistemas tributários ao redor do mundo, que isenta ou suspende tributos sobre bens destinados ao consumo durante o transporte internacional, preservando a competitividade das empresas aéreas e alinhando-se à lógica de não exportar tributos.

Quando tais lojas, e quem prepara o serviço de bordo, adquire insumos, produtos etc., no mercado interno, ou os importa, há suspensão (do IBS e da CBS devidos), esperando-se que tais itens sejam exportados (o que enseja imunidade e restituição de créditos eventualmente

117

acumulados), seja porque comprados por viajantes, seja porque usados no serviço de bordo em voos internacionais. Caso isso não ocorra, com a venda de modo irregular no mercado interno, os tributos até então suspensos se fazem devidos, como nos demais casos de regimes especiais tratados neste Capítulo.

Seção III
Dos Regimes de Permanência Temporária

Art. 88. Fica suspenso o pagamento do IBS e da CBS incidentes na importação enquanto os bens materiais estiverem submetidos a regime aduaneiro especial de permanência temporária no País ou de saída temporária do País, observada a disciplina estabelecida na legislação aduaneira.

Parágrafo único. O regulamento discriminará as espécies de regimes aduaneiros especiais de permanência temporária.

 COMENTÁRIOS

Ainda seguindo a legislação aduaneira, e as hipóteses de não incidência nela previstas, esta lei complementar, no artigo em comento, estabelece a suspensão de IBS e CBS nos casos de saída temporária e de permanência temporária no país, aplicável a bens que saem ou permanecem no país apenas por curto período de tempo.

Imagine-se, por exemplo, que em uma competição esportiva, como uma prova de automobilismo, competidores de outros países vêm ao Brasil, trazendo carros, peças, pneus etc., apenas para participar da competição, os quais retornarão ao exterior em seguida. Não faria sentido exigir imposto de importação, ou qualquer outro tributo incidente na importação destes itens, aplicando-se o regime especial de permanência temporária, nos termos definidos na legislação aduaneira.

Ressalte-se, uma vez mais, quanto à remissão do parágrafo único, a importância de se respeitar o princípio da legalidade, do qual decorre a vedação a que o regulamento inove, criando restrições ou impondo limites que não se acham previstos em lei.

Art. 89. No caso de bens admitidos temporariamente no País para utilização econômica, a suspensão do pagamento do IBS e da CBS será parcial, devendo ser pagos o IBS e a CBS proporcionalmente ao tempo de permanência dos bens no País.

§ 1º A proporcionalidade a que se refere o *caput* deste artigo será obtida pela aplicação do percentual de 0,033% (trinta e três milésimos por cento), relativamente a cada dia compreendido no prazo de concessão do regime, sobre o montante do IBS e da CBS originalmente devidos.

§ 2º Na hipótese de pagamento após a data em que seriam devidos, conforme disposto no inciso II do *caput* do art. 67 desta Lei Complementar, o IBS e a CBS serão corrigidos pela taxa Selic, calculados a partir da referida data, sem prejuízo dos demais acréscimos previstos na legislação.

§ 3º O disposto no *caput* deste artigo não se aplica:

I – até 31 de dezembro de 2040:

a) aos bens destinados às atividades de exploração, de desenvolvimento e de produção de petróleo e de gás natural, cuja permanência no País seja de natureza temporária, constantes de relação especificada no regulamento; e

TÍTULO II – DOS REGIMES ADUANEIROS ESPECIAIS E DOS REGIMES DE BAGAGEM — Art. 90

> b) aos bens destinados às atividades de transporte, de movimentação, de transferência, de armazenamento ou de regaseificação de gás natural liquefeito, constantes de relação especificada no regulamento; e
>
> II – até a data estabelecida pelo art. 92-A do Ato das Disposições Constitucionais Transitórias, aos bens importados temporariamente e para utilização econômica por empresas que se enquadrem nas disposições do Decreto-Lei 288, de 28 de fevereiro de 1967, durante o período de sua permanência na Zona Franca de Manaus, os quais serão submetidos ao regime de admissão temporária com suspensão total do pagamento dos tributos.
>
> § 4º Na hipótese da importação temporária de aeronaves ser realizada por contribuinte do regime regular do IBS e da CBS mediante contrato de arrendamento mercantil:
>
> I – será dispensado o pagamento do IBS e da CBS na importação da aeronave; e
>
> II – haverá a incidência do IBS e da CBS no pagamento das contraprestações pelo arrendamento mercantil de acordo com o disposto no regime específico de serviços financeiros para importações.

COMENTÁRIOS

O artigo em exame cuida de situação que, do ponto de vista da pura teoria econômica, até pode fazer algum sentido, mas cria problemas jurídicos bastante difíceis de serem resolvidos. Exigir 0,033% do IBS e da CBS devidos *por dia*, além de complexo, envolve considerações que podem terminar neutralizando o próprio instituto da admissão temporária.

Para começar, é problemática a identificação do que seja "utilização econômica". Expor o bem em uma feira, como forma de publicidade, enquadra-se? Utilizá-lo em competição esportiva, por um dia ou dois, mas que será transmitida ao público, pela televisão, ou via *streaming*, com largas receitas de publicidade, também? O próprio turista, que vem de carro para o Brasil, e permanece utilizando o próprio carro, pode-se dizer que o está usando "economicamente", pois deixa com isso de alugar um carro no Brasil. Enfim, qual seria a hipótese em que alguém se daria ao trabalho de trazer um bem do exterior, fazer com que permaneça no Brasil por alguns dias, para em seguida levá-lo de volta, sem daí tirar qualquer proveito econômico? A exceção, como se vê, dependendo de como seja compreendida, pode terminar por neutralizar a regra.

Quanto ao arrendamento de aeronaves, note-se que não passam elas a pertencer aos arrendatários. Daí a impropriedade de se exigir IBS e CBS sobre o valor das aeronaves, como se se tratasse de uma remessa decorrente de compra e venda. Não se trata de "dispensa" (Qual a natureza disto? Isenção?), mas de não incidência: logo não há o que "dispensar". A incidência se dá sobre o pagamento das parcelas do arrendamento, como corretamente – embora de modo tecnicamente impreciso – faz o artigo.

Seção IV
Dos Regimes de Aperfeiçoamento

> **Art. 90.** Fica suspenso o pagamento do IBS e da CBS incidentes na importação enquanto os bens materiais estiverem submetidos a regime aduaneiro especial de aperfeiçoamento, observada a disciplina estabelecida na legislação aduaneira.
>
> § 1º O regulamento discriminará as espécies de regimes aduaneiros especiais de aperfeiçoamento.
>
> § 2º A suspensão de que trata o *caput* deste artigo poderá alcançar bens materiais importados e aqueles adquiridos no mercado interno.

Art. 91

§ 3º O regulamento estabelecerá os requisitos e as condições para a admissão de bens materiais e serviços no regime aduaneiro especial de *drawback*, na modalidade de suspensão.

§ 4º Ficam sujeitos ao pagamento do IBS e da CBS os bens materiais submetidos ao regime aduaneiro especial de *drawback*, na modalidade de suspensão, que, no todo ou em parte:

I – deixarem de ser empregados ou consumidos no processo produtivo de bens finais exportados, conforme estabelecido no ato concessório; ou

II – sejam empregados em desacordo com o ato concessório, caso destinados para o mercado interno, no estado em que foram importados ou adquiridos ou, ainda, incorporados aos referidos bens finais.

§ 5º Na hipótese prevista no § 4º, caso a destinação para o mercado interno seja realizada após 30 (trinta) dias do prazo fixado para exportação os valores dos tributos devidos serão acrescidos de multa e juros de mora nos termos do § 2º do art. 29 desta Lei Complementar.

§ 6º Para fins do disposto nesta Seção, o Regime Aduaneiro Especial de Entreposto Industrial sob Controle Informatizado (Recof) é considerado regime aduaneiro especial de aperfeiçoamento.

COMENTÁRIOS

Outra hipótese de entrada temporária de bens, que por isso não é tributada na importação pelo IBS e pela CBS, é a do regime especial de aperfeiçoamento. Trata-se de situação inversa, ou oposta, daquela descrita no art. 92, comentado *infra*. Aqui, no caso da entrada temporária, tem-se bem estrangeiro que ingressa no país apenas para ser consertado, aperfeiçoado, revisado, ou submetido a processo de manutenção.

Imagine-se que um avião de companhia aérea estrangeira, de propriedade de empresa residente no exterior, vem ao Brasil para fazer uma manutenção em São José dos Campos. Não será cobrado IBS, nem CBS, seja do avião, seja dos bens usados em sua manutenção, adquiridos no Brasil. Os tributos serão suspensos, até que o avião retorne ao exterior, devidamente revisado, consertado ou aperfeiçoado. Caso isso não ocorra, permanecendo o avião em definitivo no país, em descumprimento das regras inerentes à sua entrada temporária, fazem-se devidos os tributos incidentes e até então suspensos.

Uma vez mais, a lei delega ao regulamento o que é indelegável: estabelecer requisitos e condições para admissão de bens adquiridos no mercado interno no regime de *drawback*. Não cabe ao regulamento fazê-lo, matéria que deveria obrigatoriamente constar da lei, pois implica conferir, ou não, ao contribuinte direito a essa modalidade de desoneração fiscal (CF/1988, art. 150, I).

Art. 91. Não se aplicam ao IBS e à CBS as modalidades de isenção e de restituição do regime aduaneiro especial de *drawback*.

COMENTÁRIOS

O regime de *drawback* consiste em não se onerarem importações, desde que os bens importados sejam utilizados, no território nacional, na fabricação de itens a serem posteriormente exportados, no prazo indicado na legislação. Essa "desoneração" da importação condi-

TÍTULO II – DOS REGIMES ADUANEIROS ESPECIAIS E DOS REGIMES DE BAGAGEM   Art. 93

cionada à posterior reexportação pode se dar por três modalidades: (i) isenção; (ii) suspensão; (iii) restituição. Como os próprios nomes já esclarecem, pela primeira modalidade se confere isenção dos tributos incidentes na importação, condicionada à posterior reexportação. Recorta-se a hipótese de incidência da norma tributária das exações incidentes na importação, desde que haja a reexportação no prazo indicado. No caso de restituição, chega-se ao mesmo efeito econômico, mas devolvendo-se ao importador o tributo incidente na importação, em virtude da expectativa da posterior reexportação. E, no caso de suspensão, apenas se deixa a cobrança em *stand-by*, condicionada à posterior reexportação. Os efeitos econômicos são análogos, mas as ferramentas jurídicas para alcançá-los são diferentes. O que o artigo em exame esclarece é que, ao IBS e à CBS, aplica-se apenas o *drawback* suspensão.

> **Art. 92.** No caso de os bens nacionais ou nacionalizados saírem, temporariamente, do País para operação de transformação, elaboração, beneficiamento ou montagem ou, ainda, para processo de conserto, reparo ou restauração, o IBS e a CBS devidos no retorno dos bens ao País serão calculados:
>
> I – sobre a diferença entre o valor do IBS e da CBS incidentes sobre o produto da operação de transformação, elaboração, beneficiamento ou montagem e o valor do IBS e da CBS que incidiriam, na mesma data, sobre os bens objeto da saída, se estes estivessem sendo importados do mesmo país em que se deu a operação de exportação temporária; ou
>
> II – sobre o valor dos bens e serviços empregados no processo de conserto, reparo ou restauração.
>
> **Parágrafo único.** O regulamento poderá estabelecer outras operações de industrialização a que se aplicará o disposto no *caput* deste artigo.

 ## COMENTÁRIOS

Na hipótese deste artigo, o produto que saiu do país para manutenção no exterior (p. ex., um veículo de competição, uma aeronave, um navio), ao retornar, não será tributado com o IBS e a CBS, seja porque não houve "operação", seja porque a saída foi temporária. Mas os bens e serviços que se agregam a ele, em virtude da manutenção, do conserto ou da melhoria efetuados, sim. Trata-se de situação inversa ou contrária da descrita no art. 90, comentado *supra*.

Imagine-se que um carro seja enviado ao exterior para submeter-se a um procedimento de blindagem: quando de seu retorno, a blindagem (partes, peças e o serviço) estará sendo importada. Daí a incidência, sobre o valor a tanto correspondente, do IBS e da CBS.

Seção V
Do Regime Aduaneiro Especial Aplicável ao Setor de Petróleo e Gás (Repetro)

> **Art. 93.** Observada a disciplina estabelecida na legislação aduaneira, fica suspenso o pagamento do IBS e da CBS nas seguintes operações:
>
> I – importação de bens destinados às atividades de exploração, de desenvolvimento e de produção de petróleo, de gás natural e de outros hidrocarbonetos fluidos previstas na legislação específica, cuja permanência no País seja de natureza temporária, constantes de relação especificada no regulamento (Repetro-Temporário);
>
> II – importação de bens destinados às atividades de transporte, movimentação, transferência, armazenamento ou regaseificação de gás natural liquefeito constantes de relação especificada no regulamento (GNL-Temporário);

III – importação de bens constantes de relação especificada no regulamento cuja permanência no País seja definitiva e que sejam destinados às atividades a que se refere o inciso I deste *caput* (Repetro-Permanente);

IV – importação ou aquisição no mercado interno de matérias-primas, produtos intermediários e materiais de embalagem para ser utilizados integralmente no processo produtivo de produto final a ser fornecido a empresa que o destine às atividades a que se refere o inciso I deste *caput* (Repetro-Industrialização);

V – aquisição de produto final a que se refere o inciso IV deste *caput* (Repetro-Nacional); e

VI – importação ou aquisição no mercado interno de bens constantes de relação especificada no regulamento, para conversão ou construção de outros bens no País, contratada por empresa sediada no exterior, cujo produto final deverá ser destinado às atividades a que se refere o inciso I deste *caput* (Repetro-Entreposto).

§ 1º Fica vedada a suspensão prevista no inciso III do *caput* deste artigo para importação de embarcações destinadas à navegação de cabotagem e à navegação interior de percurso nacional, bem como à navegação de apoio portuário e à navegação de apoio marítimo, nos termos da legislação específica.

§ 2º A suspensão do pagamento do IBS e da CBS prevista no inciso III do *caput* deste artigo converte-se em alíquota zero após decorridos 5 (cinco) anos contados da data de registro da declaração de importação.

§ 3º O beneficiário que realizar importação com suspensão do pagamento nos termos do inciso III do *caput* deste artigo e não destinar os bens na forma nele prevista no prazo de 3 (três) anos, contado da data de registro da declaração de importação, fica obrigado a recolher o IBS e a CBS não pagos em decorrência da suspensão usufruída, acrescidos de multa e juros de mora nos termos do § 2º art. 29 desta Lei Complementar, calculados a partir da data de ocorrência dos respectivos fatos geradores.

§ 4º Fica também suspenso o pagamento do IBS e da CBS na importação ou na aquisição de bens no mercado interno por empresa denominada fabricante intermediário para a industrialização de produto intermediário a ser fornecido a empresa que o utilize no processo produtivo de que trata o inciso IV do *caput* deste artigo.

§ 5º Efetivado o fornecimento do produto final, as suspensões de que tratam o inciso IV do *caput* e o § 4º deste artigo convertem-se em alíquota zero.

§ 6º Efetivada a destinação do produto final, a suspensão de que trata o inciso V do *caput* deste artigo converte-se em alíquota zero.

§ 7º O beneficiário que realizar a aquisição no mercado interno com suspensão do pagamento nos termos do inciso V do *caput* e não destinar o bem às atividades de que trata o inciso I do *caput* deste artigo no prazo de 3 (três) anos, contado da data de aquisição, fica obrigado a recolher o IBS e a CBS não pagos em decorrência da suspensão usufruída, acrescidos de multa de mora e corrigidos pela taxa Selic, calculados a partir da data de ocorrência dos respectivos fatos geradores.

§ 8º As suspensões do IBS e da CBS previstas no *caput* deste artigo somente serão aplicadas aos fatos geradores ocorridos até 31 de dezembro de 2040.

COMENTÁRIOS

Tem-se aqui mais um regime especial, semelhante ao da Zona de Processamento de Exportação – ZPE (art. 99), e do Regime Tributário para Incentivo à Modernização e à Ampliação da Estrutura Portuária – Reporto (art. 105) e do Regime Especial de Incentivos para o Desenvolvimento da Infraestrutura – Reidi (art. 106). Em todos eles, a importação e a aquisição de certos itens no mercado interno são beneficiadas com suspensão do IBS e da CBS, condicionada a que se cumpram certas condições que, atendidas, "convertem" a suspensão, que é uma desoneração temporária, em alíquota zero, vale dizer, tornam-na definitiva.

No caso do Repetro, com vigência prevista até 2040, a finalidade é estimular a indústria do petróleo e do gás natural, o que pode ser visto como de algum modo incompatível com a EC 132/2023, que expressamente determinou a utilização dos critérios ambientais como guia na disciplina do sistema tributário nacional (CF/1988, art. 145, § 3º), talvez em mais um exemplo de legislação simbólica. Enquanto isso, veículos, independentemente de seu combustível, incluindo os elétricos, são onerados pelo imposto seletivo, com exceção dos caminhões a *diesel*.

Seja como for, e observada a disciplina constante da legislação aduaneira (que já cuida do regime aduaneiro especial do Repetro há algum tempo), são objeto de *suspensão* o IBS e a CBS incidentes sobre importação de bens destinados às atividades de exploração, de desenvolvimento e de produção de petróleo, de gás natural e de outros hidrocarbonetos fluidos, ou importações a estas atividades relacionadas, nos moldes indicados nos vários incisos deste artigo. Ao cabo de cinco anos, contados do registro da declaração de importação, a suspensão converte-se em alíquota zero. Diversamente, se dentro deste prazo descumprir-se a condição (*v.g.*, beneficiário não destinar os bens na forma prevista no artigo), fazem-se devidos o IBS e a CBS não pagos em decorrência da suspensão usufruída, acrescidos de multa de mora e corrigidos pela taxa Selic, calculados a partir da data de ocorrência dos respectivos fatos geradores.

Seção VI
Dos Regimes de Bagagem e de Remessas Internacionais

> **Art. 94.** São isentas do pagamento do IBS e da CBS na importação de bens materiais:
> I – bagagens de viajantes e de tripulantes, acompanhadas ou desacompanhadas; e
> II – remessas internacionais, desde que:
> a) sejam isentas do Imposto sobre a Importação;
> b) o remetente e o destinatário sejam pessoas físicas; e
> c) não tenha ocorrido a intermediação de plataforma digital.

 COMENTÁRIOS

As hipóteses de isenção são aquelas nas quais o tributo seria devido se elas não existissem. Nessa condição, temos dúvidas sobre se as situações descritas neste artigo são de fato hipóteses de isenção. A Constituição garante a todos o direito de entrar e sair do País com seus bens, em tempos de paz. Isso faz com que se tenha direito de entrar e sair do País com seus bens pessoais, como ocorre com viajantes, e com pessoas físicas que remetam objetos umas para as outras, sem intuito comercial. Imagine-se uma cidadã que vive no exterior, mas que tem filha morando no Brasil, e que acabou de ter um filho; caso a primeira remeta para a segunda roupinhas de crochê por ela própria bordadas, para servir ao neto que acabou de nascer, obviamente não se estará diante de uma "importação". De qualquer forma, as explicitações parecem reproduzir disposições semelhantes que já existem em relação ao imposto de importação, às quais inclusive remetem, pois tanto em um caso como em outro a "isenção" está condicionada a ser o benefício também aplicável ao imposto de importação. Atualmente, as bagagens são isentas, no caso de viagens aéreas, até o valor de U$ 1.000,00 por passageiro, quantia que será por igual aplicável ao IBS e à CBS, por força da remissão aqui constante.

Pode-se questionar a validade da remissão, porquanto IBS e CBS só podem ser regrados por lei complementar, e os requisitos para a isenção, neste caso, são encaminhados à fixação por lei ordinária (alusiva ao imposto de importação). Deveria a própria lei complementar tê-los fixado, podendo-se entender que a remissão aqui constante se reporta aos limites e às condições atuais, que, se forem alterados, demandarão alteração também desta lei complementar, não podendo haver a alteração automática de um limite de isenção em virtude da mudança do outro. Ou se pode entender que se trata não de isenção, mas de esclarecimento didático do que se considera bagagem, ou remessa de bens pessoais sem conteúdo econômico, e neste caso a fixação nem precisaria constar de lei.

> **Art. 95.** Na remessa internacional em que seja aplicado o regime de tributação simplificada, nos termos da legislação aduaneira, é responsável solidário do IBS e da CBS e obrigado a se inscrever no regime regular do IBS e da CBS o fornecedor dos bens materiais de procedência estrangeira, ainda que residente ou domiciliado no exterior, observado o disposto no § 2º do art. 21, no § 3º do art. 22 e no art. 23 desta Lei Complementar.

COMENTÁRIOS

No âmbito das importações, existem basicamente três regimes. O "regime de tributação comum de importação", em que se utiliza o sistema de comércio exterior e, no que tange ao imposto de importação, existem procedimentos a serem seguidos e diversas alíquotas diferentes aplicáveis, a depender da classificação do produto. Mas existem dois outros regimes, mais simples, um aplicado aos viajantes, relativamente a bens que importem em sua bagagem, e outros para remessas postais de até U$ 3.000,00 (três mil dólares). Este art. 95 se aplica a essa segunda hipótese de importação simplificada.

Neste caso, para enviar produtos ao Brasil por via postal, o fornecedor, mesmo situado no exterior, deverá inscrever-se como contribuinte do IBS e da CBS. Em se tratando de bens materiais, de existência corpórea, a não inscrição pode levar a embaraços, restrições ou apreensões quando da chegada do bem ao país, o que facilita o *enforcement* da norma.

> **Art. 96.** A plataforma digital, ainda que domiciliada no exterior, é responsável pelo pagamento do IBS e da CBS relativos aos bens materiais objeto de remessa internacional cuja operação ou importação tenha sido realizada por seu intermédio, observado o disposto nos arts. 22 e 23 desta Lei Complementar.

COMENTÁRIOS

As plataformas digitais, quando procedam à intermediação do negócio subjacente à importação que enseja a remessa internacional, estão na típica posição de vinculação com o fato gerador que lhes permite reter, descontar, ou repassar, o tributo que pagam em nome do contribuinte, para este. Geralmente elas retêm o preço pago pelo comprador, e só entregam a quantia correspondente ao vendedor, quando o negócio se opera por seu intermédio, quando o comprador acusa o recebimento do bem e não faz qualquer reclamação. Na oportunidade, a plataforma desconta percentuais de comissão que lhe são contratualmente devidos pelo vendedor, pelo uso de seus serviços, e pode, da mesma forma, proceder ao acréscimo, sobre o preço a ser pago pelo comprador, ou o desconto no valor a ser entregue ao vendedor, do IBS e da CBS incidentes sobre a operação, recolhendo-os aos cofres públicos mas fazendo com que sejam suportados pelo contribuinte, não por si, em atenção às regras de competência, ao princípio da capacidade contributiva, e ao que dispõe o art. 128 do CTN.

TÍTULO II – DOS REGIMES ADUANEIROS ESPECIAIS E DOS REGIMES DE BAGAGEM | Art. 99

> **Art. 97.** Nas hipóteses dos arts. 95 e 96 desta Lei Complementar, o destinatário de remessa internacional, ainda que não seja o importador, é solidariamente responsável pelo pagamento do IBS e da CBS relativos aos bens materiais objeto de remessa internacional caso:
>
> I – o fornecedor residente ou domiciliado no exterior não esteja inscrito; ou
>
> II – os tributos não tenham sido pagos pelo fornecedor residente ou domiciliado no exterior, ainda que inscrito, ou por plataforma digital.

 COMENTÁRIOS

No caso de remessa internacional na qual o fornecedor estrangeiro não seja inscrito como contribuinte do IBS e da CBS, ou, ainda que inscrito, o tributo não seja por ele pago, nem pela plataforma que intermediar a operação, a responsabilidade será solidariamente atribuída também ao destinatário. Em outras palavras, em uma tentativa de simplificação e otimização (para o Fisco), buscam-se plataformas e fornecedores no exterior, que, aderindo às disposições do Direito Brasileiro, podem tornar a remessa mais célere responsabilizando-se desde logo pelo pagamento dos tributos. Isso até já ocorria, mesmo antes da reforma tributária e da criação do IBS e da CBS, com grandes plataformas e em relação ao imposto de importação. Não por imposição legal, mas por interesse das próprias plataformas, estas já calculam uma estimativa do tributo incidente e cobram de antemão do destinatário, de modo a recolhê-lo e agilizar o processo de entrega. Mas, se nada funcionar, o *enforcement* recai sobre o destinatário, porquanto em território brasileiro e interessado no que fisicamente lhe foi remetido.

Seção VII
Do Regime de Fornecimento de Combustível
para Aeronave em Tráfego Internacional

> **Art. 98.** Considera-se exportação o fornecimento de combustível ou lubrificante para abastecimento de aeronaves em tráfego internacional e com destino ao exterior.
>
> **Parágrafo único.** O disposto neste artigo somente se aplica no abastecimento de combustível ou lubrificante realizados exclusivamente em zona primária alfandegada ou área de porto organizado alfandegado.

 COMENTÁRIOS

Este art. 98 estabelece uma equiparação do fornecimento de combustível ou lubrificante para abastecimento de aeronaves em tráfego internacional à operação de exportação, de modo que se apliquem a tais operações as mesmas desonerações pertinentes às exportações. Aliás, nem se trata propriamente de uma equiparação: se o avião abastece no país e segue viagem, não há dúvida de que o combustível foi sim exportado.

A exigência de que o abastecimento ocorra exclusivamente em zonas primárias alfandegadas ou áreas de portos organizados alfandegados, conforme disposto no parágrafo único, visa a garantir controle sobre a aplicação do regime, evitando desvios para o mercado interno.

CAPÍTULO II
DAS ZONAS DE PROCESSAMENTO DE EXPORTAÇÃO

> **Art. 99.** As importações ou as aquisições no mercado interno de máquinas, de aparelhos, de instrumentos e de equipamentos realizadas por empresa autorizada a operar em

zonas de processamento de exportação serão efetuadas com suspensão do pagamento do IBS e da CBS.

§ 1º A suspensão de que trata o *caput* deste artigo aplica-se apenas aos bens, novos ou usados, necessários às atividades da empresa autorizada a operar em zonas de processamento de exportação, para incorporação ao seu ativo imobilizado.

§ 2º Na hipótese de importação de bens usados, a suspensão de que trata o *caput* deste artigo será aplicada quando se tratar de conjunto industrial que seja elemento constitutivo da integralização do capital social da empresa.

§ 3º Na hipótese de utilização dos bens importados ou adquiridos no mercado interno com suspensão do pagamento do IBS e da CBS em desacordo com o disposto nos §§ 1º e 2º, ou de revenda dos bens antes que ocorra a conversão da suspensão em alíquota zero, na forma estabelecida no § 4º deste artigo, a empresa autorizada a operar em zonas de processamento de exportação fica obrigada a recolher o IBS e a CBS que se encontrem com o pagamento suspenso, acrescidos de multa e juros de mora nos termos do § 2º do art. 29 desta Lei Complementar, calculados a partir da data de ocorrência dos respectivos fatos geradores, na condição de:

I – contribuinte, em relação às operações de importação; ou

II – responsável, em relação às aquisições no mercado interno.

§ 4º Se não ocorrer as hipóteses previstas no § 3º, a suspensão de que trata o *caput* deste artigo converter-se-á em alíquota zero, decorrido o prazo de 2 (dois) anos, contado da data de ocorrência do fato gerador.

§ 5º Se não for efetuado o pagamento do IBS e da CBS na forma do § 3º deste artigo, caberá a exigência dos valores em procedimento de ofício, corrigidos pela taxa Selic e das penalidades aplicáveis.

Art. 100. As importações ou as aquisições no mercado interno de matérias-primas, de produtos intermediários e de materiais de embalagem realizadas por empresa autorizada a operar em zonas de processamento de exportação serão efetuadas com suspensão do pagamento do IBS e da CBS.

§ 1º As matérias-primas, os produtos intermediários e os materiais de embalagem de que trata o *caput* deste artigo deverão ser utilizados integralmente no processo produtivo do produto final a ser exportado, sem prejuízo do disposto no art. 101 desta Lei Complementar.

§ 2º A suspensão de que trata o *caput* deste artigo converter-se-á em alíquota zero com a exportação do produto final ou da prestação de serviços fornecidos ou destinados exclusivamente para o exterior, observado o disposto no § 4º.

§ 3º Considera-se matéria-prima para fins do disposto no *caput* a energia elétrica proveniente de fontes renováveis de geração utilizada por empresas instaladas em Zonas de Processamento de Exportação.

§ 4º A energia elétrica proveniente de fontes renováveis de geração utilizada por empresas prestadoras de serviço instaladas em zonas de processamento de exportação terá tratamento equivalente ao estabelecido no *caput* para matérias-primas, produtos intermediários e materiais de embalagem.

Art. 101. Os produtos industrializados ou adquiridos para industrialização por empresa autorizada a operar em zonas de processamento de exportação poderão ser vendidos para o mercado interno, desde que a pessoa jurídica efetue o pagamento:

I – do IBS e da CBS, na condição de contribuinte, que se encontrem com o pagamento sobre as importações suspenso em razão do disposto nos arts. 99 e 100 desta Lei Complementar, acrescidos de multa de mora e corrigidos pela taxa Selic, calculados a partir da data de ocorrência dos respectivos fatos geradores;

II – do IBS e da CBS, na condição de responsável, que se encontrem com o pagamento relativo a aquisições no mercado interno suspenso em razão do disposto nos arts. 99 e

TÍTULO II – DOS REGIMES ADUANEIROS ESPECIAIS E DOS REGIMES DE BAGAGEM — Art. 102

> 100 desta Lei Complementar, acrescidos de multa de mora e corrigidos pela taxa Selic, calculados a partir da data de ocorrência dos respectivos fatos geradores;
>
> III – do IBS e da CBS normalmente incidentes na operação de venda.

COMENTÁRIOS

Zona de Processamento de Exportação (ZPE) é uma área, delimitada geograficamente, na qual se podem instalar empresas que passam a ter tratamento jurídico diferenciado, sob diversos prismas, inclusive e especialmente tributário. Desoneram-se as remessas feitas à ZPE, com a condição de que sejam utilizadas na produção de itens que serão exportados.

Teoricamente, qualquer empresa poderia produzir e exportar a partir de qualquer região do país, gozando a imunidade de exportação e contando o exportador com o direito ao ressarcimento de todo o IBS e CBS incidente nos insumos, matérias-primas, bens do ativo etc. É mais eficiente e benéfico, entretanto, sequer cobrar os tributos incidentes sobre tais itens, em especial os destinados ao ativo imobilizado (cujo crédito demoraria mais a ser aproveitado ou ressarcido), *antecipando* e racionalizando a desoneração.

Como consequência, e sendo a desoneração condicionada ou destinada a que ocorra a exportação, caso ela não aconteça, com a comercialização do bem produzido no mercado interno, fazem-se devidos o IBS e a CBS até então suspensos, seja na importação, seja na aquisição no mercado interno. No primeiro caso, a empresa sediada na ZPE que realizar a operação no mercado interno será devedora do IBS e da CBS até então suspensos (incidentes na importação) como contribuinte. No segundo, de aquisição no mercado interno, como responsável (o contribuinte seria o fornecedor, que entretanto não recolheu na época em virtude da suspensão, e do qual o tributo não poderá mais ser exigido). Será devedora do IBS e da CBS, também, naturalmente, a empresa situada na ZPE que realizar a venda no mercado interno, no que tange à incidência nessa operação no mercado interno.

Se a exportação se consumar, a desoneração temporária, sob a forma de suspensão, torna-se definitiva como alíquota zero.

Em se tratando de bens destinados ao ativo permanente, não se exige, naturalmente, sua exportação para que a suspensão converta-se em alíquota zero, pois, sendo incorporados de forma definitiva ao patrimônio da empresa (máquinas, veículos de carga etc.), e usados na própria atividade produtiva, evidentemente não serão exportados. Exige-se, neste caso, que não sejam revendidos no mercado interno, e permaneçam com a entidade que os adquiriu com suspensão e que está estabelecida na ZPE, por pelo menos dois anos, ao cabo dos quais a suspensão converte-se em alíquota zero.

> **Art. 102.** Aplica-se o tratamento estabelecido nos arts. 99 e 100 desta Lei Complementar às aquisições de máquinas, de aparelhos, de instrumentos, de equipamentos, de matérias-primas, de produtos intermediários e de materiais de embalagem realizadas entre empresas autorizadas a operar em zonas de processamento de exportação.

COMENTÁRIOS

Em esclarecimento a rigor desnecessário, mas útil diante de mentes fiscalistas que não raro realizam interpretações toscas do art. 111 do CTN, o art. 102 desta lei complementar esclarece que igual tratamento deve ser dedicado às aquisições feitas não de outras partes do território nacional, ou do exterior (ambas não tributadas pela CBS e pelo IBS), mas às aquisições feitas de outras empresas que também operem na ZPE. Do contrário, talvez alguém sustentasse que, como não se trata de exportação, nem de operação de importação ou com alguém externo à ZPE, os tributos seriam devidos e não haveria suspensão. É óbvio que haveria suspensão, pois o bem não saiu da ZPE, mas o esclarecimento atende aos que sempre exigem disposições explícitas e literais para tudo (pelo menos para quando se trata de não tributar).

> **Art. 103.** Ficam reduzidas a zero as alíquotas do IBS e da CBS incidentes sobre os serviços de transporte:
> I – dos bens de que tratam os arts. 99 e 100 desta Lei Complementar, até as zonas de processamento de exportação; e
> II – dos bens exportados a partir das zonas de processamento de exportação.

 COMENTÁRIOS

Sendo, como são, as Zonas de Processamento de Exportação (ZPEs), áreas destinadas à instalação de empresas voltadas à produção de bens a serem exportados, reduzem-se a zero as alíquotas do IBS e da CBS dos bens de que tratam os arts. 99 e 100, vale dizer, máquinas, aparelhos, instrumentos, equipamentos, matérias-primas, produtos intermediários e materiais de embalagem, bem como dos bens que sejam exportados a partir das ZPEs.

No que tange àqueles exportados a partir das ZPEs, a exportação é imune, sendo irrelevante a disposição que zera as alíquotas correspondentes. No que diz respeito às entradas de materiais de embalagens, matérias-primas etc., haveria crédito a ser posteriormente ressarcido ao exportador, mas a fixação das alíquotas em zero antecipa a desoneração e desburocratiza o procedimento, evitando que desnecessariamente se recolha o tributo que posteriormente haveria de ser ressarcido.

Recorde-se que tais bens, quando destinados à ZPE, são objeto de *suspensão*, a qual é concedida com o intuito de desonerar os bens que serão exportados, ou utilizados, direta ou indiretamente, na produção dos bens que serão exportados. Caso não haja a exportação e os bens sejam comercializados no mercado interno, IBS e CBS se fazem devidos, mas, com a consumação da exportação, a suspensão "converte-se" em alíquota zero, ou seja, torna-se definitiva a desoneração que, até então, era provisória.

> **Art. 104.** O disposto neste Capítulo observará a disciplina estabelecida na legislação aduaneira para as zonas de processamento de exportação.

 COMENTÁRIOS

Tem-se aqui uma norma de sobreposição, ou que se reporta a realidade institucional (a ZPE) constituída por um outro subsistema de normas, que é a legislação aduaneira. Por outras palavras, tudo o que na legislação aduaneira se dispõe a respeito das Zonas de Processamento de Exportação (ZPEs) deve ser levado em conta para efeito de aplicação das normas deste capítulo referentes ao tratamento a ser dado ao IBS e à CBS relativamente a tais zonas (o que as caracteriza, onde estão situadas, requisitos para seu reconhecimento etc.).

CAPÍTULO III
DOS REGIMES DOS BENS DE CAPITAL

Seção I
Do Regime Tributário para Incentivo à Modernização e à Ampliação da Estrutura Portuária (Reporto)

Art. 105. Observada a disciplina estabelecida na legislação específica, serão efetuadas com suspensão do pagamento do IBS e da CBS as importações e as aquisições no mercado interno de máquinas, equipamentos, peças de reposição e outros bens realizadas diretamente pelos beneficiários do Regime Tributário para Incentivo à Modernização e à Ampliação da Estrutura Portuária (Reporto) e destinadas ao seu ativo imobilizado para utilização exclusiva na execução de serviços de:

I – carga, descarga, armazenagem e movimentação de mercadorias e produtos, inclusive quando realizadas em recinto alfandegado de zona secundária;

II – sistemas suplementares de apoio operacional;

III – proteção ambiental;

IV – sistemas de segurança e de monitoramento de fluxo de pessoas, mercadorias, produtos, veículos e embarcações;

V – dragagens; e

VI – treinamento e formação de trabalhadores, inclusive na implantação de Centros de Treinamento Profissional.

§ 1º O disposto no *caput* deste artigo aplica-se também aos bens utilizados na execução de serviços de transporte de mercadorias em ferrovias, classificados nas posições 86.01, 86.02 e 86.06 da Nomenclatura Comum do Mercosul baseada no Sistema Harmonizado (NCM/SH), e aos trilhos e demais elementos de vias férreas, classificados na posição 73.02 da NCM/SH.

§ 2º A suspensão do pagamento do IBS e da CBS prevista no *caput* deste artigo converte-se em alíquota zero após decorridos 5 (cinco) anos contados da data de ocorrência dos respectivos fatos geradores.

§ 3º A transferência, a qualquer título, de propriedade dos bens importados ou adquiridos no mercado interno ao amparo do Reporto, no prazo de 5 (cinco) anos, contado da data da ocorrência dos respectivos fatos geradores, deverá ser precedida de autorização do Comitê Gestor do IBS e da RFB e do recolhimento do IBS e da CBS com pagamento suspenso, acrescidos de multa e juros de mora nos termos do § 2º do art. 29 desta Lei Complementar.

§ 4º A transferência a que se refere o § 3º deste artigo, previamente autorizada pelo Comitê Gestor do IBS e pela RFB, para outro beneficiário do Reporto será efetivada com suspensão do pagamento do IBS e da CBS desde que o adquirente assuma a responsabilidade, desde o momento de ocorrência dos respectivos fatos geradores, pelo IBS e pela CBS com pagamento suspenso.

§ 5º Os bens beneficiados pela suspensão referida no *caput* e no § 1º deste artigo serão relacionados no regulamento.

§ 6º As peças de reposição referidas no *caput* deverão ter seu valor igual ou superior a 20% (vinte por cento) do valor da máquina ou equipamento ao qual se destinam, de acordo com a respectiva declaração de importação ou nota fiscal.

> § 7º Os beneficiários do Reporto poderão efetuar importações e aquisições no mercado interno amparadas pelo regime até 31 de dezembro de 2028.
>
> § 8º As pessoas jurídicas optantes pelo Simples Nacional não poderão aderir ao Reporto.

 COMENTÁRIOS

Do mesmo modo como opera no que tange a outros regimes especiais de desoneração condicionada, esta lei complementar dispõe, neste art. 105, do Regime Tributário para Incentivo à Modernização e à Ampliação da Estrutura Portuária (Reporto). Tal como se dá com ZPEs, e outros regimes comentados em artigos anteriores, aquisições no mercado interno, e importações, de itens dedicados à finalidade que se quer incentivar, no caso, a modernização e a ampliação dos portos (máquinas, equipamentos, peças de reposição e outros bens), são beneficiadas com suspensão, a qual, se cumpridas as condições e atendido o prazo de cinco anos, converte-se em alíquota zero.

É preciso que o importador ou o adquirente, para beneficiar-se da suspensão seguida de alíquota zero, seja beneficiário do Reporto, e tenha adquirido os bens para emprego em seu ativo imobilizado, ativo este voltado à utilização nos serviços indicados no artigo, a saber, carga, descarga, armazenagem e movimentação de mercadorias e produtos, sistemas suplementares de apoio operacional, proteção ambiental, sistemas de segurança e de monitoramento de fluxo de pessoas, mercadorias, produtos, veículos e embarcações, dragagens e treinamento e formação de trabalhadores, inclusive na implantação de Centros de Treinamento Profissional.

O mesmo vale se os bens forem usados na execução de serviço de transporte em ferrovias, as quais geralmente estão ligadas aos portos, e que são importantes a que as mercadorias cheguem até eles, para serem exportadas, ou partam deles para outros pontos do território nacional, quando são importadas. Pouco adiantaria aperfeiçoar portos, e ampliá-los, deixando de fora as ferrovias que com eles se conectam.

Tal como ocorre nos outros regimes, a transferência da propriedade do bem para quem não esteja relacionado ao Reporto enseja o recolhimento do IBS e da CBS até então suspensos. Se transferidos a outro beneficiário do Reporto, a suspensão segue vigente, desde que a transmissão seja autorizada pelo Fisco, que a condicionará a que o adquirente assuma a posição de responsável pelo IBS e pela CBS suspensos *desde a data do seu fato gerador* (aquisição no mercado interno ou importação), caso a aliene a terceiro.

Em outros termos, a aquisição de bem do ativo que se utilize na melhoria dos portos é beneficiada com a suspensão do IBS e da CBS, e ao cabo de cinco anos, com o bem sendo utilizado nas finalidades indicadas neste artigo, converte-se em alíquota zero. A desoneração provisória torna-se definitiva. Se, antes dos cinco anos consumados, o bem for transferido a um terceiro, os tributos até então suspensos se fazem devidos, desde a data em que seus fatos geradores ocorreram (importação ou aquisição no mercado interno), salvo se a transmissão se tiver dado a alguém também situado no Reporto que assuma integralmente a posição de responsável pelo tributo suspenso, caso transfira a outra pessoa fora do Reporto.

É desnecessária a remissão a que a transmissão do bem adquirido com suspensão do IBS e da CBS pode ser feita a alguém também beneficiado pelo Reporto, mantendo-se a suspensão. Desnecessária, por igual, a indicação de que o adquirente, neste caso, torna-se responsável pelo IBS e pela CBS suspensos, caso transfira os bens a outra pessoa não be-

TÍTULO II – DOS REGIMES ADUANEIROS ESPECIAIS E DOS REGIMES DE BAGAGEM | Art. 106

neficiada pelo regime. Quanto à "autorização", o Fisco não pode condicioná-la a nenhum outro requisito, salvo o indicado neste artigo, a saber, a responsabilização pelo tributo devido desde a aquisição originária. Do contrário, o adquirente pleitearia responder apenas em relação ao período posterior à sua aquisição. Quanto ao tributo, não haveria diferença, mas os juros, sendo desde a aquisição primeira, ou desde a feita pelo terceiro que se torna responsável, poderiam variar bastante. Assim, caso não haja essa assunção de responsabilidade, o IBS e a CBS fazem-se devidos já na transferência ao terceiro também detentor do Reporto.

No § 5º, tem mais uma remissão ao regulamento de constitucionalidade duvidosa, pois não cabe a ele indicar quais bens serão abrangidos pela suspensão, e quais não o serão.

Seção II
Do Regime Especial de Incentivos
para o Desenvolvimento da Infraestrutura (Reidi)

Art. 106. Observada a disciplina estabelecida na legislação específica, serão efetuadas com suspensão do pagamento do IBS e da CBS as importações e as aquisições no mercado interno de máquinas, aparelhos, instrumentos e equipamentos, novos, e de materiais de construção, realizadas diretamente pelos beneficiários do Regime Especial de Incentivos para o Desenvolvimento da Infraestrutura (Reidi) para utilização ou incorporação em obras de infraestrutura destinadas ao ativo imobilizado.

§ 1º A suspensão do pagamento do IBS e da CBS prevista no *caput* deste artigo aplica-se também:

I – à importação de serviços destinados a obras de infraestrutura para incorporação ao ativo imobilizado;

II – à aquisição no mercado interno de serviços destinados a obras de infraestrutura para incorporação ao ativo imobilizado; e

III – à locação de máquinas, aparelhos, instrumentos e equipamentos destinados a obras de infraestrutura para incorporação ao ativo imobilizado.

§ 2º A suspensão do pagamento do IBS e da CBS prevista no *caput* e no § 1º deste artigo converte-se em alíquota zero após a utilização ou incorporação do bem, material de construção ou serviço na obra de infraestrutura.

§ 3º O beneficiário do Reidi que não utilizar ou incorporar o bem, material de construção ou serviço na obra de infraestrutura fica obrigado a recolher o IBS e a CBS que se encontrem com o pagamento suspenso, acrescidos de multa e juros de mora nos termos do § 2º do art. 29 desta Lei Complementar, calculados a partir da data de ocorrência dos respectivos fatos geradores, na condição de:

I – contribuinte, em relação às operações de importação de bens materiais; ou

II – responsável, em relação aos serviços, às locações ou às aquisições de bens materiais no mercado interno.

§ 4º Os benefícios previstos neste artigo aplicam-se também na hipótese de, em conformidade com as normas contábeis aplicáveis, as receitas das pessoas jurídicas titulares de contratos de concessão de serviços públicos reconhecidas durante a execução das obras de infraestrutura elegíveis ao Reidi terem como contrapartida ativo de contrato, ativo intangível representativo de direito de exploração ou ativo financeiro representativo de direito contratual incondicional de receber caixa ou outro ativo financeiro, estendendo-se, inclusive, aos projetos em andamento já habilitados perante a RFB.

> § 5º Os benefícios previstos neste artigo poderão ser usufruídos nas importações e aquisições no mercado interno realizadas no período de 5 (cinco) anos, contado da data da habilitação no Reidi da pessoa jurídica titular do projeto de infraestrutura.
>
> § 6º As pessoas jurídicas optantes pelo Simples Nacional não poderão aderir ao Reidi.

 COMENTÁRIOS

Instituído pela Lei 11.488/2007, o Regime Especial de Incentivos para o Desenvolvimento da Infraestrutura, como o nome está a dizer, presta-se a estimular e desenvolver a implantação de obras de infraestrutura nos setores de transportes, portos, energia, saneamento básico e irrigação.

Assim como nos outros regimes especiais comentados nesta lei (Reporto, Repetro, ZPEs etc.), tem-se a suspensão do IBS e da CBS incidentes em aquisições e importações, condicionada a que aos bens assim adquiridos seja dada a finalidade ou a destinação indicadas na lei, e que se converte em alíquota zero ao cabo de determinado prazo. Caso não se cumpram as condições dentro do prazo, os tributos não recolhidos em virtude da suspensão se fazem devidos, com o cálculo de juros e multas retroativo à data de seus fatos geradores (importação ou aquisição no mercado interno que teria sido tributada oportunamente não fosse a suspensão).

Seção III
Do Regime Tributário para Incentivo à Atividade Naval – Renaval

> **Art. 107.** O Regime Tributário para Incentivo à Atividade Econômica Naval – Renaval permite aos beneficiários previamente habilitados suspensão do pagamento de IBS e CBS:
>
> I – nos fornecimentos de embarcações registradas ou pré-registradas no Registro Especial Brasileiro – REB instituído pelo art. 11 da Lei nº 9.432, de 8 de janeiro de 1997, para incorporação ao ativo imobilizado de adquirente sujeito ao regime regular do IBS e da CBS;
>
> II – nas importações e nas aquisições no mercado interno de máquinas, equipamentos e veículos destinados a utilização nas atividades de que trata o inciso III efetuadas para incorporação a seu ativo imobilizado; e
>
> III – nas importações e nas aquisições no mercado interno de matérias-primas, produtos intermediários, partes, peças e componentes para utilização na construção, conservação, modernização e reparo de embarcações pré-registradas ou registradas no REB.
>
> § 1º Somente contribuintes sujeitos ao regime regular do IBS e da CBS que exercem precipuamente as atividades de construção, conservação, modernização e reparo de embarcações poderão ser habilitados como beneficiários do Renaval, nos termos do regulamento.
>
> § 2º A suspensão do pagamento do IBS e da CBS prevista no *caput* deste artigo converte-se em alíquota zero após:
>
> I – 12 (doze) meses de permanência do bem no ativo imobilizado do adquirente, no caso do inciso I do *caput*;
>
> II – 5 (cinco) anos de permanência do bem no ativo imobilizado do adquirente, no caso do inciso II do *caput*; e
>
> III – a incorporação ou consumo nas atividades de que trata o inciso III do *caput*.
>
> § 3º O beneficiário do Renaval que não cumprir a condição estabelecida nos incisos I a III do *caput* fica obrigado a recolher o IBS e a CBS suspensos, com os acréscimos de que trata o § 2º do art. 29 desta Lei Complementar, calculados a partir da data de ocorrência dos respectivos fatos geradores, na condição de:

TÍTULO II – DOS REGIMES ADUANEIROS ESPECIAIS E DOS REGIMES DE BAGAGEM　　Art. 108

> I – contribuinte, em relação às operações de importação de bens materiais; ou
>
> II – responsável, em relação às operações no mercado interno.
>
> § 4º Aplica-se o disposto no § 3º ao beneficiário que transferir, a qualquer título, a propriedade dos bens importados ou adquiridos no mercado interno sob amparo do Renaval antes da conversão em alíquota zero.
>
> § 5º Para os fins do disposto neste artigo, também serão considerados como bens e serviços incorporados ao ativo imobilizado aqueles com a mesma natureza e que, em decorrência das normas contábeis aplicáveis, forem contabilizados por concessionárias de serviços públicos como ativo de contrato, intangível ou financeiro.

COMENTÁRIOS

Seguindo a mesma ideia subjacente aos artigos anteriores (*v.g.*, arts. 105 e 106), este artigo introduz o Regime Tributário para Incentivo à Atividade Econômica Naval – Renaval, que busca estimular o setor naval por meio da suspensão do IBS e da CBS, a qual, atendidos certos requisitos, se pode converter em alíquota zero. Descumpridos os requisitos, os tributos se fazem devidos. O regime concede o incentivo para operações específicas que envolvem embarcações registradas no Registro Especial Brasileiro (REB) e insumos relacionados à sua construção, à sua modernização ou ao seu reparo.

A suspensão do IBS e da CBS visa a mitigar os custos envolvidos no setor naval, especialmente em um segmento estratégico para a economia brasileira, como o transporte marítimo e a indústria de construção naval. O benefício é condicionado à habilitação prévia dos contribuintes, que devem exercer predominantemente as atividades de construção, conservação, modernização e reparo de embarcações. Essa limitação reflete uma tentativa de restringir o benefício às atividades diretamente relacionadas ao objetivo do regime, evitando desvios ou expansões indevidas.

Os parágrafos do artigo detalham as condições para a conversão da suspensão em alíquota zero, que varia entre 12 meses e 5 anos, dependendo da natureza do bem adquirido. Esse prazo reforça a intenção de vincular o benefício à permanência do bem no ativo imobilizado do beneficiário ou ao consumo nos processos produtivos. A exigência de devolução dos tributos suspensos, em casos de descumprimento das condições ou transferência antecipada dos bens, demonstra a preocupação com a integridade do regime e a necessidade de fiscalização efetiva, sendo de resto inerente à própria sistemática de suspensão.

Seção IV
Da Desoneração da Aquisição de Bens de Capital

> **Art. 108.** Fica assegurado o crédito integral e imediato de IBS e CBS, na forma do disposto nos arts. 47 a 56, na aquisição de bens de capital.

COMENTÁRIOS

A disposição em comento não seria sequer necessária, caso fosse sincera a promessa do "crédito amplo" subjacente aos discursos de defesa da EC 132/2023 e da Reforma Tributária por ela levada a efeito. Se se trata de aquisição de bem tributado pelo IBS, e pela CBS, e que será de algum modo utilizado em atividade onerada por tais tributos, o direito ao crédito existe, independentemente do que disponha esse art. 108.

> **Art. 109.** Ato conjunto do Poder Executivo da União e do Comitê Gestor do IBS poderá definir hipóteses em que importações e aquisições no mercado interno de bens de capital por contribuinte no regime regular serão realizadas com suspensão do pagamento do IBS e da CBS, não se aplicando o disposto no art. 108 desta Lei Complementar.
>
> § 1º O ato conjunto de que trata o *caput* deste artigo discriminará os bens alcançados e o prazo do benefício.
>
> § 2º A suspensão do pagamento do IBS e da CBS prevista no *caput* deste artigo converte-se em alíquota zero após a incorporação do bem ao ativo imobilizado do adquirente, observado o prazo de que trata o § 1º deste artigo.
>
> § 3º O beneficiário que não incorporar o bem ao seu ativo imobilizado fica obrigado a recolher o IBS e a CBS que se encontrem com o pagamento suspenso, acrescidos de multa e juros de mora na forma do § 2º do art. 29 desta Lei Complementar, calculados a partir da data de ocorrência dos respectivos fatos geradores, na condição de:
>
> I – contribuinte, em relação às importações; ou
>
> II – responsável, em relação às aquisições no mercado interno.
>
> § 4º O disposto neste artigo aplica-se também às pessoas jurídicas optantes pelo Simples Nacional inscritas no regime regular de que trata esta Lei Complementar.

 COMENTÁRIOS

É salutar a desoneração de bens de capital, importantes à industrialização do país. Considerando a não cumulatividade plena, essa desoneração ocorreria, de uma forma ou de outra, dado o direito de crédito do IBS e da CBS incidentes sobre tais bens, mas determinar a suspensão conversível em alíquota zero representa forma de racionalizar e tornar mais eficiente o processo.

À luz do princípio da legalidade, é inválida a delegação constante deste artigo. A lei pode desonerar aquisição de bens de capital, delegando ao regulamento apenas aspectos instrumentais (forma de requerer a concessão do benefício). Não se pode delegar a fixação de *hipóteses nas quais a desoneração ocorrerá*.

> **Art. 110.** Ficam reduzidas a zero as alíquotas do IBS e da CBS no fornecimento e na importação:
>
> I – de tratores, máquinas e implementos agrícolas, destinados a produtor rural não contribuinte de que trata o art. 164; e
>
> II – de veículos de transporte de carga destinados a transportador autônomo de carga pessoa física não contribuinte de que trata o art. 169.
>
> **Parágrafo único.** O disposto neste artigo se aplica aos bens de capital listados no regulamento.

 COMENTÁRIOS

Em mais uma ofensa clara à legalidade, e ao art. 150, I e § 6º, da CF/1988, permite-se aqui a redução a zero do IBS e da CBS no fornecimento e na importação de outros bens de capital, além daqueles bens mencionados nos incisos I e II. É da maior clareza, porém, que o regulamento não pode nem ampliar, nem diminuir o rol de produtos sujeitos a ele ou àquela alíquota, e muito menos modificar a lista daqueles agraciados com alíquota zero.

> **Art. 111.** Para fins desta Seção, também serão considerados bens incorporados ao ativo imobilizado aqueles com a mesma natureza e que, em decorrência das normas contábeis aplicáveis, forem contabilizados por concessionárias de serviços públicos como ativo de contrato, intangível ou financeiro.

COMENTÁRIOS

Partindo de uma interpretação restritiva da legislação do ICMS, não era raro que Estados-membros colocassem restrições ou dificuldades ao reconhecimento do direito de crédito de ICMS, inerente à não cumulatividade, quando concessionárias de serviços públicos adquiriam bens onerados pelo imposto, mas que, por razões contábeis, eram registrados como fazendo parte do "ativo de contrato", do "ativo intangível" ou do "ativo financeiro". Eram bens que, se se tratasse de outra empresa, não concessionária de serviço público, seriam classificados como integrando o ativo fixo, mas, porque adquiridos por concessionária (incorporando-se, assim, ao patrimônio do poder concedente), precisariam ser contabilizados de modo diverso. Uma questiúncula contábil que não deveria ter qualquer repercussão sobre a não cumulatividade, mas, como esta é vista pelo Fisco como um favor, que faz assim tudo para restringi-la, era o que ocorria. Daí o acerto do esclarecimento em questão.

A tese que os fiscos estaduais invocavam era a de que os bens que compõem a infraestrutura necessária à prestação de um serviço público (p. ex., fornecimento de energia elétrica) pertencem ao poder concedente (no caso de energia, à União), sendo apenas utilizados pela pessoa jurídica detentora da concessão. Essa seria a razão pela qual não poderiam ser considerados como integrantes do "ativo imobilizado" da pessoa jurídica, mas sim do "ativo intangível", ensejando, por isso, na visão das autoridades, a glosa do crédito de ICMS respectivo. Em adição, existiriam "normas contábeis" que orientariam no sentido de que a escrituração de tais bens deveria ser feita em contas de "ativo intangível", e não de bens do "ativo imobilizado". Essas normas foram editadas pelo *International Financial Reporting Interpretations Comitee* (IFRIC 12) e pelo Comitê de Pronunciamentos Contábeis (ICPC 01).

Entretanto, mesmo sob a ótica da legislação do ICMS (LC 87/1996), as entradas de mercadorias no estabelecimento contribuinte geram créditos de ICMS e são divididas em: *(a)* mercadorias (porque destinadas à revenda e, por isso, contabilizadas no ativo circulante); *(b)* bens destinados ao ativo permanente; *(c)* bens destinados ao uso ou ao consumo do estabelecimento. A Lei se reporta a *ativo permanente*, e não especificamente a *ativo imobilizado*, circunstância a ser levada em conta por quem pretenda contrastá-la com as normas contábeis citadas. Isso porque o ativo permanente é um gênero, do qual tanto o ativo imobilizado como o intangível são espécies. Ademais, a única restrição feita pela Lei, no que tange às entradas supramencionadas, é meramente temporal e diz respeito às que se destinam ao uso ou consumo do estabelecimento[1]. No mais, exige-se apenas que o bem de cuja entrada se cogita esteja relacionado às atividades do estabelecimento, que decorra de operação tributada, e que

---

[1] A apropriação dos créditos inerentes a entradas de bens destinados ao uso ou ao consumo do estabelecimento vem sendo postergada continuamente, desde a edição da LC 87/1996. Caso não haja nova modificação nessa data, o termo inicial para que passem a ser aproveitados é janeiro de 2020 (cf. LC 138/2010).

a operação seguinte seja igualmente tributada. Trata-se, por suposto, de uma consequência do princípio constitucional da não cumulatividade, a ser assim implementado. Com relação ao IBS e à CBS, a polêmica é superada por esse artigo, de resto desnecessário para o reconhecimento de créditos, pois a única hipótese em que estes podem ser objeto de restrição é a de não guardarem as entradas relação com a atividade do contribuinte (é o caso dos bens de uso e consumo pessoal), não importando, quando estiverem relacionadas a essa atividade, a classificação contábil dos bens cuja aquisição dá ensejo ao crédito. A sua utilidade, porém, é maior no que tange a outros benefícios concedidos à aquisição de tais bens, como hipóteses de suspensão ou alíquota zero.

TÍTULO III
DA DEVOLUÇÃO PERSONALIZADA DO IBS E DA CBS (*CASHBACK*) E DA CESTA BÁSICA NACIONAL DE ALIMENTOS

CAPÍTULO I
DA DEVOLUÇÃO PERSONALIZADA DO IBS E DA CBS (*CASHBACK*)

Art. 112. Serão devolvidos, nos termos e limites previstos neste Capítulo, para pessoas físicas que forem integrantes de famílias de baixa renda:
I – a CBS, pela União; e
II – o IBS, pelos Estados, pelo Distrito Federal e pelos Municípios.

COMENTÁRIOS

Uma das principais críticas à tributação incidente sobre o consumo, no plano filosófico, é a sua regressividade. Como a maior parte da, ou toda a, renda de famílias mais pobres é empregada no consumo, não havendo factualmente a opção de reservar parte dela para a poupança, países que tributam pesadamente o consumo criam sistemas tributários regressivos, em que pessoas com menor capacidade econômica para contribuir terminam suportando proporcionalmente uma carga tributária maior. Sem entrar aqui na polêmica de saber quem "paga na verdade" o tributo indireto, o fato é que, ainda que juridicamente pago pelos agentes econômicos, ele torna *mais caro* produzir e vender no país, o que se reflete, ainda que de modo meramente econômico, nos preços.

Em países com maior desigualdade econômica, em que existe um percentual grande de pessoas com menor capacidade econômica para contribuir, a tributação sobre o consumo se mostra um instrumento capaz de gerar grande volume de receita, sendo, ainda, mais simples de ser administrada que aquela integrada por tributos incidentes sobre o patrimônio e a renda. Por outras palavras, o Poder Público não pode abrir mão dela.

Um caminho possível para equacionar o problema é, diante de tributação incidente sobre o consumo, neutra, adotarem-se políticas públicas em que os gastos governamentais se destinam a ações capazes de reduzir tais desigualdades, em especial aquelas voltadas à educação. A simplicidade e a eficiência na arrecadação não seriam comprometidas por regimes especiais e seletividades, as quais não diferenciam pessoas pobres, que de fato precisariam da redução, daquelas dotadas de maior capacidade e que poderiam pagar a alíquota padrão, e o ajuste seria feito no gasto. O problema deste tipo de solução, ideal no plano do cálculo econômico, é que, dentro do jogo político, ela pode soar como o "depois a gente compra" com o qual pais acalmam o ímpeto de filhos pequenos por um vistoso brinquedo na vitrine da loja por onde passam, na esperança de que, na volta (do passeio), a criança tenha esquecido, ou esteja distraída ou dormindo.

Outra solução, adotada pela EC 132/2023 e pela lei complementar em comento, é a sistemática de *cashback*, em que se devolve todo ou parte do tributo incidente sobre a operação ao consumidor final. Com essa ferramenta, se pode aliviar a carga tributária incidente sobre o consumo, no que tange a pessoas que efetivamente têm pouca capacidade econômica para contribuinte, mantendo-a elevada no que tange às demais. O problema, desta vez, é a complexidade que se agrega ao sistema, notadamente para que se evitem fraudes.

Note-se que, embora o projeto inicial previsse IVA inteiramente uniforme, com alíquota única, as pressões políticas no Congresso Nacional terminaram abrindo espaço para o estabelecimento de alguns regimes especiais. Quebrou-se a ideia de neutralidade e simplicidade, em parte, sendo de se lembrar que tais regimes especiais, menos onerosos, se voltados a desonerar produtos supostamente consumidos por pessoas mais pobres, desonerarão os mesmos produtos quando consumidos por pessoas ricas também. Mas, pelo menos, os tais regimes serão apenas aqueles já previstos no texto constitucional, e regulados nesta lei, abolindo-se a profusão de sistemas, normatizados por termo de acordo em cada um dos 27 entes federativos, referentes ao ICMS.

> **Art. 113.** O destinatário das devoluções previstas neste Capítulo será aquele responsável por unidade familiar de família de baixa renda cadastrada no Cadastro Único para Programas Sociais do Governo Federal (CadÚnico), conforme o art. 6º-F da Lei nº 8.742, de 7 de dezembro de 1993, ou por norma equivalente que a suceder, e que observar, cumulativamente, os seguintes requisitos:
>
> I – possuir renda familiar mensal per capita de até meio salário-mínimo nacional;
>
> II – ser residente no território nacional; e
>
> III – possuir inscrição em situação regular no CPF.
>
> § 1º O destinatário será incluído de forma automática na sistemática de devoluções, podendo, a qualquer tempo, solicitar a sua exclusão.
>
> § 2º Os dados pessoais coletados na sistemática das devoluções serão tratados na forma da Lei nº 13.709, de 14 de agosto de 2018 (Lei Geral de Proteção de Dados Pessoais), e do art. 198 da Lei nº 5.172, de 25 de outubro de 1966 (Código Tributário Nacional), e somente poderão ser utilizados ou cedidos a órgãos da administração pública ou, de maneira anonimizada, a institutos de pesquisa para a execução de ações relacionadas às devoluções.

COMENTÁRIOS

Define-se aqui o consumidor final beneficiário da restituição de IBS e CBS pelo regime de *cashback*, a ser identificado de maneira atrelada aos cadastros de pessoas beneficiárias de programas de assistência social (*v.g.*, Bolsa Família). Além disso, a pessoa precisa ter renda familiar mensal *per capita* de até meio salário mínimo nacional, ser residente no país e possuir CPF. São critérios para identificar pessoas em situação de vulnerabilidade econômica adequados; o problema reside no controle do preenchimento de tais requisitos, sendo certo que as possibilidades de fraude são inúmeras, como os próprios programas assistenciais que servem de base para a identificação dos beneficiários do *cashback* o demonstram. Não que isso seja motivo para que sejam abolidos, porque as vantagens talvez superem as desvantagens, mas estas precisam ser conhecidas e minimizadas.

Relevante também a norma que garante às pessoas que fornecem seus dados ao Poder Público, de sorte a serem identificadas como elegíveis ao *cashback*, a proteção de seus dados pessoais, que podem ser fornecidos a terceiros, mas de forma anonimizada. Como se sabe, ainda há uma lacuna na ordem jurídica nacional, quanto à necessidade de proteção de dados pessoais, notadamente quando o potencial violador deles é o Poder Público, algo com o que a lei complementar em comento demonstra alguma preocupação, mas ainda insuficiente. Se cedidos a terceiros, precisam ser anonimizados, mas se partilhados com a própria Administração Pública, não, sem que sequer se apontem os fins ou objetivos que legitimariam esse compartilhamento.

> **Art. 114.** A devolução da CBS a que se refere o inciso I do *caput* do art. 112 desta Lei Complementar será gerida pela RFB, a quem caberá:
>
> I – normatizar, coordenar, controlar e supervisionar sua execução;
>
> II – definir os procedimentos para determinação do montante e a sistemática de pagamento dos valores devolvidos;
>
> III – elaborar relatórios gerenciais e de prestação de contas relativos aos valores devolvidos; e
>
> IV – adotar outras ações e iniciativas necessárias à operacionalização da devolução.
>
> § 1º A normatização a que se refere o inciso I do *caput* deste artigo definirá, especialmente:
>
> I – o período de apuração da devolução;
>
> II – o calendário e a periodicidade de pagamento;
>
> III – as formas de creditamento às pessoas físicas destinatárias;
>
> IV – a forma de ressarcimento de importâncias recebidas indevidamente pelas pessoas físicas;
>
> V – os mecanismos de mitigação de fraudes ou erros;
>
> VI – o tratamento em relação a indícios de irregularidades;
>
> VII – as formas de transparência relativas à distribuição das devoluções; e
>
> VIII – o prazo para utilização das devoluções, que não poderá ser superior a 24 (vinte e quatro) meses.
>
> § 2º Os procedimentos adotados para pagamentos das devoluções priorizarão mecanismos que estimulem a formalização do consumo das famílias destinatárias, por meio da emissão de documentos fiscais, de modo a estimular a cidadania fiscal e a mitigar a informalidade nas atividades econômicas, a sonegação fiscal e a concorrência desleal.

 COMENTÁRIOS

A devolução de que cuida o art. 112, *caput*, I, desta Lei diz respeito à CBS, que, por ser tributo de competência federal, será levada a efeito, inclusive no que tange à regulamentação no nível da maior minudência infralegal, por ato do Poder Executivo Federal, em especial da Receita Federal.

Como ocorre há algum tempo no uso de notas fiscais, solicitadas por consumidores finais e depositadas em urnas ou, mais recentemente, usadas em plataformas eletrônicas, para a concessão de prêmios e participação de sorteios, relativamente ao ICMS e ao ISS, o artigo em comento disciplina que a sistemática de *cashback* seja usada também para esse fim, vale dizer, para estimular os consumidores a solicitarem a emissão de documento fiscal, pois só assim conseguirão receber, posteriormente, o respectivo ressarcimento do IVA-Dual.

TÍTULO III – DA DEVOLUÇÃO PERSONALIZADA DO IBS E DA CBS — Art. 116

Aquela compra antes feita na pequena mercearia ou barraca de feira, de modo inteiramente informal – e sem o recolhimento de tributos –, será substituída por outra que leve à devolução do imposto, ou haverá pressão dos consumidores junto aos fornecedores, mesmo os menores, para que se formalizem, de modo a viabilizar o *cashback*. A ideia pode fazer com que a sistemática não apenas minimize a regressividade e a injustiça da tributação sobre o consumo no Brasil, se funcionar, mas até mesmo funcione como instrumento para redução da informalidade e aumento da conformidade fiscal.

> **Art. 115.** A devolução do IBS a que se refere o inciso II do *caput* do art. 112 será gerida pelo Comitê Gestor do IBS, a quem competirá as atribuições previstas no art. 114 desta Lei Complementar, respeitadas as especificidades.

 COMENTÁRIOS

Considerando que o IBS, pedaço subnacional periférico do IVA-Dual, é de competência "compartilhada" por todos os Estados, Distrito Federal e Municípios, não poderia a devolução dele, ainda que por mecanismo de *cashback*, ser toda resolvida por autoridade da Receita Federal. Daí ser do Comitê Gestor a alçada de fazê-lo, ainda que se possam fazer ajustes entre ambos os órgãos competentes – CG e SRF – para que o processo siga os mesmos padrões, mantendo a unicidade de regime exigida pelo art. 149-B da CF/1988 (vejam-se os comentários ao art. 122). Caso esses ajustes e acertos ocorram, e a devolução se dê de modo unificado, note-se que terá sido o órgão que representa Estados e Municípios que terá assim decidido, não sendo a unificação uma imposição desta lei, ou da Receita Federal. Parece-nos a rigor que a unificação decorre do art. 149-B da CF/1988, sendo o inusitado "compartilhamento" do IBS com *todos* os entes subnacionais uma outra forma de dizer, sem o fazer expressamente para não assustar o art. 60, § 4º, I, da CF/1988, que ele é federal.

> **Art. 116.** As devoluções dos tributos previstas neste Capítulo serão concedidas no momento definido em regulamento.
>
> § 1º Caso se trate de fornecimento domiciliar de energia elétrica, abastecimento de água, esgotamento sanitário e gás canalizado e de fornecimento de serviços de telecomunicações as devoluções serão concedidas no momento da cobrança.
>
> § 2º Caso se trate de fornecimento de bens ou de serviços sujeitos à
>
> cobrança com periodicidade fixa, as devoluções serão concedidas, preferencialmente no momento da cobrança.
>
> § 3º Os valores serão disponibilizados para o agente financeiro no prazo máximo de 15 (quinze) dias após a apuração, observado o disposto no inciso I do § 1º do art. 114 e no art. 115 desta Lei Complementar.
>
> § 4º O agente financeiro deverá transferir os valores às famílias destinatárias em até 10 (dez) dias após a disponibilização de que trata o § 3º deste artigo.

 COMENTÁRIOS

Cuidando do momento em que a devolução deve ocorrer, o artigo em comento estabelece, no que tange às operações de prestação de serviços de fornecimento de energia elétrica, água, coleta de esgoto e gás natural, que ela é devida "no momento da cobrança da operação". A técnica é sofrível, do ponto de vista jurídico, pois o que se cobra não é a operação, mas o preço devido em razão dela. "Cobrar a operação" parece fazer alusão a exigir que ela ocorra: "João está cobrando a festa de aniversário dele", diz a mãe se reportando às exigências do filho pequeno de que se faça uma festinha em seu natalício. Cobra-se o preço devido pela ocorrência da operação, e, nessa ocasião, devolve-se o tributo. Isso implica efeitos econômicos equivalentes aos de uma alíquota zero, pois a devolução, no momento da cobrança do preço – e, sobre ela, do IBS e da CBS –, "zera" o IBS e a CBS devidos, ou acrescidos ao valor cobrado do consumidor. O efeito econômico é até melhor que o de uma isenção ou alíquota zero gerais, pois se garante que será refletido no preço pago, e apenas em relação aos consumidores de baixa renda.

É inconstitucional, porém, delegar ao regulamento o estabelecimento do momento em que a restituição deve ocorrer, sendo inválida a parte final do inciso I, que implica transferir ao regulamento o poder de conceder a restituição simultânea ao pagamento, que equivale a uma "alíquota zero", citada no parágrafo anterior. Aliás, é inválido quase todo o dispositivo, na parte em que praticamente delega todo o disciplinamento temporal da matéria ao regulamento. De uma forma ou de outra, entende-se que o regulamento, se válida fosse essa delegação, apenas poderia encurtar o prazo de 25 dias que se extrai das disposições deste artigo, contados da conclusão do período de apuração em que recolhidos o IBS e a CBS a serem restituídos.

Art. 117. As devoluções previstas neste Capítulo serão calculadas mediante aplicação de percentual sobre o valor do tributo relativo ao consumo, formalizado por meio da emissão de documentos fiscais.

§ 1º O regulamento estabelecerá regras de devolução por unidade familiar destinatária e por período de apuração das devoluções, de modo que a devolução seja compatível com a renda disponível da família.

§ 2º Para determinação do tributo a ser devolvido às pessoas físicas, nos termos do *caput* e do § 1º deste artigo, serão considerados:

I – o consumo total de produtos pelas famílias destinatárias, ressalvados os produtos sujeitos ao Imposto Seletivo, de que trata o Livro II desta Lei Complementar;

II – os dados extraídos de documentos fiscais vinculados ao CPF dos membros da unidade familiar, que acobertem operações de aquisição de bens ou serviços exclusivamente para consumo domiciliar;

III – a renda mensal familiar disponível, assim entendida a que resulta do somatório da renda declarada no CadÚnico a valores auferidos a título de transferência condicionada de renda;

IV – os dados extraídos de publicações oficiais relativos à estrutura de consumo das famílias;

V – as regras de tributação de bens e serviços previstas na legislação.

COMENTÁRIOS

Devolver-se-á percentual do valor de IBS e CBS incidente sobre os bens e serviços consumidos por pessoas de baixa renda, economicamente vulneráveis, como forma de mitigar a regressividade da tributação sobre o consumo. Nessa condição, será parte do valor destacado no documento fiscal que será devolvida, sendo este, o valor destacado, o montante que servirá de base para a aplicação do percentual a ser ressarcido. Daí o artigo reportar-se a "tributo relativo ao consumo".

O esclarecimento, embora óbvio, é necessário, para que não se defenda que o valor a ser devolvido é aquele efetivamente desembolsado pelo elo anterior da cadeia, o fornecedor

TÍTULO III – DA DEVOLUÇÃO PERSONALIZADA DO IBS E DA CBS — Art. 118

do bem ou do serviço ao consumidor final. O fornecedor pode ter pago, e muito provavelmente pagou, quantia menor que a destacada, mas isso porque o tributo é não cumulativo e se aproveitaram créditos, os quais foram abatidos do débito decorrente da última incidência. Todas elas, contudo, desde o início da cadeia, oneraram o produto.

> **Art. 118.** O percentual a ser aplicado nos termos do art. 117 desta Lei Complementar será de:
>
> I – 100% (cem por cento) para a CBS e 20% (vinte por cento) para o IBS na aquisição de botijão de até 13 kg (treze quilogramas) de gás liquefeito de petróleo, nas operações de fornecimento domiciliar de energia elétrica, abastecimento de água, esgotamento sanitário e gás canalizado e nas operações de fornecimento de telecomunicações; e
>
> II – 20% (vinte por cento) para a CBS e para o IBS, nos demais casos.
>
> § 1º A União, os Estados, o Distrito Federal e os Municípios poderão, por lei específica, fixar percentuais de devolução da sua parcela da CBS ou do IBS superiores aos previstos nos incisos I e II do *caput*, os quais poderão ser diferenciados:
>
> I – em função da renda familiar dos destinatários, observado o disposto no art. 113 desta Lei Complementar;
>
> II – entre os casos previstos nos incisos I e II do *caput*.
>
> § 2º Na ausência da fixação de percentuais próprios, as devoluções previstas neste Capítulo serão calculadas mediante aplicação dos percentuais de que tratam os incisos I e II do *caput*.
>
> § 3º O disposto no § 1º deste artigo não se aplica ao percentual de devolução da CBS de que trata o inciso I do *caput*.

COMENTÁRIOS

Os percentuais de devolução constantes deste artigo implicam, por vias transversas, a redução da alíquota do IBS e da CBS incidentes sobre tais itens, mas apenas quando o destinatário for pessoa identificada como economicamente vulnerável. Excluindo-se as possibilidades de fraudes e as dificuldades de controle, a medida pode ser uma boa maneira de reduzir a regressividade inerente ao tributo incidente sobre o consumo, em especial no que tange a itens essenciais e de demanda inelástica como são os citados nos incisos I e II do *caput* deste artigo.

Neste artigo trata-se da possibilidade de, na lei de cada ente tributante destinada à fixação da alíquota de IBS (no caso de Estados, Distrito Federal e Municípios) ou CBS (no caso da União), estabelecerem-se percentuais maiores que os já fixados no artigo anterior. A vedação a que isso ocorra em relação à CBS mencionada no inciso I do *caput* do art. 118 é inócua, pois ali já se estabelece a restituição de 100%, mas o esclarecimento talvez se destine a explicitar que não é possível aumentar por vias tortas o benefício, estabelecendo devolução da CBS em montante superior ao recolhido. Como o autor desta Lei Complementar parece achar que com as palavras se pode fazer o que se quiser, arbitrariamente, talvez tenha ficado com o receio de alguém definir como "devolução" uma transferência que supere aquilo que supostamente se estaria devolvendo. Se isso ocorrer – de se devolver mais do que se recebeu –, pode até não haver invalidade, algo que aqui não se discute, mas não será de devolução que se estará tratando.

A Constituição estabelece que IBS e CBS devem ser regidos por legislação uma, devendo a mesma lei disciplinar ambos os tributos. Diante disso, não se admite que outras leis fiquem a tratar deles, *salvo no que tange às alíquotas*, pelo que a disposição deste art. 118, neste particular, não é inconstitucional, mas caminho para que Estados, Distrito Federal e Municípios fixem, na prática, para pessoas de baixa renda, alíquotas diferenciadas, única exceção à regra que impõe, com ressalva das exceções previstas na Constituição, neutralidade e unicidade de alíquotas para o IVA-Dual.

> **Art. 119.** Excepcionalmente, nas localidades com dificuldades operacionais que comprometam a eficácia da devolução do tributo na forma do art. 117 desta Lei Complementar, poderão ser adotados procedimentos simplificados para cálculo das devoluções.
>
> § 1º O procedimento simplificado de que trata este artigo não se aplica às devoluções concedidas no momento da cobrança da operação, nos termos dos §§ 1º e 2º do art. 116 desta Lei Complementar.
>
> § 2º Para fins do disposto no *caput* deste artigo, deverá ser observada a seguinte sequência de cálculos, respeitadas as faixas de renda das famílias destinatárias:
>
> I – determinação do ônus dos tributos suportados nas diferentes faixas de renda, assim entendido como o produto do consumo mensal estimado dos bens e serviços, pelas alíquotas correspondentes;
>
> II – determinação da pressão tributária nas diferentes faixas de renda, obtida pela razão entre o ônus dos tributos suportados, nos termos do inciso I deste parágrafo, e a renda mensal média estimada, expressa em termos percentuais;
>
> III – determinação do ônus dos tributos suportados no nível da unidade familiar nas diferentes faixas de renda, que consiste na multiplicação da pressão tributária da faixa de renda pela renda mensal disponível da família destinatária, nos termos do inciso III do § 2º do art. 117 desta Lei Complementar;
>
> IV – determinação do valor mensal da devolução no nível da unidade familiar, que resulta da multiplicação do ônus dos tributos suportados no nível da unidade familiar pelo percentual de devolução fixado nos termos do art. 118 desta Lei Complementar.
>
> § 3º Os dados relativos ao consumo dos bens e serviços e a renda média a que se referem, respectivamente, os incisos I e II do § 2º deste artigo, serão estimados a partir das informações da Pesquisa de Orçamentos Familiares (POF), produzida pela Fundação Instituto Brasileiro de Geografia e Estatística (IBGE), mais atualizada, com base em metodologia definida no regulamento.
>
> § 4º A definição das localidades com dificuldades operacionais de que trata o *caput* deste artigo levará em consideração o grau de eficácia da devolução do tributo, mediante metodologia de avaliação definida no regulamento.

 COMENTÁRIOS

A regra geral é a de que a devolução seja calculada com base no que efetivamente houver sido recolhido em face do consumo da família que a receberá. Até mesmo como forma de incentivar a cidadania fiscal (aqui representada pelo ato do consumidor de exigir o documento fiscal), e funcionar como instrumento de prevenção e combate à sonegação fiscal. Entretanto, considerando que em certas localidades pode haver "dificuldades operacionais" que tornem essa formalização difícil, nelas a lei autoriza que a devolução se faça pelos critérios aproximados previstos neste artigo.

Cria-se com isso a estranha devolução de algo que pode não ter sido pago, suscitando a dúvida sobre se não seria melhor incrementar os valores dos programas de assistência ligados a pessoas em situação de vulnerabilidade econômica, de uma forma geral, sem atrelar isso à administração do IBS e da CBS, com todos os complicadores e burocracias que daí decorrem.

TÍTULO III – DA DEVOLUÇÃO PERSONALIZADA DO IBS E DA CBS Art. 122

De qualquer forma, considera-se que tais critérios aproximados de devolução, em localidades em que a formalização é mais incomum, sejam de uso excepcional.

> **Art. 120.** Em nenhuma hipótese a parcela creditada individualmente à família beneficiária nos termos deste Capítulo poderá superar o ônus do tributo suportado relativo à CBS, no caso da devolução a que se refere o inciso I do *caput* do art. 112, e o ônus do tributo suportado relativo ao IBS, no caso da devolução a que se refere o inciso II do *caput* do art. 112 desta Lei Complementar, incidentes sobre o consumo das famílias.
>
> **Parágrafo único.** Para efeito do disposto no *caput* deste artigo, o ônus do tributo suportado pelas famílias destinatárias poderá ser aferido com base em documentos fiscais emitidos ou pelos procedimentos de cálculo detalhados no art. 119 desta Lei Complementar.

COMENTÁRIOS

Como se trata de devolução do tributo incidente sobre os bens e serviços consumidos, obviamente ela não pode superar o montante do tributo incidente sobre os bens e serviços consumidos. O artigo nem precisaria existir, não fosse o fato de que a restituição será feita por critérios aproximados, como visto nos comentários ao artigo anterior, nem sempre correspondendo exatamente aos valores pagos sobre tais itens. Daí a norma estabelecendo que nessa aproximação se há de tomar cuidado para que não se restitua mais que o pago.

> **Art. 121.** As devoluções dos tributos a pessoas físicas de que trata este Capítulo serão deduzidas da arrecadação, mediante anulação da respectiva receita.

COMENTÁRIOS

Deduzir da arrecadação por meio de anulação da respectiva receita significa, em termos orçamentários, tratar o *cashback* como um valor que nunca chegou a ser arrecadado. Com isso, o valor não é considerado como uma "despesa adicional", e não aparece nas contas públicas, ainda que temporariamente, como algo que poderia ser utilizado para outro fim.

Imagine-se, por hipótese, que um consumidor de baixa renda adquiriu produtos sobre os quais incidiu R$ 200,00 de IBS e CBS. Se, pelo mecanismo de *cashback*, for devida a ele uma devolução de 10%, ele receberá R$ 20,00 de volta, e, para fins contábeis, o Poder Público (União, Estado e Município, ou Distrito Federal, cada um na sua proporção de recebimento desses tributos) consignará que, ao invés de ter arrecadado R$ 200,00, arrecadou apenas R$ 180,00, anulando os R$ 20,00 devolvidos. Embora o resultado econômico possa ser o mesmo, juridicamente, à luz do Direito Financeiro, isso é diferente de contabilizar a arrecadação de R$ 200,00, e depois a despesa de R$ 20,00.

> **Art. 122.** A União, por meio da RFB, e os Estados, o Distrito Federal e os Municípios, por meio do Comitê Gestor do IBS, poderão implementar soluções integradas para a administração de sistema que permita a devolução de forma unificada das parcelas a que se referem os incisos I e II do *caput* do art. 112 desta Lei Complementar.
>
> **Parágrafo único.** A administração integrada inclui o exercício de competências previstas nos arts. 114 e 115 desta Lei Complementar, nos termos de convênio específico para esse fim.

143

Art. 123

COMENTÁRIOS

Visando a superar outra dificuldade decorrente do caráter "dual" do IVA que inicialmente seria único, o dispositivo em comento cuida da unificação do procedimento de devolução (*cashback*). Como o IBS é de competência compartilhada de Estados e Municípios, e a CBS é de competência federal, incidindo ambos nas mesmas operações, e sob um mesmo regime jurídico, é mais prático, e racional, que se uniformize também a forma como serão devolvidos ao consumidor de baixa renda, de modo que não seja a ele creditado primeiro um, depois outro, ou, pior, que se exijam procedimentos e formalidades diferentes para um mesmo resultado.

> **Art. 123.** As devoluções previstas no art. 112 desta Lei Complementar serão calculadas com base no consumo familiar realizado a partir do:
> I – mês de janeiro de 2027, para a CBS; e
> II – mês de janeiro de 2029, para o IBS.

COMENTÁRIOS

O artigo não é claro sobre se se refere ao cálculo do valor a ser devolvido (as bases de cálculo da devolução), ou à definição de quem será considerado como elegível para o recebimento da devolução (determinação, a partir do consumo familiar, de qual família poderá receber devoluções). A interpretação correta parece ser a primeira. O artigo é uma indicação do termo a partir do qual as devoluções começarão a ocorrer, sendo a CBS primeiro, até porque começará a ser cobrada primeiro.

> **Art. 124.** Para os efeitos desta Lei Complementar, entende-se por:
> I – devolução geral a pessoas físicas do IBS ou da CBS o valor apurado mediante a aplicação dos percentuais estabelecidos no art. 118 desta Lei Complementar;
> II – devolução específica a pessoas físicas do IBS ou da CBS a diferença entre o valor apurado mediante a aplicação dos percentuais fixados pelos entes federativos nos termos do art. 118 desta Lei Complementar e o valor de que trata o inciso I deste *caput*.
> **Parágrafo único.** A devolução geral de que trata o inciso I do *caput* deste artigo deverá ser considerada para fins de cálculo das alíquotas de referência, com vistas a reequilibrar a arrecadação das respectivas esferas federativas.

COMENTÁRIOS

Veiculando disposições destinadas a esclarecer o significado das expressões "devolução geral" e "devolução específica", que serão utilizadas por esta lei em outros dispositivos, o artigo em comento estabelece que a primeira, "devolução geral", designa o valor que todos os entes federativos – União, Estados-membros, Distrito Federal e Municípios – estão obrigados a devolver ao consumidor final, de CBS e IBS, por força do art. 118 desta lei. Já "devolução específica" alude ao *plus*, ou acréscimo, devolvido adicionalmente por União, Estados-membros, Distrito Federal, e Municípios, caso estes legislem especificamente neste sentido nos moldes do art. 118.

O esclarecimento é importante para a compreensão de outros artigos desta lei, como o art. 19, que exemplifica, como alteração desta lei capaz de modificar a arrecadação e que por isso deve ser acompanhada de medida compensatória consistente em alteração na alíquota de referência, alterações nos critérios de devolução geral, mas não nos de específica (porque estas são regradas por lei específica de cada ente, não por esta lei complementar).

CAPÍTULO II
DA CESTA BÁSICA NACIONAL DE ALIMENTOS

> **Art. 125.** Ficam reduzidas a zero as alíquotas do IBS e da CBS incidentes sobre as vendas de produtos destinados à alimentação humana relacionados no Anexo I desta Lei Complementar, com a especificação das respectivas classificações da NCM/SH, que compõem a Cesta Básica Nacional de Alimentos, criada nos termos do art. 8º da Emenda Constitucional nº 132, de 20 de dezembro de 2023.
>
> **Parágrafo único.** Aplica-se o disposto nos §§ 1º e 2º do art. 126 desta Lei Complementar às reduções de alíquotas de que trata o *caput* deste artigo.

 COMENTÁRIOS

De modo a atenuar os efeitos da regressividade da tributação sobre o consumo, estabelecem-se algumas hipóteses de "alíquota zero" de IBS e CBS. No que tange à cesta básica nacional de alimentos, a ideia é torná-la mais acessível à população, em especial de baixa renda, evitando que o IVA-Dual seja um componente a influir para a majoração de seu preço.

Sabe-se que também pessoas de renda elevada consomem os itens da cesta básica, e por isso defendeu-se, no projeto original (PEC 45/2019), uma alíquota só para qualquer hipótese de tributação de bem ou serviço, conjugada com a sistemática do *cashback*, mais à frente comentada, para economicamente aliviar o ônus – de modo específico e dirigido – apenas em relação àqueles em que isso se fizesse pertinente. Para certos bens, contudo, optou-se pela redução indistinta, inclusive por razões políticas e de apelo popular.

TÍTULO IV
DOS REGIMES DIFERENCIADOS DO IBS E DA CBS
CAPÍTULO I
DISPOSIÇÕES GERAIS

> **Art. 126.** Ficam instituídos regimes diferenciados do IBS e da CBS, de maneira uniforme em todo o território nacional, conforme estabelecido neste Título, com a aplicação de alíquotas reduzidas ou com a concessão de créditos presumidos, assegurados os respectivos ajustes nas alíquotas de referência do IBS e da CBS, com vistas a reequilibrar a arrecadação.
>
> § 1º Atendidos os requisitos próprios, os regimes diferenciados de que trata este Capítulo aplicam-se, no que couber, à importação dos bens e serviços nele previstos.
>
> § 2º A alteração das operações com bens ou com serviços beneficiadas pelos regimes diferenciados de que trata este Capítulo, mediante acréscimo, exclusão ou substituição, somente entrará em vigor após o cumprimento do disposto nos §§ 9º e 11 do art. 156-A da Constituição Federal.
>
> § 3º O disposto no § 2º deste artigo não se aplica às hipóteses de que tratam o § 2º do art. 131, o § 2º do art. 132, o art. 134, o § 10 do art. 138, o § 2º do art. 144, o § 2º do art. 145 e o § 3º do art. 146 desta Lei Complementar desde que seus efeitos, considerados con-

> juntamente a cada período de revisão, não resultem em elevação superior a 0,02 (dois centésimos) ponto percentual da alíquota de referência da CBS, da alíquota de referência estadual do IBS ou da alíquota de referência municipal do IBS.
>
> § 4º As reduções de alíquotas de que trata este Título serão aplicadas sobre as alíquotas-padrão do IBS e da CBS de cada ente federativo, fixadas na forma do art. 14 desta Lei Complementar.
>
> § 5º A apropriação dos créditos presumidos previstos neste Título fica condicionada:
>
> I – à emissão de documento fiscal eletrônico relativo à operação pelo adquirente, com identificação do respectivo fornecedor; e
>
> II – ao efetivo pagamento ao fornecedor.

 COMENTÁRIOS

Na proposta inicial, da PEC 45/2019, que deu origem à EC 132/2023, o IVA seria inteiramente neutro, com a previsão de apenas uma alíquota. A ideia é de que assim se alcança mais simplicidade e eficiência, sendo certo que a seletividade nas alíquotas não é o melhor instrumento para aferir a capacidade econômica de quem adquire produtos e serviços, fazendo-o apenas de modo indireto e impreciso. Ao reduzir o tributo de certos produtos, porque essenciais, beneficiam-se pessoas ricas e pobres. Melhor seria, pela ótica subjacente ao projeto original, um IVA de alíquota una, neutro, que gere boa arrecadação, cabendo ao Poder Público, depois, com o gasto dos recursos arrecadados, endereçar questões relacionadas às desigualdades econômicas. O *cashback*, oportunamente examinado nestes comentários, seria uma das maneiras de fazê-lo.

Não foi essa, contudo, a opção seguida pelo constituinte derivado, no âmbito do processo que culminou com a edição da EC 132/2023, que, por razões políticas, terminou por prever os regimes diferenciados previstos neste título.

Há, todavia, ainda assim, grande diferença em relação ao que se tinha com o IPI, e especialmente com o ICMS, representando o regramento do IVA-Dual, neste ponto, um avanço.

Quanto ao IPI, há uma infinidade de alíquotas, que podem variar a depender da classificação do produto, gerando controvérsias classificatórias intermináveis. *Powerbanks*, assim entendidos aqueles dispositivos portáteis destinados a carregar telefones celulares, seriam carregadores portáteis ou baterias? Um *smartwatch* é um relógio, um medidor de pressão, um GPS de pulso, ou um dispositivo para o recebimento de mensagens? Tais divergências, que levavam não raro a autos de infração cobrando do contribuinte diferenças inerentes a anos de adoção de uma classificação, quando o Fisco depois decide como correta outra, mais onerosa, eram frequentes na jurisprudência, a evidenciar a litigiosidade suscitada pelo regime, a prejudicar principalmente contribuintes de boa-fé, gerando enorme insegurança.

Quanto ao ICMS, a situação é ainda mais caótica. À revelia da LC 87/1996, Estados criam regimes especiais, que estabelecem formas de cálculo para o imposto completamente diferentes das previstas em lei, tudo com base em "termos de acordo" firmados com cada setor econômico, ou mesmo com cada contribuinte individualmente, tornando o imposto inteiramente disforme.

No caso de IBS e CBS, conquanto se tenham inserido os regimes especiais, eles serão apenas estes, previstos nesta lei, e que adiante seguem comentados.

CAPÍTULO II
DA REDUÇÃO EM TRINTA POR CENTO DAS ALÍQUOTAS DO IBS E DA CBS

Art. 127. Ficam reduzidas em 30% (trinta por cento) as alíquotas do IBS e da CBS incidentes sobre a prestação de serviços pelos seguintes profissionais, que exercerem atividades intelectuais de natureza científica, literária ou artística, submetidas à fiscalização por conselho profissional:

I – administradores;

II – advogados;

III – arquitetos e urbanistas;

IV – assistentes sociais;

V – bibliotecários;

VI – biólogos;

VII – contabilistas;

VIII – economistas;

IX – economistas domésticos;

X – profissionais de educação física;

XI – engenheiros e agrônomos;

XII – estatísticos;

XIII – médicos veterinários e zootecnistas;

XIV – museólogos;

XV – químicos;

XVI – profissionais de relações públicas;

XVII – técnicos industriais; e

XVIII – técnicos agrícolas.

§ 1º A redução de alíquotas prevista no *caput* deste artigo aplica-se à prestação de serviços realizada por:

I – pessoa física, desde que os serviços prestados estejam vinculados à habilitação dos profissionais; e

II – pessoa jurídica que cumpra, cumulativamente, os seguintes requisitos:

a) possuam os sócios habilitações profissionais diretamente relacionadas com os objetivos da sociedade e estejam submetidos à fiscalização de conselho profissional;

b) não tenha como sócio pessoa jurídica;

c) não seja sócia de outra pessoa jurídica;

d) não exerça atividade diversa das habilitações profissionais dos sócios; e

e) sejam os serviços relacionados à atividade-fim prestados diretamente pelos sócios, admitido o concurso de auxiliares ou colaboradores.

§ 2º Para fins do disposto no inciso II do § 1º deste artigo, não impedem a redução de alíquotas de que trata este artigo:

I – a natureza jurídica da sociedade;

II – a união de diferentes profissionais previstos nos incisos I a XVIII do *caput* deste artigo, desde que a atuação de cada sócio seja na sua habilitação profissional; e

III – a forma de distribuição de lucros.

§ 3º Não se aplicam os §§ 1º e 2º deste artigo à prestação de serviços relacionada à profissão do inciso X do *caput* deste artigo efetuada por pessoa jurídica, desde que submetida à fiscalização de conselho profissional.

Art. 127

 COMENTÁRIOS

O art. 127, ora comentado, estabelece o regime jurídico aplicável a serviços prestados de modo pessoal, por contribuinte pessoa física ou por pessoa jurídica composta pelas pessoas físicas habilitadas à prestação do serviço. Trata-se de regime análogo, ou sucessor, daquele previsto para o ISS no Decreto-lei 406/1968, em seu art. 9º, aplicável a profissões legalmente regulamentadas e às chamadas "sociedades de profissionais".

Durante muito tempo, os Municípios ofereceram forte resistência ao tratamento diferenciado previsto no Decreto-lei 406/1968 aos profissionais autônomos e às sociedades por eles constituídas. No caso do ISS, esse tratamento diferenciado consistia em exigir o imposto não pela aplicação de alíquota sobre uma base de cálculo, que seria o valor cobrado pelo serviço, mas pelo estabelecimento de valores fixos, por cada profissional. A lei municipal deveria estabelecer, por exemplo, que os advogados pagariam R$ 300,00 por mês, de ISS, e os escritórios de advocacia, R$ 300,00 por cada advogado, sócio, associado ou empregado, que nele estivesse a trabalhar.

Inicialmente, os Municípios alegaram que esse regime não teria sido recepcionado pela Constituição Federal de 1988 (art. 151, III), por ser isenção de tributo municipal dada por lei da União (o DL 406/1968). O Supremo Tribunal Federal, porém, entendeu que se trata apenas de regime diferenciado, não de isenção, e que esse regime diferenciado não significa necessariamente benefício, ou redução. Afinal, em mês em que não houver faturamento na prestação de serviços, ou este for muito baixo, o pagamento por valores fixos por profissional pode ser um regime mais oneroso que o normal, e não menos. Além disso, é o Município, por lei, quem fixa o valor fixo a ser considerado, não a União[1]. Alegaram também, os Municípios, que o regime diferenciado violaria a isonomia. Mas o STF entendeu que não, até porque as sociedades de profissionais não podem ser aquelas que exploram atividades empresariais, sendo certo que o simples fato de alguns autônomos se reunirem em sociedade para ratear despesas "não autoriza presumir maior capacidade contributiva"[2].

Por último, com o advento da LC 116/2003, que traça normas gerais em matéria de ISS, os Municípios colocaram a questão de saber se não teria sido revogado o art. 9º do Decreto-lei 406/1968 e o tratamento específico nele previsto. Essa pretensão foi igualmente rechaçada pela jurisprudência, que partiu das disposições revogadoras expressamente previstas na própria LC 116/2003, que, de modo textual, ao revogarem o DL 406/1968, ressalvaram seu art. 9º.

Paralelamente a isso, sempre houve muita tensão, entre contribuintes e os Fiscos municipais, no que tange à identificação de uma sociedade de profissionais. O que as diferencia das que têm "caráter empresarial"[3]? É possível ter empregados? É vedada a adoção de algu-

---

[1] STF, RE 301.508 AgR/MG, rel. Min. Néri da Silveira, 2ª Turma, j. 05.03.2002, v.u., *DJ* 05.04.2002, p. 42.

[2] STF, RE 236.604/PR, rel. Min. Carlos Velloso, Pleno, j. 26.05.1999, v.u., *DJ* 06.08.1999, p. 52. A transcrição é de trecho do voto do Min. Sepúlveda Pertence.

[3] O STJ pacificou seu entendimento no sentido de que o tratamento de que cuida o art. 9º, §§ 1º e 3º, do DL 406/1968 não se aplica a entidades que prestem serviços em caráter empresarial, assim entendidas aquelas que não contam com a participação direta e pessoal de seus sócios, mas sim de empregados cuja mão de obra é explorada por pessoa jurídica formada por sócios que nem habilitação têm no respectivo mister. É o caso, por exemplo, dos serviços prestados por laboratórios de análises médicas (STJ, AgRg no Ag 704.239/AL, rel. Min. Denise Arruda, 1ª Turma, j. 06.12.2005, *DJ* 01.02.2006, p. 452). Quanto às sociedades de advogados, considera o STJ que não têm caráter empresarial, em face de sua própria natureza: "1. O art. 9º, §§ 1º e 3º, do Decreto-Lei 406/1968 estabelece alguns requisitos, sem os quais a

ma forma societária específica? Chegou-se a sustentar que, se a sociedade tiver empregados, ainda que ligados a atividades-meio, ou se adotar esta ou aquela forma de sociedade (p. ex., de sociedade limitada), perderia o caráter "de profissionais" e, com isso, o tratamento do art. 9º do DL 406/1968. O artigo em comento, relativamente ao IBS e à CBS, resolve tais questões, deixando claro que tais sociedades podem ter empregados, e podem adotar a forma societária que quiserem.

Ressalte-se, porém, que o regime diferenciado, aqui, não consistirá no recolhimento por quantias fixas, mas em redução em 30% das alíquotas, as quais serão fixadas por lei ordinária da União, dos Estados, do Distrito Federal e dos Municípios. Como é imposta no próprio texto constitucional, não se tem redução de tributos de um ente determinada por outro, o que seria vedado pelo art. 151, III, da CF/1988. Assim, se as alíquotas dos três entes, juntas, para CBS e IBS, totalizarem 25%, por exemplo, os profissionais citados neste artigo, e suas sociedades, submeter-se-ão a uma alíquota total de 17,5%, sem que isso se reflita no direito de apropriar créditos, que deverá poder ser exercido normalmente. E sem que seja necessária a previsão desta alíquota menor nas leis estaduais, federal, distrital e municipais: basta que fixem a padrão, que as reduções sobre ela, em obediência aos regimes especiais previstos constitucionalmente, decorrerão diretamente desta lei complementar.

É preciso atenção ao fato de que tais serviços, por envolverem essencialmente o trabalho intelectual de quem os presta, comportam poucas possibilidades de apropriação de créditos, diversamente do que ocorre em setores do comércio ou da indústria, ou mesmo de serviços em que há uso mais intenso de matéria-prima, cujo custo responde por parcela mais significativa do preço final.

Daí a pertinência do regime diferenciado: não se trata de seletividade destinada a graduar o ônus conforme a capacidade presumida do comprador, o que é ineficiente, inadequado, e mais bem resolvido com adequação do gasto público ou adoção de sistemática de *cashback*. Trata-se de algo relacionado a particularidades do próprio setor, cujo pouco potencial de aproveitamento de crédito (crédito este que responde por uma alíquota elevada na saída) justifica a específica e excepcional alíquota mais baixa.

---

sociedade estará obrigada a recolher o ISS com base na sistemática geral, vale dizer, sobre o valor do seu faturamento. São eles: (a) que a sociedade seja uniprofissional; (b) que os profissionais nela associados ou habilitados prestem serviços em nome da sociedade, embora sob responsabilidade pessoal. 2. O art. 16 da Lei 8.906/1994 (Estatuto da Advocacia) permite concluir que as sociedades de advogados, qualquer que seja o respectivo contrato social, caracterizam-se como sociedades uniprofissionais. O dispositivo proíbe que essas entidades realizem 'atividades estranhas à advocacia' ou incluam em seus quadros 'sócio não inscrito como advogado ou totalmente proibido de advogar'. 3. Os profissionais que compõem os quadros de uma sociedade de advogados prestam serviços em nome da sociedade, embora sob responsabilidade pessoal. Essa conclusão é possível diante da leitura do art. 15, § 3º, da Lei 8.906/1994, segundo o qual 'as procurações devem ser outorgadas individualmente aos advogados e indicar a sociedade de que façam parte'; do art. 17, que fixa a responsabilidade pessoal e ilimitada do sócio pelos danos causados aos clientes por ação ou omissão no exercício da advocacia; bem como do art. 18, do mesmo diploma legal, que estabelece que 'a relação de emprego, na qualidade de advogado, não retira a isenção técnica nem reduz a independência profissional inerentes à advocacia'. 4. O art. 16 da Lei 8.906/1994 espanca qualquer dúvida acerca da natureza não empresarial das sociedades de advogados. Segundo a previsão normativa, não serão admitidas a registro, nem poderão funcionar, 'as sociedades de advogados que apresentem forma ou características mercantis'. 5. Tranquila a conclusão de que a sociedade civil de advocacia, qualquer que seja o conteúdo de seu contrato social, goza do tratamento tributário diferenciado previsto no art. 9º, §§ 1º e 3º, do Decreto-Lei 406/1968, já que são necessariamente uniprofissionais, não possuem natureza mercantil, sendo pessoal a responsabilidade dos profissionais nela associados ou habilitados" (STJ, REsp 649.094/RJ, rel. Min. Castro Meira, 2ª Turma, j. 23.11.2004, *DJ* 07.03.2005, p. 228).

CAPÍTULO III
DA REDUÇÃO EM SESSENTA POR CENTO DAS ALÍQUOTAS DO IBS E DA CBS

Seção I
Disposições Gerais

Art. 128. Desde que observadas as definições e demais disposições deste Capítulo, ficam reduzidas em 60% (sessenta por cento) as alíquotas do IBS e da CBS incidentes sobre operações com:

I – serviços de educação;

II – serviços de saúde;

III – dispositivos médicos;

IV – dispositivos de acessibilidade próprios para pessoas com deficiência;

V – medicamentos;

VI – alimentos destinados ao consumo humano;

VII – produtos de higiene pessoal e limpeza majoritariamente consumidos por famílias de baixa renda;

VIII – produtos agropecuários, aquícolas, pesqueiros, florestais e extrativistas vegetais *in natura*;

IX – insumos agropecuários e aquícolas;

X – produções nacionais artísticas, culturais, de eventos, jornalísticas e audiovisuais;

XI – comunicação institucional;

XII – atividades desportivas; e

XIII – bens e serviços relacionados à soberania e à segurança nacional, à segurança da informação e à segurança cibernética.

 COMENTÁRIOS

O presente artigo cuida de outro regime especial, este consistindo na dedução de 60% da alíquota-base.

Para dar razão aos que defendiam uma alíquota única em nome da simplicidade, o simples contraste deste artigo com o anterior já permite antecipar uma série de conflitos que podem surgir, relativamente à questão de saber se atividade de determinado contribuinte se enquadra aqui, com redução de 60%, ou lá, com diminuição de 30%. Qual a diferença entre o profissional de educação física e o prestador de serviços ligados a atividades desportivas, por exemplo?

São questões que apenas o tempo e a jurisprudência, à luz de cada caso concreto, vão resolver, e que se multiplicam em progressão geométrica conforme aumenta a quantidade de regimes especiais.

Seção II
Dos Serviços de Educação

Art. 129. Ficam reduzidas em 60% (sessenta por cento) as alíquotas do IBS e da CBS incidentes sobre o fornecimento dos serviços de educação relacionados no Anexo II desta

TÍTULO IV – DOS REGIMES DIFERENCIADOS DO IBS E DA CBS Art. 130

> Lei Complementar, com a especificação das respectivas classificações da Nomenclatura Brasileira de Serviços, Intangíveis e Outras Operações que Produzam Variações no Patrimônio (NBS).
>
> **Parágrafo único.** A redução de alíquotas prevista no *caput* deste artigo:
>
> I – somente se aplica sobre os valores devidos pela contraprestação dos serviços listados no Anexo II desta Lei Complementar; e
>
> II – não se aplica a outras operações eventualmente ocorridas no âmbito das escolas, das instituições ou dos estabelecimentos do fornecedor de serviços.

 COMENTÁRIOS

Não é qualquer serviço de educação que se beneficia com a redução de 60% das alíquotas de IBS e CBS fixadas por União, Estados, Distrito Federal e Municípios (que, se no total forem de 25%, neste caso serão de 10%). São apenas os mencionados no Anexo II, que se reporta apenas aos formalmente reconhecidos pelos órgãos competentes (ensino infantil, creche, pré-escola, fundamental, médio, técnico, "supletivo", universitário e destinados a pessoas com deficiência sensorial fundamental, médio, bem como voltados aos povos originários). Um curso de idiomas, ou de culinária, conquanto preste serviços de educação, sujeitar-se-á à alíquota cheia.

Pode-se antecipar, claramente, a ocorrência de conflitos, que desaguarão no Judiciário, sobre se esta ou aquela atividade enquadra-se, ou não, nesta seção, a confirmar o acerto dos que associam a tributação por alíquota única à maior simplicidade e eficiência, bem como à redução de conflitos. Este é um campo, como talvez sejam todos, em que quanto mais minudência se dá à lei, maiores são as lacunas, as dúvidas e os potenciais conflitos.

A ressalva do inciso II, outro ponto gerador de conflito, em cada caso concreto, para que se estabeleça a separação, justifica-se na medida em que, dentro da escola, por vezes há cantinas que vendem lanches, ou lojas que comercializam fardamentos, ou outros produtos, atividades que não são, só porque realizadas dentro da escola, submetidas à redução prevista neste artigo.

Seção III
Dos Serviços de Saúde

> **Art. 130.** Ficam reduzidas em 60% (sessenta por cento) as alíquotas do IBS e da CBS incidentes sobre o fornecimento dos serviços de saúde relacionados no Anexo III desta Lei Complementar, com a especificação das respectivas classificações da NBS.
>
> **Parágrafo único.** Não integram a base de cálculo do IBS e da CBS dos serviços de saúde de que trata o *caput* deste artigo os valores glosados pela auditoria médica dos planos de assistência à saúde e não pagos.

 COMENTÁRIOS

Do mesmo modo como se explicou nos comentários ao artigo anterior, não é qualquer serviço de saúde que se beneficia com a redução de 60% das alíquotas de IBS e CBS fixadas por União, Estados, Distrito Federal e Municípios (que, se no total forem de 25%, neste caso serão de 10%). São apenas os mencionados no Anexo III. Conquanto o rol, no caso dos serviços de saúde, seja mais amplo, por igual se pode antever o surgimento de conflitos, que girarão em torno de saber se esta ou aquela atividade enquadra-se, ou não, nesta seção.

A ressalva do parágrafo único justifica-se, pois no caso de serviço glosado pelo plano e não pago pelo paciente ou tomador, ou por terceiro em favor deste, a operação não terá sido onerosa. Tributá-la, além de contrariar o princípio da capacidade contributiva, e a disposição desta lei que permite a incidência do IVA-Dual sobre operações não onerosas apenas excepcionalmente e nas situações que indica, seria impossível à míngua de base de cálculo.

Seção IV
Dos Dispositivos Médicos

Art. 131. Ficam reduzidas em 60% (sessenta por cento) as alíquotas do IBS e da CBS incidentes sobre o fornecimento dos dispositivos médicos relacionados no Anexo IV desta Lei Complementar, com a especificação das respectivas classificações da NCM/SH.

§ 1º A redução de alíquotas prevista no *caput* deste artigo somente se aplica aos dispositivos listados no Anexo IV desta Lei Complementar regularizados perante a Agência Nacional de Vigilância Sanitária (Anvisa).

§ 2º Sem prejuízo da avaliação quinquenal de que trata o Capítulo I do Título III do Livro III desta Lei Complementar, o Ministro de Estado da Fazenda e o Comitê Gestor do IBS, ouvido o Ministério da Saúde, revisarão, a cada 120 (cento e vinte) dias, por meio de ato conjunto, a lista de que trata o Anexo IV desta Lei Complementar, tão somente para inclusão de dispositivos médicos inexistentes na data de publicação da revisão anterior que atendam às mesmas finalidades daqueles já constantes do referido anexo.

 COMENTÁRIOS

Assim como os serviços de saúde, comentados no artigo anterior, dispositivos médicos devem ser tributados com alíquota reduzida em 60% (tomando-se como parâmetro – 100% – a alíquota fixada para as operações em geral). Mas somente aqueles arrolados no Anexo IV desta lei, que indica uma série de dispositivos médicos considerados essenciais, como *stents*, bisturis elétricos, bolsas para coleta, entre inúmeros outros.

O dispositivo permite que o Poder Executivo altere a lista constante do anexo, mas apenas para acrescentar, não para suprimir itens, e mesmo apenas acrescentando, unicamente para atualizar a lista do ponto de vista técnico, nela incluindo dispositivos inexistentes na data de publicação desta lei, e, em seguida, na data da publicação da revisão anterior, mas que se prestem às mesmas finalidades dos que já constam da lista.

Seção V
Dos Dispositivos de Acessibilidade Próprios para Pessoas com Deficiência

Art. 132. Ficam reduzidas em 60% (sessenta por cento) as alíquotas do IBS e da CBS incidentes sobre o fornecimento dos dispositivos de acessibilidade próprios para pessoas com deficiência relacionados no Anexo V desta Lei Complementar, com a especificação das respectivas classificações da NCM/SH.

§ 1º A redução de alíquotas prevista no *caput* deste artigo somente se aplica aos dispositivos de acessibilidade listados no Anexo V desta Lei Complementar que atendam aos requisitos previstos em norma do órgão público competente.

TÍTULO IV – DOS REGIMES DIFERENCIADOS DO IBS E DA CBS   Art. 134

> § 2º Sem prejuízo da avaliação quinquenal de que trata o Capítulo I do Título III do Livro III desta Lei Complementar, o Ministro de Estado da Fazenda e o Comitê Gestor do IBS, ouvido o órgão público competente, revisarão, a cada 120 (cento e vinte) dias, por meio de ato conjunto, a lista de que trata o Anexo V desta Lei Complementar, tão somente para inclusão de dispositivos de acessibilidade inexistentes na data de publicação da revisão anterior que atendam às mesmas finalidades daqueles já constantes do referido anexo.

 COMENTÁRIOS

Dentro da ideia de não contribuir, com o ônus tributário, ao encarecimento de produtos essenciais, o artigo em comento reduz em 60% a alíquota de IBS e CBS de dispositivos de acessibilidade como bengalas, peças destinadas a adaptar veículos automotores a pessoas com deficiências, máquinas de escrever em braile, relógios em braile, e demais itens mencionados no Anexo V desta lei.

Uma das formas de uma sociedade se tornar acessível a pessoas com deficiência – característica que surge da falta de adaptação da sociedade à condição da pessoa que tem órgãos que não atuam da mesma forma que as demais – é fornecendo a elas, ou permitindo que adquiram, dispositivos, aparelhos ou artefatos que supram a deficiência ou lhes deem acessibilidade. A redução do ônus tributário sobre tais itens é um caminho – dos vários outros que devem ser usados – para se chegar a esse objetivo.

Tal como se dá em outras partes desta lei dedicadas a tratamentos diferenciados a itens constantes dos anexos, permite-se ao Executivo a alteração do rol deles constante, mas apenas para acrescentar novos itens, em razão da evolução tecnológica, atualizando-os.

Seção VI
Dos Medicamentos

> **Art. 133.** Ficam reduzidas em 60% (sessenta por cento) as alíquotas do IBS e da CBS incidentes sobre o fornecimento dos medicamentos registrados na Anvisa ou produzidos por farmácias de manipulação, ressalvados os medicamentos sujeitos à alíquota zero de que trata o art. 146 desta Lei Complementar.
>
> § 1º A redução de alíquotas prevista no *caput* deste artigo aplica-se também às operações de fornecimento das composições para nutrição enteral e parenteral, composições especiais e fórmulas nutricionais destinadas às pessoas com erros inatos do metabolismo relacionados no Anexo VI desta Lei Complementar, com a especificação das respectivas classificações da NCM/SH.
>
> § 2º Para fins de assegurar a repercussão nos preços da redução da carga tributária, a redução de que trata este artigo somente se aplica aos medicamentos industrializados ou importados pelas pessoas jurídicas que tenham firmado, com a União e o Comitê Gestor do IBS, compromisso de ajustamento de conduta ou cumpram a sistemática estabelecida pela Câmara de Regulação do Mercado de Medicamentos (CMED), na forma da lei.
>
> **Art. 134.** Sem prejuízo da avaliação quinquenal de que trata o Capítulo I do Título III do Livro III desta Lei Complementar, o Ministro de Estado da Fazenda e o Comitê Gestor do IBS, ouvido o Ministério da Saúde, revisarão, a cada 120 (cento e vinte) dias, por meio de ato conjunto, a lista de que trata o Anexo VI, tão somente para inclusão de composições de que trata o § 1º do art. 133 desta Lei Complementar inexistentes na data de publicação da revisão anterior e que sirvam às mesmas finalidades daquelas já contempladas.

COMENTÁRIOS

Na mesma linha de alguns outros itens constantes das demais seções deste capítulo, dedicado aos bens e serviços sujeitos à alíquota reduzida em 60% do IBS e da CBS, constam os medicamentos registrados na Anvisa, e as composições para nutrição enteral e parenteral, composições especiais e fórmulas nutricionais destinadas às pessoas com erros inatos do metabolismo relacionadas no Anexo VI.

Em ambos os casos, como ocorre com relação aos anexos referidos em outras seções deste capítulo, pode haver atualização pelo Poder Executivo, o que deve ocorrer periodicamente, mas apenas para que se incluam novos itens, que surjam em razão dos avanços tecnológicos, mas que sejam correspondentes aos atuais, ou cumpram as mesmas finalidades, ou atendam às mesmas necessidades. Apenas acrescentar, não suprimir itens da lista.

Como já comentado em outros artigos dedicados a tratamentos diferenciados, pode-se antecipar que surgirão conflitos relacionados ao enquadramento deste ou daquele produto, vendido no caso concreto pelo contribuinte, à classificação ou ao anexo submetido a tratamento diferenciado, tal como ocorreu por muito tempo, e ainda ocorrerá até que opere inteiramente a transição, com o IPI. Mas pelo menos isso ocorrerá apenas com os itens submetidos a tratamento diferenciado, o que é excepcional, e não praticamente com todos os itens potencialmente tributáveis, realidade atual do IPI.

Seção VII
Dos Alimentos Destinados ao Consumo Humano

Art. 135. Ficam reduzidas em 60% (sessenta por cento) as alíquotas do IBS e da CBS incidentes sobre o fornecimento dos alimentos destinados ao consumo humano relacionados no Anexo VII desta Lei Complementar, com a especificação das respectivas classificações da NCM/SH.

COMENTÁRIOS

Para além dos alimentos destinados ao consumo humano tidos como essencialíssimos, e por isso integrantes da cesta básica, sujeita à alíquota zero, que são os constantes do Anexo I, concede-se tratamento diferenciado, com alíquota reduzida em 60%, para os alimentos destinados ao consumo humano relacionados no Anexo VII. São itens, digamos, tidos como menos essenciais que os referidos no Anexo I, mas, ainda assim, importantes ao consumo humano, como é o caso de diversas proteínas de origem animal (carnes, peixes etc.), além de massas, farinhas, mel, queijos etc.

Reitera-se o que se disse em outros comentários a artigos desta lei. O propósito da redução pode ser nobre, mas ela acrescenta complexidade ao imposto, que demanda a segmentação dos produtos vendidos, de modo que se defina a alíquota aplicável, além de abrir oportunidades para o surgimento de conflitos, notadamente em relação àqueles itens situados nas zonas de penumbra que circundam a definição de cada um dos itens constantes dos anexos.

Seção VIII
Dos Produtos de Higiene Pessoal e Limpeza Majoritariamente Consumidos por Famílias de Baixa Renda

Art. 136. Ficam reduzidas em 60% (sessenta por cento) as alíquotas do IBS e da CBS incidentes sobre o fornecimento dos produtos de higiene pessoal e limpeza relacionados

TÍTULO IV – DOS REGIMES DIFERENCIADOS DO IBS E DA CBS Art. 137

no Anexo VIII desta Lei Complementar, com a especificação das respectivas classificações da NCM/SH.

 COMENTÁRIOS

O Anexo VIII elenca produtos básicos de higiene pessoal, a exemplo de sabões de toucador, dentifrícios (pastas de dente), escovas de dente, papel higiênico e água sanitária. A lógica é a mesma que subjaz à redução de alíquotas incidentes sobre certos alimentos e medicamentos: sua essencialidade. A proposta inicial de maior neutralidade, com uma única alíquota, que seria aliviada em seus efeitos regressivos pela adoção da sistemática do *cashback*, cedeu espaço, no Congresso, para a implementação de uma seletividade para os produtos indicados na lei, sujeitos à redução de 100%, 60% e 30%.

Seção IX
Dos Produtos Agropecuários, Aquícolas, Pesqueiros, Florestais e Extrativistas Vegetais In Natura

Art. 137. Ficam reduzidas em 60% (sessenta por cento) as alíquotas do IBS e da CBS incidentes sobre o fornecimento de produtos agropecuários, aquícolas, pesqueiros, florestais e extrativistas vegetais *in natura*.

§ 1º Considera-se in natura o produto tal como se encontra na natureza, que não tenha sido submetido a nenhum processo de industrialização nem seja acondicionado em embalagem de apresentação, não perdendo essa condição o que apenas tiver sido submetido:

I – a secagem, limpeza, debulha de grãos ou descaroçamento; e

II – a congelamento, resfriamento ou simples acondicionamento, quando esses procedimentos se destinem apenas ao transporte, ao armazenamento ou à exposição para venda.

§ 2º O regulamento disporá sobre os produtos que não perderão a qualidade de *in natura* quando necessitarem de acondicionamento em embalagem de preservação, com adição de concentração ou conservantes para manter a integridade e características do produto.

§ 3º Para fins do disposto no *caput* deste artigo, considera-se fornecimento de produto florestal inclusive o fornecimento dos serviços ambientais de conservação ou recuperação da vegetação nativa, mesmo que fornecidos sob a forma de manejo sustentável de sistemas agrícolas, agroflorestais e agrossilvopastoris, em conformidade com as definições e requisitos da legislação específica.

 COMENTÁRIOS

No caso de produtos agropecuários, aquícolas, pesqueiros, florestais e extrativistas vegetais *in natura*, a razão de ser da redução da alíquota não é tanto a sua essencialidade, mas o fato de se encontrarem no início da cadeia produtiva, com poucas operações antecedentes que gerem créditos a serem abatidos. Para minimizar o impacto do IBS e da CBS, a redução da alíquota pode ser um instrumento apropriado. Tanto que não se especificaram, em anexos, quais itens seriam abrangidos pela redução, o que implica concluir que serão todos os que se enquadrem na definição de agropecuários, aquícolas, pesqueiros, florestais e extrativistas vegetais *in natura*.

Art. 138

Consequência disso é a redução aplicar-se apenas àqueles efetivamente comercializados *in natura*, no máximo submetidos a procedimento de secagem, limpeza, debulha, descaroçamento, congelamento, resfriamento ou acondicionamento meramente destinado ao transporte, ao armazenamento ou à exposição. Se houver algum tipo de transformação, beneficiamento, aperfeiçoamento etc., surgem em maior intensidade operações anteriores geradoras de créditos, o produto deixa de ser *in natura*, e a redução não se aplica.

Para quem acreditava que com a reforma tributária acabar-se-iam os conflitos e o contencioso tributário, outro prato cheio para disputas intermináveis entre Fisco e contribuintes, o primeiro a estreitar por normas infralegais e interpretações restritivas o significado de tais palavras, e os segundos a tentar ajustar dentro delas o que nelas talvez não estivesse originalmente incluído.

Seção X
Dos Insumos Agropecuários e Aquícolas

Art. 138. Ficam reduzidas em 60% (sessenta por cento) as alíquotas do IBS e da CBS incidentes sobre o fornecimento dos insumos agropecuários e aquícolas relacionados no Anexo IX desta Lei Complementar, com a especificação das respectivas classificações da NCM/SH e da NBS.

§ 1º A redução de alíquotas prevista no *caput* deste artigo somente se aplica aos produtos de que trata o Anexo IX desta Complementar que, quando exigido, estejam registrados como insumos agropecuários ou aquícolas no órgão competente do Ministério da Agricultura e Pecuária.

§ 2º Fica diferido o recolhimento do IBS e da CBS incidentes nas seguintes operações com insumos agropecuários e aquícolas de que trata o *caput*:

I – fornecimento realizado por contribuinte sujeito ao regime regular do IBS e da CBS para:

a) contribuinte sujeito ao regime regular do IBS e da CBS; e

b) produtor rural não contribuinte do IBS e da CBS que utilize os insumos na produção de bem vendido para adquirentes que têm direito à apropriação dos créditos presumidos estabelecidos pelo art. 168 desta Lei Complementar; e

II – importação realizada por:

a) contribuinte sujeito ao regime regular do IBS e da CBS; e

b) produtor rural não contribuinte do IBS e da CBS que utilize os insumos na produção de bem vendido para adquirentes que têm direito à apropriação dos créditos presumidos estabelecidos pelo art. 168 desta Lei Complementar.

§ 3º O diferimento de que tratam a alínea "b" do inciso I e a alínea "b" do inciso II, ambos do § 2º, somente será aplicado sobre a parcela de insumos utilizada pelo produtor rural não contribuinte do IBS e da CBS na produção de bem vendido para adquirentes que têm direito à apropriação dos créditos presumidos estabelecidos pelo art. 168 desta Lei Complementar.

§ 4º O regulamento disciplinará a forma de ajuste anual pelo produtor rural não contribuinte do IBS e da CBS diferidos na forma dos §§ 2º e 3º em relação à parcela de sua produção vendida para adquirentes que não têm direito à apropriação dos créditos presumidos estabelecidos pelo art. 168 desta Lei Complementar, hipótese em que não se aplicarão quaisquer acréscimos legais até o prazo de vencimento do ajuste. (VETADO)

§ 5º Nas hipóteses previstas na alínea "a" do inciso I e na alínea "a" do inciso II, ambas do § 2º deste artigo, o diferimento será encerrado caso:

TÍTULO IV – DOS REGIMES DIFERENCIADOS DO IBS E DA CBS — Art. 139

I – o fornecimento do insumo agropecuário e aquícola, ou do produto deles resultante:
a) não esteja alcançado pelo diferimento; ou
b) seja isento, não tributado, inclusive em razão de suspensão do pagamento, ou sujeito à alíquota zero; ou
II – a operação seja realizada sem emissão do documento fiscal.

§ 6º O recolhimento do IBS e da CBS relativos ao diferimento será efetuado pelo contribuinte que promover a operação que encerrar a fase do diferimento, ainda que não tributada, na forma prevista nos §§ 7º e 8º deste artigo.

§ 7º Na hipótese a que se refere a alínea "a" do inciso I do § 5º deste artigo, a incidência do IBS e da CBS observará as regras aplicáveis à operação tributada.

§ 8º Na hipótese a que se refere a alínea "b" do inciso I do § 5º deste artigo, fica dispensado o recolhimento do IBS e da CBS caso seja permitida a apropriação de crédito, nos termos previstos nos arts. 47 a 56.

§ 9º Nas hipóteses previstas na alínea "b" do inciso I e na alínea "b" do inciso II, ambos do § 2º deste artigo, o diferimento será encerrado mediante:
I – a redução do valor dos créditos presumidos de IBS e de CBS estabelecidos pelo art. 168, na forma do § 3º do referido artigo; ou
II – o recolhimento em razão do ajuste de que trata o § 4º deste artigo. (VETADO)

§ 10. Sem prejuízo da avaliação quinquenal de que trata o Capítulo I do Título III do Livro III desta Lei Complementar, o Ministro de Estado da Fazenda e o Comitê Gestor do IBS, ouvido o Ministério da Agricultura e Pecuária, revisarão, a cada 120 (cento e vinte) dias, por meio de ato conjunto, a lista de que trata o Anexo IX, tão somente para inclusão de insumos de que trata o *caput* deste artigo que sirvam às mesmas finalidades daquelas já contempladas e de produtos destinados ao uso exclusivo para a fabricação de defensivos agropecuários.

 COMENTÁRIOS

Diversamente dos produtos *in natura*, que são todos submetidos à redução de alíquota de 60% sem discriminações em anexo, os insumos agropecuários e aquícolas que se submetem à redução de 60% são apenas aqueles relacionados no Anexo IX. Neste, aliás, há itens que parecem conflitar com os ideais – talvez colocados como meros *slogans* simbólicos para dar lustro estético à legislação – de conformação com finalidades ambientais, como é o caso de agrotóxicos. A propósito, pende de julgamento no STF a ADI 5.553, em que se questiona a concessão de tratamento diferenciado de ICMS e IPI para agrotóxicos, sendo certo que o entendimento que nela será firmado aplicar-se-á, por igual, ao IVA-Dual.

Seção XI
Das Produções Nacionais Artísticas, Culturais,
de Eventos, Jornalísticas e Audiovisuais

Art. 139. Ficam reduzidas em 60% (sessenta por cento) as alíquotas do IBS e da CBS incidentes sobre o fornecimento dos bens e serviços listados no Anexo X desta Lei Complementar, com a especificação das respectivas classificações da NCM/SH e NBS, nos casos relacionados com as seguintes produções nacionais artísticas, culturais, de eventos, jornalísticas e audiovisuais:

Art. 139

I – espetáculos teatrais, circenses e de dança;

II – *shows* musicais;

III – desfiles carnavalescos ou folclóricos;

IV – eventos acadêmicos e científicos, como congressos, conferências e simpósios;

V – feiras de negócios;

VI – exposições, feiras, galerias e mostras culturais, artísticas e literárias;

VII – programas de auditório ou jornalísticos, filmes, documentários, séries, novelas, entrevistas e clipes musicais; e

VIII – obras de arte.

§ 1º O disposto nos incisos I, II, III e VII do *caput* deste artigo somente se aplica a produções realizadas no País que contenham majoritariamente obras artísticas, musicais, literárias ou jornalísticas de autores brasileiros ou interpretadas majoritariamente por artistas brasileiros.

§ 2º No caso das obras cinematográficas ou videofonográficas de que trata o inciso VII do *caput* deste artigo, considera-se produção nacional aquela que atenda aos requisitos para obras audiovisuais nacionais definidos na legislação específica.

§ 3º O fornecimento de obras de arte de que trata o inciso VIII do *caput* deste artigo contempla apenas aqueles produzidos por artistas brasileiros.

COMENTÁRIOS

Também estão arroladas entre as atividades submetidas ao IBS e à CBS com a redução de 60% da alíquota ordinária os serviços mencionados neste artigo, relativos a produções nacionais artísticas, culturais, de eventos, jornalísticas e audiovisuais.

Para além de se poder questionar a constitucionalidade do critério de discrímen (por que a redução em 60% para todos esses serviços, enquanto se reserva a de 30% para outros, e a alíquota inteira para todos os demais?), é de validade duvidosa a restrição a que se aplique a redução apenas a produções nacionais, e, para completar, no caso de espetáculos teatrais, circenses e de dança, *shows* musicais, desfiles folclóricos e programas de auditório ou jornalísticos, filmes, documentários, séries, novelas, entrevistas e clipes musicais, que contenham exclusivamente obras artísticas, musicais, literárias ou jornalísticas de autores brasileiros ou interpretadas majoritariamente por artistas brasileiros. Se em uma novela tocar uma música de compositor estrangeiro, ou se em um filme a trilha sonora envolver música composta por cidadão de outro país, a redução não se aplica. E depois se afirma, nos primeiros artigos desta lei, que o IVA-Dual é "neutro", algo que funciona como mero *slogan* bonito (e falso) quando se percebe que até a escolha da trilha sonora de um filme ou novela será pautada pelo ônus que ele representa sobre a produção inteira da obra artística.

Para além de questionamentos relacionados à igualdade tributária, tem-se, no caso, violação a incontáveis compromissos internacionais firmados pelo Brasil, por meio dos quais nosso país se compromete a tratar de modo igual ou equivalente o produto ou o serviço estrangeiro, e o nacional, no que tange aos tributos internos. Apenas os tributos ditos "aduaneiros" (imposto de importação), assim entendidos aqueles que incidem apenas e exclusivamente quando da transposição das fronteiras nacionais, podem diferenciar o que é nacional, do que é importado, quanto ao gravame ou ao ônus que representam. ICMS, IPI, PIS, Cofins, IBS, CBS, ISS, enfim, todos os demais tributos, ditos internos, devem obrigatoriamente representar o mesmo ônus.

É certo que existe uma imunidade apenas para fonogramas e videofonogramas nacionais (CF/1988, art. 150, VI, *e*), em termos semelhantes aos deste artigo. Ela representa desrespeito

TÍTULO IV – DOS REGIMES DIFERENCIADOS DO IBS E DA CBS Art. 140

aos tratados também, mas, em primeiro lugar, trata-se de emenda, que, se pode ser questionada por possível violação à isonomia (CF/1988, art. 60, § 4º, IV), pelo menos em relação aos tratados internacionais prevalece, o que não é o caso de disposições infraconstitucionais como esta lei. E, em segundo lugar, sua abrangência é menor, por abarcar apenas as músicas em si, diversamente do que dispõe este artigo, que trata do IVA-Dual incidente sobre uma vasta gama de atividades.

Seção XII
Da Comunicação Institucional

> **Art. 140.** Ficam reduzidas em 60% (sessenta por cento) as alíquotas do IBS e da CBS incidentes sobre o fornecimento dos seguintes serviços de comunicação institucional à administração pública direta, autarquias e fundações públicas:
>
> I – serviços direcionados ao planejamento, criação, programação e manutenção de páginas eletrônicas da administração pública, ao monitoramento e gestão de suas redes sociais e à otimização de páginas e canais digitais para mecanismos de buscas e produção de mensagens, infográficos, painéis interativos e conteúdo institucional;
>
> II – serviços de relações com a imprensa, que reúnem estratégias organizacionais para promover e reforçar a comunicação dos órgãos e das entidades contratantes com seus públicos de interesse, por meio da interação com profissionais da imprensa; e
>
> III – serviços de relações públicas, que compreendem o esforço de comunicação planejado, coeso e contínuo que tem por objetivo estabelecer adequada percepção da atuação e dos objetivos institucionais, a partir do estímulo à compreensão mútua e da manutenção de padrões de relacionamento e fluxos de informação entre os órgãos e as entidades contratantes e seus públicos de interesse, no País e no exterior.
>
> **Parágrafo único.** Os fornecedores dos serviços de comunicação institucional ficam sujeitos à alíquota-padrão em relação aos serviços fornecidos a adquirentes não mencionados no *caput* deste artigo.

 COMENTÁRIOS

Por igual, os serviços de comunicação institucional têm suas alíquotas do IBS e da CBS reduzidas em 60%.

Vale lembrar que as compras de bens e serviços pelo Poder Público, conforme já mencionado nos arts. 473 e ss. desta Lei, têm suas alíquotas zeradas para os demais entes, sendo a alíquota do tributo devida ao ente adquirente a correspondente à total, vale dizer, à soma das três aplicáveis em situações em que o Poder Público não fosse o adquirente. Isso resulta, por um caminho mais complexo, no mesmo efeito que uma imunidade, que poderia ter sido implementada pela EC 132/2023, mas não foi.

Assim, se a alíquota do IVA-Dual for 25% (12% de IBS estadual, 5% de IBS municipal e 8% de CBS), e o serviço for contratado pela União, as alíquotas do IBS para o Estado e o Município são zeradas, e a da CBS passa a ser 25%.

Não se trata de desonerar o adquirente, pois o tributo, mesmo refletido no preço, retornará para quem o paga, resultando na transferência de recursos de um bolso para outro. A ideia é desonerar o prestador, mostrando que IBS e CBS ainda são confusamente vistos ora como devidos pelo fornecedor/prestador, ora como devidos pelo consumidor final.

É preciso muito cuidado com gastos de propaganda governamental, pois são muitas vezes supérfluos, servindo mais para promover o governante do momento do que para o benefício da população. O povo não quer saber se um hospital está sendo construído; quer, quando precisar, ter um hospital de qualidade para ir. Muitas vezes o governo gasta mais mostrando o que fez do que fazendo de fato. Isso pode comprometer até a democracia. Ditadores usam e abusam de propaganda "institucional", como vimos em *1984*, de Orwell, e no caso de Hitler. Esse tipo de propaganda beneficia e gera dividendos unicamente para o governante que por ela é promovido, não havendo o menor interesse público em sua realização. Álvaro Ricardo de Souza Cruz, a esse respeito, pondera:

> A questão é se faz sentido a União, os Estados e os Municípios gastarem milhões e milhões em publicidade, que de fato está favorecendo o 'dono do poder no momento'. Por certo, que nossa crítica não se faz quando de uma campanha de vacinação, e sim contra anúncios dispendiosos de obras públicas e ações governamentais.[4]

Seção XIII
Das Atividades Desportivas

> **Art. 141.** Ficam reduzidas em 60% (sessenta por cento) as alíquotas do IBS e da CBS incidentes sobre as seguintes operações relacionadas a atividades desportivas:
> I – fornecimento de serviço de educação desportiva, classificado no código 1.2205.12.00 da NBS;
> II – gestão e exploração do desporto por associações e clubes esportivos filiados ao órgão estadual ou federal responsável pela coordenação dos desportos, inclusive por meio de venda de ingressos para eventos desportivos, fornecimento oneroso ou não de bens e serviços, inclusive ingressos, por meio de programas de sócio-torcedor, cessão dos direitos desportivos dos atletas e transferência de atletas para outra entidade desportiva ou seu retorno à atividade em outra entidade desportiva.

 COMENTÁRIOS

Serviços de educação desportiva (assessoria de corrida, *personal trainer*, escolinhas de futebol, vôlei, tênis etc.) são por igual objeto do regime de IBS e CBS reduzidos em suas alíquotas ordinárias em 60%.

Não é difícil antever, como se mencionou em comentários a outros artigos destas seções e das anteriores, que cuidam de tratamentos diferenciados, o surgimento de conflitos de enquadramento. O Fisco pretendendo que determinada atividade, desenvolvida pelo contribuinte, encaixe-se em dispositivo que a submete a alíquota maior, e o contribuinte defendendo a subsunção à norma que estabelece alíquota menor. Tal como ocorre com as classificações na tabela do IPI, por exemplo. Tais conflitos são inevitáveis, porquanto as classificações que se fazem na natureza têm sempre zonas de penumbra, criadas pela textura aberta da linguagem que usamos[5], e pela própria natureza da realidade, que não possui divisões estanques[6].

---

[4] CRUZ, Álvaro Ricardo de Souza. *O discurso científico na modernidade:* o conceito de paradigma é aplicável ao Direito? Rio de Janeiro: Lumen Juris, 2009. p. 203.

[5] Como nota Eco, "sob certo ponto de vista, toda coisa tem relações de analogia, continuidade e semelhança com toda e qualquer outra" (ECO, Umberto. *Os limites da interpretação*. Trad. Pérola de Carvalho. São Paulo: Perspectiva, 2015, p. 58). E isso não vale só para palavras que designam parcelas concretas da realidade, sendo aplicável por igual a palavras ou conceitos que designam entidades abstratas. Qual o limite entre o amor romântico e a paixão? Entre o amor e a amizade? Entre o amor e o respeito? Cf. FELTES, Heloísa Pedroso de Moraes. *Semântica cognitiva*: ilhas, pontes e teias. Porto Alegre: ediPUCRS, 2007, p. 249-250.

[6] Por isso, mesmo nas ciências em geral a absoluta precisão inexiste. Cf. POPPER, Karl. *Em busca de um mundo melhor*. Trad. Milton Camargo Mota. São Paulo: Martins Fontes, 2006, p. 75.

TÍTULO IV – DOS REGIMES DIFERENCIADOS DO IBS E DA CBS   Art. 143

Veja-se, por exemplo, os profissionais de educação física, indicados no art. 122, X, desta lei, como sujeitos ao IBS e à CBS com redução de 30%, ao lado de outros profissionais liberais, mas, aqui neste art. 141, colocados os serviços que muitos deles prestam como agraciados com a redução de 60%.

Seção XIV
Da Soberania e da Segurança Nacional,
da Segurança da Informação e da Segurança Cibernética

> **Art. 142.** Ficam reduzidas em 60% (sessenta por cento) as alíquotas do IBS e da CBS sobre:
>
> I – fornecimento à administração pública direta, autarquias e fundações públicas dos serviços e dos bens relativos à soberania e à segurança nacional, à segurança da informação e à segurança cibernética relacionados no Anexo XI desta Lei Complementar, com a especificação das respectivas classificações da NBS e da NCM/SH; e
>
> II – operações e prestações de serviços de segurança da informação e segurança cibernética desenvolvidos por sociedade que tenha sócio brasileiro com o mínimo de 20% (vinte por cento) do seu capital social, relacionados no Anexo XI desta Lei Complementar, com a especificação das respectivas classificações da NBS e da NCM/SH.

 COMENTÁRIOS

Por igual situados no capítulo dedicado aos itens com redução da alíquota ordinária do IBS e da CBS estão os bens e serviços relacionados à soberania e segurança nacional, à segurança da informação e cibernética. Mas não todos, somente os relacionados no Anexo XI, a exemplo de mísseis, radares, carros anfíbios etc. de uso militar.

As compras feitas pelo Poder Público, conforme já comentado quando dos apontamentos aos arts. 473 e ss. desta Lei, têm suas alíquotas relativas aos demais entes zeradas, com o preenchimento do espaço por elas deixado pela alíquota do tributo devido ao ente que está fazendo a aquisição. Chega-se, por um caminho mais complexo e longo, a resultado equivalente ao que se alcançaria se fossem simplesmente acobertadas por uma imunidade, o que poderia ter sido levado a efeito pela EC 132/2023, que, todavia, seguiu orientação diversa.

Assim, se a alíquota do IVA-Dual for, apenas por exemplo, 25% (12% de IBS estadual + 5% de IBS municipal + 8% de CBS), e a compra for feita pela União, zeram-se as alíquotas do IBS devidas ao Estado e ao Município, passando a da CBS aos 25% totais.

No caso, não se trata propriamente de desonerar o adquirente, pois o tributo, ainda que se reflita no preço, reverterá para quem o paga, o que implicará a saída dos recursos de um bolso para entrarem em outro. A ideia é desonerar o fornecedor, a demonstrar que IBS e CBS continuam confusamente ora sendo considerados como "na verdade devidos" pelo fornecedor, ora como "na verdade devidos" pelo consumidor final.

CAPÍTULO IV
DA REDUÇÃO A ZERO DAS ALÍQUOTAS DO IBS E DA CBS
Seção I
Disposições Gerais

> **Art. 143.** Desde que observadas as definições e demais disposições deste Capítulo, ficam reduzidas a zero as alíquotas do IBS e da CBS incidentes sobre operações com os seguintes bens e serviços:

> I – dispositivos médicos;
> II – dispositivos de acessibilidade próprios para pessoas com deficiência;
> III – medicamentos;
> IV – produtos de cuidados básicos à saúde menstrual;
> V – produtos hortícolas, frutas e ovos;
> VI – automóveis de passageiros adquiridos por pessoas com deficiência ou com transtorno do espectro autista;
> VII – automóveis de passageiros adquiridos por motoristas profissionais que destinem o automóvel à utilização na categoria de aluguel (táxi); e
> VIII – serviços prestados por Instituição Científica, Tecnológica e de Inovação (ICT) sem fins lucrativos.

 COMENTÁRIOS

Neste capítulo constam os itens para os quais se concede o regime diferenciado e favorecido de IBS e CBS, consistente na aplicação de alíquota zero.

Embora se tenham encerrado, com o IBS e a CBS, os regimes especiais ou as formas diferenciadas de cálculo aplicáveis a este ou aquele contribuinte, como se dava com o ICMS em muitos Estados-membros, subsistem, em contrariedade à pretensão de neutralidade e alíquota única inicialmente deduzida na PEC 45/2019, alguns regimes diferenciados para certos setores. Mas apenas aqueles designados na Constituição.

No caso da alíquota zero aqui prevista, alcança-se o mesmo efeito econômico de uma isenção. Mas, enquanto no caso desta se viola a ideia de não cumulatividade e não se autoriza a geração de créditos, tampouco o aproveitamento de créditos inerentes a operações anteriores, no caso de alíquota zero isto não ocorre. Não por conta de algo ínsito a tais institutos – que deveriam receber o mesmo tratamento –, mas em virtude de diferenciação feita no texto constitucional e nesta lei complementar. Confiram-se, a propósito, as notas ao art. 33.

Seção II
Dos Dispositivos Médicos

> **Art. 144.** Ficam reduzidas a zero as alíquotas do IBS e da CBS incidentes sobre o fornecimento dos dispositivos médicos relacionados:
> I – no Anexo XII desta Lei Complementar, com a especificação das respectivas classificações da NCM/SH; e
> II – no Anexo IV desta Lei Complementar, com a especificação das respectivas classificações da NCM/SH, caso adquiridos por:
> a) órgãos da administração pública direta, autarquias e fundações públicas; e
> b) as entidades de saúde imunes ao IBS e à CBS que possuam Certificação de Entidade Beneficente de Assistência Social (CEBAS) por comprovarem a prestação de serviços ao SUS, nos termos dos arts. 9º a 11 da Lei Complementar nº 187, de 16 de dezembro de 2021.
> § 1º A redução de alíquotas prevista no *caput* deste artigo somente se aplica aos dispositivos listados nos Anexos IV e XII desta Lei Complementar que atendam aos requisitos previstos em norma da Anvisa.

TÍTULO IV – DOS REGIMES DIFERENCIADOS DO IBS E DA CBS Art. 145

> § 2º Aplica-se aos produtos de que trata esta Seção o disposto no § 2º do art. 131 desta Lei Complementar.
>
> § 3º Em caso de emergência de saúde pública reconhecida pelo Poder Legislativo federal, estadual, distrital ou municipal competente, ato conjunto do Ministro de Estado da Fazenda e do Comitê Gestor do IBS poderá ser editado, a qualquer momento, para incluir dispositivos não listados no Anexo XII desta Lei Complementar, limitada a vigência do benefício ao período e à localidade da emergência de saúde pública.

 COMENTÁRIOS

Os dispositivos médicos referidos neste artigo, diversamente dos citados no art. 131, submetem-se à redução de 100% da alíquota (alíquota zero). É previsível o surgimento de inúmeros conflitos em torno de saber se determinado item enquadra-se neste artigo, no art. 131, ou se se sujeita à alíquota de referência.

Pondo de lado essa discussão, o fato é que seria mesmo contraditório se, de um lado, houvesse toda uma discussão, no plano do Direito à Saúde, sobre o direito de qualquer cidadão a ter este ou aquele medicamento fornecido gratuitamente, pelo SUS, de um lado, e, de outro, o Poder Público tributasse pesadamente esses mesmos medicamentos, quando adquiridos de forma privada por alguém. Embora se possa objetar que aos pobres o Estado forneceria gratuitamente, cabendo aos ricos pagarem por eles, inclusive mais caro, com o acréscimo do custo representado pela tributação[7]. Até para que se possam financiar as atividades ligadas aos serviços de saúde pública. A questão é que não é fácil e dicotômico separar ricos e pobres, sendo o direito à saúde um dever do Estado para com todos.

Seção III
Dos Dispositivos de Acessibilidade Próprios para Pessoas com Deficiência

> **Art. 145.** Ficam reduzidas a zero as alíquotas do IBS e da CBS incidentes sobre o fornecimento dos dispositivos de acessibilidade próprios para pessoas com deficiência relacionados:
>
> I – no Anexo XIII desta Lei Complementar, com a especificação das respectivas classificações da NCM/SH; e
>
> II – no Anexo V desta Lei Complementar, com a especificação das respectivas classificações da NCM/SH, quando adquiridos por:
>
> a) órgãos da administração pública direta, autarquias e fundações públicas; e
>
> b) as entidades de saúde imunes ao IBS e à CBS que possuam CEBAS por comprovarem a prestação de serviços ao SUS, nos termos dos arts. 9º a 11 da Lei Complementar nº 187, de 2021.
>
> § 1º A redução de alíquotas prevista no *caput* deste artigo somente se aplica aos dispositivos de acessibilidade listados nos Anexos V e XIII desta Lei Complementar que atendam aos requisitos previstos em norma de órgão público competente.
>
> § 2º Aplica-se aos produtos de que trata esta Seção o disposto no § 2º do art. 132 desta Lei Complementar.

---

[7] Valendo lembrar, neste ponto, que as compras governamentais são tributadas de modo diferenciado, que as aproxima de uma operação imune.

Art. 146

 COMENTÁRIOS

O art. 132 desta lei, supracomentado, já reduz em 60% as alíquotas de IBS e CBS incidentes sobre o fornecimento de dispositivos de acessibilidade próprios para pessoas com deficiência. A diferença é que a redução de 60% se aplica aos mencionados no Anexo V, e, no caso deste art. 145, que trata de redução para zero (portanto, redução de 100%), a redução se aplica aos mencionados no Anexo V, *quando adquiridos pelo Poder Público*, e aos mencionados no Anexo XIII.

Como se percebe de rápido cotejo entre os itens mencionados no Anexo V, e no Anexo XIII, este último arrola itens de essencialidade inegavelmente maior, como é o caso de implantes auditivos e cadeiras de rodas. E, da mesma forma como ocorre com outros artigos que remetem a itens constantes dos anexos, itens sujeitos à constante atualização tecnológica, como são os destinados a dar acessibilidade a pessoas com deficiências, assim como acontece com medicamentos e dispositivos médicos, o Executivo deve atualizar a lista, mas apenas para nela incluir novos dispositivos inexistentes na data de publicação da revisão anterior e que sirvam às mesmas finalidades daqueles já contemplados na lista.

Seção IV
Dos Medicamentos

Art. 146. Ficam reduzidas a zero as alíquotas do IBS e da CBS sobre o fornecimento dos medicamentos relacionados no Anexo XIV desta Lei Complementar, com a especificação das respectivas classificações da NCM/SH.

§ 1º Ficam também reduzidas a zero as alíquotas do IBS e da CBS sobre o fornecimento de medicamentos registrados na Anvisa, quando adquiridos por:

I – órgãos da administração pública direta, autarquias e fundações públicas; e

II – as entidades de saúde imunes ao IBS e à CBS que possuam CEBAS por comprovarem a prestação de serviços ao SUS, nos termos dos arts. 9º a 11 da Lei Complementar nº 187, de 2021.

§ 2º A redução de alíquotas de que trata o *caput* deste artigo aplica-se também ao fornecimento das composições para nutrição enteral e parenteral, composições especiais e fórmulas nutricionais destinadas às pessoas com erros inatos do metabolismo relacionadas no Anexo VI desta Lei Complementar, com a especificação das respectivas classificações da NCM/SH, quando adquiridas pelos órgãos e entidades mencionados nos incisos do § 1º deste artigo.

§ 3º Sem prejuízo da avaliação quinquenal de que trata o Capítulo I do Título III do Livro III desta Lei Complementar, o chefe do Poder Executivo da União e o Comitê Gestor do IBS, ouvido o Ministério da Saúde, poderão editar anualmente ato conjunto para revisar a lista de que trata o Anexo XIV desta Lei Complementar, tão somente para inclusão de medicamentos inexistentes na data de publicação da revisão anterior que atendam às mesmas finalidades daqueles constantes do referido anexo e cujos limites de preço já tenham sido estabelecidos pela CMED.

§ 4º Em caso de emergência de saúde pública reconhecida pelo Poder Legislativo federal, estadual, distrital ou municipal competente, ato conjunto do Ministro de Estado da Fazenda e do Comitê Gestor do IBS poderá ser editado, a qualquer momento, para incluir medicamentos não listados no Anexo XIV desta Lei Complementar, limitada a vigência do benefício ao período e à localidade da emergência de saúde pública.

TÍTULO IV – DOS REGIMES DIFERENCIADOS DO IBS E DA CBS | Art. 147

 COMENTÁRIOS

Em termos semelhantes ao artigo anterior, referente aos dispositivos destinados a pessoas com deficiência, neste se disciplina a redução para zero das alíquotas de medicamentos já sujeitos à redução de 60% (medicamentos listados pela Anvisa e os itens constantes do Anexo VI), mas para as hipóteses em que forem adquiridos pelo Poder Público, e ainda aos constantes do Anexo XIV, neste caso independentemente de quem seja seu adquirente, por serem considerados de maior essencialidade.

Talvez por conta da recente experiência vivida com a pandemia de Covid-19, reconhece-se a possibilidade de a lista de medicamentos sujeitos à alíquota zero ser expandida, por ato do Poder Executivo, mas apenas enquanto durar a situação emergencial.

Seção V
Dos Produtos de Cuidados Básicos à Saúde Menstrual

> **Art. 147.** Ficam reduzidas a zero as alíquotas do IBS e da CBS incidentes sobre o fornecimento dos seguintes produtos de cuidados básicos à saúde menstrual:
>
> I – tampões higiênicos classificados no código 9619.00.00 da NCM/SH;
>
> II – absorventes higiênicos internos ou externos, descartáveis ou reutilizáveis, e calcinhas absorventes classificados no código 9619.00.00 da NCM/SH; e
>
> III – coletores menstruais classificados no código 9619.00.00 da NCM/SH.
>
> **Parágrafo único.** A redução de alíquotas prevista no *caput* deste artigo somente se aplica aos produtos de cuidados básicos à saúde menstrual que atendam aos requisitos previstos em norma da Anvisa

 COMENTÁRIOS

Produtos relacionados aos cuidados básicos à saúde menstrual são essenciais a todo ser humano do sexo feminino em idade fértil, que deles precisam mensalmente, por uma condição biológica. Entretanto, levando-se em conta que por décadas, ou séculos, ou milênios, normas foram feitas por homens e para homens, nem sempre os interesses das mulheres, quando não coincidentes com os dos homens, são levados em conta em sua feitura. Não necessariamente por machismo, maldade ou perseguição: simplesmente pode nem ocorrer ao legislador masculino que tais questões existem. Ou, em termos mais simples: cada um sabe onde o sapato lhe aperta, e, por isso, deve haver a participação de todas e de todos na política.

Embora de forma muito lenta, e ainda insuficiente, essa realidade tem começado a mudar, notadamente no campo tributário. Não é claro o que foi causa, e o que foi consequência, até porque os mesmos fatores funcionam das duas formas, retroalimentando o fenômeno, em um círculo que pode ser virtuoso ou vicioso, dependendo de como seja conduzido, mas o fato é que uma maior participação de mulheres em eventos acadêmicos, debates, palestras, bancas etc., levou a uma conscientização de todos a respeito de questões e particularidades que precisavam ser tratadas. Um dos exemplos disso é este artigo.

Não é garantido que a redução se reflita nos preços desses produtos, embora esse seja um efeito econômico possível, e mesmo provável. De uma forma ou de outra, não será o Poder Público quem contribuirá para encarecer um item do qual todas as mulheres precisam durante a maior parte de suas vidas, por uma condição biológica, e pelo qual muitas sequer têm condições de pagar. Como homem, contudo, talvez eu não tenha lugar de fala para tratar com propriedade do tema, e por isso encerro estas linhas por aqui.

Seção VI
Dos Produtos Hortícolas, Frutas e Ovos

Art. 148. Ficam reduzidas a zero as alíquotas do IBS e da CBS incidentes sobre o fornecimento dos produtos hortícolas, frutas e ovos relacionados no Anexo XV desta Lei Complementar, com a especificação das respectivas classificações da NCM/SH.

Parágrafo único. Os produtos mencionados no *caput* deste artigo, observadas as regras de classificação da NCM/SH, podem apresentar-se inteiros, cortados em fatias ou em pedaços, ralados, torneados, descascados, desfolhados, lavados, higienizados, embalados, frescos, resfriados ou congelados, mesmo que misturados.

COMENTÁRIOS

Na mesma linha do que se faz no que tange a medicamentos e dispositivos destinados a pessoas com deficiência, que se sujeitam, conforme o grau de essencialidade, a reduções de 60% ou de 100%, os itens destinados à alimentação humana têm sua alíquota reduzida a zero não só quando integrantes da cesta básica (vejam-se os comentários ao art. 125), mas também quando forem os indicados no Anexo XV, que se supõe dotados de maior essencialidade, por serem mais básicos e presentes sobretudo na dieta ou no cardápio de famílias de menor poder aquisitivo.

Seção VII
Dos Automóveis de Passageiros Adquiridos por Pessoas com Deficiência ou com Transtorno do Espectro Autista e por Motoristas Profissionais que Destinem o Automóvel à Utilização na Categoria de Aluguel (Táxi)

Art. 149. Ficam reduzidas a zero as alíquotas do IBS e da CBS incidentes sobre a venda de automóveis de passageiros de fabricação nacional de, no mínimo, 4 (quatro) portas, inclusive a de acesso ao bagageiro, quando adquiridos por:

I – motoristas profissionais que exerçam, comprovadamente, em automóvel de sua propriedade, atividade de condutor autônomo de passageiros, na condição de titular de autorização, permissão ou concessão do poder público, e que destinem o automóvel à utilização na categoria de aluguel (táxi);

II – pessoas com:

a) deficiência física, visual ou auditiva;

b) deficiência mental severa ou profunda; ou

c) transtorno do espectro autista, com prejuízos na comunicação social e em padrões restritos ou repetitivos de comportamento de nível moderado ou grave, nos termos da legislação relativa à matéria.

§ 1º Considera-se pessoa com deficiência aquela com impedimento de longo prazo de natureza física, mental, intelectual ou sensorial que, em interação com uma ou mais barreiras, pode obstruir sua participação plena e efetiva na sociedade em igualdade de condições com as demais pessoas, observados os critérios para reconhecimento da condição de deficiência previstos no art. 150 desta Lei Complementar.

TÍTULO IV – DOS REGIMES DIFERENCIADOS DO IBS E DA CBS — Art. 149

> § 2º As reduções de alíquotas de que trata o *caput* deste artigo somente se aplicam:
>
> I – na hipótese do inciso I do *caput* deste artigo, a automóvel de passageiros elétrico ou equipado com motor de cilindrada não superior a 2.000 cm³ (dois mil centímetros cúbicos) e movido a combustível de origem renovável, sistema reversível de combustão ou híbrido; e
>
> II – na hipótese do inciso II do *caput* deste artigo, a automóvel cujo preço de venda ao consumidor, incluídos os tributos incidentes caso não houvesse as reduções e não incluídos os custos necessários para a adaptação a que se refere o § 3º deste artigo, não seja superior a R$ 200.000,00 (duzentos mil reais), limitado o benefício ao valor da operação de até R$ 70.000,00 (setenta mil reais).
>
> § 3º Na hipótese da alínea "a" do inciso II do *caput* deste artigo, quando a pessoa for fisicamente capaz de dirigir, o benefício alcançará somente automóveis adaptados, consideradas adaptações aquelas necessárias para viabilizar a condução e não ofertadas ao público em geral.
>
> § 4º Na hipótese do inciso II do *caput* deste artigo, os automóveis de passageiros serão adquiridos diretamente pelas pessoas que tenham plena capacidade jurídica ou por intermédio de seu representante legal ou mandatário.
>
> § 5º O representante legal ou mandatário de que trata o § 4º deste artigo responde solidariamente quanto ao tributo que deixar de ser pago em razão das reduções de alíquotas de que trata esta Seção.
>
> § 6º Os limites definidos no inciso II do § 2º deste artigo serão atualizados anualmente, em 1º de janeiro, somente para fins de sua ampliação, com base na variação do preço médio dos automóveis novos neles enquadrados na Tabela da Fundação Instituto de Pesquisas Econômicas (Tabela Fipe), nos termos de ato conjunto do Ministro de Estado da Fazenda e do Comitê Gestor do IBS.

 COMENTÁRIOS

Seguindo tradição que já está de algum modo presente na legislação do IPI, do ICMS e do IPVA, o legislador, no artigo em comento, defere redução de 100%, portanto, para zero, das alíquotas de IBS e CBS para veículos destinados a pessoas com deficiência, e também a motoristas profissionais (taxistas). A redução destinada aos taxistas não se aplica aos chamados "motoristas de aplicativos" (salvo se tiverem deficiência, é claro, mas neste caso a redução decorrerá do inciso II, não do I), pois a lei exige a condição de titular de autorização, permissão ou concessão do Poder Público, aludindo textualmente a *táxis*.

A ideia de reduzir o ônus tributário incidente na compra de automóveis adaptados por pessoas com deficiência busca promover a inclusão social, facilitando a mobilidade e melhorando a qualidade de vida dessas pessoas. O objetivo é remover barreiras econômicas que dificultam a sua plena participação na sociedade.

Quanto aos motoristas profissionais, entende-se que desempenham um papel essencial no sistema de transporte público. O incentivo ajuda a reduzir os custos operacionais desses profissionais, promovendo a eficiência e acessibilidade dos serviços de transporte.

Interessante notar, no caso da redução destinada aos táxis, a exigência de que os veículos beneficiados sejam elétricos, híbridos ou movidos a combustível de origem renovável. O propósito é incentivar a adoção de tecnologias mais limpas, notadamente por se tratar de veículos que funcionarão e circularão pelas ruas, presumivelmente, em maior intensidade e frequência que um veículo de passeio individual. Segue-se, aqui, embora em outros pontos ele seja esquecido – como na incidência de IS sobre veículos elétricos, e na concessão de redução

Art. 150

de IBS a agrotóxicos –, o princípio que preconiza a proteção ao meio ambiente, inserido pela EC 132/2023 no art. 145, § 3º, da CF/1988. Há, enfim, um alinhamento com políticas de sustentabilidade ambiental e redução de emissões de gases poluentes.

A restrição da redução aos veículos de fabricação nacional nos parece de notória inconstitucionalidade. O art. 152 da CF/1988 proíbe, de modo expresso, que se discriminem produtos de acordo com a sua procedência ou destino, o que só pode ser feito pela União, e somente com o imposto de importação. Forte nessas premissas, aliás, o STF já reconheceu a inconstitucionalidade de tratamento diferenciado de IPVA para veículos nacionais e importados[8]. Violam-se ainda os compromissos internacionais firmados pelo Brasil, como o Mercosul, por exemplo, em face dos quais, no que tange aos tributos internos (dos quais IBS e CBS são exemplos), não pode haver tratamento diferenciado entre produtos nacionais e produtos importados de países signatários.

Já a limitação de valor, aplicável aos veículos destinados a pessoas com deficiência (para que sejam passíveis da redução de alíquota), em valores que poderão ser ajustados (apenas ajustados, a partir da variação dos preços dos carros) pelo Poder Executivo, destina-se a garantir que o benefício seja direcionado a veículos economicamente acessíveis para a maioria da população-alvo, evitando que seja utilizado para facilitar a compra de veículos de luxo.

Art. 150. Para fins de reconhecimento do direito às reduções de alíquotas de que trata esta Seção, considera-se pessoa com deficiência aquela que se enquadrar em, no mínimo, uma das seguintes categorias:

I – deficiência física: alteração completa ou parcial de um ou mais segmentos do corpo humano que acarrete o comprometimento da função física, sob a forma de:

a) paraplegia;

b) paraparesia;

c) monoplegia;

d) monoparesia;

e) tetraplegia;

f) tetraparesia;

g) triplegia;

h) triparesia;

i) hemiplegia;

j) hemiparesia;

k) ostomia;

l) amputação ou ausência de membro;

m) paralisia cerebral;

n) nanismo; ou

---

[8] "Se o art. 152 da Constituição Federal estabelece a isonomia tributária, impedindo tratamento diferenciado dos contribuintes em razão da procedência e destino de bens e serviços, vinculando Estados e Municípios, não se pode conceber que a alíquota do IPVA seja uma para os veículos de procedência nacional e outra, maior, para os importados. Na verdade, o tratamento desigual apenas significa uma nova tributação pelo fato gerador do imposto de importação, já que nenhuma diferença se pode admitir em relação aos atos de conservação de vias entre veículos de nacionalidades distintas" (STF, Agravo 203.845, rel. Min. Néri da Silveira, decisão monocrática publicada no *DJ* de 07.12.1998, mantida por acórdão publicado no *DJ* 03.12.1999). No mesmo sentido: STF, AI 340.688/RJ, rel. Min. Sepúlveda Pertence, *DJ* 02.05.2002; RE 293.957/RJ, rel. Min. Carlos Velloso, *DJ* 27.06.2003, p. 85).

o) membros com deformidade congênita ou adquirida;

II – deficiência auditiva: perda bilateral, parcial ou total, de 41 dB (quarenta e um decibéis) ou mais, aferida por audiograma nas frequências de 500 Hz (quinhentos hertz), 1.000 Hz (mil hertz), 2.000 Hz (dois mil hertz) e 3.000 Hz (três mil hertz);

III – deficiência visual:

a) cegueira, na qual a acuidade visual seja igual ou menor que 0,05 (cinco centésimos) no melhor olho, com a melhor correção óptica;

b) baixa visão, na qual a acuidade visual esteja entre 0,3 (três décimos) e 0,05 (cinco centésimos) no melhor olho, com a melhor correção óptica;

c) casos em que a somatória da medida do campo visual em ambos os olhos seja igual ou menor que 60 (sessenta) graus;

d) ocorrência simultânea de quaisquer das condições previstas nas alíneas "a", "b" e "c" deste inciso; ou

e) visão monocular, na qual a pessoa tem visão igual ou inferior a 20% (vinte por cento) em um dos olhos, enquanto no outro mantém visão normal;

IV – deficiência mental: funcionamento intelectual significativamente inferior à média, com manifestação antes dos 18 (dezoito) anos de idade e limitações associadas a duas ou mais áreas de habilidades adaptativas, tais como:

a) comunicação;

b) cuidado pessoal;

c) habilidades sociais;

d) utilização dos recursos da comunidade;

e) saúde e segurança;

f) habilidades acadêmicas;

g) lazer; e

h) trabalho.

§ 1º O disposto nos incisos I, II e III do *caput* deste artigo aplica-se às deficiências de grau moderado ou grave, assim entendidas aquelas que causem comprometimento parcial ou total das funções dos segmentos corpóreos que envolvam a segurança da direção veicular, acarretando o comprometimento da função física e a incapacidade total ou parcial para dirigir.

§ 2º Não se incluem no rol das deficiências físicas as deformidades estéticas e as que não produzam dificuldades para o desempenho das funções locomotoras da pessoa.

COMENTÁRIOS

Como ocorre com praticamente toda realidade – com exceção de algumas realidades ideais, como as formas geométricas –, não há divisão clara separando suas partes ou departamentos, estando sempre presente a vagueza, ou o paradoxo de sorites. No tempo, e no espaço, existem as zonas de transição, cinzentas, entre uma parcela da realidade e outra, que não se sabe onde começam nem onde terminam, mas que paradoxalmente existem. O mesmo se dá com características ou condições que, a partir de determinado grau, podem configurar ou ensejar uma deficiência. Daí o artigo em comento reportar-se àquelas consideradas "graves ou médias", de sorte a excluir as leves. Apesar da remissão a critérios objetivos, que devem ser mencionados tanto quanto possível, a exemplo da indicação de decibéis, frequências, déficits visuais etc., caberá ao profissional médico atestar esse dado fático, a saber, a seriedade ou a gravidade da condição, a ponto de configurar uma deficiência. Vejam-se, a propósito, as notas ao artigo seguinte.

Art. 151

> **Art. 151.** Para fins de concessão das reduções de alíquotas de que trata esta Seção, a comprovação da deficiência e da condição de pessoa com transtorno do espectro autista será realizada por meio de laudo de avaliação emitido:
>
> I – por fornecedor de serviço público de saúde;
>
> II – por fornecedor de serviço privado de saúde, contratado ou conveniado, que integre o Sistema Único de Saúde (SUS); ou
>
> III – pelo Departamento de Trânsito (Detran) ou por suas clínicas credenciadas.
>
> § 1º O preenchimento do laudo de avaliação, nos termos deste artigo, atenderá ao disposto em ato conjunto do Comitê Gestor do IBS e da RFB.
>
> § 2º As clínicas credenciadas a que se refere o inciso III do *caput* deste artigo são solidariamente responsáveis pelos tributos que deixarem de ser recolhidos, com os acréscimos legais, caso se comprove a emissão fraudulenta de laudo de avaliação por seus agentes.

 COMENTÁRIOS

O artigo encampa uma ideia arraigada no senso comum jurídico e na cultura de nosso país, de presunção de falsidade dos atos praticados por particulares, aceitando-se como prova apenas atos praticados por pessoas com a bênção estatal, de agentes públicos ou no mínimo "credenciados" pelo Poder Público, em notória inversão do princípio constitucional da presunção de inocência, e do princípio geral de direito da presunção de boa-fé. Nessa ordem de ideias, apenas médicos do serviço público ou de clínicas por ele credenciadas podem emitir laudos destinados a comprovar a condição médica que serve de pressuposto para a aplicação da alíquota zero.

Tudo para depois, em juízo, no caso de dificuldades junto a tais médicos públicos, reconhecer-se a admissibilidade de quaisquer meios de prova, como ocorre com as isenções de imposto de renda a aposentados portadores de moléstias graves[9].

O correto seria admitir qualquer laudo emitido por quem seja legalmente habilitado a exercer a profissão competente para o reconhecimento da condição, aplicando-se as punições cabíveis, desde a responsabilização solidária até as sanções de ordem criminal, no caso de desvio de conduta, em vez de presumir desviadas todas as condutas de quaisquer agentes privados não ungidos pela atuação estatal na área da saúde pública.

> **Art. 152.** As reduções de alíquotas de que trata o art. 149 desta Lei Complementar poderão ser usufruídas:
>
> I – na hipótese do inciso I do *caput* do art. 149 desta Lei Complementar, em intervalos não inferiores a 2 (dois) anos;
>
> II – na hipótese do inciso II do *caput* do art. 149 desta Lei Complementar, em intervalos não inferiores a 4 (quatro) anos.
>
> **Parágrafo único.** Nas hipóteses de perda total ou desaparecimento por furto ou roubo do automóvel, as reduções de alíquotas podem ser usufruídas a qualquer tempo.

---

[9] Súmula 598/STJ: "É desnecessária a apresentação de laudo médico oficial para o reconhecimento judicial da isenção do imposto de renda, desde que o magistrado entenda suficientemente demonstrada a doença grave por outros meios de prova".

TÍTULO IV – DOS REGIMES DIFERENCIADOS DO IBS E DA CBS Art. 155

COMENTÁRIOS

Tem-se aqui dispositivo específico antielisivo (assim como o é o art. 155), destinado a evitar que pessoas com deficiência, ou taxistas, usem do benefício de modo abusivo, seja adquirindo muitos veículos para si, seja servindo como biombo para que terceiros não titulares do benefício sejam agraciados com ele, comprando o veículo recém-adquirido com o benefício pelo taxista ou pela pessoa com deficiência. Se comprarem e cederem a terceiro sem transferir formalmente o respectivo registro – para tentar escapar da incidência do art. 155 desta lei –, de qualquer modo não poderão comprar outro para si enquanto não expirado o prazo aqui previsto.

Daí por que os casos de perda total, furto ou roubo não excluem a possibilidade de nova aquisição com redução de alíquotas sem a necessidade de cumprimento deste prazo de "quarentena".

> **Art. 153.** O direito às reduções de alíquotas de que trata o art. 149 desta Lei Complementar será reconhecido pela administração tributária estadual ou distrital de domicílio do requerente e pela RFB, mediante prévia verificação de que o adquirente preenche os requisitos previstos nesta Seção.

COMENTÁRIOS

Trata-se de típica situação de benefício concedido individualmente, tal como a isenção específica a que alude o art. 178 do CTN. Não se trata de isenção, conforme já explicado, mas, para este efeito, o que a literatura especializada e a jurisprudência construíram para a isenção vale por igual para a alíquota zero (e para a moratória, a remissão e a anistia): o ato da autoridade da administração tributária que reconhece o preenchimento dos requisitos necessários à concessão do benefício tem natureza declaratória. Cabe à autoridade conferir se os requisitos *exigidos por lei* foram atendidos, não lhe cabendo inventar outros e muito menos decidir com discricionariedade se concede ou não o benefício, cujos efeitos se iniciam da data do preenchimento dos requisitos, não da data, posterior, em que prolatado o ato da autoridade que apenas reconhece isso.

> **Art. 154.** Os tributos incidirão normalmente sobre quaisquer acessórios opcionais que não sejam equipamentos originais do automóvel adquirido.

COMENTÁRIOS

A redução é concedida para a operação relacionada ao automóvel. Se ele for mais caro, já na concessionária, porque originalmente equipado com rodas esportivas, sistema de som mais potente etc., não se fará qualquer distinção. O preço pago pelo automóvel, incluindo tudo o que com ele se entrega de modo original ao comprador, será afetado pela tributação em percentuais reduzidos. Mas se, em seguida, ainda que antes de retirar o veículo da concessionária, o adquirente contrata, "por fora", a instalação de películas nos vidros, rodas diferentes, blindagem etc., a tributação incidente sobre tais itens, ou sobre as operações a eles relacionadas, que serão outras, dar-se-á pelo regime normal, ou por outro regime especial acaso aplicável ao item, não por este próprio das pessoas com deficiência.

> **Art. 155.** A alienação do automóvel adquirido nos termos desta Seção que ocorrer em intervalos inferiores aos definidos no art. 152, contados da data de sua aquisição, a

> pessoas que não tenham o reconhecimento do direito de que trata o art. 153 desta Lei Complementar acarretará o pagamento pelo alienante dos tributos dispensados, atualizados na forma prevista na legislação tributária.
>
> § 1º A alienação antecipada a que se refere este artigo sujeita ainda o alienante ao pagamento de multa e juros moratórios previstos na legislação em vigor.
>
> § 2º O disposto no *caput* deste artigo não se aplica nos casos de:
>
> I – transmissão do automóvel adquirido:
>
> a) para a seguradora, nos casos de perda total ou desaparecimento por furto ou roubo;
>
> b) em virtude do falecimento do beneficiário;
>
> II – alienação fiduciária do automóvel em garantia.

 COMENTÁRIOS

A disposição em comento é uma norma antielisiva, ou antissimulação, específica (em oposição à polêmica norma "geral" antielisiva). Sua finalidade é evitar que uma pessoa com deficiência, titular do direito à aquisição do veículo com a alíquota de IVA-Dual zerada, faça uso disso apenas para em seguida repassar o carro a um terceiro, não beneficiado com a redução, servindo de biombo destinado a transferi-la a quem a ela não faz jus. Por isso a regra segundo a qual, no caso de alienação antes do prazo, o tributo se faz devido, é excepcionada em casos nos quais evidentemente a transferência não decorre dessa manobra, a saber, em razão da morte do proprietário ou da transmissão do carro à seguradora em virtude de sinistro.

Seção VIII
Dos Serviços Prestados por Instituição Científica, Tecnológica e de Inovação (ICT) sem Fins Lucrativos

> **Art. 156.** Ficam reduzidas a zero as alíquotas do IBS e da CBS incidentes sobre a prestação de serviços de pesquisa e desenvolvimento por Instituição Científica, Tecnológica e de Inovação (ICT) sem fins lucrativos para:
>
> I – a administração pública direta, autarquias e fundações públicas; ou
>
> II – contribuinte sujeito ao regime regular do IBS e da CBS.
>
> **Parágrafo único.** A redução de alíquotas prevista no *caput* deste artigo aplica-se à ICT sem fins lucrativos que, cumulativamente:
>
> I – inclua em seu objetivo social ou estatutário:
>
> a) a pesquisa básica ou aplicada de caráter científico ou tecnológico; ou
>
> b) o desenvolvimento de novos produtos, serviços ou processos;
>
> II – cumpra as condições para gozo da imunidade prevista no inciso III do *caput* do art. 9º desta Lei Complementar para as operações realizadas por instituições de educação e de assistência social sem fins lucrativos.

 COMENTÁRIOS

Instituições de educação sem fins lucrativos já são imunes a impostos, nos termos do art. 150, VI, *c*, da CF/1988, bastando para tanto que atendam aos requisitos do art. 14 do CTN. No artigo em comento, estende-se o benefício, pelo menos em relação ao IBS e à CBS, sob o rótulo de alíquota zero, para aquelas que, mesmo não tendo propósito propriamente educacional, desenvolvam atividades ligadas a serviços de pesquisa e desenvolvimento na área de ciência, tecnologia e inovação.

A vantagem de fazer-se por meio de alíquota zero, e não por isenção, é viabilizar a manutenção dos créditos inerentes às operações anteriores, os quais seriam objeto de estorno se se tratasse de operação isenta. Vejam-se os comentários ao art. 52, *supra*.

Lembre-se de que ser sem fins lucrativos não significa ou exige que os serviços prestados o sejam de modo gratuito. O que se exige é que a instituição não tenha sido constituída para gerar lucros a serem distribuídos entre seus integrantes ou terceiros, nos moldes explicitados no art. 14 do CTN, devendo reinvestir no país e em suas atividades eventuais resultados positivos. Se se exige que os lucros não sejam distribuídos e sejam reinvestidos, é porque eles podem existir, decorrendo de receitas que superam as despesas. Portanto, que podem ser realizadas operações onerosas. Do contrário, nem seria necessária a redução de alíquotas.

CAPÍTULO V
DO TRANSPORTE PÚBLICO COLETIVO DE PASSAGEIROS RODOVIÁRIO E METROVIÁRIO DE CARÁTER URBANO, SEMIURBANO E METROPOLITANO

Art. 157. Fica isento do IBS e da CBS o fornecimento de serviços de transporte público coletivo de passageiros rodoviário e metroviário de caráter urbano, semiurbano e metropolitano, sob regime de autorização, permissão ou concessão pública.

Parágrafo único. Para fins do *caput* deste artigo, consideram-se:

I – serviço de transporte público coletivo de passageiros o acessível a toda a população mediante cobrança individualizada, com itinerários e preços fixados pelo poder público;

II – transporte rodoviário o serviço de transporte terrestre realizado sobre vias urbanas e rurais;

III – transporte metroviário o realizado por meio de ferrovias, abrangendo trens urbanos, metrôs, veículos leves sobre trilhos e monotrilhos;

IV – transporte de passageiros de caráter urbano o serviço de característica urbana prestado no território do Município;

V – transporte de passageiros de caráter semiurbano o serviço de deslocamento intermunicipal, interestadual ou internacional entre localidades próximas de característica urbana ou metropolitana; e

VI – transporte de passageiros de caráter metropolitano o serviço prestado entre municípios que pertencem a uma mesma região metropolitana.

 COMENTÁRIOS

Fugindo da regra seguida em outras partes desta lei, que quando pretende desonerar certas atividades ou setores o faz com reduções de alíquotas, chegando à alíquota zero, neste capítulo se optou pela concessão de isenção.

Embora o resultado prático seja aparentemente o mesmo, há uma diferença, criada pela forma como nesta lei se trata a isenção e a alíquota zero. Nesta última, preservam-se os créditos, ao passo que na primeira, em regra, não. Assim, fosse concedida alíquota zero aos serviços de transporte referidos neste artigo, com o tempo as empresas encarregadas de prestá-lo teriam muitos créditos acumulados, e pleiteariam sua restituição, relativamente aos bens e serviços dos quais fossem adquirentes ou tomadoras, e que fossem previamente onerados por CBS e IBS. Com a concessão de isenção, os créditos se perdem e o problema (para o Fisco) se resolve. Talvez a ideia seja não onerar excessivamente a atividade, de modo a não fazer o IVA-Dual adicionar-se ao preço da passagem, mas sem dar um incentivo tão grande a ponto de se devolver o IVA-Dual incidente nas aquisições feitas pela prestadora do serviço.

CAPÍTULO VI
DA REABILITAÇÃO URBANA DE ZONAS HISTÓRICAS E DE ÁREAS CRÍTICAS DE RECUPERAÇÃO E RECONVERSÃO URBANÍSTICA

Art. 158. Observado o disposto neste Capítulo, ficam reduzidas em 60% (sessenta por cento) as alíquotas do IBS e da CBS sobre operações relacionadas a projetos de reabilitação urbana de zonas históricas e de áreas críticas de recuperação e reconversão urbanística dos Municípios ou do Distrito Federal, a serem delimitadas por lei municipal ou distrital.

Parágrafo único. Na hipótese de locação de imóveis prevista no inciso VI do *caput* do art. 162 desta Lei Complementar, a redução de alíquotas de que trata o *caput* deste artigo será de 80% (oitenta por cento).

Art. 159. A reabilitação urbana de zonas históricas e de áreas críticas de recuperação e reconversão urbanística dos Municípios tem por objetivo a preservação patrimonial, a qualificação de espaços públicos, a recuperação de áreas habitacionais, a restauração de imóveis e melhorias na infraestrutura urbana e de mobilidade.

Parágrafo único. Na utilização dos recursos do fundo de que trata o art. 159- A da Constituição Federal, os Estados e o Distrito Federal considerarão os objetivos de que trata o *caput* deste artigo em relação às suas zonas históricas e áreas críticas de recuperação e reconversão urbanística, inclusive por meio de estímulo à instalação de empresas no local e ao desenvolvimento da atividade econômica.

 COMENTÁRIOS

É elogiável que se façam recuperações e reabilitações de zonas históricas, bem como reconversões urbanísticas, preservando-se espaços urbanos, a memória da cidade e o seu patrimônio arquitetônico. E, conquanto tais operações, cujos IBS e CBS são reduzidos em 60%, tenham basicamente o Poder Público municipal como contratante (resultando na redução para zero de todas as alíquotas e o preenchimento do espaço por elas deixado pela devida ao ente contratante), a redução referida neste artigo ainda assim se justifica se se pensar no ônus representado pelo IVA-Dual para o prestador do serviço ou fornecedor dos bens, servindo assim de importante estímulo.

Por reconversão urbanística compreende-se o processo de transformação e readequação de áreas urbanas que perderam sua função original ou que estão em estado de degradação, visando a revitalizá-las e integrá-las novamente ao tecido urbano de maneira funcional e sustentável. Esse conceito envolve a adaptação de espaços que, por diversas razões, não estão mais sendo utilizados de forma eficiente ou adequada, e busca conferir-lhes novos usos que atendam às necessidades atuais da cidade e de seus habitantes. Uma das principais características da reconversão urbanística é a mudança do uso original da área ou edificação. Por exemplo, antigas áreas industriais podem ser transformadas em zonas residenciais, comerciais, culturais ou de lazer.

TÍTULO IV – DOS REGIMES DIFERENCIADOS DO IBS E DA CBS — Art. 161

A reconversão frequentemente busca promover práticas sustentáveis, tanto do ponto de vista ambiental quanto social. Isso pode incluir a reutilização de estruturas existentes, a melhoria da eficiência energética dos edifícios e a criação de espaços verdes. Visa, ainda, a reintegrar áreas subutilizadas ou degradadas ao funcionamento da cidade, tornando-as novamente relevantes e acessíveis para a população. Isso pode envolver melhorias na infraestrutura, transporte e serviços públicos. Em alguns casos, a reconversão inclui a preservação de elementos históricos ou arquitetônicos, adaptando-os a novos usos sem perder sua essência original.

Além de melhorar a qualidade do espaço urbano, a reconversão pode gerar benefícios econômicos ao atrair investimentos e aumentar o valor das propriedades. Socialmente, pode contribuir para a revitalização de comunidades e a redução de desigualdades urbanas.

> **Art. 160.** Para concessão do benefício de que trata o art. 158, os Municípios devem apresentar à Comissão Tripartite de que trata o art. 161 desta Lei Complementar projetos de desenvolvimento econômico e social das respectivas áreas de preservação, recuperação, reconversão e reabilitação urbana e das zonas históricas.

 COMENTÁRIOS

Dado o caráter amplo e indeterminado da expressão "operações relacionadas a projetos de reabilitação urbana de zonas históricas e de áreas críticas de recuperação e reconversão urbanística", exige-se que estejam vinculadas a um projeto, a ser apresentado pelo Município – ou pelo Distrito Federal – no âmbito do qual será feita a reconversão ou a recuperação, perante a comissão de que cuida o art. 161, *infra*.

> **Art. 161.** A Comissão Tripartite responsável pela análise dos projetos de que trata o art. 160 desta Lei Complementar será composta de:
> I – 2 (dois) representantes do Ministério das Cidades;
> II – 2 (dois) representantes do Ministério da Fazenda;
> III – 4 (quatro) representantes do Comitê Gestor do IBS, dos quais 2 (dois) oriundos de representação dos Estados ou do Distrito Federal e 2 (dois) oriundos de representação dos Municípios ou do Distrito Federal.

 COMENTÁRIOS

O tema disciplinado neste capítulo, a saber, a redução de 60% das alíquotas de IBS e CBS para operações relacionadas à reabilitação urbana de zonas históricas e de áreas críticas de recuperação e de reconversão urbanística, toca ou consiste em campo limítrofe entre dois "ramos" diferentes do Direito, a saber, o Direito Tributário e o Direito Urbanístico. E ainda de disciplinas não jurídicas, como arquitetura, urbanismo, e mesmo História. Mostra da questão epistemológica de que a realidade em si é una, sendo as divisões que a mente humana faz dela apenas destinadas a facilitar a compreensão. Quando se estuda apenas uma dessas divisões, por razões práticas ligadas à impossibilidade humana de se conhecer tudo ao mesmo tempo, deve-se ter sempre em mente que essa parte está interligada ao restante da realidade de modo muitas vezes incindível, e com fronteiras muitas vezes borradas, dialogando-se com quem se ocupa das outras áreas e tendo sempre consciência da unidade, da inexistência do pedaço apartado do todo.

No campo do Direito Tributário em geral, e da extrafiscalidade em particular, a separação do estudo da norma tributária, de um lado, feito por tributaristas, do estudo de outras normas jurídicas e mesmo da realidade por elas disciplinadas levou muitas vezes à concessão de incentivos fiscais de modo acrítico e não controlado. O tema, contudo, é estritamente jurídico, pois um tratamento diferenciado só se justifica para o Direito, à luz do princípio da isonomia, se os valores a serem com eles promovidos, além de serem compatíveis com a ordem jurídica, forem *de fato promovidos* com a diferenciação, aspecto que um jurista formalista que se ocupe só da norma tributária, e considere que qualquer outra análise está "fora do seu objeto", não tem como fazer[10].

Nessa ordem de ideias, é elogiável que a concessão do tratamento diferenciado de que cuida este capítulo, no que tange a projetos destinados à reabilitação urbana, reconversão urbanística etc., seja avaliada por comissão composta de pessoas relacionadas a cada uma das áreas envolvidas, a tributação (federal, estadual, municipal e distrital), e a gestão das cidades e dos espaços urbanos.

> **Art. 162.** O benefício de que trata o art. 158 restringir-se-á aos projetos aprovados conforme o art. 163 desta Lei Complementar e alcançará as seguintes operações:
>
> I – prestação de serviços de elaboração de projetos arquitetônicos, urbanísticos, paisagísticos, ambientais, ecológicos, de engenharia, de infraestruturas e de mitigação de riscos e seus correspondentes projetos executivos;
>
> II – prestação de serviços de execução por administração, gerenciamento, coordenação, empreitada ou subempreitada de construção civil, de todas as obras e serviços de edificações e de urbanização, de infraestruturas e outras obras semelhantes, inclusive serviços auxiliares ou complementares típicos da construção civil;
>
> III – prestação de serviços de reparação, restauração, conservação e reforma de imóveis;
>
> IV – prestação de serviços relativos a:
>
> a) engenharia, topografia, mapeamentos e escaneamentos digitais, modelagens digitais, maquetes, sondagem, fundações, geologia, urbanismo, manutenção, performance ambiental, eficiência climática, limpeza, meio ambiente e saneamento; e
>
> b) projetos complementares de instalações elétricas e hidráulicas, de prevenção e combate a incêndio e estruturais;
>
> V – primeira alienação dos imóveis localizados nas zonas reabilitadas feita pelo proprietário no prazo de até 5 (cinco) anos, contado da data de expedição do habite-se;
>
> VI – locação dos imóveis localizados nas zonas reabilitadas, pelo prazo de 5 (cinco) anos, contado da data de expedição do habite-se.
>
> **Parágrafo único.** Os serviços mencionados nos incisos I a IV do *caput* deste artigo farão jus ao benefício até o prazo de conclusão previsto no projeto aprovado.

COMENTÁRIOS

Operações "relacionadas" à requalificação, reconversão etc., de espaços urbanos, é expressão muito ampla. Dependendo de como se entenda "relacionadas", praticamente todas as operações que tivessem algum elemento ligado a tais espaços poderia ser assim considerada, abrindo espaço para divergências, o Fisco tentando restringi-las, os contribuintes

---

[10] MACHADO SEGUNDO, Hugo de Brito. Ciência do Direito Tributário, economia comportamental e extrafiscalidade. *Revista Brasileira de Políticas Públicas*, Brasília, v. 8, nº 2, p. 639-659, 2018.

TÍTULO IV – DOS REGIMES DIFERENCIADOS DO IBS E DA CBS — Art. 164

procurando ampliá-las. Daí a indicação, neste artigo, de quais operações, além de estarem relacionadas necessariamente a projetos aprovados nos termos do artigo seguinte, são apenas estas aqui arroladas.

> **Art. 163.** Lei ordinária federal estabelecerá:
> I – os conceitos de preservação, recuperação, reconversão e reabilitação urbana;
> II – a vinculação institucional e as competências da Comissão Tripartite;
> III – os critérios para aprovação dos projetos apresentados à Comissão Tripartite; e
> IV – a governança a ser adotada para recebimento e avaliação dos projetos.

 COMENTÁRIOS

Poder-se-ia questionar a validade da delegação, aqui constante, à lei ordinária federal, já que se trata de definir critérios que levarão à redução de tributos devidos também a Estados-membros, Distrito Federal e Municípios, e não só de redução da CBS, cuja alíquota caberia de uma forma ou de outra à lei ordinária federal fixar.

Um argumento possível, em objeção ao questionamento, é de que se trata aqui de disciplina de Direito Urbanístico, ligada à organização das cidades, matéria que dialoga com o Direito Tributário, mas com ele não se confunde, e que poderia ser tratada por lei ordinária federal. O Direito Tributário atuaria, aqui, como direito de superposição, ou de sobreposição, como quando alude a outras realidades institucionais criadas ou moldadas por normas de outros ramos do direito, que dependerão de sua disciplina pelo Direito Civil, Empresarial, Trabalhista etc.

CAPÍTULO VII
DO PRODUTOR RURAL E DO PRODUTOR RURAL INTEGRADO NÃO CONTRIBUINTE

> **Art. 164.** O produtor rural pessoa física ou jurídica que auferir receita inferior a R$ 3.600.000,00 (três milhões e seiscentos mil reais) no ano-calendário e o produtor rural integrado não serão considerados contribuintes do IBS e da CBS.
> § 1º Considera-se produtor rural integrado o produtor agrossilvipastoril, pessoa física ou jurídica, que, individualmente ou de forma associativa, com ou sem a cooperação laboral de empregados, vincula-se ao integrador por meio de contrato de integração vertical, recebendo bens ou serviços para a produção e para o fornecimento de matéria-prima, bens intermediários ou bens de consumo final.
> § 2º Caso durante o ano-calendário o produtor rural exceda o limite de receita anual previsto no *caput* deste artigo, passará a ser contribuinte a partir do segundo mês subsequente à ocorrência do excesso.
> § 3º Os efeitos previstos no § 2º dar-se-ão no ano-calendário subsequente caso o excesso verificado em relação à receita anual não seja superior a 20% (vinte por cento) do limite de que trata o *caput* deste artigo.
> § 4º No caso de início de atividade, o limite a que se refere o *caput* deste artigo será proporcional ao número de meses em que o produtor houver exercido atividade, consideradas as frações de meses como um mês inteiro.
> § 5º Para fins do disposto no *caput*, considera-se pessoa jurídica inclusive a associação ou cooperativa de produtores rurais:

> I – cuja receita seja inferior a R$ 3.600.000,00 (três milhões e seiscentos mil reais) no ano-calendário; e
>
> II – seja integrada exclusivamente por produtores rurais pessoas físicas cuja receita seja inferior a R$ 3.600.000,00 (três milhões e seiscentos mil reais) no ano-calendário.
>
> § 6º Caso o produtor rural, pessoa física ou jurídica, tenha participação societária em outra pessoa jurídica que desenvolva atividade agropecuária, o limite previsto no *caput* deste artigo será verificado em relação à soma das receitas auferidas no ano-calendário por todas essas pessoas.

 COMENTÁRIOS

O artigo em comento exclui do regime do IBS e da CBS pequenos produtores rurais, tanto pessoas físicas como jurídicas, que tenham receita anual inferior a R$ 3.600.000,00. A ideia, conquanto o setor e o limite sejam diversos, é análoga à do Simples Nacional: pelo porte, a tais contribuintes se reserva sistemática menos complexa, dado que a apuração do IBS e da CBS pode representar ônus burocrático desproporcional para tais contribuintes. Não se trata apenas da carga tributária em si mesmo considerada, mas também do ônus representado pelas obrigações acessórias. Daí a previsão de regras como a dos §§ 2º, 3º, 4º e 5º, muito semelhantes às que se reportam ao Simples, e que se prestam a disciplinar como será aferido e controlado e respeito ao limite, bem como as consequências de seu descumprimento.

O § 1º define o conceito de "produtor rural integrado", abordando a estrutura de produção por meio de contratos de integração vertical. Esse tipo de contrato é comum em setores como avicultura e suinocultura, onde os produtores recebem insumos e assistência técnica do integrador e, em troca, fornecem matéria-prima ou produtos acabados. Esse modelo busca fomentar a produção em larga escala, reunindo diversos pequenos produtores que tampouco devem ser sobrecarregados com obrigações fiscais excessivas.

> **Art. 165.** O produtor rural ou o produtor rural integrado poderão optar, a qualquer tempo, por se inscrever como contribuinte do IBS e da CBS no regime regular.
>
> § 1º Os efeitos da opção prevista no *caput* deste artigo iniciar-se-ão a partir do primeiro dia do mês subsequente àquele em que realizada a solicitação.
>
> § 2º A opção pela inscrição nos termos do *caput* deste artigo será irretratável para todo o ano-calendário e aplicar-se-á aos anos-calendário subsequentes, observado o disposto no art. 166 desta Lei Complementar.
>
> § 3º O produtor rural que tenha auferido receita igual ou superior a R$ 3.600.000,00 (três milhões e seiscentos mil reais) no ano-calendário anterior àquele da entrada em vigor desta Lei Complementar será considerado contribuinte a partir do início da produção de efeitos desta Lei Complementar, independentemente de qualquer providência.
>
> **Art. 166.** O produtor rural ou o produtor rural integrado poderão renunciar à opção de que trata o art. 165 na forma do regulamento, observado o disposto no § 5º do art. 41 desta Lei Complementar.
>
> **Parágrafo único.** Na hipótese do *caput* deste artigo, o produtor rural ou o produtor rural integrado deixarão de ser contribuintes do IBS e da CBS a partir do primeiro dia do ano-calendário seguinte à renúncia da opção, observado o disposto no art. 164 desta Lei Complementar.

 COMENTÁRIOS

Conquanto elegível para submissão ao disposto neste capítulo, sendo assim excluído da sistemática de apuração do IBS e da CBS, o produtor rural que se enquadre no âmbito

TÍTULO IV – DOS REGIMES DIFERENCIADOS DO IBS E DA CBS   Art. 168

do art. 164, *supra*, pode, ainda assim, optar pelo regime do IVA-Dual, a saber, escolher voluntariamente ser contribuinte do IBS e da CBS. A opção será irretratável para o exercício, como geralmente se estabelece em opções do naipe (*v.g.*, Simples Nacional, lucro presumido etc.). Naturalmente, se sua receita for superior à prevista no art. 164, o capítulo não lhe será aplicável e ele deverá ser considerado contribuinte do IBS e da CBS, como didaticamente esclarece o § 3º.

Sendo opcional, por suposto, o contribuinte, caso continue se enquadrando nos limites do art. 164, pode renunciar à opção, ou, por outras palavras, manifestar a opção de sair do regime do IBS e da CBS, com efeitos a partir do ano-calendário subsequente.

> **Art. 167.** O valor estabelecido no *caput* do art. 164 desta Lei Complementar será atualizado anualmente com base na variação do IPCA.

 COMENTÁRIOS

O limite de R$ 3.600.000,00 deverá ser corrigido com base na variação do Índice Nacional de Preços ao Consumidor Amplo (IPCA). A escolha deste índice é coerente, porquanto se trata do principal indicador oficial da inflação no Brasil, medido pelo IBGE. A atualização pelo IPCA visa preservar o valor real do limite de receita ao longo do tempo, evitando que a inflação corroa o poder aquisitivo dos produtores rurais e que, consequentemente, um número maior de produtores ultrapasse o limite estabelecido sem que sua capacidade econômica tenha efetivamente aumentado.

Evita-se, com isso, a desatualização de norma por conta da inflação, como ocorre com as tabelas de incidência do imposto de renda e os limites para permanência no Simples Nacional, os quais, em valores fixos e somente alteráveis pela edição de outras leis de igual hierarquia, fazem com que, pela passagem do tempo e pelo efeito da inflação, haja um aumento do tributo, no primeiro caso, e uma redução dos limites para permanência no programa, no segundo caso. A ideia, aliás, bem poderia ser adotada em futura alteração legislativa referente a tais outros limites, tendo em vista que o STF considera impossível proceder a essa atualização apenas pela via interpretativa ou jurisprudencial[11].

> **Art. 168.** O contribuinte de IBS e de CBS sujeito ao regime regular poderá apropriar créditos presumidos dos referidos tributos relativos às aquisições de bens e serviços de

---

[11] A omissão legislativa em corrigir as tabelas do imposto de renda, que poderia ser resolvida com a edição de artigo com conteúdo semelhante ao deste art. 162, no caso do imposto de renda, causa malferimento ao âmbito constitucional do imposto, e ao conceito de renda implícito na CF/1988 e explicitado no art. 43 do CTN. O STF, porém, considera que, à míngua de lei, nada se pode fazer a respeito. "Ausente previsão legal, é vedado ao Poder Judiciário impor a correção monetária" (STF, RE 415.322 AgR/RS, rel. Min. Sepúlveda Pertence, 1ª Turma, j. 26.04.2005, v.u., *DJ* 13.05.2005, p. 16). No mesmo sentido: STF, RE 388.471 AgR/MG, rel. Min. Carlos Velloso, 2ª Turma, j. 14.06.2005, v.u., *DJ* 01.07.2005, p. 74. Segundo restou consignado em voto da Ministra Cármen Lúcia, não caberia ao Judiciário substituir-se ao Legislativo e ao Executivo "na análise do momento econômico e do índice de correção adequados para a retomada, ou mera aproximação, do quadro estabelecido entre os contribuintes e a lei, quando de sua edição, devendo essa omissão ficar sujeita apenas ao princípio da responsabilidade política, traduzido principalmente na aprovação ou rejeição dos atos de governo nos julgamentos ulteriores do eleitorado" (RE 388.312/MG, rel. orig. Min. Marco Aurélio, red. p/ o acórdão Min. Cármen Lúcia, 01.08.2011, *Informativo STF* nº 634).

Art. 168

produtor rural ou de produtor rural integrado, não contribuintes, de que trata o art. 164 desta Lei Complementar.

§ 1º O documento fiscal eletrônico relativo à aquisição deverá discriminar:

I – o valor da operação, que corresponderá ao valor pago ao fornecedor;

II – o valor do crédito presumido; e

III – o valor líquido para efeitos fiscais, que corresponderá à diferença entre os valores discriminados nos incisos I e II deste parágrafo.

§ 2º Na hipótese de bem ou serviço fornecido por produtor integrado, o valor da operação de que trata o inciso I do § 1º deste artigo será o valor da remuneração do produtor integrado determinado com base no contrato de integração.

§ 3º O valor do crédito presumido de que trata o inciso II do § 1º deste artigo será o resultado da aplicação dos percentuais de que trata o § 4º deste artigo sobre o valor da operação de que trata o inciso III do § 1º deste artigo.

§ 4º Os percentuais serão definidos e divulgados anualmente até o mês de setembro, por ato conjunto do Ministro de Estado da Fazenda e do Comitê Gestor do IBS, e entrarão em vigor a partir de primeiro de janeiro do ano subsequente.

§ 5º A definição dos percentuais de que trata o § 4º:

I – será realizada, nos termos do regulamento, com base nas informações fiscais disponíveis;

II – resultará da proporção entre:

a) montante do IBS e da CBS cobrados em relação ao valor total dos bens e serviços adquiridos pelos produtores rurais não contribuintes; e

b) valor total dos bens e serviços fornecidos pelos produtores rurais não contribuintes a que se refere o inciso III do § 1º deste artigo; e

III – tomará por base a média dos percentuais anuais relativos às operações realizadas nos 5 (cinco) anos-calendário anteriores ao do prazo da divulgação previsto no § 4º.

§ 6º Os percentuais de que trata o § 4º deste artigo poderão ser diferenciados, observadas as categorias estabelecidas em regulamento, em função do bem ou serviço fornecido pelo produtor rural ou pelo produtor rural integrado.

§ 7º Para efeito do disposto no § 5º deste artigo, não serão consideradas as aquisições de bens e serviços de que trata o inciso I do *caput* do art. 57 desta Lei Complementar, nem a aquisição de bens e serviços destinados ao uso e consumo pessoal do produtor rural ou de pessoas a ele relacionadas, nos termos do inciso II do *caput* do art. 57 desta Lei Complementar.

§ 8º Os créditos presumidos do IBS e da CBS de que trata o *caput* deste artigo poderão ser utilizados para dedução, respectivamente, do valor do IBS e da CBS devidos pelo contribuinte, permitido o ressarcimento na forma da Seção X do Capítulo II do Título I deste Livro.

§ 9º O direito à apropriação e à utilização do crédito presumido de que trata este artigo aplica-se também à sociedade cooperativa em relação ao recebimento de bens e serviços de seus associados não contribuintes do IBS e da CBS na forma do art. 164 desta Lei Complementar e não optantes pelo Simples Nacional, inclusive no caso de opção pelo regime específico de que trata o art. 271 desta Lei Complementar, exceto na hipótese em que o bem seja enviado para beneficiamento na cooperativa e retorne ao associado.

§ 10. Excepcionalmente, de 2027 a 2031, o período de que trata o inciso III do § 5º poderá ser inferior a 5 (cinco) anos, a depender da disponibilidade de informações.

 COMENTÁRIOS

Tal como se dá com o transportador autônomo, o catador de lixo, e o vendedor eventual de bens usados, nenhum deles contribuinte do IBS e da CBS, tem-se com o produtor rural

um problema próprio de tributos não cumulativos plurifásicos, que incidem sobre vários elos de uma cadeia produtiva que impele bens e serviços desde seu surgimento na economia até o consumo final, *quando se adota a técnica do tributo sobre tributo*, em vez de adotar a técnica da *base sobre base*.

A não cumulatividade, tal como adotada no Direito Brasileiro, visa ao mesmo resultado de uma tributação sobre o valor agregado, mas com ela não se confunde. Quando se trata de um verdadeiro imposto sobre o valor agregado, seu "fato gerador" é a realização de uma operação na qual se agregue valor a determinado bem ou serviço. Como consequência da relação lógica entre fato gerador e base de cálculo, a base de cálculo é o montante do valor agregado, sobre o qual se aplica a alíquota. É a chamada tributação de "base sobre base". Não importa se incidiu tributo na operação anterior, nem por quanto. Se se comprou um produto por R$ 100,00, e se revendeu por R$ 150,00, agregou-se R$ 50,00, sendo essa a base de cálculo do imposto sobre o valor agregado. É o que se dá, em linhas gerais, com PIS e Cofins não cumulativos.

A sistemática do IBS, da CBS, do ICMS e do IPI é diferente. O fato gerador da obrigação tributária é a prática de uma operação (venda, permuta etc.) com bens ou serviços. E o efeito cascata é neutralizado (pelo menos em tese) com a dedução dos tributos incidentes nas operações anteriores. Daí falar-se em tributação de "imposto sobre imposto".

A distinção é relevante. Fosse a tributação no Brasil fundada no fato "valor agregado", uma indústria que adquirisse matéria-prima não tributada, pelo IPI, e vendesse produto final pesadamente tributado, poderia aplicar a alíquota incidente na saída sobre os produtos relativos às suas entradas, e assim reduzir significativamente o ônus do tributo, de sorte que a alíquota mais pesada onerasse apenas o "valor agregado". No acórdão adiante transcrito, proferido em relação ao IPI, o Superior Tribunal de Justiça revela haver compreendido bem essa distinção e os seus efeitos práticos: "1. Para evitar o 'efeito cascata' dos tributos que incidem sobre a cadeia de produção e circulação de bens há dois mecanismos de política fiscal: a regra da não cumulatividade e a sistemática do valor agregado. 2. O legislador, no Direito Tributário Brasileiro, optou pela regra da não cumulatividade, garantindo ao sujeito passivo o direito de compensar o montante do imposto devido em operação realizada por ele com o imposto cobrado nas operações posteriores. Em outras palavras, adotou o sistema de 'créditos e débitos'. 3. A pretensão de pagamento do IPI apenas sobre o valor agregado não encontra respaldo na legislação e, nem por isso, o desatendimento ao pleito importa em violação ao princípio da não cumulatividade, inserto no art. 49 do CTN. 4. Também não existe respaldo a pretensão de fazer incidir a alíquota do produto final sobre o as matérias-primas, insumos e produtos intermediários quando menor essa alíquota, devendo ser observado que o IPI, necessariamente, é seletivo em função da essencialidade do produto. 5. Recurso especial não provido" (STJ, REsp 805.793/PR, rel. Min. Eliana Calmon, 2ª Turma, j. 04.09.2007, *DJ* 26.09.2007, p. 207).

É o mesmo raciocínio seguido quando se afirma que entradas tributadas com alíquota zero não geram crédito de IPI a ser abatido em face de saídas tributadas por esse imposto, ideia que por igual se aplica ao IBS e à CBS. A pretensão dos contribuintes em face de entradas tributadas, mas com alíquotas mais baixas, serve para demonstrar, de forma mais clara, a impossibilidade de se aplicar a sistemática da "base sobre base" em face de nossa legislação.

O problema é que a sistemática do "tributo sobre tributo" cria uma distorção quando o primeiro elo da cadeia adquire produtos ou serviços de quem não é tributado, mas se submete a uma alíquota alta na operação de saída, alíquota esta que foi calculada com base em estimativas que consideraram que existiria esse crédito. É o que ocorre com quem adquire de um pequeno produtor rural, em vez de adquirir de um grande, ou com quem utiliza resíduos sólidos (lixo) como matéria-prima, em vez de comprar a matéria-prima de uma outra indústria. A solução, se usada a técnica do tributo sobre tributo, é estabelecer a previsão de *crédito presumido*. Faz de conta que incidiu o tributo na operação anterior, de modo que os compradores daqueles que não foram tributados de fato paguem o tributo apenas sobre o valor acrescido, e, de mais a mais, não haja um prejuízo para quem compre destes pequenos agentes econômicos, quebrando a neutralidade e até mesmo propósitos axiológicos mais nobres, como a proteção ambiental (Capítulo IX, *infra*).

Um aspecto problemático deste artigo, que se repete nos capítulos seguintes, e se verifica em outras partes desta lei, é a delegação, ao regulamento, do que não é ao regulamento delegável, porquanto reservado à lei. É o caso da fixação dos percentuais ou valores do crédito presumido, variável que impacta direta e substancialmente no montante de tributo devido e que, por isso, só por lei poderia ser determinado.

CAPÍTULO VIII
DO TRANSPORTADOR AUTÔNOMO DE CARGA PESSOA FÍSICA NÃO CONTRIBUINTE

Art. 169. O contribuinte de IBS e de CBS sujeito ao regime regular poderá apropriar créditos presumidos dos referidos tributos relativos às aquisições de serviço de transporte de carga de transportador autônomo pessoa física que não seja contribuinte dos referidos tributos ou que seja inscrito como MEI.

§ 1º Os créditos presumidos de que trata o *caput* deste artigo:

I – somente se aplicam ao contribuinte que adquire bens e serviços e suporta a cobrança do valor do serviço de transporte de carga;

II – não se aplicam ao contribuinte que adquire bens e serviços e suporta a cobrança do valor do transporte como parte do valor da operação, ainda que especificado em separado nos documentos relativos à aquisição.

§ 2º O documento fiscal eletrônico relativo à aquisição deverá discriminar:

I – o valor da operação, que corresponderá ao valor pago ao fornecedor;

II – o valor do crédito presumido; e

III – o valor líquido para efeitos fiscais, que corresponderá à diferença entre os valores discriminados nos incisos I e II deste parágrafo.

§ 3º O valor do crédito presumido de que trata o inciso II do § 2º deste artigo será o resultado da aplicação dos percentuais de que trata o § 4º deste artigo sobre o valor da operação de que trata o inciso III do § 2º deste artigo.

§ 4º Os percentuais serão definidos e divulgados anualmente até o mês de setembro, por ato conjunto do Ministro de Estado da Fazenda e do Comitê Gestor do IBS, e entrarão em vigor a partir de primeiro de janeiro do ano subsequente.

§ 5º A definição dos percentuais de que trata o § 4º:

I – será realizada, nos termos do regulamento, com base nas informações fiscais disponíveis;

II – resultará da proporção entre:

a) montante do IBS e da CBS cobrados em relação ao valor total das aquisições realizadas pelos transportadores referidos no *caput* deste artigo; e

b) valor total a que se refere o inciso III do § 2º deste artigo em relação aos serviços fornecidos pelos transportadores de que trata o *caput* deste artigo; e

TÍTULO IV – DOS REGIMES DIFERENCIADOS DO IBS E DA CBS Art. 169

III – tomará por base as operações realizadas no ano-calendário anterior ao do prazo da divulgação previsto no § 4º deste artigo.

§ 6º Para efeito do disposto no § 5º deste artigo, não serão consideradas as aquisições de bens e serviços para uso e consumo pessoal de que trata o inciso I do *caput* do art. 57 nem a aquisição de bens e serviços destinados ao uso e consumo pessoal do transportador ou de pessoas a ele relacionadas, nos termos do inciso II do *caput* do art. 57 desta Lei Complementar.

§ 7º Os créditos presumidos do IBS e da CBS de que trata o *caput* deste artigo somente poderão ser utilizados para dedução, respectivamente, do valor do IBS e da CBS devidos pelo contribuinte.

§ 8º O direito à apropriação e à utilização do crédito presumido de que trata este artigo aplica-se também à sociedade cooperativa em relação ao recebimento de serviços de transporte de carga de seus associados transportadores autônomos pessoa física que não sejam contribuintes do IBS e da CBS, inclusive no caso de opção pelo regime específico de que trata o art. 271 desta Lei Complementar.

 COMENTÁRIOS

Um dos problemas da adoção de um tributo não cumulativo que segue a técnica do "tributo sobre tributo", ou *tax on tax*, assim entendido aquele em que se deduz em cada etapa o tributo incidente, devido, ou, como se passou a pretender com a EC 132/2023 para alguns casos, efetivamente pago, em oposição à técnica da base sobre base (*base on base*), em que se aplica, sobre o valor das entradas, a alíquota incidente sobre as saídas, para calcular o crédito (independentemente do que tiver incidido nas operações anteriores – algo semelhante ao que ocorre com PIS e Cofins não cumulativos), é que se eleva a alíquota como contrapartida ao aproveitamento dos créditos, o que faz com que quando se adquiram produtos ou serviços de não contribuintes crie-se um ônus excessivo. Há evidente quebra da neutralidade, impelindo contribuintes do imposto a só negociar com contribuintes do imposto.

Isso gera problemas, por exemplo, para a indústria da reciclagem (vejam-se comentários ao artigo seguinte), e para todo *slogan* subjacente à chamada "tributação ambiental". E cria problemas, também, a quem toma serviços de caminhoneiros autônomos não contribuintes do IVA-Dual. A forma possível, embora mais burocrática, de resolver o problema, se se mantém a técnica do "tributo sobre tributo", é por meio da criação de "créditos presumidos", como se faz aqui. Faz-se de conta que o tributo já incidiu na operação anterior, em alguma medida, ainda que não tenha incidido.

Quando o frete, cobrado pelo caminhoneiro autônomo, não é suportado pelo contribuinte, ou o é embutido no preço de mercadorias adquiridas, não se cogita de crédito presumido. Se embutido nos preços das mercadorias, o creditamento ocorrerá porque sobre este preço já terá incidido o IBS e a CBS, gerando crédito por essa aquisição. Se o frete sequer for cobrado dele, não haveria por que cogitar-se do creditamento.

O artigo não estabelece o montante do tal crédito presumido. Sugere que se levem em conta as aquisições feitas pelo caminhoneiro, o que será bastante complexo dada a informalidade com que muitas delas ocorrem, e, pior, remete ao regulamento para definir o montante do crédito. Trata-se de mais uma evidente ilegalidade, pois determinar o montante do crédito implica, naturalmente, determinar o próprio montante de tributo devido, em se tratando de tributos não cumulativos. Tal como determinar alíquota, ou base de cálculo. Não se trata de matéria que possa ser delegada ao regulamento.

CAPÍTULO IX
DOS RESÍDUOS E DEMAIS MATERIAIS DESTINADOS À RECICLAGEM, REUTILIZAÇÃO OU LOGÍSTICA REVERSA ADQUIRIDOS DE PESSOA FÍSICA, COOPERATIVA OU OUTRA FORMA DE ORGANIZAÇÃO POPULAR

Art. 170. O contribuinte de IBS e de CBS sujeito ao regime regular poderá apropriar créditos presumidos dos referidos tributos relativos às aquisições de resíduos sólidos de coletores incentivados para utilização em processo de destinação final ambientalmente adequada.

§ 1º Para fins do *caput* deste artigo, consideram-se:

I – resíduos sólidos: material, substância, objeto ou bem descartado resultante de atividades humanas em sociedade, a cuja destinação final se procede, se propõe proceder ou se está obrigado a proceder, nos estados sólido ou semissólido, bem como gases contidos em recipientes e líquidos cujas particularidades tornem inviável o seu lançamento na rede pública de esgotos ou em corpos d'água ou exijam para isso soluções técnica ou economicamente inviáveis em face da melhor tecnologia disponível;

II – coletores incentivados:

a) pessoa física que executa a coleta ou a triagem de resíduos sólidos e a venda para contribuinte do IBS e da CBS que lhes confere destinação final ambientalmente adequada;

b) associação ou cooperativa de pessoas físicas que executa exclusivamente a atividade mencionada na alínea "a" deste inciso; e

c) associação ou cooperativa que congrega exclusivamente as pessoas de que trata a alínea "b" deste inciso;

III – destinação final ambientalmente adequada: destinação de resíduos sólidos para reutilização, reciclagem, compostagem e recuperação, bem como, na forma do regulamento, outras destinações admitidas pelos órgãos competentes, entre elas a disposição final.

§ 2º Os créditos presumidos de que trata o *caput* deste artigo somente poderão ser utilizados para dedução, respectivamente, do valor do IBS e da CBS devidos pelo contribuinte e serão calculados mediante aplicação dos seguintes percentuais sobre o valor da aquisição registrado em documento admitido pela administração tributária na forma do regulamento:

I – para o crédito presumido de IBS:

a) em 2029, 1,3% (um inteiro e três décimos por cento);

b) em 2030, 2,6% (dois inteiros e seis décimos por cento);

c) em 2031, 3,9% (três inteiros e nove décimos por cento);

d) em 2032, 5,2% (cinco inteiros e dois décimos por cento);

e) a partir de 2033, 13% (treze por cento); e

II – para o crédito presumido de CBS, 7% (sete por cento).

§ 3º Os créditos presumidos de IBS e de CBS de que trata o *caput* deste artigo não serão concedidos às aquisições de:

I – agrotóxicos, seus resíduos e embalagens;

II – medicamentos domiciliares, de uso humano, industrializados e manipulados e, observados critérios estabelecidos no regulamento, de suas embalagens;

III – pilhas e baterias;

IV – pneus;

V – produtos eletroeletrônicos e seus componentes de uso doméstico;

VI – óleos lubrificantes, seus resíduos e embalagens;

TÍTULO IV – DOS REGIMES DIFERENCIADOS DO IBS E DA CBS | Art. 171

> VII – lâmpadas fluorescentes, de vapor de sódio e mercúrio e de luz mista; e
>
> VIII – sucata de cobre.
>
> § 4º Não se aplica o disposto no inciso VI do § 3º deste artigo às aquisições de óleo lubrificante usado ou contaminado por rerrefinador ou coletor autorizado pela Agência Nacional do Petróleo, Gás Natural e Biocombustíveis (ANP) a realizar a coleta, ficando permitida a concessão de créditos presumidos de IBS e de CBS conforme o disposto neste Capítulo.

COMENTÁRIOS

Como destacado nos comentários ao artigo anterior, um dos problemas de tributos plurifásicos não cumulativos, como é o caso do ICMS, do IPI, do IBS e da CBS, notadamente quando, como no caso destes quatro tributos, adotam a sistemática de tributos sobre tributo (*tax on tax*), e não de base sobre base (*base on base*), diz respeito ao impacto que têm em atividades relacionadas à reciclagem.

Isso porque, em tese, se um produtor adquire matéria-prima de alguém que a produziu extraindo-a da natureza, terá direito de crédito. Mas se utilizar *lixo* como matéria-prima, adquirindo o resíduo sólido a ser reciclado de pessoas físicas (catadores), não terá direito de crédito à míngua de uma operação anterior tributável. Trata-se de um efeito contrário às finalidades ambientais que hoje em dia toda legislação tributária deve ter, e que, embora não intencional, servia de desestímulo às atividades de reciclagem.

Com a previsão do crédito presumido contida neste artigo, para IBS e CBS, a questão é equacionada.

Corretamente, e de forma diversa da verificada no artigo anterior, dedicado aos transportadores autônomos, o valor do crédito presumido, ou a forma de encontrá-lo, consta da lei, não dependendo do que vier a dispor o regulamento.

Não há justificativa, porém, para as restrições constantes do § 3º. Quebra-se a neutralidade, cria-se uma distinção injustificada e, de mais a mais, tais itens já foram tributados à exaustão em sua "vida anterior", pelo que agride a própria ideia de não cumulatividade, e a lógica da proteção ambiental, que deve estar presente em todo o Direito Tributário (CF/1988, art. 145, § 3º), não permitir que gerem crédito presumido tal como outros tipos de lixo ou resíduo.

CAPÍTULO X
DOS BENS MÓVEIS USADOS ADQUIRIDOS DE PESSOA FÍSICA NÃO CONTRIBUINTE PARA REVENDA

> **Art. 171.** O contribuinte de IBS e de CBS sujeito ao regime regular poderá apropriar créditos presumidos dos referidos tributos relativos às aquisições, para revenda, de bem móvel usado de pessoa física que não seja contribuinte dos referidos tributos ou que seja inscrita como MEI.
>
> § 1º Os créditos presumidos de que trata o *caput* deste artigo serão calculados mediante aplicação dos seguintes percentuais sobre o valor da aquisição registrado em documento admitido pela administração tributária na forma do regulamento:

185

Art. 171

I – para o crédito presumido de IBS, o percentual equivalente à soma das alíquotas de IBS aplicáveis às operações com bem móvel de que trata o *caput* deste artigo, fixadas pelo Município e pelo Estado onde estiver localizado o estabelecimento em que tiver sido efetuada a aquisição vigentes:

a) na data da revenda, para aquisições realizadas até 31 de dezembro de 2032;

b) na data da aquisição, para aquisições realizadas a partir de 1º de janeiro de 2033;

II – para o crédito presumido de CBS, a alíquota da CBS aplicável às operações com o bem móvel de que trata o *caput* deste artigo, fixada pela União e vigente:

a) na data da revenda, para aquisições realizadas até 31 de dezembro de 2026;

b) na data da aquisição, para aquisições realizadas a partir de 1º de janeiro de 2027.

§ 2º Os créditos presumidos de que trata o *caput* deste artigo somente poderão ser utilizados para deduzir, respectivamente, o IBS e a CBS devidos pelo contribuinte, por ocasião da revenda do bem usado sobre o qual tenham sido calculados os respectivos créditos.

§ 3º O regulamento disporá sobre a forma de apropriação dos créditos presumidos na hipótese de não ser possível a vinculação desses créditos com o bem usado revendido.

§ 4º Para fins do disposto neste artigo, considera-se bem móvel usado aquele que tenha sido objeto de fornecimento para consumo final de pessoa física e tenha voltado à comercialização.

COMENTÁRIOS

Situação análoga à da reciclagem é a dos bens móveis usados adquiridos de não contribuinte do IBS e da CBS para a revenda, por parte de quem exerce atividade econômica e nessa condição é contribuinte de tais tributos. Lojas de venda de itens usados, como revendas de automóveis usados, ou brechós de roupas ou móveis usados, por exemplo. São itens que já passaram pela cadeia produtiva uma vez, já foram tributados à exaustão, até o consumo, e reingressam na cadeia. Além de considerações de cunho ambiental (reutilizar faz parte dos três "Rs": reduzir, reciclar, reutilizar), a própria não cumulatividade não permitiria que nenhum crédito se reconhecesse em tais situações. Daí por que, dando cumprimento a tais mandamentos constitucionais, se reconhece neste artigo o crédito presumido.

De forma adequada, estabelece-se que o valor do crédito corresponderá à aplicação das alíquotas incidentes sobre as saídas, às entradas de bem usados. É a técnica da base sobre base, que bem poderia ser adotada para todos os casos, como regra, em proveito de verdadeiras simplicidade e neutralidade.

Incorre-se, mais uma vez, na invalidade de se remeter ao regulamento o papel de definir como os créditos serão apropriados, se não for possível vincular a entrada do bem usado com a saída do próprio bem usado. Aliás, inválida é também a remissão de que somente neste caso haveria o direito ao crédito de modo incondicionado, pois isso implica submeter o IVA-Dual, nesta parte, à sistemática do crédito físico, totalmente incompatível com o imposto e vedada pela Constituição.

Quanto à definição do que seja bem usado, incorre-se no equívoco, decorrente de preconceito, de considerar que "bem usado" e "consumidor" seriam realidades próprias apenas de pessoas físicas, não de pessoas jurídicas. Mas um bem pode ser usado, também, por pessoa jurídica, e nessa condição ser vendido a uma empresa cuja atividade seja a comercialização de bens usados.

TÍTULO V
DOS REGIMES ESPECÍFICOS DO IBS E DA CBS

CAPÍTULO I
DOS COMBUSTÍVEIS

Seção I
Disposições Gerais

Art. 172. O IBS e a CBS incidirão uma única vez sobre as operações, ainda que iniciadas no exterior, com os seguintes combustíveis, qualquer que seja a sua finalidade:

I – gasolina;

II – etanol anidro combustível (EAC);

III – óleo diesel;

IV – biodiesel (B100);

V – gás liquefeito de petróleo (GLP), inclusive o gás liquefeito derivado de gás natural (GLGN);

VI – etanol hidratado combustível (EHC);

VII – querosene de aviação;

VIII – óleo combustível;

IX – gás natural processado;

X – biometano;

XI – gás natural veicular (GNV); e

XII – outros combustíveis especificados e autorizados pela Agência Nacional do Petróleo, Gás Natural e Biocombustíveis (ANP), relacionados em ato conjunto do Comitê Gestor do IBS e do Poder Executivo da União.

 COMENTÁRIOS

Estabelece-se para os combustíveis indicados neste artigo um regime de tributação monofásica, a qual segue de algum modo uma tendência que já se verificava no âmbito do ICMS, do PIS e da Cofins, notadamente com o uso da técnica da substituição tributária "para frente" (ICMS-ST). Aliás, a EC 33/2001 previu uma sistemática no todo diferenciada para o ICMS incidente sobre combustíveis, a qual, entretanto, jamais chegou a ser regulamentada, e que tinha como uma das notas essenciais a monofasia.

Tributos monofásicos são, por essência, não cumulativos, porquanto não alcançam o produto em mais de uma fase e, assim, não se têm como acumular. No caso do IVA-Dual, a não cumulatividade é ainda assegurada por meio da possibilidade de creditamento do IBS e da CBS incidentes sobre combustíveis, caso estes sejam usados como insumos ou de qualquer modo consumidos no âmbito de atividade onerada por tais tributos.

A sistemática monofásica para os combustíveis é expressamente autorizada no art. 156-A, § 6º, I, da CF/1988, com a redação dada pela EC 132/2023.

Seção II
Da Base de Cálculo

Art. 173. A base de cálculo do IBS e da CBS será a quantidade de combustível objeto da operação.

> § 1º A quantidade de combustível será aferida de acordo com a unidade de medida própria de cada combustível.
>
> § 2º O valor do IBS e da CBS, nos termos deste Capítulo, corresponderá à multiplicação da base de cálculo pela alíquota específica aplicável a cada combustível.

 COMENTÁRIOS

Quando o tributo é calculado por meio de alíquotas *ad valorem*, percentuais de uma base imponível economicamente dimensionada, a base de cálculo consiste essencialmente no fato gerador transformado em moeda. Em se tratando de alíquotas específicas, a base de cálculo passa a ser a quantidade da realidade tributada, expressa na unidade de medida indicada em lei. No caso do IVA-Dual incidente sobre combustíveis, uma determinada quantidade de reais por litro, galão etc.

Seção III
Das Alíquotas

> **Art. 174.** As alíquotas do IBS e da CBS para os combustíveis de que trata o art. 172 desta Lei Complementar serão:
>
> I – uniformes em todo o território nacional, específicas por unidade de medida e diferenciadas por produto;
>
> II – reajustadas no ano anterior ao de sua vigência, observada, para a sua majoração, a anterioridade nonagesimal prevista na alínea "c" do inciso III do *caput* do art. 150 da Constituição Federal;
>
> III – divulgadas:
>
> a) quanto ao IBS, pelo Comitê Gestor do IBS;
>
> b) quanto à CBS, pelo chefe do Poder Executivo da União.
>
> § 1º As alíquotas da CBS em 2027 serão fixadas de forma a não exceder a carga tributária incidente sobre os combustíveis dos tributos federais extintos ou reduzidos pela Emenda Constitucional nº 132, de 20 de dezembro de 2023, calculada nos termos do § 2º deste artigo.
>
> § 2º Na apuração da carga tributária de que trata o § 1º deste artigo deverá ser considerada:
>
> I – a carga tributária direta das contribuições previstas na alínea "b" do inciso I e no inciso IV do *caput* do art. 195 da Constituição Federal e da Contribuição para o PIS/Pasep de que trata o art. 239 da Constituição Federal incidentes na produção, importação e comercialização dos combustíveis, calculada da seguinte forma:
>
> a) a carga tributária por unidade de medida das contribuições de que trata este inciso será apurada para cada um dos meses de julho de 2025 a junho de 2026;
>
> b) os valores apurados na forma da alínea "a" deste inciso serão reajustados a preços de julho de 2026, com base na variação do IPCA, somados e divididos por 12 (doze);
>
> c) o valor apurado nos termos da alínea "b" deste inciso será atualizado a preços de 2027 por meio do acréscimo de percentual equivalente à meta para a inflação relativa a 2027, fixada pelo Conselho Monetário Nacional, vigente em julho de 2026; e
>
> II – a carga tributária indireta decorrente das contribuições referidas no inciso I deste parágrafo, do imposto de que trata o inciso IV do *caput* do art. 153 da Constituição Federal e do imposto de que trata o inciso V do *caput* do mesmo artigo sobre operações de seguro, incidentes sobre os insumos, serviços e bens de capital utilizados na produção,

importação e comercialização dos combustíveis e não recuperados como crédito, calculada da seguinte forma:

a) os valores serão apurados a preços de 2025 e divididos pelo volume consumido no país do respectivo combustível em 2025, de modo a resultar na carga tributária por unidade de medida;

b) os valores apurados na forma da alínea "a" deste inciso serão reajustados a preços de julho de 2026, com base na variação do IPCA;

c) o valor apurado nos termos da alínea "b" deste inciso será atualizado a preços de 2027 por meio do acréscimo de percentual equivalente à meta para a inflação relativa a 2027, fixada pelo Conselho Monetário Nacional, vigente em julho de 2026.

§ 3º Para os anos subsequentes a 2027, as alíquotas da CBS serão fixadas de modo a não exceder a carga tributária calculada nos termos do § 2º deste artigo reajustada por percentual equivalente à variação do preço médio ponderado de venda a consumidor final, obtido por meio de pesquisa realizada por órgão competente ou com base nos dados dos documentos fiscais eletrônicos de venda a consumidor, entre:

I – os 12 (doze) meses anteriores a julho do ano anterior àquele para o qual será fixada a alíquota; e

II – o período de julho de 2025 a junho de 2026.

§ 4º As alíquotas do IBS serão fixadas:

I – em 2029 de forma a não exceder a 10% (dez por cento) da carga tributária incidente sobre os combustíveis dos tributos estaduais e municipais extintos ou reduzidos pela Emenda Constitucional nº 132, de 20 de dezembro de 2023, calculada nos termos do § 5º deste artigo;

II – em 2030 de forma a não exceder a 20% (vinte por cento) da carga tributária calculada nos termos do § 5º, reajustada nos termos do § 6º deste artigo;

III – em 2031 de forma a não exceder a 30% (trinta por cento) da carga tributária calculada nos termos do § 5º, reajustada nos termos do § 6º deste artigo;

IV – em 2032 de forma a não exceder a 40% (quarenta por cento) da carga tributária calculada nos termos do § 5º, reajustada nos termos do § 6º deste artigo;

V – a partir de 2033 de forma a não exceder a carga tributária calculada nos termos do § 5º, reajustada nos termos do § 6º deste artigo.

§ 5º Na apuração da carga tributária de que tratam os incisos I a V do § 4º deste artigo, deverá ser considerada:

I – a carga tributária direta do imposto de que trata o inciso II do *caput* do art. 155 da Constituição Federal incidente na produção, importação e comercialização dos combustíveis, calculada da seguinte forma:

a) a carga tributária por unidade de medida do imposto de que trata este inciso será apurada para cada um dos meses de julho de 2027 a junho de 2028; b) os valores apurados na forma da alínea "a" deste inciso serão reajustados a preços de julho de 2028, com base na variação do IPCA, somados e divididos por 12 (doze);

c) o valor apurado nos termos da alínea "b" deste inciso será atualizado a preços de 2029 por meio do acréscimo de percentual equivalente à meta para a inflação relativa a 2029, fixada pelo Conselho Monetário Nacional, vigente em julho de 2028; e

II – a carga tributária indireta decorrente dos impostos referidos no inciso II do *caput* do art. 155 e no inciso III do *caput* do art. 156 da Constituição Federal incidentes sobre os insumos, serviços e bens de capital utilizados na produção, importação e comercialização dos combustíveis e não recuperados como crédito, calculada da seguinte forma:

a) os valores serão apurados a preços de 2027 e divididos pelo volume consumido no país do respectivo combustível em 2027, de modo a resultar na carga tributária por unidade de medida;

b) os valores apurados na forma da alínea "a" deste inciso serão reajustados a preços de julho de 2028, com base na variação do IPCA;

c) o valor apurado nos termos da alínea "b" deste inciso será atualizado a preços de 2029 por meio do acréscimo de percentual equivalente à meta para a inflação relativa a 2029, fixada pelo Conselho Monetário Nacional, vigente em julho de 2028.

§ 6º Para os anos subsequentes a 2029, a alíquota do IBS será fixada de modo a não exceder a carga tributária calculada nos termos do § 5º deste artigo reajustada por percentual equivalente à variação do preço médio ponderado de venda a consumidor final, obtido por meio de pesquisa realizada por órgão competente ou com base nos dados dos documentos fiscais eletrônicos de venda a consumidor, entre:

I – os 12 (doze) meses anteriores a julho do ano anterior àquele para o qual será fixada a alíquota; e

II – o período de julho de 2027 a junho de 2028.

§ 7º A metodologia de cálculo da carga tributária para a fixação das alíquotas nos termos dos §§ 1º e 4º deste artigo será aprovada por ato conjunto do Ministro de Estado da Fazenda e do Comitê Gestor do IBS.

§ 8º Os cálculos para a fixação das alíquotas, com base na metodologia de que trata o § 7º deste artigo, serão realizados, para a CBS, pela RFB e, para o IBS, pelo Comitê Gestor do IBS.

§ 9º A União, os Estados, o Distrito Federal e os Municípios fornecerão ao Comitê Gestor do IBS e ao Poder Executivo da União os subsídios necessários ao cálculo das alíquotas do IBS e da CBS sobre combustíveis, mediante o compartilhamento de dados e informações.

§ 10. A alíquota do IBS calculada na forma dos §§ 4º a 6º deste artigo será distribuída entre a alíquota estadual do IBS e a alíquota municipal do IBS proporcionalmente às respectivas alíquotas de referência.

§ 11. Em relação aos combustíveis de que trata o inciso XII do *caput* do art. 172 desta Lei Complementar, será aplicada a mesma alíquota observada pelo combustível que possua a finalidade mais próxima, entre aqueles previstos nos incisos I a XI do *caput* do referido artigo, ponderada pela respectiva equivalência energética, observado, quando se tratar de biocombustíveis, o disposto no art. 175.

 COMENTÁRIOS

A disposição é bastante confusa, e obscura, ao estabelecer que as alíquotas serão "divulgadas" pela União e pelo Comitê Gestor, respectivamente, conforme se trate de CBS ou IBS. Há uma série de prescrições orientando como a fixação das alíquotas deve ocorrer, ou o que há de ser levado em conta por quem a fixar, mas não se diz claramente quem a fixará. O autor da norma que fixará as alíquotas é obscuro, afirmando-se apenas quem as "divulgará". Entretanto, cabe lembrar que a fixação das alíquotas de tais tributos compete à lei ordinária de cada ente federativo, não ao Comitê Gestor, ou ao Poder Executivo da União. O art. 156-A, § 6º, I, *a*, não autoriza sua fixação pelo Executivo, exigindo-se, como em qualquer situação não expressamente ressalvada pela Constituição, lei em sentido formal.

A Constituição autoriza que as alíquotas sejam fixadas de modo uniforme em todo o território nacional, não se aplicando a regra segundo a qual as alíquotas do IBS serão estabelecidas por Estados e Municípios, mas não consta autorização para que sejam estabelecidas por ato infralegal.

TÍTULO V – DOS REGIMES ESPECÍFICOS DO IBS E DA CBS — Art. 175

O fato de serem reajustadas a cada ano, para terem vigência no ano seguinte, respeitada a anterioridade nonagesimal, significa na prática que *as duas* anterioridades devem ser respeitadas, a nonagesimal e a do exercício, representada esta última pelo fato de o reajuste dever ocorrer no ano anterior ao de sua vigência. E nem poderia ser diferente, pois não há exceção ao disposto no art. 150, III, *b* e *c* da CF/1988 para o IBS. Para a CBS, como para as contribuições de seguridade referidas no art. 195 da CF/1988, aplica-se apenas a anterioridade nonagesimal, como imposição constitucional, mas nada impede ao legislador, como se dá no caso, de imprimir à lei que a majora a necessidade de cumprimento das duas regras de *vacatio legis* constitucionais.

> **Art. 175.** Fica assegurada aos biocombustíveis e ao hidrogênio de baixa emissão de carbono tributação inferior à incidente sobre os combustíveis fósseis, de forma a garantir o diferencial competitivo estabelecido no inciso VIII do § 1º do art. 225 da Constituição Federal.
>
> § 1º As alíquotas do IBS e da CBS relativas aos biocombustíveis e ao hidrogênio de baixa emissão de carbono não poderão ser inferiores a 40% (quarenta por cento) e não poderão exceder a 90% (noventa por cento) das alíquotas incidentes sobre os respectivos combustíveis fósseis comparados.
>
> § 2º A tributação reduzida de que trata este artigo será estabelecida considerando-se, nos termos do regulamento:
>
> I – a equivalência energética, os preços de mercado e as unidades de medida dos combustíveis comparados;
>
> II – o potencial de redução de impactos ambientais dos biocombustíveis ou do hidrogênio de baixa emissão de carbono em relação aos combustíveis fósseis de que sejam substitutos ou com os quais sejam misturados.
>
> § 3º Em relação ao etanol hidratado combustível (EHC), o diferencial de que trata o *caput* deste artigo será, no mínimo, aquele existente entre a carga tributária direta e indireta definida nos §§ 2º e 5º do art. 174 desta Lei Complementar sobre o referido combustível e a gasolina C no período de 1º de julho de 2023 a 30 de junho de 2024 para os seguintes tributos:
>
> I – Contribuição para o PIS/Pasep e Contribuição para Financiamento da Seguridade Social (Cofins), para a CBS; e
>
> II – Imposto sobre Operações relativas à Circulação de Mercadorias e sobre Prestações de Serviços de Transporte Interestadual e Intermunicipal e de Comunicação (ICMS), para o IBS.
>
> § 4º O cálculo da carga tributária de que trata o § 3º deste artigo será realizado a partir das alíquotas vigentes em 1º de julho de 2024, ponderadas pelo volume de venda dos respectivos produtos em cada unidade da Federação e considerado o Preço Médio Ponderado ao Consumidor Final (PMPF) observado no período entre 1º de julho de 2023 a 30 de junho de 2024.
>
> § 5º O diferencial de que trata o § 3º deste artigo será:
>
> I – em 2027, para a CBS, e em 2029, para o IBS, a diferença de carga de que trata o § 3º deste artigo em termos percentuais e absolutos por unidade de medida;
>
> II – nos anos-calendário posteriores, atualizado conforme sistemática estabelecida para as alíquotas do IBS e da CBS no art. 174 desta Lei Complementar.
>
> § 6º Ato do Poder Executivo Federal poderá reduzir as alíquotas específicas por unidade de medida da CBS para o biodiesel (B100) produzido com matéria-prima adquirida da agricultura familiar.

COMENTÁRIOS

Dispõe-se corretamente que biocombustíveis puros, e, especialmente, hidrogênio gerado com baixa emissão de carbono (hidrogênio "verde"), devem ser submetidos à tributação diferenciada – menos onerosa – que a incidente sobre combustíveis fósseis, seja em cumprimento ao disposto no art. 145, § 3º, da CF/1988, que determina a proteção ao meio ambiente como meta a ser seguida pela legislação tributária, seja como decorrência direta do que consta do art. 225, § 1º, VIII, da CF/1988, inseridos ambos pela EC 132/2023.

Entretanto, seguindo o disposto em outros artigos desta parte, a lei não fixa as alíquotas. Nem estabelece quem as fixará, sujeito oculto e misterioso, cabendo ao Comitê Gestor e à Receita Federal apenas "divulgá-las", o que é, claramente, inconstitucional.

Seção IV
Da Sujeição Passiva

Art. 176. São contribuintes do regime específico de IBS e de CBS de que trata este Capítulo:

I – o produtor nacional de biocombustíveis;

II – a refinaria de petróleo e suas bases;

III – a central de matéria-prima petroquímica (CPQ);

IV – a unidade de processamento de gás natural (UPGN) e o estabelecimento produtor e industrial a ele equiparado, definido e autorizado por órgão competente;

V – o formulador de combustíveis;

VI – o importador; e

VII – qualquer agente produtor não referido nos incisos I a VI deste *caput*, autorizado por órgão competente.

§ 1º O disposto neste artigo também se aplica ao distribuidor de combustíveis em suas operações como importador.

§ 2º Equipara-se ao produtor nacional de biocombustíveis a cooperativa de produtores de etanol autorizada por órgão competente.

COMENTÁRIOS

Considerando-se a natureza monofásica do IVA-Dual incidente sobre combustíveis, o legislador visa a alcançar as operações ocorridas no início da cadeia ou do ciclo produtivo, que conduz o produto tributado, o combustível, desde seu ingresso ou aparição na economia, até seu consumo. Tributa-se a primeira operação, desonerando-se as demais, com exceção da hipótese de responsabilidade tributária destes outros elos seguintes, caso concorram para infrações cometidas pelo primeiro elo que conduzam ao não pagamento do tributo. Daí a remissão, em rol não exaustivo (vide o inciso VII), a qualquer importador ou produtor, vale dizer, pessoa situada no início da cadeia. O relevante é que haja "autorização do órgão competente" para figurar nesta posição, considerando-se a submissão deste setor ou nicho de mercado a mais intensa regulamentação estatal.

Art. 177. Nas operações realizadas diretamente com os contribuintes de que trata o art. 176 desta Lei Complementar, o adquirente fica solidariamente responsável pelo pagamento do IBS e da CBS incidentes na operação, nos termos previstos neste artigo.

TÍTULO V – DOS REGIMES ESPECÍFICOS DO IBS E DA CBS Art. 179

> § 1º A responsabilidade a que se refere o *caput*:
>
> I – não se aplica na hipótese em que a transação de pagamento tenha sido liquidada por instrumento eletrônico que permita o recolhimento do IBS e da CBS na liquidação financeira da operação (*split payment*), nos termos dos arts. 31 a 35 desta Lei Complementar;
>
> II – restringe-se ao valor do IBS e da CBS não extintos pelo contribuinte, na forma dos incisos I e II do *caput* do art. 27 desta Lei Complementar;
>
> III – estende-se aos demais participantes da cadeia econômica, não referidos no *caput*, que realizarem operações subsequentes à tributação monofásica de que trata este Capítulo, se houver comprovação de que concorreram para o não pagamento do IBS e da CBS devidos pelo contribuinte.
>
> § 2º Para fins de definição do valor a que se refere o inciso II do § 1º será observada, em cada período de apuração, a ordem cronológica prevista no inciso I do parágrafo único do art. 27 desta Lei Complementar.

 COMENTÁRIOS

O IVA-Dual incidente sobre combustíveis, já se viu nos comentários ao art. 168, *supra*, é monofásico, tendo, portanto, como contribuintes apenas as pessoas situadas no início da cadeia ou ciclo econômico que impele os bens tributados da produção ao consumo (importador, refinaria etc.), mencionadas no artigo anterior. Entretanto, se o tributo não for por elas recolhido, comprovando-se a concorrência, para tanto, de pessoas situadas nos elos seguintes da cadeia, estas passam a responder solidariamente pelo débito.

O ônus de demonstrar essa concorrência, por certo, é da Administração Tributária, a ser devidamente cumprido quando da feitura do lançamento contra tais responsáveis. Deverá a autoridade não apenas indicar o não pagamento pelo elo inicial da cadeia, mas, principalmente, os fatores que ensejam ou desencadeiam a responsabilização do sujeito situado em elo subsequente, vale dizer, sua atuação pessoal na situação que levou ao não pagamento, capaz de justificar a afirmação de que ele *concorreu* para a infração consistente no inadimplemento. Não é possível presumir essa concorrência.

Seção V
Das Operações com Etanol Anidro Combustível (EAC)

> **Art. 178.** Fica atribuída à refinaria de petróleo ou suas bases, à CPQ, ao formulador de combustíveis e ao importador, relativamente ao percentual de biocombustível utilizado na mistura, nas operações com gasolina A, a responsabilidade pela retenção e pelo recolhimento do IBS e da CBS incidentes nas importações de EAC ou sobre as saídas do estabelecimento produtor de EAC.
>
> **Art. 179.** Nas operações com EAC:
>
> I – o adquirente de EAC destinado à mistura com gasolina A que realizar a saída dos biocombustíveis com destinação diversa fica obrigado a recolher o IBS e a CBS incidentes sobre o biocombustível;
>
> II – a distribuidora de combustíveis que realizar mistura de EAC com gasolina A em percentual:
>
> a) superior ao obrigatório, fica obrigada a recolher o IBS e a CBS de que trata o art. 172 desta Lei Complementar em relação ao volume de biocombustível correspondente ao que exceder ao percentual obrigatório de mistura; e

> b) inferior ao obrigatório, terá direito ao ressarcimento do IBS e da CBS de que trata o art. 172 desta Lei Complementar em relação ao volume de biocombustível correspondente ao misturado a menor do que o percentual obrigatório de mistura.

 COMENTÁRIOS

Seguindo a lógica de tributação monofásica do IBS e da CBS incidentes sobre combustíveis, o artigo em comento atribui responsabilidade pelo recolhimento de tais tributos às refinarias de petróleo, bases de petróleo, Centros de Produção de Químicos (CPQs), formuladores de combustíveis e importadores, especificamente em relação ao percentual de biocombustível utilizado nas misturas de gasolina.

A ideia, que subjaz à monofasia, é concentrar o recolhimento do tributo em um número menor de contribuintes, simplificando a fiscalização e o controle para a Administração Tributária e assegurando o recolhimento efetivo do tributo. Fazer com que o tributo seja recolhido em pontos estratégicos da cadeia produtiva pressupõe que neles a fiscalização é mais eficaz e o risco de evasão fiscal é menor. Mas, com isso, se contraria o mantra de que a não cumulatividade plurifásica é técnica maravilhosa e neutra, presente em todo o discurso de sensibilização para a necessidade da reforma tributária.

Nos dois incisos do artigo, a responsabilidade tributária das refinarias, formuladores e importadores diz respeito ao IBS e à CBS incidentes sobre o biocombustível usado na mistura. Se uma refinaria produz gasolina, e nela insere etanol anidro combustível (EAC, será dela, da refinaria, a responsabilidade pelo recolhimento do IBS e da CBS incidentes monofasicamente sobre o álcool, e não do produtor do álcool). Por certo, entende-se mais fácil e seguro fiscalizar e controlar um pequeno número de refinarias, do que os produtores de álcool anidro que fornecem para elas. A sistemática, aqui, assemelha-se à substituição tributária "para trás" que se verifica no ICMS.

No caso do IBS e da CBS incidentes sobre a gasolina em si, produzida com a adição do EAC, caberá à refinaria (ou ao importador, ou ao formulador), o recolhimento, mas na condição de contribuinte, não de responsável, cabendo lembrar que, como o tributo é monofásico, não pode se incluir nessa segunda incidência o EAC já onerado quando da aquisição. De rigor, quando a gasolina for vendida, já com a adição do biocombustível, será integralmente tributada, e só uma vez, no âmbito da refinaria, do importador ou do formulador, só que a parcela referente ao biocombustível será por ele paga na condição de responsável, e a parcela pertinente à gasolina, como contribuinte.

Caso o adquirente do EAC, em vez de inseri-lo na gasolina (hipótese em que será tributado *junto* com a gasolina, monofasicamente e por alíquota específica própria), dê a ele outra destinação, deverá de qualquer modo recolher a CBS e o IBS incidentes especificamente sobre ele. Caso, na gasolina, o percentual seja maior, ou menor, que o indicado como obrigatório, deverá haver o respectivo ajuste no valor do IVA-Dual devido. Isso porque as alíquotas específicas incidentes sobre um e outro (gasolina, álcool, *diesel*, biodiesel etc.) são diferentes.

Seção VI
Dos Créditos na Aquisição de Combustíveis Submetidos ao Regime de Tributação Monofásica

> **Art. 180.** É vedada a apropriação de créditos em relação às aquisições de combustíveis sujeitos à incidência única do IBS e da CBS, quando destinadas à distribuição, à comercialização ou à revenda.

TÍTULO V – DOS REGIMES ESPECÍFICOS DO IBS E DA CBS | Art. 182

> § 1º Excetuadas as hipóteses previstas no *caput* deste artigo, o contribuinte no regime regular poderá apropriar créditos do IBS e da CBS em relação à aquisição de combustíveis, nos termos do § 4º do art. 47 desta Lei Complementar.
>
> § 2º Fica assegurado ao exportador de combustíveis o direito à apropriação e à utilização dos créditos do IBS e da CBS relativos às aquisições de que trata esta Seção, na forma do § 1º deste artigo.

 COMENTÁRIOS

Considerando que a incidência de IBS e CBS sobre combustíveis é monofásica, os demais elos da cadeia não recolhem IBS ou CBS sobre os combustíveis que vendem, os quais já foram tributados junto a refinarias, importadores ou formuladores. Pela mesma razão, não podem se apropriar de créditos referentes à aquisição desses combustíveis: se não serão tributados de novo, não há imposto a ser abatido nessa segunda e nova tributação.

Excepcionam-se, naturalmente, as hipóteses nas quais o combustível é insumo para *outra atividade* que, esta sim, será tributada pelo IBS e pela CBS. É o que ocorre com empresas de transporte, por exemplo. Neste caso, o IBS e a CBS já incidentes sobre o combustível geram crédito a ser abatido do IBS e da CBS devidos por tais contribuintes. A única ressalva admissível, nesta hipótese, é a de os combustíveis serem destinados ao uso ou consumo pessoal de sócios ou empregados do contribuinte, o que deve ser entendido, já se explicou, como abrangendo apenas as situações nas quais o uso do combustível *não guarda relação com as atividades da empresa*.

CAPÍTULO II
DOS SERVIÇOS FINANCEIROS

Seção I
Disposições Gerais

> **Art. 181.** Os serviços financeiros ficam sujeitos a regime específico de incidência do IBS e da CBS, de acordo com o disposto neste Capítulo.
>
> **Art. 182.** Para fins desta Lei Complementar, consideram-se serviços financeiros:
>
> I – operações de crédito, incluídas as operações de captação e repasse, adiantamento, empréstimo, financiamento, desconto de títulos, recuperação de créditos e prestação de garantias, com exceção da securitização, faturização e liquidação antecipada de recebíveis de arranjos de pagamento, de que tratam, respectivamente, os incisos IV, V e IX do *caput* deste artigo;
>
> II – operações de câmbio;
>
> III – operações com títulos e valores mobiliários, incluídas a aquisição, negociação, liquidação, custódia, corretagem, distribuição e outras formas de intermediação, bem como a atividade de assessor de investimento e de consultor de valores mobiliários;
>
> IV – operações de securitização;
>
> V – operações de faturização (*factoring*);
>
> VI – arrendamento mercantil (*leasing*), operacional ou financeiro, de quaisquer bens, incluídos a cessão de direitos e obrigações, substituição de garantia, alteração, cancelamento e registro de contrato e demais serviços relacionados ao arrendamento mercantil;

> VII – administração de consórcio;
>
> VIII – gestão e administração de recursos, inclusive de fundos de investimento;
>
> IX – arranjos de pagamento, incluídas as operações dos instituidores e das instituições de pagamentos e a liquidação antecipada de recebíveis desses arranjos;
>
> X – atividades de entidades administradoras de mercados organizados, infraestruturas de mercado e depositárias centrais;
>
> XI – operações de seguros, com exceção dos seguros de saúde de que trata o Capítulo III deste Título;
>
> XII – operações de resseguros;
>
> XIII – previdência privada, composta de operações de administração e gestão da previdência complementar aberta e fechada;
>
> XIV – operações de capitalização;
>
> XV – intermediação de consórcios, seguros, resseguros, previdência complementar e capitalização; e
>
> XVI – serviços de ativos virtuais.
>
> **Parágrafo único.** Aplica-se o disposto neste regime específico à totalidade da contraprestação pelos serviços financeiros previstos nos incisos I a XVI do *caput* deste artigo, independentemente da sua nomenclatura.

COMENTÁRIOS

Assim como operações com imóveis, ou com planos de assistência à saúde, ou com combustíveis, os chamados "serviços financeiros" são submetidos a um regime especial de incidência do IBS e da CBS, contrariando ou excepcionando a regra de regime uno, dentro de uma ideia de neutralidade.

Perceba-se que algumas das atividades mencionadas neste artigo submetem-se atualmente ao ISS, a ser sucedido pelo IBS, mas outras eram, são, e ao que tudo indica continuarão sendo, tributadas pelo IOF, criando-se situação de bitributação e *bis in idem* com o IVA-Dual. O IOF deixará de incidir sobre seguros a partir de 2027, mas continuará onerando operações de crédito, câmbio, e relativas a títulos e valores mobiliários.

Na verdade, a bitributação e o *bis in idem* são vedados constitucionalmente apenas de forma indireta. Análise conjunta dos arts. 146 e 154, I e II, revela que as competências impositivas não se devem sobrepor, em princípio, ressalvados os casos em que isso seja expressamente admitido. É o que acontece com IRPJ e CSLL, com ISS, ICMS e IPI, de um lado, e PIS e Cofins, de outro. Ou com ICMS e IPI. Pode-se entender que IBS e CBS entrariam nesse rol, de sobreposição de incidência constitucionalmente permitida, dada a forma abrangente como o âmbito constitucional de incidência desses tributos, componentes do IVA-Dual, foi definido no art. 156-A da CF/1988, notadamente na permissão para "definições" como a de serviço constante do art. 4º desta lei complementar.

> **Art. 183.** Os serviços financeiros ficam sujeitos ao regime específico deste Capítulo quando forem prestados por pessoas físicas e jurídicas supervisionadas pelos órgãos governamentais que compõem o Sistema Financeiro Nacional e pelos demais fornecedores de que trata este artigo, observado o disposto no art. 184.
>
> § 1º As pessoas físicas e jurídicas supervisionadas de que trata o *caput* deste artigo, na data da publicação desta Lei Complementar, são as seguintes:

TÍTULO V – DOS REGIMES ESPECÍFICOS DO IBS E DA CBS — Art. 183

I – bancos de qualquer espécie;

II – caixas econômicas;

III – cooperativas de crédito;

IV – corretoras de câmbio;

V – corretoras de títulos e valores mobiliários;

VI – distribuidoras de títulos e valores mobiliários;

VII – administradoras e gestoras de carteiras de valores mobiliários, inclusive de fundos de investimento;

VIII – assessores de investimento;

IX – consultores de valores mobiliários;

X – correspondentes registrados no Banco Central do Brasil;

XI – administradoras de consórcio;

XII – corretoras e demais intermediárias de consórcios;

XIII – sociedades de crédito direto;

XIV – sociedades de empréstimo entre pessoas;

XV – agências de fomento;

XVI – associações de poupança e empréstimo;

XVII – companhias hipotecárias;

XVIII – sociedades de crédito, financiamento e investimentos;

XIX – sociedades de crédito imobiliário;

XX – sociedades de arrendamento mercantil;

XXI – sociedades de crédito ao microempreendedor e à empresa de pequeno porte;

XXII – instituições de pagamento;

XXIII – entidades administradoras de mercados organizados de valores mobiliários, incluídos os mercados de bolsa e de balcão organizado, entidades de liquidação e compensação, depositárias centrais e demais entidades de infraestruturas do mercado financeiro;

XXIV – sociedades seguradoras;

XXV – resseguradores, incluídos resseguradores locais, resseguradores admitidos e resseguradores eventuais;

XXVI – entidades abertas de previdência complementar e fechadas que não atendam aos requisitos mencionados no art. 26, § 9º, desta Lei Complementar;

XXVII – sociedades de capitalização;

XXVIII – corretores de seguros, corretores de resseguros e demais intermediários de seguros, resseguros, previdência complementar e capitalização; e

XXIX – prestadores de serviços de ativos virtuais.

§ 2º Incluem-se também entre os fornecedores de que trata o *caput* deste artigo, ainda que não supervisionados pelos órgãos governamentais que compõem o Sistema Financeiro Nacional:

I – participantes de arranjos de pagamento que não são instituições de pagamento;

II – empresas que têm por objeto a securitização de créditos;

III – empresas de faturização (*factoring*);

IV – empresas simples de crédito;

V – correspondentes registrados no Banco Central do Brasil; e

VI – demais fornecedores que prestem serviço financeiro:

Art. 184

a) no desenvolvimento de atividade econômica;

b) de modo habitual ou em volume que caracterize atividade econômica; ou

c) de forma profissional, ainda que a profissão não seja regulamentada.

§ 3º Aplica-se o disposto neste Capítulo aos fornecedores que:

I – passarem a ser supervisionados pelos órgãos governamentais de que trata o *caput* deste artigo após a data de publicação desta Lei Complementar; ou

II – vierem a realizar as operações de que tratam os incisos I a XVI do *caput* do art. 182 desta Lei Complementar, nos termos do inciso VI do § 2º deste artigo, ainda que não supervisionados pelos órgãos governamentais de que trata o *caput* deste artigo.

§ 4º ~~Não estão sujeitos ao regime especial aplicável aos serviços financeiros as organizações gestoras de fundos patrimoniais constituídas nos termos da Lei nº 13.800, de 4 de janeiro de 2019, cujas receitas, previstas no art. 13 da referida Lei, não sofrem a incidência do IBS e da CBS.~~ (VETADO)

 COMENTÁRIOS

O regime jurídico específico ou próprio previsto neste capítulo não se aplica a todos os que desempenhem as atividades mencionadas no artigo anterior, mas apenas àqueles que o façam sob a supervisão da autoridade ou órgão estatal competente, como é o caso do Banco Central do Brasil, em relação a generalidade deles.

Caso, portanto, um contribuinte do IBS e da CBS realize operação de câmbio, mas o faça sem estar regularizado junto ao Banco Central como casa de câmbio, não poderá pagar o IVA-Dual nos termos deste artigo.

Art. 184. Os serviços que, por disposição regulatória, somente possam ser prestados pelas instituições financeiras bancárias e sejam remunerados por tarifas e comissões, incluídos os serviços de abertura, manutenção e encerramento de conta de depósito à vista e conta de poupança, fornecimento de cheques, de saque e de transferência de valores, ficam sujeitos às normas gerais de incidência do IBS e da CBS previstas no Título I deste Livro.

§ 1º Para fins do disposto no *caput* deste artigo, consideram-se instituições financeiras bancárias os bancos de qualquer espécie e as caixas econômicas, de que tratam os incisos I e II do § 1º do art. 183 desta Lei Complementar.

§ 2º Os serviços de manutenção e encerramento de conta de pagamento pré-paga e pós-paga prestados por instituições de pagamento e remunerados por tarifa e comissão também ficam sujeitos às normas gerais de incidência do IBS e da CBS previstas no Título I deste Livro.

§ 3º Também ficam sujeitos às normas gerais de incidência do IBS e da CBS previstas no Título I deste Livro e, se for o caso, aos regimes diferenciados de que trata o Título IV deste Livro e não se sujeitam ao disposto no regime específico deste Capítulo, os demais serviços que forem prestados pelos fornecedores de que trata o art. 183 e não forem definidos como serviços financeiros no art. 182 desta Lei Complementar.

 COMENTÁRIOS

Caso o contribuinte do IBS e da CBS, mesmo regularizado junto à autoridade competente para a prática das atividades aqui previstas, excepcionalmente realizar operações com bens ou serviços de natureza diversa, por igual não poderá submetê-las ao regime aqui previsto. Desse modo, caso, por exemplo, em uma casa de câmbio, paralelamente às atividades

TÍTULO V – DOS REGIMES ESPECÍFICOS DO IBS E DA CBS   Art. 186

de troca de moedas, se venderem pacotes de viagem, ou *chips* de telefonia celular internacional, ou qualquer outro produto, tais vendas, e serviços, submeter-se-ão ao regime ordinário de incidência do IBS e da CBS, ou a algum outro regime específico eventualmente aplicável a essa outra atividade, mas não ao previsto neste capítulo.

Seção II
Disposições Comuns aos Serviços Financeiros

> **Art. 185.** A base de cálculo do IBS e da CBS no regime específico de serviços financeiros será composta das receitas das operações, com as deduções previstas neste Capítulo.

 COMENTÁRIOS

A base de cálculo de qualquer tributo, já se disse em comentários a outros artigos desta lei, deve ser sempre o aspecto dimensível de sua hipótese de incidência, ou, por outras palavras, seu fato gerador transformado em moeda. Se o fato gerador é a prestação de serviços financeiros, a base de cálculo há de ser o valor desses serviços, representado pelo que se cobra por eles. Não pode ser algo diverso, sob pena de o imposto, e a contribuição, não estarem incidindo sobre o serviço, mas sobre outra coisa, que é aquilo que aparece em sua base de cálculo indevidamente dimensionado.

> **Art. 186.** As receitas de reversão de provisões e da recuperação de créditos baixados como prejuízo comporão a base de cálculo do IBS e da CBS, desde que a respectiva provisão ou baixa tenha sido deduzida da base de cálculo.

 COMENTÁRIOS

Receita é o ingresso de importância nova no patrimônio da entidade, que, a depender das despesas havidas no período, é capaz de incrementar seu patrimônio. No caso da mera reversão de uma provisão, não se está diante dessa realidade. Uma quantia é provisionada para a hipótese de se ter de pagar uma despesa no futuro e a necessidade desse pagamento não se verifica, com a reversão da provisão: não se tem o ingresso de riqueza nova, portanto, não há receita. O mesmo se dá com a recuperação de um crédito baixado como prejuízo (contabilizado como elemento negativo, por se considerar que não será recebido). Imagine-se que um valor dado como perdido (mas já contabilizado e tributado) é recebido: não se tem novo recebimento. A menos, como diz o artigo em comento, que a provisão, ou a contabilização da perda, ou do prejuízo, tenha diminuído a base de cálculo no passado: nesse caso, sua reversão ou recuperação deve se refletir nessa mesma base, positivamente, no presente, no momento em que ocorrer.

Se a receita foi tributada no momento em que contabilizado o crédito, que, depois, não foi pago, sendo dado como perdido, *com dedução da respectiva base de cálculo* (e o respectivo reflexo no valor então devido, que se fez menor), a posterior reversão ou recuperação deverá se refletir na base também, para que seja tributada. Mas, se não foi, se a receita foi contabilizada e tributada, mas não recebida, sendo assim dada como perdida, mas depois foi recuperada, tributá-la uma segunda vez implicaria evidente dupla tributação do mesmo fato. São os problemas que decorrem de se considerar como "fato gerador" a realização da operação ou o seu pagamento, "o que ocorrer primeiro", aspecto do art. 10 desta lei, já anteriormente criticado.

> **Art. 187.** As deduções da base de cálculo previstas neste Capítulo restringem-se a operações autorizadas por órgão governamental, desde que realizadas nos limites operacionais previstos na legislação pertinente, vedada a dedução de qualquer despesa administrativa.

 COMENTÁRIOS

O artigo estabelece que as deduções da base de cálculo são permitidas apenas para operações autorizadas por órgãos governamentais (os que regulam a atividade financeira). Isso significa que qualquer dedução precisa estar expressamente prevista e autorizada por regulamentação oficial, o que impõe um controle rigoroso sobre as deduções permitidas. Essa abordagem visa evitar que as instituições financeiras utilizem deduções não autorizadas ou fora do escopo da legislação para reduzir a base tributável de forma indevida.

A vedação à dedução de despesas é coerente com a ideia de que se tributa a receita (gerada pelo serviço), não o lucro. É preciso, contudo, neste caso, que o IBS e a CBS eventualmente incidentes sobre tais despesas (quando consistirem na aquisição de bens e serviços tributados) sejam passíveis de gerar créditos a serem abatidos do IBS e da CBS incidentes sobre as receitas que não poderão ser delas deduzidas.

Note-se que as deduções de despesas da base de cálculo do IBS e da CBS, previstas neste capítulo, aproxima a base imponível desses tributos à do IRPJ e da CSLL, o que poderia suscitar questionamentos ligados à invasão de competências. Como se comentou nas notas ao art. 182, porém, trata-se de invasão ou sobreposição de competência constitucionalmente autorizada, sendo certo, de resto, que o IBS e a CBS são "de todos" os entes da Federação, pelo que a invasão da competência antes reservada a um ou a outro não seria feita por apenas um deles, mas por todos, incluindo aqueles titulares da competência invadida.

> **Art. 188.** As sociedades cooperativas que fornecerem serviços financeiros e exercerem a opção de que trata o art. 271 desta Lei Complementar deverão reverter o efeito das deduções de base de cálculo previstas neste Capítulo proporcionalmente ao valor que as operações beneficiadas com redução a zero das alíquotas do IBS e da CBS representarem do total das operações da cooperativa.

 COMENTÁRIOS

O art. 271 permite às cooperativas aderir a regime que as submete à alíquota zero, quando realizam operações com seus cooperados. Tanto quando adquirem bens e serviços deles, como quando fornecem bens e serviços para eles. Atuam como sociedades transparentes. Neste caso, as reduções de base de cálculo previstas neste artigo terão de ser revertidas, vale dizer, desfeitas, glosadas, anuladas, na proporção das operações submetidas à alíquota zero.

Fala-se nas deduções como se se tratasse de um grande favor ou benefício, mas as previstas neste capítulo são apenas as indicadas no art. 187, acima comentado. Apenas se referem à reversão de provisões ou à recuperação de créditos já baixados, ou considerados perdidos; e só nas situações em que essa baixa ou previsão não tenha implicado redução da base tributável anteriormente. Ou seja: são regras de dedução que se devem aplicar a todos, independentemente de qualquer outra condição, sendo, portanto, sem sentido a ressalva constante deste artigo, bem como as indicadas no art. 187. Uma recuperação de um crédito baixado como perdido, se esse crédito foi já tributado quando ocorreu a operação que o gerou, e com a perda não houve dedução, obviamente não poderá ser tributada novamente, independentemente das exigências deste artigo ou do anterior.

> **Art. 189.** Caso não haja previsão em contrário neste Capítulo, as alíquotas do IBS e da CBS incidentes sobre os serviços financeiros serão:
>
> I – de 2027 a 2033, aquelas fixadas de acordo com as regras previstas no art. 233 desta Lei Complementar; e
>
> II – a partir de 2034, aquelas fixadas para 2033.
>
> § 1º As alíquotas de que trata o *caput* deste artigo serão nacionalmente uniformes.
>
> § 2º A alíquota da CBS e as alíquotas estadual, distrital e municipal do IBS serão fixadas de modo a manter a proporção entre as respectivas alíquotas de referência.

 COMENTÁRIOS

Serão fixadas por quem? As alíquotas do IBS e da CBS são fixadas por lei da União, dos Estados, do Distrito Federal e dos Municípios. Quando são unificadas nacionalmente, em regimes especiais previstos de modo expresso nesta lei, diz-se que são as fixadas pelo Senado como alíquotas de referência. Mas há capítulos, como o dedicado aos combustíveis, e este, por exemplo, ao lado de vários outros, que anunciam misteriosamente critérios a partir dos quais as alíquotas "serão fixadas", sem se dizer por quem. Pelo Comitê Gestor? Pela Receita Federal? Ou tais entidades irão depois apenas "divulgar" essas alíquotas? A inconstitucionalidade é evidente, pois as alíquotas devem ser fixadas em lei. Ou nesta lei complementar, o que pode ser inválido por ofensa ao princípio federativo, mas se for excepcional talvez seja admissível, ou em lei de cada ente federativo, o que era a proposta inicial da reforma tributária. Delegar a fixação a órgão do Poder Executivo não encontra amparo no texto constitucional.

> **Art. 190.** Os créditos do IBS e da CBS na aquisição de serviços financeiros, nas hipóteses previstas neste Capítulo, serão apropriados com base nas informações prestadas pelos fornecedores ao Comitê Gestor do IBS e à RFB, na forma do regulamento, e ficarão sujeitos ao disposto nos arts. 47 a 56 desta Lei Complementar.
>
> **Art. 191.** As entidades que realizam as operações com serviços financeiros de que trata este Capítulo devem prestar, a título de obrigação acessória, na forma do regulamento, informações sobre as operações realizadas, sem prejuízo de um conjunto mínimo de informações previsto nesta Lei Complementar.

 COMENTÁRIOS

O art. 190 é falho ao condicionar o aproveitamento do crédito ao seu "reconhecimento" por parte da Administração Tributária, sem esclarecer, contudo, qual critério deve ser por ela seguido para aferir a existência do direito ao crédito e assim "reconhecê-lo". Trata-se de algo que não está situado em uma zona de livre decisão por parte de autoridades administrativas: se a operação ou a prestação ocorreram e se não dizem respeito a bem ou serviço destinado a consumo pessoal, o direito ao crédito existe, e seu aproveitamento não pode depender da boa vontade da Administração Fazendária.

Art. 192

Já o art. 191 cuida de matéria que validamente pode ser delegada ao regulamento, que é o do estabelecimento de obrigações acessórias. É preciso, contudo, como explicitado nos comentários a outros artigos desta lei, que as referidas obrigações acessórias sejam proporcionais, adequadas, necessárias e não excessivas às finalidades a que se destinam.

Seção III
Das Operações de Crédito, de Câmbio, com Títulos e Valores Mobiliários, de Securitização e de Faturização

Art. 192. Nas operações de crédito, de câmbio, e com títulos e valores mobiliários, de que tratam os incisos I a III do *caput* do art. 182 desta Lei Complementar, para fins de determinação da base de cálculo, serão consideradas as receitas dessas operações, com a dedução de:

I – despesas financeiras com a captação de recursos;

II – despesas de câmbio relativas às operações de que trata o inciso II do *caput* do art. 182 desta Lei Complementar;

III – perdas nas operações com títulos ou valores mobiliários de que trata o inciso III do *caput* do art. 182 desta Lei Complementar;

IV – encargos financeiros reconhecidos como despesas, ainda que contabilizados no patrimônio líquido, referentes a instrumentos de dívida emitidos pela pessoa jurídica;

V – perdas incorridas no recebimento de créditos decorrentes das atividades das instituições financeiras e das demais instituições autorizadas a funcionar pelo Banco Central do Brasil nas operações com serviços financeiros de que tratam os incisos I a V do *caput* do art. 182 desta Lei Complementar, e perdas na cessão desses créditos e na concessão de descontos, desde que sejam realizadas a valor de mercado, obedecidas, ainda, em todos os casos, as mesmas regras de dedutibilidade da legislação do imposto de renda aplicáveis a essas perdas para os períodos de apuração iniciados a partir de 1º de janeiro de 2027; e

VI – despesas com assessores de investimento, consultores de valores mobiliários e correspondentes registrados no Banco Central do Brasil, relativas às operações de que tratam os incisos I a III do *caput* do art. 182 desta Lei Complementar, desde que esses serviços não tenham sido prestados por empregados ou administradores da empresa

§ 1º O conceito de receitas das operações:

I – não inclui o valor do principal, caso se trate de operações de crédito;

II – corresponde à diferença entre o valor de alienação do ativo e o seu custo de aquisição, caso se trate de alienação de títulos e valores mobiliários.

§ 2º As despesas financeiras com captação de recursos não incluem o pagamento do principal.

§ 3º Na hipótese de estorno por qualquer razão, em contrapartida à conta de patrimônio líquido a que se refere o inciso IV do *caput* deste artigo, os valores anteriormente deduzidos deverão ser adicionados na base de cálculo.

§ 4º O disposto no inciso IV do *caput* deste artigo não se aplica aos instrumentos patrimoniais, como ações, certificados de depósito de ações e bônus de subscrição.

§ 5º As receitas e despesas computadas na base de cálculo de que trata o *caput* deste artigo incluem as variações monetárias em função da taxa de câmbio, quando o resultado das operações variar conforme a cotação de moeda estrangeira.

§ 6º As receitas e despesas reconhecidas em contrapartida à avaliação a valor justo, no que exceder ao rendimento produzido nas operações de que trata o inciso III do *caput* do art. 182 desta Lei Complementar, devem ser evidenciadas em subconta e computadas na base de cálculo no momento da realização do respectivo ativo ou passivo.

TÍTULO V – DOS REGIMES ESPECÍFICOS DO IBS E DA CBS — Art. 193

> § 7º As receitas e despesas com instrumentos financeiros derivativos contratados pelas entidades que realizam as operações previstas neste artigo também serão computadas na base de cálculo.
>
> § 8º Não são consideradas receitas dos serviços de que trata o *caput* deste artigo, vedada a dedução das respectivas despesas financeiras de captação para apuração da base de cálculo, as auferidas em operações de crédito realizadas entre a cooperativa e o associado:
>
> I – com recursos próprios da cooperativa ou dos associados; ou
>
> II – com recursos públicos, direcionados, equalizados ou de fundos oficiais ou constitucionais.

COMENTÁRIOS

Faz parte da especificidade do regime aplicável aos serviços financeiros, no que tange àqueles mencionados dos incisos I a V do art. 182 (operações de crédito, câmbio, títulos mobiliários etc.), a redução de base de cálculo prevista neste artigo, que faz com que IBS e CBS incidam, praticamente, sobre o lucro, porquanto da receita obtida com a prestação do serviço se abatem diversas despesas e perdas, incluindo despesas com assessores financeiros.

Trata-se de algo ínsito às particularidades do setor, pois se uma casa de câmbio, por exemplo, compra e vende moeda estrangeira, mas o IBS e a CBS incidirem sobre o valor total recebido pela moeda vendida, ou comprada, a atividade seria inviabilizada, dada a circunstância de que o valor que lhe cabe diz respeito apenas à diferença entre o valor da compra e o da venda, que são até mesmo bastante próximos.

> **Art. 193.** Fica sujeito à incidência do IBS e da CBS pela alíquota prevista nesta Seção as operações de securitização e de faturização (*factoring*) de que tratam os incisos IV e V do *caput* do art. 182.
>
> § 1º A base de cálculo do IBS e da CBS corresponderá ao desconto aplicado na liquidação antecipada, com a dedução de:
>
> I – despesas financeiras com a captação de recursos;
>
> II – despesas da securitização, consistindo na emissão, distribuição, custódia, escrituração, registro, preparação e formalização de documentos, administração do patrimônio separado e atuação de agentes fiduciários, de cobrança e de classificação de risco, desde que esses serviços não tenham sido prestados por empregados ou administradores da empresa.
>
> § 2º Poderão ser deduzidas da base de cálculo referida no § 1º as perdas incorridas no recebimento de créditos e as perdas na cessão destes créditos e na concessão de descontos, desde que sejam realizados a valor de mercado.
>
> § 3º As perdas referidas no § 2º que não puderem ser integralmente deduzidas da base de cálculo de um determinado período de apuração, por excederem os valores tributáveis em tal período, poderão ser deduzidas nos períodos subsequentes.
>
> § 4º O Conselho Monetário Nacional e o Banco Central do Brasil, observadas as respectivas competências, regulamentarão as regras de enquadramento e desenquadramento dos requisitos previstos neste artigo.
>
> § 5º Aplica-se o disposto neste artigo ao Fundo de Investimento em Direitos Creditórios (FIDC) que liquide antecipadamente recebíveis comerciais por meio de desconto de duplicatas, notas promissórias, cheques e outros títulos mercantis, conforme definidos

> em regulamentação a ser expedida pelo Conselho Monetário Nacional, caso não seja classificado como entidade de investimento, de acordo com o disposto no art. 23 da Lei nº 14.754, de 12 de dezembro de 2023, e em sua regulamentação.
>
> § 6º Não ficam sujeitos à incidência do IBS e da CBS os cotistas dos fundos a que se refere o § 5º deste artigo.

 COMENTÁRIOS

Tal como ocorre em relação ao artigo anterior (no texto do PLP 68/2024, os dois assuntos estavam disciplinados no mesmo dispositivo, art. 185), este art. 193 regula a incidência do IBS e da CBS sobre operações de securitização e faturização (*factoring*), delimitando a base de cálculo e estabelecendo deduções específicas, além de prever regras de compensação de perdas e remeter aspectos complementares à regulamentação por órgãos competentes. O § 1º detalha as deduções permitidas, visando tributar apenas o valor efetivamente relacionado ao acréscimo patrimonial do sujeito passivo. Entre as deduções, incluem-se despesas financeiras e operacionais diretamente ligadas à captação de recursos e à execução da securitização.

O § 5º amplia a incidência para FIDCs que liquidem antecipadamente recebíveis comerciais, desde que não sejam classificados como entidades de investimento, conforme critérios da Lei 14.754/2023. Essa disposição reconhece a peculiaridade dos FIDCs, que, operando na cessão de créditos comerciais, realizam atividade similar à securitização e à faturização, justificando a sujeição à mesma tributação. A exclusão dos cotistas (§ 6º) reafirma que a incidência limita-se à atividade econômica do fundo, afastando a tributação na esfera dos investidores, em respeito à separação patrimonial e à natureza dos rendimentos distribuídos.

> **Art. 194.** Os contribuintes no regime regular que não estejam sujeitos ao regime específico desta Seção e sejam tomadores de operações de crédito de que trata o inciso I do *caput* do art. 182 desta Lei Complementar poderão apropriar créditos do IBS e da CBS pela mesma alíquota devida sobre essas operações de crédito, aplicada sobre as despesas financeiras relativas a essas operações efetivamente pagas, pelo regime de caixa e calculadas a partir das seguintes deduções sobre o valor de cada parcela, após a data de seu o pagamento:
>
> I – o montante referente ao valor do principal contido em cada parcela, obedecidas as regras de amortização previstas no contrato; e
>
> II – o montante correspondente à aplicação da taxa Selic sobre o principal, calculada com base na taxa de juros média praticada nas operações compromissadas com títulos públicos federais com prazo de 1 (um) dia útil.

 COMENTÁRIOS

Não se compreende o motivo pelo qual se diz, de um lado, que o crédito é amplo em relação ao IBS e à CBS, e que o relevante, para definir o creditamento, é saber quanto foi efetivamente pago na operação anterior, mas se criam, de outro, tantas restrições e fatores a serem usados na determinação do *quantum* a ser creditado. Afinal, se não se trata de bem ou serviço destinado a uso ou consumo pessoal, o direito de crédito deve ser amplo, consistindo o valor a ser creditado no valor devido ou incidente (ou, como inconstitucionalmente sugerem algumas disposições desta lei complementar, pago), no serviço de cujo fornecimento se cogita.

TÍTULO V – DOS REGIMES ESPECÍFICOS DO IBS E DA CBS | Art. 197

> **Art. 195.** Os contribuintes no regime regular que não estejam sujeitos ao regime específico desta Seção e emitam títulos de dívida, incluídas as debêntures e notas comerciais, poderão apropriar créditos na forma do art. 194, durante o período em que o título ou valor mobiliário for detido por contribuinte no regime específico desta Seção.
>
> § 1º Na hipótese de que trata o *caput* deste artigo, quando o título de dívida for objeto de oferta pública, na forma regulamentada pela Comissão de Valores Mobiliários:
>
> I – o credor no regime específico de que trata esta Seção excluirá da base de cálculo do IBS e da CBS o valor correspondente à parcela dos juros e dos rendimentos produzidos pelo título de dívida que for superior à taxa SELIC; e
>
> II – o devedor não apropriará créditos.
>
> § 2º A sistemática de que trata o § 1º deste artigo também se aplicará ao credor no regime específico de que trata esta Seção que detiver os títulos de dívida por meio de fundo de investimento exclusivo, cuja carteira seja composta por, no mínimo, 95% (noventa e cinco por cento) desses títulos.

 COMENTÁRIOS

Se alguém emite debêntures ou por qualquer outro meio toma dinheiro emprestado, no âmbito de uma atividade empresarial onerada pelo IVA-Dual, e a pessoa que adquire o título, ou por qualquer outro meio, empresta o dinheiro, é contribuinte do IVA-Dual, não há motivo jurídico legítimo para que o tributo pago por este não possa ser objeto de creditamento por aquele. Afinal, não se trata de bem de uso ou consumo pessoal, única hipótese de restrição admitida pelo texto constitucional.

> **Art. 196.** O tomador dos serviços de cessão de recebíveis, antecipação, desconto, securitização e faturização (*factoring*) de que tratam os incisos I, IV e V do *caput* do art. 182 desta Lei Complementar que seja contribuinte no regime regular e não esteja sujeito ao regime específico desta Seção poderá apropriar créditos nessas operações, em relação à parcela do deságio aplicado, no momento da liquidação antecipada do recebível, pelo regime de caixa, que for superior à curva de juros futuros da taxa DI, pelo prazo da antecipação.

 COMENTÁRIOS

O direito ao crédito decorre do texto constitucional, e as únicas exceções admitidas são as que dele constam. Assim, a lei não pode arbitrariamente estabelecer que determinadas operações podem gerar créditos, e outras não, ou determinar o montante desse crédito como sendo importância diversa daquela incidente (ou paga, como querem alguns artigos desta lei complementar) pelo elo anterior da cadeia, fornecedor do bem ou, no caso, do serviço cuja aquisição gera o respectivo crédito.

> **Art. 197.** Não poderão apropriar créditos na forma prevista nos arts. 194 a 196 os associados tomadores de operações de crédito com sociedades cooperativas que fornecerem serviços financeiros e exercerem a opção de que trata o art. 271 desta Lei Complementar.

 COMENTÁRIOS

O art. 271 desta Lei Complementar cuida de hipótese na qual, por opção da cooperativa a um regime específico, as alíquotas de IBS e CBS são reduzidas a zero. Daí a impossibilidade de creditamento referida neste art. 197.

> **Art. 198.** Os contribuintes no regime regular que não estejam sujeitos ao regime específico desta Seção poderão apropriar créditos do IBS e da CBS, com base nos valores pagos pelo fornecedor, sobre as tarifas e comissões relativas às operações de que tratam os incisos I a V do *caput* do art. 182 desta Lei Complementar.
>
> **Parágrafo único.** Aplica-se também o disposto no *caput* deste artigo às aquisições realizadas pelas entidades sujeitas ao regime específico desta Seção, desde que a respectiva despesa não seja deduzida da base de cálculo.

COMENTÁRIOS

Não se tratando de "serviço de uso pessoal", as aquisições realizadas de contribuintes do IVA-Dual e onerados nos termos destes artigos devem gerar crédito, correspondente do valor por esses contribuintes devido, ou incidente nas respectivas operações. A exceção, de que a despesa não tenha sido deduzida da base de cálculo, justifica-se, pois há situações e regimes em que a própria despesa alusiva a uma operação previamente tributada pelo IBS e pela CBS é deduzida da base a ser alcançada pelo IBS e pela CBS devidos pelo adquirente desse bem ou serviço, o que é uma forma de igualmente garantir a não cumulatividade. A apropriação do crédito, em tal circunstância, já que a própria operação anterior tributada foi inteiramente excluída da base a ser tributada na operação seguinte, implicaria, por vias transversa, um uso duplicado do mesmo crédito.

> **Art. 199.** Fica vedada a apropriação de créditos do IBS e da CBS na aquisição dos serviços financeiros de que tratam os incisos I a V do *caput* do art. 182 da Lei Complementar que não estiverem permitidos expressamente nos arts. 194 a 198.

COMENTÁRIOS

A lei não pode simplesmente estabelecer que determinadas operações podem gerar créditos, e outras não. Se se tratar de bem ou serviço fornecido a um contribuinte do IBS e da CBS, e se esse bem ou serviço for tributável pelo IBS e pela CBS, sofrendo sua incidência, o direito ao crédito existe, decorre do texto constitucional, e a única ressalva ou exceção admitida é a que diz respeito a bens e serviços que não guardem relação com a atividade tributada, sendo destinados ao uso ou ao consumo pessoais de sócios ou empregados da entidade contribuinte.

> **Art. 200.** Na alienação de bens móveis ou imóveis que tenham sido objeto de garantia constituída em favor de credor sujeito ao regime específico desta Seção, cuja propriedade tenha sido por ele consolidada ou a ele transmitida em pagamento da dívida, deverá ser observado o seguinte:
>
> I – a consolidação da propriedade do bem pelo credor não estará sujeita à incidência do IBS e da CBS; e
>
> II – na alienação do bem pelo credor:
>
> a) não haverá incidência do IBS e da CBS, se o prestador da garantia não for contribuinte desses tributos; ou
>
> b) haverá incidência do IBS e da CBS pelas mesmas regras de apuração que seriam aplicáveis caso a alienação fosse realizada diretamente pelo prestador da garantia, se este for contribuinte do IBS e da CBS.

TÍTULO V – DOS REGIMES ESPECÍFICOS DO IBS E DA CBS   Art. 201

> § 1º Aplicam-se ao adquirente as mesmas regras relativas ao IBS e à CBS que seriam aplicáveis caso a alienação fosse realizada pelo prestador da garantia.
>
> § 2º Para efeitos de eventual devolução pelo credor ao prestador da garantia do valor da alienação em excesso ao da dívida, deverá ser considerado o valor de alienação do bem líquido do IBS e da CBS.

 COMENTÁRIOS

A consolidação da propriedade de um bem dado em garantia pelo credor não é uma "operação". Quando alguém não consegue pagar um financiamento e por causa disso "perde" o bem dado em garantia, não se pode dizer que houve uma operação com bem ou serviço. Daí a não incidência do IBS e da CBS, no artigo apenas esclarecida.

Quando, porém, o bem é alienado pelo credor, poderá haver incidência do IBS e da CBS, a depender do regime aplicável ao devedor. Isso porque a alienação é considerada como tendo sido feita pelo próprio devedor.

Imagine-se, por exemplo, que um aposentado, não conseguindo pagar um financiamento, perde um bem, que assim tem sua propriedade transferida ao banco credor. Não há incidência do IVA-Dual. Se, em seguida, o banco leiloa esse bem, que é arrematado por um terceiro, também não há incidência do IVA-Dual. Mas se o devedor, em vez de um aposentado, é um comerciante contribuinte do IVA-Dual, a alienação feita pelo banco sofrerá a incidência do IVA-Dual, como se tivesse sido feita pelo próprio comerciante devedor, anterior proprietário do bem. Inclusive para o efeito de se aproveitarem ou abaterem saldos credores do tributo que este possua.

Seção IV
Do Arrendamento Mercantil

> **Art. 201.** Para fins de determinação da base de cálculo, no arrendamento mercantil de que trata o inciso VI do *caput* do art. 182 desta Lei Complementar:
>
> I – as receitas dos serviços ficarão sujeitas, na medida do recebimento, pelo regime de caixa:
>
> a) em relação às parcelas das contraprestações do arrendamento mercantil operacional, pelas seguintes alíquotas:
>
> 1. no caso de bem imóvel, pela alíquota aplicável à locação, no respectivo regime específico; e
>
> 2. no caso dos demais bens, pela alíquota aplicável à locação do bem;
>
> b) em relação à alienação de bem objeto de arrendamento mercantil operacional, pelas seguintes alíquotas:
>
> 1. no caso de bem imóvel, pela alíquota aplicável à venda, no respectivo regime específico; e
>
> 2. no caso dos demais bens, pela alíquota aplicável à venda do bem;
>
> c) em relação às parcelas das contraprestações do arrendamento mercantil financeiro, pela alíquota prevista no art. 189 desta Lei Complementar;
>
> d) em relação ao valor residual do bem arrendado, o valor residual garantido, ainda que parcelado, pactuado no contrato de arrendamento mercantil financeiro, pago por ocasião do efetivo exercício da opção de compra, pelas seguintes alíquotas:

> 1. no caso de bem imóvel, pela alíquota aplicável à venda, no respectivo regime específico; e
>
> 2. no caso dos demais bens, pela alíquota prevista nas normas gerais de incidência de que trata o Título I deste Livro aplicável à venda do bem;
>
> II – a dedução será permitida, na proporção da participação das receitas obtidas em operações que não gerem créditos de IBS e de CBS para o arrendatário em relação ao total das receitas com as operações de arrendamento mercantil:
>
> a) das despesas financeiras com a captação de recursos utilizados nas operações de arrendamento mercantil;
>
> b) das despesas de arrendamento mercantil;
>
> c) das provisões para créditos de liquidação duvidosa relativas às operações de arrendamento mercantil, observado o disposto no inciso V do *caput* do art. 192 desta Lei Complementar.
>
> **Parágrafo único.** Para fins da incidência do IBS e da CBS no arrendamento mercantil financeiro:
>
> I – as contraprestações tributadas nos termos da alínea "c" do inciso I do *caput* deste artigo deverão ser mensuradas considerando os efeitos dos ajustes a valor presente do fluxo de pagamento do contrato de arrendamento mercantil, pela taxa equivalente aos encargos financeiros, devidamente evidenciados em contas contábeis;
>
> II – a parcela tributada nos termos da alínea "d" do inciso I do *caput* corresponderá, no mínimo, ao custo de aquisição do bem ou serviço arrendado, independentemente do montante previsto no contrato, aplicando-se a mesma regra se o bem for vendido a terceiro;
>
> III – a soma das parcelas tributadas nos termos das alíneas "c" e "d" do inciso I do *caput* deste artigo deverá corresponder ao valor total recebido pela arrendadora pelo arrendamento mercantil financeiro e venda do bem, durante todo o prazo da operação.

 ## COMENTÁRIOS

Em termos muito simplificados, o arrendamento mercantil é (ou decorre de) um contrato onde uma parte (arrendadora) concede à outra (arrendatária) o direito de usar um bem em troca de pagamentos periódicos. Esse contrato pode incluir a opção de compra do bem ao final do período, geralmente por um valor residual. Em termos bem simples, é um aluguel, com a opção de compra do bem alugado ao final, compra esta que se dá por valor mais baixo, já que o bem está usado. Para o arrendatário a vantagem é que o bem foi usado por ele, sendo certo que durante o período em que o bem encontrava-se arrendado as parcelas poderiam ser consideradas despesas, para fins de imposto de renda.

O artigo estabelece que as receitas integram a base de cálculo pelo regime de caixa, ou seja, na medida em que os valores forem efetivamente recebidos, não quando o contrato for celebrado, ou quando o serviço for prestado (enfim, não é quando nascer o direito subjetivo de recebê-los, mas quando efetivamente forem recebidos).

Como o arrendamento "parece" um aluguel, o artigo estabelece que, em se tratando de arrendamento de imóvel, aplica-se a alíquota prevista para aluguel de imóveis, atividade submetida a regime específico nesta lei complementar, e, no caso de outros bens, aquela prevista para o aluguel destes. Em havendo a alienação do bem ao final do contrato, aplica-se, para cálculo do IBS e da CBS devidos, a alíquota incidente sobre a alienação do respectivo bem.

Por outras palavras, às receitas auferidas quando do pagamento das parcelas ou prestações, incide a alíquota prevista para as hipóteses de aluguel deste bem, e, em havendo alienação pelo valor residual, incide sobre esta receita específica, decorrente da alienação, IBS e CBS pela alíquota aplicável à venda do bem correspondente. Lembre-se de que, a depender da espécie de bem, pode haver alíquota diferenciada (imóvel, veículo para pessoa com deficiência, equipamento médico, aluguel de imóvel etc.).

O artigo permite ainda que, em relação às receitas do arrendante que não gerem créditos de IBS e CBS para o arrendatário, deduzam-se as despesas indicadas, na proporção das receitas não geradoras de crédito nas receitas totais. Exemplificando, se 50% das receitas tributadas não gerarão créditos aos arrendatários, 50% das despesas financeiras com a captação de recursos utilizados nas operações de arrendamento mercantil, das despesas de arrendamento mercantil e das provisões para créditos de liquidação duvidosa relativas às operações de arrendamento mercantil (observado o disposto no inciso V do *caput* do art. 192 desta Lei Complementar), poderão ser deduzidas das receitas tributáveis, de modo que, de algum modo, reduza-se também o IBS e a CBS incidentes nas operações realizadas pelo arrendante. Caso se respeitasse a ideia de crédito amplo, somente estariam abrangidas pela definição de "receitas que não gerarão crédito de IBS e CBS" aquelas relacionadas a arrendamentos feitos por consumidores finais, ou, excepcionalmente, por contribuintes do tributo, para bens que se enquadrassem como de uso ou consumo pessoais.

O parágrafo único tem uma disposição de validade duvidosa, mais uma daquelas com as quais o legislador acredita poder alterar a realidade. Trata-se da regra segundo a qual, no caso de arrendamento mercantil financeiro, a base de cálculo do IBS e da CBS a incidir sobre a alienação não pode ser inferior ao custo de aquisição do bem arrendado, *independentemente do montante previsto no contrato*. Não se pode jogar fora assim a realidade, sem acusação de fraude ou simulação, e simplesmente dizer que não importa o contrato pois será tributada a realidade imaginada pelo legislador. Se o bem passou muito tempo sendo utilizado pelo arrendatário, e já se desvalorizou bastante, sendo assim alienado por valor inferior ao de custo, será sobre esse valor que deverá incidir o IBS e a CBS. Não é possível, depois de anos incidindo sobre as receitas decorrentes do arrendamento (na sua feição "aluguel"), considerar que o IBS e a CBS incidentes sobre a venda do veículo ao final do contrato não pode levar em conta o valor efetivo da venda (*v.g.*, venda de um caminhão com três ou quatro anos de uso), mas o custo de aquisição do bem (preço do caminhão novo).

Além de ofensa ao necessário binômio que deve haver entre base de cálculo e fato gerador, a disposição em comento distorce o mercado, quebrando a tão falada neutralidade, que só se invoca quando se trata de negar benefícios ao contribuinte, pois à toda evidência se força a que as partes não realizem a alienação do bem ao final do contrato, ou celebrem o contrato de modo que esse artigo não represente um ônus artificial a ser evitado, ajustando prazos e condições em virtude dele (para não permitir a alienação após um longo tempo de contrato etc.).

> **Art. 202.** Caso a pessoa jurídica apure receitas com serviços financeiros de que tratam os incisos I a VI do *caput* do art. 182 desta Lei Complementar, as despesas financeiras de captação serão deduzidas da base de cálculo na proporção das receitas de cada natureza.

 COMENTÁRIOS

A permissão de dedução das despesas financeiras da base de cálculo do IBS e da CBS (que passa a incidir sobre a receita obtida com a prestação do serviço *menos* essas despesas financeiras) exige que se deduzam as despesas proporcionalmente ao montante de cada receita, diante das receitas totais, visto que tais receitas podem se submeter a regimes jurídicos de IBS e CBS diferentes. Se uma mesma despesa financeira ocorreu para viabilizar duas receitas de serviços financeiros diferentes, submetidas a regimes de IBS e CBS diferentes, o abatimento da receita deve dar-se proporcionalmente.

Exemplificando, se uma instituição financeira teve R$ 100.000,00 de despesas financeiras, e teve receitas pela prestação de dois serviços financeiros diferentes (*v.g.*, operação de câmbio e *leasing* de veículos), sendo que 20% de suas receitas foram de operação de câmbio, e 80% de operações com *leasing* de veículos, deverá dividir os R$ 100.000,00 de despesas financeiras para abater R$ 80.000,00 sobre as receitas com *leasing*, e R$ 20.000,00 com as operações de câmbio. Naturalmente dentro das regras que permitam tais deduções, como as do art. 201, II, *supra*.

> **Art. 203.** O contratante de arrendamento mercantil que seja contribuinte do IBS e da CBS sujeito ao regime regular e não esteja sujeito ao regime específico desta Seção poderá aproveitar créditos desses tributos com base no valor das parcelas das contraprestações do arrendamento mercantil e do valor residual do bem, na medida do efetivo pagamento, pelo regime de caixa, pela mesma alíquota devida sobre esses serviços.

COMENTÁRIOS

Parece ter-se corrigido, no Senado, a redação original deste artigo (que era o art. 194 na versão aprovada inicialmente pela Câmara), que condicionava o direito ao crédito de IBS e CBS incidentes sobre fornecimento ou prestação de serviço ao contribuinte, ao efetivo pagamento de tais tributos, incidentes sobre a operação ou prestação anterior. Violavam-se, com isso, a ideia de não cumulatividade e o texto do 156-A, § 5º, II, da CF/1988, que apenas permite esse condicionamento quando se adota a sistemática do *split payment* ou do recolhimento do IBS e da CBS pelo próprio adquirente. A redação, agora, garante o crédito sem esse condicionamento, pois se exige o pagamento do arrendamento mercantil pelo adquirente, titular do direito do crédito, não o pagamento do IBS e da CBS pelo fornecedor arrendante.

Seção V
Da Administração de Consórcio

> **Art. 204.** Na administração de consórcio de que trata o inciso VII do *caput* do art. 182 desta Lei Complementar, para fins de determinação da base de cálculo, as receitas dos serviços compreendem todas as tarifas, comissões e taxas, bem como os respectivos encargos, multas e juros, decorrentes de contrato de participação em grupo de consórcio, efetivamente pagas, pelo regime de caixa.
>
> § 1º A administradora do consórcio poderá deduzir da base de cálculo os valores referentes aos serviços de intermediação de que trata o inciso XV do *caput* do art. 182 desta Lei Complementar.
>
> § 2º As aquisições de bens e de serviços por consorciado com carta de crédito de consórcio ficam sujeitas às regras previstas nas normas gerais de incidência de que trata o Título I deste Livro, exceto no caso de bem imóvel, que fica sujeito ao respectivo regime específico, e de outros bens ou serviços sujeitos a regime diferenciado ou específico, nos termos desta Lei Complementar, não havendo responsabilidade da administradora do consórcio por esses tributos.

§ 3º Na execução de garantia de consorciado, com recebimento dos valores pelo grupo de consórcio, deverá ser observado o seguinte:

I – a consolidação da propriedade do bem pelo grupo de consórcio não estará sujeita à incidência do IBS e da CBS;

II – na alienação do bem pelo grupo de consórcio:

a) não haverá incidência do IBS e da CBS, se o consorciado não for contribuinte do IBS e da CBS;

b) haverá incidência do IBS e da CBS pelas mesmas regras que seriam aplicáveis caso a alienação fosse realizada pelo consorciado, se este for contribuinte do IBS e da CBS;

III – aplicam-se ao adquirente as mesmas regras relativas ao IBS e à CBS que seriam aplicáveis caso a alienação fosse realizada pelo consorciado; e

IV – a administradora do consórcio ficará sujeita à incidência do IBS e da CBS sobre a remuneração pelo serviço prestado e não será responsável pelos tributos devidos pelo consorciado nos termos da alínea "b" do inciso II deste parágrafo.

COMENTÁRIOS

O artigo em comento cuida da maneira como a administração de consórcios deve apurar a base de cálculo para fins de incidência do IBS e da CBS, considerando todas as receitas geradas pelos serviços prestados e permitindo a dedução das despesas com serviços de intermediação. Já o § 2º especifica as regras aplicáveis às aquisições feitas com carta de crédito de consórcio.

A palavra consórcio, do latim *consortium*, pode possuir diversos sentidos, remetendo a pessoas que escolhem ter a mesma sorte ou destino, incluindo assim o casamento. Mas, no contexto deste artigo, naturalmente se trata da modalidade de aquisição de bens na qual um grupo de pessoas se une para contribuir com parcelas mensais que, periodicamente, permitem a um dos participantes adquirir o bem ou serviço desejado por meio de sorteio ou lance. No Brasil, os consórcios são uma modalidade popular para a compra de veículos, imóveis e outros bens de valor elevado.

O artigo cuida do serviço, e, portanto, da receita, tributável pelo IBS e pela CBS, prestado por empresa que *administra* consórcios, tratando da arrecadação das parcelas, da realização de sorteios etc. O IBS e a CBS incidentes sobre a compra do bem ou do serviço em si, pela modalidade de consórcio, segue o regime ordinário que seja aplicável a essa operação. Exemplificando, se alguém compra veículo por meio de consórcio, sobre a compra do veículo incidem o IBS e a CBS que incidiriam sobre a operação, se a aquisição não ocorresse por meio de consórcio. O fato de se dar a compra pela modalidade de consórcio não altera isso, pois não existe regime próprio para a incidência do IBS e da CBS sobre bens comprados por meio de consórcio. O artigo cuida da tributação, frise-se, de quem administra consórcios, inclusive destacando que a administradora do consórcio não é responsável pelos tributos eventualmente incidentes sobre as aquisições feitas pelos consorciados. Quanto à execução de garantias prestadas pelos consorciados, aplicam-se as mesmas regras atinentes à consolidação e à posterior alienação de garantias em outros tipos ou espécies de negócios financeiros (ver art. 200, *supra*).

Art. 205. O contribuinte do IBS e da CBS no regime regular que adquirir serviços de administração de consórcio poderá apropriar créditos do IBS e da CBS com base nos valores pagos pelo fornecedor sobre esses serviços.

Art. 206

COMENTÁRIOS

O art. 48 desta lei dispõe que as únicas hipóteses em que o reconhecimento do crédito será condicionado ao efetivo pagamento por parte dos contribuintes situados nos elos anteriores da cadeia serão aquelas em que houver *split payment* ou recolhimento do IBS e da CBS pelo adquirente (*split payment* "manual"). Mas a própria redação do art. 47 desta lei (a cujos comentários se remete a leitora) desmente isso de algum modo, e, agora, neste artigo ora comentado, confirma-se a ideia de que a intenção, nesta lei, é condicionar o crédito ao recolhimento pelos elos anteriores de modo indiscriminado, ou, pelo menos, em situações mais amplas que as inicialmente "prometidas". Além de violação à ideia de não cumulatividade, e de ofensa à redação do art. 156-A, § 5º, II, da CF/1988, tem-se ofensa clara às ideias de transparência e cooperação, colocadas como meros ornamentos no art. 145, § 3º, da CF/1988, mas abertamente desrespeitadas pela Administração Tributária e pelo próprio Legislador, já na regulamentação da EC 132/2023.

O direito ao crédito não deve depender da efetivação do pagamento. Primeiro, porque se trata de algo para além do controle do adquirente, na maioria dos casos. Segundo, porque o relevante é que a operação tenha sofrido a incidência do tributo, considerado assim nos custos a ela inerentes e, por conseguinte, em seu preço. É o que basta para que o valor deva ser deduzido do montante devido pelos elos seguintes. E, por fim, porque o fornecedor dos produtos ou serviços não será perdoado da dívida, que seguirá sendo cobrada pelo Fisco. Desse modo, ao negar ao adquirente o crédito, criar-se-á situação de cumulatividade, na qual o adquirente pagará o tributo não recolhido pelo fornecedor (ao não apropriar o crédito), e o fornecedor, cobrado pelo Fisco e pelos mecanismos de *enforcement*, poderá terminar pagando-o também, em evidente *bis in idem*.

> **Art. 206.** Os serviços de intermediação de consórcio de que trata o inciso XV do *caput* do art. 182 desta Lei Complementar ficarão sujeitos à incidência do IBS e da CBS sobre o valor da operação, pelas mesmas alíquotas aplicáveis aos serviços de administração de consórcios.
>
> § 1º Os prestadores de serviços de intermediação de consórcios que forem optantes pelo Simples Nacional:
>
> I – permanecerão tributados de acordo com as regras do Simples Nacional, quando não exercerem a opção pelo regime regular do IBS e da CBS; e
>
> II – ficarão sujeitos às mesmas alíquotas do IBS e da CBS aplicáveis aos serviços de administração de consórcios, quando exercerem a opção pelo regime regular do IBS e da CBS.
>
> § 2º Os créditos das operações de intermediação poderão ser aproveitados pelos adquirentes que forem contribuintes no regime regular, desde que o fornecedor da intermediação identifique os adquirentes destinatários, com base nos valores do IBS e da CBS pagos pelo intermediário e aplicando-se o disposto nos arts. 47 a 56 desta Lei Complementar.

COMENTÁRIOS

Este artigo cuida do serviço de intermediação de consórcios, vale dizer, da atividade de quem faz a *corretagem* dessas atividades. O corretor de consórcios, que intermedia ou liga o consorciado à administradora do consórcio. A alíquota de IBS e CBS aplicável à intermediação ou corretagem será a mesma pertinente ao serviço ou à atividade de cuja corretagem se cogita, valendo lembrar que o valor pago pela administradora do consórcio por esse serviço pode ser deduzido da base de cálculo do IVA-Dual por ela devido (art. 204, § 1º, *supra*).

TÍTULO V – DOS REGIMES ESPECÍFICOS DO IBS E DA CBS   Art. 208

Quanto ao Simples, apenas se reitera a sistemática geral prevista nesta Lei Complementar: para gerar créditos e poder apropriar-se de créditos alusivos a operações anteriores, o corretor de consórcios precisa fazer a opção pela apuração e recolhimento do IBS e da CBS pela sistemática ordinária, aqui chamada regime regular.

E, uma vez mais, condiciona-se o crédito ao pagamento do IVA-Dual pela etapa anterior, aspecto em torno do qual se remete o leitor aos comentários do art. 205, *supra*.

Seção VI
Da Gestão e Administração de Recursos, inclusive de Fundos de Investimento

Art. 207. A gestão e a administração de recursos de que trata o inciso VIII do *caput* do art. 182 desta Lei Complementar ficam sujeitas à incidência do IBS e da CBS em regime específico, de acordo com o disposto nesta Seção.

 COMENTÁRIOS

A seção cuida do tratamento a ser conferido, no que tange à CBS e ao IBS, para o serviço prestado por instituições financeiras, gestores de investimentos ou administradoras de fundos, que gerenciam os recursos de clientes. Isso inclui a administração de carteiras de investimentos, fundos de investimento, e outros veículos financeiros. Fundos de investimento, por sua vez, são entidades de investimento coletivo que reúnem recursos de diversos investidores para aplicar em ativos financeiros (ações, títulos, imóveis etc.), sob a gestão de um administrador ou gestor profissional. Por meio deles se unem riquezas ou ativos de diferentes pessoas para, seguindo um perfil preestabelecido, procurar obter melhores condições de investimento e maior retorno, dentro da ideia traduzida pela sabedoria popular de que a união faz a força.

Gestores de fundos de investimentos prestam serviços a estes, relacionados, como o nome diz, à sua gestão, sendo remunerados das mais variadas formas (taxas de administração, taxas de *performance* etc.). O artigo estabelece que esse serviço será tributado, nos termos desta seção, sobre base de cálculo que, tendo que corresponder ao fato gerador transformado em cifra, será o valor do serviço ou da operação. O montante pago pelo tomador, em outros termos, pelo serviço prestado.

Art. 208. As alíquotas do IBS e da CBS sobre os serviços prestados aos fundos de investimento que não forem serviços financeiros de que trata o art. 182 desta Lei Complementar seguirão o disposto nas normas gerais de incidência do IBS e da CBS previstas no Título I deste Livro e, se for o caso, nos regimes diferenciados de que trata o Título IV deste Livro.

 COMENTÁRIOS

Naturalmente, se não se tratar de serviço de gestão do fundo, mas um outro serviço qualquer (advocatício, ou de contabilidade, por exemplo), a tributação deverá ocorrer pelo regime próprio de referido serviço, não havendo mudança pelo fato de ser o fundo de investimento o tomador. Apenas o serviço de gestão de fundos submete-se ao regime diferenciado aqui disciplinado.

Quanto às alíquotas aplicáveis aos serviços financeiros, o art. 182 não fixa alíquota nenhuma, tampouco o faz o art. 189, que remete ao art. 233, que, por sua vez, também não fixa as alíquotas. De modo maldisfarçado, delega essa fixação ao Poder Executivo, em notório malferimento ao princípio da legalidade, e ainda aos princípios da cooperação e da transparência.

> **Art. 209.** O fundo de investimento e os seus cotistas não poderão aproveitar créditos do IBS e da CBS devidos pelos fornecedores de quaisquer bens ou serviços ao fundo, ressalvado o disposto no parágrafo único deste artigo.
>
> **Parágrafo único.** Na hipótese de o fundo de investimento ser contribuinte do IBS e da CBS no regime regular, o fundo poderá apropriar créditos nas suas aquisições de bens e serviços, observado o disposto nos arts. 47 a 56 desta Lei Complementar.

 COMENTÁRIOS

Em função do princípio da não cumulatividade, a restrição contida neste artigo somente se justifica na hipótese de o fundo de investimento não ser contribuinte do IBS e da CBS, por qualquer regime que seja. Contribuinte é o gestor do fundo, como mencionado em artigo anterior. Mas se se presta serviço ao gestor do fundo, que é contribuinte do IBS e da CBS, sendo esse serviço a ele prestado devidamente tributado, é inegável que ele, gestor, se pode creditar. Não se pode dividir o fundo de seu gestor, para o efeito de tributar o primeiro e não permitir o abatimento de créditos porque referentes ao segundo, se débitos e créditos estiverem relacionados à mesma atividade.

Quanto à situação descrita no parágrafo único, esclareça-se que o direito ao aproveitamento do crédito existirá sempre que o fundo for contribuinte do IBS e da CBS, por qualquer regime, adquirindo bens e serviços alcançados por tais tributos e que não se destinem a uso ou consumo pessoais.

> **Art. 210.** O administrador de fundo de investimento e a distribuidora por conta e ordem de cotas de fundo de investimento deverão apresentar, na forma do regulamento, a título de obrigação acessória, informações sobre o fundo de investimento e cada cotista, ou do distribuidor por conta e ordem, ou do depositário central se a cota for negociada em bolsa de valores, e o valor das suas cotas, sem prejuízo de outras informações que o regulamento requisitar.
>
> **Parágrafo único.** O Comitê Gestor do IBS poderá celebrar convênio com órgãos da administração pública para ter acesso às informações previstas no *caput*, podendo, nesse caso, dispensar o administrador e a distribuidora da obrigação acessória de que trata o *caput* deste artigo.

 COMENTÁRIOS

Embora obrigações acessórias possam ser fixadas ou estabelecidas até mesmo em normas infralegais, como comentado quanto a outros artigos desta lei, sempre se faz a ressalva de que a obrigação, estabelecida por lei ou por norma inferior, há de qualquer sorte de ser proporcional, vale dizer, adequada, necessária e não excessiva, ou proporcional em sentido estrito, aos fins a que se destina, que dizem respeito ao controle do adimplemento das obrigações principais.

Não se sabe qual a necessidade, para a apuração do IBS e da CBS, de os administradores de fundos de investimentos informarem à Administração Tributária sobre quem são seus

TÍTULO V – DOS REGIMES ESPECÍFICOS DO IBS E DA CBS   Art. 212

cotistas e quais cotas cabem a cada um, bem como o valor destas. Pode haver aqui um acesso indevido, porque desnecessário, a dados sensíveis dos cotistas, aspecto a ser visto com cautela quando da regulamentação deste dispositivo.

> **Art. 211.** Os serviços de gestão e de administração de recursos prestados ao investidor e não ao fundo de investimento, como na gestão de carteiras administradas, ficam sujeitos ao IBS e à CBS pelas alíquotas previstas no art. 189 desta Lei Complementar, vedado o crédito do IBS e da CBS para o adquirente dos serviços.

 COMENTÁRIOS

Não há motivo juridicamente válido para que a lei estabeleça que "fica vedado" o crédito para o adquirente dos serviços, se não se trata de serviço destinado ao uso ou consumo pessoal, única restrição admissível pelo texto da Constituição. Se o adquirente do serviço é contribuinte do IBS e da CBS, esse "fica vedado" só se presta a gerar acumulação, além de contrariar o texto constitucional.

Seção VII
Do Fundo de Garantia do Tempo de Serviço (FGTS) e dos demais Fundos Garantidores e Executores de Políticas Públicas

> **Art. 212.** As operações relacionadas ao Fundo de Garantia do Tempo de Serviço (FGTS) ficam sujeitas à incidência do IBS e da CBS, por alíquota nacionalmente uniforme, a ser fixada de modo a manter a carga tributária incidente sobre essas operações.
>
> § 1º O FGTS não é contribuinte do IBS e da CBS.
>
> § 2º As operações relacionadas ao FGTS são aquelas necessárias à aplicação da Lei nº 8.036, de 11 de maio de 1990, realizadas:
>
> I – pelo agente operador do FGTS;
>
> II – pelos agentes financeiros do FGTS; e
>
> III – pelos demais estabelecimentos bancários.
>
> § 3º Ficam sujeitas:
>
> I – à alíquota zero do IBS e da CBS, as operações previstas no inciso I do § 2º deste artigo;
>
> II – às alíquotas necessárias para manter a carga tributária, as operações previstas nos incisos II e III do § 2º deste artigo.

 COMENTÁRIOS

Fundos como o FGTS não são contribuintes do IBS e da CBS. Apesar do âmbito infinito de incidência que o art. 3º desta lei parece traçar para a incidência, disposições como a deste artigo deixam claro que o conceito de operação com bens ou serviços não é, nem poderia mesmo ser, tão amplo quanto o redator do tal artigo pretendeu.

Este artigo cuida, contudo, do regime jurídico a ser dado às operações praticadas por terceiros, contribuintes do IBS e da CBS, quando o FGTS seja o destinatário ou beneficiário. Operações com bens e serviços não realizadas por esse fundo, mas para esses fundos. Neste caso, aplica-se alíquota uniforme, a ser "encontrada" nos moldes do art. 233, ao qual se remete a leitora, mas que de logo se reitera que é de manifesta invalidade por não fixar as alíquotas, delegando ao Poder Executivo a atribuição de fazê-lo, o que a Constituição não permite.

215

Art. 213

Art. 213. Não ficam sujeitas à incidência do IBS e da CBS as operações relacionadas aos demais fundos garantidores e executores de políticas públicas, inclusive de habitação e de desenvolvimento regional, previstos em lei.

§ 1º As operações relacionadas aos fundos garantidores e executores de que trata o *caput* deste artigo incluem os serviços de administração e operacionalização prestados ao fundo.

§ 2º Os fundos de que trata o *caput* deste artigo não são contribuintes do IBS e da CBS.

§ 3º Aplica-se também o disposto neste artigo aos fundos de que trata o *caput* que vierem a ser constituídos após a data de publicação desta Lei Complementar.

§ 4º Caberá a ato conjunto do Comitê Gestor do IBS e da RFB listar os fundos garantidores e executores de políticas públicas previstos em lei na data da publicação desta Lei Complementar e atualizar a lista com os fundos da mesma natureza que vierem a ser constituídos posteriormente.

 COMENTÁRIOS

Outros fundos análogos ao FGTS, garantidores e executores de políticas públicas, não são contribuintes do IBS e da CBS. Mais uma vez, apesar do âmbito infinito de incidência que o art. 3º desta Lei parece traçar para a incidência, disposições como a deste artigo deixam claro que o conceito de operação com bens ou serviços não é, nem poderia mesmo ser, tão amplo quanto o redator do tal artigo pretendeu.

Quanto à "lista" que o § 4º determina ao Comitê Gestor e à RFB traçarem, por ato conjunto, é importante destacar sua natureza declaratória, não constitutiva. Se um fundo que se enquadra nos moldes deste artigo, por ser garantidor e executor de política pública, não estiver arrolado em tal lista, seja por esquecimento, ignorância ou por qualquer outra razão, isso, por si só, não faz dele contribuinte do IVA-Dual.

Seção VIII
Dos Arranjos de Pagamento

Art. 214. Os serviços de arranjos de pagamento de que trata o inciso IX do *caput* do art. 182 desta Lei Complementar ficam sujeitos à incidência do IBS e da CBS em regime específico, de acordo com o disposto nesta Seção.

§ 1º Os serviços de que trata o *caput* deste artigo compreendem todos aqueles relacionados ao credenciamento, captura, processamento e liquidação das transações de pagamento e aos demais bens e serviços fornecidos ao credenciado, a outro destinatário do arranjo e entre participantes do arranjo inclusive:

I – os serviços de arranjo remunerados pelo credenciado mediante taxa de desconto nas transações de pagamento;

II – a locação de terminais eletrônicos e o fornecimento de programas de computador (*software*) que viabilizam o funcionamento dos arranjos de pagamento; e

III – bens e serviços fornecidos pelos instituidores de arranjos de pagamento aos demais participantes do arranjo, ainda que a cobrança não esteja vinculada a cada transação de pagamento;

IV – bens e serviços importados das bandeiras de cartões pelos instituidores e participantes de arranjos de pagamentos.

TÍTULO V – DOS REGIMES ESPECÍFICOS DO IBS E DA CBS   Art. 214

> § 2º A relação jurídica entre o emissor e o portador do instrumento de pagamento fica sujeita às regras previstas nas normas gerais de incidência de que trata o Título I deste Livro, salvo as operações de crédito de que trata o inciso I do *caput* do art. 182 desta Lei Complementar, que ficam sujeitas ao respectivo regime específico.
>
> § 3º A base de cálculo do IBS e da CBS devidos pelos contribuintes sujeitos ao regime específico desta Seção corresponderá ao *valor bruto da remuneração recebida diretamente do credenciado*, acrescido das parcelas recebidas de outros participantes do arranjo de pagamento e diminuído das parcelas pagas a estes.
>
> § 4º Aplica-se o disposto no § 3º deste artigo para fins da determinação da base de cálculo dos participantes dos arranjos de que trata o *caput* do art. 216 desta Lei Complementar.
>
> § 5º Integram também a base de cálculo dos serviços de que trata o *caput* do art. 216 desta Lei Complementar os rendimentos auferidos em decorrência da aplicação de recursos disponíveis em contas de pagamento, conforme a regulamentação do Banco Central do Brasil e do Conselho Monetário Nacional, deduzidos os valores de rendimentos pagos em favor dos titulares dessas contas.

COMENTÁRIOS

Serviços de arranjo de pagamento também são considerados "serviços financeiros", submetidos assim a tratamento específico, nos termos desta seção, para IBS e CBS. Como se sabe, tais serviços envolvem atividades relacionadas ao credenciamento, captura, processamento e liquidação das transações de pagamento, bem como os serviços e bens fornecidos ao credenciado ou a outros participantes do arranjo.

Imagine-se, por exemplo, que uma *fintech*[1] ofereça aos seus clientes, além do processamento de pagamentos, o fornecimento de máquinas de cartão de crédito e suporte técnico para essas máquinas. Todos esses serviços e produtos fazem parte do "arranjo de pagamento" e, portanto, estarão sujeitos ao IBS e à CBS nos termos desta seção. Naturalmente, como esclarece o § 2º, isso não inclui o negócio *pago* por intermédio do arranjo de pagamento (p. ex., a compra de uma blusinha), que estará sujeito ao regime ordinário ou geral do IBS e da CBS (ou a outro regime que se aplique à operação, p. ex., com imóvel, ou combustível, ou a serviço de educação), o qual não será alterado pelo fato de ser pago com o uso de um "arranjo de pagamento".

Quanto à base de cálculo, já se explicou várias vezes, ao longo destes comentários, que ela há sempre de corresponder ao fato gerador transformado em moeda, ou exprimido economicamente. Assim, se o fato gerador é a prestação desse serviço, a base de cálculo há de ser o valor recebido pelo prestador por tê-lo prestado. Daí a remissão do § 3º de que ela será o *valor bruto da remuneração recebida diretamente do credenciado*, ou seja, o montante total pago pela loja (credenciado) à empresa de pagamentos, o qual deve ser acrescido das parcelas

---

[1] Trata-se de abreviação de *financial technology*, aludindo à empresa que utiliza a tecnologia para oferecer serviços financeiros de maneira inovadora, eficiente e acessível. Essas empresas combinam a agilidade e a inovação da tecnologia com o mundo das finanças, criando soluções digitais que podem incluir pagamentos *on-line*, empréstimos, seguros, investimentos, gestão financeira, entre outros. Surgiram como uma alternativa aos tradicionais bancos e instituições financeiras, muitas vezes focando em atender necessidades específicas dos consumidores de maneira mais conveniente, como oferecer taxas mais baixas, processos mais rápidos e uma experiência mais amigável através de plataformas digitais, como aplicativos móveis e *sites*.

recebidas de outros participantes do arranjo de pagamento (p. ex., instituições financeiras que participam da liquidação), e diminuído das parcelas que a empresa de pagamentos repassa a outros participantes do arranjo (como os bancos emissores dos cartões).

> **Art. 215.** O credenciado será considerado como o tomador dos serviços de arranjos de pagamento relacionados ao credenciamento, captura, processamento e liquidação de transações de pagamento.
>
> **Art. 216.** O destinatário do serviço será considerado como o tomador dos serviços no caso dos arranjos de pagamento que não estejam previstos no art. 215 desta Lei Complementar.

COMENTÁRIOS

O tomador de um serviço de arranjo de pagamento é a pessoa interessada em receber o pagamento, e que para tanto se utiliza do arranjo para facilitá-lo por parte de seus potenciais clientes compradores. Se uma cliente chega a uma loja de varejo, que vende aparelhos celulares, ou livros, ou sapatos, escolhe um produto e dirige-se ao caixa para efetuar o pagamento, ouve a pergunta: – *a Sra. vai pagar usando cartão de crédito ou débito? Master, Visa ou Amex?* Dependendo da opção, pode a funcionária do caixa utilizar uma maquininha, ou outra, para receber o cartão ou a aproximação do telefone celular da cliente. São as modalidades ou arranjos de pagamento ofertados pela loja aos seus compradores. Caso não tenha disponível um deles, a cliente pode optar por comprar em outra loja concorrente no qual esse meio esteja disponível. Daí dizer-se que é o credenciado no arranjo como destinatário dos pagamentos feitos por seu intermédio o tomador do respectivo serviço.

> **Art. 217.** Sem prejuízo de outras informações requeridas em regulamento, os participantes de arranjos de pagamento deverão apresentar, na forma do regulamento, a título de obrigação acessória, as seguintes informações:
>
> I – no caso da credenciadora, a identificação dos credenciados, os valores brutos da remuneração de cada credenciado e os valores repassados a cada um dos demais participantes do arranjo; e
>
> II – no caso dos demais participantes do arranjo, os valores brutos da remuneração recebidos dos destinatários ou de outros participantes do arranjo e os valores pagos para outros participantes do arranjo.
>
> **Parágrafo único.** No caso de subcredenciadora e de outras empresas que venham a participar de arranjos de pagamento e não estejam previstas nos incisos I e II do *caput* deste artigo, a forma das obrigações acessórias será disposta no regulamento.

COMENTÁRIOS

Já se explicou, em vários outros artigos desta lei, alusivos a obrigações acessórias e ao papel do regulamento em sua disciplina, que à lei cabe estabelecer as obrigações principais, vale dizer, referentes ao pagamento de tributos ou penalidades. A obrigação acessória, em seu detalhamento de como deve ser o fazer ou o não fazer, pode ser estabelecida por ato infralegal, que, de uma forma ou de outra, há de ser proporcional, a saber, meio adequado, necessário e não excessivamente gravoso à consecução do fim legítimo de permitir o cumprimento das obrigações tributárias principais.

TÍTULO V – DOS REGIMES ESPECÍFICOS DO IBS E DA CBS   Art. 219

No caso deste artigo, nele se estabelece que os participantes dos arranjos de pagamento devem fornecer determinadas informações, a título de obrigação acessória, conforme determinado por regulamento.

Esclareça-se que *credenciadora* é a entidade que habilita comerciantes (credenciados) a aceitarem pagamentos através de diferentes meios, como cartões de crédito e débito. A credenciadora deve fornecer informações sobre: (i) quem são os comerciantes ou empresas que utilizam seus serviços; (ii) o montante total que cada comerciante ou empresa recebeu antes de quaisquer deduções; (iii) montantes transferidos a outras entidades envolvidas no processo de pagamento.

Quanto às outras entidades que participam do sistema de pagamento, como bancos emissores, processadores de pagamento, entre outros, estes devem informar: (i) quanto receberam de outros participantes ou dos destinatários finais; e (ii) quanto pagaram a outras entidades envolvidas no arranjo de pagamento.

Já as subcredenciadoras são as entidades intermediárias que trabalham com as credenciadoras, permitindo que outros comerciantes aceitem pagamentos. Essas entidades e quaisquer outras que participem dos arranjos de pagamento, mas que não sejam cobertas diretamente pelos incisos I e II, terão suas obrigações acessórias especificadas no regulamento.

Em suma, o regulamento determinará os detalhes de como essas entidades devem reportar suas informações. Reforce-se que, mais importante que perquirir se a obrigação acessória está fixada em lei ou em norma infralegal, deve-se examinar se a obrigação acessória é proporcional, ou seja, se representa meio adequado, necessário e não excessivo à consecução do fim legítimo de controlar o cumprimento das obrigações principais. Mesmo legítimo, o fim não autoriza o uso de meios desproporcionais, ainda que previstos em lei.

> **Art. 218.** O credenciado ou outro destinatário de arranjo que for contribuinte do IBS e da CBS sujeito ao regime regular poderá apropriar créditos do IBS e da CBS calculados com base nos valores brutos de remuneração devidos à credenciadora ou a outro participante do arranjo, pelos mesmos valores do IBS e da CBS pagos pelos participantes do arranjo de pagamentos incidentes sobre as operações.

COMENTÁRIOS

O artigo em comento apenas anuncia o óbvio. Se alguém paga a um terceiro para usar um "arranjo de pagamento" em seu negócio, tributado pelo IBS e pela CBS, e se sobre esse valor pago ao terceiro, pelo uso do arranjo de pagamento, incide IBS e CBS, naturalmente que é possível ao tomador do serviço apropriar-se do crédito correspondente.

> **Art. 219.** A liquidação antecipada de recebíveis de arranjos de pagamento será tributada pelo IBS e pela CBS na forma deste artigo.
>
> § 1º A base de cálculo do IBS e da CBS corresponderá ao desconto aplicado na liquidação antecipada, com a dedução de valor correspondente à curva de juros futuros da taxa DI, pelo prazo da antecipação.
>
> § 2º Poderão ser deduzidas da base de cálculo referida no § 1º as perdas incorridas no recebimento de créditos e as perdas na cessão destes créditos e na concessão de descontos, desde que sejam realizados a valor de mercado.
>
> § 3º As perdas referidas no § 2º que não puderem ser integralmente deduzidas da base de cálculo de um determinado período de apuração, por excederem os valores tributáveis em tal período, poderão ser deduzidas nos períodos subsequentes.

> § 4º A alíquota do IBS e da CBS incidente sobre as operações de que trata o *caput* deste artigo será igual à alíquota aplicada aos demais serviços de arranjos de pagamento.
>
> § 5º O tomador dos serviços de liquidação antecipada de recebíveis de arranjos de pagamento que for contribuinte do IBS e da CBS sujeito ao regime regular poderá creditar-se do IBS e da CBS nessas operações, em relação à parcela do desconto aplicado, no momento da liquidação antecipada, pelo regime de caixa, que for superior à curva de juros futuros da taxa DI, pelo prazo da antecipação.
>
> § 6º O disposto neste artigo aplica-se também ao FIDC e aos demais fundos de investimentos que liquidem antecipadamente recebíveis de arranjos de pagamento, que serão considerados contribuintes do IBS e da CBS caso não sejam classificados como entidades de investimento, de acordo com o disposto no art. 23 da Lei nº 14.754, de 12 de dezembro de 2023, e em sua regulamentação.
>
> § 7º Não ficam sujeitos à incidência do IBS e da CBS os cotistas dos fundos a que se refere o § 6º deste artigo.

 COMENTÁRIOS

A liquidação antecipada de recebíveis consiste na "compra", pela instituição financeira, do crédito a ser recebido pelo tomador do serviço de arranjo de pagamento, naturalmente com um deságio. Em vez de receber o preço de uma venda efetuada a prazo somente ao cabo de trinta, sessenta ou noventa dias, o vendedor da mercadoria o recebe de imediato, mas com um desconto, correspondente à remuneração devida a quem faz o arranjo, pela antecipação.

Neste caso, aplicar-se-á a mesma alíquota prevista para as operações de arranjo de pagamento, disciplinadas nesta seção, e a base de cálculo será o desconto aplicado na liquidação antecipada, deduzido da curva de juros futuros da Selic pelo prazo da antecipação, ou seja, o ganho real de quem faz a antecipação.

Exemplificando, imagine-se que o recebível, vale dizer, o crédito a ser recebido por um lojista, por uma venda feita, é de R$ 100,00, a ser pago em noventa dias. E suponha-se que nesses noventa dias a curva de juros futuros é de 3%. Mas a empresa encarregada do arranjo de pagamento antecipa o valor ao lojista, de forma imediata, com um desconto de R$ 5,00, ou seja, paga-lhe R$ 95,00. A base de cálculo será de R$ 2,00, que corresponde aos R$ 5,00 (desconto), deduzidos dos R$ 3,00 (valor correspondente aos juros).

O tomador dos serviços de liquidação antecipada (a empresa que vendeu o recebível) poderá se creditar do IBS e da CBS sobre a parcela do desconto aplicado que for superior à curva de juros futuros da taxa Selic. Isso deve ocorrer no momento da liquidação antecipada, e pelo regime de caixa.

Seção IX
Das Atividades de Entidades Administradoras de Mercados Organizados, Infraestruturas de Mercado e Depositárias Centrais

> **Art. 220.** As atividades das entidades administradoras de mercados organizados, infraestruturas de mercado e depositárias centrais de que trata o inciso X do *caput* do art. 182 ficam sujeitas à incidência do IBS e da CBS sobre o valor da operação de fornecimento de serviços, pelas alíquotas previstas no art. 189 desta Lei Complementar.

TÍTULO V – DOS REGIMES ESPECÍFICOS DO IBS E DA CBS — Art. 222

 COMENTÁRIOS

Este artigo estabelece que também as entidades administradoras de mercados organizados, infraestruturas de mercado e depositárias centrais, de que trata o inciso X do *caput* do art. 182, devem se submeter ao IBS e à CBS incidentes sobre o valor das operações por eles praticadas. Reitera-se a ideia, já explicada em outros artigos desta lei, de que a base de cálculo há de ser sempre o fato que gera a obrigação de pagar o tributo, devidamente dimensionado economicamente, ou representado em moeda.

Quanto às alíquotas, o art. 189, como já se comentou anteriormente, não as prevê, diferentemente do que, faltando com a verdade, e com os princípios da transparência e da cooperação, afirma este art. 220. O art. 189 faz remissão ao art. 233 que, por sua vez, tampouco fixa qualquer alíquota, seja *ad valorem*, seja específica. Ele se limita a prever critérios abstratos em face dos quais um ente indeterminado fixará as alíquotas, inconstitucionalissimamente, as quais, em seguida, serão "divulgadas" pela Receita Federal do Brasil e pelo Comitê Gestor.

> **Art. 221.** O contribuinte do IBS e da CBS sujeito ao regime regular que adquirir serviços de entidades administradoras de mercados organizados, infraestruturas de mercado e depositárias centrais de que trata o inciso X do *caput* do art. 182 poderá apropriar créditos desses tributos, com base nos valores pagos pelo fornecedor.

 COMENTÁRIOS

O artigo não se reporta aos contribuintes que estejam sujeitos ao IBS e à CBS por regime diverso do regular, mas nada há nesses outros regimes que excepcione a possibilidade de aproveitamento do crédito do IVA-Dual incidente sobre serviços contratados (e tributados) nos termos desta seção.

> **Art. 222.** As entidades administradoras de mercados organizados, infraestruturas de mercado e depositárias centrais deverão prestar, a título de obrigação acessória, na forma do regulamento, informações sobre os adquirentes dos serviços e os valores pagos por cada um.

 COMENTÁRIOS

As obrigações acessórias, já se explicou em outros artigos desta lei, são sempre obrigações de fazer, não fazer ou tolerar, no interesse da Administração Tributária. Sua acessoriedade não se relaciona a uma obrigação principal específica, mas ao conjunto das obrigações principais. Tanto que mesmo contribuintes isentos, ou imunes, têm não raro obrigações acessórias a cumprir. Até para demonstrar o preenchimento dos requisitos exigidos para que sejam imunes, ou isentos.

A lei precisa estabelecer as obrigações principais, de pagar tributos, ou penalidades. E por certo, como o descumprimento de obrigações acessórias é fato que desencadeia a imposição de penalidades, de uma forma ou de outra as obrigações acessórias são previstas nas leis que associam seu descumprimento à imposição de multas. Mas o detalhe de como devem ser tais deveres acessórios, se a declaração é eletrônica ou de papel, prestada a cada vinte dias ou a cada trinta dias, se o papel é róseo ou o azul, disso cuida o regulamento. Qualquer deles, contudo, a lei ou o regulamento, deve estabelecer obrigações acessórias com atenção e respeito ao princípio da proporcionalidade. Elas devem ser adequadas, necessárias, e proporcionais em sentido estrito à finalidade a que se destinam.

Seção X
Dos Seguros, Resseguros, Previdência Complementar e Capitalização

Art. 223. Para fins de determinação da base de cálculo, nas operações de seguros e resseguros de que tratam, respectivamente, os incisos XI e XII do *caput* do art. 182 desta Lei Complementar:

I – as receitas dos serviços compreendem as seguintes, na medida do efetivo recebimento, pelo regime de caixa:

a) aquelas auferidas com prêmios de seguros, de cosseguros aceitos, de resseguros e de retrocessão; e

b) as receitas financeiras dos ativos financeiros garantidores de provisões técnicas, na proporção das receitas de que trata a alínea "a" nas operações que não geram créditos de IBS e de CBS para os adquirentes e o total das receitas de que trata a alínea "a" deste inciso, observados critérios estabelecidos no regulamento;

II – serão deduzidas:

a) as despesas com indenizações referentes a seguros de ramos elementares e de pessoas sem cobertura por sobrevivência, exclusivamente quando forem referentes a segurados pessoas físicas e jurídicas que não forem contribuintes do IBS e da CBS sujeitas ao regime regular, correspondentes aos sinistros, efetivamente pagos, ocorridos em operações de seguro, depois de subtraídos os salvados e os demais ressarcimentos;

b) os valores pagos referentes e restituições de prêmios que houverem sido computados como receitas, inclusive por cancelamento; e

c) os valores pagos referentes aos serviços de intermediação de seguros e resseguros de que trata o inciso XV do *caput* do art. 182 desta Lei Complementar;

d) os valores pagos referentes ao prêmio das operações de cosseguro cedido;

e) as parcelas dos prêmios destinadas à constituição de provisões ou reservas técnicas referentes a seguro resgatável.

§ 1º O contribuinte do IBS e da CBS sujeito ao regime regular que adquirir e for segurado de serviços de seguro e resseguro poderá apropriar créditos de IBS e de CBS sobre os prêmios, pelo valor dos tributos pagos sobre esses serviços.

§ 2º O recebimento das indenizações de que trata a alínea "a" do inciso II do *caput* deste artigo não fica sujeito à incidência do IBS e da CBS e não dá direito a crédito de IBS e de CBS.

§ 3º Integra a base de cálculo de que trata este artigo a parcela da reversão das provisões ou reservas técnicas que for retida pela entidade como receita própria.

§ 4º As operações de resseguro e retrocessão ficam sujeitas à incidência à alíquota zero, inclusive quando os prêmios de resseguro e retrocessão forem cedidos ao exterior.

 COMENTÁRIOS

Regras como a do § 2º são necessárias por conta da definição infinita do âmbito de incidência do IVA-Dual, contida no art. 3º desta lei, que permite ao tributo incidir sobre qualquer coisa, a exigir esclarecimentos e reparos em artigos seguintes, como este. Se um sujeito não contribuinte do IBS e da CBS recebe a indenização de um seguro, é evidente que tal operação

TÍTULO V – DOS REGIMES ESPECÍFICOS DO IBS E DA CBS   Art. 224

não se sujeita ao IBS ou à CBS, não gerando, por igual, crédito, até porque o sujeito que recebe a indenização nem contribuinte é. Seria o caso de um servidor público, delegado de polícia, que possui um veículo de passeio, segurado, e este vem a ser roubado. A seguradora paga, ao delegado, segurado, o valor do veículo segurado, em função da ocorrência do sinistro, e isso não gera para ela, seguradora, o dever de recolher IBS ou CBS, nem para o delegado, que tampouco terá do que se creditar. O IBS e a CBS incidem sobre o valor do prêmio, pago quando o seguro é feito, e poderiam, se o segurado for contribuinte do IBS, ser apropriados como crédito, mas isso nada tem a ver com o recebimento da indenização pela ocorrência do sinistro. Ainda quanto ao creditamento, é inconstitucional a regra do § 1º, que condiciona o creditamento ao pagamento do tributo, porquanto a Constituição só permite esse condicionamento no caso de *split payment* ou de pagamento pelo adquirente, e este dispositivo o estabelece como regra para qualquer situação, sem qualquer ressalva, vício que se repete em diversas outras disposições desta Lei.

Cancelamentos ou restituições de prêmios que tiverem sido considerados como receita devem ser deduzidos da base de cálculo por uma razão muito simples: se o prêmio (valor recebido do segurado como contraprestação pela realização do seguro) é devolvido ou cancelado, ele não integra a receita da seguradora. Se já integrou antes, deve ser dela retirado, para que o tributo não incida sobre fato gerador que terminou por não ocorrer.

> **Art. 224.** Para fins de determinação da base de cálculo, na previdência complementar, aberta e fechada, de que trata o inciso XIII do *caput* do art. 182 desta Lei Complementar e no seguro de pessoas com cobertura por sobrevivência:
>
> I – as receitas dos serviços compreendem, na medida do efetivo recebimento, pelo regime de caixa:
>
> a) as contribuições para planos de previdência complementar;
>
> b) os prêmios de seguro de pessoas com cobertura de sobrevivência; e
>
> c) o encargo do fundo decorrente de estruturação, manutenção de planos de previdência e seguro de pessoas com cobertura por sobrevivência;
>
> II – serão deduzidas:
>
> a) as parcelas das contribuições e dos prêmios destinadas à constituição de provisões ou reservas técnicas;
>
> b) os valores pagos referentes a restituições de contribuições e prêmios que houverem sido computados como receitas, inclusive cancelamentos;
>
> c) os valores pagos por serviços de intermediação de previdência complementar de que trata o inciso XV do *caput* do art. 182 desta Lei Complementar e de seguro de vida de pessoas com cobertura por sobrevivência; e
>
> d) as despesas com indenizações referentes às coberturas de risco, correspondentes aos benefícios efetivamente pagos, ocorridos em operações de previdência complementar.
>
> § 1º Integra a base de cálculo de que trata este artigo a parcela da reversão das provisões ou reservas técnicas retida pela entidade como receita própria.
>
> § 2º Não integram a base de cálculo de que trata este artigo os rendimentos auferidos nas aplicações de recursos financeiros destinados ao pagamento de benefícios de aposentadoria, pensão, pecúlio e de resgates.
>
> § 3º O disposto no § 2º deste artigo aplica-se aos rendimentos:
>
> I – de aplicações financeiras proporcionados pelos ativos garantidores das provisões técnicas, limitados esses ativos ao montante das referidas provisões; e
>
> II – dos ativos financeiros garantidores das provisões técnicas de empresas de seguros privados destinadas exclusivamente a planos de benefícios de caráter previdenciário e a seguros de pessoas com cobertura por sobrevivência.

Art. 225

> § 4º Também não integram a base de cálculo de que trata este artigo os demais rendimentos de aplicações financeiras auferidos pelas entidades que prestam as atividades previstas no *caput* deste artigo.

 COMENTÁRIOS

A base de cálculo, já se disse, é a dimensão econômica do fato gerador. Estando este, o fato gerador, definido em lei, que deve, por sua vez, limitar-se ao âmbito previamente delimitado na Constituição, conclui-se facilmente que a lei não é livre para fixar a base de cálculo como quiser. Alguns elementos podem ser excluídos, quando isso não implica transformação do tributo em outro, com invasão de competências, e se podem fazer esclarecimentos didáticos, do que fica dentro e do que fica fora, mas não mudanças substanciais.

No caso deste artigo, esclarece-se que a base de cálculo é composta da parcela efetivamente auferida pelas entidades de previdência, pois de sua receita bruta, composta do somatório das contribuições dos usuários do serviço de previdência complementar, são deduzidas as parcelas destinadas à constituição de provisões ou reservas técnicas, vale dizer, os valores destinados a formar uma reserva hábil ao adimplemento dos compromissos futuros da entidade (com as pessoas que no futuro *receberão* da entidade de previdência, em função das contribuições que fizeram ao longo dos anos), além dos valores referentes a cancelamentos e restituições de contribuições que houveram sido computados como receitas, cuja dedução, conforme explicado nos comentários ao artigo anterior, decorre de o fato gerador não ter chegado a ocorrer, ou ter "desacontecido". Deduzem-se ainda os valores pagos por serviços de intermediação de previdência complementar de que trata o inciso XIV do *caput* do art. 182, de modo que o valor a ser submetido à incidência de CBS e IBS é apenas aquele líquido destinado à entidade.

No caso de entidades fechadas de previdência complementar desprovidas de finalidade lucrativa, pode-se considerar qual seria essa base, bastante próxima de zero, porquanto suas atividades não visam a gerar excedente a ser distribuído. Mesmo sem discutir sua possível imunidade, o fato é que não parece apropriado equipará-las, para este efeito, às instituições financeiras que prestam esse "serviço" comercialmente.

> **Art. 225.** Para fins de determinação da base de cálculo, na capitalização de que trata o inciso XIV do *caput* do art. 182 desta Lei Complementar:
>
> I – as receitas dos serviços compreendem, na medida do efetivo recebimento, pelo regime de caixa:
>
> a) a arrecadação com os títulos de capitalização; e
>
> b) as receitas com prescrição e penalidades;
>
> II – serão deduzidas:
>
> a) as parcelas das contribuições destinadas à constituição de provisões ou reservas técnicas, inclusive provisões de sorteios a pagar;
>
> b) os valores pagos referentes a cancelamentos e restituições de títulos que houverem sido computados como receitas; e
>
> c) os valores pagos por serviços de intermediação de capitalização de que trata o inciso XV do *caput* do art. 182 desta Lei Complementar.
>
> § 1º Integra a base de cálculo de que trata este artigo a parcela da reversão das provisões ou reservas técnicas retida pela entidade como receita própria.

TÍTULO V – DOS REGIMES ESPECÍFICOS DO IBS E DA CBS — Art. 226

> § 2º Não integram a base de cálculo de que trata este artigo os rendimentos auferidos nas aplicações financeiras destinadas ao pagamento de resgate de títulos e sorteios de premiação.
>
> § 3º O disposto no § 2º deste artigo restringe-se aos rendimentos de aplicações financeiras proporcionados pelos ativos garantidores das provisões técnicas, limitados esses ativos ao montante das referidas provisões.
>
> § 4º Também não integram a base de cálculo de que trata este artigo os demais rendimentos de aplicações financeiras auferidos pelas entidades que prestam as atividades previstas no *caput* deste artigo.
>
> § 5º O contribuinte do IBS e da CBS sujeito ao regime regular que adquira títulos de capitalização poderá apropriar créditos de IBS e de CBS pelo valor dos tributos pagos sobre esse serviço.

COMENTÁRIOS

A base de cálculo do IBS e da CBS incidentes sobre atividades de capitalização segue regra semelhante à de outros "serviços" mencionados em artigos anteriores, compondo-se do total recebido pela entidade responsável pela atividade de capitalização, arrecadado com os títulos de capitalização (venda dos títulos), somado com as receitas oriundas de prescrição e de penalidades, e deduzidas do valor destinado às provisões e reservas, incluindo-se aquelas destinadas aos sorteios a pagar. Ou seja: não a receita bruta propriamente, mas uma base assemelhada à do imposto de renda, pois da receita (total dos ingressos) se deduzem as despesas inerentes aos prêmios etc., incidindo IBS e CBS sobre o saldo.

Se um valor tiver sido excluído da base de cálculo para servir de provisão (para a compra de um prêmio), mas essa provisão for depois revertida (p. ex., porque o prêmio prescreveu e seu titular não o reclamou), deverá ser reinserida na base de cálculo, nos termos do § 1º.

> **Art. 226.** Fica vedado o crédito de IBS e de CBS na aquisição de serviços de previdência complementar.

COMENTÁRIOS

A vedação ao crédito de IBS e CBS só se justifica, à luz da Constituição, nas hipóteses de as operações a eles relacionadas dizerem respeito a bens ou serviços destinados ao uso ou ao consumo pessoais, ou seja, bens ou serviços divorciados ou não relacionados com as atividades do estabelecimento contribuinte do IVA-Dual.

No caso de serviços de previdência complementar, a vedação parece decorrer da presunção de que tais serviços sempre e necessariamente destinar-se-ão ao consumo ou ao uso pessoal de sócios ou empregados, apenas por se tratar de algo inerente a uma pessoa (previdência), assim como ocorre com hospedagem, alimentação, educação ou saúde. Trata-se, contudo, de um equívoco, contrário ao texto constitucional, pois a questão não reside em saber se o bem, ou o serviço, são usados ou consumidos por uma pessoa física ou natural. Pessoas jurídicas não têm existência física ou corpórea e todos os bens e serviços por elas usados ou consumidos o serão por obra da ação de alguma pessoa física; o relevante é saber se esse uso, ou consumo, relaciona-se com as atividades tributadas, ou não.

Art. 227

No caso da previdência complementar, sua contratação e pagamento, por um contribuinte do IBS e da CBS, pode estar intrinsecamente relacionada a uma atividade empresarial, sendo considerada necessária à sua consecução, quando esses serviços são implementados como parte de um pacote de benefícios para os empregados. Esse tipo de benefício pode ser essencial para a atração e retenção de talentos, influenciando diretamente a competitividade da empresa no mercado. Além disso, a oferta de previdência complementar pode aumentar a satisfação e a lealdade dos funcionários, reduzindo custos relacionados a *turnover* (rotatividade) e absenteísmo, o que pode impactar positivamente a produtividade da empresa.

Em algumas situações, a implementação de um plano de previdência complementar pode ser exigida por convenções coletivas ou acordos sindicais, tornando-se uma obrigação para a empresa. Nesse contexto, o pagamento desses serviços seria necessário para o cumprimento das obrigações legais e contratuais da empresa, o que é essencial para a continuidade de suas operações, deitando por terra o argumento que compara a situação em que a empresa paga o salário e o empregado paga o plano de previdência, com aquela em que a própria empresa paga o plano de previdência, a fim de dizer que ambas devem ter o mesmo tratamento em prol da "neutralidade". Não há neutralidade quando a própria ordem jurídica obriga a empresa a ter a despesa!

De mais a mais, a proteção ao pleno emprego é uma imposição constitucional, sendo certo que, se alguns países cogitam em criar tributos sobre o uso de robôs e algoritmos – *robot tax*[2] –, poder-se-ia, se não se chegar a tanto, pelo menos moldar o sistema jurídico de modo que utilizar máquinas (cuja aquisição e manutenção geram crédito de IVA-Dual) não seja tão mais barato, do ponto de vista tributário, do que utilizar seres humanos. Se o salário não gera crédito de IBS e CBS porque os empregados não pagam esses tributos quando o recebem, a mesma lógica não vale para as empresas que fornecem planos de saúde, de assistência ou de previdência para esses empregados, às custas da empresa.

> **Art. 227.** Sem prejuízo de outras informações requeridas em regulamento, as sociedades seguradoras, resseguradores, entidades abertas e fechadas de previdência complementar e sociedades de capitalização deverão apresentar, na forma do regulamento, a título de obrigação acessória, as seguintes informações:
>
> I – as sociedades seguradoras e resseguradores, a identificação dos segurados ou, caso os segurados não sejam identificados na contratação do seguro, dos estipulantes e os valores dos prêmios pagos por cada um;
>
> II – as entidades de previdência complementar, a identificação dos participantes e os valores das contribuições pagos por cada um; e
>
> III – as sociedades de capitalização, a identificação dos titulares, subscritores ou distribuidores dos títulos e os valores da arrecadação com os títulos.

 COMENTÁRIOS

Como explicado a outros artigos desta lei, alusivos também a obrigações acessórias, estas podem ser instituídas por atos infralegais, pelo que a delegação constante deste artigo não é, por si só, inválida. A multa imputada a quem descumpre obrigação acessória há ne-

---

[2] OBERSON, Xavier. *Taxing robots*: helping the economy to adapt to use of artificial intelligence. Massachusetts: Elgar, 2019, *passim*.

cessariamente de estar prevista em lei, mas a obrigação acessória em si mesma, em seus detalhes e particularidades, não.

Isso não quer dizer, entretanto, que não haja limites ao estabelecimento de tais obrigações, sejam elas estabelecidas em lei, ou em norma infralegal. Em qualquer caso, a obrigação tributária, como meio, deve ser adequada, necessária, e proporcional em sentido estrito ao atendimento ou à consecução do fim a que se destina, a saber, acompanhar e controlar o adimplemento das obrigações principais.

O valor arrecadado com prêmios, ou títulos, deve ser declarado porque integra a receita tributável pelo IBS e pela CBS. A identificação dos pagadores, por sua vez, é importante porque a eles assistirá o direito ao respectivo creditamento, sendo importante saber quem e quando pagou, para controlar-se a higidez do crédito que por tais pessoas será posteriormente apropriado[3], referente ao IVA-Dual incidente sobre tais receitas da entidade seguradora, ou de capitalização.

A vontade de delegar ao regulamento é tão grande, no redator do texto legal, que foi ela redundantemente mencionada no *caput*, carente de estilo ao referi-la duas vezes.

> **Art. 228.** Os serviços de intermediação de seguros, resseguros, previdência complementar e capitalização de que trata o inciso XV do *caput* do art. 182 desta Lei Complementar ficarão sujeitos à incidência do IBS e da CBS sobre o valor da operação, pela mesma alíquota aplicável aos serviços de seguros, resseguros, previdência complementar e capitalização.
>
> § 1º Os prestadores de serviços de intermediação de seguros, resseguros, previdência complementar e capitalização que forem optantes pelo Simples Nacional:
>
> I – permanecerão tributados de acordo com as regras do Simples Nacional, quando não exercerem a opção pelo regime regular do IBS e da CBS; e
>
> II – ficarão sujeitos à mesma alíquota do IBS e da CBS aplicável aos serviços de seguros, resseguros, previdência complementar e capitalização, quando exercerem a opção pelo regime regular do IBS e da CBS.
>
> § 2º Os créditos das operações de intermediação poderão ser aproveitados pelos adquirentes segurados dos respectivos seguros, resseguros e pelos adquirentes de títulos de capitalização que sejam contribuintes do IBS e da CBS no regime regular, desde que o fornecedor da intermediação identifique os adquirentes e destinatários, com base nos valores do IBS e da CBS pagos pelo intermediário e aplicando-se o disposto nos arts. 47 a 56 desta Lei Complementar.

 COMENTÁRIOS

Este artigo cuida do serviço de intermediação de seguros, resseguros, previdência complementar e capitalização, vale dizer, da atividade de quem faz a *corretagem* dessas atividades. O corretor de seguros, que intermedeia, ou liga, o segurado e a seguradora, por exemplo, no caso do contrato de seguro. A alíquota de IBS e CBS aplicável à intermediação ou corretagem será a mesma pertinente ao serviço ou atividade de cuja corretagem se cogita.

---

[3] Em se tratando de previdência complementar ou privada, não há o direito ao creditamento, conforme já comentado, o que, todavia, nos parece contrário ao princípio da não cumulatividade, por não se tratar de um "serviço de consumo ou uso pessoal", mas algo que pode ser ínsito à atividade tributada pelo IBS e pela CBS. Vejam-se os comentários ao art. 226 desta lei.

O § 1º esclarece a situação dos corretores optantes pelo Simples, sendo importante lembrar que a atividade de corretagem é, em regra, exercida por pessoas ou empresas de porte incomparavelmente menor que o das que prestam a atividade intermediada (as próprias empresas seguradoras, resseguradoras, de previdência privada etc.). Caso optem por se submeter ao regime normal de incidência do IVA-Dual, a alíquota será, como disposto no *caput*, a mesma incidente sobre a atividade intermediada. Caso não façam a opção, submeter-se-ão à alíquota própria do Simples, conforme a faixa em que se enquadrarem.

O § 2º, ao "permitir" o direito de crédito – como se ele não decorresse do texto constitucional –, esquece de mencionar os adquirentes da previdência, talvez pelo fato de o próprio serviço de previdência ser alvo de uma restrição à geração de créditos, cuja inconstitucionalidade já foi anteriormente examinada (art. 226), e cujos termos aplicam-se por igual aqui.

Seção XI
Dos Serviços de Ativos Virtuais

> **Art. 229.** Os serviços de ativos virtuais de que trata o inciso XVI do *caput* do art. 182 desta Lei Complementar ficam sujeitos à incidência do IBS e da CBS sobre o valor prestação do serviço de ativos virtuais.
>
> § 1º Os ativos virtuais de que trata o *caput* deste artigo são as representações digitais de valor que podem ser negociadas ou transferidas por meios eletrônicos e utilizadas para realização de pagamentos ou com propósito de investimento, nos termos da Lei nº 14.478, de 21 de dezembro de 2022, não incluindo as representações digitais consideradas como valores mobiliários, que ficam sujeitas ao disposto na Seção III deste Capítulo.
>
> § 2º As aquisições de bens e de serviços com ativos virtuais ficam sujeitas às regras previstas nas normas gerais de incidência de que trata o Título I deste Livro ou ao respectivo regime diferenciado ou específico aplicável ao bem ou serviço adquirido, nos termos desta Lei Complementar.

 COMENTÁRIOS

Serviços de ativos virtuais, referidos no art. 182, são os relacionados a bens descritos no art. 3º da Lei 14.478/2022, a saber, serviços relacionados à representação digital de valor que pode ser negociada ou transferida por meios eletrônicos e utilizada para realização de pagamentos ou com propósito de investimento. Não se incluem como ativos virtuais: I – moeda nacional e moedas estrangeiras; II – moeda eletrônica, nos termos da Lei 12.865/2013; III – instrumentos que provejam ao seu titular acesso a produtos ou serviços especificados ou a benefício proveniente desses produtos ou serviços, a exemplo de pontos e recompensas de programas de fidelidade; e IV – representações de ativos cuja emissão, escrituração, negociação ou liquidação esteja prevista em lei ou regulamento, a exemplo de valores mobiliários e de ativos financeiros.

Já o prestador de serviços de ativos virtuais, nos moldes do art. 5º da mesma Lei 14.478/2022, é a pessoa jurídica que executa, em nome de terceiros, pelo menos um dos serviços de ativos virtuais, entendidos como: I – troca entre ativos virtuais e moeda nacional ou moeda estrangeira; II – troca entre um ou mais ativos virtuais; III – transferência de ativos virtuais; IV – custódia ou administração de ativos virtuais ou de instrumentos que possibilitem controle sobre ativos virtuais; ou V – participação em serviços financeiros e prestação de serviços relacionados à oferta por um emissor ou venda de ativos virtuais.

TÍTULO V – DOS REGIMES ESPECÍFICOS DO IBS E DA CBS

Art. 231

> **Art. 230.** O contribuinte no regime regular que adquirir serviços de ativos virtuais poderá apropriar créditos do IBS e da CBS, com base nos valores pagos pelo fornecedor.

COMENTÁRIOS

Na então redação do PLP 68/2024, que deu origem a esta Lei Complementar, mesmo na versão aprovada inicialmente pela Câmara, o direito ao creditamento, por parte de quem adquiria serviços de ativos virtuais, era simplesmente negado. A inconstitucionalidade era clara e foi corrigida na versão aprovada pelo Senado, que corresponde, nesta parte, à que entrou em vigor.

De fato, não existe justificativa para os que prestam serviços relativos a tais bens sejam tributados pela CBS e pelo IBS, e os que tomam esses serviços, no âmbito de atividade também tributada pelo IBS e pela CBS, não se possam creditar. A violação ao princípio da não cumulatividade seria clara, até porque serviços relacionados a ativos digitais não podem, de modo geral e indistinto, ser considerados bens ou serviços de uso e consumo pessoal, vale dizer, não relacionados à atividade do contribuinte, única atividade em que o creditamento pode ser vedado, à luz do texto constitucional.

Seção XII
Da Importação de Serviços Financeiros

> **Art. 231.** Os serviços financeiros de que trata o art. 182 desta Lei Complementar, quando forem considerados importados, nos termos da Seção II do Capítulo IV do Título I deste Livro, ficam sujeitos à incidência do IBS e da CBS pela mesma alíquota aplicável aos respectivos serviços financeiros adquiridos de fornecedores domiciliados no País.
>
> § 1º Na importação de serviços financeiros:
>
> I – a base de cálculo será o valor correspondente à receita auferida pelo fornecedor em razão da operação, com a aplicação de um fator de redução para contemplar uma margem presumida, a ser prevista no regulamento, observados os limites estabelecidos neste Capítulo para as deduções de base de cálculo dos mesmos serviços financeiros prestados no País, quando aplicável;
>
> II – nas hipóteses em que o importador dos serviços financeiros seja contribuinte do IBS e da CBS sujeito ao regime regular e tenha direito de apropriação de créditos desses tributos na aquisição do mesmo serviço financeiro no País, de acordo com o disposto neste Capítulo, será aplicada alíquota zero na importação, e não serão apropriados créditos do IBS e da CBS; e
>
> III – ~~nas hipóteses em que o importador dos serviços financeiros seja contribuinte que realize as operações de que tratam os incisos I a V do caput do art. 182, será aplicada alíquota zero na importação, sem prejuízo da manutenção do direito de dedução dessas despesas da base de cálculo do IBS e da CBS, segundo o disposto no art. 192 desta Lei Complementar.~~ (VETADO)
>
> § 2º Aplica-se o disposto no Capítulo IV do Título I deste Livro às importações de serviços financeiros, naquilo que não conflitar com o disposto neste artigo.

COMENTÁRIOS

IBS e CBS incidem sobre importações, e seu âmbito (operações com bens e serviços) é bastante amplo, de modo que não haveria razão para não incidirem sobre tais operações, quando oriundas do exterior. Até para assegurar o tratamento igualitário ou equivalente com as operações ocorridas internamente. Aplicam-se, no que não forem contrárias ao disposto neste regime específico aqui previsto, as disposições atinentes às importações de serviços em geral.

O inciso I do § 1º contém uma delegação, ao regulamento, da fixação da base de cálculo, com o estabelecimento de "fatores de redução", em evidente burla ao art. 153, § 1º, da CF/1988, que apenas autoriza a alteração, pelo Executivo, de alíquotas – não de bases de cálculo –, e, mesmo nesse caso, só em relação aos impostos que especifica, rol no qual não se acham incluídos IBS e CBS. Já o inciso II cuida de quando o importador seja contribuinte do IBS e da CBS e, nessa condição, possa aproveitar o crédito desses tributos quando adquirir o mesmo serviço no mercado interno: nessa hipótese, para não ter de recolher o valor incidente na importação e imediatamente depois creditar-se dele, a lei estabelece a aplicação de alíquota zero, e corretamente veda a apropriação do crédito (já que a alíquota foi zerada justamente para isso).

Seção XIII
Da Exportação de Serviços Financeiros

> **Art. 232.** Os serviços financeiros de que trata o art. 182 desta Lei Complementar, quando forem prestados para residentes ou domiciliados no exterior, serão considerados exportados e ficarão imunes à incidência do IBS e da CBS, para efeitos do disposto no Capítulo V do Título I deste Livro.
>
> § 1º A entidade que prestar serviços financeiros no País e mediante exportação deverá:
>
> I – nas operações de que tratam os incisos I a V do *caput* do art. 182 desta Lei Complementar:
>
> a) calcular a proporção da receita das exportações sobre a receita total com esses serviços financeiros;
>
> b) reverter o efeito das deduções da base de cálculo permitidas para esses serviços financeiros na mesma proporção de que trata este inciso; e
>
> II – nas demais operações sujeitas ao regime específico de serviços financeiros, deverá fazer o mesmo cálculo previsto no inciso I deste parágrafo, consideradas as receitas de operação de cada natureza, conforme o disposto neste Capítulo, e, quando aplicável, a permissão de dedução de despesas da base de cálculo das respectivas operações.
>
> § 2º Não são considerados exportados os serviços financeiros prestados a entidades no exterior que sejam filiais, controladas ou investidas, preponderantemente, por residentes ou domiciliados no País que não sejam contribuintes do IBS e da CBS no regime regular, individualmente ou em conjunto com partes relacionadas, conforme definidas no §§ 2º a 6º do art. 5º desta Lei Complementar.
>
> § 3º No caso de operações realizadas nos mercados financeiro e de capitais nos termos da regulamentação do Conselho Monetário Nacional, o disposto no § 2º deste artigo aplicar-se-á exclusivamente nos casos em que a informação sobre a entidade no exterior ser controlada ou investida, preponderantemente, por residentes ou domiciliados no País, seja indicada, pelo representante legal de tal entidade no exterior, no cadastro a que se refere o art. 59 desta Lei Complementar, conforme previsto no regulamento.

 COMENTÁRIOS

Seguindo a regra de que exportações – de quaisquer bens ou serviços – são imunes ao IBS e à CBS, o artigo em comento esclarece, como não poderia deixar de ser, que se a exportação

TÍTULO V – DOS REGIMES ESPECÍFICOS DO IBS E DA CBS Art. 233

versar um serviço financeiro, será por igual imune. Seu mérito consiste em aclarar, no caso de serviço financeiro, quando ele se considera "exportado": sempre que forem prestados a residentes ou domiciliados no exterior.

Não se considera como tendo havido exportação quando o tomador, conquanto situado no exterior, seja filial, controlada ou investida preponderantemente por residentes no país não contribuintes do IBS ou da CBS no regime regular, individualmente ou em conjunto com partes relacionadas. Trata-se de norma antielisiva destinada a evitar que, por vias transversas, o serviço financeiro seja prestado a residente no país, maquiado de exportação para beneficiar-se da imunidade.

Seção XIV
Disposições Transitórias

> **Art. 233.** De 2027 a 2033, as alíquotas do IBS e da CBS incidentes sobre os serviços financeiros de que trata o art. 189 desta Lei Complementar serão fixadas de modo a manter a carga tributária incidente sobre as operações de crédito das instituições financeiras bancárias.
>
> § 1º O cálculo da alíquota de que trata o *caput* deste artigo será feito de acordo com os seguintes critérios:
>
> I – será calculada a proporção da base de cálculo da Contribuição para o PIS/Pasep e da Cofins das instituições financeiras bancárias que se refere a:
>
> a) tarifas e comissões; e
>
> b) demais receitas;
>
> II – serão calculados os débitos da Contribuição para o PIS/Pasep e da Cofins das instituições financeiras bancárias sobre as demais receitas a que se refere a alínea "b" do inciso I deste parágrafo;
>
> III – serão calculados os valores do IPI, do Imposto sobre Serviços de Qualquer Natureza (ISS), do ICMS, da Contribuição para o PIS/Pasep e da Cofins incidentes sobre as aquisições pelas instituições financeiras bancárias e não recuperados como créditos, na proporção que as demais receitas a que se refere a alínea "b" do inciso I deste parágrafo representam da base de cálculo total da Contribuição para o PIS/Pasep e da Cofins; e
>
> IV – deverá o montante dos débitos do IBS e da CBS sobre a base de cálculo dos serviços financeiros de que tratam os incisos I a III do *caput* do art. 182 desta Lei Complementar prestado pelas instituições financeiras bancárias, sem levar em consideração as operações com títulos de dívida objeto de oferta pública excluídas da base de cálculo nos termos dos §§ 1º e 2º do art. 195 desta Lei Complementar, ser igual ao somatório do montante dos débitos da Contribuição para o PIS/Pasep e da Cofins de que trata o inciso II e dos valores dos tributos não recuperados como créditos de que trata o inciso III deste parágrafo.
>
> § 2º O cálculo de que trata o § 1º deste artigo será feito com base em dados do período de 1º de janeiro de 2022 a 31 de dezembro de 2023.
>
> § 3º Observada, a cada ano, a proporção entre as alíquotas da CBS e do IBS nos termos do § 2º do art. 189 desta Lei Complementar, as alíquotas da CBS e do IBS serão fixadas de modo a que o débito conjunto dos dois tributos atenda ao disposto no inciso IV do § 1º deste artigo.
>
> § 4º A metodologia de cálculo para a fixação das alíquotas de que trata o *caput* deste artigo será aprovada por ato conjunto do Ministro de Estado da Fazenda e do Comitê Gestor do IBS, após consulta e homologação pelo Tribunal de Contas da União em prazo não superior a 180 (cento e oitenta) dias.

> § 5º A União, os Estados, o Distrito Federal e os Municípios fornecerão ao Comitê Gestor do IBS e ao Poder Executivo da União os subsídios necessários para o cálculo das alíquotas do IBS e da CBS, mediante o compartilhamento de dados e informações.
>
> § 6º As alíquotas da CBS e do IBS serão divulgadas:
>
> I – quanto ao IBS, pelos Estados, pelos Municípios e pelo Distrito Federal, de forma compartilhada e integrada, por ato do Comitê Gestor do IBS; e
>
> II – quanto à CBS, por ato do chefe do Poder Executivo da União.
>
> § 7º Para fins do disposto neste artigo, consideram-se instituições financeiras bancárias os bancos de qualquer espécie e as caixas econômicas.
>
> § 8º As alíquotas definidas de acordo com o procedimento estabelecido neste artigo, em relação ao disposto no inciso III do § 1º, serão fixadas levando em consideração a regra de transição estabelecida no Título VIII deste Livro, de modo que o respectivo impacto nas alíquotas do IBS e da CBS seja introduzido proporcionalmente à redução e à supressão dos tributos que serão extintos.

COMENTÁRIOS

Embora muitos artigos desta lei façam remissão a este, quando se reportam às alíquotas de IBS e CBS aplicáveis a este ou àquele tipo de serviço, percebe-se, da leitura deste artigo, que nele não se fixa qualquer alíquota. Preveem-se critérios abstratos a serem considerados por quem fixar a alíquota, mas sequer se indica quem seria essa pessoa ou órgão. Apenas se atribui ao Poder Executivo da União, e ao Comitê Gestor, a atribuição de "divulgá-las".

Há, tal como no dispositivo atinente às alíquotas aplicáveis a combustíveis, e a tantos outros desta lei, uma clara violação não só à legalidade, mas à cooperação e à transparência, pois se tenta com o estratagema não só driblar a legalidade, mas especialmente enganar o intérprete, a começar pelos legisladores que examinaram o então Projeto de Lei Complementar (PLP 68/2024), para que não percebam a burla. Faz-se parecer, com isso, que a alíquota é fixada em lei, quando não é. Nem nesta lei complementar, nem em leis a serem editadas pelos entes tributantes. Aqui se preveem critérios abstratos, e a alíquota será, na prática, fixada pelo Poder Executivo, em exceção não prevista no art. 153, § 1º, da CF/1988, ou em qualquer outro artigo da Constituição.

CAPÍTULO III
DOS PLANOS DE ASSISTÊNCIA À SAÚDE

> **Art. 234.** Os planos de assistência à saúde ficam sujeitos a regime específico de incidência do IBS e da CBS, de acordo com o disposto neste Capítulo, nos casos em que esses serviços sejam prestados por:
>
> I – seguradoras de saúde;
>
> II – administradoras de benefícios;
>
> III – cooperativas operadoras de planos de saúde;
>
> IV – cooperativas de seguro saúde; e
>
> V – demais operadoras de planos de assistência à saúde.

COMENTÁRIOS

Este Capítulo III cuida do regime específico de IBS e CBS aplicável a planos de assistência à saúde, atividade economicamente semelhante aos seguros, por meio da qual a entidade prestadora, em contraprestação a pagamentos mensais feitos pelo contratante, tomador de seu serviço, oferta-lhe uma rede de prestadores de serviços de saúde, a ela franqueados, ou reembolsa ou ressarce os gastos que o tomador tiver com profissionais de saúde a ela não conveniados. Procura-se fazer uma distinção entre "plano de saúde" e "seguro-saúde", mas a atividade, essencialmente, é equivalente: uma parte recebe uma remuneração para assumir o risco ligado à saúde da outra e à necessidade de se fazerem gastos relacionados a ela.

> **Art. 235.** A base de cálculo do IBS e da CBS no regime específico de planos de assistência de saúde será composta:
>
> I – da receita dos serviços, compreendendo:
>
> a) os prêmios e contraprestações, inclusive por corresponsabilidade assumida, efetivamente recebidos, pelo regime de caixa; e
>
> b) as receitas financeiras, no período de apuração, dos ativos garantidores das reservas técnicas, efetivamente liquidadas;
>
> II – com a dedução:
>
> a) das indenizações correspondentes a eventos ocorridos, efetivamente pagas, pelo regime de caixa;
>
> b) dos valores referentes a cancelamentos e restituições de prêmios e contraprestações que houverem sido computados como receitas;
>
> c) dos valores pagos por serviços de intermediação de planos de saúde; e
>
> d) da taxa de administração paga às administradoras de benefícios e dos demais valores pagos a outras entidades previstas no art. 234 desta Lei Complementar.
>
> § 1º Para fins do disposto na alínea "a" do inciso II do *caput* deste artigo, considera-se indenizações correspondentes a eventos ocorridos o total dos custos assistenciais decorrentes da utilização, pelos beneficiários, da cobertura oferecida pelos planos de saúde, compreendendo:
>
> I – bens e serviços adquiridos diretamente pela entidade de pessoas físicas e jurídicas; e
>
> II – reembolsos aos segurados ou beneficiários por bens e serviços adquiridos por estes de pessoas físicas e jurídicas.
>
> § 2º As operações a título de corresponsabilidade cedida entre as entidades previstas no art. 234 desta Lei Complementar também serão consideradas custos assistenciais nos termos do § 1º e serão deduzidas da base de cálculo para efeitos do disposto no *caput* deste artigo.
>
> § 3º Entende-se por corresponsabilidade cedida de que trata o § 2º deste artigo a disponibilização de serviços por uma operadora a beneficiários de outra, com a respectiva assunção do risco da prestação.
>
> § 4º Para efeitos do disposto na alínea "b" do inciso I do *caput* deste artigo, as receitas financeiras serão consideradas efetivamente liquidadas quando houver, cumulativamente:
>
> I – a liquidação ou resgate do respectivo ativo garantidor; e
>
> II – a redução das provisões técnicas lastreadas por ativo garantidor, considerando a diferença entre o valor total de provisões técnicas no período de apuração e no período imediatamente anterior.
>
> § 5º Os reembolsos aos segurados ou beneficiários de que trata o inciso II do § 1º deste artigo não ficam sujeitos à incidência do IBS e da CBS e não dão direito a créditos.
>
> § 6º Não integrarão a base de cálculo do IBS e da CBS as receitas financeiras que não guardem vinculação com a alocação de recursos oriundos do recebimento de prêmios e contraprestações pagos pelos contratantes dos planos de assistência à saúde.

COMENTÁRIOS

A base de cálculo, já se explicou em diversos outros comentários a artigos desta lei (que dela cuidam, da base de cálculo), é a expressão econômica do fato gerador, vale dizer, a situação que atrai a incidência da norma, devidamente quantificada economicamente.

No caso dos serviços de "plano de saúde", o artigo esclarece, seguindo um padrão já visto em relação a outros serviços (como de seguros, que com eles se assemelham bastante, ou de concursos de prognósticos), que IBS e CBS não alcançam todos os ingressos do contribuinte. Abandona-se uma concepção demasiadamente ampla, e equivocada, de receita, que o Fisco Federal não raro defendia para PIS e Cofins, para dar-se atenção ao valor efetivamente devido ao prestador: do total dos ingressos havidos com a atividade, excluem-se receitas que com ela não guardem pertinência (que se for o caso podem ser tributadas à luz de outro regime de IBS/CBS), e se descontam despesas com indenizações por eventos ocorridos (*v.g.*, o pagamento de uma internação), bem como com o pagamento de serviços de intermediação de planos, taxas de administração etc.

O § 1º esclarece – de modo evidentemente não exaustivo – que indenizações dedutíveis são os custos assistenciais decorrentes da utilização, pelos beneficiários, da cobertura oferecida pelos planos de saúde, compreendendo bens e serviços adquiridos diretamente pela entidade de pessoas físicas e jurídicas; e reembolsos aos segurados ou beneficiários por bens e serviços adquiridos por estes de pessoas físicas e jurídicas. Ou seja: tanto quando o plano "cobre" a despesa junto a um profissional, hospital ou laboratório conveniado, como quando os serviços ou os bens não são obtidos junto a um estabelecimento conveniado (ou "coberto"), mas o plano depois reembolsa o usuário; neste caso, da mesma maneira que o gasto direto com o serviço ou com o bem, o reembolso do gasto tido pelo segurado/usuário deve ser deduzido da receita tributável. Quanto ao usuário, o reembolso recebido nem é tributado, nem gera crédito de IBS e CBS, mais outro esclarecimento, necessário, de que o âmbito de incidência de tais tributos não é infinito como se procurou anunciar no art. 3º desta lei.

Quanto ao cancelamento e à restituição de prêmios (mensalidades pagas por usuários), evidentemente trata-se de um "desfazimento" da receita, que há de ser dela excluídos, se nela já tiverem sido previamente inseridos ou computados, sob pena de tributar-se um nada, um fato gerador "desacontecido".

> **Art. 236.** Os planos de assistência funerária ficam sujeitos ao disposto nos arts. 234 a 242 desta Lei Complementar.

COMENTÁRIOS

Na disposição em exame, esclarece-se, simplesmente, que os planos de assistência funerária se equiparam, para efeito de aplicação deste regime jurídico específico de IVA-Dual, aos planos de assistência à saúde. Embora a atividade não seja exatamente a mesma, há grande semelhança na maneira como funcionam e como estruturam receitas e despesas, de sorte que a equiparação se justifica.

> **Art. 237.** As alíquotas de IBS e de CBS no regime específico de planos de assistência à saúde são nacionalmente uniformes e correspondem às alíquotas de referência de cada esfera federativa, reduzidas em 60% (sessenta por cento).

TÍTULO V – DOS REGIMES ESPECÍFICOS DO IBS E DA CBS   Art. 239

 COMENTÁRIOS

O texto constitucional autoriza que a lei complementar fixe regime especial para os planos de assistência à saúde, com o estabelecimento de alíquotas únicas, nacionalmente uniformes. Neste caso, não cabe aos Estados, ao Distrito Federal, e aos Municípios, estabelecer o percentual do tributo que lhes cabe. Daí a remissão do artigo a que se considere, para determinação dessa alíquota uniforme nacionalmente, das alíquotas de referências fixadas pelo Senado Federal, as quais, normalmente, se aplicam para o caso de o ente federativo subnacional não fixar a sua, mas que neste caso aplicam-se em detrimento daquela que vier a ser assim fixada, para assegurar-se a unidade nacional mencionada.

> **Art. 238.** Fica vedado o crédito de IBS e de CBS para os adquirentes de planos de assistência à saúde.
>
> **Parágrafo único.** O disposto no *caput* deste artigo não se aplica à hipótese de que trata a alínea "f" do inciso IV do § 2º do art. 57 desta Lei Complementar, em que os créditos do IBS e da CBS a serem aproveitados pelo contratante que seja contribuinte no regime regular:
>
> I – serão equivalentes à multiplicação entre:
>
> a) os valores dos débitos do IBS e da CBS pagos pela entidade sujeita ao regime específico de que trata este Capítulo no período de apuração; e
>
> b) a proporção entre:
>
> 1. o total de prêmios e contraprestações correspondentes à cobertura dos titulares empregados do contratante e de seus dependentes, no período de apuração; e
>
> 2. o total de prêmios e contraprestações arrecadados pela entidade, no mesmo período de apuração;
>
> II – não alcançam a parcela dos prêmios e contraprestações cujo ônus financeiro tenha sido repassado aos empregados; e
>
> III – serão apropriados com base nas informações prestadas pelos fornecedores ao Comitê Gestor do IBS e à RFB, na forma do regulamento, e ficarão sujeitos ao disposto nos arts. 47 a 56 desta Lei Complementar.

 COMENTÁRIOS

A vedação constante deste artigo decorre da presunção de que todo serviço prestado por plano de assistência à saúde será de "uso pessoal", mesmo que contratado por contribuinte do IBS e da CBS em virtude e no âmbito de atividade tributada pelo IBS e pela CBS. Em sua redação original, inclusive, o PLP 68/2024 vedava sem exceções tal aproveitamento de créditos, por essa razão.

Entretanto, sabe-se que planos de saúde podem ser necessários à atração e manutenção de um bom quadro de funcionários, e mesmo podem ser uma imposição de convenções coletivas ou acordos sindicais, sendo impositivos para a empresa, para que possa contratar a mão de obra necessária ao exercício da atividade que gera as receitas tributadas pelo IBS e pela CBS. Daí a alteração, levada a efeito pelo Senado, que passou a permitir o creditamento do IVA-Dual incidente sobre eles, quando atendidos os termos da alínea *f* do inciso IV do § 2º do art. 57 desta Lei Complementar.

> **Art. 239.** As entidades de que trata este Capítulo deverão apresentar, a título de obrigação acessória, na forma do regulamento, informações sobre a identidade das pessoas

Art. 240

físicas que forem as beneficiárias titulares dos planos de assistência à saúde e os valores dos prêmios e contraprestações de cada uma.

§ 1º Nos planos coletivos em que não houver a individualização do valor dos prêmios e contraprestações por pessoa física titular, a operadora poderá alocar, na obrigação acessória de que trata o *caput* deste artigo, o valor total recebido para cada pessoa física titular de acordo com critério a ser previsto no regulamento.

§ 2º Nos planos coletivos por adesão contratados com participação ou intermediação de administradora de benefícios, esta ficará responsável pela apresentação das informações previstas no *caput* e no § 1º deste artigo.

 COMENTÁRIOS

Pela disposição em comento, o regulamento deve impor às operadoras que forneçam dados sobre as pessoas físicas que são titulares dos planos de assistência à saúde, incluindo dados pessoais como nome, CPF, e possivelmente outras informações de identificação. Também devem informar os valores dos prêmios (os pagamentos periódicos feitos pelos segurados) e contraprestações devidas por cada titular. Isso permite uma rastreabilidade financeira e tributária das operações.

Destaque-se que há um limite implícito, constitucional, a toda norma que fixa obrigação acessória, seja na lei, seja em norma infralegal, sendo certo que obrigações acessórias podem ser estabelecidas por normas infralegais: a proporcionalidade da obrigação acessória, como meio, aos fins a que se destina, mesmo que legítimos estes. O dever acessório há de ser adequado ao esclarecimento de fatos com relevo tributário, necessário (por não haver outra forma de obter esse esclarecimento, menos gravosa aos valores envolvidos, menos custosa etc.), e proporcional em sentido estrito, ou seja, os bônus decorrentes de sua utilização precisam superar os ônus, ou os custos não podem ser superiores aos benefícios.

Art. 240. Os serviços de intermediação de planos de assistência à saúde ficam sujeitos à incidência do IBS e da CBS sobre o valor da operação pela mesma alíquota aplicável ao plano de assistência à saúde.

Parágrafo único. Os prestadores de serviços de intermediação de planos de assistência à saúde que forem optantes pelo Simples Nacional:

I – permanecerão tributados de acordo com as regras do Simples Nacional, na hipótese de não exercerem a opção pelo regime regular do IBS e da CBS; e

II – ficarão sujeitos à mesma alíquota do IBS e da CBS aplicável aos serviços de planos de assistência à saúde, na hipótese de exercerem a opção pelo regime regular do IBS e da CBS.

 COMENTÁRIOS

São pertinentes, aqui, os mesmos comentários feitos ao art. 228, aos quais se remete a leitora. Intermediadores de planos, corretoras, enfim, pessoas que "negociam" esses planos, intermediando a contratação havida entre o usuário tomador do serviço e a entidade que o disponibiliza ou presta, submetem-se ao mesmo regime aplicável aos próprios planos, salvo quando aderentes ao Simples Nacional, hipótese na qual, a depender da opção que fizerem, se podem sujeitar exclusivamente ao regime da LC 123/2006, inerente às Microempresas e Empresas de Pequeno Porte. Como a lei restringe o creditamento, não parece fazer muito

TÍTULO V – DOS REGIMES ESPECÍFICOS DO IBS E DA CBS   Art. 243

sentido, para tais corretoras ou intermediárias, submeterem-se à sistemática de IBS e CBS que não seja a do próprio Simples, caso a ela possam aderir, pois a única vantagem de se submeter ao regime de IBS e CBS próprio para os não optantes do Simples é a possibilidade de geração de créditos desses tributos para os contribuintes situados em elos seguintes da cadeia.

> **Art. 241.** Caso venha a ser permitida a importação de serviços de planos de assistência à saúde, deverá haver a incidência de IBS e de CBS pela mesma alíquota aplicável às operações realizadas no País sobre o valor da operação, podendo regulamento prever fator de redução para contemplar uma margem presumida, observados os limites estabelecidos neste Capítulo para as deduções de base de cálculo desses serviços.
>
> **Parágrafo único.** Aplica-se o disposto no Capítulo IV do Título I deste Livro às importações de que trata o *caput* deste artigo, naquilo que não conflitar com o disposto neste artigo.

 COMENTÁRIOS

Pertinentes, aqui, os mesmos comentários feitos a diversas outras disposições desta Lei Complementar (arts. 110, 169, 233...). O regulamento não pode "contemplar" reduções de base de cálculo, tendo faltado ao redator do PLP que originou esta lei noção sobre – ou respeito a – legalidade tributária. A única exceção admitida pelo texto constitucional diz respeito às alíquotas, e mesmo assim de tributos diversos de IBS e CBS (CF/1988, art. 153, § 1º).

> **Art. 242.** Caso venha a ser permitido o fornecimento de serviços de planos de assistência à saúde para residentes ou domiciliados no exterior para utilização no exterior, esse fornecimento será considerado como uma exportação e ficará imune ao IBS e à CBS, para efeitos do disposto no Capítulo V do Título I deste Livro.

 COMENTÁRIOS

Se uma pessoa residente no exterior contratar os serviços de um plano de assistência situado no Brasil, e este for utilizado no exterior, inclusive cobrindo atendimentos realizados para o usuário no exterior, tem-se autêntica exportação de serviço. Ela não "se considera" exportação, ela é uma exportação. E ela não "ficará imune", ela será imune, ou deverá assim ser tratada, por força da disposição constitucional. O dispositivo, embora de teor correto, está redigido dentro da visão, subjacente a muitos trechos desta lei, de que ao legislador é dado o poder mágico de criar e alterar realidades, atribuindo-lhes efeitos conforme sua preferência, o que é incompatível com a ideia de que existe um texto constitucional a ser respeitado.

É interessante que este artigo e o anterior façam a desnecessária alusão a "caso venha a ser permitido". O tributo não depende, para incidir, de ser "permitida", ou "lícita", a atividade tributada. Uma pessoa não pagará ISS, ou, com a reforma, IBS e CBS, por prestar serviços médicos, só se "for permitida" a prestar serviços médicos: mesmo quem o faça sem diploma de uma Faculdade de Medicina e registro no Conselho de Medicina será devedor do tributo. A mesma ideia se aplica aqui.

> **Art. 243.** Os planos de assistência à saúde de animais domésticos ficam sujeitos ao disposto nos arts. 234 a 242 desta Lei Complementar, com exceção das alíquotas aplicáveis,

> que serão nacionalmente uniformes e corresponderão à soma das alíquotas de referência de cada esfera federativa, reduzidas em 30% (trinta por cento), vedado o crédito ao adquirente.

 COMENTÁRIOS

Planos de saúde para "pets" passam a ter, com a inclusão deste dispositivo no projeto que originou esta lei complementar, o mesmo tratamento jurídico dado aos planos de assistência à saúde de humanos, com a única distinção sendo a redução de alíquotas, que, em vez de ser de 60% (art. 237), são de 30%. A vedação incondicional e irrestrita ao crédito, contudo, é inconstitucional. Parte da premissa que plano de saúde de animais será sempre "serviço de uso pessoal", esquecendo o legislador a possibilidade de uma empresa ser contribuinte do IBS e da CBS regularmente, fazendo uso de animais. A vedação ao crédito, em tal caso, não se subsumirá à única hipótese permitida pelo texto constitucional.

Um exemplo que ilustra a problemática da vedação irrestrita ao crédito no caso de planos de saúde para animais domésticos é o de uma empresa do setor agropecuário ou de pesquisa científica que utiliza regularmente animais em suas operações. Essas empresas, contribuintes do IVA-Dual, podem ter seus próprios veterinários, mas podem, por igual, contratar planos de assistência de saúde veterinária para assegurar o bem-estar dos animais, que são essenciais para a continuidade de suas atividades econômicas.

CAPÍTULO IV
DOS CONCURSOS DE PROGNÓSTICOS

Seção I
Disposições Gerais

> **Art. 244.** Os concursos de prognósticos, em meio físico ou virtual, compreendidas todas as modalidades lotéricas, incluídos as apostas de quota fixa e os *sweepstakes*, as apostas de turfe e as demais apostas, ficam sujeitos a regime específico de incidência do IBS e da CBS, de acordo com o disposto neste Capítulo.
> **Parágrafo único.** Aplica-se o disposto neste Capítulo ao *fantasy sport*.

 COMENTÁRIOS

Este capítulo cuida da tributação diferenciada de IBS e CBS para concursos de prognósticos, que incluem várias modalidades de apostas e loterias, tanto em meios físicos quanto virtuais. Todas as modalidades lotéricas, incluindo apostas de quota fixa, *sweepstakes*[4], apostas de turfe e outras apostas, estão sujeitas a um regime específico de incidência do IBS e da CBS.

---

[4] *Sweepstakes* são sorteios ou promoções em que prêmios são oferecidos a participantes selecionados aleatoriamente, geralmente sem que haja a necessidade de compra para participar. Em um *sweepstake*, as pessoas entram na promoção ao preencher um formulário ou se inscrever de alguma forma, e depois os vencedores são escolhidos por sorteio. São muito comuns em campanhas promocionais, e podem ser realizados tanto por empresas como por organizações sem fins lucrativos para promover produtos, serviços ou causas.

TÍTULO V – DOS REGIMES ESPECÍFICOS DO IBS E DA CBS   Art. 246

Fantasy games são jogos em que os participantes formam equipes fictícias baseadas em jogadores reais de um esporte, como futebol, basquete, beisebol etc. O desempenho dessas equipes é determinado com base no desempenho real dos jogadores em eventos esportivos. Os participantes competem entre si em ligas, e o sucesso da equipe fictícia é medido em relação às *performances* reais dos jogadores escolhidos. É o caso do "cartola". O capítulo se reporta a todo tipo de jogo de aposta, seja a sorte elemento preponderante ou não.

> **Art. 245.** A base de cálculo do IBS e da CBS sobre concursos de prognósticos é a receita própria da entidade decorrente dessa atividade, correspondente ao produto da arrecadação, com a dedução de:
> I – premiações pagas; e
> II – destinações obrigatórias por lei a órgão ou fundo público e aos demais beneficiários.
> **Parágrafo único.** As premiações pagas não ficam sujeitas à incidência do IBS e da CBS.

 COMENTÁRIOS

No que tange a tributos calculados por meio de alíquotas *ad valorem*, a base de cálculo é, como se tem insistido em comentários a outros artigos desta lei, o fato gerador transformado em moeda. Daí por que, se o fato gerador do IBS e da CBS é a prestação de serviço de concurso de prognóstico, a base de cálculo é o valor cobrado por isso, o que representa, quando somados os pagamentos feitos por todos os participantes do concurso, a receita da entidade realizadora da atividade e que dela decorre.

O artigo determina a dedução das premiações, e outras destinações obrigatórias, rol no qual se situam montantes que as entidades promotoras de tais concursos devem recolher à seguridade social, por exemplo (CF/1988, art. 195, III), de modo que IBS e CBS incidem apenas sobre o montante líquido devido à entidade. Se se arrecadam R$ 10.000.000,00 com a venda de bilhetes de loteria, mas se pagam R$ 3.200.000,00 à Seguridade Social, com amparo no art. 195, III, da CF/1988, e se distribuem R$ 5.800.000,00 entre os ganhadores do concurso, a base de cálculo do IBS e da CBS será o R$ 1.000.000,00 remanescente.

O parágrafo único esclarece que sobre as premiações não incide IBS nem CBS. Um esclarecimento necessário dado o elastério absurdo dado ao âmbito de incidência do tributo pelo art. 3º, I, *b*, desta Lei. Como o que não é operação com mercadoria será necessariamente operação de prestação de serviço, sem terceira possibilidade, alguém poderia sustentar que sobre os prêmios pagos a ganhadores de tais concursos seria devido o IVA-Dual, absurdo que o parágrafo didaticamente afasta. Não se trata, primeiro, de uma "operação", realizada no âmbito de uma atividade empresarial (por parte de quem recebe o prêmio ou o ingresso por ele representado).

> **Art. 246.** As alíquotas do IBS e da CBS sobre concursos de prognósticos são nacionalmente uniformes e correspondem à soma das alíquotas de referência das esferas federativas.

 COMENTÁRIOS

A Constituição inclui os concursos de prognósticos entre as atividades que podem ter regimes diferenciados de incidência de IBS e CBS, fugindo da regra geral de regime uno e de respeito

239

à neutralidade. Excepciona-se, assim, a ideia de que as alíquotas decorrem da soma da alíquota fixada pela União, em lei ordinária federal, pelo Estado, em lei ordinária estadual, e pelo Município, em lei ordinária municipal. A alíquota, para que seja una em todo o território nacional, será a soma das alíquotas de referência, a saber, das alíquotas que o Senado estabelecer (que seriam normalmente aplicáveis às hipóteses, na generalidade dos casos tributáveis pelo IBS e pela CBS, em que Estados, Municípios, Distrito Federal ou União não fixassem por lei suas alíquotas).

> **Art. 247.** Fica vedado o crédito de IBS e de CBS aos apostadores dos concursos de prognósticos.

COMENTÁRIOS

Já se disse que a lei não é livre para "vedar" o direito ao crédito nesta ou naquela situação, ao seu talante, sendo a não cumulatividade ampla a contrapartida coerente de uma base de incidência tão ampla, quase infinita (art. 4º). A única restrição admitida constitucionalmente é a de bens e serviços de uso e consumo pessoal, a qual, a rigor, justifica-se porque tais itens *não se relacionam à atividade do estabelecimento*.

No caso do art. 247, a vedação se justifica, porque, em princípio, não parece haver atividade que tenha como pressuposto ou premissa ficar a apostar em jogos de loterias. Assim, se um contribuinte do IBS, e da CBS, investe parte dos recursos de sua atividade empresarial na compra de bilhetes de loteria, não poderá deduzir o IBS e a CBS sobre eles incidentes do IBS e da CBS incidentes sobre sua atividade. Mas, em contrapartida, e de modo a evitar acumulação, se for premiado, tampouco incidirá o IVA-Dual sobre a quantia recebida, como se esclarece no parágrafo único do art. 245, *supra*.

> **Art. 248.** A empresa que opera concursos de prognósticos deverá apresentar obrigação acessória, na forma do regulamento, contendo, no mínimo, informações sobre o local onde a aposta é efetuada e os valores das apostas e das premiações pagas.
>
> **Parágrafo único.** Caso as apostas sejam efetuadas de forma virtual, na obrigação acessória de que trata o *caput* deste artigo, deverá ser identificado o apostador.

COMENTÁRIOS

Adquirido o bilhete de loteria à moda antiga, na casa lotérica, não se exige a identificação do apostador. Basta o controle do local, e dos valores das apostas. Tanto que, quando divulgados os resultados, sabe-se que o vencedor é da cidade X, da casa lotérica Y, na qual gastou Z com a compra de tantos bilhetes. Apenas quando do recebimento do prêmio se exige a identificação. Quando a aposta se dá virtualmente, a identificação deve ser feita já no ato de aquisição do bilhete ou cupom de aposta. Evita-se a maior burocracia na venda de bilhetes nas casas lotéricas, e, quando feita virtualmente, transfere-se a burocracia ao usuário, quando do preenchimento, por ele próprio, dos campos correspondentes na plataforma eletrônica respectiva.

Seção II
Da Importação de Serviços de Concursos de Prognósticos

> **Art. 249.** Caso venha a ser permitida a importação de serviços de concursos de prognósticos, ficarão sujeitas à incidência do IBS e da CBS pela mesma alíquota prevista para

TÍTULO V – DOS REGIMES ESPECÍFICOS DO IBS E DA CBS | Art. 250

> concursos de prognósticos no País as entidades domiciliadas no exterior que prestarem, por meio virtual, serviços de concursos de prognósticos de que trata este Capítulo para apostadores residentes ou domiciliados no País.
>
> § 1º O fornecedor do serviço de que trata o *caput* deste artigo é o contribuinte do IBS e da CBS, podendo o apostador ser responsável solidário pelo pagamento nas hipóteses previstas no art. 24 desta Lei Complementar.
>
> § 2º A base de cálculo é a receita auferida pela entidade em razão da operação, com a aplicação de um fator de redução previsto no regulamento, calculado com base nas deduções da base de cálculo dos serviços de concursos de prognósticos no País.
>
> § 3º Aplica-se o disposto no Capítulo IV do Título I deste Livro às importações de que trata esta Seção, naquilo que não conflitar com o disposto neste artigo.

 COMENTÁRIOS

Teoricamente, sob o prisma jurídico-formal, nada impede que se tributem, no Brasil, serviços "importados" do exterior, realidade já possível no âmbito do Imposto sobre Serviços (ISS). A questão que se coloca, quando se trata de serviço prestado por meio digital, utilizando-se a *internet*, é o controle do *enforcement*. Como saber que o serviço foi efetivamente prestado e, nesse caso, como cobrar o tributo sobre ele incidente?

Quando se trata da importação de bens materiais, corpóreos, a sua passagem física por fronteiras, alfândegas, aduanas etc., torna possível o controle de quantidades, qualidades e valores, enfim, a verificação da ocorrência do fato gerador do tributo e sua respectiva cobrança, com a retenção dos bens servindo de instrumento, nem sempre legítimo, de coerção. No caso de bens imateriais, ou serviços, a situação não se afigura tão simples.

Como o bem imaterial ou o serviço são entregues ao tomador por meio da *internet* (curso, vídeo, atendimento psicológico, interação de conteúdo inconfessável etc.), é muito difícil, para o Fisco, tomar conhecimento de que o fato gerador ocorreu. O problema, portanto, não é de autorização normativa para a tributação, mas de viabilidade fática.

Seção III
Da Exportação de Serviços
de Concursos de Prognósticos

> **Art. 250.** Os serviços de concursos de prognósticos prestados, por meio virtual, a residentes ou domiciliados no exterior serão considerados exportados, ficando imunes à incidência do IBS e da CBS, para efeitos do disposto no Capítulo V do Título I deste Livro.
>
> § 1º O regulamento disporá sobre a forma de comprovação da residência ou domicílio no exterior para efeitos do disposto no *caput* deste artigo.
>
> § 2º Não se consideram exportados os serviços de concursos de prognósticos prestados na presença, no território nacional, de residente ou domiciliado no exterior.

 COMENTÁRIOS

A exportação de serviços é imune a impostos, regra que já existe em relação ao ISS, ao ICMS, ao PIS e à Cofins, tributos que IBS e CBS sucedem. Nessa condição, não haveria motivo para a exportação de serviços de concursos de prognósticos não o ser.

241

Diversamente do que se dá com bens de caráter material, de existência física ou corpórea, os bens imateriais, e os serviços, têm na identificação de sua exportação uma tarefa pouco mais complexa. Exige-se que o proveito do serviço seja usufruído no exterior, que seu tomador esteja situado no exterior, e que o pagamento por ele seja oriundo do exterior, tudo cumulativamente? A origem do pagamento não nos parece relevante, mas a localização do beneficiário, e do proveito ou da utilidade decorrente do serviço, sim.

No caso deste artigo, identifica-se a exportação pela localização do tomador do serviço. Quanto ao meio de prova dessa localização, que será definido em regulamento, é importante lembrar que não existem provas tarifadas e que, por lei, o relevante é que a localização seja no exterior. Se o regulamento exigir um meio de prova, mas por outros esse fato for demonstrado, é o que importa. Não se pode criar, por regulamento, formalidade sacrossanta que seja a única admissível para provar a localização do tomador do serviço.

CAPÍTULO V
DOS BENS IMÓVEIS

Seção I
Disposições Gerais

Art. 251. As operações com bens imóveis realizadas por contribuintes que apurarem o IBS e a CBS no regime regular ficam sujeitas ao regime específico previsto neste Capítulo.

§ 1º As pessoas físicas que realizarem operações com bens imóveis serão consideradas contribuintes do regime regular do IBS e da CBS e sujeitas ao regime de que trata este Capítulo, nos casos de:

I – locação, cessão onerosa e arrendamento de bem imóvel, desde que, no ano-calendário anterior:

a) a receita total com essas operações exceda R$ 240.000 (duzentos e quarenta mil reais); e

b) tenham por objeto mais de 3 (três) bens imóveis distintos;

II – alienação ou cessão de direitos de bem imóvel, desde que tenham por objeto mais de 3 (três) imóveis distintos no ano-calendário anterior;

III – alienação ou cessão de direitos, no ano-calendário anterior, de mais de 1 (um) bem imóvel construído pelo próprio alienante nos 5 (cinco) anos anteriores à data da alienação.

§ 2º Também será considerada contribuinte do regime regular do IBS e da CBS no próprio ano calendário, a pessoa física de que trata o *caput* do § 1º deste artigo, em relação às seguintes operações:

I – a alienação ou cessão de direitos de imóveis que exceda os limites previsto nos incisos II e III do § 1º deste artigo; e

II – a locação, cessão onerosa ou arrendamento de bem imóvel em valor que exceda em 20% (vinte por cento) o limite previsto na alínea "a" do inciso I do § 1º deste artigo.

§ 3º Para fins do disposto no inciso II do § 1º deste artigo os imóveis relativos às operações devem estar no patrimônio do contribuinte há menos de 5 (cinco) anos contados da data de sua aquisição.

§ 4º No caso de bem imóvel recebido por meação, doação ou herança, o prazo de que trata o § 3º deste artigo será contado desde a aquisição pelo cônjuge meeiro, *de cujus* ou pelo doador.

TÍTULO V – DOS REGIMES ESPECÍFICOS DO IBS E DA CBS — Art. 252

> § 5º O valor previsto na alínea "a" do inciso I do § 1º será atualizado mensalmente a partir da data de publicação desta Lei Complementar pelo IPCA ou por outro índice que vier a substituí-lo.
>
> § 6º O regulamento definirá o que são bens imóveis distintos, para fins no disposto nos incisos I e II do § 1º do *caput*.
>
> § 7º Aplica-se, no que couber, as disposições do Título I deste Livro quanto às demais regras não previstas neste Capítulo.

 COMENTÁRIOS

As operações com imóveis, incluindo aquelas que ensejam a mudança de titularidade destes, somente serão tributáveis pelo IBS e pela CBS quando realizadas por contribuintes sujeitos ao regime regular do IBS e da CBS, ou que tenham a prática de operações com imóveis como atividade empresarial, realizando-as com habitualidade. Daí os requisitos exigidos por este artigo para que pessoas físicas, quando realizarem operações com imóveis, sejam tributadas pelo IVA-Dual. O dentista, ou o médico, que uma vez na vida vende um terreno para um amigo não terá por isso de recolher IBS e CBS, do mesmo modo que se vender seu relógio usado para o vizinho tais tributos também não incidirão. Nas transferências de imóveis não submetidas ao IVA-Dual, contudo, segue incidindo o ITBI, que, nos casos em que incida também IBS e CBS, implicará exemplo de bitributação possível porque expressamente autorizada pelo texto constitucional.

> **Art. 252.** O IBS e a CBS incidem, nos termos deste Capítulo, sobre as seguintes operações com bens imóveis:
>
> I – alienação, inclusive decorrente de incorporação imobiliária e de parcelamento de solo;
>
> II – cessão e ato translativo ou constitutivo onerosos de direitos reais;
>
> III – locação, cessão onerosa e arrendamento;
>
> IV – serviços de administração e intermediação; e
>
> V – serviços de construção civil.
>
> § 1º Sujeitam-se à tributação pelo IBS e pela CBS pelas mesmas regras da locação, cessão onerosa e arrendamento de bens imóveis:
>
> I – a servidão, a cessão de uso ou de espaço;
>
> II – a permissão de uso, o direito de passagem; e
>
> III – ~~demais casos em que se permita a utilização de espaço físico, quando forem realizados a título oneroso.~~ (VETADO)
>
> § 2º O IBS e a CBS não incidem nas seguintes hipóteses:
>
> I – nas operações de permuta de bens imóveis, exceto sobre a torna, que será tributada nos termos deste Capítulo;
>
> II – na constituição ou transmissão de direitos reais de garantia; e
>
> III – nas operações previstas neste artigo, quando realizadas por organizações gestoras de fundo patrimonial, constituídas nos termos da Lei nº 13.800, de 4 de janeiro de 2019, para fins de investimento do fundo patrimonial.
>
> § 3º Na hipótese de que trata o inciso I do § 2º deste artigo, o valor permutado não será considerado no valor da operação para o cálculo do redutor de ajuste de que trata o art. 258 desta Lei Complementar.

§ 4º Para fins do disposto neste Capítulo, as operações com bens imóveis de que trata o inciso III do § 2º deste artigo, não são consideradas operações de contribuinte sujeito ao regime regular do IBS e da CBS.

§ 5º Nas permutas de imóveis realizadas entre contribuintes do regime regular do IBS e da CBS:

I – fica mantido o valor do redutor de ajuste do imóvel dado em permuta, que poderá ser utilizado em operações futuras com o imóvel recebido em permuta; e

II – no caso de permuta para entrega de unidades a construir, o redutor de ajuste será aplicado proporcionalmente à operação de cada permutante, tomando-se por base a fração ideal das unidades permutadas.

§ 6º O disposto no inciso I do § 2º e § 5º deste artigo também se aplica às operações quitadas de compra e venda de imóvel seguidas de confissão de dívida e promessa de dação, em pagamento, de unidade imobiliária construída ou a construir, desde que a alienação do imóvel e o compromisso de dação em pagamento sejam levados a efeito na mesma data, mediante instrumento público.

§ 7º Aplica-se o disposto no § 4º do art. 57 desta Lei Complementar às operações de alienação, locação, cessão onerosa e arrendamento de bem imóvel de propriedade de pessoa física sujeita ao regime regular do IBS e da CBS que não estejam relacionadas ao desenvolvimento de sua atividade econômica.

§ 8º O disposto no § 6º deste artigo não se aplica caso a quantidade e o valor das operações com os imóveis nele referidos caracterizem atividade econômica do contribuinte, nos termos dos §§ 1º e 2º do art. 251.

§ 9º Na alienação de imóveis que tenham sido objeto de garantia constituída em favor de credor sujeito ao regime específico deste Capítulo, cuja propriedade tenha sido por ele consolidada ou a ele transmitida em pagamento ou amortização da dívida, deverá ser observado o disposto no art. 200 desta Lei Complementar.

COMENTÁRIOS

O IBS e a CBS incidem sobre operações com imóveis em geral, seja as de compra e venda, seja as relacionadas à construção deles, ao aluguel, à incorporação imobiliária etc. Algumas são atualmente alcançadas pelo ISS, que será neste ponto sucedido pelo IVA-Dual. Outras são tributadas pelo ITBI, e continuarão a sê-lo, com o acréscimo do ônus da CBS e do IBS. Em qualquer caso, porém, a incidência do IBS e da CBS somente ocorrerá se se tratar de operação realizada por contribuinte do IBS e da CBS, conforme explicado nos comentários ao artigo anterior.

Uma pessoa, física ou jurídica, que tenha por atividade a construção, o aluguel, ou a venda de imóveis, por exemplo, exercendo-a com habitualidade e intuito de lucro, será contribuinte do IBS e da CBS, que incidirão sobre tais bens e serviços. Mas uma pessoa que venda, de modo esporádico, um imóvel, ou o alugue, não, mais uma vez a demonstrar o equívoco da definição infinita constante do art. 3º desta lei, desmentida pelos demais dispositivos do mesmo diploma.

Incide IVA-Dual na alienação de imóveis, mesmo quando decorrente de incorporação imobiliária e parcelamento de solo. Assim, por exemplo, se uma construtora vende um apartamento em um prédio recém-construído, essa operação, que é resultado de uma incorporação imobiliária, está sujeita à incidência do IBS e da CBS.

Se um proprietário de terreno transfere, mediante pagamento, o direito de usufruto desse terreno a outra pessoa, tem-se cessão onerosa de um direito real sobre o imóvel tributada pelo IBS e pela CBS.

Do mesmo modo, caso uma empresa alugue um galpão para fins comerciais, o valor pago pelo aluguel do galpão é sujeito ao IBS e à CBS. Se esse aluguel, ou as operações mencionadas anteriormente (*v.g.*, de alienação), contar com intermediação de uma imobiliária, que para tanto cobrar uma comissão sobre esse serviço, e a comissão que o remunera, incide IBS e CBS. Finalmente, se uma construtora for contratada para edificar uma casa em um terreno, o valor pago pelo serviço de construção da casa está sujeito ao IBS e à CBS, com as deduções que serão comentadas mais adiante.

Se houver permuta de imóveis, não há incidência do IBS ou da CBS, a menos que haja diferença de valor entre eles, a qual seja compensada com dinheiro (torna), a qual será fato gerador do IVA-Dual, sendo o valor da "torna" a respectiva base de cálculo. Se o contribuinte A troca um apartamento de R$ 1.000.000,00 com o contribuinte B por um outro apartamento de R$ 1.200.000,00, e complementa o valor do apartamento permutado com a transferência de R$ 200.000,00 em dinheiro, o IBS e a CBS incidirão sobre esses R$ 200.000,00 referentes à diferença.

Também não incide o IBS ou a CBS nas operações com imóveis realizadas por fundos nos termos da Lei 13.800, de 4 de janeiro de 2019, para fins de investimento. Referida lei cuida da constituição de fundos patrimoniais com o objetivo de arrecadar, gerir e destinar doações de pessoas físicas e jurídicas privadas para programas, projetos e demais finalidades de interesse público. Assim, quando as operações com imóveis sejam realizadas por tais fundos, na consecução dos mencionados fins, não há incidência do IVA-Dual.

> **Art. 253.** A locação, cessão onerosa ou arrendamento de bem imóvel residencial por contribuinte sujeito ao regime regular do IBS e da CBS, com período não superior a 90 (noventa) dias ininterruptos, serão tributados de acordo com as mesmas regras aplicáveis aos serviços de hotelaria, previstas na Seção II do Capítulo VII do Título V deste Livro.

COMENTÁRIOS

A Seção II do Capítulo VII do Título V deste Livro cuida dos serviços de hotelaria, e inclui, entre estes, o aluguel de imóveis residenciais, ou partes destes, nos termos do art. 278, *infra*, o que abrange aquele feito por intermédio de plataformas (*v.g.*, *Airbnb*, *Booking* etc.).

Dispõe este art. 253 que o aluguel de imóveis, considerado "serviço" para os efeitos desta lei, e de incidência do IBS e da CBS, submeter-se-á ao regime próprio deste capítulo, se se der por prazo superior a noventa dias. Em prazo inferior a este, considera-se serviço de hospedagem, submetido às regras próprias do art. 278.

Tem-se uma zona intermediária entre duas realidades diferentes, aluguel e hospedagem, as quais se submetem a regimes jurídicos diferentes. O critério delimitador escolhido pela lei, bastante razoável, foi o lapso de noventa dias.

Seção II
Do Momento da Ocorrência do Fato Gerador

> **Art. 254.** Considera-se ocorrido o fato gerador do IBS e da CBS:
> I – na alienação de bem imóvel, no momento do ato de alienação;
> II – na cessão ou no ato oneroso translativo ou constitutivo de direitos reais sobre bens imóveis, no momento da celebração do ato, inclusive de quaisquer ajustes posteriores, exceto os de garantia;

> III – na locação, cessão onerosa ou arrendamento de bem imóvel, no momento do pagamento;
>
> IV – no serviço de administração e intermediação de bem imóvel, no momento do pagamento; e
>
> V – no serviço de construção civil, no momento do fornecimento.
>
> § 1º Para fins do disposto no inciso I do *caput* deste artigo, considera-se alienação a adjudicação, a celebração, inclusive de quaisquer ajustes posteriores, do contrato de alienação, ainda que mediante instrumento de promessa, carta de reserva com princípio de pagamento ou qualquer outro documento representativo de compromisso, ou quando implementada a condição suspensiva a que estiver sujeita a alienação.
>
> § 2º Nas hipóteses de que tratam os incisos III e IV do *caput* deste artigo, o IBS e a CBS incidentes na operação serão devidos em cada pagamento.

 COMENTÁRIOS

Cuidando do aspecto temporal da hipótese de incidência do IBS e da CBS, ou de quando se considera ocorrido o seu fato gerador, o artigo define-o, no que tange à alienação de imóveis, como sendo o momento do ato de alienação *ou na celebração do contrato de alienação*, incluindo ajustes posteriores. Isso inclui a promessa de venda, cartas de reserva com pagamento inicial ou qualquer documento de compromisso. A finalidade é evitar que se postergue a tributação até o momento da escritura definitiva, sendo importante destacar, todavia, que, se o fato gerador é transmissão, ou a alienação, ou a realização de uma operação com bens, *prometer* que se vai realizar essa alienação não realiza esse fato gerador. É preciso separar aquelas situações nas quais há uma transmissão de fato, com o pagamento do preço inclusive, e apenas se postergue a formalização disso junto ao registro de imóveis, daquela outra na qual se faz, de fato, realmente um contrato de promessa, sem transmissão alguma ou alteração na posse ou de qualquer outro aspecto factual, sendo inválido, neste último caso, que o tributo incida apenas sobre a manifestação de uma intenção.

O STJ, a propósito, possui jurisprudência firme no sentido de que o ITBI não incide sobre a mera promessa, a qual se funda em premissas que seguem aplicáveis ao IVA-Dual: "O imposto sobre transmissão de bens imóveis e de direitos a eles relativos tem como fato gerador a transmissão da propriedade ou do domínio útil de bens imóveis e não a simples celebração de contrato de promessa de compra e venda, ainda que irretratável ou irrevogável"[5].

---

[5] STJ, REsp 1.066/RJ, rel. Min. Garcia Vieira, 1ª Turma, j. 02.03.1994, v.u., *DJ* 28.03.1994, p. 6291. No mesmo sentido: "O fato gerador do imposto de transmissão de bens imóveis ocorre com a transferência efetiva da propriedade ou do domínio útil, na conformidade da Lei Civil, com o registro no cartório imobiliário. [...] A cobrança do ITBI sem obediência dessa formalidade ofende o ordenamento jurídico em vigor" (STJ, RMS 10.650/DF, rel. Min. Peçanha Martins, 2ª Turma, j. 16.06.2000, v.u., *DJ* 04.09.2000, p. 135). Conferir ainda: "A propriedade imobiliária apenas se transfere com o registro do respectivo título (C. Civil, art. 530). O registro imobiliário é o fato gerador do Imposto de Transmissão de Bens Imóveis. Assim, a pretensão de cobrar o ITBI antes do registro imobiliário contraria o ordenamento jurídico (REsp 12.546/Humberto)" (STJ, REsp 253.364/DF, rel. Min. Humberto Gomes de Barros, 1ª Turma, j. 13.02.2001, v.u., *DJ* 16.04.2001, p. 104).

Seção III
Da Base de Cálculo

Subseção I
Disposições Gerais

Art. 255. A base de cálculo do IBS e da CBS é o valor:

I – da operação de alienação do bem imóvel;

II – da locação, cessão onerosa ou arrendamento do bem imóvel;

III – da cessão ou do ato oneroso translativo ou constitutivo de direitos reais sobre bens imóveis;

IV – da operação de administração ou intermediação;

V – da operação nos serviços de construção civil.

§ 1º O valor da operação de que trata o *caput* deste artigo inclui:

I – o valor dos juros e das variações monetárias, em função da taxa de câmbio ou de índice ou coeficiente aplicáveis por disposição legal ou contratual;

II – a atualização monetária, nas vendas contratadas com cláusula de atualização monetária do saldo credor do preço, que venham a integrar os valores efetivamente recebidos pela alienação de bem imóvel;

III – os valores a que se referem os incisos I a III e VI do § 1º do art. 12 desta Lei Complementar.

§ 2º Não serão computados no valor da locação, cessão onerosa ou arrendamento de bem imóvel:

I – o valor dos tributos e dos emolumentos incidentes sobre o bem imóvel; e

II – as despesas de condomínio.

§ 3º Nos serviços de intermediação de bem imóvel, caso o ato ou negócio relativo a bem imóvel se conclua com a intermediação de mais de um corretor, pessoa física ou jurídica, será considerada como base de cálculo para incidência do IBS e da CBS a parte da remuneração ajustada com cada corretor pela intermediação, excluídos:

I – os valores pagos diretamente pelos contratantes da intermediação; e

II – os repassados entre os corretores de imóveis.

§ 4º Na hipótese de que trata o § 3º deste artigo, cada corretor é responsável pelo IBS e pela CBS incidente sobre a respectiva parte da remuneração.

§ 5º No caso de prestação de serviço de construção civil a não contribuinte do regime regular do IBS e da CBS em que haja fornecimento de materiais de construção, o prestador do serviço só poderá apropriar o crédito de IBS e CBS relativo à aquisição dos materiais de construção até o valor do débito relativo à prestação do serviço de construção civil.

§ 6º O disposto no § 5º deste artigo não se aplica na prestação de serviço de construção civil para a administração pública direta, autarquias e fundações públicas.

 COMENTÁRIOS

O legislador não tem plena liberdade para definir a base de cálculo, pela simples razão de não ter também plena liberdade para definir os fatos geradores do tributo, sendo certo que a primeira consiste nestes segundos transformados em moeda. Se o fato gerador é a operação de alienação de um imóvel, a base de cálculo não pode ser outra senão o valor dessa operação. O mesmo vale para a incidência sobre o aluguel, que há de colher como base o valor pago pelos aluguéis, e assim por diante.

Quando um imóvel é alugado, ou vendido, não raro incidem outros tributos, bem como se cobram quantias a título de despesas condominiais. Pode ocorrer de, na venda de um imóvel, além de incidir o ITBI, o adquirente cobrar do vendedor, anterior proprietário, quantias a título de IPTU que estejam pendentes, e que ele terá de pagar futuramente, na condição de responsável (CTN, art. 130, I), ou que já tenha recolhido até como condição para a transferência do imóvel, ou mesmo de condomínio que estejam atrasadas. Neste caso, sobre tais penduricalhos não incidirão IBS e CBS.

> **Art. 256.** As administrações tributárias poderão apurar o valor de referência do imóvel, na forma do regulamento, por meio de metodologia específica para estimar o valor de mercado dos bens imóveis, que levará em consideração:
>
> I – análise de preços praticados no mercado imobiliário;
>
> II – informações enviadas pelas administrações tributárias dos Municípios, do Distrito Federal, dos Estados e da União;
>
> III – informações prestadas pelos serviços registrais e notariais; e
>
> IV – localização, tipologia, destinação e data, padrão e área de construção, entre outras características do bem imóvel.
>
> § 1º O valor de referência poderá ser utilizado como meio de prova nos casos de arbitramento do valor da operação nos termos do art. 13, em conjunto com as demais características da operação.
>
> § 2º O valor de referência dos bens imóveis deverá ser:
>
> I – divulgado e disponibilizado no Sistema Nacional de Gestão de Informações Territoriais (Sinter);
>
> II – estimado para todos os bens imóveis que integram o CIB a que se refere o inciso III do § 1º do art. 59 desta Lei Complementar; e
>
> III – atualizado anualmente.
>
> § 3º O valor de referência poderá ser impugnado por meio de procedimento específico, nos termos do regulamento.
>
> § 4º Para fins de determinação do valor de referência, os serviços registrais e notariais deverão compartilhar as informações das operações com bens imóveis com as administrações tributárias por meio do Sinter.

COMENTÁRIOS

Deixando claro que arbitramento não é o mesmo que arbitrariedade, embora a raiz da palavra seja a mesma, este artigo estabelece critérios objetivos a serem seguidos pela Administração Tributária para determinar o valor dos imóveis, a ser usado em caso de arbitramento..

Imagine-se um imóvel em região altamente valorizada, com construção nova e luxuosa, cujo valor declarado pelas partes do negócio de alienação é irrisório ou considerado pela autoridade administrativa como muito abaixo dos valores de mercado. É, por outras palavras, o que consta do art. 148 do CTN, que cuida do *arbitramento*, aplicável a qualquer tributo, mas neste caso específico disciplinado no que tange ao IBS e à CBS incidentes sobre imóveis.

Sobre o arbitramento, destaque-se que o valor por meio dele encontrado será empregado em face da presunção de que o valor informado pelo sujeito passivo é falso, por ser muito inferior ao mercado, mas a quantia arbitrada apenas inverte o ônus da prova, criando presunção relativa. Ao contribuinte, assistirá o direito de questionar a quantia arbitrada, se

TÍTULO V – DOS REGIMES ESPECÍFICOS DO IBS E DA CBS Art. 257

for o caso judicialmente, seja para fazer prevalecer o valor por ele inicialmente informado, seja para que se adote outro que, conquanto diverso do que informara, é ainda assim inferior àquele indicado pela autoridade.

Destaca ainda o artigo o fato de que o arbitramento apenas inverte o ônus da prova, impondo ao sujeito passivo a demonstração de que o valor inicialmente declarado era o correto, ou que, conquanto incorreto e passível de arbitramento, a quantia encontrada pela Administração é de qualquer modo superior à correta.

Subseção II
Do Redutor de Ajuste

Art. 257. A partir de 1º de janeiro de 2027, será vinculado a cada imóvel de propriedade de contribuinte sujeito ao regime regular do IBS e da CBS valor correspondente ao respectivo redutor de ajuste, nos termos do regulamento.

§ 1º O redutor de ajuste de que trata este artigo será utilizado exclusivamente para reduzir a base de cálculo das operações de alienação do bem imóvel realizadas por contribuinte do regime regular do IBS e da CBS.

§ 2º O valor do redutor de ajuste é composto:

I – por seu valor inicial, nos termos do *caput* do art. 258; e

II – pelos valores dispostos no § 6º do art. 258.

§ 3º Os valores de que tratam os incisos I e II do § 2º deste artigo serão corrigidos pelo IPCA ou por outro índice que vier a substituí-lo da data de sua constituição até a data em que são devidos o IBS e a CBS incidentes na alienação do bem imóvel.

§ 4º Na alienação do bem imóvel, o redutor de ajuste:

I – será mantido com o mesmo valor e o mesmo critério de correção, no caso de o imóvel ser adquirido por contribuinte sujeito ao regime regular do IBS e da CBS;

II – será extinto nos demais casos.

§ 5º Na fusão, remembramento ou unificação de bens imóveis, o valor do redutor de ajuste do imóvel resultante da fusão, remembramento ou unificação corresponderá à soma do valor do redutor de ajuste dos imóveis fundidos ou unificados.

§ 6º Na divisão de bens imóveis, inclusive mediante subdivisão, desmembramento e parcelamento, o valor do redutor de ajuste dos imóveis resultantes da divisão deverá ser igual ao valor do redutor de ajuste do imóvel dividido, observados os seguintes critérios:

I – o valor do redutor de ajuste será alocado a cada imóvel resultante da divisão na proporção de seu valor de mercado; ou

II – caso não seja possível a identificação do valor de mercado de cada imóvel resultante da divisão, ou em outras hipóteses previstas em regulamento, o valor do redutor de ajuste será alocado a cada imóvel resultante da divisão na proporção de sua área.

§ 7º Na atividade de loteamento realizada por meio de contrato de parceria, o redutor de ajuste será aplicado proporcionalmente à operação de cada parceiro, tomando-se por base os percentuais definidos no contrato de parceria.

§ 8º A ausência de regulamentação da forma de utilização do redutor de ajuste de que trata este artigo não impede sua utilização nos termos desta Lei Complementar.

 COMENTÁRIOS

Esta subseção cuida da incidência do IBS e da CBS sobre operações de alienação de imóveis, definindo, em suma, a aplicação de um "redutor de ajuste" na base de cálculo, de

modo que ela corresponda, de forma aproximada, ao ganho experimentado na alienação, e não ao ingresso bruto obtido. Tal como na parte dedicada a serviços financeiros, aproxima-se a base do IVA-Dual da base dos tributos incidentes sobre a renda.

Como se verifica do art. 258, o "redutor de ajuste" consiste no preço de aquisição do imóvel, de modo que a base de IBS e CBS assemelha-se à do imposto de renda incidente sobre o ganho de capital. Recorde-se, a propósito, que a operação de alienação de imóveis também se submete ao Imposto de Transmissão Municipal (ITBI), sendo que este, conquanto alcance todo o valor da alienação, tem alíquotas incomparavelmente mais baixas que as projetadas para o IVA-Dual.

Considerando que o redutor de ajuste pode ser diferente conforme a situação do contribuinte, o § 7º esclarece que quando a atividade de loteamento for realizada por meio de contrato de parceria, o redutor de ajuste será aplicado proporcionalmente à operação de cada parceiro, tomando-se por base os percentuais definidos no contrato de parceria.

O artigo se reporta à alienação feita por contribuinte do IBS e da CBS, deixando claro que a alienação eventual realizada por não contribuinte do IVA-Dual não se submete a ele, apesar do âmbito exagerado, que beira o infinito, de incidência "delimitado" pelo art. 3º desta lei, cuja abrangência, vê-se do contraste com seus outros artigos, não pode ser tão grande quanto sua redação sugere.

Art. 258. O valor inicial do redutor de ajuste corresponde:

I – no caso de bens imóveis de propriedade do contribuinte em 31 de dezembro de 2026:

a) ao valor de aquisição do imóvel atualizado nos termos do § 4º deste artigo; ou

b) por opção do contribuinte, ao valor de referência de que trata o art. 256 desta Lei Complementar;

II – no caso de bens imóveis em construção em 31 de dezembro de 2026, à soma:

a) do valor de aquisição do terreno, constante dos instrumentos mencionados na forma do § 1º do art. 254, atualizado nos termos do § 4º deste artigo; e

b) do valor dos bens e serviços que possam ser contabilizados como custo de produção do bem imóvel ou como despesa direta relacionada à produção ou comercialização do bem imóvel adquiridos anteriormente a 1º de janeiro de 2027, comprovado com base em documentos fiscais idôneos, atualizado nos termos do § 4º deste artigo;

III – no caso de bens imóveis adquiridos a partir de 1º de janeiro de 2027, ao valor de aquisição do bem imóvel.

§ 1º A data de constituição do redutor de ajuste é:

I – no caso dos incisos I e II do *caput* deste artigo, 31 de dezembro de 2026;

II – no caso do inciso III do *caput* deste artigo, a data da operação.

§ 2º Caso o valor de referência do imóvel não esteja disponível em 31 de dezembro de 2026, o contribuinte que não optar pela fixação do redutor de ajuste na forma do inciso I do *caput* deste artigo, poderá calculá-lo com base em estimativa de valor de mercado do bem imóvel realizada por meio de procedimento específico, nos termos do regulamento.

§ 3º Caso o valor de aquisição de que tratam os incisos I, alínea "a", II, alínea "a", e III do *caput* deste artigo seja baseado em declarações ou documentos que não estejam condizentes com o valor de mercado ou que não mereçam fé, poderá a autoridade fiscal instaurar processo administrativo, observado o contraditório e a ampla defesa, para determinar o efetivo valor de aquisição, nos termos do regulamento.

TÍTULO V – DOS REGIMES ESPECÍFICOS DO IBS E DA CBS   Art. 258

§ 4º Os valores a que se referem os incisos I, alínea "a", e II, alíneas "a" e "b", do *caput* deste artigo serão atualizados até 31 de dezembro de 2026 pelo IPCA ou por outro índice que vier a substituí-lo.

§ 5º Na hipótese do inciso III do *caput*, o valor do redutor de ajuste fica limitado ao valor de aquisição do bem imóvel pelo alienante, corrigido pelo IPCA ou por outro índice que vier a substituí-lo, caso:

I – a alienação ocorra em prazo inferior a 3 (três) anos, contados da data de aquisição do imóvel;

II – o imóvel tenha sido adquirido de contribuinte do regime regular do IBS e da CBS; e

III – não seja comprovado o recolhimento, pelo alienante:

a) do Imposto de Renda sobre ganho de capital em relação à operação; e

b) do Imposto sobre Transmissão de Bens Imóveis, em relação à aquisição pelo alienante.

§ 6º Integram o redutor de ajuste relativo ao bem imóvel, na data do efetivo pagamento:

I – o valor do Imposto sobre a Transmissão de Bens Imóveis (ITBI) e do laudêmio incidentes na aquisição do imóvel ao qual se refere o redutor de ajuste; e

II – as contrapartidas de ordem urbanística e ambientais pagas ou entregues aos entes públicos em decorrência de legislação federal, estadual ou municipal, inclusive, mas não limitadas, aos valores despendidos a título de outorga onerosa do

direito de construir, de outorga onerosa por alteração de uso, e de quaisquer outras contrapartidas devidas a órgãos públicos para a execução do empreendimento imobiliário, desde que não tenham sido incluídas no valor inicial do redutor de ajuste de que trata o *caput*.

§ 7º Incluem-se no conceito de contrapartidas municipais:

I – o valor correspondente ao percentual destinado a doação de áreas públicas nos termos do art. 22 da Lei nº 6.766, de 19 de dezembro de 1979, constante do registro do loteamento e de sua matrícula imobiliária, aplicado sobre o valor das operações, desde que o respectivo valor já não tenha sido considerado no redutor de ajuste; e

II – as contrapartidas estabelecidas no ato de aprovação do empreendimento registradas no cartório de registro de imóveis, nos termos do inciso V do *caput* do art. 18 da Lei nº 6.766, de 19 de dezembro de 1979.

§ 8º Fica vedada a apropriação de créditos em relação ao IBS e à CBS incidentes sobre os bens e serviços adquiridos para a realização das contrapartidas a que se refere o inciso II do § 6º deste artigo que integrem o redutor de ajuste, nos termos do referido parágrafo.

§ 9º A data de constituição dos valores incluídos ao redutor de ajuste nos termos do § 6º deste artigo é a data do pagamento dos tributos e das contrapartidas ou da transferência ao poder público dos bens cedidos em contrapartida.

 COMENTÁRIOS

O dispositivo em comento cuida do fator de redução, e da maneira como ele deve ser determinado e calculado, para abatimento sobre o valor da alienação do imóvel. Almeja-se, com isso, que IBS e CBS alcancem o ganho experimentado com a venda do imóvel.

Seguindo ideia subjacente ao Direito Tributário em geral, e devidamente explicitada no art. 148 do CTN, o § 3º estabelece que, na hipótese de o valor da operação não se mostrar condizente com o valor de mercado ou estiver baseado em declarações ou documentos que não mereçam fé, poderá a autoridade fiscal, mediante processo regular, observado o contraditório e a ampla defesa, iniciar procedimento administrativo para determinar o efetivo valor da operação, nos termos do regulamento. Ressalte-se que o valor a ser considerado é o da operação, ainda que baixo. O arbitramento pode ser usado como *ultima ratio* quando o valor da operação não for conhecido ou for considerado falso, mas, em qualquer caso, assistirá ao contribuinte o direito de provar o contrário, e indicar o valor efetivo da operação, o qual, neste caso, deverá ser considerado. Não é lícito ao Fisco estabelecer "pautas fiscais" com valores absolutos, desconsiderando o valor declarado sempre que ele for inferior ao da tal "pauta".

A razão de ser da vedação contida no § 8º é a mesma subjacente à vedação análoga prescrita para alguns agentes do mercado financeiro, para agências de turismo, e outros prestadores de serviço de corretagem ou agenciamento. Quando a operação anterior é inteiramente deduzida, sendo excluída da receita a ser tributada, não é possível abater do IBS e da CBS (devidos apenas sobre o saldo), o IBS e a CBS que incidiram sobre a parcela deduzida ou excluída, pela simples razão de que, com a exclusão da parcela referente à despesa gerada pela operação anterior, exclui-se junto o tributo que sobre ela incidiu.

Subseção III
Do Redutor Social

> **Art. 259.** Na alienação de bem imóvel residencial novo ou de lote residencial realizada por contribuinte sujeito ao regime regular do IBS e da CBS, poderá ser deduzido da base de cálculo do IBS e da CBS redutor social no valor de R$ 100.000,00 (cem mil reais) por bem imóvel residencial novo e de R$ 30.000,00 (trinta mil reais) por lote residencial, até o limite do valor da base de cálculo, após a dedução do redutor de ajuste.
> § 1º Considera-se:
> I – bem imóvel residencial a unidade construída em zona urbana ou rural para fins residenciais, segundo as normas disciplinadoras das edificações da localidade em que se situe e seja ocupada por pessoa como local de residência;
> II – lote residencial a unidade imobiliária resultante de parcelamento do solo urbano nos termos da Lei nº 6.766, de 19 de dezembro de 1979, ou objeto de condomínio de lotes, nos termos do art. 1.358-A da Lei nº 10.406, de 10 de janeiro de 2002 (Código Civil); e
> III – bem imóvel novo aquele que não tenha sido ocupado ou utilizado, nos termos do regulamento.
> § 2º Para cada bem imóvel, o redutor social de que trata este artigo poderá ser utilizado uma única vez.
> § 3º O valor do redutor social previsto no *caput* deste artigo será atualizado mensalmente a partir da publicação desta Lei Complementar pelo IPCA ou por outro índice que vier a substituí-lo.
> § 4º Quando a atividade de loteamento for realizada por meio de contrato de parceria, o redutor social será aplicado proporcionalmente à operação de cada parceiro, tomando-se por base os percentuais definidos no contrato de parceria.

 COMENTÁRIOS

O redutor social, previsto neste artigo, não se confunde com o redutor de ajuste, somando-se a ele para reduzir a base de cálculo do IBS e da CBS, até o montante desta. Ou seja, dependendo do valor do imóvel, reduz-se ou mesmo se zera o valor do IVA-Dual devido. A ideia é não fazer com que o tributo onere excessivamente a aquisição de imóveis residenciais, principalmente os de menor valor.

TÍTULO V – DOS REGIMES ESPECÍFICOS DO IBS E DA CBS | Art. 261

Reitere-se que o redutor de R$ 100.000,00 da base de cálculo do IBS e CBS, no caso de alienação de imóvel residencial, e o de R$ 30.000,00, no caso de lote residencial (terreno não construído), são aplicáveis após a dedução do redutor de ajuste mencionado anteriormente (nos arts. 257 e 258). Ou seja, primeiro aplica-se o redutor de ajuste, e depois, se ainda houver base de cálculo a ser tributada, aplica-se o redutor social. Com isso, quanto menor o valor do imóvel, menor será, proporcionalmente, a tributação pelo IVA-Dual, que, de algum modo, será *progressivo* com o uso da técnica prevista neste artigo.

> **Art. 260.** Na operação de locação, cessão onerosa ou arrendamento de bem imóvel para uso residencial realizada por contribuinte sujeito ao regime regular do IBS e da CBS, poderá ser deduzido da base de cálculo do IBS e da CBS redutor social no valor de R$ 600,00 (seiscentos reais) por bem imóvel, até o limite do valor da base de cálculo.
>
> **Parágrafo único.** O valor do redutor social previsto no *caput* deste artigo será atualizado mensalmente, a partir da data de publicação desta Lei Complementar pelo IPCA ou por outro índice que vier a substituí-lo.

 COMENTÁRIOS

Seguindo a mesma lógica do artigo anterior, neste art. 260 se aplica o "redutor social" de R$ 600,00, até o limite da base de cálculo, como fator de redução desta, no caso de aluguel, cessão onerosa ou arrendamento de imóvel residencial.

Ou seja, se o aluguel for de até R$ 600,00, a base de cálculo será reduzida em R$ 600,00, chegando, portanto, a zero. Nenhum IVA será devido. Somente haverá tributação sobre aluguéis que ultrapassem esse valor, em se tratando de imóveis residenciais, e apenas sobre a parcela que ultrapassar o valor. Os efeitos são os mesmos de um tributo progressivo, com a finalidade nobre de não fazer com que o novo tributo, que até então não existia e não onerava aluguéis, pese sobre a população mais pobre, onerando os aluguéis.

Elogiável que se estabeleça a atualização mensal, pelo IPCA, do valor de R$ 600,00 previsto na lei. Evita-se com isso que a inflação, aos poucos e sub-repticiamente, majore o tributo sobretudo sobre os mais pobres, como ocorre com o imposto sobre a renda das pessoas físicas quando se mantêm defasadas as suas faixas de isenção e os valores de suas deduções.

Seção IV
Da Alíquota

> **Art. 261.** As alíquotas do IBS e da CBS relativas às operações de que trata este Capítulo ficam reduzidas em 50% (cinquenta por cento).
>
> **Parágrafo único.** As alíquotas do IBS e da CBS relativas às operações de locação, cessão onerosa e arrendamento de bens imóveis ficam reduzidas em 70% (setenta por cento).

 COMENTÁRIOS

Como regra, as alíquotas de IBS e CBS são fixadas pelos respectivos entes federativos, por lei ordinária. Assim, se a União fixa a alíquota da CBS em 8%, o Estado a do IBS em 12%, e o Município a do IBS que lhe cabe em 5%, a alíquota total, do "IVA-Dual" formado por essas duas bandas, será de 25%.

O que consta desta lei complementar, em muitos pontos, principalmente ao tratar dos chamados regimes especiais ou diferenciados, é a indicação de percentuais de redução, a serem aplicados sobre as alíquotas a serem fixadas pelos entes federativos por lei ordinária.

Assim, exemplificando, e tendo como parâmetro o redutor fixado por este art. 261 para as hipóteses de locação imobiliária, se a União fixa sua alíquota em 8%, o Estado de São Paulo a sua em 12%, e o Município de São Paulo em 5%, e uma pessoa aluga imóvel situado em São Paulo, aplica-se o redutor de 70%, e a alíquota devida será de 2,4% (CBS) + 3,6% (IBS para o Estado) + 1,5% (IBS para o Município) = 7,5%.

No caso das demais operações com imóveis (compra e venda, construção etc.), o fator de redução é de 50%, não de 70%.

Seção V
Da Incorporação Imobiliária e do Parcelamento de Solo

Art. 262. Na incorporação imobiliária e no parcelamento de solo, o IBS e a CBS incidentes na alienação das unidades imobiliárias serão devidos em cada pagamento.

§ 1º Considera-se unidade imobiliária:

I – o terreno adquirido para venda, com ou sem construção;

II – cada lote oriundo de desmembramento de terreno;

III – cada terreno decorrente de loteamento;

IV – cada unidade distinta resultante de incorporação imobiliária; e

V – o prédio construído para venda como unidade isolada ou autônoma.

§ 2º Dos valores de IBS e de CBS devidos em cada período de apuração, o alienante poderá compensar os créditos apropriados relativos ao IBS e à CBS pagos sobre a aquisição de bens e serviços.

§ 3º Eventual saldo credor poderá ser objeto:

I – de pedido de ressarcimento, desde que o ressarcimento seja realizado diretamente em conta-corrente vinculada ao patrimônio de afetação, na forma dos arts. 31-A a 31-E da Lei nº 4.591, de 16 de dezembro de 1964, e dos arts. 18-A a 18-E da Lei nº 6.766, de 19 de dezembro de 1979, até a conclusão, respectivamente, da incorporação ou do parcelamento do solo; ou

II – de pedido de ressarcimento ou compensação com os valores do IBS e da CBS relativos a outras operações tributadas do contribuinte, após a conclusão da incorporação ou do parcelamento do solo.

§ 4º Na alienação de imóveis de que trata este artigo, o redutor de ajuste de que trata o art. 258 e, quando cabível, o redutor social de que trata o art. 259 desta Lei Complementar deverão ser deduzidos da base de cálculo relativa a cada parcela, de forma proporcional ao valor total do bem imóvel.

§ 5º No caso de lotes residenciais e imóveis residenciais novos cujo pagamento tenha sido iniciado antes de 1º de janeiro de 2027, a aplicação dos redutores de que trata o § 4º deste artigo dar-se-á proporcionalmente ao valor total do imóvel, inclusive de parcelas pagas anteriormente à referida data.

 COMENTÁRIOS

A atividade de incorporação ocorre quando alguém, o incorporador, se compromete a construir e entregar unidades autônomas (apartamentos ou salas comerciais, por exemplo) em um determinado terreno. Rege-se pela Lei 4.591/1964, que, a propósito, dispõe:

Art. 29. Considera-se incorporador a pessoa física ou jurídica, comerciante ou não, que embora não efetuando a construção, compromisse ou efetive a venda de frações ideais de terreno objetivando a vinculação de tais frações a unidades autônomas, (*Vetado.*) em edificações a serem construídas ou em construção sob regime condominial, ou que meramente aceite propostas para efetivação de tais transações, coordenando e levando a termo a incorporação e responsabilizando-se, conforme o caso, pela entrega, a certo prazo, preço e determinadas condições, das obras concluídas.

Parágrafo único. Presume-se a vinculação entre a alienação das frações do terreno e o negócio de construção, se, ao ser contratada a venda, ou promessa de venda ou de cessão das frações de terreno, já houver sido aprovado e estiver em vigor, ou pender de aprovação de autoridade administrativa, o respectivo projeto de construção, respondendo o alienante como incorporador.

Art. 30. Estende-se a condição de incorporador aos proprietários e titulares de direitos aquisitivos que contratem a construção de edifícios que se destinem a constituição em condomínio, sempre que iniciarem as alienações antes da conclusão das obras.

No âmbito da tributação pelo ISS, discutiu-se por muito tempo se poderia ser exigido o imposto sobre o valor recebido por incorporadoras, tendo a jurisprudência firmado posição em sentido negativo, a saber, concluindo pela não incidência do tributo:

Incorporação imobiliária. Imóveis construídos sobre terreno próprio e por conta própria do incorporador. ISS. Inexistência de fato gerador. (...)

O incorporador imobiliário, tal como definido no art. 29 da Lei 9.591/1965, não pode, logicamente, figurar como contribuinte do ISSQN relativamente aos serviços de construção da obra incorporada. Com efeito, se a construção é realizada por terceiro, o incorporador não presta serviço algum, já que figura como tomador. Contribuinte, neste caso, é o construtor. E se a construção é realizada pelo próprio incorporador, não há prestação de serviços a terceiros, mas a si próprio[6].

Entendeu-se, em suma, que não havia prestação de serviços, mas promessa de venda de imóvel, com o uso dos recursos adiantados pelo promitente comprador para construir o imóvel respectivo. Ter-se-ia a incidência, tão somente, do ITBI, quando concluída a obra e entregue o imóvel ao comprador.

Veja-se que não importa, para afastar a incidência do ISS sobre as parcelas recebidas pelo incorporador, saber se o terreno é próprio ou não, e se quem constrói é ele ou não. Em qualquer caso, as parcelas recebidas pela incorporação são meros adiantamentos de uma futura venda de imóvel, que o incorporador constrói para si (se o incorporador é também o construtor e o dono do terreno), ou que alguém constrói para o incorporador (se o incorporador é dono do terreno, mas contrata a construção com terceiro). Nesse segundo caso, de o incorporador contratar a construção com um terceiro, incide ISS, mas devido por esse terceiro sobre os valores recebidos do incorporador, não pelo incorporador sobre as parcelas recebidas dos futuros adquirentes do imóvel.

Com o advento do IVA-Dual, que incide sobre tudo, o artigo em comento pretende alcançar as parcelas recebidas pelo incorporador, dos futuros adquirentes do imóvel objeto da incorporação. Como o IVA incide sobre a venda do imóvel (o que não ocorria com o ISS),

---

[6] STJ, REsp 922.956, Proc. 2007/0025179-8-RN, rel. Min. Teori Albino Zavascki, 1ª Turma, *Revista Brasileira de Direito Tributário e Finanças Públicas*, Porto Alegre/São Paulo, nº 21, p. 99-103.

não nos parece que haja invalidade, sobretudo se existe a possibilidade de aproveitamento dos créditos de IBS e CBS incidentes na aquisição de bens e serviços utilizados na incorporação, e se se aplicam, ainda, os redutores de ajuste social, objeto dos artigos anteriormente comentados.

Seção VI
Da Sujeição Passiva

> **Art. 263.** São contribuintes das operações de que trata este Capítulo:
>
> I – o alienante de bem imóvel, na alienação de bem imóvel ou de direito a ele relativo;
>
> II – aquele que cede, institui ou transmite direitos reais sobre bens imóveis, na cessão ou no ato oneroso instituidor ou translativo de direitos reais sobre bens imóveis, exceto os de garantia;
>
> III – o locador, o cedente ou o arrendador, na locação, cessão onerosa ou arrendamento de bem imóvel;
>
> IV – o adquirente, no caso de adjudicação, remição e arrematação em leilão judicial de bem imóvel;
>
> V – o prestador de serviços de construção;
>
> VI – o prestador de serviços de administração e intermediação de bem imóvel.
>
> § 1º No caso do inciso IV do *caput* deste artigo, a operação:
>
> I – será tributada como alienação realizada por contribuinte do regime regular do IBS e da CBS, se houver redutor de ajuste vinculado ao imóvel, aplicando-se o disposto no art. 257, § 1º; ou
>
> II – será tratada como alienação realizada por não contribuinte do regime regular do IBS e da CBS, se não houver redutor de ajuste vinculado ao imóvel.
>
> § 2º No caso de copropriedade de bem imóvel objeto de condomínio *pro indiviso*, poderão os coproprietários, nos termos do regulamento, optar pelo recolhimento unificado do IBS e da CBS em CNPJ único.
>
> § 3º No caso de copropriedade, o IBS e a CBS incidirão proporcionalmente sobre a parte do imóvel relativa ao coproprietário que se enquadrar na condição de contribuinte, nos termos do *caput* e do § 1º do art. 251 desta Lei Complementar.
>
> **Art. 264.** Nas sociedades em conta de participação, o sócio ostensivo fica obrigado a efetuar o recolhimento do IBS e da CBS incidentes sobre as operações com bens imóveis, vedada a exclusão de valores devidos a sócios participantes.

 COMENTÁRIOS

O sujeito passivo, situado no polo passivo da obrigação tributária, obrigado ao seu adimplemento, diz-se contribuinte quando tem relação pessoal e direta com a situação que configura o seu fato gerador. Ou, em termos mais simples: o contribuinte é aquele que pratica o fato gerador. Em sendo a situação que configura o fato gerador um verbo, o contribuinte é o sujeito da oração em cujo predicado se acha o verbo.

Se o fato gerador é a alienação de imóvel, o contribuinte é o alienante. Se é a locação, contribuinte é o locador. E assim por diante. É o que didaticamente dispõe o art. 263.

O art. 264 cuida das sociedades em conta de participação, dispondo, didaticamente, que em relação a elas o obrigado ao recolhimento do tributo é o sócio ostensivo. A disposição é desnecessária, pois em tais sociedades o sócio ostensivo já é quem "aparece" perante terceiros

TÍTULO V – DOS REGIMES ESPECÍFICOS DO IBS E DA CBS | Art. 266

e assume os direitos e obrigações inerentes à sociedade, chamando-se os demais sócios de "ocultos". Por fim, veda-se a exclusão de valores devidos aos sócios participantes no cálculo do IVA-Dual. Isso garante que o valor do tributo não seja reduzido em razão da participação de outros sócios, evitando que o recolhimento do IBS e da CBS seja "diluído" com base na divisão entre sócios ostensivos e participantes. Trata-se de uma consequência necessária e óbvia do fato de que o sócio ostensivo responde pelo IBS e pela CBS de toda a sociedade. Só faria sentido deduzir os valores referentes aos demais sócios se estes fossem obrigados a pagá-los, o que o artigo expressamente afirma não ser o caso.

Seção VII
Disposições Finais

> **Art. 265.** Os bens imóveis urbanos e rurais de que trata esta Seção deverão ser inscritos no CIB, integrante do Sinter, de que trata o inciso III do § 1º do art. 59 desta Lei Complementar.
>
> § 1º O CIB é o inventário dos bens imóveis urbanos e rurais constituído com dados enviados pelos cadastros de origem, que deverão atender aos critérios de atribuição do código de inscrição no CIB.
>
> § 2º O CIB deverá constar obrigatoriamente de todos os documentos relativos à obra de construção civil expedidos pelo Município.

 COMENTÁRIOS

O art. 59 desta lei trata do "cadastro com identificação única", no qual todas as pessoas físicas e jurídicas, bem como as entidades em personalidade jurídica, sujeitas ao IBS e à CBS, se devem registrar. Esse cadastro envolve ou engloba outros, como o Cadastro de Pessoas Físicas (CPF) e o Cadastro Nacional de Pessoas Jurídicas (CNPJ), bem como o Cadastro Imobiliário Brasileiro (CIB), no qual este artigo determina que todos os bens imóveis submetidos ao IBS e à CBS, que são os de que trata esta seção, devem ser inscritos.

Reitere-se, aqui, o que se ponderou nos comentários ao art. 59, *supra*, quanto ao uso de tais cadastros como instrumento de sanção política, transformados que são, pelas Fazendas, muitas vezes, em verdadeiras "autorizações" para o exercício de atividades econômicas lícitas cujo desempenho independe, constitucionalmente, de autorização do Poder Público (CF/1988, art. 170, parágrafo único).

> **Art. 266.** Ficam estabelecidos os seguintes prazos de inscrição de todos os bens imóveis no CIB:
>
> I – 12 (doze) meses para que:
>
> a) os órgãos da administração federal direta e indireta realizem a adequação dos sistemas para adoção do CIB como código de identificação cadastral dos bens imóveis urbanos e rurais;
>
> b) os serviços notariais e registrais realizem a adequação dos sistemas para adoção do CIB como código de identificação cadastral dos bens imóveis;
>
> c) as capitais dos Estados e o Distrito Federal incluam o código CIB em seus sistemas;
>
> II – 24 (vinte e quatro) meses para que:

> a) os órgãos da administração estadual direta e indireta realizem a adequação dos sistemas para adoção do CIB como código de identificação cadastral dos bens imóveis urbanos e rurais;
>
> b) os demais Municípios incluam o código CIB em seus sistemas.

 COMENTÁRIOS

O artigo em comento, em seus incisos, estabelece prazos para que entidades da Administração Pública incluam o código CIB em seus sistemas, mas o *caput* preconiza que nele será definido um prazo para que todos os imóveis sejam inscritos no CIB, o que não parece ser exatamente a mesma coisa. Uma coisa é o código ou campo "CIB" ser inserido nos sistemas que controlam, cadastram ou monitoram imóveis, outra é os imóveis especificamente considerados serem cadastrados no CIB.

Tampouco se estabelece sanção para o caso de descumprimento dos prazos aqui previstos, o que transforma o dispositivo em veículo de normas de pouca efetividade, ou mesmo sequer de normas jurídicas, a depender da visão jusfilosófica adotada.

> **Art. 267.** Será emitida certidão negativa de débitos para os bens imóveis urbanos e rurais, nos termos do regulamento.

 COMENTÁRIOS

Certidões negativas são simplesmente documentos, emitidos pela Administração Tributária, que refletem a situação fiscal de um contribuinte ou, no caso, de um contribuinte relativamente a determinado imóvel, indicando a ausência de débitos tributários lançados. Nessa condição, o artigo simplesmente indica que o regulamento disciplinará a forma ou os termos em que tais certidões serão emitidas, a requerimento do contribuinte ou de terceiros. Trata-se, o direito a uma certidão (positiva, negativa, ou positiva com efeitos de negativa), de um direito constitucionalmente assegurado (CF/1988, art. 5º, XXXIV, *a*).

É preciso cuidado, contudo, porque neste artigo pode estar a porta para o ingresso no pantanoso terreno das sanções políticas, abrindo-se espaço para que o regulamento tanto condicione a emissão de certidões ao preenchimento de requisitos ilegais, como restrinja direitos fundamentais àqueles que não possuam as referidas certidões. A prática é usual pelas Administrações Tributárias no Brasil, como ilustram as Súmulas 70, 323 e 547 do Supremo Tribunal Federal. Vejam-se os comentários ao art. 59, *supra*.

> **Art. 268.** O Comitê Gestor do IBS e a RFB poderão estabelecer, mediante ato conjunto, obrigações acessórias no interesse da fiscalização e da administração tributária, para terceiros relacionados às operações de que trata este Capítulo, inclusive tabeliães, registradores de imóveis e juntas comerciais.

 COMENTÁRIOS

A possibilidade de obrigações acessórias serem estabelecidas por regulamento, ou outra norma infralegal, é tema debatido na literatura do Direito Tributário brasileiro já faz algum tempo.

De acordo com o art. 113, § 2º, do CTN, a obrigação tributária acessória (que consiste sempre numa obrigação de fazer, não fazer ou tolerar) pode decorrer da legislação tributária, conceito que, como se sabe, a teor do art. 96 do CTN, abrange não apenas as leis, mas também atos infralegais, tais como decretos, portarias, instruções normativas etc. Assim, a teor do que dispõe esse artigo, e ainda o art. 97 do CTN (que reserva à lei apenas a fixação das penalidades pelo descumprimento das obrigações acessórias), as obrigações acessórias poderiam ser previstas em atos infralegais, e não necessariamente em lei. Hugo de Brito Machado sustenta esse entendimento. Demonstra que as obrigações acessórias devem ser meros deveres instrumentais, adequados, necessários e não excessivos para que se afira se as obrigações principais – estas sim previstas em lei – estão sendo cumpridas. A multa pelo descumprimento de uma obrigação acessória deve estar prevista em lei, mas não a própria obrigação acessória. E cita o seguinte exemplo: "A lei institui a obrigação de pagar Imposto de Renda, para quem auferir rendimentos superiores a certo montante durante o ano. É evidente que o regulamento pode estabelecer para tais pessoas a obrigação de declarar os rendimentos auferidos. Essa obrigação de declarar é instrumental. Sem ela não haveria como tornar efetiva a obrigação de pagar o imposto. É instituída *para fiel execução da lei*"[7]. Poder-se-ia citar como exemplo as infrações de trânsito. A lei deve estipular quais condutas configuram infração, e, ao fazê-lo, pode determinar que trafegar na "contramão" é motivo para a aplicação de determinada penalidade. A lei não especificará, contudo, o sentido de "mão" e "contramão" de cada uma das vias do País. Esse papel, meramente instrumental, cabe às normas infralegais. Da mesma forma, a lei tributária pode cuidar da obrigação de documentar as operações tributáveis, impondo penalidades para quem não o fizer, mas não precisa descer às minúcias e especificar quais documentos devem ser emitidos, dispondo sobre suas dimensões, cores, números de vias etc.

Na jurisprudência, há acórdãos do STJ que, acolhendo expressamente a doutrina de Hugo de Brito Machado, afirmam a validade da instituição de obrigações acessórias pela legislação tributária:

> Pode o Estado criar obrigação acessória, com o fim de exercer suas funções de controle e fiscalização, ainda que por mero ato administrativo, como é a portaria, já que o CTN se refere à "legislação tributária", e não à lei. A propósito, ensina Hugo de Brito Machado: "Nos termos do Código Tributário Nacional esse fato gerador pode ser definido pela *legislação*, e não apenas pela lei" (*Curso de Direito Tributário*, 23. ed., São Paulo, Malheiros, 2003, p. 125)[8].

No mesmo sentido, quando do julgamento do REsp 507.467/PR (e do agravo regimental e dos embargos declaratórios que o sucederam), o STJ consignou que, estando a penalidade prevista em lei, as formalidades a serem cumpridas (sob pena de aplicação da dita penalidade) podem ser disciplinadas em ato infralegal. Entendeu-se, na oportunidade, que:

> A entrega intempestiva da DCTF implica multa legalmente prevista, por isso que o Decreto-Lei 2.065/1983 assim assentou: "Art. 11. A pessoa física ou jurídica é obrigada a informar à Secretaria da Receita Federal os rendimentos que, por si ou como representante de terceiros, pagar ou creditar no ano anterior, bem como o Imposto de Renda que tenha retido". [...] A Instrução Normativa 73/1996 estabelece apenas os regramentos administrativos para a apresentação das DCTFs, revelando-se perfei-

---

[7] MACHADO, Hugo de Brito. *Comentários ao Código Tributário Nacional*. São Paulo: Atlas, 2004, v. 2, p. 305.

[8] STJ, RMS 17.940/MT, rel. Min. Castro Meira, 2ª Turma, j. 10.08.2004, *DJ* 20.09.2004, p. 215. A transcrição é de trecho do voto do ministro relator.

tamente legítima a exigibilidade da obrigação acessória, não havendo que se falar em violação ao princípio da legalidade"[9].

Não há invalidade, portanto, na delegação constante deste artigo. É preciso, contudo, que a obrigação acessória seja razoável, e proporcional, o que é, todavia, outra questão, não relacionada ao fato de estar prevista em lei ou em regulamento. Mesmo prevista em lei, ela não poderia ser excessivamente onerosa, ou por qualquer outra razão representar meio desproporcional à consecução do fim, legítimo, de controle do adimplemento das obrigações principais.

> **Art. 269.** A obra de construção civil receberá identificação cadastral no cadastro a que se refere o art. 265 desta Lei Complementar.
>
> **Art. 270.** A apuração do IBS e da CBS será feita para cada empreendimento de construção civil, vinculada a um CNPJ ou CPF específico, inclusive incorporação e parcelamento do solo, considerada cada obra de construção civil, incorporação ou parcelamento do solo como um centro de custo distinto.
>
> **Parágrafo único.** No caso de apuração do IBS e da CBS nos termos do *caput* deste artigo, o documento fiscal deverá indicar o número do cadastro da obra nas aquisições de bens e serviços utilizados na obra de construção civil a que se destinam.

 COMENTÁRIOS

O cadastro do imóvel deve ser feito, nos moldes do art. 265, já durante a obra de sua construção, de modo que inclusive o IVA-Dual seja calculado, no que tange a débitos e créditos, de forma individualizada para cada imóvel.

Nos termos do art. 270, figurando a obra como "centro de custo distinto". Daí por que o documento fiscal deve indicar o número do cadastro da obra nas aquisições de bens e serviços a ela destinados. Apesar de cada obra ser um centro de custo distinto, o princípio da não cumulatividade não permite que se restrinja o aproveitamento de créditos por parte do contribuinte, no que tange a operações com bens ou serviços que não digam respeito a uma obra específica, mas que se relacionem à atividade de construção (não sendo, portanto, destinados ao uso ou ao consumo pessoais, única restrição constitucionalmente admitida). Vale a mesma regra que se aplica ao ICMS, no que tange à "autonomia dos estabelecimentos": apura-se o tributo de modo isolado, considerando-se os débitos e créditos alusivos a cada estabelecimento, mas eventuais saldos podem ser compensados reciprocamente quando do recolhimento a ser feito pelo contribuinte, que é um só. Imagine-se que a construtora adquire um guindaste, a ser usado em mais de uma obra, ou que paga o aluguel do imóvel onde funciona a sua sede, todos sujeitos ao IBS e à CBS, gerando créditos: o fato de não estarem relacionados a uma obra específica não pode impedir seu aproveitamento, ao fim e ao cabo, caso em tais obras haja saldo devedor do imposto.

CAPÍTULO VI
DAS SOCIEDADES COOPERATIVAS

> **Art. 271.** As sociedades cooperativas poderão optar por regime específico do IBS e da CBS no qual ficam reduzidas a zero as alíquotas do IBS e da CBS incidentes na operação em que:

---

[9] STJ, EDcl nos EDcl no AgRg no REsp 507.467/PR, rel. Min. Luiz Fux, 1ª Turma, j. 05.05.2005, *DJ* 20.06.2005, p. 126.

TÍTULO V – DOS REGIMES ESPECÍFICOS DO IBS E DA CBS — Art. 272

I – o associado fornece bem ou serviço à cooperativa de que participa; e

II – a cooperativa fornece bem ou serviço a associado sujeito ao regime regular do IBS e da CBS.

§ 1º O disposto no *caput* deste artigo aplica-se também:

I – às operações realizadas entre cooperativas singulares, centrais, federações, confederações e às originárias dos seus respectivos bancos cooperativos de que as cooperativas participam; e

II – à operação de fornecimento de bem material pela cooperativa de produção agropecuária a associado não sujeito ao regime regular do IBS e da CBS, desde que anulados os créditos por ela apropriados referentes ao bem fornecido.

§ 2º O disposto no inciso II do *caput* deste artigo aplica-se também ao fornecimento, pelas cooperativas, de serviços financeiros a seus associados, inclusive cobrados mediante tarifas e comissões.

§ 3º A opção de que trata o *caput* deste artigo será exercida pela cooperativa no ano-calendário anterior ao de início de produção de efeitos ou no início de suas operações, nos termos do regulamento.

§ 4º O disposto no inciso II do § 1º não se aplica às operações com insumos agropecuários e aquícolas contempladas pelo diferimento estabelecido pelo § 3º do art. 138.

Art. 272. O associado sujeito ao regime regular do IBS e da CBS, inclusive as cooperativas singulares, que realizar operações com a redução de alíquota de que trata o inciso I do *caput* do art. 271 poderá transferir os créditos das operações antecedentes às operações em que fornece bens e serviços e os créditos presumidos à cooperativa de que participa, não se aplicando o disposto no art. 55 desta Lei Complementar.

Parágrafo único. A transferência de créditos de que trata o *caput* deste artigo alcança apenas os bens e serviços utilizados para produção do bem ou prestação do serviço fornecidos pelo associado à cooperativa de que participa, nos termos do regulamento.

COMENTÁRIOS

Estes dois artigos visam a realizar a ideia da sociedade cooperativa como uma sociedade transparente, que apenas tem por finalidade reunir os esforços de diversos cooperados, para que consigam melhores condições de negociação com fornecedores e com compradores, relativamente às que conseguiriam se negociassem sozinhos, dentro da lógica subjacente à noção de que a união faz a força.

As sociedades cooperativas devem ter tratamento apropriado à sua condição (CF/1988, art. 146, III, *c*), o que não significa imunidade, isenção, ou desoneração pura e simples, mas, como diz o texto constitucional, tratamento adequado. É o que faz o artigo em comento, pois estabelece, por opção da cooperativa, a possibilidade de se tratarem as relações entre elas e seus cooperados de forma desonerada (alíquota zero), mas com transferência dos créditos (art. 272).

Exemplificando, suponha-se que um agricultor associado à cooperativa agropecuária entrega sua produção de soja à cooperativa. Com a opção pelo regime do art. 271, a operação de entrega do agricultor à cooperativa não será tributada pelo IBS e CBS. Quando a cooperativa vender insumos agrícolas ao agricultor, a operação também não será tributada, desde que o agricultor esteja no regime regular do IBS e CBS. Mas os créditos que o agricultor possuir, relativamente à soja entregue à cooperativa, poderão ser transferidos a esta, para que os abata do IBS e da CBS que incidirão quando a soja for pela cooperativa vendida a terceiros.

Incentivam-se com isso as atividades colaborativas, que são a essência do cooperativismo.

CAPÍTULO VII
DOS BARES, RESTAURANTES, HOTELARIA, PARQUES DE DIVERSÃO E PARQUES TEMÁTICOS, TRANSPORTE COLETIVO DE PASSAGEIROS E AGÊNCIAS DE TURISMO

Seção I
Dos Bares e Restaurantes

Art. 273. As operações de fornecimento de alimentação por bares e restaurantes, inclusive lanchonetes, ficam sujeitas a regime específico de incidência do IBS e da CBS, de acordo com o disposto nesta Seção.

§ 1º O regime específico de que trata esta Seção aplica-se também ao fornecimento de bebidas não alcoólicas preparadas no estabelecimento.

§ 2º Não está sujeito ao regime específico de que trata esta Seção o fornecimento de:

I – alimentação para pessoa jurídica, sob contrato, classificada nas posições 1.0301.31.00, 1.0301.32.00 e 1.0301.39.00 da NBS ou por empresa classificada na posição 5620-1/01 da Classificação Nacional de Atividades Econômicas (CNAE);

II – produtos alimentícios e bebidas não alcoólicas adquiridos de terceiros, não submetidos a preparo no estabelecimento; e

III – bebidas alcoólicas, ainda que preparadas no estabelecimento.

COMENTÁRIOS

Bares e restaurantes sempre suscitaram discussões, quanto à tributação pelo ICM (depois ICMS), ou pelo ISS, pois neles não exatamente se vendem mercadorias, tal como se vende uma garrafa de vinho ou um filé congelado em um supermercado. Há o serviço, que se relaciona ao modo de preparo, ao ambiente, ao atendimento dos garçons, ao tempero do *chef* etc. A legislação complementar, a quem cabe dirimir o conflito de competência criado por tais zonas de penumbra – que sempre existem, salvo entre algumas realidades ideais –, estabeleceu estarem sujeitos ao ICMS. Com o IVA-Dual, e a base ampla de incidência de IBS e CBS, a questão não mais se coloca.

As zonas de penumbra entre realidades, contudo, sempre existem. Não depende do legislador, ou do intérprete, eliminá-las. Mostra disso aparece quando se criam, dentro do regramento do IVA-Dual, regimes de incidência diferentes. Trata-se de divisão, ou de secção, que tem, por suposto, limites, que devem ser definidos. Surgem, então, de novo, as zonas de penumbra. O § 2º, I, tentando eliminá-las, esclarece que comidas servidas em aviões, por exemplo, não são consideradas alimentações fornecidas em bares e restaurantes e, nessa condição, não se situam nesta seção. O mesmo com fornecimentos de alimentação sob contrato (*v.g.*, fornecimento de "quentinhas" para funcionários de empresas), que não se submetem ao disposto neste capítulo.

Certamente suscitará questionamentos e complexidades a exclusão, do regime específico previsto nestes artigos, do fornecimento de bebidas alcoólicas. A conta do restaurante terá de segregá-las, porquanto sujeitas a regime diverso, abrindo-se oportunidades para fraudes, controles e nivelamentos, excessos de ambos os lados e conflitos.

Art. 274. A base de cálculo do IBS e da CBS é o valor da operação de fornecimento de alimentação e das bebidas de que trata o § 1º do art. 273 desta Lei Complementar.

TÍTULO V – DOS REGIMES ESPECÍFICOS DO IBS E DA CBS — Art. 276

Parágrafo único. Ficam excluídos da base de cálculo:

I – a gorjeta incidente no fornecimento de alimentação, desde que:

a) seja repassada integralmente ao empregado, sem prejuízo dos valores da gorjeta que forem retidos pelo empregador em virtude de determinação legal; e

b) seu valor não exceda a 15% (quinze por cento) do valor total do fornecimento de alimento e bebidas;

II – os valores não repassados aos bares e restaurantes pelo serviço de entrega e intermediação de pedidos de alimentação e bebidas por plataforma digital.

COMENTÁRIOS

Conforme salientado nos comentários a vários outros artigos desta lei, há uma correlação lógica e necessária entre a base de cálculo e a hipótese de incidência de um tributo, sendo a primeira, sempre e necessariamente, a dimensão econômica da segunda. Ou, dito de outro modo, a base de cálculo é o fato gerador transformado em moeda, ou medido, ou dimensionado, economicamente. Daí por que, se o fato gerador é o fornecimento de alimentação e bebidas em bares e restaurantes, a base de cálculo há de ser o valor cobrado para isso, ou por isso. Em termos mais diretos, a conta cobrada pelo estabelecimento.

As duas deduções referidas nos incisos se justificam. No caso de parcelas não repassadas por plataformas, tem-se uma diminuição no próprio valor recebido, e que servirá, de resto, de possível base de cálculo do IBS e da CBS devidos pela plataforma, pelo serviço de intermediação prestado; ou, se o não repasse se deu de modo indevido, de qualquer modo se está diante de quantia não recebida pelo restaurante, a diminuir o valor da operação.

Imagine-se, por exemplo, que uma refeição é vendida, por um restaurante, por meio de plataforma digital (*v.g.*, iFood). A refeição custa para o comprador R$ 100,00. Entretanto, desse valor, por exemplo, R$ 8,00 destinam-se ao entregador, e R$ 12,00 à plataforma. O restaurante, pela refeição, recebe apenas R$ 80,00, valor que servirá de base de cálculo à CBS e ao IBS por ele devidos.

Art. 275. As alíquotas do IBS e da CBS relativas às operações de que trata este Capítulo ficam reduzidas em 40% (quarenta por cento).

COMENTÁRIOS

Inicialmente, o PLP 68/2024, do qual se origina esta lei complementar, dispunha a respeito de critérios bastante complexos a partir dos quais as alíquotas seriam "divulgadas" pelo Poder Executivo, em moldes semelhantes ao ainda verificados, no texto vigente desta lei, para combustíveis (art. 174) e para o mercado financeiro (art. 233), por exemplo, em clara ofensa à legalidade. O texto finalmente aprovado corrigiu esse problema, fixando-as no patamar que vier a ser estabelecido por lei como alíquota padrão por União, Estados-membros, Distrito Federal e Municípios, a ser então reduzido em 40% para aplicação sobre as operações realizadas por bares e restaurantes, nos moldes desta seção.

Art. 276. Fica vedada a apropriação de créditos do IBS e da CBS pelos adquirentes de alimentação e bebidas fornecidas pelos bares e restaurantes, inclusive lanchonetes.

COMENTÁRIOS

Diante da promessa de "crédito amplo" que permeou os discursos dos defensores da reforma tributária que culminou com a edição da EC 132/2023, e que se reflete no texto constitucional, em especial do art. 156-A, § 1º, VIII, da CF/1988, a indagação que se pode fazer, diante do artigo em comento, é: por quê? Aliás, há incontáveis artigos nesta lei, que cuidam de atividades específicas, que se limitam a dispor, com uma economia constrangedora de palavras, simplesmente que aos adquirentes ou destinatários delas "não será possível" ou "fica vedado" aproveitar créditos, em notória violação ao dispositivo constitucional que consagra a não cumulatividade do IVA-Dual, ao princípio da cooperação, sendo certo que à reforma subjazia o *discurso* do crédito amplo.

Qual o motivo de não se poder apropriar qualquer crédito quando se adquire alimentação ou bebida de um bar ou de um restaurante? A única ressalva permitida pelo texto constitucional é a referente a bens e serviços destinados a uso ou consumo pessoal, assim entendidos aqueles que não guardam relação com a atividade desenvolvida pelo estabelecimento contribuinte. Talvez seja essa a razão subjacente à restrição em exame. Mas, no caso de alimentação e de bebidas, não se pode presumir que, sempre e em quaisquer hipóteses, serão destinados ao consumo pessoal, apenas porque vendidos por um bar ou restaurante. Um importante contrato, gerador de muitas receitas a serem fartamente oneradas pelo IBS e pela CBS, pode ser celebrado graças a um jantar em um restaurante. Confraternizações de natal, aniversário da firma etc. entrariam no mesmo rol.

Seção II
Da Hotelaria, Parques de Diversão e Parques Temáticos

> **Art. 277.** Os serviços de hotelaria, parques de diversão e parques temáticos ficam sujeitos a regime específico de incidência do IBS e da CBS, de acordo com o disposto nesta Seção.
>
> **Art. 278.** Para efeitos do disposto nesta Lei Complementar, considera-se serviço de hotelaria o fornecimento de alojamento temporário, bem como de outros serviços incluídos no valor cobrado pela hospedagem, em:
>
> I – unidades de uso exclusivo dos hóspedes, por estabelecimento destinado a essa finalidade; ou
>
> II – imóvel residencial mobiliado, ainda que de uso não exclusivo dos hóspedes.
>
> **Parágrafo único.** Não descaracteriza o fornecimento de serviços de hotelaria a divisão do empreendimento em unidades hoteleiras, assim entendida a atribuição de natureza jurídica autônoma às unidades habitacionais que o compõem, sob titularidade de diversas pessoas, desde que sua destinação funcional seja exclusivamente a de hospedagem.

COMENTÁRIOS

O art. 278, I, consagra definição de serviço de hotelaria, que inclui tanto o fornecimento de alojamento temporário quanto outros serviços que estejam incluídos no valor cobrado pela hospedagem. Isso abrange uma ampla gama de operações comuns em hotéis, como café da manhã, serviços de limpeza, e acesso a instalações como piscinas ou academias. Ressalte-se que o alojamento diz respeito a seres humanos, não ao alojamento de animais não humanos (hotéis para pets), ou de objetos tangíveis (armazéns) ou intangíveis (serviço de armazena-

TÍTULO V – DOS REGIMES ESPECÍFICOS DO IBS E DA CBS Art. 280

mento de dados). De novo, por mais que se tente fugir, dilemas semânticos sobre os limites da significação das palavras, que são inescapavelmente os dilemas sobre os contornos das próprias realidades que elas designam.

Já o inciso II do art. 278 amplia a definição para incluir imóveis residenciais mobiliados, mesmo que não sejam de uso exclusivo dos hóspedes. Isso abrange modalidades como aluguel de curta duração por plataformas digitais, onde a exclusividade do uso pelos hóspedes não é um requisito. Essa inclusão busca abarcar novas formas de hospedagem que se tornaram populares com a economia compartilhada.

> **Art. 279.** Para efeitos do disposto nesta Lei Complementar, consideram-se:
>
> I – parque de diversão: o estabelecimento ou empreendimento permanente ou itinerante, cuja atividade essencial é a disponibilização de atrações destinadas a entreter pessoas e fruídas presencialmente no local da disponibilização; e
>
> II – parque temático: o parque de diversão com inspiração em tema histórico, cultural, etnográfico, lúdico ou ambiental.

 COMENTÁRIOS

O art. 279 define os conceitos de parque de diversão e parque temático para fins de aplicação do regime específico de incidência do IBS e da CBS. Em princípio, não cabe ao legislador definir, mas ainda assim ele o faz na esperança de dar mais certeza, previsibilidade e segurança à interpretação e à aplicação da lei.

Essa tentativa pode, não raro, ser vã, pois ao definir o significado de uma palavra, como "temático", se usam várias, as quais, por sua vez, podem ter contornos também nebulosos. Não só se incorre em um regresso ao infinito, pois para cada palavra se precisam de outras para lhes tentar dar sentido preciso, como se multiplicam as possibilidades de ambiguidade, pois para definir uma palavra se usam várias, e assim por diante.

A tentativa parece remeter a Hidra, monstro nascido em bosque no qual se enterraram as cabeças dos maridos das Danaides, e que Hércules teve de matar como um dos seus doze trabalhos, impostos por Hera. A cada cabeça decepada, nasciam outras duas. Da mesma forma, na tentativa de definir com precisão uma palavra na lei, ao usar várias outras palavras, cada uma delas pode, por sua vez, necessitar de definição. Isso pode levar a uma multiplicação de problemas interpretativos, onde a busca por clareza acaba criando mais incertezas, como as cabeças da Hidra que se multiplicam a cada corte.

> **Art. 280.** A base de cálculo do IBS e da CBS é o valor da operação com serviços de hotelaria, parques de diversão e parques temáticos.

 COMENTÁRIOS

Base de cálculo, já se disse em comentários a outros artigos desta lei, há de ser sempre o fato gerador transformado em moeda. Trata-se, por outras palavras, do aspecto dimensível da hipótese de incidência do tributo. Se se medir com uma régua o fato gerador, a qual, em vez de mensurar extensão, massa ou volume, mede sua expressão econômica, encontra-se a base de cálculo.

Nessa condição, não se pode inserir na base de cálculo elementos estranhos ao fato gerador transformado em moeda, sob pena de desnaturar-se o tributo, que passa a ter outro fato gerador, diverso daquele indicado na lei (e permitido pela Constituição). Seria o caso de um IPTU que tivesse por base de cálculo o valor dos imóveis registrados no nome do proprietário do imóvel: ter-se-ia transformado em IPVA, que o Município sequer tem competência para instituir. É por isso que a base de cálculo do IBS e da CBS incidentes sobre serviços de hospedagem, e de entretenimento em parques temáticos, há de ser o valor cobrado por esses serviços, e pago pelos seus tomadores.

Art. 281. As alíquotas do IBS e da CBS relativas às operações de que trata este Capítulo ficam reduzidas em 40% (quarenta por cento).

COMENTÁRIOS

Deu-se, com este artigo, exatamente a mesma coisa que com o art. 275, já comentado, e referente à alíquota do IBS e da CBS incidentes sobre operações realizadas por bares e restaurantes. Inicialmente, o PLP 68/2024, do qual se origina esta lei complementar, dispunha a respeito de critérios bastante complexos a partir dos quais as alíquotas seriam "divulgadas" pelo Poder Executivo, em moldes semelhantes ao ainda verificados, no texto vigente desta lei, para combustíveis (art. 174) e para o mercado financeiro (art. 233), por exemplo, em total contrariedade à legalidade tributária. O texto finalmente aprovado corrigiu esse problema, fixando-as no patamar que vier a ser estabelecido por lei como alíquota padrão por União, Estados-membros, Distrito Federal e Municípios, a ser então reduzido em 40% para aplicação sobre as operações realizadas por hotéis e parques de diversão e temáticos, nos moldes desta seção.

Art. 282. Ficam permitidas a apropriação e a utilização de créditos de IBS e de CBS nas aquisições de bens e serviços pelos fornecedores de serviços de hotelaria, parques de diversão e parques temáticos, observado o disposto nos arts. 47 a 56 desta Lei Complementar.

COMENTÁRIOS

Tendo em vista que a única exceção prevista para o aproveitamento de créditos, prevista constitucionalmente (art. 156-A, § 1º, VIII, da CF/1988), é para bens de uso e consumo pessoais, o artigo em comento é inteiramente desnecessário, e apenas evidencia o ranço do redator do texto de enxergar os créditos de IBS e CBS como "favores", que cabe a ele generosamente permitir que sejam fruídos, ou não. Em verdade, o direito ao crédito decorre do texto constitucional e, ressalvados os bens e serviços destinados a uso e consumo pessoais, que são unicamente aqueles divorciados das atividades do estabelecimento contribuinte do IBS e da CBS, não cabe ao legislador permitir ou deixar de permitir o crédito.

Art. 283. Fica vedada a apropriação de créditos de IBS e de CBS pelo adquirente dos serviços de hotelaria, parques de diversão e parques temáticos.

COMENTÁRIOS

Como explicado nos comentários ao artigo anterior, a única exceção prevista para o aproveitamento de créditos, prevista constitucionalmente (art. 156-A, § 1º, VIII, da

CF/1988), é para bens de uso e consumo pessoais. Isso talvez justifique a restrição ao crédito por parte de quem adquire ou toma serviços de parques temáticos, ou de parques de diversão, como regra. Excepcionalmente tais serviços podem guardar relação com as atividades de um estabelecimento, se se tratar, por exemplo, de uma escola, ou outra instituição de educação, que tome serviços do parque temático para levar seus alunos, os quais pagam polpudas mensalidades (tributadas pelo IBS e pela CBS) para isso, mas reconheça-se que será algo pouco frequente.

O mesmo não se pode dizer do serviço de hotelaria. Trata-se de gasto essencial para muitas atividades, que têm a necessidade de que seus empregados se desloquem para partes diferentes do país, e nelas se hospedem. Pense-se em escritórios de advocacia, que hospedam advogados em hotéis em Brasília, para que na Capital Federal possam permanecer por um ou dois dias e realizar tarefas essencialíssimas à prestação do serviço que é tributado pelo IBS e pela CBS.

Consultores frequentemente precisam viajar para diferentes cidades ou países para atender clientes. Durante essas viagens, as despesas com hospedagem são necessárias para a prestação dos serviços de consultoria, e a vedação da apropriação de créditos de IBS e CBS sobre essas despesas criaria um custo adicional não recuperável. O mesmo pode ser dito de profissionais de engenharia e construção, que muitas vezes precisam se deslocar para canteiros de obras em locais distantes e permanecer por longos períodos, sendo as despesas de hospedagem essenciais para que possam supervisionar as obras e garantir a execução dos projetos. Equipes de TI que realizam implantação de sistemas, suporte técnico ou desenvolvimento de *software* em diferentes locais precisam frequentemente de hospedagem para que possam completar os projetos no local do cliente. Instituições que oferecem cursos, *workshops* ou programas de treinamento em diferentes cidades necessitam de hospedagem para seus instrutores ou palestrantes, o que é crucial para a execução dos programas de ensino. Profissionais de marketing e publicidade podem precisar viajar para diferentes regiões para conduzir pesquisas de mercado, realizar reuniões com clientes ou supervisionar campanhas promocionais, o que requer despesas com hospedagem. Motoristas, pilotos, técnicos de manutenção e outros funcionários de empresas de transportes (*v.g.*, companhias aéreas) precisam de hospedagem em viagens, especialmente quando cobrem grandes distâncias ou operam em rotas internacionais. Aliás, quanto a companhias aéreas, quando há atraso de voo, perda de conexão, cancelamento etc., é a própria legislação consumerista que as obriga a disponibilizar a seus passageiros a devida hospedagem. Não se pode falar em "neutralidade", em casos assim, pois a própria legislação obriga a empresa a ter essa despesa, para poder desempenhar licitamente sua atividade!

Auditores que realizam inspeções e verificações contábeis nas instalações dos clientes, muitas vezes em diferentes cidades, precisam de hospedagem para completar seus trabalhos. Equipes de produção, filmagem e direção muitas vezes precisam se deslocar para diversas localidades para filmagens externas, e a hospedagem é um requisito essencial para a realização desses projetos. Médicos e outros profissionais de saúde que realizam atendimentos em diferentes cidades, participam de congressos ou operam em múltiplos hospitais ou clínicas precisam de hospedagem para desempenhar suas funções. Esses exemplos ilustram como a vedação da apropriação de créditos do IBS e da CBS sobre despesas de hospedagem pode gerar distorções significativas na tributação, violando o princípio da não cumulatividade e afetando a neutralidade fiscal que é essencial para a competitividade e operação eficiente dessas empresas. Enfim, os exemplos são inúmeros e a restrição, aqui, de manifesta inconstitucionalidade.

Seção III
Do Transporte Coletivo de Passageiros Rodoviário Intermunicipal e Interestadual, Ferroviário, Hidroviário e Aéreo Regional e Do Transporte de Carga Aéreo Regional

Art. 284. Ficam sujeitos a regime específico de incidência do IBS e da CBS, de acordo com o disposto nesta Seção, os seguintes serviços de transporte coletivo de passageiros:

I – rodoviário intermunicipal e interestadual;

II – ferroviário e hidroviário intermunicipal e interestadual;

III – ferroviário e hidroviário de caráter urbano, semiurbano e metropolitano; e

IV – aéreo regional.

§ 1º Para fins desta Lei Complementar, consideram-se:

I – transporte coletivo de passageiros o serviço de deslocamento de pessoas acessível a toda a população mediante cobrança individualizada;

II – transporte intermunicipal de passageiros o serviço de deslocamento de pessoas entre Municípios circunscritos a um mesmo Estado ou ao Distrito Federal;

III – transporte interestadual de passageiros o serviço de deslocamento de pessoas entre Municípios de Estados distintos ou de Estado e do Distrito Federal;

IV – transporte rodoviário de passageiros aquele definido conforme o disposto no inciso II do parágrafo único do art. 157 desta Lei Complementar;

V – transporte ferroviário de passageiros o serviço de deslocamento de pessoas executado por meio de locomoção de trens ou comboios sobre trilhos;

VI – transporte hidroviário de passageiros o serviço de deslocamento de pessoas executado por meio de rotas para o tráfego aquático;

VII – transporte de caráter urbano, semiurbano e metropolitano o definido conforme o disposto nos incisos IV a VI do parágrafo único do art. 157 desta Lei Complementar, com itinerários e preços fixados pelo poder público; e

VIII – transporte aéreo regional a aviação doméstica com voos com origem ou destino na Amazônia Legal ou em capitais regionais, centros sub-regionais, centros de zona ou centros locais, assim definidos pelo IBGE, e na forma regulamentada pelo Ministério de Portos e Aeroportos.

§ 2º Ficam permitidas a apropriação e a utilização de créditos de IBS e de CBS para os adquirentes dos serviços de transporte, obedecido o disposto nos arts. 47 a 56 desta Lei Complementar.

§ 3º As rotas previstas no inciso VIII do § 1º serão definidas por ato conjunto do Comitê Geral do IBS e do Ministro de Estado da Fazenda, com base em classificação da Agência Nacional de Aviação Civil (ANAC), vedada a exclusão de rotas em prazo inferior a 2 (dois) anos de sua inclusão.

§ 4º O regime específico de que tratam os incisos I a III do *caput* aplica-se apenas ao transporte público coletivo de passageiros, assim entendido como aquele sob regime de autorização, permissão ou concessão pública.

 COMENTÁRIOS

Este artigo abre seção dedicada a tratamento específico, ou regime próprio, de IBS e CBS, para determinados tipos de serviços de transportes, nele indicados. Segue-se o texto constitucional, que impõe regime único para o IVA-Dual, admitidas apenas as ressalvas constantes

da Constituição. Dentre essas ressalvas, estão estes serviços. Quanto à aviação, note-se que é contemplada apenas a regional, assim entendida a que tenha voos com origem ou destino na Amazônia Legal ou em capitais regionais, centros sub-regionais, centros de zona ou centros locais, assim definidos pelo IBGE, em rotas de voos regulares com volume de assentos diários inferior a 600 (seiscentos).

Quanto ao § 2º, perceba-se que a lei não tem que permitir a apropriação de créditos, não sendo porque ela estabelece que eles "ficam permitidos" que o contribuinte passa a fazer jus a eles. Mas a redação revela o ranço, já referido em outras partes destes comentários, de quem redigiu originalmente seu texto, consistente em enxergar o crédito como um favor, não como consequência necessária e inexorável da base amplíssima do tributo e das propaladas não cumulatividade e neutralidade que seriam as principais justificativas para a ampla reforma que se levou a efeito na tributação do consumo no Brasil.

> **Art. 285.** Em relação aos serviços de transporte público coletivo de passageiros ferroviário e hidroviário de caráter urbano, semiurbano e metropolitano:
> I – ficam reduzidas em 100% (cem por cento) as alíquotas do IBS e da CBS incidentes sobre o fornecimento desses serviços;
> II – fica vedada a apropriação de créditos de IBS e de CBS nas aquisições pelo fornecedor do serviço de transporte; e
> III – fica vedada a apropriação de créditos de IBS e de CBS pelo adquirente dos serviços de transporte.

 COMENTÁRIOS

Transporte ferroviário e hidroviário urbano, semiurbano e metropolitano são contemplados com redução do IBS e da CBS a zero (alíquota zero), e, tendo em conta essa desoneração, não geram créditos a quem os tome, tampouco podem tomar créditos de produtos ou serviços que adquiram. Lembre-se de que, no caso de alíquota zero, isto não é a regra, ou o *default*: o usual é se manterem os créditos de aquisições, embora não se gerem créditos para as operações seguintes. Esse foi o critério escolhido pela EC 132/2023, para diferenciar "alíquota zero" e isenção, o qual tem algo de arbitrário, e de algum modo é inverso do que se dava (e ainda se dá, quanto à ZFM) em relação ao IPI. Trata-se, contudo, de escolha do legislador (constituinte e complementar), que, no caso específico deste artigo, não parece contrário à não cumulatividade, dada a redução a zero das alíquotas.

Recorde-se que transportes hidroviários, com exceção da região Norte, notadamente o Amazonas, e ferroviários, são ainda menos utilizados no país, e dada a sua maior eficiência do ponto de vista ambiental e logístico, talvez devam mesmo ter seu emprego incentivado do ponto de vista fiscal.

> **Art. 286.** Em relação aos serviços de transporte coletivo de passageiros rodoviário, ferroviário e hidroviário intermunicipais e interestaduais, as alíquotas do IBS e da CBS do regime específico de que trata essa Seção ficam reduzidas em 40% (quarenta por cento).
> **Parágrafo único.** Ficam permitidas a apropriação e a utilização de créditos de IBS e de CBS nas aquisições de bens e serviços pelos fornecedores dos serviços de transporte de que trata este artigo sujeitos ao regime regular do IBS e da CBS, observado o disposto nos arts. 47 a 56 desta Lei Complementar.

Art. 287

COMENTÁRIOS

O artigo em comento cuida de redução de alíquota aplicável ao transporte interestadual e intermunicipal (não mais ao semiurbano e metropolitano referido no artigo anterior, sujeitos à alíquota zero, ou reduzidas em 100%), contemplando não só o hidroviário e ferroviário, mas também o rodoviário. Inicialmente, tal como ocorria com os arts. 275 e 281, delegava-se ao Executivo a "divulgação" dessas alíquotas ou do fator de redução a ser aplicado nas que fossem legalmente fixadas por União, Estados, Distrito Federal e Municípios. O vício foi corrigido, definindo-se desde logo o percentual redutor de tais alíquotas, para os serviços aqui indicados, em 40%.

> **Art. 287.** Ficam reduzidas em 40% (quarenta por cento) as alíquotas do IBS e da CBS incidentes sobre o fornecimento do serviço de transporte aéreo regional coletivo de passageiros ou de carga.

COMENTÁRIOS

Sendo a redução de 40% aplicável ao serviço de transporte aéreo regional, e também aos transportes intermunicipais e interestaduais terrestres e aquáticos, seria mais adequado, do ponto de vista da técnica legislativa, que simplesmente se tivesse acrescentado "e os serviços de transporte aéreo regional coletivo de passageiros ou de carga" à redação do *caput* do artigo anterior. Talvez os dois artigos tenham subsistido, do modo como publicado o texto legal, porque originalmente o artigo anterior cuidava de uma delegação ao Executivo para a definição do fator de redução, ao passo que este já continha desde a versão aprovada pela Câmara a alusão à redução em 40%.

Seção IV
Das Agências de Turismo

> **Art. 288.** Os serviços de agências de turismo ficam sujeitos a regime específico de incidência do IBS e da CBS, de acordo com o disposto nesta Seção.

COMENTÁRIOS

Agências de turismo, assim como outros prestadores de serviços, como corretoras de seguros, ou de planos de previdência privada, contam com o regime diferenciado que implica, em suma: (i) submissão da mesma alíquota aplicável aos serviços que intermedeiam ou agenciam; e (ii) deduções na base de cálculo (total dos ingressos), de modo que IBS e CBS alcancem apenas a quantia devida à agência e por ela não meramente repassada aos terceiros cujos serviços são por ela agenciados.

> **Art. 289.** Na intermediação de serviços turísticos realizada por agências de turismo:
> I – a base de cálculo do IBS e da CBS é o valor da operação, deduzidos os valores repassados para os fornecedores intermediados pela agência com base no documento que subsidia a operação de agenciamento; e
> II – a alíquota é a mesma aplicável aos serviços de hotelaria, parques de diversão e parques temáticos.

TÍTULO V – DOS REGIMES ESPECÍFICOS DO IBS E DA CBS · Art. 291

> § 1º O valor da operação de que trata o inciso I do *caput* deste artigo compreende o valor total cobrado do usuário do serviço da agência, nele incluídos todos os bens e serviços prestados e usufruídos com a intermediação da agência, somados a sua margem de agregação e outros acréscimos cobrados do usuário.
>
> § 2º Integram também a base de cálculo e sujeitam-se ao disposto neste artigo os demais valores, comissões e incentivos pagos por terceiros, em virtude da atuação da agência.

 COMENTÁRIOS

O artigo em comento, seguindo o mesmo vetor dos anteriores, estabelece a dedução, da receita auferida pela agência e a ser submetida à tributação por IBS e CBS, dos valores repassados para os fornecedores intermediados pela agência, com base no documento que subsidia a operação de agenciamento. Assim, se a agência recebe R$ 10.000,00 por um pacote de viagem, no qual estão incluídas passagem, hospedagem e entradas em parques ou passeios, a base de cálculo não será os R$ 10.000,00, devendo ser deles deduzidas as importâncias a serem pela agência repassadas à companhia aérea, aos parques temáticos, hotéis, guias turísticos etc. A base é a comissão da agência, pois esta é que representa o fato gerador (serviço de agenciamento ou intermediação) transformado em moeda.

> **Art. 290.** Fica permitida a apropriação, pelo adquirente, dos créditos de IBS e de CBS relativos ao serviço de intermediação prestado pela agência de turismo, observado o disposto nos arts. 47 a 56 desta Lei Complementar.

 COMENTÁRIOS

O direito ao crédito decorre da Constituição e da própria natureza do tributo, não à toa identificado como "IVA-Dual", sendo "IVA" a sigla para imposto sobre o valor agregado ou adicionado. Não é preciso que a lei "autorize" o direito ao crédito para ele existir. Mas, como já comentado anteriormente, a redação desse artigo revela a ideia subjacente à redação do texto, de ver o crédito como um favor, uma benesse, e não como intrínseco ao tributo.

Não deixa de ser curioso, porém, que o serviço de hotelaria, de parque temático e de diversão não gere crédito, mas o prestado pela agência de turismo que agencia o acesso a eles, sim.

> **Art. 291.** Ficam permitidas a apropriação e a utilização de créditos de IBS e de CBS nas aquisições de bens e serviços pelas agências de turismo, vedado o crédito dos valores que sejam deduzidos da base de cálculo, nos termos do inciso I do *caput* do art. 289 desta Lei Complementar, observado o disposto nos arts. 47 a 56 desta Lei Complementar.

 COMENTÁRIOS

A vedação à apropriação de créditos, quando o valor inteiro da operação anterior, tributada, é dedutível (nos moldes do art. 289, *supra*), justifica-se porque, se deduzida da base de cálculo toda a quantia relativa à operação anterior, naturalmente o tributo sobre ela incidente o foi igualmente. Deduzi-lo ou abatê-lo como crédito implicaria um *bis in idem* no creditamento.

Imagine-se, por exemplo, que a agência de viagens adquira um passeio ou uma hospedagem e venda a um cliente seu um pacote com esse passeio e essa hospedagem incluídos.

Suponha-se que o pacote foi vendido por R$ 5.000,00, sendo que a hospedagem foi comprada pela agência diretamente junto ao hotel por R$ 2.000,00, e o passeio, junto à empresa que presta esse serviço, por R$ 1.000,00. Quando a agência recebe do cliente, o viajante, o valor de R$ 5.000,00, dele deduz os R$ 1.000,00 pagos à empresa que fará o passeio, e os R$ 2.000,00 devidos ao hotel. A agência de turismo ficará com R$ 2.000,00, sobre os quais incidirá o IBS e a CBS por ela devidos. Se tiver havido incidência de IBS sobre o serviço prestado pelo hotel, ou pela empresa de passeios, a agência não poderá abatê-lo do IBS e da CBS por ela devidos, pois da base já foi incluído todo o valor repassado à empresa de passeios e ao hotel. O IVA-Dual incidente sobre o valor devido à agência e não repassado aos terceiros não se "acumulará" com o IBS e a CBS pagos por tais terceiros.

CAPÍTULO VIII
DA SOCIEDADE ANÔNIMA DO FUTEBOL – SAF

Art. 292. As operações com bens e com serviços realizadas por Sociedade Anônima do Futebol – SAF ficam sujeitas a regime específico do IBS e da CBS, de acordo com o disposto neste Capítulo.

Parágrafo único. Considera-se como SAF a companhia cuja atividade principal consista na prática do futebol, feminino e masculino, em competição profissional, sujeita às regras previstas na legislação específica.

Art. 293. A SAF fica sujeita ao Regime de Tributação Específica do Futebol – TEF instituído neste Capítulo.

§ 1º O TEF consiste no recolhimento mensal dos seguintes impostos e contribuições, a serem apurados seguindo o regime de caixa:

I – Imposto sobre a Renda das Pessoas Jurídicas – IRPJ;

II – Contribuição Social sobre o Lucro Líquido – CSLL;

III – contribuições previstas nos incisos I, II e III do *caput* e no § 6º do art. 22 da Lei nº 8.212, de 24 de julho de 1991;

IV – CBS; e

V – IBS.

§ 2º O recolhimento na forma deste Capítulo não exclui a incidência dos demais tributos federais, estaduais, distritais ou municipais, devidos na qualidade de contribuinte ou responsável, em relação aos quais será observada a legislação aplicável às demais pessoas jurídicas.

§ 3º A base de cálculo do pagamento mensal e unificado dos tributos referidos no § 1º deste artigo será a totalidade das receitas recebidas no mês, inclusive aquelas referentes a:

I – prêmios e programas de sócio-torcedor;

II – cessão dos direitos desportivos dos atletas;

III – cessão de direitos de imagem; e

IV – transferência do atleta para outra entidade desportiva ou seu retorno à atividade em outra entidade desportiva.

§ 4º O valor do pagamento mensal e unificado dos tributos referidos no § 1º deste artigo será calculado mediante aplicação das alíquotas de:

I – 4% (quatro por cento) para os tributos federais unificados de que tratam os incisos I a III do § 1º deste artigo;

II – 1,5% (um inteiro e cinco décimos por cento) para a CBS; e

III – 3% (três por cento) para o IBS, sendo:

a) metade desse percentual correspondente à alíquota estadual; e

TÍTULO V – DOS REGIMES ESPECÍFICOS DO IBS E DA CBS   Art. 294

> b) metade desse percentual correspondente à alíquota municipal.
>
> § 5º A SAF somente poderá apropriar e utilizar créditos do IBS e da CBS em relação às operações em que seja adquirente de direitos desportivos de atletas, pela mesma alíquota devida sobre essas operações, observado, no que couber, o disposto nos arts. 47 a 56 desta Lei Complementar.
>
> § 6º Fica vedada a apropriação de créditos do IBS e da CBS para os adquirentes de bens e serviços da SAF, com exceção da aquisição de direitos desportivos de atletas, pela mesma alíquota devida sobre essas operações, observado, no que couber, o disposto nos arts. 47 a 56 desta Lei Complementar.
>
> § 7º Para fins de repartição de receita tributária, o valor recolhido na forma do pagamento mensal unificado de que trata o § 4º deste artigo será apropriado aos tributos abaixo especificados, mediante aplicação dos seguintes percentuais sobre o valor recolhido:
>
> I – 43,5% (quarenta e três inteiros e cinco décimos por cento) ao IRPJ;
>
> II – 18,6% (dezoito inteiros e seis décimos por cento) à CSLL; e
>
> III – 37,9% (trinta e sete inteiros e nove décimos por cento) às contribuições previstas nos incisos I, II e III do *caput* e no § 6º do art. 22 da Lei nº 8.212, de 24 de julho de 1991, distribuídos conforme disciplinado por ato do Ministro de Estado da Fazenda.
>
> § 8º Ato conjunto da RFB e do Comitê Gestor do IBS regulamentará a forma de recolhimento do IBS e da CBS devidos na forma deste Capítulo.

 COMENTÁRIOS

Os arts. 292 e 293 tratam do regime tributário especial aplicado às Sociedades Anônimas do Futebol (SAF), assim entendidas as companhias que têm por objeto o futebol profissional, tanto masculino como feminino. Essa forma de tributação especial para o futebol, intitulada "Regime de Tributação Específica do Futebol (TEF)", assemelha-se a um "Simples Nacional", no que tange à forma de apuração unificada. Pelo regime de caixa (que considera os recebimentos, não a aquisição do direito ao recebimento), sobre a receita auferida pela entidade aplicam-se os percentuais indicados no artigo, e com os valores assim calculados e recolhidos quitam-se todos os tributos indicados (IRPJ, CSLL, contribuição sobre a folha, IBS e CBS). Com a incidência de 8,5% sobre todo o faturamento, quitam-se os mencionados tributos, a serem partilhados nos moldes do § 7º com os entes federativos credores de tais tributos.

A restrição ao direito de tomar créditos seria inconstitucional, tal como veiculada no § 6º, não fosse o fato de que as SAFs se submetem ao IBS e à CBS por alíquota de apenas 4,5%. Daí a remissão a que apenas na "compra" de jogadores há créditos, pela alíquota de 4,5%, porque os valores são geralmente mais elevados e mesmo com a alíquota mais reduzida se afigura relevante alcançar apenas o valor adicionado.

Quanto ao § 8º, a par da redação sofrível, que repete a palavra "forma" desnecessariamente ("forma de recolhimento do IBS" ... "na forma deste Capítulo"), é preciso lembrar os limites, inerentes ao princípio da legalidade, que se colocam ao poder de regulamentar. "A forma de recolhimento" não pode dizer respeito a nenhum aspecto material da relação jurídica tributária, constitutivo de seus elementos ou partes (sujeito ativo, sujeito passivo, *quantum* etc.), mas apenas aos procedimentos inerentes ao pagamento (tipo de formulário a ser usado, data do vencimento etc.).

> **Art. 294.** De 1º de janeiro de 2027 a 31 de dezembro de 2032, as alíquotas dos tributos que compõem o TEF serão:

> I – quanto aos tributos federais de que tratam os incisos I a III do § 1º do art. 293 a alíquota definida no inciso I do § 4º do art. 293 desta Lei Complementar;
>
> II – quanto à CBS, a alíquota definida no inciso II do § 4º do art. 293 desta Lei Complementar, a qual será reduzida em 0,1% (um décimo por cento) para os anos-calendário de 2027 e 2028; e
>
> III – quanto ao IBS:
>
> a) 0,1% (um décimo por cento) em 2027 e 2028;
>
> b) 0,3% (três décimos por cento) em 2029;
>
> c) 0,6% (seis décimos por cento) em 2030;
>
> d) 0,9% (nove décimos por cento) em 2031;
>
> e) 1,2% (um inteiro e dois décimos por cento) em 2032; e
>
> f) o percentual integral da alíquota, de 2033 em diante.
>
> **Parágrafo único.** Aplica-se o disposto nas alíneas "a" e "b" do inciso III do § 4º e no § 7º do art. 293 desta Lei Complementar para a repartição da receita tributária dos tributos referidos no *caput* deste artigo durante o período de transição.

 COMENTÁRIOS

O dispositivo em comento cuida de um período de transição, compreendido entre 2027 e 2032, no qual as alíquotas inerentes ao IBS e à CBS devidos no âmbito do regime específico de tributação criado para o futebol profissional serão gradualmente majoradas, até chegarem ao patamar previsto no art. 293. As alíquotas dos demais tributos (IRPJ, CSLL e contribuição previdenciária) não se alteram, sendo desde o início da vigência desta lei complementar aquelas previstas no art. 293.

A razão é simples. IRPJ, CSLL e contribuições previdenciárias já existem. Já IBS e CBS estão sendo criados agora, e se prevê, nesta lei complementar, um regime de transição para todos os contribuintes e regimes destes novos tributos, que substituirão gradualmente ICMS, ISS, PIS, Cofins e IPI. Daí a transição, também, no que tange à TEF, muito embora as SAFs não sejam atualmente contribuintes de muitos destes tributos que o IVA-Dual está a suceder. De uma forma ou de outra, o que importa é que há, no que tange a eles, mudança, a justificar a transição.

> **Art. 295.** A importação de direitos desportivos de atletas fica sujeita à incidência do IBS e da CBS pelas mesmas alíquotas aplicáveis às operações realizadas no País, aplicando-se as regras das importações de bens imateriais, inclusive direitos, e de serviços previstas na Seção II do Capítulo IV do Título I deste Livro.
>
> **Art. 296.** A cessão de direitos desportivos de atletas a residente ou domiciliado no exterior para a realização de atividades desportivas predominantemente no exterior será considerada exportação para fins da imunidade do IBS e da CBS, excluindo-se os percentuais de que tratam os incisos II e III do § 4º do art. 293 desta Lei Complementar da alíquota aplicável para cálculo do pagamento unificado de que trata o referido artigo.

 COMENTÁRIOS

Os arts. 295 e 296 visam a explicitar que, conquanto sujeitas a regime específico, as SAFs continuam sujeitas aos tributos incidentes sobre a importação, e imunes aos incidentes sobre a exportação. Daí por que, nos moldes do art. 296, os percentuais de IBS e CBS inerentes ao

TÍTULO V – DOS REGIMES ESPECÍFICOS DO IBS E DA CBS   Art. 298

pagamento unificado a que as SAFs estão sujeitas devem ser excluídos dos valores correspondentes ao IBS e à CBS, no caso de exportação ("venda" de atletas para clubes no exterior), assim como, em situação inversa, de importação, incidem tais tributos, aplicando-se as regras próprias para a importação de bens imateriais, direitos e serviços, previstas nesta lei complementar.

CAPÍTULO IX
DAS MISSÕES DIPLOMÁTICAS, REPARTIÇÕES CONSULARES E OPERAÇÕES ALCANÇADAS POR TRATADO INTERNACIONAL

> **Art. 297.** As operações com bens e com serviços alcançadas por tratado ou convenção internacional celebrados pela União e referendados pelo Congresso Nacional, nos termos do inciso VIII do art. 84 da Constituição Federal, inclusive referentes a missões diplomáticas, repartições consulares, representações de organismos internacionais e respectivos funcionários acreditados, ficam sujeitas a regime específico de incidência do IBS e da CBS, de acordo com o disposto neste Capítulo.
>
> **Art. 298.** Os valores de IBS e CBS pagos em operações com bens ou serviços destinados a missões diplomáticas e repartições consulares de caráter permanente e respectivos funcionários acreditados, poderão ser reembolsados, nos termos do regulamento, mediante aprovação pelo Ministério das Relações Exteriores após verificação do regime tributário aplicado às representações diplomáticas brasileiras e respectivos funcionários naquele país.

 COMENTÁRIOS

As disposições em comento cuidam de missões diplomáticas e repartições consulares, que, quando adquirirem energia, combustíveis, veículos, bens destinados aos imóveis em que funcionam etc., "poderão" ter o IBS e a CBS sobre eles incidentes "reembolsados", em uma espécie de *cashback* integral. Originalmente, o texto do PLP 68 previa a aplicação de alíquota zero, tendo o Senado alterado para que a redação ficasse como está, talvez por considerar que seria menos complexo devolver do que, no ato do fornecimento, identificar a missão diplomática como destinatária para previamente zerar a alíquota. Recorde-se apenas que a atividade de cobrança de tributos é plenamente vinculada, então o "poderá", desde que presentes os requisitos legalmente estabelecidos, deve ser visto como "deverá".

Missões diplomáticas e repartições consulares desempenham um papel fundamental nas relações internacionais, representando os interesses do país de origem em outro território. O Brasil, como muitos outros países, é parte de tratados internacionais que garantem a *reciprocidade* de tratamento entre os Estados.

Daí a remissão a que o reembolso está condicionado à aprovação pelo Ministério das Relações Exteriores, após verificação do regime tributário aplicado às representações diplomáticas brasileiras e respectivos funcionários naquele país. Entenda-se: não há discricionariedade para que o regulamento imponha novas condições (seriam ilegais), nem para que o faça o Ministério das Relações Exteriores, a quem caberá, à luz do tratamento que for dado ao Brasil pelo país respectivo, apenas indicar se o reembolso, no Brasil, é cabível. Será o Ministério das Relações Exteriores quem saberá dizer, mais adequadamente, se as repartições consulares e as missões diplomáticas brasileiras, no país que pleiteia o reembolso no Brasil, têm por igual esse tratamento ou algo equivalente.

> **Art. 299.** A aplicação das normas referentes ao IBS e à CBS previstas em tratado ou convenção internacional internalizado, inclusive os referentes a organismos internacionais dos quais o Brasil seja membro e respectivos funcionários acreditados, e os vigentes na data de publicação desta Lei Complementar, será regulamentada por ato conjunto do Ministro de Estado da Fazenda e do Comitê Gestor do IBS, ouvido o Ministério das Relações Exteriores.

 COMENTÁRIOS

Tratados internacionais podem conter disposições atinentes ao IBS e à CBS, seja no que tange à necessidade de se atribuir tratamento equivalente a produtos nacionais, e a produtos oriundos dos demais países signatários, no que tange a tributos internos (conceito no qual IBS e CBS se subsomem), seja no que toca à troca de informações entre Fazendas, a disposições destinadas a evitar dupla tributação etc. Este artigo apenas estabelece que a regulamentação de tais tratados, no plano infralegal, dar-se-á por ato do Comitê Gestor e do Ministério de Estado da Fazenda, com a participação (apenas para que seja "ouvido") do Ministério das Relações Exteriores. Lembre-se de que os tratados que cuidam de direitos humanos podem ter *status* constitucional, e todos os demais têm *status* infraconstitucional, mas supralegal, o que didaticamente explica o art. 98 do Código Tributário Nacional.

CAPÍTULO X
DISPOSIÇÕES COMUNS AOS REGIMES ESPECÍFICOS

> **Art. 300.** O período de apuração do IBS e da CBS nos regimes específicos de serviços financeiros, planos de assistência à saúde e concursos de prognósticos a que se referem os Capítulos II, III e IV deste Título será mensal.

 COMENTÁRIOS

A lei fixa o prazo de apuração do IBS e da CBS para os demais regimes, incluindo o geral, também em um mês (ver art. 43), delegando ao regulamento a possibilidade de fixar quando a apuração deve ocorrer, e o vencimento do tributo assim apurado (naturalmente em algum momento posterior a esse período de apuração). O artigo em comento apenas reitera que o mesmo período deverá ser observado para os regimes especiais aqui mencionados.

> **Art. 301.** Caso a base de cálculo do IBS e da CBS nos regimes específicos de serviços financeiros, planos de assistência à saúde e concursos de prognósticos de que tratam os Capítulos II, III e IV deste Título no período de apuração seja negativa, o contribuinte poderá deduzir o valor negativo da base de cálculo, sem qualquer atualização, das bases de cálculo positivas dos períodos de apuração posteriores.
> **Parágrafo único.** A dedução de que trata o *caput* poderá ser feita no prazo de até 5 (cinco) anos contados do último dia útil do período de apuração.

 COMENTÁRIOS

Regimes específicos de serviços financeiros, planos de saúde e concursos de prognósticos têm base de cálculo determinada por critérios particulares. Como visto nos comentários aos

TÍTULO V – DOS REGIMES ESPECÍFICOS DO IBS E DA CBS   Art. 302

artigos correspondentes, deduzem-se da receita bruta, a ser onerada por IBS e CBS, diversas despesas, o que aproxima as bases imponíveis às de um tributo incidente sobre a renda.

Em termos econômicos, chega-se a resultado semelhante, ou equivalente, ao de permitir os créditos de IBS e CBS sobre as aquisições (despesas). A diferença é que, deduzindo-se a própria despesa da base tributável, não importa se ela sofreu ou não a incidência do tributo. Há uma aproximação da sistemática da "base sobre base".

Seguindo orientação jurisprudencial equivocada, e duramente criticada pela doutrina, de que créditos extemporâneos de tributos não cumulativos não podem ser corrigidos, o dispositivo em comento não permite a correção das bases negativas. Alguns esclarecimentos, contudo, não podem deixar de ser feitos.

A jurisprudência afirma que a correção não pode ocorrer se não houver previsão legal. A lei, no caso, se pretende dar efetividade a princípios como o da cooperação e da justiça fiscal, bem poderia prever a correção. Não o faz, e ainda afirma, textualmente, a impossibilidade de ela ocorrer, fazendo com que o Fisco se locuplete com a inflação eventualmente havida no período, em amesquinhamento ainda ao princípio da não cumulatividade.

Além disso, a ideia de não atualização partia da premissa de que os créditos da sistemática da não cumulatividade não seriam créditos patrimoniais (direitos creditórios, ou direito de receber quantias em dinheiro), mas créditos meramente escriturais. Em outras palavras, o crédito do tributo não cumulativo seria mera variável ou fator a ser usado no cálculo do valor devido pelo contribuinte. Essa premissa, porém, é desafiada por várias disposições desta lei. Primeiro, as que cuidam do *cashback*. Segundo, as que restringem o direito à restituição do indébito por conta de uma previsão de repasse ao consumidor final. E, terceiro, as que exigem a prova do pagamento do tributo incidente na etapa anterior como condição para o creditamento na etapa seguinte. Todas essas normas desnaturam o crédito "meramente escritural", visto como simples variável a ser tomada em conta na apuração do valor devido, fazendo-o um crédito patrimonial. E isso para não referir as que dão ao contribuinte com saldo credor acumulado o direito de pleitear o ressarcimento em dinheiro. Todas essas disposições são frontalmente contrárias com a ideia, importada indevidamente do regime aplicável ao ICMS e ao IPI, de que os créditos não se atualizam porque "meramente escriturais".

> **Art. 302.** Os contribuintes sujeitos aos regimes específicos de serviços financeiros, planos de assistência à saúde, concursos de prognósticos e bens imóveis a que se referem os Capítulos II, III, IV e V deste Título poderão apropriar e utilizar o crédito de IBS e de CBS sobre as suas aquisições de bens e serviços, obedecido o disposto nos arts. 47 a 56, salvo quando houver regra própria em regime específico aplicável ao bem e serviço adquirido.
>
> **Parágrafo único.** A apuração do IBS e CBS nos regimes específicos de que trata o *caput* não implica estorno, parcial ou integral, dos créditos relativos às aquisições de bens e serviços.

 COMENTÁRIOS

Os regimes específicos não implicam exclusão ou afastamento do princípio da não cumulatividade. Assim, as aquisições de bens ou serviços efetuadas por imobiliárias, bancos, planos de saúde etc., geram-lhes créditos de IBS e CBS normalmente, caso tais tributos tenham sobre elas incidido, os quais não devem ser estornados.

A única hipótese em que não haverá o aproveitamento de crédito, por parte de contribuinte sujeito a regime específico, é a de haver regra própria, no regime específico, determinando o contrário. Ressalve-se, contudo, que tal regra, para ser constitucional, há de fundar-se ou na única exceção constitucionalmente permitida (bem destinado ao uso ou ao consumo pessoais, e não à atividade tributada), ou em particularidade do regime específico que impeça o aproveitamento do crédito, mas que com isso não implique acumulação. É o caso dos contribuintes da construção civil, que podem abater da base de cálculo o valor dos materiais: como toda a despesa ou o custo com a compra do material (já tributado) é excluída da base tributável, o tributo incidente sobre esse material não é objeto de creditamento, pois a exclusão da própria operação já tributada anteriormente impede que haja acumulação. Fora essas situações, não pode a lei, arbitrariamente, negar, restringir ou excepcionar o direito ao creditamento.

> **Art. 303.** Fica vedada a apropriação de crédito de IBS e CBS sobre os valores que forem deduzidos da base de cálculo do IBS e da CBS nos regimes específicos, assim como a dedução em duplicidade de qualquer valor.

COMENTÁRIOS

Há regimes especiais nos quais a base de cálculo não é composta de toda a receita do contribuinte, obtida com a realização de operações com bens e serviços. Dessa receita se deduzem algumas despesas, de modo que IBS e CBS incidam sobre base assemelhada à do imposto de renda. O que este artigo estabelece, reiterando disposições específicas já constantes de seções anteriores, é que nestes casos não é possível o creditamento do IBS e da CBS que tenham incidido sobre tais despesas.

Não se trata, aqui, de limitação indevida ao direito de crédito, e a razão é simples: toda a despesa, que sofreu a incidência do IBS e da CBS na operação passada, é deduzida, diminuindo a receita a ser tributada, de modo que se alcança por igual o resultado da não acumulação. Caso pudesse haver o creditamento, haveria duplicidade no aproveitamento, por vias diversas, mas que chegariam a resultado equivalente.

> **Art. 304.** Aplicam-se as normas gerais de incidência do IBS e da CBS de que trata o Título I deste Livro para as operações, importações e exportações com bens e serviços realizadas pelos fornecedores sujeitos a regimes específicos e que não forem objeto de um desses regimes específicos.

COMENTÁRIOS

O artigo em comento esclarece que o regime especial previsto nesta lei para uma determinada atividade não se estende ao contribuinte que desempenhe essa atividade, caso exerça também uma outra, não agraciada pelo regime especial, que neste caso deverá ser submetida ao regime normal de IBS e CBS. Exemplificando, se um contribuinte intermedia seguros, mas também compra e vende veículos, não poderá aplicar às operações com veículos o regime próprio atinente aos seguros, devendo calcular o IBS e a CBS incidentes sobre cada uma dessas atividades seguindo o regime específico de cada uma.

> **Art. 305.** As obrigações acessórias a serem cumpridas pelas pessoas jurídicas sujeitas a regimes específicos serão uniformes em todo o território nacional e poderão ser distintas daquelas aplicáveis à operacionalização do IBS e da CBS sobre operações, previstas nas

TÍTULO V – DOS REGIMES ESPECÍFICOS DO IBS E DA CBS Art. 307

> normas gerais de incidência de que trata o Capítulo III do Título I deste Livro, inclusive em relação à sua periodicidade, e serão fixadas pelo regulamento.
>
> § 1º As obrigações acessórias de que trata o *caput* deverão conter as informações necessárias para apuração da base de cálculo, creditamento e distribuição do produto da arrecadação do IBS, além das demais informações exigidas em cada regime específico.
>
> § 2º Os dados a serem informados nas obrigações acessórias de que trata o *caput* poderão ser agregados por município, nos termos do regulamento.
>
> § 3º As informações prestadas pelo sujeito passivo nos termos deste artigo possuem caráter declaratório, constituindo confissão do valor devido de IBS e de CBS consignados na obrigação acessória.
>
> § 4º O regulamento preverá hipóteses em que o cumprimento da obrigação acessória de que trata este artigo dispensará a emissão do documento fiscal eletrônico de que trata o art. 60 desta Lei Complementar.

 COMENTÁRIOS

As obrigações acessórias referentes ao IBS e à CBS constam, em linhas gerais desta lei, e serão explicitadas em regulamento, que será editado pelo Executivo Federal, e pelo Comitê Gestor. Deverão ser, nessa condição, uniformes em todo o território nacional, independentemente de estar o contribuinte em regime especial, ou no regime geral. Podem ser, por certo, para os regimes especiais, diversas daquelas aplicáveis ao regime geral, mas daí não se extrai que as do regime geral possam variar de Estado para Estado, ou, pior, de Município para Município, dado que serão fixadas pelo Comitê Gestor. Do contrário, pouco se terá evoluído da sistemática do ISS, e do ICMS, para o IBS, cuja principal vantagem, para o contribuinte (e não só para os de regimes especiais), é a unificação.

> **Art. 306.** No caso de serviços financeiros e de planos de assistência à saúde adquiridos pela União, Estados, Distrito Federal e Municípios, serão aplicadas as mesmas regras previstas no art. 473 desta Lei Complementar para as demais aquisições de bens e serviços pela administração pública direta, por autarquias e por fundações públicas.

 COMENTÁRIOS

Planos de assistência à saúde e serviços financeiros em geral não diferem de qualquer outra contratação de fornecimento de bem ou serviço, quando o destinatário é o Poder Público. Aplica-se, portanto, a tais contratações, o disposto nesta lei, relativamente às contratações feitas pelo Poder Público em geral, no seu art. 473, que cuida de se zerarem as alíquotas devidas aos demais entes, e se preencher o espaço por elas deixado com a majoração daquela devida ao ente contratante, até chegar-se ao somatório obtido se elas existissem.

> **Art. 307.** Aplicam-se as normas gerais de incidência do IBS e da CBS, de acordo com o disposto no Título I deste Livro, quanto às regras não previstas expressamente para os regimes específicos neste Título.

 COMENTÁRIOS

Em disposição explicitante de noção óbvia de teoria do direito, este artigo deixa claro que as normas referentes à "parte geral" desta lei, no que não forem incompatíveis com as contidas em cada regime específico, aplicam-se a estes. Dá-se o mesmo em qualquer outro sistema de regras, podendo-se colher como exemplo o Código de Processo Civil: as regras contidas na parte geral, referentes a impedimentos, comunicação de atos processuais, honorários, prazos etc., aplicam-se ao processo de conhecimento, ao processo de execução, aos procedimentos especiais etc., no que não forem incompatíveis com regras específicas previstas para eles.

TÍTULO VI
DOS REGIMES DIFERENCIADOS DA CBS

CAPÍTULO I
DO PROGRAMA UNIVERSIDADE PARA TODOS – PROUNI

> **Art. 308.** Fica reduzida a zero a alíquota da CBS incidente sobre o fornecimento de serviços de educação de ensino superior por instituição privada de ensino, com ou sem fins lucrativos, durante o período de adesão e vinculação ao Programa Universidade para Todos – Prouni, instituído pela Lei nº 11.096, de 13 de janeiro de 2005.
>
> § 1º A redução de alíquotas de que trata o *caput* será aplicada:
>
> I – sobre a receita decorrente da realização de atividades de ensino superior, proveniente de cursos de graduação ou cursos sequenciais de formação específica; e
>
> II – na proporção da ocupação efetiva das bolsas devidas no âmbito do Prouni, nos termos definidos em ato do Poder Executivo da União.
>
> § 2º Caso a instituição seja desvinculada do Prouni, a CBS será exigida a partir do termo inicial estabelecido para a exigência dos demais tributos federais contemplados pelo Prouni.

 COMENTÁRIOS

Com a finalidade de enfrentar o desafio da acessibilidade e da equidade, ou da equidade no acesso, criou-se o Prouni para auxiliar quem não consegue arcar com os custos de mensalidades de instituições privadas. Por intermédio deste programa, o Poder Público concede bolsas a alunos de baixa renda, para que frequentem instituições privadas.

Nessa ordem de ideias, não faria sentido que o Poder Público custeasse, no todo ou em parte, a mensalidade de curso frequentado por estudante de baixa renda, e essas mesmas mensalidades fossem oneradas por tributos. Daí a redução a zero das alíquotas do IBS e da CBS incidentes, na proporção da ocupação efetiva das bolsas devidas no âmbito do Prouni. Ou seja: não são todas as receitas, decorrentes da prestação de serviços de educação, que se submetem à alíquota zero, mas apenas a proporção correspondente das bolsas efetivamente ocupadas.

CAPÍTULO II
DO REGIME AUTOMOTIVO

> **Art. 309.** Até 31 de dezembro de 2032, farão jus a crédito presumido da CBS, nos termos desta Lei Complementar, os projetos habilitados à fruição dos benefícios estabelecidos pelo art. 11-C da Lei nº 9.440, de 14 de março de 1997, e pelos arts. 1º a 4º da Lei nº 9.826, de 23 de agosto de 1999.
>
> § 1º O crédito presumido de que trata o *caput*:

TÍTULO VI – DOS REGIMES DIFERENCIADOS DA CBS │ Art. 309

I – incentivará exclusivamente a produção de veículos equipados com motor elétrico que tenha capacidade de tracionar o veículo somente com energia elétrica, permitida a associação com motor de combustão interna que utilize biocombustíveis isolada ou simultaneamente com combustíveis derivados de petróleo; e

II – será concedido exclusivamente a:

a) projetos aprovados até 31 de dezembro de 2024, de pessoas jurídicas que, em 20 de dezembro de 2023, estavam habilitadas à fruição dos benefícios estabelecidos pelo art. 11-C da Lei nº 9.440, de 14 de março de 1997, e pelos arts. 1º a 4º da Lei nº 9.826, de 23 de agosto de 1999; e

b) novos projetos, aprovados até 31 de dezembro de 2025, que ampliem ou reiniciem a produção em planta industrial utilizada em projetos ativos ou inativos habilitados à fruição dos benefícios de que trata a alínea "a" deste inciso.

§ 2º O benefício de que trata este artigo será estendido a projetos de pessoas jurídicas de que trata a alínea "a" do inciso II do § 1º relacionados à produção de veículos tracionados por motor de combustão interna que utilizem biocombustíveis isolada ou cumulativamente com combustíveis derivados de petróleo, desde que a pessoa jurídica habilitada:

I – inicie a produção de veículos de que trata o inciso I do § 1º até 1º de janeiro de 2028, no estabelecimento incentivado; e

II – assuma, nos termos do ato concessório do benefício, compromissos relativos:

a) ao volume mínimo de investimentos;

b) ao volume mínimo de produção;

c) ao cumprimento de processo produtivo básico; e

d) à manutenção da produção por prazo mínimo, inclusive após o encerramento do benefício.

§ 3º O benefício de que trata o *caput* fica condicionado:

I – à realização de investimentos em pesquisa, desenvolvimento e inovação tecnológica na região, inclusive na área de engenharia automotiva, correspondentes a, no mínimo, 10% (dez por cento) do valor do crédito presumido apurado, nos termos regulamentados pelo Ministério do Desenvolvimento, Indústria, Comércio e Serviços – MDIC; e

II – à regularidade fiscal da pessoa jurídica quanto a tributos federais.

§ 4º Ato do Poder Executivo da União definirá os requisitos e condições das exigências contidas no inciso II do § 2º e no inciso I do § 3º.

§ 5º O cumprimento dos requisitos e condições de que tratam o inciso II do § 2º e o inciso I do § 3º será comprovado perante o MDIC.

§ 6º O MDIC encaminhará à RFB, anualmente, os resultados das auditorias relativas ao cumprimento dos requisitos referidos no § 4º.

 COMENTÁRIOS

O artigo em comento abre o capítulo destinado ao regime automotivo, um dos constitucionalmente previstos como exceção à propalada neutralidade de IBS e CBS (art. 19 da EC 132/2023), e que consiste na concessão de créditos presumidos referentes à CBS (e só a ela, não ao IBS), a serem aproveitados ou abatidos, juntamente com os créditos inerentes às aquisições efetuadas pelos contribuintes aqui indicados (créditos "reais"), deduzidos assim da CBS incidente sobre as operações por eles realizadas.

Sua finalidade é, de algum modo, compensar empresas que possuem benefícios por prazo certo e vinculados ao cumprimento de condições onerosas relativos ao IPI (para as regiões Norte, Nordeste e Centro-Oeste – art. 11-C da Lei 9.440/1997, e arts. 1º a 4º da Lei

9.826/1999), que, sucedido pela CBS, reclama que também para esta se estabeleça algum tipo de benefício correspondente, tanto na desoneração como nos requisitos exigidos para a concessão.

Trata-se de redução fiscal condicionada ao cumprimento de requisitos específicos, a saber, a produção de veículos elétricos ou híbridos, iniciada até 1º de janeiro de 2028, e que implique a assunção de compromissos referentes a volume mínimo de investimentos e de produção, bem como de manutenção da produção por prazo mínimo, inclusive após o encerramento do benefício. Visa-se, com isso, que, encerrado o benefício, que visa a estimular a industrialização e a produção, esta se encerre, como eventualmente ocorre em se tratando de incentivos fiscais voltados à promoção de investimentos.

A intenção é elogiável, voltada a uma transição energética gradual, e os mecanismos de controle e as condições colocadas voltam-se a que se conceda o incentivo de modo eficiente e controlado. É preciso, apenas, cuidado com o excesso de delegações ao regulamento, como ocorre em várias outras partes desta lei, sendo certo que ele, ato infralegal do Poder Executivo, não pode extrapolar limites legais, seja no que tange ao tamanho do incentivo, seja no que toca às condições necessárias ao seu gozo. Sua finalidade é de instrumentalizar a concessão e o controle, não os requisitos materiais para a concessão, nem o montante da redução.

> **Art. 310.** O crédito presumido de que trata o art. 309 não poderá ser usufruído cumulativamente com quaisquer outros benefícios fiscais federais da CBS destinados à beneficiária desse crédito presumido.

 COMENTÁRIOS

Dentro de uma lógica de evitar a sobreposição de incentivos ou benefícios fiscais, o crédito presumido previsto neste capítulo não poderá ser usufruído juntamente com outros benefícios fiscais referentes à CBS. Não se impede que o seja em relação a reduções de outros tributos federais (p. ex., IRPJ e CSLL, ou imposto de importação).

> **Art. 311.** Em relação aos projetos habilitados à fruição dos benefícios estabelecidos pelo art. 11-C da Lei nº 9.440, de 14 de março de 1997, o crédito presumido de que trata o art. 309 desta Lei Complementar será calculado mediante a aplicação dos seguintes percentuais sobre o valor das vendas no mercado interno, em cada mês, dos produtos constantes nos projetos de que trata o art. 309, fabricados ou montados nos estabelecimentos incentivados:
>
> I – 11,60% (onze inteiros e sessenta centésimos por cento) até o 12º (décimo segundo) mês de fruição do benefício;
>
> II – 10% (dez inteiros por cento) do 13º (décimo terceiro) ao 48º (quadragésimo oitavo) mês de fruição do benefício;
>
> III – 8,70% (oito inteiros e setenta centésimos por cento) do 49º (quadragésimo nono) ao 60º (sexagésimo) mês de fruição do benefício.
>
> § 1º No cálculo do crédito presumido de que trata o *caput* não serão incluídos os impostos e as contribuições incidentes sobre a operação de venda, e serão excluídos os descontos incondicionais concedidos.
>
> § 2º O crédito presumido de que trata o *caput* somente se aplica às vendas no mercado interno efetuadas com a exigência integral da CBS, não incluídas:

TÍTULO VI – DOS REGIMES DIFERENCIADOS DA CBS — Art. 312

> I – as vendas isentas, imunes, não alcançadas pela incidência da contribuição, com alíquota zero, com redução de alíquotas ou de base de cálculo, ou com suspensão da contribuição; e
>
> II – as vendas canceladas e as devolvidas.
>
> § 3º Os percentuais de que tratam os incisos I a III do *caput* serão reduzidos à razão de 20% (vinte por cento) do percentual inicial ao ano, entre 2029 e 2032, até serem extintos a partir de 2033.

COMENTÁRIOS

O valor a ser apropriado como crédito, no cálculo da CBS não cumulativa incidente sobre operações com os veículos produzidos de modo incentivado nos termos deste capítulo, no que tange aos empreendimentos incentivados nos moldes do art. 11-C da Lei 9.440/1997[1], deverá ser calculado com a aplicação dos percentuais indicados nos três incisos do *caput* deste artigo, incidente sobre o valor das vendas no mercado interno dos referidos veículos.

Excluem-se as vendas ao mercado externo, vale dizer, as exportações, porque estas não são oneradas pela CBS (nem por IBS, ICMS, IPI, Cofins, PIS etc.). Aliás, as vendas não tributadas, por conta de isenção, alíquota zero, redução de alíquota etc., também não integram a base de cálculo do crédito presumido.

Percebe-se que o benefício se reduz gradualmente, com o passar do tempo, por se presumir, corretamente, que o contribuinte não pode depender da desoneração de modo permanente. Trata-se de um empurrão necessário a que certas dificuldades sejam superadas, mas o que se espera é que o contribuinte, com o tempo, não precise mais dele. Seja porque qualquer atividade saudável deve com o tempo se tornar viável e autônoma independentemente dessa ajuda, seja porque, com o avanço da tecnologia inerente a veículos elétricos, e a gradual transição da matriz energética utilizada para mobilidade urbana, produzi-los será cada vez menos dependente de benefícios, até se tornar viável e lucrativo independentemente deles.

> **Art. 312.** Em relação aos projetos habilitados à fruição dos benefícios estabelecidos pelos arts. 1º a 4º da Lei nº 9.826, de 23 de agosto de 1999, o crédito presumido de que trata o art. 309 desta Lei Complementar corresponderá ao produto da multiplicação dos seguintes fatores:
>
> I – valor das vendas no mercado interno, em cada mês, dos produtos constantes nos projetos de que trata o art. 309 desta Lei Complementar, fabricados ou montados nos estabelecimentos incentivados;

---

[1] Trata-se de benefício concedido às "empresas instaladas ou que venham a se instalar nas regiões Norte, Nordeste e Centro-Oeste, e que sejam montadoras e fabricantes de: a) veículos automotores terrestres de passageiros e de uso misto de duas rodas ou mais e jipes; b) caminhonetas, furgões, *pick-ups* e veículos automotores, de quatro rodas ou mais, para transporte de mercadorias de capacidade máxima de carga não superior a quatro toneladas; c) veículos automotores terrestres de transporte de mercadorias de capacidade de carga igual ou superior a quatro toneladas, veículos terrestres para transporte de dez pessoas ou mais e caminhões-tratores; d) tratores agrícolas e colheitadeiras; e) tratores, máquinas rodoviárias e de escavação e empilhadeiras; f) carroçarias para veículos automotores em geral; g) reboques e semirreboques utilizados para o transporte de mercadorias; h) partes, peças, componentes, conjuntos e subconjuntos – acabados e semiacabados – e pneumáticos, destinados aos produtos relacionados nesta e nas alíneas anteriores" (Lei 9.440/1997, art. 1º, § 1º).

> II – alíquotas do Imposto sobre Produtos Industrializados – IPI vigentes em 31 de dezembro de 2025, conforme a Tabela de Incidência do Imposto sobre Produtos Industrializados – Tipi, inclusive Notas Complementares, referentes aos produtos classificados nas posições 8702 a 8704;
>
> III – fator de eficiência, que será o resultado do cálculo de 1 (um inteiro) diminuído da alíquota referida no inciso II, para cada posição na Tipi; e
>
> IV – fator multiplicador, que será de:
>
> a) 32,00% (trinta e dois por cento) nos anos de 2027 e 2028;
>
> b) 25,60% (vinte e cinco inteiros e sessenta centésimos por cento) no ano de 2029;
>
> c) 19,20% (dezenove inteiros e vinte centésimos por cento) no ano de 2030;
>
> d) 12,80% (doze inteiros e oitenta centésimos por cento) no ano de 2031; e
>
> e) 6,40 % (seis inteiros e quarenta centésimos por cento) no ano de 2032.
>
> **Parágrafo único.** Aplica-se a este artigo o disposto nos §§ 1º e 2º do art. 311 desta Lei Complementar.

COMENTÁRIOS

Este artigo cuida por igual dos percentuais a serem usados no cálculo do crédito presumido de CBS, mas, desta feita, não para os empreendimentos contemplados pelo art. 11-C da Lei 9.440/1997, referidos no artigo anterior, mas para os referentes aos arts. 1º a 4º da Lei 9.826/1999, que são aqueles empreendimentos industriais instalados nas áreas de atuação da Superintendência do Desenvolvimento da Amazônia (Sudam) e Superintendência do Desenvolvimento do Nordeste (Sudene), contemplados com crédito presumido do Imposto sobre Produtos Industrializados (IPI), sucedido pela CBS.

> **Art. 313.** Os créditos apurados em decorrência dos benefícios de que trata o art. 309 somente poderão ser utilizados para:
>
> I – compensação com débitos da CBS; e
>
> II – compensação com débitos próprios relativos a tributos administrados pela RFB, observadas as condições e limites vigentes para compensação na data da declaração.
>
> § 1º Os créditos de que trata este artigo:
>
> I – não poderão ser transferidos a outro estabelecimento da pessoa jurídica;
>
> II – devem ser utilizados somente para dedução e compensação de débitos próprios do estabelecimento habilitado e localizado na região incentivada; e
>
> III – não podem ser objeto de ressarcimento.
>
> § 2º Consideram-se débitos próprios do estabelecimento habilitado e localizado na região incentivada a parcela dos débitos de impostos e contribuições federais da pessoa jurídica na forma de rateio estabelecida em Ato do Poder Executivo da União.

COMENTÁRIOS

O crédito presumido de CBS previsto neste capítulo é instrumento de concessão de um incentivo fiscal específico, condicionado e por prazo certo. Não se trata de crédito normalmente decorrente da sistemática da não cumulatividade, sendo inserido nesta sistemática de modo artificial para desonerar o contribuinte que cumpre requisitos específicos. Nessa condição, não pode ser transferido a outros estabelecimentos, só podendo ser utilizado para redução do montante de CBS devido pelo estabelecimento incentivado, situado na região a ser incentivada. Pela mesma razão, eventual saldo dele não poderá ser ressarcido em dinheiro.

TÍTULO VI – DOS REGIMES DIFERENCIADOS DA CBS | Art. 314

Do contrário, uma empresa com vários estabelecimentos no país, que tivesse um deles incentivado nos termos deste capítulo, e vários outros não, poderia transferir aos não incentivados os créditos gerados pelo incentivado, ou o dinheiro assim obtido com um ressarcimento. Desvirtuar-se-ia, com isso, a finalidade do incentivo, o qual assim seria revertido a esses outros estabelecimentos, que não cumprem os requisitos exigidos para tanto.

> **Art. 314.** O descumprimento das condições exigidas para fruição do crédito presumido poderá acarretar as seguintes penalidades:
> I – cancelamento da habilitação com efeitos retroativos; ou
> II – suspensão da habilitação.
> **Parágrafo único.** A suspensão da habilitação de que trata o inciso II do *caput* poderá ser aplicada na hipótese de verificação do não atendimento, pela pessoa jurídica habilitada, da condição de que trata o inciso II do § 3º do art. 309, ficando suspensa utilização do crédito presumido de que trata este Capítulo enquanto não forem sanados os motivos que deram causa à suspensão da habilitação.

 COMENTÁRIOS

Como todo benefício fiscal condicionado, o descumprimento dos requisitos, ou das condições, é causa para cancelamento do benefício, retroativo à data em que eles, os requisitos, deixaram de ser cumpridos. O artigo não esclarece este ponto, tendo técnica legislativa deficiente, mas está implícito que o marco temporal do efeito retroativo indicado no inciso I é a data em que o requisito deixou de ser atendido.

É comum que o requisito deixe de ser atendido em uma data, e a Administração Tributária só o constata algum tempo depois. Imagine-se que o requisito deixou de ser atendido em março de 2027, mas o Fisco só o percebe em abril de 2029. O ato que decretar o cancelamento do benefício tem efeitos retroativos a março de 2027. Trata-se de decorrência natural de noções de Teoria do Direito subjacentes ao brocardo do *tempus regit actum*, já conhecidas dos aplicadores do direito em relação às imunidades subjetivas (*v.g.*, art. 150, VI, *c*) e isenções condicionadas.

Por um dever de coerência, como *pau que bate em Chico bate em Francisco*, o reconhecimento do preenchimento dos requisitos tem também efeito retroativo. Não importa a data em que o Fisco reconhece ou constata que os requisitos são cumpridos: relevante é saber a partir de quando eles efetivamente passaram a ser cumpridos.

Até porque o ato do Poder Executivo, nesse caso, tem efeito declaratório, e, assim, retroativo, tanto ao afirmar o preenchimento, como o não preenchimento. É o que se colhe da doutrina de Pontes de Miranda, para quem "a *determinação*, ainda por atos do Poder Executivo, *de quais são as empresas que preenchem os requisitos para a isenção* é apenas 'ato administrativo de reconhecimento', ato 'declarativo', pelo qual se precisam quais as empresas que deram provas de estarem os seus produtos nas circunstâncias previstas *pela lei* para a isenção. Tais atos governamentais apenas dizem que a regra jurídica isentiva incidirá sobre suportes fáticos em que se acham mercadorias das empresas apontadas"[2]. No mesmo sentido é a lição de Hugo de Brito Machado[3] e José Souto Maior Borges[4].

---

[2] MIRANDA, F. C. Pontes de. *Comentários à Constituição de 1946*. Rio de Janeiro: Borsoi, 1960, t. II, p. 97-98.
[3] MACHADO, Hugo de Brito. *Curso de Direito Tributário*. 13. ed. São Paulo: Malheiros, 1998, p. 156-157.
[4] BORGES, José Souto Maior. *Isenções tributárias*. São Paulo: Sugestões Literárias, 1969, p. 43.

Na jurisprudência é igualmente essa a tese que, há muito tempo, prevalece: "Imposto de Renda. Isenção reconhecida a sociedade de fins não lucrativos, consoante os arts. 25 e 31 do Decreto 58.400, de 10.05.1966. O ato administrativo de reconhecimento tem efeito declarativo e não atributivo, abrangendo, assim, período anterior à sua expedição"[5]. "O ato administrativo que a reconhece é declaratório e não constitutivo. O requerimento é pressuposto para o desfrute da isenção, mas não para o seu nascimento. Isenção especial reconhecida desde a vigência da lei que a instituiu no interesse geral, uma vez verificados os seus requisitos legais"[6]. Também assim decide o STJ: "O ato declaratório de utilidade pública, indispensável à isenção das contribuições previdenciárias, tem efeito retroativo à data em que a entidade reunia os pressupostos legais para o reconhecimento desta qualidade"[7].

Ao lado do cancelamento, o artigo trata, também, da suspensão, a qual não é definitiva. Perdurará enquanto presente a causa da suspensão (pendências junto ao Fisco Federal), convertendo-se no restabelecimento do benefício, quando as pendências forem sanadas. Entenda-se por sanadas não apenas o pagamento em sentido estrito de eventual débito de tributo federal em aberto, mas qualquer outra causa que permita ao contribuinte a obtenção de certidão positiva com efeitos de negativa (CTN, arts. 151 e 206), tais como uma tutela provisória ou o depósito em um processo judicial, ou a pendência de uma defesa ou de um recurso administrativos, por exemplo.

> **Art. 315.** O cancelamento da habilitação poderá ser aplicado na hipótese de descumprimento dos requisitos e condições de que tratam o art. 309, ainda que ocorrido após o período de apropriação do crédito presumido.
>
> § 1º O cancelamento da habilitação implicará a devolução de parcela do crédito presumido apurado no período e os seus acréscimos legais, a qual corresponderá ao produto da multiplicação dos seguintes fatores:
>
> I – total do crédito presumido apurado no período fixado no ato concessório;
>
> II – 100% (cem por cento) diminuído do produto da multiplicação dos seguintes valores percentuais:
>
> a) F1%: resultado da divisão do somatório de investimentos realizados pelo estabelecimento no período do crédito, pelo volume mínimo de investimentos no período do crédito fixado no ato concessório do benefício, de modo que F1% não poderá ser superior a 100,0% (cem por cento);
>
> b) F2%: resultado da divisão do somatório dos volumes de produção realizados pelo estabelecimento no período do crédito, pelo volume mínimo de produção no período do crédito fixado no ato concessório do benefício, de modo que F2% não poderá ser superior a 100,0% (cem por cento); e
>
> c) F3%: resultado da divisão do prazo de manutenção da produção no estabelecimento, inclusive após o encerramento do benefício, pelo prazo mínimo de produção fixado no ato concessório do benefício, incluído o período após o encerramento do benefício, de modo que F3% não poderá ser superior a 100,0% (cem por cento).
>
> § 2º A parcela do crédito presumido a devolver de que trata o § 1º:
>
> I – será apurada pelo MDIC, no encerramento do processo de cancelamento da habilitação, que deverá ser iniciado em até 5 (cinco) anos contados da ciência do descumprimento dos requisitos e condições de que trata o art. 309;

---

[5] TFR, AC 36.493/MG, 2ª Turma, *RTFR* nº 46, p. 21.

[6] STF, RE 85.471/RJ, rel. Min. Cordeiro Guerra, 2ª Turma, j. 02.12.1976, *DJ* 18.03.1977.

[7] STJ, REsp 763.435/RS, rel. Min. Teori Albino Zavascki, 1ª Turma, j. 23.08.2005, *DJ* 05.09.2005, p. 322.

TÍTULO VI – DOS REGIMES DIFERENCIADOS DA CBS Art. 315

> II – sofrerá incidência de juros de mora na mesma forma calculada sobre os tributos federais, nos termos da lei, contados a partir do período de apuração em que ocorrer o fato que deu causa ao cancelamento da habilitação; e
>
> III – deverá ser recolhida até o último dia útil do mês seguinte ao cancelamento da habilitação.
>
> § 3º O direito de a administração tributária cobrar a devolução da parcela do crédito presumido de que trata este artigo será de 5 (cinco) anos contados a partir do primeiro dia do mês seguinte àquele em que o recolhimento deveria ter sido efetuado, na forma do inciso III do § 2º.

 COMENTÁRIOS

Disciplinando a forma como o incentivo fiscal deverá ser devolvido, no caso de cancelamento por descumprimento dos requisitos, o artigo prevê uma série de fatores e variáveis a serem considerados. Tais variáveis são necessárias porque não se trata apenas de devolver todo o benefício, já que o descumprimento pode não decorrer do desatendimento de todas as condições. O contribuinte pode ter cumprido as condições (que são onerosas) por muito tempo, deixando de atendê-las apenas em parte e só em período final do gozo do benefício, ou mesmo depois de ele se haver encerrado, situações que não podem ser todas igualadas com a mera devolução de todo o valor.

Lembrando que um dos requisitos é continuar a atividade incentivada mesmo depois do encerramento do benefício, imagine-se o contribuinte que no mês seguinte à concessão já deixou de cumprir os requisitos, ou que nem os atendia desde o início, por ser sua atividade diversa da incentivada, ou situada em área diversa da incentivada. Trata-se de situação muito diferente daquele que cumpre ou atende todos os requisitos, e continua a atendê-los mesmo depois de encerrado o benefício, mas não consegue cumprir todo o prazo mínimo exigido de manutenção do empreendimento. Deveria manter a fábrica funcionando por dez anos depois do fim do incentivo, por exemplo, e a fecha no nono ano. Daí os fatores ou variáveis aqui previstos, a serem considerados no cálculo do valor a ser devolvido.

Quanto ao prazo, note-se uma surpresa, ou detalhe, que de resto, além de contrária ao princípio da segurança jurídica, viola a própria ideia de transparência e de cooperação, por ser uma materialização do dito popular segundo o qual o diabo mora nos detalhes. Trata-se da disposição segundo a qual o prazo de cinco anos para a cobrança da devolução do incentivo começa *da ciência do descumprimento* dos requisitos, e não do descumprimento dos requisitos. Trata-se de uma forma oblíqua de alterar o prazo de decadência do direito de lançar tais valores a serem devolvidos, cujo termo inicial pode situar-se assim anos ou mesmo décadas, ou até séculos, depois de nascido o direito do Fisco à devolução do incentivo: se o requisito é descumprido em 2027, mas a Administração Tributária só o descobre em 2050, o prazo findaria em 2055? O absurdo dispensa considerações adicionais, devendo o artigo ser entendido, em sintonia com o princípio da segurança jurídica, como a fixar o termo inicial do prazo como sendo o descumprimento dos requisitos, não a ciência dele. Aliás, quanto à redação do dispositivo, a técnica é bastante insuficiente. Ele se reporta a que "o direito ... será de 5 (cinco) anos". Um direito (subjetivo, no caso) não "é" de cinco anos. Ele se extingue em cinco anos, ou deve ser exercido em cinco anos, devendo ser exercido dentro de certo prazo de decadência, sem, obviamente, confundir-se com esse prazo.

> **Art. 316.** Ficam prorrogados, até 31 de dezembro de 2026, os benefícios do IPI instituídos pelo art. 11-C da Lei nº 9.440, de 14 de março de 1997, e pelos arts. 1º a 4º da Lei nº 9.826, de 23 de agosto de 1999, nos termos previstos nas referidas normas e neste artigo.
>
> § 1º Permanecem exigíveis, no prazo de que trata o *caput*, as condições e os requisitos para fruição dos benefícios prorrogados com as mesmas regras aplicáveis à pessoa jurídica beneficiária no ano de 2025, tanto em decorrência de lei quanto do ato concessório do benefício.
>
> § 2º O crédito presumido estabelecido pelo art. 11-C da Lei nº 9.440, de 14 de março de 1997, será equivalente ao resultado da aplicação das alíquotas previstas no art. 1º da Lei nº 10.485, de 3 de julho de 2002, sobre o valor das vendas no mercado interno, em cada mês, dos produtos constantes dos projetos aprovados para fruição do benefício, multiplicado por 0,75 (setenta e cinco centésimos).

COMENTÁRIOS

O regime automotivo previsto neste capítulo, como explicado, destina-se a suceder aquele previsto nas Leis 9.440/1997 e 9.826/1999, referentes ao IPI, tributo neste ponto a ser sucedido pela Contribuição sobre Bens e Serviços (CBS). Daí a prorrogação aqui prevista, e a equivalência de requisitos e condições, a fim de que não haja solução de continuidade entre um e outro.

TÍTULO VII
DA ADMINISTRAÇÃO DO IBS E DA CBS

CAPÍTULO I
DO REGULAMENTO DO IBS E DA CBS

> **Art. 317.** Compete:
>
> I – ao Comitê Gestor do IBS editar o regulamento do IBS; e
>
> II – ao Poder Executivo da União editar o regulamento da CBS.
>
> § 1º As disposições comuns ao IBS e à CBS, inclusive suas alterações posteriores, serão aprovadas por ato conjunto do Comitê Gestor do IBS e do Poder Executivo da União e constarão, igualmente, do regulamento do IBS e do regulamento da CBS.
>
> § 2º Todas as referências feitas ao regulamento neste Livro consideram-se uma remissão:
>
> I – ao regulamento do IBS, no caso do IBS; e
>
> II – ao regulamento da CBS, no caso da CBS

COMENTÁRIOS

Como se percebe de diversos artigos desta lei complementar, há uma vasta gama de assuntos por ela delegados ao regulamento. Em alguns casos, inclusive, delegações de validade duvidosa, por representarem matéria situada dentro da chamada reserva legal, ou reserva de lei formal (CF/1988, art. 150, I; CTN, art. 97).

É no regulamento que o Poder Executivo indica a interpretação que dá aos dispositivos da lei, disciplinando o modo como as prescrições desta serão implementadas. Essencial, neste contexto, em especial à luz do art. 149-B da CF/1988, que impõe um regime jurídico uno para IBS e CBS, que os regulamentos editados pelo Comitê Gestor, e pelo Poder Executivo da

TÍTULO VII – DA ADMINISTRAÇÃO DO IBS E DA CBS   Art. 319

União, não tenham conteúdo discrepante um do outro. Se isso ocorresse, haveria ofensa ao art. 149-B da CF/1988, mesmo que as duas interpretações – dadas por cada um dos regulamentos, na parte em que discrepassem – fossem tecnicamente possíveis. Por isso cabe à Receita Federal e ao Comitê Gestor chegar a um consenso para adotar conjuntamente a mesma interpretação. Daí a remissão, constante do § 1º, de que as disposições que sejam comuns a ambos os tributos, incluindo normas posteriores que as alterem, devem ser aprovadas por ato conjunto, constando de ambos os regulamentos, que terão, portanto, igual teor.

CAPÍTULO II
DA HARMONIZAÇÃO DO IBS E DA CBS

> **Art. 318.** O Comitê Gestor do IBS, a RFB e a Procuradoria-Geral da Fazenda Nacional atuarão com vistas a harmonizar normas, interpretações, obrigações acessórias e procedimentos relativos ao IBS e à CBS.
>
> **Parágrafo único.** Para fins do disposto no *caput*, os referidos órgãos poderão celebrar convênios para fins de prestação de assistência mútua e compartilhamento de informações relativas aos respectivos tributos.

 COMENTÁRIOS

Um dos maiores desafios do IVA-Dual é a "harmonização" indicada neste artigo, sendo certo que, a teor do art. 149-B da CF/1988, tanto a CBS como o IBS devem ter o mesmo regime jurídico, diferenciando-se apenas em alíquotas, credores e destinação constitucional dos recursos arrecadados. O fato de a regulamentação, a aplicação, o julgamento de conflitos, enfim, o que em sentido amplo se chama *enforcement*, ser feito por órgãos diversos, porém, torna bastante desafiadora essa tarefa.

Comitê Gestor, Receita Federal e Procuradoria da Fazenda Nacional precisam se comunicar, prestarem-se assistência mútua e trocarem informações não só para que ajudem uns aos outros a cobrar o tributo, dando um ao outro os elementos para que lancem ou exijam também o que até então não estavam lançando ou exigindo: o relevante é que o façam com coerência e uniformidade.

> **Art. 319.** A harmonização do IBS e da CBS será garantida pelas instâncias a seguir especificadas:
>
> I – Comitê de Harmonização das Administrações Tributárias composto de:
>
> a) 4 (quatro) representantes da RFB; e
>
> b) 4 (quatro) representantes do Comitê Gestor do IBS, sendo 2 (dois) dos Estados ou do Distrito Federal e 2 (dois) dos Municípios ou do Distrito Federal; e
>
> II – Fórum de Harmonização Jurídica das Procuradorias composto de:
>
> a) 4 (quatro) representantes da Procuradoria-Geral da Fazenda Nacional, indicados pela União; e
>
> b) 4 (quatro) representantes das Procuradorias, indicados pelo Comitê Gestor do IBS, sendo 2 (dois) Procuradores de Estado ou do Distrito Federal e 2 (dois) Procuradores de Município ou do Distrito Federal.
>
> § 1º O Comitê previsto no inciso I do *caput* será presidido e coordenado alternadamente por representante da RFB e por representante do Comitê Gestor do IBS, conforme dispuser o seu regimento interno.

> § 2º O Fórum previsto no inciso II do *caput* será presidido e coordenado alternadamente por representante da PGFN e por representante dos procuradores indicados pelo Comitê Gestor do IBS, conforme dispuser o seu regimento interno.

 COMENTÁRIOS

Para garantir equilíbrio entre os interesses e as visões dos entes subnacionais periféricos (Estados, Municípios e Distrito Federal), de um lado, e da União, de outro, na harmonização das interpretações adotadas pelo Comitê Gestor e pela Receita Federal, representantes de ambos integrarão o Comitê e o Fórum indicados neste artigo. O Comitê será composto de representantes das administrações tributárias – Receita e Comitê Gestor. O segundo, por suas procuradorias. A ideia, com a presença de representantes das procuradorias, é que a uma visão mais voltada aos interesses arrecadatórios da administração tributária se aliem considerações técnicas, e práticas, calcadas em uma análise mais jurídica, e que leve em conta o entendimento dos tribunais e as chances de êxito em demandas judiciais que visem a discutir a validade das interpretações adotadas.

Conforme será esclarecido pelos arts. 321 e 322, ao Comitê cabe uniformizar os entendimentos sobre a parte da legislação comum aos dois tributos, IBS e CBS, além de cuidar de como devem ser cumpridas obrigações acessórias, ao passo que o Fórum de Procuradores terá função precipuamente consultiva, atuando por provocação do Comitê.

Embora se esteja falando, sempre, de um *dever ser*, que, por definição, pode não ser (o Procurador pode não se comportar como deveria, como de resto ocorre com qualquer ser humano, sendo essa a essência do Direito), espera-se que os Procuradores, no aludido Fórum, tenham em consideração os precedentes, o entendimento do Poder Judiciário, na orientação de como os entendimentos a serem adotados em matéria de IBS e de CBS devem ser harmonizados.

> **Art. 320.** Os órgãos colegiados de que trata o art. 319:
>
> I – realizarão reuniões periódicas, observado o quórum de participação mínimo de 3/4 (três quartos) dos representantes;
>
> II – decidirão, na forma de seu regimento, por unanimidade dos presentes;
>
> III – terão seus membros designados pelo Ministro de Estado da Fazenda, quanto aos representantes da União, e pelo Presidente do Comitê Gestor do IBS, quanto aos representantes dos Estados, Distrito Federal e Municípios; e
>
> IV – elaborarão os seus regimentos internos mediante resolução.

 COMENTÁRIOS

Os órgãos colegiados de harmonização da legislação de IBS e CBS terão imenso poder, porquanto decidirão como deverá ser entendida, no âmbito da Administração Tributária do IBS e da CBS, a legislação correspondente, de modo vinculante para toda a administração e procuradorias. É muito importante, assim, que se respeite o devido processo legal substantivo em sua atuação.

A exigência de unanimidade, presente também na LC 24/1975 em relação a deliberações do Confaz, parece destinar-se a proteger os entes federativos uns dos outros, de modo que se obriguem apenas diante de deliberações das quais tenham participado e com as quais tenham anuído. No caso do Comitê e do Fórum, contudo, compostos de oito membros cada, naturalmente não se alcançará essa representatividade. Mas o que se espera é que a unanimidade reflita a ausência de dúvidas ou discrepâncias quanto ao entendimento a ser dado à legislação, até pela força vinculante que este terá sobre todas as demais autoridades.

> **Art. 321.** Compete ao Comitê de Harmonização das Administrações Tributárias:
> I – uniformizar a regulamentação e a interpretação da legislação relativa ao IBS e à CBS em relação às matérias comuns;
> II – prevenir litígios relativos às normas comuns aplicáveis ao IBS e à CBS; e
> III – deliberar sobre obrigações acessórias e procedimentos comuns relativos ao IBS e à CBS.
> **Parágrafo único.** As resoluções aprovadas pelo Comitê de Harmonização das Administrações Tributárias, a partir de sua publicação no Diário Oficial da União, vincularão as administrações tributárias da União, dos Estados, do Distrito Federal e dos Municípios.
> **Art. 322.** Compete ao Fórum de Harmonização Jurídica das Procuradorias:
> I – atuar como órgão consultivo do Comitê de Harmonização das Administrações Tributárias nas atividades de uniformização e interpretação das normas comuns relativas ao IBS e à CBS; e
> II – analisar relevantes e disseminadas controvérsias jurídicas relativas ao IBS e à CBS suscitadas nos termos do § 1º.
> § 1º O Fórum de Harmonização Jurídica das Procuradorias examinará as questões relacionadas a relevantes e disseminadas controvérsias jurídicas relativas ao IBS e à CBS suscitadas pelas seguintes autoridades:
> I – o Presidente do Comitê Gestor do IBS; e
> II – o Ministro de Estado da Fazenda.
> § 2º As resoluções aprovadas pelo Fórum de Harmonização Jurídica das Procuradorias, a partir de sua publicação no Diário Oficial da União, vincularão a Procuradoria-Geral da Fazenda Nacional e as Procuradorias dos Estados, do Distrito Federal e dos Municípios.
> **Art. 323.** Ato conjunto do Comitê de Harmonização das Administrações Tributárias e do Fórum de Harmonização Jurídica das Procuradorias deverá ser observado, a partir de sua publicação no Diário Oficial da União, nos atos administrativos, normativos e decisórios praticados pelas administrações tributárias da União, dos Estados, do Distrito Federal e dos Municípios e nos atos da Procuradoria-Geral da Fazenda Nacional e das Procuradorias dos Estados, do Distrito Federal e dos Municípios.
> **Parágrafo único.** Compete ao Comitê de Harmonização das Administrações Tributárias e ao Fórum de Harmonização Jurídica das Procuradorias, no âmbito das suas respectivas competências, propor o ato conjunto de que trata *caput*.

COMENTÁRIOS

A uniformização da regulamentação e da interpretação da legislação relativa às duas bandas do IVA-Dual, IBS e CBS, no que tange às disposições – e são tantas – comuns a ambos, é essencial para garantir segurança jurídica e previsibilidade, garantindo coerência e racionalidade ao sistema, além, é claro, de ser necessária em respeito ao art. 149-B da CF/1988.

Quanto à prevenção de litígios, a principal maneira de fazê-lo é observando o entendimento já firmado pela jurisprudência. Embora tenha havido sensível evolução nesta parte, a Administração Tributária, no Brasil, ainda precisa melhorar muito para que se possa dizer que respeita minimamente a orientação dos Tribunais. É muito comum, diante de leis com conteúdo ambíguo, ou às vezes até bastante claro, que se editem normas infralegais de teor duvidoso, ou abertamente ilegais, e, diante da irresignação do cidadão por elas prejudicado, dizer-se a ele que "se quiser que vá para a Justiça". A autoridade chega mesmo a orientar o cidadão, informalmente, dizendo que até mesmo existe jurisprudência a ele favorável, mas ela, como "tem que se preservar", não pode fazer nada. Dentro da lógica entranhada no senso comum jurídico brasileiro, a Administração Pública atender a um pedido do cidadão é visto como no mínimo suspeito. Depois, tem-se o Judiciário quase inviabilizado com o excesso de processos, a maior parte deles tendo a Fazenda como parte, e se acha que a solução é reduzir o número de recursos. E, de quebra, quando condenada a pagar sucumbência em processo assim provocado, a Fazenda ainda conta com a generosidade do Judiciário, que faz letra morta do art. 85, § 3º, do CPC e fixa por equidade quantias ínfimas a título de sucumbência. Está criado o cenário para a proliferação, e não para a redução, de litígios.

Caso o ônus sucumbencial a quem litiga desnecessariamente seja pesado, o Poder Público terá maior incentivo a respeitar precedentes e não provocar a cidadão a ajuizar demandas que seriam desnecessárias se, desde o início, o entendimento da Administração Pública fosse harmonizado com a jurisprudência.

Ainda quanto à vinculação, sobre a Administração Pública, dos atos praticados pelo Comitê e pelo Fórum, e em especial aos atos praticados conjuntamente (art. 321), note-se a indicação de que ela se estende aos atos decisórios, sendo certo que o ato dotado de tal poder vinculante só pode ser provocado pelo próprio Fisco, não pelo sujeito passivo, a teor do parágrafo único do art. 323. Esta Lei Complementar não cuida do processo administrativo de controle interno da legalidade de atos administrativos relacionados ao IBS e à CBS, o qual será objeto de outra lei complementar. Entretanto, a disposição do art. 323 indica, ou sugere, de modo bastante claro, que tais órgãos de julgamento deverão observar a orientação firmada pelos tais órgãos de harmonização, o que tolherá consideravelmente seu papel de controle de legalidade.

Trata-se da pior forma de "resolver conflitos": impedir que sejam resolvidos. O órgão de julgamento será obrigado a seguir o entendimento "harmonizado" pelos órgãos mencionados nos artigos em comento, assim como os órgãos de fiscalização e autuação. Com isso, os conflitos *na via administrativa* parecem desaparecer, mas não porque inexistam, ou tenham sido eliminados, mas porque se eliminaram as possibilidades de serem objeto de exame. Será meramente ornamental a existência de um órgão de controle da legalidade, "paritário", com participação de representantes da sociedade civil, se estiver ele vinculado ao entendimento que um Comitê composto de fazendários e de Procuradores fixar. Não é preciso ter uma bola de cristal para saber que isso apenas transferirá ao Poder Judiciário a discussão sobre a validade de tais entendimentos "harmonizados" e das cobranças feitas com fundamento neles.

Essa circunstância desloca o poder de revisão dos entendimentos da administração sobre a legislação, do órgão de julgamento, no qual o contribuinte se pode manifestar, e que conta com a participação de representantes da sociedade civil, para um órgão de harmonização, que não se sabe se terá a devida transparência, e cuja paritariedade só considera os entes públicos envolvidos, não a outra parte da relação tributária, o seu sujeito passivo.

CAPÍTULO III
DA FISCALIZAÇÃO E DO LANÇAMENTO DE OFÍCIO

Seção I
Da Competência para Fiscalizar

Art. 324. A fiscalização do cumprimento das obrigações tributárias principais e acessórias, bem como a constituição do crédito tributário relativo:

TÍTULO VII – DA ADMINISTRAÇÃO DO IBS E DA CBS Art. 325

> I – à CBS compete à autoridade fiscal integrante da administração tributária da União;
>
> II – ao IBS compete às autoridades fiscais integrantes das administrações tributárias dos Estados, do Distrito Federal e dos Municípios.

COMENTÁRIOS

Considerando que o IVA originalmente proposto pela PEC 45/2019 foi modificado no Congresso Nacional, passando a ser composto por duas bandas, uma de competência da União (CBS), e outra de Estados, Distrito Federal e Municípios (IBS), a competência para fiscalizar e lançar relativamente a cada uma dessas metades ou pedaços do grande IVA-Dual é também dividida entre Receita Federal, no que tange à CBS, e às autoridades fiscais de todos os Estados, Distrito Federal e Municípios, relativamente ao IBS.

Em tese, todo fiscal de tributos de qualquer Município, ou Estado-membro, ou do Distrito Federal, pode fiscalizar e autuar lançamentos de IBS, ao passo que a União o faz em relação à CBS. Como os tributos são espelhos um do outro, e uma grande plataforma digital deverá unificar todas as informações atinentes ao seu *enforcement*, isso pode gerar maior eficiência na identificação de irregularidades, suprindo eventuais dificuldades relacionadas ao fato de que Municípios onde estão localizados contribuintes que fornecem bens e serviços a destinatários situados em outros Municípios não terão interesse em fiscalizar tributos que não lhes serão destinados, ao passo que aqueles onde estarão situados os destinatários terão maior dificuldade logística de fazê-lo quando os fornecedores estão situados em localidades distantes.

> **Art. 325.** A RFB e as administrações tributárias dos Estados, do Distrito Federal e dos Municípios:
>
> I – poderão utilizar em seus respectivos lançamentos as fundamentações e provas decorrentes do processo administrativo de lançamento de ofício efetuado por outro ente federativo;
>
> II – compartilharão, em um mesmo ambiente, os registros do início e do resultado das fiscalizações da CBS e do IBS.
>
> § 1º O ambiente a que se refere o inciso II do *caput* terá gestão compartilhada entre o Comitê Gestor do IBS e a RFB.
>
> § 2º Ato conjunto do Comitê Gestor e da RFB poderá prever outras hipóteses de informações a serem compartilhadas no ambiente a que se refere o inciso II do *caput*.
>
> § 3º A utilização das fundamentações e provas a que se refere o inciso I do *caput*, ainda que relativas a processos administrativos encerrados, não dispensa a oportunidade do contraditório e da ampla defesa pelo sujeito passivo.

COMENTÁRIOS

Conquanto tributos diferentes, é sempre importante lembrar que IBS e CBS devem seguir o mesmo regime jurídico (CF/1988, art. 149-B), sendo inclusive disciplinados pela mesma lei complementar. Daí por que é muito difícil, senão impossível, que em uma hipótese seja possível efetuar lançamento de um deles, e não do outro. Se houve operação tributada não declarada, se se aplicou regime especial indevidamente, se se levou em conta imunidade que não seria invocável no caso, tanto CBS como IBS serão devidos. Daí a importância não só de harmonização de entendimentos, mas especialmente da criação de um ambiente virtual onde informações – não só sobre fatos geradores, mas sobre lançamentos preexistentes – possam ser compartilhadas, para que se evitem omissões, e duplicidades. Como se diz no ditado popular, em panela em que muitos mexem, o risco é a comida ficar insossa, ou salgada demais. O compartilhamento visa a tentar evitar isso.

Note-se que o uso de provas emprestadas, ou de fundamentações emprestadas, não dispensa o contraditório e a ampla defesa, mesmo que estes já tenham sido respeitados no processo do qual são tomadas de empréstimo. Isso porque pode haver questionamento quanto à sua pertinência no processo para o qual são transplantadas, o que por igual deve ser objeto de contraditório. É o que se esclarece no § 3º.

> **Art. 326.** A RFB e as administrações tributárias dos Estados, do Distrito Federal e dos Municípios poderão celebrar convênio para delegação recíproca da atividade de fiscalização do IBS e da CBS nos processos fiscais de pequeno valor, assim considerados aqueles cujo lançamento não supere limite único estabelecido no regulamento.
>
> **Art. 327.** O Ministério da Fazenda e o Comitê Gestor do IBS poderão celebrar convênio para delegação recíproca do julgamento do contencioso administrativo relativo ao lançamento de ofício do IBS e da CBS efetuado nos termos do art. 326.

 COMENTÁRIOS

Os arts. 326 e 327 endereçam problema complexo, que decorre do fato de o IVA previsto na EC 132/2023, e aqui regulamentado, ser "dual", vale dizer, uma banda dele é federal, atendendo pelo nome de Contribuição sobre Bens e Serviços (CBS), e outra é compartilhada por todos os Estados-membros, Distrito Federal e Municípios, o Imposto sobre Bens e Serviços (IBS).

Como já se comentou em notas a artigos anteriores, a solução destina-se a disfarçar a centralização, que poderia ser tida como ofensiva ao art. 60, § 4º, I, da CF/1988, contaminando a validade da própria Emenda Constitucional 132. Há evidentes impropriedades, como a de chamar de "IVA" dual um tributo formado por duas partes, sendo que uma delas não é imposto, é contribuição. Isso talvez confirme o que parte da literatura nacional defende há décadas: as contribuições são apenas rótulos, que retoricamente invocam ideias ligadas a questões socais, que se colocam em impostos para burlar o federalismo e os direitos dos contribuintes. A reforma tributária, em vez de corrigir a desfiguração que as contribuições – e a jurisprudência do STF a respeito delas – imprimiram no sistema tributário brasileiro, amplificou-a, prevendo mais uma contribuição (sobre semielaborados), ampliando o espectro da contribuição para a iluminação pública (agora também para monitoramento), e colocando como um pedaço do imposto sobre o valor agregado uma contribuição.

Outra impropriedade é batizar um órgão – o Comitê Gestor – e uma competência – de instituir o IBS – de "compartilhado entre todos os Estados, Distrito Federal e Municípios", como se isso fosse algo diverso de *federal*. Em uma federação, aquilo que é representado pelo esforço reunido de todos os entes periféricos, considerados indistintamente, é exatamente o ente central. Apenas se tem um órgão e uma competência federal na qual a participação política dos entes periféricos se dá de modo diferenciado.

Sem entrar, novamente, no mérito desta questão, o relevante é que ela suscita questões processuais complexas, ligadas ao *enforcement* do novo tributo "dual". Como fiscalizar, lançar, e fazer o controle de legalidade interno dessas ações, de tributos gêmeos, espelhados, mas que são de competência de entes diversos? A solução ora proposta é a realização de convênios de delegação recíproca, que, no entanto, são aqui permitidos apenas para créditos de pequeno

TÍTULO VII – DA ADMINISTRAÇÃO DO IBS E DA CBS Art. 328

valor, a ser fixado em regulamento. Como o regime jurídico dos dois – IBS e CBS – deve ser sempre o mesmo, ressalvadas apenas alíquotas e destinação de recursos –, qualquer dos entes poderia, em tese, fiscalizar, lançar, e julgar, créditos tributários relativos a ambos. Subsistem as questões relacionadas aos créditos de maior valor, e, sobretudo, as atinentes a divergências interpretativas, como de resto ocorre em tributos federais fiscalizados e cobrados por fiscais diferentes, em diversas partes do território por onde se espalham as ramificações da própria Receita Federal.

Seção II
Da Fiscalização e do Procedimento Fiscal

> **Art. 328.** O procedimento fiscal tem início com:
> I – a ciência do sujeito passivo, seu representante ou preposto, do primeiro ato de ofício, praticado por autoridade fiscal integrante das administrações tributárias da União, dos estados, do Distrito Federal e dos municípios, tendente à apuração de obrigação tributária ou infração;
> II – a apreensão de bens;
> III – apreensão de documentos ou livros, inclusive em meio digital;
> IV – o começo do despacho aduaneiro de mercadoria importada.
> § 1º O início do procedimento fiscal exclui a espontaneidade do sujeito passivo em relação aos atos anteriores e, independentemente de intimação, a dos demais envolvidos nas infrações verificadas.
> § 2º Para os efeitos do disposto no § 1º, os atos referidos nos incisos I a III do *caput* valerão pelo prazo de 90 (noventa) dias, prorrogável, sucessivamente, por igual período, com qualquer outro ato que formalize o prosseguimento dos trabalhos.

 COMENTÁRIOS

Há, na literatura especializada, divergência em torno do conceito de lançamento tributário. Autores o consideram ato, enquanto outros, procedimento. É a textura aberta da linguagem, que leva palavras a serem usadas, não raro, com sentidos próximos, alusivos a uma nuvem de realidades relacionadas, como que integrantes de uma mesma "família" (Wittgenstein). Churrasco, por exemplo, pode aludir a um tipo de comida (não como churrasco, sou vegano), a um modo de preparo (churrasco de legumes também é ótimo!), ou a um evento social (mesmo se não for comer, não falte ao churrasco!).

Nessa ordem de ideias, lançamento pode designar um ato, no qual a obrigação tributária é liquidada e acertada. Mas também designa o procedimento preparatório que antecede a prática desse ato. E, ainda, eventual processo administrativo, contraditório, que sucede a prática do ato, e que se destina a realizar o controle interno de sua legalidade, mantendo, enquanto não concluído, suspensa a respectiva exigibilidade.

As hipóteses mencionadas neste artigo reportam-se a situações que dão início ao procedimento administrativo preparatório de um lançamento de ofício revisional. É uma "medida preparatória" de um lançamento específico, nos termos do parágrafo único do art. 138 do Código Tributário Nacional, e que por isso mesmo retira a espontaneidade do sujeito passivo. Por outras palavras, a partir de então, não é possível levar a prática de infrações ao conhecimento do Fisco e pagar o tributo para eximir-se da aplicação de penalidades. Levar ao conhecimento a infração e pagar o tributo até é, sempre será, mas a exclusão da responsabilidade pelas infrações não incidirá.

Quanto ao prazo, veja-se que, fugindo de algo rotineiro em outras legislações, o artigo em comento, além de incorrer em impropriedade terminológica (pois não é de *validade* que se cogita), permite a prorrogação uma única vez. Ao cabo do prazo, em não havendo prorrogação, o contribuinte recobra a espontaneidade, pois não mais estará sob fiscalização. O artigo não esclarece o que ocorrerá caso os 180 dias expirem sem que se proceda a qualquer lançamento: não será mais possível lançar eventual crédito pendente, mesmo não consumada a decadência? Ou apenas se exige a prática de ato revestido de maior formalidade para que se inicie nova fiscalização, consistindo essa formalidade na indicação de motivos específicos que justifiquem o encerramento inconclusivo da anterior e a necessidade de abertura de uma nova? Essa segunda hipótese parece ser a mais coerente com a ordem jurídica e os direitos individuais do contribuinte, bem como com os prazos decadenciais aplicáveis, que seriam de outro modo artificialmente encurtados.

> **Art. 329.** As ações a seguir não excluem a espontaneidade do sujeito passivo:
> I – cruzamento de dados, assim considerado o confronto entre as informações existentes na base de dados das administrações tributárias ou do Comitê Gestor do IBS, ou entre elas e outras fornecidas pelo sujeito passivo ou terceiros;
> II – monitoramento, assim considerada a avaliação do comportamento fiscal-tributário de sujeito passivo, individualmente ou por setor econômico, mediante controle corrente do cumprimento de obrigações e análise de dados econômico-fiscais, apresentados ou obtidos pelas administrações tributárias ou pelo Comitê Gestor do IBS, inclusive mediante diligências ao estabelecimento.

 COMENTÁRIOS

Nos dias atuais, o Fisco está, a todo instante, cruzando informações, obtendo dados, conferindo declarações. Todos nós estamos, permanentemente, sendo fiscalizados, em certo sentido. Mas não se trata de um procedimento preparatório de um lançamento tributário de ofício específico. Daí o esclarecimento, do artigo, de que tais atos não configuram o início de uma fiscalização. Do contrário, nunca seria aplicável o instituto da denúncia espontânea (CTN, art. 138), além de se criarem problemas com a necessidade de tais procedimentos, que são perenes, durarem apenas noventa dias, prorrogáveis por mais noventa.

Seção III
Do Lançamento de Ofício

> **Art. 330.** Para a constituição do crédito tributário decorrente de procedimento fiscal, por lançamento de ofício, a autoridade fiscal integrante da administração tributária da União e as autoridades fiscais integrantes das administrações tributárias dos Estados, do Distrito Federal e dos Municípios deverão lavrar auto de infração.
> **Parágrafo único.** O auto de infração conterá obrigatoriamente:
> I – a qualificação do autuado;
> II – o local, a data e a hora da lavratura;
> III – a descrição do fato;
> IV – a disposição legal infringida e a penalidade aplicável;
> V – a determinação da exigência e a intimação para cumpri-la ou impugná-la no prazo legal;

TÍTULO VII – DA ADMINISTRAÇÃO DO IBS E DA CBS | Art. 331

> VI – a assinatura do autuante, a indicação do cargo e o número de matrícula;
>
> VII – a identificação do ente federativo responsável pelo lançamento, em se tratando de auto de infração relativo ao IBS.

 COMENTÁRIOS

O lançamento tributário, atividade (ou, como aqui, o resultado dela) por meio da qual a autoridade administrativa identifica a existência de uma obrigação tributária e lhe identifica os contornos, dando-lhe liquidez, certeza e exigibilidade, dá-se nas modalidades (i) de ofício (CTN, art. 149); (ii) por declaração (CTN, art. 147); (iii) por homologação (CTN, art. 150). Dentro do lançamento de ofício, pode-se traçar outra subdivisão, apartando aqueles feitos ordinariamente, na vida normal do tributo (*v.g.*, lançamento de ofício do IPTU, feito todos os anos), e os efetuados como forma de *revisão* de um lançamento anterior, de qualquer das três modalidades.

Na generalidade dos casos, o IBS e a CBS sujeitam-se a lançamento por homologação (CTN, art. 150). O próprio contribuinte, o adquirente, ou a instituição financeira via *split payment*, enfim, o contribuinte ou o responsável, indicam o valor devido, declaram-no ao Fisco, e pagam a quantia correspondente, ou sofrem a sua retenção. Mas, caso haja – ou se alegue que houve – insuficiência na apuração e no respectivo pagamento, feitos no âmbito do lançamento por homologação, abre-se a possibilidade, dentro do prazo decadencial (CTN, art. 150, § 4º; ou, se houver dolo, fraude ou simulação, CTN, art. 173, I), de lançamento de ofício, na modalidade *revisional*.

No caso de CBS, o lançamento de ofício deverá ser feito por autoridade da Receita Federal. Em se tratando de IBS, autoridade da Administração Tributária estadual, ou municipal, hipótese na qual deverá indicar, no lançamento, a qual entidade federativa pertence.

Os demais elementos indicados nos incisos do parágrafo único prestam-se ao esclarecimento do que deve constar do ato de lançamento, sob pena de invalidade. Consistem na indicação do que se exige do autuado, de quem é o autuado, e dos motivos pelos quais a exigência é feita, e por quem. São os elementos da obrigação, que devem estar indicados, e os motivos do ato administrativo que a quantifica.

Recorde-se, quanto à descrição do fato, conforme será lembrado nos comentários ao artigo seguinte, que não basta descrevê-lo, sendo necessário por igual aportar ao processo os meios de prova dos fatos descritos ou alegados.

> **Art. 331.** A exigência do crédito tributário e a aplicação de penalidade isolada serão objeto de autos de infração distintos para cada tributo ou penalidade.
>
> **Parágrafo único.** O disposto no *caput* deste artigo aplica-se também nas hipóteses em que, constatada infração à legislação tributária, dela não resulte exigência de crédito tributário.

 COMENTÁRIOS

O dispositivo, que reproduz o art. 9º do Decreto 70.235/1972, deveria ter reproduzido o seu *texto completo*, omissão que mais uma vez revela o ranço presente na redação desta lei. A redação inteira, que explicita algo decorrente do texto constitucional e também aqui aplicável, é a seguinte:

297

Art. 9º A exigência do crédito tributário e a aplicação de penalidade isolada serão formalizados em autos de infração ou notificações de lançamento, distintos para cada tributo ou penalidade, os quais deverão estar instruídos com todos os termos, depoimentos, laudos e demais elementos de prova indispensáveis à comprovação do ilícito.

Vê-se claramente a supressão da parte segundo a qual os autos de infração "deverão estar instruídos com todos os termos, depoimentos, laudos e demais elementos de prova indispensáveis à comprovação do ilícito", a deixar claro que o ônus da prova, decorrente do dever constitucional de motivação dos atos administrativos, é da autoridade lançadora.

Em verdade, o ônus da prova de alegações quanto à ocorrência de fatos cabe, em regra, a quem formula essas alegações, pela singela razão de que apenas os fatos que ocorrem deixam marcas, são vistos, documentados, fotografados, filmados ou contabilizados, podendo ser testemunhados ou periciados. Os que não ocorrem, não. Quando muito, às vezes, provam-se indiretamente, pela demonstração de outro fato – sempre um elemento positivo que deixou marcas no mundo – incompatível com aquele de cuja negativa se cogita. Daí por que, no processo, ao réu, em regra, cabe o ônus de demonstrar os fatos impeditivos, modificativos ou impeditivos do direito do autor, mas não a negativa daqueles alegados pelo autor. Por isso, no lançamento de ofício, compete à autoridade provar o que alega.

Finalmente, registre-se que a situação narrada pelo parágrafo único, conquanto possa parecer paradoxal, pode ocorrer em situação na qual a infração consistiu na apropriação indevida de um crédito, o qual, mesmo estornado por meio de um auto de infração, mantém credor o saldo de apuração do tributo, se este era superior à quantia estornada. A penalidade isolada, se houver, será exigida em auto de infração separado. O mesmo ocorre quando a infração leva apenas à mudança de regime, ou à perda de algum regime especial. Deve-se fazer auto relativo a essa infração, da qual não decorre exigência específica, e outro, se for o caso, para a cobrança dos tributos que se façam devidos em razão da exclusão ou da mudança.

Seção IV
Do Domicílio Tributário Eletrônico – DTE e das Intimações

Art. 332. As intimações dos atos do processo serão realizadas por meio de DTE, inclusive em se tratando de intimação de procurador.

§ 1º A intimação efetuada por meio de DTE considera-se pessoal, para todos os efeitos legais.

§ 2º Na impossibilidade de ser utilizado o DTE ou na hipótese de o sujeito passivo não efetuar a consulta no prazo de 10 (dez dias) contados da data registrada no comprovante de entrega no DTE do sujeito passivo, a intimação será feita, sucessivamente:

I – por via postal, com prova de recebimento no domicílio tributário do sujeito passivo, ainda que o recebedor não seja o representante legal do destinatário;

II – por meio de edital, quando infrutífera a tentativa de intimação pelo meio previsto no inciso I deste parágrafo. (VETADO)

§ 3º As administrações tributárias da União, dos Estados, do Distrito Federal e dos Municípios poderão realizar a intimação pessoalmente, pelo autor do procedimento ou por agente do órgão preparador do processo, na repartição ou fora dela, provada com a assinatura do sujeito passivo, seu mandatário, preposto ou representante legal, ou, no caso de recusa, com certidão escrita por quem o intimar, identificando a pessoa que recusou.

TÍTULO VII – DA ADMINISTRAÇÃO DO IBS E DA CBS   Art. 333

> § 4º A massa falida e a pessoa jurídica em liquidação extrajudicial serão intimadas no DTE da pessoa jurídica, competindo ao administrador judicial e ao liquidante, respectivamente, a atualização do endereço físico e eletrônico daquelas.

 COMENTÁRIOS

O Domicílio Tributário é, na definição de Hugo de Brito Machado e Schubert de Farias Machado, "o lugar que em regra é escolhido pelo contribuinte, onde este cumpre as suas obrigações tributárias"[1].

Nos dias de hoje, em que a informática permite a desmaterialização de muitas realidades, sejam músicas, livros, textos, os quais não mais dependem necessariamente de seus suportes físicos em vinil, papel etc., o mesmo se dá com a maneira como as pessoas são encontradas, para fins de se exigirem condutas, cobrarem-se comportamentos etc. Em vez de ir à casa do cidadão, ou mandar-lhe uma carta, pode-se procurar seu perfil em uma plataforma ou rede social, mandar-lhe uma mensagem etc., a qual poderá em seguida ser respondida pelo destinatário, independentemente de onde ele fisicamente estiver. O Domicílio Tributário Eletrônico segue a mesma lógica: um ambiente virtual, ou plataforma, em que o contribuinte recebe as comunicações, cobranças etc., enfim, comunica-se com o Fisco, prestando esclarecimentos, recebendo intimações etc.

Os trechos vetados traziam alternativas para a intimação, a serem usadas quando o emprego do DTE se mostrar impossível. Foram, lamentavelmente, vetados, impondo o DTE como única forma de intimação.

A disposição de alternativas em caso de impossibilidade de uso do DTE (como intimação por via postal e por edital) demonstraria a flexibilidade do sistema para garantir que a comunicação com o contribuinte ocorra de maneira efetiva. A ordem de preferência para as intimações também garantiria que se esgotassem todas as possibilidades antes de recorrer à publicação em edital, que é uma medida mais ampla e menos pessoal (E bem menos eficiente. Quem lê os editais publicados nos jornais, à procura do próprio nome?). Lamentável o veto, portanto.

O § 3º permite que, em algumas situações, as intimações sejam realizadas pessoalmente por agentes do Fisco. Essa possibilidade pode ser importante em casos nos quais a entrega eletrônica ou postal não seja eficaz, ou quando o agente fiscal e o sujeito passivo estejam na presença um do outro no momento em que se faz necessária a intimação (*v.g.*, motorista de veículo com mercadorias em trânsito), o que tornaria ineficiente exigir-se que o agente voltasse à repartição para, de lá, acionar pelo sistema a intimação por meio do DTE. No entanto, também levanta questões sobre a formalidade e a segurança jurídica do procedimento, especialmente em relação à documentação da recusa de recebimento. Recomendável que, em tais hipóteses, sem prejuízo da formalização, pelo fiscal, da tentativa de intimação e de sua recusa, se proceda por igual à comunicação por intermédio do DTE.

A centralidade do DTE como meio principal de intimação tem implicações práticas significativas, a começar pela necessidade de os contribuintes e seus representantes estarem atentos e bem-informados sobre o funcionamento desse sistema. A discussão pode incluir as consequências legais de não verificar o DTE dentro do prazo estabelecido e como isso pode afetar o direito de defesa do contribuinte.

> **Art. 333.** A RFB e o Comitê Gestor do IBS poderão estabelecer sistema de comunicação eletrônica, com governança compartilhada, a ser atribuído como DTE, que será utilizado

---

[1] MACHADO, Hugo de Brito; MACHADO, Schubert de Farias. *Dicionário de Direito Tributário*. São Paulo: Atlas, 2011, p. 70.

> pela RFB e pelas administrações tributárias dos Estados, do Distrito Federal e dos Municípios, para fins de notificação, intimação ou avisos previstos nas legislações da CBS e do IBS.

 COMENTÁRIOS

Considerando que IBS e CBS são tributos gêmeos, com regime jurídico praticamente igual, mas administrados por Fiscos diferentes, criando assim desafios para o seu *enforcement*, é de crucial importância que as comunicações sejam feitas em ambiente único. A virtualização facilita que assim seja, sendo possível que União, Estados, Municípios, Distrito Federal e sujeitos passivos tenham acesso ao mesmo ambiente virtual no qual serão feitas intimações, cumpridas obrigações, feitas comunicações etc.

Com isso, evitam-se redundâncias e contradições, ou, como se diz no ditado popular, evita-se que, com várias mãos preparando a mesma comida, ela termine ficando insossa, ou salgada demais.

Obrigações acessórias, como se sabe, podem ser disciplinadas em normas infralegais. O descumprimento delas, que sujeita o contribuinte a penalidades, que são obrigações principais, não. Mas o detalhe ou a forma como serão cumpridas as acessórias, sim. Daí por que o artigo em exame veicula permissão, a ser implementada na edição de normas infralegais alusivas ao DTE. É de todo recomendável, entretanto, que assim seja, até em cumprimento aos princípios inseridos no art. 145, § 3º, da CF/1988, pela EC 132/2023, em especial os da simplicidade, transparência e cooperação.

> ~~Art. 334. Considera-se feita a intimação:~~
> ~~I – por meio eletrônico, na data em que o sujeito passivo efetuar consulta no DTE;~~
> ~~II – pessoal, na data da ciência do intimado ou da declaração de recusa lavrada pelo servidor responsável pela intimação;~~
> ~~III – por via postal, na data de recebimento registrada no comprovante de entrega;~~
> ~~IV – por edital, 10 (dez) dias depois de sua publicação.~~
> **Parágrafo único.** ~~Na falta da data registrada no comprovante de entrega, considera-se o recebimento na data disponibilizada na internet pela empresa responsável pela postagem.~~ (VETADO)

 COMENTÁRIOS

O dispositivo em comento foi vetado. Sobre ele, se tivesse sido aprovado, poder-se-ia dizer o seguinte: "Como se depreende desta lei, contemplam-se diferentes métodos de intimação, visando a assegurar que o contribuinte seja devidamente notificado. Com isso, incrementam-se a flexibilidade e as chances de que a intimação atinja o destinatário.

O inciso I estabelece que a intimação feita por meio eletrônico é considerada como tendo ocorrido na data em que o sujeito passivo efetuar a consulta no DTE. Esse ponto é importante porque todo o regramento contido nesta lei sugere – e o funcionamento da sociedade contemporânea o indica e até mesmo exige – que o meio eletrônico seja prioritário, refletindo a modernização dos procedimentos tributários. Reforça-se assim a necessidade de os contribuintes estarem atentos e diligentes em monitorar o DTE para evitar surpresas e prejuízos decorrentes da inobservância das intimações. Com tantas mensagens e uma quan-

TÍTULO VII – DA ADMINISTRAÇÃO DO IBS E DA CBS · Art. 335

tidade colossal de informações a bombardear as pessoas todos os dias, não é raro que uma ou outra não seja percebida, o que pode ter efeitos gravosos ao sujeito passivo.

A identificação precisa de quando se consideram feitas as intimações é importante para a contagem de prazos, seja os de cumprimento de medidas ou a prestação de esclarecimentos solicitados pela Administração Tributária, seja especialmente para o exercício do direito de defesa ou de interposição de recursos, sendo importante ter atenção a eles para evitar surpresas e indesejadas preclusões. Os esclarecimentos o Fisco poderá pedir novamente, mas o recebimento do recurso muito provavelmente não será possível depois de escoado o prazo".

Seção V
Das Presunções Legais

Art. 335. Caracteriza omissão de receita e ocorrência de operações sujeitas à incidência da CBS e do IBS:

I – a ocorrência de operações com bens materiais ou imateriais, inclusive direitos, ou com serviços sem a emissão de documento fiscal ou sem a emissão de documento fiscal idôneo;

II – saldo credor na conta caixa, apresentado na escrituração ou apurado em procedimento fiscal;

III – manutenção, no passivo, de obrigações já pagas ou cuja exigibilidade não seja comprovada;

IV – falta de escrituração de pagamentos efetuados pela pessoa jurídica;

V – ativo oculto, cujo registro não consta na contabilidade no período compreendido no procedimento fiscal;

VI – falta de registro contábil de documento relativo às operações com bens materiais ou imateriais, inclusive direitos, ou com serviços;

VII – valores creditados em conta de depósito ou de investimento mantida em instituição financeira, em relação aos quais o titular, pessoa física ou jurídica, regularmente intimado, não comprove, mediante documentação idônea, a origem dos recursos utilizados nessas operações;

VIII – suprimento de caixa fornecido à empresa por administrador, sócio, titular da firma individual, acionista controlador da companhia, inclusive por terceiros, se a efetividade da entrega e a origem dos recursos não forem satisfatoriamente demonstrados;

IX – diferença apurada mediante o controle quantitativo das entradas e saídas das operações com bens materiais ou imateriais, inclusive direitos, ou com serviços em determinado período, levando em consideração os saldos inicial e final;

X – estoque avaliado em desacordo com o previsto na legislação tributária, para fins de inventário;

XI – baixa de exigibilidades cuja contrapartida não corresponda a uma efetiva quitação de dívida, reversão de provisão, permuta de valores no passivo, bem como justificada conversão da obrigação em receita ou transferência para contas do patrimônio líquido, de acordo com as normas contábeis de escrituração;

XII – valores recebidos pelo contribuinte, informados por instituições financeiras, administradoras de cartão de crédito e de débito, qualquer instituição participante de arranjo de pagamento, entidades prestadoras de intermediação comercial em ambiente virtual ou relacionados com comércio eletrônico, condomínios comerciais ou outra pessoa jurídica legalmente detentora de informações financeiras, superior ao valor das operações declaradas pelo sujeito passivo da obrigação tributária; e

> XIII – montante da receita líquida inferior ao custo dos produtos vendidos, ao custo das mercadorias vendidas e ao custo dos serviços prestados no período analisado.
>
> § 1º O valor da receita omitida para apuração de tributos federais e do IBS, inclusive por presunções legais específicas, será considerado na determinação da base de cálculo para o lançamento da CBS e do IBS.
>
> § 2º Caberá ao sujeito passivo o ônus da prova de desconstituição das presunções de que trata este artigo.
>
> § 3º Na impossibilidade de se identificar o momento da ocorrência do fato gerador, nas hipóteses previstas neste artigo, presume-se que esse tenha ocorrido, observada a seguinte ordem, no último dia:
>
> I – do período de apuração;
>
> II – do exercício; ou
>
> III – do período fiscalizado.
>
> § 4º Na impossibilidade de se identificar o local da operação, considera-se ocorrida no local do domicílio principal do sujeito passivo.

 ## COMENTÁRIOS

O dispositivo em comento, seguindo a linha de disposições semelhantes constantes da legislação do ICMS (presunção de omissão de saídas) e do Imposto de Renda (presunção de omissão de receitas), estabelece algumas hipóteses de presunção legal de ocorrência do fato gerador do IBS e da CBS. São hipóteses de presunção relativa, que autorizam o lançamento e invertem o ônus probatório.

Note-se que, se nestes casos o ônus da prova se inverte, isso é uma confirmação de que, nos demais casos, como explicado nos comentários ao art. 331, o ônus da prova é da autoridade lançadora. Aliás, mesmo neste caso, das presunções, o ônus da prova do chamado fato índex, ou, por outras palavras, do fato gerador da presunção, é da autoridade fiscal. Exemplificando, se houver diferença no levantamento do estoque, apurando-se uma entrada de mercadorias em quantidade superior às saídas, não estando a diferença guardada no estoque, presume-se a ocorrência de vendas não registradas, mas é da autoridade o ônus de provar a diferença no levantamento quantitativo de estoque, ou seja, a ocorrência de entradas superiores às saídas e ao saldo do estoque. Provado o fato índex, ou fato indiciário, do qual se gera a presunção, aí sim, caberá ao sujeito passivo demonstrar que não houve omissão de saída, seja porque o levantamento foi feito com falhas, seja porque as mercadorias teriam apenas saído para manutenção e retornaram, por exemplo.

Impossibilidade de soma dos métodos

Antes de se examinarem os métodos ou as hipóteses de presunção de ocorrência do fato gerador, fazendo alguns apontamentos em torno delas, é importante salientar que eles não podem ser somados, ou cumulados, em relação a um mesmo período de apuração. E a razão é simples: se isso ocorrer, encontrar-se-ão valores ligeiramente diferentes, porque aproximados (e presuntivos) os critérios, para a dimensão econômica do mesmo fato (que se presume).

Exemplificando, se o fiscal fizer o levantamento quantitativo de estoque, e apurar indício de omissão de saída porque faltam mercadorias no estoque, e fizer, para o mesmo período de apuração, um exame aprofundado do livro-caixa, apurando que ele "estourou", apresentando saldo credor, não pode lavrar dois autos de infração, presumindo a ocorrência de dois fatos geradores. O fato a ser presumido é um só, e terá levado tanto à divergência na quantidade das mercadorias como ao saldo credor no caixa. Se se fizer, no mesmo período, contraste com os valores pagos por empresas de cartão de crédito, e se apurar um terceiro valor, será ele por igual decorrente da mesma omissão. Caso se lavrem dois, três ou mais lançamentos, pela cumulação de tais critérios em um mesmo período, estará havendo, portanto, evidente *bis in idem*.

Realização de operação sem emissão de documento fiscal, ou emissão sem escrituração

Dispõe o artigo em comento que se presume ocorrido o fato gerador do IBS e da CBS, e não recolhido o tributo, caso se apure a ocorrência de operações com bens materiais ou imateriais, inclusive direitos, ou com serviços sem a emissão de documento fiscal ou sem a emissão de documento fiscal idôneo. Neste caso, não se presume propriamente a ocorrência do fato gerador, que é identificada sem dúvida, mas o não pagamento do tributo. É a falta de emissão do documento que gera a presunção de que o tributo não foi recolhido, autorizando seu lançamento de ofício. Mas o contribuinte pode comprovar, por quaisquer meios ao seu alcance, que, conquanto não emitido documento, por qualquer razão, o tributo foi ainda assim pago, ou, por outra razão (imunidade, isenção, alíquota zero etc.), não seria devido. Neste caso, poderá ser multado por não ter emitido o documento, é certo, sendo de se lembrar que a multa não deve ser proporcional ao valor do tributo, que foi pago ou não é devido e, portanto, não deve dimensionar a gravidade do ilícito nem *a fortiori* o valor da multa.

O mesmo se dá na situação inversa: o documento é emitido, mas não se verifica sua contabilização. O contribuinte pode tanto demonstrar que houve a contabilização – desconstituindo a premissa que autorizaria a presunção – ou pode demonstrar que, conquanto tenha havido a falta da contabilização, e assim seja legítimo o nascimento da presunção, houve a tributação ainda assim, ou que o tributo não seria devido (*v.g.*, operação não tributada), rebatendo a presunção, que é relativa.

Saldo credor ou suprimento de caixa

Por igual se presume devido e não pago o IVA-Dual se se demonstrar saldo credor na conta caixa, apresentado na escrituração ou apurado em procedimento fiscal. Em terminologia contábil, o saldo credor significa que o caixa da empresa fez mais pagamentos do que a quantidade de recursos que nele existiam, o que não é matematicamente possível. Se no caixa da empresa havia R$ 1.000,00, e do caixa saíram débitos relativos a pagamentos feitos pela empresa (salários, fornecedores etc.), no valor de R$ 2.000,00, de onde saíram os R$ 1.000,00 adicionais? Presume-se que foram vendas efetuadas sem contabilização (e sem tributação).

Por igual razão a presunção acontece quando há suprimento de caixa, vale dizer, quando se verifica suprimento de caixa fornecido à empresa por administrador, sócio, titular da firma individual, acionista controlador da companhia, inclusive por terceiros, se a efetividade da entrega e a origem dos recursos não forem satisfatoriamente demonstrados.

Mais uma vez, a presunção é relativa. O contribuinte pode demonstrar que não houve o saldo credor, ou que ele decorreu de equívoco contábil, por ter-se esquecido de registrar determinados ingressos. Ou pode comprovar o suprimento do caixa. O ônus da prova será seu.

Quando se trata de exigir imposto de renda, PIS ou Cofins, é fácil determinar, a partir do estouro, que tais tributos são devidos, pois houve receita não declarada, com reflexos no rendimento apurado, sendo estas as bases imponíveis de tais tributos. Se a empresa é comercial, e houve estouro, pode-se daí presumir devido o ICMS. Mas, no caso do IBS e da CBS, se a empresa presta serviços ou vende mercadorias sujeitas a alíquotas diferentes, coloca-se a questão de saber de qual operação omitida resultou o estouro, para saber qual a alíquota aplicável. Não é difícil prever que o Fisco presumirá que a operação omitida é a de tributação mais onerosa, se o contribuinte habitualmente realizar operações sujeitas a mais de um regime, cabendo a ele a prova em contrário, vale dizer, de que a operação, conquanto omitida, era sujeita a regime menos oneroso, ou mesmo imune ou isenta, ou sujeita a alíquota zero, e, portanto, sua omissão, embora com reflexos no caixa, não teria reflexos no IBS e na CBS devidos.

Passivo fictício: falta de escrituração de pagamentos e manutenção na contabilidade de pagamentos já efetuados

Também se presume devido e não pago o IVA-Dual quando se constata a manutenção, no passivo, de obrigações já pagas ou cuja exigibilidade não seja comprovada. Presume-se, neste caso, que os pagamentos já ocorreram, mas não foram contabilizados – mantendo-se a dívida na escrituração – porque o dinheiro usado em seu pagamento decorreu de operações não contabilizadas. As razões da presunção são semelhantes às do saldo credor de caixa, anteriormente comentado.

Pelas mesmas razões, a presunção é gerada por identificação da baixa de exigibilidades cuja contrapartida não corresponda a uma efetiva quitação de dívida, reversão de provisão, permuta de valores no passivo, bem como justificada conversão da obrigação em receita ou transferência para contas do patrimônio líquido, de acordo com as normas contábeis de escrituração.

Depósitos de origem não comprovada

A presunção de ocorrência do fato gerador por igual se dá quando identificados valores creditados em conta de depósito ou de investimento mantida em instituição financeira, em relação aos quais o titular, pessoa física ou jurídica, regularmente intimado, não comprove, mediante documentação hábil e idônea, a origem dos recursos utilizados nessas operações.

Trata-se de regra importada da legislação do imposto de renda, e que, por fazer presumir uma receita, ou ingresso, faz presumir também, no caso de contribuinte do IBS e da CBS, que essa receita ou ingresso decorreu da ocorrência de uma operação tributável.

O contribuinte pode comprovar, neste caso, que conquanto tenha havido o depósito, este decorreu de outro fato ou operação que não é tributada pelo imposto, como o reembolso de uma despesa, ou que se trata de transferência entre contas do mesmo titular, ou que é oriundo de vendas isentas ou não tributadas etc.

Iguais conclusões são pertinentes a valores recebidos pelo contribuinte, informados por instituições financeiras, administradoras de cartão de crédito e de débito, qualquer instituição participante de arranjo de pagamento, entidades prestadoras de intermediação comercial em ambiente virtual ou relacionados com comércio eletrônico, condomínios comerciais ou outra pessoa jurídica legalmente detentora de informações financeiras, superior ao valor das operações declaradas pelo sujeito passivo da obrigação tributária.

Levantamento quantitativo de estoque

Método típico de apuração de omissão de saídas ou de entradas em matéria de ICMS, o levantamento quantitativo de estoque (LQE) pode identificar diferenças mediante o controle de entradas e saídas, levando em consideração os saldos inicial e final. Imagine-se, por exemplo, que uma sapataria possua, no início do período de apuração, 300 pares de sapatos em seu estoque. Ao longo do período fiscalizado, comprou mais 400, e registrou a venda, submetida à tributação, de 500. Se entraram 400, somando-se aos 300 preexistentes (totalizando 700), e foram vendidos 500, devem remanescer, no estoque, 200. Se no estoque, ao final do período, o fiscal encontrar apenas 50 pares de sapatos, presumir-se-á que os outros 150 foram vendidos sem registro. Presume-se a "omissão de saídas", exigindo-se o tributo correspondente.

Essa técnica mostra-se de utilização muito problemática em se tratando de bens imateriais, direitos e serviços, por razões óbvias, mas funciona no que tange a bens materiais, de existência corpórea. A possibilidade de serem contados, e a impossibilidade de serem infinitamente copiados (como um *software* objeto de *download*), viabiliza algum controle.

Mesmo quanto a mercadorias, ou bens corpóreos, é preciso cuidado e atenção quando se usa o levantamento quantitativo de estoque (LQE), não sendo raro que fiscais realizem exigências absurdas, em matéria de ICMS, em situações que eventualmente podem ser repetir com o IBS e a CBS. A atenção deve residir na identificação dos bens, nas suas quantidades, nas transformações e nas perdas.

Um supermercado, por exemplo, compra peixe, arroz, farinha e sal. Mas, além de vender tais itens, tal como os adquire, aos consumidores, eventualmente produz sushi, pães e bolos, que são por igual vendidos. Mas há casos em que fiscais exigem multa por omissão de entrada dos bolos, do sushi e dos pães (que teriam sido "comprados sem nota"[2]), e o ICMS, acrescido de multa, pela omissão de saída de parte do peixe, do arroz, da farinha e do sal adquiridos e em relação aos quais não há registro de venda. Mas o registro de venda não existe porque saíram como sushi, bolo e pão! Além disso, há as perdas, sendo certo que em supermercados – e em outros negócios – há percentual importante das mercadorias que entram que perecem (frutas e verduras que estragam enquanto estão no estoque etc.). Tudo isso deve ser levado em conta para que não haja distorções no LQE.

Cuidado também se deve ter na identificação dos produtos, e de suas quantidades. Isso para evitar que farmácia que registra a compra de dez caixas grandes com mil unidades de paracetamol cada, e depois vende os remédios a varejo na unidade, não seja autuada por omissão de saída das dez caixas grandes, e omissão de entrada das inúmeras unidades vendidas.

No caso de fabricantes, há o caso das perdas. Fábricas de confecções que registram a entrada de tecidos, e a saída de roupas, não podem ser autuadas como se as primeiras devessem corresponder milimetricamente às segundas, pois parte do tecido se perde no processo de fabricação, sendo descartada como sobra, apara ou retalho.

E, finalmente, a identificação. Às vezes a mercadoria entra com uma descrição, e sai com outra, mas é a mesma. Não raro são apenas usadas palavras diferentes, por exigência do fornecedor. O contribuinte até pode ser punido pela imprecisão contábil, mas não é devido o tributo que já foi pago na saída. Se uma concessionária de veículos, por exemplo, compra um "parach. diant. esq. evoq.", e vende um "para-choque dianteiro esquerdo para Evoque", não pode ser multada pela omissão da entrada deste último, e da saída do primeiro, porque são o mesmo para-choque dianteiro esquerdo de um veículo do modelo "Evoque".

Quanto ao estoque avaliado em desconformidade com a legislação, é preciso que a desconformidade seja de tal ordem que faça presumir a omissão de registro e pagamento de operações tributáveis. Se a "desconformidade" decorre do fato de se determinar o uso de um formulário

---

[2] Não exigem o imposto, porque identificada a omissão apenas na entrada do bolo, do pão e do sushi, não a omissão da saída, que é identificada e inclusive foi tributada. Exigem apenas a "multa isolada" pelo descumprimento da obrigação acessória de registrar a entrada.

amarelo, e se usa um de cor rósea, ou qualquer outra "desconformidade" que não prejudique a precisão e a higidez das informações nele constantes, não se pode presumir omissão.

Ativo oculto

Presume-se devido e não pago o IVA-Dual se constatado ativo oculto, cujo registro não consta na contabilidade no período compreendido no procedimento fiscal. Presumir-se-á que o contribuinte auferiu receita decorrente de operações tributáveis, não a contabilizou, nem ofereceu as operações à tributação, e com o valor correspondente adquiriu o ativo, que não pode, por isso, ser contabilizado. Mas o contribuinte poderá provar que o ativo preexistia, ou que sua aquisição pela empresa, conquanto não registrada, não seria de todo modo tributável (*v.g.*, imóvel integralizado pelo sócio e por alguma razão não contabilizado).

Receita inferior ao custo

Nos termos do artigo em comento, presume-se devido e não pago o IVA-Dual no caso de montante da receita líquida inferior ao custo dos produtos vendidos, ao custo das mercadorias vendidas e ao custo dos serviços prestados no período analisado.

Trata-se de disposição comum na legislação do ICMS de muitos Estados, e que faz nascer a crença, no senso comum jurídico, de que o comerciante não pode vender produtos por preço inferior ao de custo, algo que seria supostamente "proibido". Trata-se de um equívoco, e evidente violação ao princípio da liberdade econômica. O comerciante pode vender seus produtos pelo preço que quiser, ou até mesmo doá-los.

A regra presuntiva decorre da ideia de que o comerciante não venderia produtos ou serviços com prejuízo, e que se a venda se deu por preço inferior ao custo, houve subfaturamento, vale dizer, pagou-se um valor pela operação, mas contabilizou-se outro, menor. Existem, contudo, incontáveis razões que podem levar um empresário a fazer isso, legitimamente. Produtos próximos da data de validade, ou já passada a época de sua maior procura (itens natalinos em janeiro, ou ovos de Páscoa depois da Páscoa), promoções para conquista de clientes e mercados, ou para difusão de uma nova marca etc. A venda por preço inferior ao de custo só justificaria presunção se ocorrida reiterada e repetidamente, sem razão aparente, mas não nas situações acima descritas, se havidas de forma episódica.

Tempo e local da omissão

Os §§ 3º e 4º cuidam do tempo e do local da omissão, pois em muitos casos, especialmente quando atrelados a uma presunção baseada em outra, que, por sua vez, é baseada em outra (ativo oculto faz presumir omissão de receita, que faz presumir omissão de registro de operação tributada), é impossível determinar quando e onde o fato gerador que se presume teria efetivamente ocorrido.

As regras temporais do § 3º visam à toda evidência driblar prazos de decadência, jogando o momento da ocorrência do fato presumido para data a mais próxima possível do presente. Só são aplicáveis, contudo, se de fato não for possível identificar quando o fato presumido teria ocorrido. Já as regras referentes ao local, do § 4º, são importantes para definir em qual Município, e Estado, será devido o IBS, sendo de se reiterar que por igual só se aplicam quando impossível, por outros meios, definir o local da efetiva ocorrência destes fatos (destino das mercadorias, serviços ou bens imateriais objeto das operações tributáveis omitidas).

Seção VI
Da Documentação Fiscal e Auxiliar

> **Art. 336.** Os comprovantes da escrituração da pessoa jurídica, relativos a fatos que repercutam em lançamentos contábeis de exercícios futuros, serão conservados até que se opere a decadência do direito de a Fazenda Pública constituir os créditos tributários relativos a esses exercícios.

 COMENTÁRIOS

A disposição em exame reproduz o disposto no parágrafo único do art. 195 do Código Tributário Nacional, desobrigando o sujeito passivo a guardar livros e documentos, seja em que meio for, quando os fatos neles registrados deixem de ter relevância jurídico-tributária para a Administração, por ter se operado a decadência do direito de lançar eventuais quantias que deles decorram. Não se pode aplicar qualquer sanção ao sujeito passivo, portanto, se depois disso ele se desfaz dos livros.

Precisamente por isso, se os fatos documentados nos livros dizem respeito a período já atingido pela decadência, não se pode considerar crime a conduta de não os apresentar, embora isso já tenha sido tentado pelo Poder Público:

> Como os documentos fiscais não entregues à Fazenda Pública, *in casu*, dizem respeito a período já atingido pela decadência, impõe-se o reconhecimento da inexistência de obrigatoriedade na sua apresentação. Por conseguinte, não se verifica a perfeita adequação da conduta praticada ao tipo penal. (...) Recurso provido, para trancar a ação penal, ante a ausência de justa causa[3].

Com o devido respeito, em função do direito fundamental que assiste a todo acusado de não se autoincriminar, nem em relação a livros inerentes a períodos não caducos a recusa de apresentação poderia ser considerada um *ilícito penal*[4]. Se se trata de período ainda não atingido pela decadência, e não se cogita da prática de crime, há o dever jurídico de exibir os livros:

> Conforme narra o aresto recorrido, os fatos geradores dos tributos relativos ao IRPJ e à CSLL ocorreram no ano-base de 1995, tendo a recorrente recebido o Termo de Solicitação para a exibição do Livro de Apuração do Lucro Real no ano de 1999, portanto, antes de consumado o prazo decadencial. Desse modo, persiste o dever do contribuinte de preservar e exibir o referido livro, consoante prevê o art. 195 do CTN, eis que os créditos tributários decorrentes das operações a que se refere ainda não foram alcançados pela decadência[5].

Descumprido o dever, será o caso de exigir o tributo com amparo em arbitramento, acrescido das penalidades cabíveis, mas não qualificar a omissão como crime, se nos tais livros se aponta existirem registros de crimes, como já comentado.

---

[3] STJ, RHC 10.676/SC, rel. Min. Edson Vidigal, 5ª Turma, j. 06.02.2001, v.u., *DJ* 12.03.2001, p. 155.

[4] Cf. "Sanções penais tributárias", in: MACHADO, Hugo de Brito (coord.). *Sanções penais tributárias*. São Paulo: Dialética, 2005, p. 426 e 444.

[5] STJ, REsp 643.329/PR, rel. Min. José Delgado, 1ª Turma. j. 21.09.2004, *DJ* 18.10.2004, p. 195.

> **Art. 337.** O sujeito passivo usuário de sistema de processamento de dados deverá manter documentação técnica completa e atualizada do sistema, suficiente para possibilitar a sua auditoria, facultada a manutenção em meio digital, sem prejuízo da sua emissão gráfica, quando solicitada.

 COMENTÁRIOS

Utilizando sistema informatizado para escrituração contábil e cumprimento de obrigações, o sujeito passivo, contribuinte ou responsável, deve guardar também a documentação técnica (*v.g.*, manuais) inerente a esse *software*, de sorte que se possa com ela assessorar ou informar uma auditoria que precise eventualmente ser feita em tal sistema ou programa. Permite-se que seja guardada em meio digital, até porque atualmente quase toda ela é fornecida pelos fabricantes dos programas nesse meio. Impõe-se injustificadamente ao contribuinte o ônus de imprimir tudo, se assim o fiscal quiser.

Seção VII
Do Regime Especial de Fiscalização – REF

> **Art. 338.** Sem prejuízo de outras medidas previstas na legislação, a RFB e as administrações tributárias dos Estados, do Distrito Federal e dos Municípios poderão determinar Regime Especial de Fiscalização – REF para cumprimento de obrigações tributárias, nas seguintes hipóteses:
>
> I – embaraço à fiscalização, caracterizado pela negativa não justificada do fornecimento de documentos ou informações, ainda que parciais, sobre operações com bens ou com serviços, movimentação financeira, negócio ou atividade, próprios ou de terceiros, quando intimado, e demais hipóteses que autorizam a requisição do auxílio da força pública, nos termos do art. 200 da Lei nº 5.172, de 25 de outubro de 1966 – Código Tributário Nacional;
>
> II – resistência à fiscalização, caracterizada pela negativa de acesso ao estabelecimento, ao domicílio fiscal ou a qualquer outro local onde se desenvolvam as atividades do sujeito passivo, ou as atividades relacionadas aos bens ou serviços em sua posse ou de sua propriedade;
>
> III – evidências de que a pessoa jurídica esteja constituída por interpostas pessoas que não sejam os verdadeiros sócios ou acionistas, ou o titular, no caso de firma individual;
>
> IV – realização de operações sujeitas à incidência tributária sem a devida inscrição no cadastro de sujeitos passivos apropriado;
>
> V – prática reiterada de infração da legislação tributária;
>
> VI – comercialização de bens com evidências de contrabando ou descaminho;
>
> VII – incidência em conduta que configure crime contra a ordem tributária.
>
> § 1º Nas hipóteses previstas nos incisos IV a VII do *caput*, a aplicação do REF independe da instauração prévia de procedimento de fiscalização.
>
> § 2º Para fins do disposto no inciso V do *caput* considera-se prática reiterada:
>
> I – a segunda ocorrência de idênticas infrações à legislação tributária, inclusive de natureza acessória, verificada em relação aos últimos 5 (cinco) anos-calendário, formalizadas por intermédio de auto de infração; ou
>
> II – a ocorrência, em 2 (dois) ou mais períodos de apuração, consecutivos ou alternados, de infrações à legislação tributária, caso seja constatada a utilização de artifício, ardil ou

TÍTULO VII – DA ADMINISTRAÇÃO DO IBS E DA CBS   Art. 341

qualquer outro meio fraudulento com o fim de suprimir, postergar ou reduzir o pagamento de tributo.

§ 3º Não são consideradas para fins de aplicação do disposto no inciso I do § 2º as infrações de natureza acessória que não prejudiquem a apuração e o recolhimento das obrigações principais ou que não sejam requisito para aproveitamento de benefício fiscal, sem prejuízo da aplicação da sanção prevista para a conduta.

§ 4º A aplicação do REF deve estar fundamentada em relatório circunstanciado elaborado pela autoridade fiscal responsável, no qual deve constar, no mínimo:

I – a identificação do sujeito passivo submetido a procedimento de fiscalização;

II – o enquadramento em uma ou mais hipóteses previstas no *caput*;

III – a descrição dos fatos que justificam a aplicação do regime;

IV – a cópia dos termos lavrados e das intimações efetuadas;

V – a proposta de medidas previstas no art. 339 a serem adotadas e período de vigência do regime; e

VI – a identificação da autoridade fiscal responsável pela execução do procedimento fiscal.

§ 5º O REF terá início com a ciência, pelo sujeito passivo, de despacho fundamentado, no qual constarão a motivação, as medidas adotadas e o prazo de duração.

Art. 339. O regime especial de fiscalização pode consistir em:

I – manutenção de fiscalização ininterrupta no estabelecimento do sujeito passivo;

II – redução, à metade, dos períodos de apuração e dos prazos de recolhimento da CBS e do IBS;

III – utilização compulsória de controle eletrônico das operações realizadas;

IV – exigência de recolhimento diário da CBS e do IBS incidentes sobre as operações praticadas pelo sujeito passivo, sem prejuízo da utilização dos créditos desses tributos pelo contribuinte, nos termos do art. 53 desta Lei Complementar;

V – exigência de comprovação sistemática do cumprimento das obrigações tributárias; e

VI – controle especial da emissão de documentos comerciais e fiscais e acompanhamento da movimentação financeira.

Art. 340. A aplicação do REF será disciplinada:

I – pela RFB, em relação à CBS; e

II – pelo Comitê Gestor do IBS, em relação ao IBS.

§ 1º Na regulamentação do REF, a RFB e o Comitê Gestor deverão:

I – exigir que o despacho a que se refere o § 5º do art. 338 seja realizado por autoridade hierarquicamente superior à autoridade fiscal responsável pelo procedimento fiscal, para aplicação do REF; e

II – prever prazo máximo de duração para o REF, o qual só poderá ser renovado, por meio de novo despacho fundamentado, na hipótese de persistirem situações que ensejem a sua aplicação.

§ 2º Na definição das medidas previstas no art. 339 aplicáveis ao sujeito passivo, a autoridade fiscal deverá:

I – considerar a gravidade e a lesividade da conduta praticada; e

II – limitar-se às medidas necessárias para a atuação fiscal na situação específica.

Art. 341. A imposição do regime especial de fiscalização não elide a aplicação de penalidades previstas na legislação tributária, nem dispensa o sujeito passivo do cumprimento das demais obrigações, inclusive acessórias, não abrangidas pelo regime.

> § 1º As multas de ofício aplicáveis à CBS e ao IBS terão percentual duplicado para as infrações cometidas pelo sujeito passivo durante o período em que estiver submetido ao REF, sem prejuízo da adoção de outras medidas previstas na legislação tributária, administrativa ou penal.
>
> § 2º Na hipótese em que tenham sido aplicadas as medidas a que se referem os incisos II a IV do *caput* do art. 339, deverão ser observados, para o lançamento de ofício, os prazos de recolhimento estabelecidos no REF.

 COMENTÁRIOS

O Regime Especial de Fiscalização, aqui referido, consiste em evidente prática de "sanção política", há muito repelida pela jurisprudência do Supremo Tribunal Federal, sendo ilustrativo desse entendimento o enunciado de suas Súmulas 70, 323 e 547, a seguir transcritas:

> Súmula 70/STF: "É inadmissível a interdição de estabelecimento como meio coercitivo para cobrança de tributo".
>
> Súmula 323/STF: "É inadmissível a apreensão de mercadorias como meio coercitivo para pagamento de tributos".
>
> Súmula 547/STF: "Não é lícito à autoridade proibir que o contribuinte em débito adquira estampilhas, despache mercadorias nas alfândegas e exerça suas atividades profissionais".

A propósito das sanções políticas, Hugo de Brito Machado escreveu:

> São exemplos mais comuns de sanções políticas a apreensão de mercadorias sem que a presença física destas seja necessária para a comprovação do que o Fisco aponta como ilícito; o denominado regime especial de fiscalização, a recusa de autorização para imprimir notas fiscais, a inscrição em cadastro de inadimplentes com as restrições daí decorrentes, a recusa de certidão negativa de débito quando não existe lançamento consumado contra o contribuinte, a suspensão e até o cancelamento da inscrição do contribuinte no respectivo cadastro, entre muitos outros.
>
> Todas essas práticas são flagrantemente inconstitucionais, entre outras razões, porque: a) implicam indevida restrição ao direito de exercer atividade econômica, independentemente de autorização de órgãos públicos, assegurado pelo art. 170, parágrafo único, da vigente Constituição Federal; e b) configuram cobrança sem o devido processo legal, com grave violação do direito de defesa do contribuinte, porque a autoridade que a este impõe a restrição não é a autoridade competente para apreciar se a exigência do tributo é ou não legal. (...)
>
> A ilicitude do não pagar os tributos devidos não exclui o direito de exercer a atividade econômica, que é direito fundamental[6].

Mais recentemente, o Supremo Tribunal Federal firmou, como tese de repercussão geral, que:

---

[6] MACHADO, Hugo de Brito. Sanções políticas no Direito Tributário. *Revista Dialética de Direito Tributário*, São Paulo, nº 30, p. 46.

II – É inconstitucional a restrição ilegítima ao livre exercício de atividade econômica ou profissional, quando imposta como meio de cobrança indireta de tributos (Tese definida no ARE 914.045/RG, rel. Min. Edson Fachin, Pleno, j. 15.10.2015, DJe 232 de 19.11.2015, Tema 856).

É inconstitucional o uso de meio indireto coercitivo para pagamento de tributo – "sanção política" –, tal qual ocorre com a exigência, pela Administração Tributária, de fiança, garantia real ou fidejussória como condição para impressão de notas fiscais de contribuintes com débitos tributários (Tese definida no RE 565.048, rel. Min. Marco Aurélio, Pleno, j. 29.05.2014, DJe 65 de 09.10.2014, Tema 31).

Não se está defendendo o "direito" do contribuinte de embaraçar a fiscalização, resistir a ela, constituir empresas em nome de laranjas, ou praticar quaisquer outras infrações à legislação tributária. Não é essa a questão. Em verdade, os fins não justificam os meios, e tais condutas, devidamente apuradas, com respeito ao devido processo legal e à ampla defesa, devem ser objeto de aplicação das penalidades cabíveis, nos termos da lei (tanto que o art. 339 esclarece que o tal regime não elide as penalidades); e não servir, diante da suspeita de que poderiam estar ocorrendo, de escusa para a adoção de métodos de cobrança ofensivos ao devido processo legal e já repelidos pela jurisprudência.

Prova disso é que o regime especial pode ser aplicado caso simplesmente o contribuinte não forneça documentos ou informações – ainda que parcialmente – nos moldes exigidos ou esperados pela autoridade. Ou quando não permita o acesso da autoridade a algum local, o que é decorrência do direito fundamental à inviolabilidade do domicílio e pode ser remediado com uma ordem judicial que dê à autoridade esse acesso.

Caso o contribuinte esteja realizando operações sem estar inscrito, o Fisco pode inscrevê-lo. Caso comercialize mercadorias com evidências de contrabando ou descaminho, que seja punido, inclusive criminalmente, por isso, inclusive com o confisco das mercadorias. Veja-se que para cada ilícito há uma sanção própria, caso adequadamente apurado, não sendo, contudo, a suspeita de sua prática motivo para um "regime de fiscalização" que margeia o *due process* e que, o que é pior, mas bastante comum nesta lei complementar, com delegação ao regulamento para que disponha sobre outras sanções aplicáveis ao contribuinte.

A jurisprudência do Supremo Tribunal Federal[7] é firme ao repelir tais regimes especiais de fiscalização, por inconstitucionais, desproporcionais, violadores do devido processo legal, da ampla defesa e da liberdade econômica e profissional. Confira-se, por exemplo, o julgado a seguir ementado:

> Regime especial de fiscalização. Medida fiscalizatória de aumento da base de cálculo do ICMS com a inclusão de "margem de valor agregado". Desproporcionalidade. Sanção política com a finalidade de arrecadação. Atividade econômica. Prejuízo.
>
> 1. A Suprema Corte, após reconhecer a repercussão geral da matéria, no julgamento do RE 914.045/MG, à luz dos arts. 5º, XIII, e 170 da Constituição Federal, decidiu ser "inconstitucional restrição imposta pelo Estado ao livre exercício de atividade

---

[7] "ICM. Regime especial de controle e fiscalização. O Supremo Tribunal Federal, em várias oportunidades, já se manifestou contrariamente ao regime especial, por implicar sanção política não autorizada pelas normas de constitucionalidade ou legais. Recurso extraordinário conhecido e provido" (STF, RE 111.042, 2ª Turma, DJ 13.03.1987).

econômica ou profissional, quanto aquelas forem utilizadas como meio de cobrança indireta de tributos" (ARE 914.045/RG, rel. Min. Edson Fachin, *DJe* 232).

2. A depender do caso concreto, este Tribunal Superior tem permitido a inclusão de contribuintes/responsáveis em Regimes Especiais de Fiscalização quando habituados a infrações tributárias, não se admitindo, porém, que as medidas fiscais impostas pelo respectivo regime possam inibir a regular atividade empresarial.

3. Hipótese em que a impetrante, incluída no Regime Especial de Fiscalização do Estado do Ceará, está sendo obrigada a pagar o ICMS durante o transporte das mercadorias que comercializa, por ocasião da passagem nos postos fiscais em rodovias, com a majoração da base de cálculo do imposto, por meio do aumento da Margem de Valor Agregado, a ser aplicada nos casos de substituição tributária, situação que evidencia ser a medida fiscal imposta à impetrante meio indireto de coerção para cobrança de tributos, eventualmente em atraso, pois o tratamento tributário diferenciado dificulta o exercício da atividade econômica, com o aumento da carga tributária enquanto vigente o Regime Especial de Fiscalização, o que não deve ser tolerado, à luz dos arts. 5º, XIII, e 170 da Constituição Federal.

4. Recurso ordinário parcialmente provido (RMS 51.523/CE, *DJ* 07.08.2017).

O Regime Especial de Fiscalização, portanto, além de reservado a contribuintes habituais na prática de infrações (o que não é o caso de quem nelas incorre duas vezes, ou é apenas suspeito de cometê-las), não pode implicar um embaraço ou uma dificuldade ao exercício da atividade econômica, embaraço este claramente presente quando se mantém fiscalização ininterrupta no estabelecimento, quando se reduz o prazo para apuração e recolhimento, ou mesmo recolhimento diário do tributo. E, o pior de tudo, não se pode delegar ao regulamento a tarefa de ainda criar outras sanções, seguramente piores, como costuma ocorrer em matéria tributária, em que o arbítrio das disposições cresce conforme se desce na hierarquia da pirâmide normativa.

TÍTULO VIII
DA TRANSIÇÃO PARA O IBS E PARA A CBS

CAPÍTULO I
DA FIXAÇÃO DAS ALÍQUOTAS DURANTE A TRANSIÇÃO

Seção I
Da Fixação das Alíquotas do IBS durante a Transição

Art. 342. A transição para o IBS atenderá aos critérios estabelecidos nesta Seção e nos seguintes dispositivos:

I – art. 501 desta Lei Complementar, no que diz respeito à redução das alíquotas do imposto previsto no art. 155, II, da Constituição Federal, e à redução dos benefícios fiscais relacionados a este imposto entre 2029 e 2032;

II – art. 508 desta Lei Complementar, no que diz respeito à redução das alíquotas do imposto previsto no art. 156, III, da Constituição Federal, e à redução dos benefícios fiscais relacionados a este imposto entre 2029 e 2032;

III – arts. 361 a 365 desta Lei Complementar, no que diz respeito à fixação das alíquotas de referência do IBS de 2029 a 2033; e

TÍTULO VIII – DA TRANSIÇÃO PARA O IBS E PARA A CBS | Art. 344

> IV – arts. 366 e 369 desta Lei Complementar, no que diz respeito à fixação das alíquotas de referência do IBS em 2034 e 2035.

 COMENTÁRIOS

Este capítulo cuida das alíquotas de referência da CBS e do IBS durante o período de transição, no qual lentamente serão introduzidos os novos tributos, com a gradual redução dos que serão por eles sucedidos. A ideia é fazer com que a transição seja feita aos poucos, dando a contribuintes, administrações tributárias e demais envolvidos tempo e oportunidade para adaptação, e para correções de rumo.

> **Art. 343.** Em relação aos fatos geradores ocorridos de 1º de janeiro a 31 de dezembro de 2026, o IBS será cobrado mediante aplicação da alíquota estadual de 0,1% (um décimo por cento).
>
> **Parágrafo único.** Durante o período indicado no *caput* deste artigo a arrecadação do IBS não observará as vinculações, repartições e destinações previstas na Constituição Federal, devendo ser aplicada, integral e sucessivamente, para:
>
> I – o financiamento do Comitê Gestor do IBS, nos termos do art. 156-B, § 2º, III, da Constituição Federal; e
>
> II – compor o Fundo de Compensação de Benefícios Fiscais ou Financeiro-Fiscais do ICMS.

 COMENTÁRIOS

Instituído o IBS, com a conclusão do processo legislativo referente às leis complementares, a instituição, por leis estadual e municipal, das alíquotas devidas a cada um desses entes (bem como a fixação da alíquota de referência pelo Senado, para o caso de omissão do ente federativo nessa tarefa), respeitando-se a anterioridade, não será possível exigi-lo desde logo pelo somatório das alíquotas assim estabelecidas. Haverá, como se sabe, um período de transição, para que haja a sucessão de um regime de tributação do consumo (ICMS, ISS, IPI, PIS, Cofins) por outro (IBS, CBS, IS).

Durante a transição, as alíquotas do IBS e da CBS serão gradualmente majoradas, ao passo que os tributos a serem sucedidos, gradualmente reduzidos.

Nessa ordem de ideias, o artigo em comento cuida da alíquota do IBS devido aos Estados-membros (alíquota estadual do IBS), não ainda da municipal, que será objeto do artigo subsequente. Estabelece que a alíquota estadual, durante o ano de 2026, será de 0,1%, e o valor assim arrecadado não observará as vinculações ou destinações indicadas na Constituição para quando estiver inteiramente implementado. Deverá ser usado integral e sucessivamente apenas para o financiamento do Comitê Gestor e para compor o Fundo de Compensação de Benefícios Fiscais ou Financeiro-Fiscais do ICMS. Note-se que a destinação é integral e sucessiva, ou seja, depois de financiado o Comitê Gestor, se sobrarem recursos, e só se sobrarem recursos, destinar-se-ão estes ao Fundo de Compensação de Benefícios Fiscais ou Financeiro-Fiscais do ICMS.

> **Art. 344.** Em relação aos fatos geradores ocorridos de 1º de janeiro de 2027 a 31 de dezembro de 2028, o IBS será cobrado à alíquota estadual de 0,05% (cinco centésimos por cento) e à alíquota municipal de 0,05% (cinco centésimos por cento).

> **Parágrafo único.** As alíquotas previstas no *caput*:
>
> I – serão aplicadas com a respectiva redução no caso das operações sujeitas a alíquota reduzida, no âmbito de regimes diferenciados de tributação;
>
> II – serão aplicadas em relação aos regimes específicos de que trata esta Lei Complementar, observadas as respectivas bases de cálculo, exceto em relação aos combustíveis sujeitos ao regime específico de que tratam os arts. 172 a 180 desta Lei Complementar; e
>
> III – em relação aos combustíveis sujeitos ao regime específico de que tratam os arts. 172 a 180 desta Lei Complementar, as alíquotas de que trata o *caput* deste artigo serão aplicadas sobre o valor da operação no momento da incidência da CBS.

 COMENTÁRIOS

Dando sequência à transição (remete-se a leitora aos comentários ao artigo anterior), nos dois anos seguintes, 2027 e 2028, a alíquota segue em 0,1%, mas desta feita não inteiramente estadual. Tem-se alíquota de 0,05% estadual, e 0,05% municipal. Inserem-se os municípios no âmbito da fiscalização e arrecadação do IBS, mas sem aumento do ônus para o contribuinte (que segue 0,1%, no total para o IBS).

Já se começam a aplicar os regimes de redução (em 60%, 40%, 30% e 100%, previstos nesta lei), sobre este percentual de 0,1%, e não se tem a destinação às finalidades indicadas no artigo anterior (criação do Comitê Gestor e financiamento do Fundo de Compensação de Benefícios Fiscais ou Financeiro-Fiscais do ICMS). As receitas destinam-se a Estados e Municípios (e ao Distrito Federal), sem os atrelamentos previstos no artigo anterior.

Seção II
Da Fixação das Alíquotas da CBS durante a Transição

> **Art. 345.** A transição para a CBS atenderá aos critérios estabelecidos nesta Seção e nos seguintes dispositivos:
>
> I – arts. 353 a 359 desta Lei Complementar, no que diz respeito à fixação da alíquota de referência da CBS de 2027 a 2033, observado o disposto no art. 368 para o período de 2030 a 2033; e
>
> II – arts. 366 e 369 desta Lei Complementar, no que diz respeito à fixação da alíquota de referência da CBS em 2034 e 2035.
>
> **Art. 346.** Em relação aos fatos geradores ocorridos de 1º de janeiro a 31 de dezembro de 2026, a CBS será cobrada mediante aplicação da alíquota de 0,9% (nove décimos por cento).
>
> **Art. 347.** Em relação aos fatos geradores ocorridos de 1º de janeiro de 2027 a 31 de dezembro de 2028, a alíquota da CBS será aquela fixada nos termos do inciso I do *caput* e dos §§ 2º e 3º, todos do art. 14, reduzida em 0,1 (um décimo) ponto percentual, exceto em relação aos combustíveis sujeitos ao regime específico de que tratam os arts. 172 a 180 desta Lei Complementar.
>
> § 1º A redução da alíquota prevista no *caput* será:
>
> I – proporcional à respectiva redução no caso das operações sujeitas a alíquota reduzida, no âmbito de regimes diferenciados de tributação;
>
> II – aplicada em relação aos regimes específicos de que trata essa Lei Complementar, observadas as respectivas bases de cálculo.

TÍTULO VIII – DA TRANSIÇÃO PARA O IBS E PARA A CBS — Art. 348

> § 2º Durante o período de que trata o *caput* deste artigo, o montante de IBS recolhido nos termos do inciso III do parágrafo único do art. 344 poderá ser deduzido do montante da CBS a recolher pelos contribuintes sujeitos ao regime específico de combustíveis de que tratam os arts. 172 a 180 desta Lei Complementar.

 COMENTÁRIOS

A alíquota de referência da CBS para o período de 2027 a 2033 deve ser fixada com atenção do disposto nos arts. 353 a 359. Para o período de 2030 a 2033, deve-se observar o art. 368, e, de 2034 a 2035, os arts. 366 e 369, todos adiante comentados. A alíquota de referência é fixada pelo Senado, cabendo, no entanto, à União fixar a alíquota efetiva, a ser utilizada para o cálculo de sua parcela do IVA-Dual (a CBS), por lei ordinária. Vejam-se os comentários ao art. 14 desta lei.

Nos anos de 2027 e 2028, a CBS será cobrada pela alíquota que vier a ser estabelecida em lei ordinária da União, com redução de 0,1 ponto percentual. Ou seja, se a União a fixar em 8%, ela será de 7,9%, passando a ser de 8% a partir de 2029.

Aplicam-se por igual todos os redutores previstos nesta lei à alíquota de CBS que vier a ser fixada pela União por lei ordinária. Ou seja, atividades sujeitas ao redutor de 30%, ou de 60%, submeter-se-ão a alíquota não de 8% (percentual aqui usado exemplificativamente), mas de 5,6% e 3,2%, respectivamente. Excepcionam-se os combustíveis, pois estes se regem por alíquotas que serão inconstitucionalissimamente fixadas pelo Poder Executivo, nos moldes dos arts. 172 a 180, a cujos comentários se remete a leitora.

Seção III
Disposições Comuns ao IBS e à CBS em 2026

> **Art. 348.** Em relação aos fatos geradores ocorridos de 1º de janeiro a 31 de dezembro de 2026:
>
> I – o montante recolhido do IBS e da CBS será compensado com o valor devido, no mesmo período de apuração, das contribuições previstas no art. 195, inciso I, alínea "b", e inciso IV, e da contribuição para o PIS a que se refere o art. 239, ambos da Constituição Federal;
>
> II – caso o contribuinte não possua débitos suficientes para efetuar a compensação de que trata o inciso I, o valor recolhido poderá ser:
>
> a) compensado com qualquer outro tributo federal, nos termos da legislação; ou
>
> b) ressarcido em até 60 (sessenta) dias, mediante requerimento;
>
> III – as alíquotas do IBS e da CBS previstas nos arts. 343 e 346 desta Lei Complementar:
>
> a) serão aplicadas com a respectiva redução no caso das operações sujeitas a alíquota reduzida, no âmbito de regimes diferenciados de tributação;
>
> b) serão aplicadas em relação aos regimes específicos de que trata esta Lei Complementar, observadas as respectivas bases de cálculo, exceto em relação aos combustíveis e biocombustíveis de que tratam os arts. 172 a 180;
>
> c) não serão aplicadas em relação às operações dos contribuintes optantes pelo Simples Nacional.
>
> § 1º Fica dispensado o recolhimento do IBS e da CBS relativo aos fatos geradores ocorridos no período indicado no *caput* em relação aos sujeitos passivos que cumprirem as obrigações acessórias previstas na legislação.

> § 2º O sujeito passivo dispensado do recolhimento na forma do § 1º permanece obrigado ao pagamento integral das Contribuições previstas no art. 195, inciso I, alínea "b", e inciso IV, e da contribuição para o Programa de Integração Social a que se refere o art. 239, ambos da Constituição Federal.

 COMENTÁRIOS

Em 2026, o IBS e a CBS serão cobrados de modo "experimental", pela alíquota de 1% (0,1% de IBS e 0,9% de CBS). Diz-se "experimental" porque a ideia parece ser a de não gerar, em tese, aumento de ônus, pois o montante devido sob a rubrica desses dois tributos será abatido do PIS e da Cofins, ou, se ainda houver saldo credor (valor de IBS e CBS recolhidos superar o PIS e a Cofins devidos), restituído em dinheiro. Tanto que, aos contribuintes que cumprirem as obrigações acessórias, poderá até mesmo ser dispensado o recolhimento de IBS e CBS.

Esclareça-se que 1% será a alíquota do IVA-Dual para 2026 em termos gerais, para os contribuintes submetidos ao regime normal de apuração do imposto. Quanto aos demais, aplicam-se os redutores previstos nesta lei (30% para prestadores de certos serviços, 60% para outros etc.), redução que será feita sobre o percentual de 1%. Já os contribuintes do Simples não se submetem a essa alíquota, mas àquelas previstas nas tabelas constantes dos anexos desta lei, que só prevê alíquotas de IBS e CBS para o período compreendido de 2027 em diante, não para 2026, quando os contribuintes regidos pelo Simples não serão submetidos ao IVA-Dual.

Se o contribuinte for dispensado de recolher o IVA-Dual, deverá recolher integralmente e sem o desconto previsto neste artigo o PIS e a Cofins, sendo o § 2º destinado a desnecessariamente explicar essa obviedade.

Seção IV
Da Fixação das Alíquotas de Referência de 2027 a 2035

Subseção I
Disposições Gerais

> **Art. 349.** Observadas a forma de cálculo e os limites previstos nesta Seção, resolução do Senado Federal fixará:
>
> I – para os anos de 2027 a 2033, a alíquota de referência da CBS;
>
> II – para os anos de 2029 a 2033:
>
> a) a alíquota de referência do IBS para os Estados;
>
> b) a alíquota de referência do IBS para os Municípios;
>
> c) a alíquota de referência do IBS para o Distrito Federal, que corresponderá à soma das alíquotas de referência previstas nas alíneas "a" e "b" deste inciso;
>
> III – para os anos de 2027 a 2033, o redutor a ser aplicado sobre as alíquotas da CBS e do IBS nas operações contratadas pela administração pública direta, por autarquias e por fundações públicas, inclusive suas importações.
>
> § 1º As alíquotas de referência e o redutor de que trata o inciso III do *caput* serão fixados no ano anterior ao de sua vigência, com base em cálculos realizados pelo Tribunal de Contas da União, observado o seguinte:

TÍTULO VIII – DA TRANSIÇÃO PARA O IBS E PARA A CBS   Art. 349

I – o Tribunal de Contas da União enviará ao Senado Federal os cálculos a que se refere este parágrafo até o dia 15 de setembro do ano anterior ao de vigência das alíquotas de referência e do redutor;

II – o Senado Federal fixará as alíquotas de referência e o redutor até o dia 31 de outubro do ano anterior ao de sua vigência, não se aplicando o disposto no art. 150, inciso III, alínea "c", da Constituição Federal.

§ 2º Caso o prazo previsto no inciso II do § 1º ultrapasse a data de 22 de dezembro do ano anterior ao de sua vigência, enquanto não ocorrer a fixação das alíquotas pelo Senado Federal ou sua vigência serão utilizadas as alíquotas de referência calculadas pelo Tribunal de Contas da União, observadas as seguintes condições:

I – as alíquotas fixadas pelo Senado Federal vigerão a partir do início do segundo mês subsequente àquele em que ocorrer sua fixação;

II – deverá ser observado o disposto no art. 150, inciso III, alínea "b", da Constituição Federal.

§ 3º Os cálculos atribuídos ao Tribunal de Contas da União nos termos do § 1º serão realizados com base em propostas encaminhadas:

I – pelo Poder Executivo da União, para os cálculos relativos à alíquota de referência da CBS;

II – pelo Comitê Gestor do IBS, para os cálculos relativos às alíquotas de referência do IBS;

III – em ato conjunto do Poder Executivo da União e do Comitê Gestor do IBS, para o redutor de que trata o inciso III do *caput*.

§ 4º O Poder Executivo da União e o Comitê Gestor do IBS atuarão em conjunto para harmonizar a metodologia dos cálculos a que se referem os incisos do § 3º.

§ 5º As propostas de que tratam os incisos do § 3º:

I – serão elaboradas com base na metodologia homologada nos termos do § 7º;

II – deverão ser enviadas ao Tribunal de Contas da União até o dia 31 de julho do ano anterior ao da vigência das alíquotas de referência e do redutor;

III – serão acompanhadas dos dados e informações necessários ao cálculo das alíquotas de referência e do redutor, que deverão ser complementados em tempo hábil, caso assim solicitado pelo Tribunal de Contas da União.

§ 6º Caso as propostas de que tratam os incisos do § 3º não sejam encaminhadas no prazo previsto no inciso II do § 5º, o Tribunal de Contas da União realizará os cálculos necessários à fixação das alíquotas de referência e do redutor de que trata o inciso III do *caput* com base nas informações a que tiver acesso.

§ 7º A metodologia de cálculo de que trata o inciso I do § 5º:

I – será elaborada pelo Comitê Gestor do IBS e pelo Poder Executivo da União, no âmbito das respectivas competências, com base nos critérios constantes dos arts. 350 a 369 desta Lei Complementar; e

II – será homologada pelo Tribunal de Contas da União.

§ 8º Na definição da metodologia de que trata o § 7º, o Poder Executivo da União e o Comitê Gestor do IBS poderão propor ajustes nos critérios constantes dos arts. 350 a 369 desta Lei Complementar, desde que estes sejam justificados.

§ 9º No processo de homologação da metodologia de que trata o § 7º:

I – o Comitê Gestor do IBS e o Poder Executivo da União deverão encaminhar ao Tribunal de Contas da União a proposta de metodologia a ser adotada até o final do mês de junho do segundo ano anterior àquele de vigência da alíquota de referência calculada com base na metodologia a ser homologada;

II – o Tribunal de Contas da União deverá homologar a metodologia no prazo de 180 (cento e oitenta) dias;

III – o Tribunal de Contas da União poderá solicitar ajustes na metodologia ao Comitê Gestor do IBS e ao Poder Executivo da União, que deverão, no prazo de 30 (trinta) dias:

a) implementar os ajustes; ou

b) apresentar ao Tribunal de Contas da União alternativa aos ajustes propostos.

§ 10. O Tribunal de Contas da União, e, no âmbito das respectivas competências, o Comitê Gestor do IBS e o Poder Executivo da União, poderão, de comum acordo, implementar ajustes posteriores na metodologia homologada nos termos do § 9º.

§ 11. Os entes federativos e o Comitê Gestor do IBS fornecerão ao Tribunal de Contas da União as informações necessárias para a elaboração dos cálculos a que se refere este artigo.

§ 12. O Poder Executivo da União e o Comitê Gestor do IBS fornecerão ao Tribunal de Contas da União todos os subsídios necessários à homologação da metodologia e à elaboração dos cálculos a que se refere este artigo, mediante compartilhamento de dados e informações.

§ 13. O compartilhamento de dados e informações de que trata este artigo observará o disposto no art. 198 da Lei nº 5.172, de 25 de outubro de 1966 – Código Tributário Nacional.

§ 14. Na fixação da alíquota de referência da CBS e das alíquotas de referência estadual, distrital e municipal do IBS, os valores calculados nos termos desta Seção deverão ser arredondados para o décimo de ponto percentual superior ou inferior que seja mais próximo.

 COMENTÁRIOS

Nos termos da sistemática implementada pela EC 132/2023, cabe ao Senado Federal fixar as alíquotas de referência de IBS e CBS, as quais serão aplicáveis caso o ente federativo correspondente não estabeleça, por lei ordinária, a alíquota que lhe cabe.

A fixação das três alíquotas (federal, estadual e municipal), que, no caso de operações destinadas ao Distrito Federal, são duas, porquanto reúnem-se para ele a estadual e a federal, deve ocorrer a partir de 2027 para a CBS, e a partir de 2029 para o IBS. No que tange ao ano de 2026 para CBS, e aos anos de 2026 a 2028 para IBS, as alíquotas serão aquelas previstas nos arts. 345 a 347, *supra*, vale dizer, estão previstas nesta lei complementar, na parte dedicada ao início da transição.

Nos termos deste artigo, a fixação da alíquota de referência sujeita-se ao princípio da anterioridade do exercício, mas não à anterioridade nonagesimal (ADCT, art. 130, § 1º, com a redação dada pela EC 132/2023).

Estabelece-se que as alíquotas de referência serão estabelecidas pelo Senado Federal, mas ao cabo de um longo processo, em que Poder Executivo da União e Comitê Gestor fornecem ao Tribunal de Contas informações (dados) e uma metodologia a ser adotada na elaboração de "cálculos". Diz-se quem fornece as informações, e quem faz os cálculos, mas não há clareza quanto a que cálculos serão esses, ou o que exatamente será calculado. Alguma indicação nesse sentido consta dos artigos subsequentes, em especial o art. 351.

Ainda quanto a tais cálculos, afigura-se inconstitucional a norma segundo a qual, na hipótese de o Senado não fixar as alíquotas de referência, utilizar-se-ão aquelas propostas pelo Tribunal de Contas. Não há autorização constitucional para essa delegação. Seria como, na hipótese de o Presidente da República encaminhar projeto de lei para aumentar tributo, em não sendo ele aprovado, usar-se o projeto "até que" o Congresso delibere a respeito, absurdo que dispensa considerações adicionais.

TÍTULO VIII – DA TRANSIÇÃO PARA O IBS E PARA A CBS   Art. 350

Subseção II
Da Receita de Referência

Art. 350. Na elaboração dos cálculos para a fixação das alíquotas de referência entende-se por:

I – receita de referência da União, a soma da receita, antes da compensação de que tratam os incisos I e II do *caput* do art. 348 desta Lei Complementar:

a) das contribuições previstas no art. 195, inciso I, alínea "b", e inciso IV e da contribuição para o PIS, de que trata o art. 239, todos da Constituição Federal;

b) do imposto previsto no art. 153, inciso IV, da Constituição Federal; e

c) do imposto previsto no art. 153, inciso V, da Constituição Federal, sobre operações de seguros;

II – receita de referência dos Estados, a soma da receita dos Estados e do Distrito Federal:

a) com o imposto previsto no art. 155, inciso II, da Constituição Federal;

b) com as contribuições destinadas ao financiamento de fundos estaduais em funcionamento em 30 de abril de 2023 e estabelecidas como condição à aplicação de diferimento, regime especial ou outro tratamento diferenciado relativos ao imposto de que trata o art. 155, inciso II, da Constituição Federal;

III – receita de referência dos Municípios, a soma da receita dos Municípios e do Distrito Federal com o imposto previsto no art. 156, inciso III, da Constituição Federal.

§ 1º Para fins do disposto neste artigo, a receita dos tributos referidos no *caput* será apurada de modo a incluir:

I – a receita obtida na forma da Lei Complementar nº 123, de 14 de dezembro de 2006;

II – a receita obtida na forma do art. 82 do Ato das Disposições Constitucionais Transitórias; e

III – o montante total da arrecadação, incluindo os juros e multas, oriunda de valores inscritos ou não em dívida ativa.

§ 2º A receita das contribuições de que trata a alínea "b" do inciso II do *caput*:

I – não inclui a receita das contribuições sobre produtos primários e semielaborados substituídas por contribuições semelhantes, nos termos do art. 136 do Ato das Disposições Constitucionais Transitórias;

II – corresponderá, a cada período, ao valor médio das contribuições efetivamente arrecadadas de 2021 a 2023, corrigidas pela variação da receita do imposto de que trata o art. 155, inciso II, da Constituição Federal, do respectivo Estado ou Distrito Federal;

III – será calculada segundo metodologia a ser desenvolvida pelo Comitê Gestor do IBS e homologada pelo Tribunal de Contas da União.

§ 3º Para fins do disposto no inciso III do § 2º:

I – o Comitê Gestor do IBS deverá encaminhar a proposta de metodologia ao Tribunal de Contas da União até 31 de junho de 2026; e

II – serão observados os procedimentos previstos nos §§ 9º e 10 do art. 349.

 COMENTÁRIOS

Este artigo cuida de definições, as quais serão necessárias à adequada compreensão das fórmulas previstas mais adiante nesta mesma lei. É o caso dos arts. 352 a 365, que estabelecem critérios para a determinação da "alíquota de referência", a ser "calculada" pelo Tribunal de Contas, com subsídios dados pelos entes tributantes, e encaminhada ao Senado Federal para que, dentro de sua autonomia para tomar a decisão política, fixe as alíquotas de referência

Art. 351

do IBS e da CBS. Os dispositivos que cuidam dos critérios para a definição da alíquota de referência aludem a que se considere no cálculo "a receita de referência" do ano X ou Y, expressão esta que deverá ser compreendida nos termos deste artigo.

Subseção III
Do Cálculo das Alíquotas de Referência

Art. 351. Observada a disponibilidade de informações, os cálculos para a fixação da alíquota de referência considerarão a receita de IBS e de CBS discriminada entre:

I – a receita das operações e das importações sujeitas às normas gerais de incidências previstas no Título I deste Livro, discriminando:

a) operações e importações sujeitas à alíquota padrão;

b) operações e importações sujeitas à alíquota reduzida em 60% (sessenta por cento) da alíquota padrão;

c) operações e importações sujeitas à alíquota reduzida em 30% (trinta por cento) da alíquota padrão;

II – a receita das operações e das importações tributadas com base em cada um dos regimes específicos de tributação;

III – a receita das operações tributadas pelo Regime Especial Unificado de Arrecadação de Tributos e Contribuições devidos pelas Microempresas e Empresas de Pequeno Porte – Simples Nacional, de que trata a Lei Complementar nº 123, de 14 de dezembro de 2006, se necessário discriminadas para cada uma das faixas das tabelas constantes dos anexos da referida Lei Complementar;

IV – a receita auferida por cada esfera federativa nas aquisições de bens e serviços em que a receita é integralmente destinada ao ente federativo adquirente, nos termos do art. 473 desta Lei Complementar, discriminada para cada modalidade de operação e importação de que tratam os incisos I a III do *caput* deste artigo;

V – o valor da redução da receita em decorrência:

a) da concessão de créditos presumidos, discriminada para cada modalidade de crédito presumido prevista nesta Lei Complementar;

b) da devolução geral de IBS e da CBS a pessoas físicas, a que se refere o art. 118 desta Lei Complementar discriminada para cada modalidade de devolução;

VI – outros fatores que elevem ou reduzam a receita de IBS e de CBS não considerados nos incisos anteriores, discriminados por categoria.

§ 1º As receitas de que tratam os incisos I a III do *caput* deste artigo:

I – não considerarão as operações contratadas pela administração pública direta, por autarquias e por fundações públicas, inclusive suas importações, e sujeitas ao regime de que trata o art. 473 desta Lei Complementar;

II – corresponderão ao valor do IBS e da CBS incidentes nas operações que não geram direito a crédito para os adquirentes.

§ 2º Para fins da fixação da alíquota de referência, o valor da receita de IBS e de CBS de que trata o *caput*:

I – será apurado de modo a incluir:

a) a receita obtida na forma da Lei Complementar nº 123, de 14 de dezembro de 2006;

b) a receita obtida na forma do art. 82 do Ato das Disposições Constitucionais Transitórias; e

c) o montante total da arrecadação, incluindo os juros e multas, oriunda de valores inscritos ou não em dívida ativa;

II – não incluirá os valores de IBS retidos para posterior compensação ou ressarcimento.

§ 3º Os cálculos por categoria de receita ou de redução de receita de que tratam os incisos do *caput* poderão ser realizados com base nos valores constantes dos documentos fiscais, e ajustados posteriormente para que seu valor total corresponda ao apurado na forma do § 2º.

Subseção IV
Do Cálculo da Alíquota de Referência da CBS

Art. 352. O cálculo da alíquota de referência da CBS para cada ano de vigência de 2027 a 2033 será realizado, nos termos dos arts. 353 a 359 desta Lei Complementar, com base:

I – na receita de referência da União em anos-base anteriores;

II – em uma estimativa de qual seria a receita de CBS caso fosse aplicada, em cada um dos anos-base, a alíquota de referência, as alíquotas dos regimes específicos e a legislação da CBS no ano de vigência; e

III – em estimativas de qual seria a receita do Imposto Seletivo e do IPI, caso fossem aplicadas, em cada um dos anos-base, as alíquotas e a legislação desses impostos no ano de vigência.

§ 1º A estimativa da receita de CBS de que trata o inciso II do *caput* será calculada, em valores do ano-base, para cada categoria de receita ou de redução de receita de que tratam os incisos do *caput* do art. 351 desta Lei Complementar, através da aplicação da alíquota de referência e das demais alíquotas previstas na legislação da CBS para o ano de vigência, sobre uma estimativa da base de cálculo no ano-base.

§ 2º As estimativas da receita dos impostos que trata o inciso III do *caput* serão calculadas, em valores do ano-base, através da aplicação das alíquotas previstas na legislação desses impostos para o ano de vigência, sobre uma estimativa da base de cálculo no ano-base.

§ 3º Observados os critérios específicos previstos nos arts. 353 a 359 desta Lei Complementar, a estimativa da base de cálculo de cada categoria de que tratam os §§ 1º e 2º deste artigo poderá tomar por referência, entre outros:

I – dados obtidos no processo de arrecadação de tributos sobre bens e serviços no ano-base;

II – dados públicos relativos a agregados macroeconômicos no ano-base e, em caso de indisponibilidade de dados específicos, dados relativos a agregados macroeconômicos de anos anteriores, corrigidos a valores do ano-base pela variação do valor de agregados macroeconômicos ou de indicadores de preços e quantidades adequados;

III – a base de cálculo de cada categoria de receita da CBS em anos posteriores ao ano-base, apurada a partir de documentos fiscais e da escrituração da CBS, corrigida a valores do ano-base pela variação do valor de agregados macroeconômicos ou de indicadores de preços e quantidades adequados a cada categoria de receita; ou

IV – a base de cálculo dos impostos a que se refere o inciso III do *caput* em anos posteriores ao ano-base, apurada a partir de documentos fiscais e da escrituração desses impostos, corrigida a valores do ano-base pela variação do valor de agregados macroeconômicos ou de indicadores de preços e quantidades específicos.

§ 4º No caso de alíquotas específicas (*ad rem*) ou de valores fixados em moeda corrente na legislação, os valores previstos na legislação para o ano de vigência serão corrigidos para valores do ano-base de modo a contemplar a variação de preços entre os dois períodos.

Art. 353. A alíquota de referência da CBS para 2027 será fixada com base na estimativa, para cada um dos anos-base de 2024 e 2025:

I – da receita da CBS no ano-base, calculada nos termos do inciso II do *caput* do art. 352 desta Lei Complementar com base na alíquota de referência, nas alíquotas dos regimes específicos e na legislação da CBS de 2027;

II – da receita do Imposto Seletivo no ano-base, calculada nos termos do inciso III do *caput* do art. 352 desta Lei Complementar com base nas alíquotas de 2027; e

III – da receita do IPI no ano-base, calculada nos termos do inciso III do *caput* do art. 352 desta Lei Complementar com base nas alíquotas de 2027.

§ 1º A alíquota de referência da CBS para 2027 será fixada de forma a que haja equivalência entre:

I – a média da razão entre a soma dos valores de que tratam os incisos do *caput* e o Produto Interno Bruto (PIB) nos anos-base referidos no *caput*; e II – a média da razão entre a receita de referência da União e o PIB nos anos de 2012 a 2021.

§ 2º Para fins do disposto no inciso III do § 3º do art. 352 desta Lei Complementar, no ano de 2026, os prazos referidos nos incisos I e II do § 1º e no inciso II do § 5º, ambos do art. 349, serão prorrogados em 45 (quarenta e cinco) dias.

Art. 354. A alíquota de referência da CBS para 2028 será fixada com base na estimativa, para cada um dos anos-base de 2025 e 2026:

I – da receita da CBS no ano-base, calculada nos termos do inciso II do *caput* do art. 352 desta Lei Complementar com base na alíquota de referência, nas alíquotas dos regimes específicos e na legislação da CBS de 2028;

II – da receita do Imposto Seletivo no ano-base, calculada nos termos do inciso III do *caput* do art. 352 desta Lei Complementar com base nas alíquotas de 2028; e

III – da receita do IPI no ano-base, calculada nos termos do inciso III do *caput* do art. 352 desta Lei Complementar com base nas alíquotas de 2028.

Parágrafo único. A alíquota de referência da CBS para 2028 será fixada de forma a que haja equivalência entre:

I – a média da razão entre a soma dos valores de que tratam os incisos do *caput* e o PIB nos anos-base referidos no *caput*; e

II – a média da razão entre a receita de referência da União e ao PIB nos anos de 2012 a 2021.

Art. 355. A alíquota de referência da CBS para 2029 será fixada com base na estimativa:

I – da receita da CBS em 2027, calculada nos termos do inciso II do *caput* do art. 352 desta Lei Complementar com base na alíquota de referência, nas alíquotas dos regimes específicos e na legislação da CBS de 2029;

II – da receita do Imposto Seletivo em 2027, calculada nos termos do inciso III do *caput* do art. 352 desta Lei Complementar com base nas alíquotas de 2029; e

III – da receita do IPI em 2027, calculada nos termos do inciso III do *caput* do art. 352 desta Lei Complementar com base nas alíquotas de 2029.

Parágrafo único. A alíquota de referência da CBS para 2029 será fixada de forma a que haja equivalência entre:

I – a razão entre a soma dos valores de que tratam os incisos do *caput* e o PIB em 2027; e

II – a média da razão entre a receita de referência da União e o PIB nos anos de 2012 a 2021.

Art. 356. A alíquota de referência da CBS para 2030 será fixada com base na estimativa, para cada um dos anos-base de 2027 e 2028:

I – da receita da CBS no ano-base, calculada nos termos do inciso II do *caput* do art. 352 desta Lei Complementar com base na alíquota de referência, nas alíquotas dos regimes específicos e na legislação da CBS de 2030;

TÍTULO VIII – DA TRANSIÇÃO PARA O IBS E PARA A CBS — Art. 359

II – da receita do Imposto Seletivo no ano-base, calculada nos termos do inciso III do *caput* do art. 352 desta Lei Complementar com base nas alíquotas de 2030; e

III – da receita do IPI no ano-base, calculada nos termos do inciso III do *caput* do art. 352 desta Lei Complementar com base nas alíquotas de 2030.

Parágrafo único. A alíquota de referência da CBS para 2030 será fixada de forma a que haja equivalência entre:

I – a média da razão entre a soma dos valores de que tratam os incisos do *caput* e o PIB nos anos-base referidos no *caput*; e

II – a média da razão entre a receita de referência da União e o PIB nos anos de 2012 a 2021.

Art. 357. A alíquota de referência da CBS para 2031 será fixada com base na estimativa, para cada um dos anos-base de 2028 e 2029:

I – da receita da CBS no ano-base, calculada nos termos do inciso II do *caput* do art. 352 desta Lei Complementar com base na alíquota de referência, nas alíquotas dos regimes específicos e na legislação da CBS de 2031;

II – da receita do Imposto Seletivo no ano-base, calculada nos termos do inciso III do *caput* do art. 352 desta Lei Complementar com base nas alíquotas de 2031; e

III – da receita do IPI no ano-base, calculada nos termos do inciso III do *caput* do art. 352 desta Lei Complementar com base nas alíquotas de 2031.

Parágrafo único. A alíquota de referência da CBS para 2031 será fixada de forma a que haja equivalência entre:

I – a média da razão entre a soma dos valores de que tratam os incisos do *caput* e o PIB nos anos-base referidos no *caput*; e

II – a média da razão entre a receita de referência da União e o PIB nos anos de 2012 a 2021.

Art. 358. A alíquota de referência da CBS para 2032 será fixada com base na estimativa, para cada um dos anos-base de 2029 e 2030:

I – da receita da CBS no ano-base, calculada nos termos do inciso II do *caput* do art. 352 desta Lei Complementar com base na alíquota de referência, nas alíquotas dos regimes específicos e na legislação da CBS de 2032;

II – da receita do Imposto Seletivo no ano-base, calculada nos termos do inciso III do *caput* do art. 352 desta Lei Complementar com base nas alíquotas de 2032; e

III – da receita do IPI no ano-base, calculada nos termos do inciso III do *caput* do art. 352 desta Lei Complementar com base nas alíquotas de 2032.

Parágrafo único. A alíquota de referência da CBS para 2032 será fixada de forma a que haja equivalência entre:

I – a média da razão entre a soma dos valores de que tratam os incisos do *caput* e o PIB nos anos-base referidos no *caput*; e

II – a média da razão entre a receita de referência da União e o PIB nos anos de 2012 a 2021.

Art. 359. A alíquota de referência da CBS para 2033 será fixada com base na estimativa, para cada um dos anos-base de 2030 a 2031:

I – da receita da CBS no ano-base, calculada nos termos do inciso II do *caput* do art. 352 desta Lei Complementar com base na alíquota de referência, nas alíquotas dos regimes específicos e na legislação da CBS de 2033;

II – da receita do Imposto Seletivo no ano-base, calculada nos termos do inciso III do *caput* do art. 352 desta Lei Complementar com base nas alíquotas de 2033; e

> III – da receita do IPI no ano-base, calculada nos termos do inciso III do *caput* do art. 352 desta Lei Complementar com base nas alíquotas de 2033.
>
> **Parágrafo único.** A alíquota de referência da CBS para 2033 será fixada de forma a que haja equivalência entre:
>
> I – a média da razão entre a soma dos valores de que tratam os incisos do *caput* e o PIB nos anos-base referidos no *caput*; e
>
> II – a média da razão entre a receita de referência da União e o PIB nos anos de 2012 a 2021.

Subseção V
Do Cálculo das Alíquotas de Referência do IBS

> **Art. 360.** O cálculo das alíquotas de referência estadual e municipal do IBS para cada ano de vigência de 2029 a 2033 será realizado, nos termos dos arts. 361 a 365 desta Lei Complementar, com base:
>
> I – na receita de referência da respectiva esfera federativa em anos-base anteriores; e
>
> II – em uma estimativa de qual seria a receita de IBS caso fosse aplicada, em cada um dos anos-base, a alíquota de referência, as alíquotas dos regimes específicos e a legislação do IBS do ano de vigência.
>
> § 1º A estimativa da receita de IBS de que trata o inciso II do *caput* será calculada, em valores do ano-base, para cada categoria de receita ou de redução de receita de que tratam os incisos do *caput* do art. 351 desta Lei Complementar, através da aplicação da alíquota de referência e das demais alíquotas previstas na legislação do IBS para o ano de vigência, sobre uma estimativa da base de cálculo no ano-base.
>
> § 2º Observados os critérios específicos previstos nos arts. 361 a 365 desta Lei Complementar, a estimativa da base de cálculo de cada categoria de que trata o § 1º deste artigo poderá tomar por referência, entre outros:
>
> I – a base de cálculo de cada categoria de receita e de redução de receita da CBS no ano-base, ajustada de modo a contemplar as diferenças entre a legislação da CBS no ano-base e a legislação do IBS no ano de vigência;
>
> II – a base de cálculo de cada categoria de receita e de redução de receita do IBS no ano-base, ajustada de modo a contemplar as diferenças na legislação do IBS entre o ano-base e o ano de vigência.
>
> § 3º No caso de alíquotas específicas (*ad rem*) ou de valores fixados em moeda corrente na legislação, os valores previstos na legislação para o ano de vigência serão corrigidos para valores do ano-base de modo a contemplar a variação de preços entre os dois períodos.
>
> **Art. 361.** As alíquotas de referência estadual e municipal do IBS para 2029 serão fixadas de modo que:
>
> I – a estimativa da parcela estadual da receita do IBS em 2027, calculada com base na alíquota de referência estadual, nas alíquotas estaduais dos regimes específicos e na legislação do IBS de 2029, nos termos do art. 360 desta Lei Complementar, seja equivalente a 10% da receita de referência dos Estados em 2027;
>
> II – a estimativa da parcela municipal da receita do IBS em 2027, calculada com base na alíquota de referência municipal, nas alíquotas municipais dos regimes específicos e na legislação do IBS de 2029, nos termos do art. 360 desta Lei Complementar, seja equivalente a 10% da receita de referência dos Municípios em 2027.
>
> **Parágrafo único.** Na elaboração dos cálculos a que se refere este artigo, a base de cálculo a ser utilizada nas estimativas tomará por referência:

I – prioritariamente, a receita da CBS em 2027, ajustada de modo a contemplar diferenças entre a legislação da CBS em 2027 e a legislação do IBS em 2029;

II – subsidiariamente, a receita do IBS em 2027, ajustada de modo a contemplar diferenças na legislação do IBS entre 2027 e 2029, ou outras fontes de informação.

Art. 362. As alíquotas de referência estadual e municipal do IBS para 2030 serão fixadas de modo que:

I – a média da estimativa da parcela estadual da receita do IBS em 2027 e em 2028, calculada com base na alíquota de referência estadual, nas alíquotas estaduais dos regimes específicos e na legislação do IBS de 2030, nos termos do art. 360 desta Lei Complementar, seja equivalente a 20% da média da receita de referência dos Estados em 2027 e em 2028;

II – a média da estimativa da parcela municipal da receita do IBS em 2027 e em 2028, calculada com base na alíquota de referência municipal, nas alíquotas municipais dos regimes específicos e na legislação do IBS de 2030, nos termos do art. 360 desta Lei Complementar, seja equivalente a 20% da média da receita de referência dos Municípios em 2027 e em 2028.

Parágrafo único. Na elaboração dos cálculos a que se refere este artigo, a base de cálculo a ser utilizada nas estimativas tomará por referência:

I – prioritariamente, a receita da CBS em 2027 e 2028, ajustada de modo a contemplar diferenças entre a legislação da CBS em 2027 e em 2028 e a legislação do IBS em 2030;

II – subsidiariamente, a receita do IBS em 2027 e 2028, ajustada de modo a contemplar diferenças na legislação do IBS entre esses anos e 2030, ou outras fontes de informação.

Art. 363. As alíquotas de referência estadual e municipal do IBS para 2031 serão fixadas de modo que:

I – a média da estimativa da parcela estadual da receita do IBS de 2028 e em 2029, calculada com base na alíquota de referência estadual, nas alíquotas estaduais dos regimes específicos e na legislação do IBS de 2031, nos termos do art. 360 desta Lei Complementar, seja equivalente a 30% da média:

a) da receita de referência dos Estados em 2028;

b) da receita de referência dos Estados em 2029, dividida por 9 (nove) e multiplicada por 10 (dez);

II – a média da estimativa da parcela municipal da receita do IBS em 2028 e em 2029, calculada com base na alíquota de referência municipal, nas alíquotas municipais dos regimes específicos e na legislação do IBS de 2031, nos termos do art. 360 desta Lei Complementar, seja equivalente a 30% da média:

a) da receita de referência dos Municípios em 2028;

b) da receita de referência dos Municípios em 2029, dividida por 9 (nove) e multiplicada por 10 (dez).

Parágrafo único. Na elaboração dos cálculos a que se refere este artigo, a base de cálculo a ser utilizada nas estimativas tomará por referência:

I – em 2028:

a) prioritariamente, a receita da CBS, ajustada de modo a contemplar diferenças entre a legislação da CBS em 2028 e a legislação do IBS em 2031;

b) subsidiariamente, a receita do IBS em 2028, ajustada de modo a contemplar diferenças na legislação do IBS entre esse ano e 2031, ou outras fontes de informação;

II – em 2029, prioritariamente a receita do IBS, ajustada de modo a contemplar diferenças na legislação do IBS entre esse ano e 2031 e, subsidiariamente, outras fontes de informação.

Art. 364. As alíquotas de referência estadual e municipal do IBS para 2032 serão fixadas de modo que:

I – a média da estimativa da parcela estadual da receita do IBS em 2029 e em 2030, calculada com base na alíquota de referência estadual, nas alíquotas estaduais dos regimes específicos e na legislação do IBS de 2032, nos termos do art. 360 desta Lei Complementar, seja equivalente a 40% (quarenta por cento) da média:

a) da receita de referência dos Estados em 2029, dividida por 9 (nove) e multiplicada por 10 (dez);

b) da receita de referência dos Estados em 2030, dividida por 8 (oito) e multiplicada por 10 (dez);

II – a média da estimativa da parcela municipal da receita do IBS em 2029 e em 2030, calculada com base na alíquota de referência municipal, nas alíquotas municipais dos regimes específicos e na legislação do IBS de 2032, nos termos do art. 360 desta Lei Complementar, seja equivalente a 40% (quarenta por cento) da média:

a) da receita de referência dos Municípios em 2029, dividida por 9 (nove) e multiplicada por 10 (dez);

b) da receita de referência dos Municípios em 2030, dividida por 8 (oito) e multiplicada por 10 (dez).

Parágrafo único. Na elaboração dos cálculos a que se refere este artigo, a base de cálculo a ser utilizada nas estimativas tomará por referência em 2029 e 2030, prioritariamente, a receita do IBS, ajustada de modo a contemplar diferenças na legislação do IBS entre esses anos e 2032 e, subsidiariamente, outras fontes de informação.

Art. 365. As alíquotas de referência estadual e municipal do IBS para 2033 serão fixadas de modo que:

I – a média da estimativa da parcela estadual da receita do IBS em 2030 e em 2031, calculada com base na alíquota de referência estadual, nas alíquotas estaduais dos regimes específicos e na legislação do IBS de 2033, nos termos do art. 360 desta Lei Complementar, seja equivalente à média da:

a) receita de referência dos Estados em 2030, dividida por 8 (oito) e multiplicada por 10 (dez);

b) receita de referência dos Estados em 2031, dividida por 7 (sete) e multiplicada por 10 (dez);

II – a média da estimativa da parcela municipal da receita do IBS em 2030 e em 2031, calculada com base na alíquota de referência municipal nas alíquotas municipais dos regimes específicos e na legislação do IBS de 2033, nos termos do art. 360 desta Lei Complementar, seja equivalente à média:

a) da receita de referência dos Municípios em 2030, dividida por 8 (oito) e multiplicada por 10 (dez);

b) da receita de referência dos municípios em 2031, dividida por 7 (sete) e multiplicada por 10 (dez).

Parágrafo único. Na elaboração dos cálculos a que se refere este artigo, a base de cálculo a ser utilizada nas estimativas tomará por referência em 2030 e em 2031, prioritariamente a receita do IBS, ajustada de modo a contemplar diferenças na legislação do IBS entre esses anos e 2033 e, subsidiariamente, outras fontes de informação.

COMENTÁRIOS (ARTS. 351 A 365)

Representando alguma inovação no Direito Tributário Brasileiro, a reforma tributária levada a efeito pela EC 132/2023, e por esta lei complementar, cuida de critérios a serem levados em conta na determinação da alíquota dos tributos, no caso, IBS e CBS. Talvez pelo fato de serem peças gêmeas de um grande IVA-Dual, almeja-se um concerto, com "c" mesmo, entre todos os entes envolvidos, para que as alíquotas sejam estabelecidas de modo que não haja prejuízo para nenhum deles, em detrimento dos demais, mas tampouco haja excesso ou exagero em sua fixação. Ou seja, equilíbrio entre os interesses da União, dos Estados, do Distrito Federal, dos Municípios, e dos contribuintes.

Também é relevante lembrar que as alíquotas de referência são estabelecidas pelo Senado, sendo os critérios previstos neste artigo, e nos seguintes, destinados a fazer com que esse estabelecimento não se dê arbitrariamente, mas pautado em fatores previamente normatizados e que dão abertura para a participação dos entes federativos que serão atingidos ou estarão envolvidos na questão. Um assunto que anteriormente poderia ser tido como "meramente político", ressalvada a hipótese de excesso (porque haveria confisco), ou de violação a critérios de seletividade (como no ICMS sobre energia cujas alíquotas mais elevadas foram tidas por inconstitucionais pelo STF (Tema 745 de Repercussão Geral), agora passa a ser também jurídico, a ser debatido com amparo ou a partir de normas especificamente voltadas a ele.

Os critérios têm a alegada finalidade de manter a arrecadação em níveis semelhantes aos atuais, conduzindo a alíquotas que o façam. Desse modo, se, com a amplitude da base de incidência (IBS e CBS alcançam realidades que antes não eram tributadas por ICMS, ISS ou IPI), e com a redução da evasão propiciada pelo *split payment*, as receitas auferidas com os tributos forem elevadas, isso se deverá refletir em alíquotas menores.

Subseção VI
Da Fixação das Alíquotas de Referência em 2034 e 2035

Art. 366. Observado o disposto nos arts. 19 e 369 desta Lei Complementar, a alíquota de referência da CBS e as alíquotas de referência estadual e municipal do IBS em 2034 e 2035 serão aquelas fixadas para 2033.

 COMENTÁRIOS

Ultrapassado o período de transição, em que gradualmente reduzidos e extintos ICMS, IPI, Cofins e PIS, e IOF-Seguros, e instituídos majorados IBS e CBS para que cheguem na alíquota que se projeta para eles, a alíquota de referência passará a ser, para cada ano, a fixada para o ano anterior. Daí por que, para 2034 e 2035, será a de 2033. Recorde-se apenas a necessidade de se observarem os arts. 19 e 369, que cuidam de comandos que impõem ajustes nas hipóteses específicas que indicam, a saber, se houver alteração nesta lei complementar que impacte a arrecadação, para mais ou para menos, ou se a arrecadação efetiva for maior que a prevista. Na primeira hipótese, conforme o impacto da mudança desta lei na arrecadação seja para mais ou para menos, a alíquota deverá ser reduzida ou aumentada, respectivamente, e, na segunda hipótese, impõe-se, como será visto a seguir, nos comentários ao art. 369, a respectiva redução das alíquotas de referência.

Subseção VII
Do Limite para as Alíquotas de Referência em 2030 e 2035

Art. 367. Para fins do disposto nos arts. 368 e 369 desta Lei Complementar, entende-se por:
I – Teto de Referência da União: a média da receita no período de 2012 a 2021, apurada como proporção do PIB, do imposto previsto no art. 153, inciso IV, das contribuições

previstas no art. 195, inciso I, alínea "b", e inciso IV, da contribuição para o PIS de que trata o art. 239 e do imposto previsto no art. 153, inciso V, sobre operações de seguro, todos da Constituição Federal;

II – Teto de Referência Total: a média da receita no período de 2012 a 2021, apurada como proporção do PIB, dos impostos previstos nos arts. 153, inciso IV, 155, inciso II, e 156, inciso III, das contribuições previstas no art. 195, inciso I, alínea "b", e inciso IV, da contribuição para o PIS de que trata o art. 239 e do imposto previsto no art. 153, inciso V, sobre operações de seguro, todos da Constituição Federal;

III – Receita-Base da União: a receita da União com a CBS e com o Imposto Seletivo, apurada como proporção do PIB;

IV – Receita-Base dos Entes Subnacionais: a receita dos Estados, do Distrito Federal e dos Municípios com o IBS, deduzida da parcela a que se refere a alínea "b" do inciso II do *caput* do art. 350 desta Lei Complementar, apurada como proporção do PIB;

V – Receita-Base Total: a soma da Receita-Base da União com a Receita- Base dos Entes Subnacionais, sendo essa última:

a) multiplicada por 10 (dez) em 2029;

b) multiplicada por 5 (cinco) em 2030;

c) multiplicada por 10 (dez) e dividida por 3 (três) em 2031;

d) multiplicada por 10 (dez) e dividida por 4 (quatro) em 2032;

e) multiplicada por 1 (um) em 2033.

Art. 368. A alíquota de referência da CBS em 2030 será reduzida caso a média da Receita-Base da União em 2027 e 2028 exceda o Teto de Referência da União.

§ 1º A redução de que trata esse artigo, caso existente:

I – será definida de forma a que, após sua aplicação, a média da Receita- Base da União em 2027 e 2028 seja igual ao Teto de Referência da União;

II – será fixada em pontos percentuais;

III – será aplicada sobre a alíquota de referência da União, apurada na forma dos arts. 356 a 359 desta Lei Complementar, para os anos de 2030 a 2033.

§ 2º O montante da redução de que trata esse artigo será fixado pelo Senado Federal no momento da fixação da alíquota de referência da CBS para os anos de 2030 a 2033, observados os critérios estabelecidos no art. 349 desta Lei Complementar.

§ 3º A revisão da alíquota de referência da CBS na forma deste artigo não implicará cobrança ou restituição da CBS relativa a anos anteriores.

Art. 369. As alíquotas de referência da CBS e do IBS em 2035 serão reduzidas caso a média da Receita-Base Total entre 2029 e 2033 exceda o Teto de Referência Total.

§ 1º A redução de que trata esse artigo, caso existente:

I – será definida de forma a que, após sua aplicação, a média da Receita- Base Total entre 2029 e 2033 seja igual ao Teto de Referência Total;

II – será fixada em pontos percentuais;

III – será distribuída proporcionalmente entre as alíquotas de referência da CBS, e as alíquotas de referência estadual e municipal do IBS.

§ 2º O montante da redução de que trata esse artigo será fixado pelo Senado Federal para o ano de 2035, observados os critérios e os prazos estabelecidos no art. 349 desta Lei Complementar.

§ 3º A revisão da alíquota de referência da CBS e do IBS na forma deste artigo não implicará cobrança ou restituição de tributo relativo a anos anteriores ou transferência de recursos entre os entes federativos.

COMENTÁRIOS

Os arts. 367 a 369 tratam de um limite para a alíquota de referência, tema que ficou conhecido como "trava" contra um possível aumento da carga tributária.

É paradoxal cogitar-se de uma "trava", o que indica o caráter mesmo *sui generis* do IVA-Dual instituído por esta lei complementar. Como escrevi nos comentários à EC 132/2023, trata-se, ao fim e ao cabo, de um imposto que pretendia ser inicialmente puramente federal, e que passou a contar com esse disfarce, trazendo um pouco de participação de Estados, Distrito Federal e Municípios para sua administração (fixam parte da alíquota e ajudam no *enforcement*), para driblar a acusação de inconstitucionalidade por ofensa ao pacto federativo.

Fosse um imposto federal mesmo, a União poderia estabelecer a alíquota, ou esta lei complementar poderia defini-la, sem problema algum. O limite estaria objetivamente plasmado aqui, neste texto que ora se comenta, não com complexos cálculos e variáveis, mas com o número já indicado: x%. Fosse um imposto verdadeiramente municipal, ou estadual, ou distrital, uma lei federal, como é o caso desta, não poderia impor limites ou travas. Do contrário, a propalada autonomia, resguardada com a fixação das alíquotas pelos entes subnacionais, iria por água abaixo. Daí a solução um tanto dúbia dos artigos ora comentados, que impõe redução nas alíquotas de referência, naquelas efetivamente fixadas por Estados, Distrito Federal, Municípios e União. Vale lembrar que as alíquotas de referência destinam-se a ser utilizadas *caso o ente federativo competente não fixe, por lei ordinária, a sua própria*, sendo certo que elas não funcionam como limite ou teto para estas. Nada impede, por outros termos, que a alíquota estadual, ou municipal ou distrital, seja maior, ou menor, que a de referência. Daí a reduzida relevância, que é marcadamente simbólica, das regras destinadas aos "cálculos" da alíquota de referência, notadamente quando esse cálculo impuser, como neste caso, a sua redução.

É elogiável a iniciativa de objetivar a promessa de que não haverá aumento de carga, e de que se a receita arrecadada com o IVA-Dual superar as expectativas (e, em Economia, no que toca ao futuro, tudo o que se pode fazer é isso, expectativa e projeção, ou estimativa), haverá redução de alíquota. Algo semelhante foi prometido outras vezes, como quando se implementou a não cumulatividade do PIS e da Cofins, e não foi cumprido. Mas não havia artigos como os que ora se comentam.

Ainda quanto ao receio de aumento de carga, é importante destacar que, para o contribuinte, mais importante que saber se a carga nominal, ou a alíquota, é 25% ou 30%, é ter segurança de que não haverá autuações por conta de sutilezas interpretativas do Fisco, de que o tributo pago indevidamente ser-lhe-á pronta e integralmente restituído, de que a legislação seja realmente clara e transparente, para que não seja surpreendido por conta de multas e passivos gerados por erros cometidos de boa-fé em sua interpretação, de que o contencioso administrativo será imparcial e preocupado em apurar a verdade, não tolhendo a produção de provas e mantendo autos de infração visivelmente equivocados etc. Estes aspectos fazem com que a carga nominal, que aparece no texto legal, seja imprevisível, e geralmente muito maior que a divulgada em documentos oficiais.

Seção V
Do Redutor a ser aplicado sobre as Alíquotas da CBS e do IBS nas Operações Contratadas pela Administração Pública de 2027 a 2033

Art. 370. O cálculo do redutor a ser aplicado, em cada ano de vigência, sobre as alíquotas da CBS e do IBS nas operações contratadas pela administração pública direta, por autarquias e por fundações públicas, inclusive suas importações tomará por referência:

Art. 370

I – estimativa da receita de CBS e de IBS nas operações de que trata o *caput* para cada ano-base de 2024 a 2026, calculada nos termos dos arts. 352 e 360 desta Lei Complementar, considerando:

a) estimativa da base de cálculo dessas operações em cada ano-base; e

b) as alíquotas de CBS e de IBS do ano de vigência; e

II – estimativa da receita da União com os tributos de que tratam as alíneas do inciso I do art. 350 desta Lei Complementar sobre as operações de que trata o *caput* deste artigo;

III – estimativa da receita dos Estados, do Distrito Federal e dos Municípios com os impostos de que tratam a alínea "a" do inciso II e o inciso III do art. 350 desta Lei Complementar sobre as operações de que trata o *caput* deste artigo.

§ 1º Para o ano de vigência de 2027, o redutor de que trata o *caput* será fixado de modo a que haja equivalência entre:

I – a média da estimativa da receita de CBS para os anos-base de 2024 e 2025, calculada nos termos do inciso I do *caput*, aplicando-se sobre as alíquotas da CBS o redutor a ser aplicado em 2027; e

II – a média da estimativa da receita da União para os anos-base de 2024 e 2025, calculada nos termos do inciso II do *caput*.

§ 2º Para o ano de vigência de 2028, o redutor de que trata o *caput* será fixado de modo a que haja equivalência entre:

I – a média da estimativa da receita de CBS para os anos-base de 2024 a 2026, calculada nos termos do inciso I do *caput*, aplicando-se sobre as alíquotas da CBS o redutor a ser aplicado em 2028; e

II – a média da estimativa da receita da União para os anos-base de 2024 a 2026, calculada nos termos do inciso II do *caput*.

§ 3º Para o ano de vigência de 2033, o redutor de que trata o *caput* será fixado de modo a que haja equivalência entre:

I – a média da estimativa da receita de CBS e IBS para os anos-base de 2024 a 2026, calculada nos termos do inciso I do *caput*, aplicando-se sobre as alíquotas da CBS e do IBS o redutor a ser aplicado em 2033; e

II – a média da estimativa da receita da União, dos Estados, do Distrito Federal e dos Municípios para os anos-base de 2024 a 2026, calculada nos termos dos incisos II e III do *caput*.

§ 4º Para os anos de vigência de 2029 a 2032, o redutor de que trata o *caput* será fixado com base em uma média ponderada dos cálculos realizados na forma estabelecida nos §§ 2º e 3º deste artigo, considerando a evolução das alíquotas da CBS e do IBS.

COMENTÁRIOS

O redutor de alíquotas mencionado neste artigo deverá ser fixado em Resolução do Senado Federal, seguindo para tanto os parâmetros e critérios aqui previstos. A finalidade desse redutor é ajustar as alíquotas de modo a preservar a arrecadação, evitando distorções decorrentes do impacto fiscal das operações contratadas pela administração pública direta, autarquias e fundações públicas, já que, em tais contratações, zeram-se as alíquotas devidas aos entes que não o contratante, e a alíquota do ente contratante passa a ser a correspondente à soma de todas elas caso não tivessem sido zeradas, nos termos do art. 472, *infra*. A finalidade é a de garantir que tais reduções não interfiram na arrecadação das entidades tributantes.

TÍTULO VIII – DA TRANSIÇÃO PARA O IBS E PARA A CBS Art. 371

CAPÍTULO II
DO LIMITE PARA REDUÇÃO DAS ALÍQUOTAS DO IBS DE 2029 A 2077

Art. 371. De 2029 a 2077 é vedado aos Estados, ao Distrito Federal e aos Municípios fixar alíquotas do IBS inferiores às necessárias para garantir as retenções de que tratam o § 1º do art. 131 e o art. 132, ambos do Ato das Disposições Constitucionais Transitórias da Constituição Federal.

§ 1º Para fins do disposto no *caput* deste artigo, as alíquotas do IBS fixadas pelos Estados, pelo Distrito Federal e pelos Municípios não poderão ser inferiores ao valor resultante da aplicação dos percentuais estabelecidos para cada ano no Anexo XVI, sobre a alíquota de referência da respectiva esfera federativa.

§ 2º Na hipótese de fixação da alíquota pelo ente em nível inferior ao previsto no § 1º, prevalecerá o limite inferior da alíquota, calculado nos termos do § 1º deste artigo.

 COMENTÁRIOS

Tem-se aqui mais uma demonstração de que o caráter dual do IVA, e o "compartilhamento" do IBS com ou por *todos* os Estados, Distrito Federal e Municípios, é apenas um disfarce colocado no IVA Federal, que continua sendo federal, apenas com complicadores na forma como as alíquotas serão definidas, e a receita, compartilhada.

Com efeito, trata-se neste artigo de uma limitação à competência para Estados, Distrito Federal e Municípios fixarem suas próprias alíquotas de IBS, as quais não podem ser baixas a ponto de inviabilizar as retenções de que tratam o § 1º do art. 131 e o art. 132, ambos do Ato das Disposições Constitucionais Transitórias da Constituição Federal, os quais, a propósito, dispõem:

> Art. 131. De 2029 a 2077, o produto da arrecadação dos Estados, do Distrito Federal e dos Municípios com o imposto de que trata o art. 156-A da Constituição Federal será distribuído a esses entes federativos conforme o disposto neste artigo. (Incluído pela Emenda Constitucional 132, de 2023.)
>
> § 1º Serão retidos do produto da arrecadação do imposto de cada Estado, do Distrito Federal e de cada Município apurada com base nas alíquotas de referência de que trata o art. 130 deste Ato das Disposições Constitucionais Transitórias, nos termos dos arts. 149-C e 156-A, § 4º, II, e § 5º, I e IV, antes da aplicação do disposto no art. 158, IV, *b*, todos da Constituição Federal: (Incluído pela Emenda Constitucional 132, de 2023.)
>
> I – de 2029 a 2032, 80% (oitenta por cento); (Incluído pela Emenda Constitucional 132, de 2023.)
>
> II – em 2033, 90% (noventa por cento); (Incluído pela Emenda Constitucional 132, de 2023.)
>
> III – de 2034 a 2077, percentual correspondente ao aplicado em 2033, reduzido à razão de 1/45 (um quarenta e cinco avos) por ano. (Incluído pela Emenda Constitucional 132, de 2023) (...)
>
> Art. 132. Do imposto dos Estados, do Distrito Federal e dos Municípios apurado com base nas alíquotas de referência de que trata o art. 130 deste Ato das Disposições Constitucionais Transitórias, deduzida a retenção de que trata o art. 131, § 1º, será retido montante correspondente a 5% (cinco por cento) para distribuição aos entes com as menores razões entre: (Incluído pela Emenda Constitucional 132, de 2023.)

I – o valor apurado nos termos dos arts. 149-C e 156-A, § 4º, II, e § 5º, I e IV, com base nas alíquotas de referência, após a aplicação do disposto no art. 158, IV, *b*, todos da Constituição Federal; e (Incluído pela Emenda Constitucional 132, de 2023.)

II – a respectiva receita média, apurada nos termos do art. 131, § 2º, I, II e III, deste Ato das Disposições Constitucionais Transitórias, limitada a 3 (três) vezes a média nacional por habitante da respectiva esfera federativa. (Incluído pela Emenda Constitucional 132, de 2023.)

Sem entrar nas motivações dessas retenções e redistribuições da receita do IBS, elas mostram que nem mesmo a receita do IBS pertence ao Município ou ao Estado de destino, aos quais se deu a aparente competência para fixar alíquotas. A autonomia para fixar alíquota é limitada, se ela não for fixada aplica-se a "de referência" fixada pelo Senado, e a destinação nem mesmo é integralmente para o Município, Estado ou Distrito Federal supostamente "competente". Tem-se, claramente, um imposto federal, hipercomplexo (em ofensa aos princípios do art. 145, § 3º, da CF/1988), em cujas atividades de fixação de alíquotas e *enforcement* os entes federativos subnacionais participam de alguma maneira.

CAPÍTULO III
DA TRANSIÇÃO APLICÁVEL AO REGIME DE COMPRAS GOVERNAMENTAIS

Art. 372. O regime de destinação integral do produto da arrecadação do IBS e da CBS ao ente federativo contratante nos termos do art. 473 desta Lei Complementar:

I – não se aplica:

a) ao IBS e à CBS, em relação aos fatos geradores ocorridos de 1º de janeiro a 31 de dezembro de 2026;

b) à CBS, em relação aos fatos geradores ocorridos de 1º de janeiro de 2027 a 31 de dezembro de 2028;

II – aplica-se integralmente:

a) ao IBS, em relação aos fatos geradores ocorridos a partir de 1º de janeiro de 2027;

b) à CBS, em relação aos fatos geradores ocorridos a partir de 1º de janeiro de 2033.

Parágrafo único. Em relação aos fatos geradores ocorridos de 1º de janeiro de 2029 a 31 de dezembro de 2032, a aplicação do regime de que trata o *caput* se dará nas seguintes proporções da CBS incidente nas aquisições de bens e serviços pela administração pública direta, por autarquias e por fundações públicas:

I – de 1º de janeiro a 31 de dezembro de 2029, 10% (dez por cento);

II – de 1º de janeiro a 31 de dezembro de 2030, 20% (vinte por cento);

III – de 1º de janeiro a 31 de dezembro de 2031, 30% (trinta por cento);

IV – de 1º de janeiro a 31 de dezembro de 2032, 40% (quarenta por cento).

COMENTÁRIOS

Em mais uma disposição destinada a permitir uma lenta e gradual transição, entre o regime atual e o novo, introduzido pela EC 132/2023 e por esta lei complementar, o artigo em comento estabelece uma escala dentro da qual haverá a destinação do IVA-Dual incidente sobre contratações públicas integralmente ao ente público contratante. Nesse período, enquanto ainda não destinado todo o IVA incidente na operação ao próprio ente contratante, incidirão os redutores mencionados no art. 370, *supra*.

CAPÍTULO IV
DO REEQUILÍBRIO DE CONTRATOS ADMINISTRATIVOS

Art. 373. Este Capítulo dispõe sobre os instrumentos de ajuste para os contratos firmados anteriormente à entrada em vigor desta Lei Complementar.

§ 1º Aplica-se o disposto neste Capítulo, no que couber, a contratos administrativos firmados posteriormente à vigência desta Lei Complementar cuja proposta tenha sido apresentada antes de sua entrada em vigor.

§ 2º O disposto neste Capítulo não se aplica aos contratos privados, os quais permanecem sujeitos às disposições da legislação específica.

Art. 374. Os contratos vigentes na entrada em vigor desta Lei Complementar celebrados pela administração pública direta ou indireta da União, dos Estados, do Distrito Federal e dos Municípios, inclusive concessões públicas, serão ajustados para assegurar o restabelecimento do equilíbrio econômico-financeiro em razão da alteração da carga tributária efetiva suportada pela contratada em decorrência do impacto da instituição do IBS e da CBS, nos casos em que o desequilíbrio for comprovado.

§ 1º Para os fins deste Capítulo, a determinação da carga tributária efetiva suportada pela contratada deve considerar, inclusive:

a) os efeitos da não cumulatividade nas aquisições e custos incorridos pela contratada, considerando as regras de apuração de créditos, e a forma de determinação da base de cálculo dos tributos de que trata o *caput*;

b) a possibilidade de repasse a terceiros, pela contratada, do encargo financeiro dos tributos de que trata o *caput*;

c) os impactos decorrentes da alteração dos tributos no período de transição previsto nos arts. 125 a 133 do ADCT; e

d) os benefícios ou incentivos fiscais ou financeiros da contratada relacionados aos tributos extintos pela Emenda Constitucional nº 132, de 20 de dezembro de 2023.

§ 2º O disposto neste Capítulo aplica-se inclusive àqueles contratos que já possuem previsão em matriz de risco que impactos tributários supervenientes são de responsabilidade da contratada.

Art. 375. A administração pública procederá à revisão de ofício para restabelecimento do equilíbrio econômico-financeiro quando constatada a redução da carga tributária efetiva suportada pela contratada, nos termos do art. 374 desta Lei Complementar, assegurada a esta a manifestação.

Art. 376. A contratada poderá pleitear o restabelecimento do equilíbrio econômico-financeiro de que trata o art. 374 desta Lei Complementar verificado no período de transição de que tratam os arts. 125 a 133 do ADCT por meio de procedimento administrativo específico e exclusivo, nos seguintes termos:

I – o pedido de restabelecimento do equilíbrio econômico-financeiro poderá ser realizado:

a) a cada nova alteração tributária que ocasione o comprovado desequilíbrio; ou

b) de forma a já abranger todas as alterações previstas para o período de que tratam os arts. 342 a 347 desta Lei Complementar;

II – o pedido de restabelecimento do equilíbrio econômico-financeiro deverá ser formulado durante a vigência do contrato e antes de eventual prorrogação;

III – o procedimento de que trata o *caput* deverá tramitar de forma prioritária;

IV – o pedido deverá ser instruído com cálculo e demais elementos que comprovem o efetivo desequilíbrio econômico-financeiro, observado o disposto no § 3º;

V – o reequilíbrio poderá ser feito por meio de:

a) revisão dos valores contratados;

b) compensações financeiras, ajustes tarifários ou outros valores contratualmente devidos à contratada, inclusive a título de aporte de recursos ou contraprestação pecuniária;

c) renegociação de prazos e condições de entrega ou fornecimento de serviços;

d) elevação ou redução de valores devidos à administração pública, inclusive direitos de outorga;

e) transferência a uma das partes de custos ou encargos originalmente atribuídos à outra; ou

f) outros métodos considerados aceitáveis pelas partes, observada a legislação do setor ou de regência do contrato.

§ 1º O pedido de que trata o *caput* deverá ser decidido de forma definitiva no prazo de 90 (noventa) dias contados do protocolo, prorrogável uma única vez por igual período caso seja necessária instrução probatória suplementar, ficando o referido prazo suspenso enquanto não restar atendida a requisição pela contratada.

§ 2º O reequilíbrio econômico-financeiro será implementado, preferencialmente, por meio de alteração na remuneração do contrato ou de ajuste tarifário, conforme o caso, sendo que formas alternativas apenas poderão ser adotadas pela Administração com a concordância da contratada, observados, em todos os casos, os termos do contrato administrativo.

§ 3º As pessoas jurídicas integrantes da administração pública com atribuição para decidir sobre procedimentos de reequilíbrio econômico-financeiro poderão regulamentar a forma de apresentação do pedido de que trata o *caput* e metodologias de cálculo recomendadas para demonstração do desequilíbrio, sem prejuízo do direito de a contratada solicitá-lo na ausência de tal regulamentação.

§ 4º Nos termos da regulamentação, o reequilíbrio econômico-financeiro poderá, a critério da administração pública, ser implementado de forma provisória nos casos em que a contratada demonstrar relevante impacto financeiro na execução contratual decorrente da alteração na carga tributária efetiva, devendo a compensação econômica ser revista e ajustada por ocasião da decisão definitiva do pedido.

§ 5º Deverá constar na decisão definitiva de que trata o § 4º a forma e os instrumentos de cobrança ou devolução dos valores pagos a menor ou a maior durante a aplicação da medida de ajuste provisório.

Art. 377. Nos casos de omissão deste Capítulo, aplicam-se, subsidiariamente, as disposições da legislação de regência do contrato.

COMENTÁRIOS

Mudança profunda como a operada pela EC 132/2023 e por esta lei complementar nos tributos incidentes sobre o consumo (ISS, ICMS, PIS, Cofins e IPI), na sistemática de creditamentos, base de incidência etc., pode ter impactos significativos sobre a atividade de quem presta serviços ou vende mercadorias. Incluindo aqueles que o fazem para o Poder Público. A questão é que, em contratos antigos, celebrados antes da reforma, o ônus tributário considerado foi outro. Daí a necessidade de revisão, para preservar-se o equilíbrio de tais avenças. É do que cuidam estes artigos.

O contraste dos arts. 375 e 376 desta lei evidencia a forma enviesada como ela foi redigida originalmente. O impacto da alteração da tributação sobre o consumo sobre os contratos públicos é uma realidade, que pode fazer com que os custos de quem foi contratado pela Administração Pública aumentem, ou diminuam, relativamente àqueles originalmente previstos quando da realização do contrato. Daí a necessidade de se abrir espaço à sua revisão, nos termos deste capítulo, que, no essencial, traz disposições adequadas. Mas o viés se percebe no tratamento que se dá a essa alteração de custo, quando para mais, ou para menos.

Na hipótese de a nova legislação tributária implicar uma diminuição de custos, a Administração Pública pode, de ofício e unilateralmente, alterar o contrato, limitando-se a lei a estabelecer que o contratado deve ser "ouvido". Já no caso de aumento dos custos, a complexidade do procedimento, a burocracia que em torno dele se cria, e a delegação ao regulamento para que invente ainda mais ilegais restrições, saltam aos olhos, a evidenciar a disparidade de tratamento conferido pelo legislador.

CAPÍTULO V
DA UTILIZAÇÃO DO SALDO CREDOR DO PIS E DA COFINS

Art. 378. Os créditos da Contribuição para o PIS/Pasep e da COFINS, inclusive presumidos, não apropriados ou não utilizados até a data de extinção dessas contribuições:

I – permanecerão válidos e utilizáveis na forma deste Capítulo, mantida a fluência do prazo para sua utilização;

II – deverão estar devidamente registrados no ambiente de escrituração dos tributos mencionados no *caput*, nos termos da legislação aplicável;

III – poderão ser utilizados para compensação com o valor devido da CBS; e

IV – poderão ser ressarcidos em dinheiro ou compensados com outros tributos federais, desde que cumpram os requisitos para utilização nessas modalidades estabelecidos pela legislação das contribuições de que trata o *caput* na data de sua extinção, observados, na data do pedido ou da declaração, as condições e limites vigentes para ressarcimento ou compensação de créditos relativos a tributos administrados pela RFB.

Art. 379. Os bens recebidos em devolução a partir de 1º de janeiro de 2027, relativos a vendas realizadas anteriormente à referida data, darão direito à apropriação de crédito da CBS correspondente ao valor das contribuições referidas no *caput* do art. 378 que tenham incidido sobre as respectivas operações.

Parágrafo único. O crédito de que trata o *caput* somente poderá ser utilizado para compensação com a CBS, vedada a compensação com outros tributos e o ressarcimento.

 COMENTÁRIOS

Considerando que a CBS substituirá PIS e Cofins, sucedendo-os, todo o saldo credor que o contribuinte eventualmente tenha, inerente à não cumulatividade do PIS e da Cofins, poderá ser aproveitado para abatimento com a CBS que a partir de então passará a ser devida.

PIS e Cofins, embora também tenham contado com tentativas de restrição na apropriação de créditos amplos, a exemplo da restrição ao conceito de "insumo", e sua não aplicação ao comércio, flagrantemente ilegais e inconstitucionais, contavam com característica superior à não cumulatividade que ora se implementa no âmbito de IBS e CBS: a sistemática da base sobre base. Em vez de o contribuinte abater, ou creditar, o montante efetivamente pago na operação anterior, o creditamento era feito com a aplicação da alíquota incidente sobre a saída, sobre o valor das entradas. Assim, não importava se a compra era feita de contribuinte sujeito ao regime cumulativo (com alíquotas menores), ou ao regime do Simples: o crédito seria igual. Neste caso, sim, há neutralidade. E essa forma de cálculo, embora superada porque IBS e CBS erradamente não a usam e sucedem PIS e Cofins, será ainda a usada na apuração dos créditos que, acumulados, poderão ser aproveitados nos termos destes artigos ora comentados.

Vê-se, ainda, no art. 379, regra de transição para a hipótese de uma mercadoria ser vendida *antes* de 1º de janeiro de 2027, sofrendo a incidência de PIS e Cofins, mas ser devolvida depois desta data, quando tais contribuições não mais existirem. O PIS e a Cofins que sobre a mercadoria tiverem incidido, em face de sua devolução não se fazem mais devidos, gerando assim direito de crédito, no respectivo montante, de CBS. Não é razoável a restrição a que o crédito decorrente da devolução de bens (cuja saída já foi tributada) seja compensado apenas com CBS, visto tratar-se, no caso de devolução, de valor cujo recolhimento se faz indevido, devendo ser por qualquer meio restituído ao contribuinte. O crédito deveria ser passível de devolução em dinheiro ou compensação com qualquer outro tributo federal.

> **Art. 380.** Os créditos da Contribuição para o PIS/Pasep e da COFINS, que, até a data da extinção desses tributos, estiverem sendo apropriados com base na depreciação, amortização ou quota mensal de valor, deverão permanecer sendo apropriados, como créditos presumidos da CBS, na forma prevista:
>
> I – no inciso III do § 1º e no § 21 do art. 3º da Lei nº 10.637, de 30 de dezembro de 2002;
>
> II – no inciso III do § 1º e nos §§ 14, 16 e 29, todos do art. 3º, e no inciso II do *caput* do art. 15, todos da Lei nº 10.833, de 29 de dezembro de 2003;
>
> III – nos §§ 4º e 7º do art. 15 da Lei nº 10.865, de 30 de abril de 2004; e
>
> IV – no art. 6º da Lei nº 11.488, de 15 de junho de 2007.
>
> § 1º O disposto no *caput* também se aplica aos créditos que estejam aguardando cumprimento de requisitos para o início de apropriação com base na depreciação, amortização ou quota mensal de valor no dia imediatamente anterior à data da extinção dos tributos.
>
> § 2º A apropriação do crédito que trata o *caput* sujeita-se ao disposto na legislação vigente na data da extinção dos referidos tributos, inclusive em relação à alíquota aplicável no cálculo de seu valor, observado o disposto no art. 378 desta Lei Complementar.
>
> § 3º Na hipótese de alienação do bem que enseja a apropriação parcelada de créditos de que trata o *caput* antes de completada a apropriação, não será admitido, a partir da data da alienação, o creditamento em relação às parcelas ainda não apropriadas.
>
> **Art. 381.** O contribuinte sujeito ao regime regular da CBS poderá apropriar crédito presumido sobre o estoque de bens materiais existente em 1º de janeiro de 2027 nas seguintes hipóteses:
>
> I – caso o contribuinte, em 31 de dezembro de 2026, estivesse sujeito ao regime de apuração cumulativa da Contribuição para o PIS/Pasep e da COFINS, estabelecido precipuamente pela Lei nº 9.718, de 27 de novembro de 1998, em relação aos bens em estoque sobre os quais não houve apuração de créditos da Contribuição para o PIS/Pasep e da COFINS em razão da sujeição ao referido regime de apuração;
>
> II – em relação aos bens em estoque sujeitos, na aquisição, à substituição tributária ou à incidência monofásica de que tratam os seguintes dispositivos:
>
> a) inciso I do art. 1º da Lei nº 10.147, de 21 de dezembro de 2000;
>
> b) *caput* do art. 1º, inciso II do art. 3º e *caput* do art. 5º da Lei nº 10.485, de 3 de julho de 2002;
>
> c) art. 43 da Medida Provisória nº 2.158-35, de 24 de agosto de 2001;
>
> d) art. 53 da Lei nº 9.532, de 10 de dezembro de 1997; e
>
> e) inciso II do art. 6º da Lei nº 12.402, de 2 de maio de 2011;

TÍTULO VIII – DA TRANSIÇÃO PARA O IBS E PARA A CBS — Art. 382

III – em relação à parcela do valor dos bens em estoque sujeita à vedação parcial de creditamento estabelecida pelos §§ 7º a 9º do art. 3º da Lei nº 10.637, de 30 de dezembro de 2002, e da Lei nº 10.833, de 29 de dezembro 2003.

§ 1º O direito ao crédito presumido previsto no *caput*:

I – somente se aplica a bens novos adquiridos de pessoa jurídica domiciliada no País ou importados para revenda ou para utilização na produção de bens destinados à venda ou na prestação de serviços a terceiros;

II – não se aplica aos produtos cuja aquisição foi contemplada por alíquota zero, isenção, suspensão ou não sofreu a incidência da Contribuição para o PIS/Pasep e da COFINS;

III – não se aplica aos bens considerados de uso e consumo pessoal de que trata o art. 57 desta Lei Complementar;

IV – não se aplica:

a) a bens incorporados ao ativo imobilizado do contribuinte; e

b) a imóveis.

§ 2º Ato do Poder Executivo da União disciplinará a forma de verificação do estoque existente em 1º de janeiro de 2027, podendo determinar a realização de inventário e valoração do estoque ou método alternativo.

§ 3º O valor do crédito presumido de que trata o *caput*:

I – no caso de bens adquiridos no País, será calculado mediante aplicação de percentual de 9,25% (nove inteiros e vinte e cinco centésimos por cento) sobre o valor do estoque;

II – no caso de bens importados, será equivalente ao valor da Contribuição para o PIS/Pasep-Importação e da Cofins-Importação efetivamente pago na importação, vedada a apuração de crédito presumido em relação ao adicional de alíquota de que trata o § 21 do art. 8º da Lei nº 10.865, de 30 de abril de 2004.

§ 4º O crédito presumido de que trata o *caput*:

I – deverá ser apurado e apropriado até o último dia de junho de 2027;

II – deverá ser utilizado em 12 (doze) parcelas mensais iguais e sucessivas a partir do período subsequente ao da apropriação; e

III – somente poderá ser utilizado para compensação com a CBS, vedada a compensação com outros tributos e o ressarcimento.

§ 5º Para os fins deste artigo, também serão considerados bens incorporados ao ativo imobilizado aqueles com a mesma natureza e que, em decorrência das normas contábeis aplicáveis, forem contabilizados por concessionárias de serviços públicos como ativo de contrato, intangível ou financeiro.

COMENTÁRIOS

Não só os créditos de PIS e Cofins inerentes a entradas ou aquisições tributadas, decorrentes de modo puro do regime da não cumulatividade, mas quaisquer créditos acumulados dessas contribuições, inclusive os decorrentes de regimes de incentivo ou créditos presumidos, ou de estoques mantidos até a data da extinção do PIS e da Cofins, devem ser transferidos, ou transplantados, para a sistemática de créditos e débitos da CBS. Recorde-se que PIS e Cofins estão sendo sucedidas por CBS, de modo que todos os créditos inerentes às duas primeiras, nos moldes da legislação que lhes for aplicável na data de sua extinção, poderão ser apropriados e abatidos dos valores doravante devidos a título de CBS.

Art. 382. A utilização dos créditos das contribuições de que trata este Capítulo para compensação terá preferência em relação aos créditos de CBS de que trata o art. 53 desta Lei Complementar.

COMENTÁRIOS

A preferência estabelecida neste artigo é elogiável e tem uma clara explicação: os créditos de PIS e Cofins, por razões óbvias, serão necessariamente mais antigos que os de CBS, porquanto dizem respeito a contribuições *sucedidas* por ela. Assim, estão mais próximos de caducar, ou de serem atingidos pelo prazo legalmente estabelecido para a sua utilização. Particularmente, considero equivocado aplicar esse prazo ao uso do crédito: ele deve ser aplicado à contabilização dele, não ao efetivo uso, que depende da existência de saída em montante suficiente, que permita o aproveitamento, mas, de qualquer modo, a possibilidade de ressarcimento em dinheiro, alternativa à qual o contribuinte pode recorrer no caso de insuficiência de débitos compensáveis, elimina o problema.

> **Art. 383.** O direito de utilização dos créditos de que tratam os arts. 379 a 381 desta Lei Complementar extinguir-se-á após o prazo de 5 (cinco) anos, contado do último dia do período de apuração em que tiver ocorrido a apropriação do crédito.

COMENTÁRIOS

A decadência não deveria contar da apropriação do crédito (lançamento na contabilidade), mas da data do fato gerador do direito ao creditamento. Uma vez apropriado o crédito na contabilidade do contribuinte, o direito de cuja caducidade se cogita foi exercido, e não se cogita mais de sua extinção pelo decurso do tempo. Do contrário, caso haja entradas geradoras de crédito, mas o contribuinte esteja em fase de implantação ou fabrique produtos que levam tempo para serem concluídos e vendidos, os créditos serão perdidos mesmo tendo sido apropriados nos prazos corretos, à falta de débitos suficientes com os quais possam ser aproveitados nos cinco anos subsequentes à sua apropriação.

CAPÍTULO VI
DOS CRITÉRIOS, LIMITES E PROCEDIMENTOS RELATIVOS À COMPENSAÇÃO DE BENEFÍCIOS FISCAIS OU FINANCEIRO-FISCAIS DO ICMS

Seção I
Disposições Gerais

> **Art. 384.** As pessoas físicas ou jurídicas titulares de benefícios onerosos relativos ao ICMS, em função da redução do nível desses benefícios prevista no § 1º do art. 128 do ADCT, no período entre 1º de janeiro de 2029 e 31 de dezembro de 2032, serão compensadas por recursos do Fundo de Compensação de Benefícios Fiscais ou Financeiro-Fiscais instituído pelo art. 12 da Emenda Constitucional nº 132, de 20 de dezembro de 2023, de acordo com os critérios e limites para apuração do nível de benefícios e de sua redução e com os procedimentos de análise dos requisitos para habilitação do requerente à compensação estabelecidos nesta Lei Complementar.
>
> **Parágrafo único.** A compensação de que trata o *caput*:
>
> I – aplica-se aos titulares de benefícios onerosos regularmente concedidos até 31 de maio de 2023, sem prejuízo de ulteriores prorrogações ou renovações, observados o prazo de 31 de dezembro de 2032 e, se aplicável, a exigência de registro e depósito estabelecida pelo art. 3º, inciso II, da Lei Complementar nº 160, de 7 de agosto de 2017, que tenham cumprido tempestivamente as condições exigidas pela norma concessiva do benefício;

II – aplica-se ainda a outros programas ou benefícios que tenham migrado por força de mudanças na legislação estadual entre 31 de maio de 2023 e a data de promulgação da Emenda Constitucional nº 132, de 20 de dezembro de 2023, ou que estavam em processo de migração na data de promulgação da referida Emenda Constitucional, desde que seu ato concessivo seja emitido pela unidade federada em até 90 (noventa) dias após a publicação desta Lei Complementar;

III – não se aplica aos titulares de benefícios decorrentes do disposto no § 2º-A do art. 3º da Lei Complementar nº 160, de 7 de agosto de 2017.

Art. 385. Para os fins da compensação de que trata o art. 384 desta Lei Complementar, consideram-se:

I – benefícios onerosos: as repercussões econômicas oriundas de isenções, incentivos e benefícios fiscais ou financeiro-fiscais concedidos pela unidade federada por prazo certo e sob condição, na forma do art. 178 da Lei nº 5.172, de 25 de outubro de 1966 – Código Tributário Nacional;

II – titulares de benefícios onerosos: as pessoas que detêm o direito à fruição de benefícios onerosos mediante ato ou norma concessiva, caso estejam adimplentes com as condições exigidas pela norma concessiva do benefício, observado o disposto no inciso III do parágrafo único do art. 384 desta Lei Complementar;

III – prazo certo: o prazo estabelecido para auferimento do benefício oneroso, observada a data limite de 31 de dezembro de 2032, nos termos do *caput* do art. 12 da Emenda Constitucional nº 132, de 20 de dezembro de 2023;

IV – condição, na forma do art. 178 da Lei nº 5.172, de 25 de outubro de 1966 – Código Tributário Nacional: as contrapartidas previstas no ato concessivo ou fixadas na legislação estadual ou distrital exigidas do titular do benefício das quais resulte ônus ou restrições à sua atividade, tais como as que:

a) têm por finalidade a implementação ou expansão de empreendimento econômico vinculado a processos de transformação ou industrialização aptos à agregação de valor;

b) estabelecem a geração de novos empregos; ou

c) impõem a limitação no preço de venda ou a restrição de contratação de determinados fornecedores;

V – repercussão econômica:

a) a parcela do ICMS incidente na operação apropriada pelo contribuinte do imposto em razão da concessão de benefício fiscal pela unidade federada, tal como crédito presumido de ICMS, crédito outorgado de ICMS, entre outros;

b) a parcela correspondente ao desconto concedido sobre o ICMS a recolher em função da antecipação do pagamento do imposto cujo prazo de pagamento havia sido ampliado; ou

c) na hipótese do benefício de ampliação do prazo de pagamento do ICMS, o ganho financeiro não realizado em função da redução das alíquotas do ICMS prevista no art. 128 do ADCT, tendo como parâmetros de cálculo, entre outros, a Taxa Selic acumulada entre o mês seguinte ao do vencimento ordinário do débito de ICMS e o mês para o qual o recolhimento foi diferido, limitado a dezembro de 2032;

VI – ato concessivo de benefícios onerosos: qualquer ato administrativo ou enquadramento em norma jurídica pelo qual se concretiza a concessão da titularidade de benefícios onerosos a pessoa física ou jurídica pela unidade federada;

VII – implementação de empreendimento econômico: o estabelecimento de empreendimento econômico para o desenvolvimento da atividade a ser explorada por pessoa jurídica não domiciliada na localização geográfica da unidade federada que concede a subvenção;

Art. 385

VIII – expansão de empreendimento econômico: a ampliação da capacidade, a modernização ou a diversificação do comércio ou da produção de bens ou serviços do empreendimento econômico, inclusive mediante o estabelecimento de outra unidade, pela pessoa jurídica domiciliada na localização geográfica da unidade federada que concede a subvenção.

§ 1º Para fins do disposto no inciso IV do *caput*, não se enquadram no conceito de condição as contrapartidas previstas em atos ou normas concessivas de benefícios fiscais que:

I – importem mero cumprimento de deveres de observância obrigatória para todos os contribuintes e já previamente estabelecidos em legislação;

II – configurem mera declaração de intenções, sem o estabelecimento de ônus ou restrições efetivos; e

III – exijam contribuição a fundo estadual ou distrital vinculada à fruição do benefício.

§ 2º Para fins da compensação de que trata este Capítulo, considera-se benefício oneroso, não se aplicando o disposto no inciso III do § 1º deste artigo, o benefício cuja contrapartida seja contribuição a fundo estadual ou distrital cuja totalidade dos recursos sejam empregados em obras de infraestrutura pública ou em projetos que fomentem a atividade econômica do setor privado, inclusive quando exercida por empresas estatais, constituído até 31 de maio de 2023.

§ 3º Para o cálculo da repercussão econômica decorrente de benefício fiscal ou financeiro-fiscal, devem ser deduzidos todos os valores de natureza tributária correspondentes a direitos renunciados e obrigações assumidas, tais como créditos escriturais de ICMS que deixaram de ser aproveitados ou contribuições a fundos efetuadas para fruição do benefício, inclusive na hipótese do § 2º deste artigo.

§ 4º Não importam para o cálculo da repercussão econômica decorrente de benefício fiscal ou financeiro-fiscal os custos, despesas e investimentos realizados como condição para fruição dos benefícios onerosos.

§ 5º A RFB poderá elencar outras hipóteses com repercussões econômicas decorrentes de benefícios fiscais ou financeiro-fiscais relativos ao ICMS equivalentes às previstas no inciso V do *caput*.

 COMENTÁRIOS

Com o advento da reforma tributária levada a efeito pela EC 132/2023, ICMS será gradualmente reduzido, e finalmente extinto, sendo sucedido pelo IBS, cujas alíquotas são fixadas de modo uniforme e neutro, admitidas apenas as diferenciações previstas no texto constitucional e disciplinadas nesta lei (*v.g.*, para certos prestadores de serviços, para serviços de educação, para determinados alimentos etc.), e que é devido ao ente federativo de destino, não àquele em que instalado o fornecedor do bem ou do serviço. Isso deita por terra, completamente, os incentivos vigentes no âmbito do ICMS, que não terão como ser continuados relativamente ao IBS, que o sucederá. Mas muitos desses incentivos foram concedidos mediante a exigência de condições onerosas, e por prazo certo, dando aos seus titulares direito adquirido de usufrui-los até o final do prazo.

Nesse cenário, a EC 132/2023 previu o Fundo (art. 12) de Compensação de Benefícios Fiscais ou Financeiro-Fiscais, ao qual serão destinados recursos pela União, e que será voltado ao pagamento da compensação prevista neste artigo, aos titulares de tais incentivos, de modo a garantir a estes situação equivalente, ou correspondente, à que teriam caso o ICMS continuasse em vigor e o incentivo original seguisse sendo fruído até o final do prazo.

Lembre-se de que mesmo o texto constitucional originário, da CF/1988, previu, no art. 41 do ADCT, a manutenção de incentivos onerosos e a prazo certo, mesmo quando inconstitucionais à luz da nova ordem constitucional, relativamente àqueles que já haviam atendido as condições e adquirido o direito ao seu gozo por todo o prazo.

Seção II
Das Competências Atribuídas à RFB

Art. 386. Em relação às compensações dos benefícios onerosos de que trata o art. 384 desta Lei Complementar, compete a RFB, observando o disposto nesta Lei Complementar:

I – estabelecer a forma e as informações dos requerimentos de habilitação;

II – expedir normas complementares relativas ao cumprimento das exigências a que estão sujeitos os requerentes para sua habilitação;

III – analisar os requerimentos de habilitação efetuados pelos titulares de benefícios onerosos e, se preenchidos os requisitos legais, deferi-los;

IV – estabelecer as informações a serem prestadas na escrituração fiscal e contábil-fiscal e o formato da demonstração de apuração do crédito;

V – processar e revisar as apurações de crédito transmitidas pelos titulares de benefícios onerosos habilitados perante o órgão e, se não constatada irregularidade, reconhecer os respectivos créditos, autorizando os seus pagamentos;

VI – estabelecer parâmetros de riscos com a finalidade de automatizar o reconhecimento do crédito e a autorização de pagamento;

VII – estabelecer critérios de análise para serem aplicados nos procedimentos de revisão;

VIII – disciplinar a forma de retificação das informações prestadas e o tratamento de suas consequências;

IX – disciplinar a forma de devolução do pagamento indevido em função do crédito irregularmente apurado e sobre a retenção de créditos subsequentes para compensar pagamentos indevidos;

X – disciplinar a padronização da representação por unidade federada de que trata o art. 398 desta Lei Complementar;

XI – regulamentar prazos que não estejam previstos neste Capítulo;

XII – regulamentar outros aspectos procedimentais não previstos acima, especialmente os concernentes à garantia do direito à ampla defesa e ao contraditório.

Parágrafo único. Para fins deste Capítulo, aplica-se subsidiariamente a regulamentação do processo administrativo prevista na Lei nº 9.784, de 29 de janeiro de 1999.

Art. 387. No âmbito da competência da RFB e em caráter privativo, compete ao Auditor-Fiscal da Receita Federal do Brasil, em relação ao direito assegurado aos titulares de benefícios onerosos à compensação de que trata o art. 384 desta Lei Complementar:

I – elaborar e proferir decisões ou delas participar em processo ou procedimento de análise do reconhecimento do direito à compensação referida no *caput* e do reconhecimento do crédito dele decorrente;

II – examinar a contabilidade e a escrituração fiscal de sociedades empresariais e de empresários com a finalidade de revisar a apuração do crédito apresentado, não se lhes aplicando as restrições previstas nos arts. 1.190 e 1.191 da Lei nº 10.406, de 10 de janeiro de 2002 – Código Civil, e observado o disposto no art. 1.193 do mesmo diploma legal;

III – proceder a orientação dos titulares do direito à compensação referida no *caput*; e

IV – proceder a constituição do crédito decorrente de indébitos gerados pela sistematização da compensação referida no *caput*.

COMENTÁRIOS

Como os recursos que custearão o fundo serão a ele destinados pela União, será ela quem administrará a sua utilização, para as finalidades indicadas nos arts. 384 e ss. desta lei. Daí a atribuição à Receita Federal para disciplinar a forma como os créditos a serem compensados serão solicitados, calculados e reconhecidos.

Destaque-se, a propósito, que os critérios para o reconhecimento e o dimensionamento dos créditos devem calcar-se nos arts. 384 e ss. desta lei, e nos relatos fáticos apresentados e documentados pelo contribuinte requerente. Não cabe à decisão discricionária da autoridade reconhecer e quantificar tais créditos conforme lhes pareça conveniente e oportuno. As atribuições constantes dos incisos deste art. 384 devem ser vistas em seu aspecto instrumental, não como a constituir ou criar aspectos substanciais da relação jurídica da qual decorra o direito ao crédito.

Seção III
Da Habilitação do Requerente à Compensação

Art. 388. Poderá ser beneficiário da compensação de que trata o art. 384 desta Lei Complementar o titular de benefício oneroso habilitado pela RFB, exceto o benefício oneroso que, nos termos da Emenda Constitucional nº 132, de 20 de dezembro de 2023, seja alcançado por compensação prevista nos §§ 2º e 6º, todos do art. 92-B do ADCT, ou, ainda, por qualquer outra forma de compensação prevista na Constituição Federal, mesmo que parcial.

Parágrafo único. O requerimento para o procedimento de habilitação, na forma a ser regulamentada pela RFB, deverá ser apresentado no período de 1º de janeiro de 2026 a 31 de dezembro de 2028.

 COMENTÁRIOS

O mecanismo de compensação previsto nos artigos em comento, como já explicado, destina-se a preservar a situação daqueles contribuintes beneficiários de reduções onerosas e por prazo certo de tributos extintos pela reforma e sucedidos pelo IBS. Daí a abrangência indicada neste art. 386, que ressalva apenas os contribuintes que já recebam algum outro tipo de compensação, ou que sejam abrangidos por algum outro mecanismo dessa natureza, como é precisamente o caso daquele previsto no art. 92-B do ADCT, voltado à Zona Franca de Manaus. A finalidade evidentemente é evitar duplicidade, com o auferimento de duas compensações ou reposições para um único benefício perdido.

Art. 389. São requisitos para a concessão da habilitação ao requerente: I – ser titular de benefício oneroso concedido por unidade federada;

II – haver ato concessivo do benefício oneroso emitido pela unidade federada:

a) até 31 de maio de 2023, ou no prazo previsto para a hipótese disposta no inciso II do parágrafo único do art. 384 desta Lei Complementar, sem prejuízo de ulteriores prorrogações ou renovações, conforme disposto no § 1º do mesmo artigo;

b) que estabeleça expressamente as condições e as contrapartidas a serem observadas pelo beneficiário;

TÍTULO VIII – DA TRANSIÇÃO PARA O IBS E PARA A CBS   Art. 390

> c) cujo prazo de fruição não ultrapasse a data de 31 de dezembro de 2032; e
>
> d) que esteja vigorando em todo ou em parte do período de que trata o *caput* do art. 384 desta Lei Complementar, ainda que mediante ato de prorrogação ou renovação;
>
> III – ter sido efetuado o registro e o depósito previstos no inciso II do art. 3º da Lei Complementar nº 160, de 7 de agosto de 2017, se aplicável tal exigência;
>
> IV – cumprir, tempestivamente, as condições exigidas pelo ato concessivo do benefício oneroso;
>
> V – apresentar as obrigações acessórias com as informações necessárias à aferição do benefício oneroso objeto de compensação, bem assim as em que conste o registro do próprio benefício, quando for o caso;
>
> VI – inexistir impedimento legal à fruição de benefícios fiscais;
>
> VII – apresentar regularidade cadastral perante o cadastro nacional de pessoas jurídicas – CNPJ.
>
> **Parágrafo único.** Para fins do preenchimento do requisito de habilitação previsto no inciso IV deste artigo, o titular do benefício oneroso deverá apresentar declaração que atende tempestivamente as condições, sendo obrigatória a manifestação prévia da unidade federada concedente à concessão da habilitação.

COMENTÁRIOS

O recebimento de uma "compensação" pela perda de incentivo fiscal referente a tributo sucedido pelo IBS (ISS ou ICMS) pode ser pleiteado, naturalmente, apenas por quem for titular de um. Só aquele legítimo detentor de um incentivo oneroso e por prazo certo relativo a tributo que será extinto e sucedido pelo IBS poderá pleitear uma compensação por isso. Reitere-se que a palavra "compensação" é aqui usada não no sentido estrito, de encontro de contas, forma de extinção de uma obrigação, mas em sentido mais amplo, de indenização, recomposição, reparação, ressarcimento, contrapartida. É preciso, ainda, que se trate de incentivo oneroso e por prazo certo, a encerrar-se no máximo até 2032. Não nos parece que incentivo mais longo não possa ter sua compensação pleiteada, em absoluto, diante de tais disposições, mas apenas que será ressarcida, reparada ou compensada a "perda" decorrente do fim do incentivo, apenas no que tange ao período compreendido (ao que deixaria de ser pago por conta dele) até 2032, ainda que sua extensão fosse eventualmente maior.

> **Art. 390.** Observado o direito à ampla defesa e ao contraditório, a habilitação será:
>
> I – indeferida, na hipótese de o requerente não atender aos requisitos de que trata o art. 389 desta Lei Complementar;
>
> II – suspensa, na hipótese de o requerente deixar de atender temporariamente aos requisitos de que trata o art. 389 desta Lei Complementar;
>
> III – cancelada, na hipótese de o requerente deixar de atender aos requisitos de que trata o art. 389 desta Lei Complementar.
>
> **Parágrafo único.** A suspensão prevista no inciso II do *caput* será revertida em caso de modificação dos elementos que levaram à suspensão, mantida a mesma habilitação previamente concedida.

COMENTÁRIOS

O desatendimento dos requisitos inerentes à concessão da "reparação" pode ser sanável ou insanável. Na primeira hipótese, o requerimento será suspenso, até que se sane a

343

irregularidade. Pode ser o caso de não se apresentarem (todos) os livros exigidos pela autoridade, que pode considerar necessário algum esclarecimento adicional, constante de documento que a ela não foi (ainda) trazido. Pode ser também o caso de "irregularidade cadastral", principalmente nas hipóteses em que o cadastro do contribuinte é (indevidamente, diga-se) usado como instrumento de sanção política. Confiram-se as notas ao art. 59, *supra*. Na segunda hipótese, será indeferido, se o desatendimento for constatado *antes* da concessão ou do deferimento, ou cancelado, se constatado posteriormente à concessão. Se já concedido, não será o caso de indeferimento (pois já foi deferido), mas de cancelamento.

O artigo reporta-se genericamente à observância de ampla defesa e contraditório, sem estabelecer ou disciplinar como. É o caso de recordar da remissão, feita no art. 386, parágrafo único, à Lei Geral do Processo Administrativo, Lei 9.784/1999, que, evidentemente, não poderá ter suas disposições excepcionadas ou alteradas por regulamento, como no art. 394, *infra*, se sugere.

Seção IV
Da Demonstração e Reconhecimento do Crédito Apurado
e da Revisão da Regularidade do Crédito Retido

Art. 391. O titular de benefício oneroso habilitado informará mensalmente na escrituração fiscal os elementos necessários para a quantificação da repercussão econômica de cada benefício fiscal ou financeiro-fiscal, conforme regulamentação a ser expedida pela RFB.

§ 1º O crédito será calculado para cada mês de competência em função do valor da repercussão econômica de cada benefício fiscal ou financeiro-fiscal e da redução de nível dos benefícios fiscais de que trata o *caput* do art. 384 desta Lei Complementar relativamente a cada ato concessivo e tipo de benefício fiscal habilitado.

§ 2º A apuração do crédito referente à compensação de que trata o art. 384 desta Lei Complementar será demonstrada na escrituração fiscal, de acordo com a regulamentação da RFB.

§ 3º O direito de pleitear a compensação de que trata o art. 384 desta Lei Complementar extingue-se com o decurso do prazo de 3 (três) anos, contado do vencimento do prazo para transmissão da escrituração fiscal estabelecida em norma regulamentar para conter a apuração do correspondente crédito.

 COMENTÁRIOS

A regulamentação deverá indicar os elementos tidos como necessários para o cálculo do valor a ser pago ao contribuinte, ou seja, o que deve ser informado e como deve ser informado. Mas não poderá indicar os elementos ou critérios a partir dos quais o valor devido ao contribuinte será calculado. Ou seja, a regulamentação não pode alterar o montante devido, mas apenas indicar os meios de se identificar a presença dos requisitos ou elementos a serem considerados no cálculo. É como uma regulamentação que diga como deve ser prestada a declaração de imposto de renda, e o que nela deve ser informado: a regulamentação não poderá influir ou impactar no montante de imposto devido. Trata-se de consequência óbvia da legalidade, princípio, todavia, esquecido ou negligenciado em diversas passagens desta lei.

Art. 392. A RFB processará o montante calculado para fins de compensação, na forma do art. 384 desta Lei Complementar, e, exceto se existirem indícios de irregularidade ou o montante incidir em parâmetros de risco, terá seu crédito automaticamente reconhecido e autorizado em pagamento em até 60 (sessenta) dias a contar do vencimento do prazo para transmissão da escrituração fiscal que contenha a sua demonstração.

§ 1º Caso a RFB não se manifeste no prazo previsto no *caput*, o reconhecimento do crédito e a autorização de pagamento serão tacitamente considerados na data final do prazo.

§ 2º A entrega dos recursos ao beneficiário ocorrerá em 30 (trinta) dias a contar da data da autorização de que trata o *caput*.

§ 3º O pagamento em data posterior ao previsto no § 2º será acrescido de juros, à Taxa SELIC para títulos federais, acumulados mensalmente, e de juros de 1% (um por cento) no mês em que a quantia for disponibilizada ao sujeito passivo, a partir do mês seguinte ao término do prazo previsto naquele parágrafo.

§ 4º Na hipótese de o montante mensal apurado situar-se em patamar superior ao limite tolerável de risco, a parcela superior será retida para revisão da regularidade da apuração.

§ 5º Na hipótese de existirem indícios de irregularidade, todo o montante apurado será retido para a sua revisão.

§ 6º As retenções efetuadas nas hipóteses descritas nos §§ 4º e 5º deste artigo devem ser cientificadas ao interessado.

§ 7º Sobre as retenções a que se referem os §§ 4º e 5º, incidem juros à mesma taxa estabelecida no § 3º, a partir do mês seguinte ao término do prazo de 90 (noventa) dias a contar do vencimento do prazo para transmissão da escrituração fiscal que contenha a sua demonstração.

§ 8º A revisão da regularidade da apuração de créditos retidos deve ser realizada nos seguintes prazos máximos a contar da data da prestação integral dos elementos de comprovação requeridos pela RFB na data de ciência descrita no § 6º deste artigo:

I – de 120 (cento e vinte) dias, na hipótese prevista no § 4º deste artigo; e

II – de 1 (um) ano, na hipótese prevista no § 5º deste artigo.

§ 9º A ausência de apresentação integral dos elementos de comprovação mencionados no § 8º deste artigo no prazo de 60 (sessenta) dias a contar da ciência do requerimento de apresentação implica o não reconhecimento da parcela do crédito retida, sem prejuízo do exame da regularidade da parcela do crédito eventualmente já paga.

§ 10. Na hipótese de vencimento do prazo estabelecido no § 8º deste artigo sem o término da revisão da apuração, o crédito retido será tacitamente autorizado em pagamento, devendo este ser realizado no prazo previsto no § 2º deste artigo, sem prejuízo da continuidade do procedimento em curso, se for o caso.

§ 11. Os critérios para definição do limite tolerável de risco não podem resultar em retenção de valores referentes a mais de 20% (vinte por cento) das apurações apresentadas no respectivo período mensal, não ingressando nesse cômputo as apurações sobre as quais existam indícios objetivos de irregularidade ou que pairem suspeitas fundamentadas de fraude.

§ 12. O percentual limitador de retenção previsto no § 11 deste artigo poderá ser ampliado no período em que o montante total dos créditos apurados indicarem que os recursos originalmente determinados para prover o Fundo instituído pelo *caput* do art. 12 da Emenda Constitucional nº 132, de 23 de dezembro de 2023, serão insuficientes para cobrir as compensações de que trata o *caput* do art. 384 desta Lei Complementar até o final do ano de 2032, e desde que o critério indicativo seja regulamentado e publicado pela Secretaria do Tesouro Nacional.

COMENTÁRIOS

O artigo em exame cuida do prazo para o pagamento da "compensação" pela perda dos incentivos onerosos e por prazo certo de ICMS, perda essa decorrente da sucessão do

ICMS pelo IBS. Caso não haja "indício de irregularidade" ou a incidência de "parâmetros de risco", estabelece-se o prazo de 60 (sessenta) dias para a apreciação, contados do fim do prazo de que dispuser o contribuinte para o envio da documentação necessária ao cálculo da "compensação". Ao final destes sessenta dias, o crédito será "automaticamente" reconhecido e autorizado o seu pagamento, o qual deverá ocorrer em até 30 (trinta) dias contados desta autorização. Ou seja: se não houver indício de irregularidade ou algum "fator de risco", o pagamento se dá em até 90 (noventa) dias. Só depois dessa data é que, não havido pagamento, considera-se haver mora, com a incidência de juros pelo índice Selic (com exceção dos juros aplicáveis no mês em que se dá o pagamento, que são de 1%).

Sem definir o que seria "limite tolerável de risco", a lei estabelece que o valor situado acima dele pode ser retido para revisão, o que igualmente ocorrerá quando houver "indícios de irregularidade". O interessado deve ser cientificado, assistindo-lhe o direito de apresentar razões para afastar a "suspeita". Embora isso não esteja expresso no artigo, decorre do art. 5º, XXXIV, *a*, da CF/1988.

Note-se que o fato de a retenção decorrer de "riscos" ou de "suspeitas" não afasta, evidentemente, a incidência dos juros devidos desde o término dos 90 dias contados do fim do prazo para remessa dos documentos pelo contribuinte. Se a suspeita e o risco forem afastados na revisão, constatando-se ser efetivamente devido o pagamento, este deve ocorrer com a necessária incidência dos juros.

No caso de retenção por ser o crédito muito elevado (superior ao limite tolerável de risco), o prazo para análise da autoridade é de 120 (cento e vinte) dias. Em se tratando de indício de irregularidade, a autoridade disporá de um ano para análise. Ao final de referidos prazos, se não concluída a análise pela autoridade, o pedido deve ser considerado deferido.

Seção V
Da Autorregularização das Informações Prestadas

Art. 393. Constatada pelo interessado a irregularidade na apuração do crédito apresentado para pagamento, deverá ele proceder imediatamente a sua regularização, retificando as informações prestadas na escrituração fiscal, de acordo com a regulamentação a ser expedida pela RFB.

§ 1º Tendo recebido valores indevidos decorrentes do crédito apurado a maior na hipótese descrita no *caput*, o beneficiário deverá ainda efetuar a sua imediata devolução ao Fundo de que trata o art. 384 desta Lei Complementar, observado o § 2º deste artigo e na forma a ser regulamentada pela RFB.

§ 2º O montante recebido indevidamente deve ser acrescido de juros a partir do primeiro dia do mês subsequente à data de seu recebimento, equivalentes à Taxa SELIC, acumulados mensalmente, e de juros de 1% (um por cento) no mês em que a quantia for restituída ao Fundo de que trata o art. 12 da Emenda Constitucional nº 132, de 20 de dezembro de 2023.

§ 3º Caso o interessado efetue a regularização de que trata o *caput* e não efetue a imediata devolução integral do montante recebido indevidamente de que trata o § 1º deste artigo, a RFB fica autorizada a compensar de ofício o débito com créditos de mesma natureza apresentados em períodos subsequentes até que sejam suficientes para igualar com o montante do débito atualizado na forma do § 2º, sem prejuízo das retenções ordinárias relativas à revisão da regularidade da apuração dos créditos posteriormente apresentados.

TÍTULO VIII – DA TRANSIÇÃO PARA O IBS E PARA A CBS   Art. 394

§ 4º O interessado deve ser cientificado das compensações de ofício realizadas em conformidade com o previsto no § 3º deste artigo.

§ 5º Competirá à RFB constituir o crédito da União na forma do art. 395, caso antes da devolução integral do débito de que trata o § 1º deste artigo:

I – não seja apresentada pelo interessado a apuração de créditos de mesma natureza passíveis de compensação no primeiro período subsequente ao da hipótese descrita no § 3º deste artigo; ou

II – por qualquer motivo, os créditos de mesma natureza passíveis de compensação cessem por três meses consecutivos; ou

III – tiver decorrido o prazo de um ano da primeira compensação autorizada no § 3º deste artigo.

§ 6º A retificação das informações prestadas na escrituração fiscal de que trata o *caput* que impute ao interessado o dever imediato de devolução de valores recebidos indevidamente, conforme previsto no § 1º deste artigo, configura o dia da ocorrência do recebimento indevido de que trata o § 1º do art. 395, para fins de fixação do termo inicial do prazo decadencial em relação ao montante decorrente da retificação.

COMENTÁRIOS

Pode ocorrer de o próprio interessado constatar equívoco na apuração do crédito apresentado para pagamento, a título de compensação pela perda de incentivo.

Caso a regularização ocorra depois de os valores terem sido recebidos pelo contribuinte, este os deverá restituir ao Poder Público, acrescidos de juros Selic, contados da data em que os valores tiverem sido recebidos indevidamente. Em não havendo a restituição, a Receita Federal poderá reter créditos da mesma natureza a serem pagos ao mesmo contribuinte, relativamente a períodos posteriores, para proceder à quitação por compensação, caso o contribuinte, cientificado, manifeste estar de acordo com ela.

Seção VI
Dos Procedimentos de Revisão da Apuração
do Crédito e do Rito Processual

Art. 394. Caso seja constatada irregularidade em procedimento de revisão da apuração do crédito apresentado para pagamento, a autoridade competente lavrará despacho decisório que será cientificado ao interessado com os fundamentos e os elementos de prova necessários, denegando total ou parcialmente o crédito apresentado.

§ 1º Aplica-se ao disposto no *caput* o rito processual previsto na Lei nº 9.784, de 29 de janeiro de 1999, observadas as regras específicas estabelecidas neste capítulo.

§ 2º O procedimento de revisão da apuração do crédito poderá também ser efetuado após o pagamento ao beneficiário, de acordo com normas procedimentais a serem estabelecidas por ato da RFB.

§ 3º No curso do procedimento de revisão da apuração, a autoridade competente realizará atividades de instrução destinadas a averiguar e comprovar os dados necessários, inclusive a realização de diligências, se for o caso.

§ 4º Na hipótese de ter ocorrido o pagamento de valores para os quais sobrevier despacho decisório que denega total ou parcialmente o crédito apresentado, o interessado será notificado a devolver, no prazo de 30 (trinta) dias, os valores indevidamente recebidos acrescidos de juros calculados na forma do § 2º do art. 393.

> § 5º Alternativamente ao disposto no § 4º deste artigo, o interessado poderá autorizar a compensação de créditos regulares de mesma natureza a serem apresentados em períodos subsequentes até que sejam suficientes para igualar com o montante do débito atualizado na forma do § 2º do art. 393.
>
> § 6º A autorização prevista no § 5º deste artigo implica em confissão irretratável de dívida passível de inscrição em dívida ativa da União, caso, por qualquer motivo, cesse a compensação por três meses consecutivos e o interessado não efetue a devolução da integralidade do saldo residual.
>
> § 7º A parte interessada poderá interpor recurso no prazo de 30 (trinta) dias a contar da ciência do despacho decisório.
>
> § 8º O recurso interposto não impede a constituição de eventual crédito da União de que trata o art. 395 desta Lei Complementar, inclusive da multa incidente, mas sua exigibilidade ficará suspensa até 30 (trinta) dias a contar da ciência do interessado da decisão do julgamento do recurso, observado ainda o disposto no § 7º do art. 395.
>
> § 9º Julgado o recurso em caráter definitivo total ou parcialmente favorável ao interessado, havendo-lhe valor devido, em conformidade com a decisão exarada, deverá ser autorizado o pagamento do montante retido.
>
> § 10. Após o julgamento do recurso, mantida em caráter administrativo definitivo a denegação total ou parcial do crédito apresentado para pagamento e já tendo sido este efetuado, o interessado será notificado a efetuar a devolução do pagamento indevido acrescido de juros calculados na forma do § 2º do art. 393 no prazo de 30 dias contados da ciência da decisão, nos termos dela exarado.

 COMENTÁRIOS

Pode ocorrer de o próprio interessado constatar equívoco na apuração do crédito apresentado para pagamento, a título de compensação pela perda de incentivo. Ou pode ser o caso de a autoridade competente verificar essa irregularidade e cientificá-lo para que proceda à regularização. O artigo em comento estabelece que, caso a autoridade identifique alguma irregularidade no crédito apresentado para pagamento, ela deve primeiro notificar o contribuinte para que faça as devidas correções, dando alguma eficácia ao princípio da cooperação, e só depois, caso a regularização não ocorra, deve-se proceder ao lançamento das quantias correspondentes, acrescido de multa.

Este artigo cuida do rito a ser seguido na hipótese de o pedido de reconhecimento de crédito – inerente à reparação pelo fim de incentivo fiscal de ICMS – ser denegado, em caso de revisão iniciada porque constatado indício de irregularidade ou "fator de risco", nos termos do art. 392, §§ 4º e 5º.

O processo administrativo deverá pautar-se pela Lei 9.784/1999, e pelas disposições deste artigo. Confiram-se, a propósito, os comentários ao artigo seguinte, que cuida do lançamento de ofício a ser feito caso os valores em cuja apuração se tenha constatado irregularidade já tenham sido pagos.

Seção VII
Da Constituição do Crédito da União

> **Art. 395.** Na hipótese do § 5º do art. 393 ou de constatação de irregularidade na apuração do crédito calculado pelo beneficiário após a efetivação do pagamento pela União e não ocorrendo a devolução integral com o acréscimo de juros previstos no § 2º do art.

TÍTULO VIII – DA TRANSIÇÃO PARA O IBS E PARA A CBS   Art. 395

393, no prazo do § 4º do art. 394, nem a autorização de que trata o § 5º do art. 394, a RFB deverá notificar de ofício, na forma a ser por ela disciplinada, a constituição do crédito da União composto por:

I – valor principal: equivalente ao montante recebido indevidamente que não foi devolvido ou compensado;

II – juros de mora: valor principal multiplicado pela Taxa SELIC para títulos federais, acumulada mensalmente, a partir do primeiro dia do mês subsequente à data do recebimento indevido até o mês que antecede a data da notificação;

III – multa de 20%: parcela resultante de 0,2 (dois décimos) multiplicado pela soma de juros de mora e valor principal.

§ 1º O direito de a RFB constituir o crédito decorrente da hipótese prevista no *caput* extingue-se após 3 (três) anos, contados do primeiro dia do exercício seguinte ao da ocorrência do recebimento indevido, observado o disposto no § 6º do art. 393.

§ 2º Sobre o crédito constituído incidem juros de mora à mesma taxa prevista no inciso II do *caput*, acumulada mensalmente a partir do mês em que foi constituído e de 1% (um por cento) no mês do seu pagamento.

§ 3º A notificação lavrada seguida da devida ciência do devedor, contendo todos os elementos exigidos pela lei, será instrumento apto para inscrição em dívida ativa da União.

§ 4º Aplica-se ao disposto no *caput* o rito processual previsto na Lei nº 9.784, de 29 de janeiro de 1999, observadas as regras específicas estabelecidas neste artigo.

§ 5º A parte interessada poderá interpor recurso no prazo de 30 (trinta) dias a contar da ciência da notificação que constituiu o crédito na hipótese prevista no *caput*.

§ 6º O recurso interposto não suspende a obrigação de pagamento do crédito constituído, exceto se a parte tiver também interposto o recurso de que trata o § 7º do art. 394 e este estiver pendente de julgamento, devendo, neste caso, ser observada a conexão entre ambos os recursos.

§ 7º Na hipótese de o interessado cumprir tempestivamente a notificação de que trata o § 10 do art. 394, o crédito da União constituído na forma do *caput* deste artigo será cancelado.

§ 8º Após a ciência da constituição do crédito da União o qual não esteja com a exigibilidade suspensa, haverá a compensação de ofício dos créditos do interessado ainda não pagos até atingido o montante do débito.

§ 9º Julgado o recurso de que trata o § 5º deste artigo em caráter definitivo total ou parcialmente a favor do interessado, deverá ser reduzido ou cancelado o montante constituído e pagos os valores eventualmente compensados na forma do § 7º deste artigo acrescidos de juros calculados na forma do § 2º do art. 393, em conformidade com a decisão exarada.

§ 10. A parcela do crédito correspondente ao valor principal e juros de mora proporcional que vier a ser arrecadada destina-se ao Fundo de que trata o art. 12 da Emenda Constitucional nº 132, de 23 de dezembro de 2023, na hipótese de a arrecadação ocorrer até 31 de dezembro de 2032, e ao Fundo de que trata o art. 159-A da Constituição Federal, se em data posterior.

§ 11. A multa de 20% (vinte por cento) prevista no inciso III do *caput*, acrescida dos juros de mora proporcional, será destinada ao Fundo Especial de Desenvolvimento e Aperfeiçoamento das Atividades de Fiscalização – FUNDAF, instituído pelo art. 6º do Decreto-lei nº 1.437, de 17 de dezembro de 1975.

COMENTÁRIOS

Caso se apure ter havido pagamento indevido de valor a contribuinte, a título de "compensação" pela perda de incentivos referentes aos tributos sucedidos pelo IBS, e este não proceder à devolução ou não ocorrer a compensação (usando-se o valor pago indevidamente em abatimento junto a outros valores da mesma natureza devidos ao mesmo contribuinte), caberá ao Fisco lavrar auto de infração, documento no qual procederá ao lançamento de ofício da quantia a ser ressarcida.

Não se trata de lançamento tributário, mas de lançamento da quantia a ser devolvida, relativa à "compensação pela perda de benefício fiscal", recebida indevidamente. Daí a fixação de prazo decadencial diverso para o lançamento (três anos, em vez de cinco). O processo administrativo será aquele regido pela Lei 9.784/1999, observadas normas mais específicas previstas nesta Lei, em especial nos artigos desta Seção.

A quantia assim lançada pode ser inscrita em dívida ativa, passível desse modo de protesto, e de aparelhamento de ação de execução fiscal, permitindo ao contribuinte, eventualmente insatisfeito com a cobrança e crédulo na higidez de seu direito ao crédito, discutir a questão em sede de embargos, uma vez garantido o juízo (Lei 6.830/1980, art. 16). Aliás, pode-se utilizar ações antiexacionais em geral, como uma ação anulatória, ou o mandado de segurança, este último naturalmente a depender da presença dos requisitos de cabimento específicos, como o prazo de 120 dias e a ausência de divergência fático-probatória.

Seção VIII
Da Representação Para Fins Penais

Art. 396. Em até 10 (dez) dias da lavratura do auto de infração previsto no art. 395 desta Lei Complementar, deverá ser procedida a correspondente representação criminal para o Ministério Público Federal, conforme normatização a ser expedida pela RFB.

COMENTÁRIOS

O contribuinte que faz uso de documentos falsos, ou que insere elementos inexatos em documentos e declarações para pleitear crédito ao qual não faz jus, ou em montante superior ao que lhe seria devido, pode estar a cometer crime contra a ordem tributária, nos moldes do art. 1º da Lei 8.137/1990 (p. ex., incisos II e III).

Pode-se objetar que o *caput* do art. 1º se reporta ao resultado "suprimir ou reduzir tributo mediante uma das seguintes condutas", e que quem pleiteia crédito a que não tem direito não está, propriamente, reduzindo tributo. Ocorre que esse crédito, porque inexistente, será usado para reduzir (indevidamente, portanto) tributo devido por esse mesmo contribuinte, o que pode fazer a conduta subsumível no disposto no art. 1º da Lei 8.137/1990.

De uma forma ou de outra, se não neste artigo, subsumir-se-ia a conduta ao art. 171 do Código Penal (estelionato), crime que pode em tese ter a Fazenda como vítima (§ 5º, I). Essa, contudo, é uma questão que não precisa ser resolvida pelo auditor, ao qual cumprirá informar ao Ministério Público a ocorrência de fatos que, em tese, podem configurar crime, competindo a este avaliar e, se for o caso, aprofundar as investigações ou iniciar a ação penal, com a apresentação de denúncia.

É importante destacar que, para a configuração de crime, é importante que esteja presente o elemento subjetivo, e, além dele, a ocultação, a fraude, o engodo relativamente à situação fática. Exemplo disso é o contribuinte que altera valores em documentos fiscais utilizados para estribar o pedido de compensação referido nos artigos anteriores, usando dessa fraude para obter benefício indevido ou maior que o devido. Não é o caso daquele que, declarando os fatos corretamente e utilizando documentos hígidos, sem controvérsia ou ocultação fática, pleiteia crédito ao qual considera fazer jus, mas a autoridade tem entendimento discrepante, no plano da interpretação dos fatos e das normas aplicáveis, e por isso indefere ou denega o crédito.

Outro ponto a ser destacado é o da necessidade, para a configuração do crime, de aguardar-se o julgamento da defesa e do recurso administrativo eventualmente manejados, nos moldes do entendimento cristalizado na Súmula Vinculante 24/STF. Não haverá crime consumado, se este consubstanciar-se no recebimento *indevido* de valores a título de "compensação" pela perda de incentivo, antes de manifestação definitiva da Fazenda Pública competente, no sentido de que esse recebimento ocorreu de fato, e foi realmente indevido, em sua ótica.

Seção IX
Da Comunicação e da Representação Fiscal pelas Unidades Federadas

Art. 397. Caso a unidade federada constate o não cumprimento das condições exigidas pela norma concessiva do benefício oneroso, deverá comunicar em até 10 (dez) dias à RFB, a fim de que esta efetue a suspensão ou o cancelamento da habilitação.

Art. 398. Nos procedimentos fiscais em que a administração tributária estadual ou distrital constate irregularidade na fruição de benefício oneroso concedido pela unidade federada correspondente, quando a situação se enquadrar na hipótese de compensação de que trata o art. 384 desta Lei Complementar, deverá a autoridade competente, em até 10 (dez) dias do ato de constatação da irregularidade, representar os fatos acompanhados dos elementos de prova ao chefe do seu órgão, para que este providencie o encaminhamento à RFB.

Parágrafo único. É facultado à RFB e à administração tributária de unidade federada, mediante convênio, disciplinar sobre o formato da representação, seu direcionamento e, se for conveniente, pela periodicidade de encaminhamento.

 COMENTÁRIOS

Considerando que o pagamento dos valores de que cuidam estes artigos destina-se a reparar, compensar ou ressarcir o contribuinte pelo fim de incentivo fiscal oneroso de ICMS, um dos requisitos a serem preenchidos para fazer jus a tanto é que se cumpram ou atendam os pressupostos ou as condições para a concessão do benefício de cuja compensação se cogita, como explicado nos comentários ao art. 389, *supra*. Daí estabelecer-se que a constatação de descumprimento de tais requisitos por parte da entidade federativa correspondente (o Estado-membro que tiver concedido o benefício de cuja reparação se cogita, ou o Distrito Federal) deve ser comunicada à Receita Federal, para que esta suspenda ou cancele a habilitação para recebimento dos valores de que cuidam as disposições em exame.

Seção X
Disposições Finais

Art. 399. Mediante ato requisitório por escrito, para fins de verificação do requisito previsto no inciso IV do art. 389 desta Lei Complementar, os órgãos públicos da União, Estados, Distrito Federal e Municípios e quaisquer outras entidades ou pessoas são obrigados a prestar à RFB todas as informações que disponham relacionadas ao cumprimento de condições estabelecidas em ato concessivo do benefício oneroso.

COMENTÁRIOS

O art. 397 reforça a necessidade de verificar o cumprimento das condições para a concessão de benefícios onerosos de ICMS, tal como estabelecido no inciso IV do art. 389 desta Lei Complementar. Através de atos requisitórios, diversos órgãos e entidades, tanto públicas quanto privadas, ficam obrigados a fornecer à Receita Federal as informações necessárias para essa verificação. A comunicação adequada entre as esferas governamentais e a Receita Federal é essencial para garantir a precisão dos repasses compensatórios mencionados nos arts. 397 e 398. Assim, a lógica de assegurar que as condições do benefício foram devidamente atendidas, conforme detalhado no comentário aos arts. 397 e 398, é igualmente aplicável aqui, embora com o foco específico na obrigatoriedade de prestação de informações por parte das entidades envolvidas.

Quanto a entidades privadas, inclusive terceiros diversos do que pleiteia a concessão do incentivo, é importante lembrar a necessidade de se respeitar o sigilo de dados, e a proteção a esses dados, sendo inconstitucional inferir, da redação deste artigo, que qualquer pessoa seria obrigada a informar qualquer coisa sobre qualquer outra pessoa à Receita Federal, um grande irmão orwelliano extraído de *1984*, só porque ela assim requer.

> **Art. 400.** A RFB publicará, em transparência ativa, a relação mensal dos beneficiários da compensação de que trata o art. 384 desta Lei Complementar, identificando o beneficiário, a unidade federada concedente do benefício oneroso, o ato concessivo, o tipo de benefício fiscal, o montante pago em compensação e o valor do crédito eventualmente retido para verificação ou compensação.

COMENTÁRIOS

Um dos problemas apontados na política de extrafiscalidade levada a efeito no Brasil, em especial por entes federados periféricos (Municípios e principalmente Estados e o Distrito Federal), é a transparência quanto aos critérios, e aos montantes, de valores em torno dos quais giram as desonerações concedidas a título de incentivo. E isso para não referir a ausência de estudos e controles quanto a questão de saber se tais incentivos de fato conduzem aos resultados, objetivos e efeitos que os justificam.

No caso deste mecanismo de compensação, pode-se alcançar a referida transparência, nos moldes determinados por este artigo, pois, como o Poder Público efetivamente desembolsará os valores que em tese corresponderiam ao incentivo perdido, será possível indicar a quem, e quanto, está sendo pago a esse título. Realiza-se o princípio da transparência (CF/1988, art. 145, § 3º).

> **Art. 401.** Os valores pagos ao titular do benefício oneroso em função da compensação de que trata o art. 384 desta Lei Complementar terão o mesmo tratamento tributário do benefício fiscal concedido pelo Estado ou o Distrito Federal, para fins de incidência de IRPJ, CSLL, PIS e COFINS.

COMENTÁRIOS

Dando sequência à discussão sobre se são devidos, sobre os valores dos incentivos fiscais, os tributos incidentes sobre a renda e sobre a receita, o artigo em comento estabelece

TÍTULO VIII – DA TRANSIÇÃO PARA O IBS E PARA A CBS — Art. 403

que terão "o mesmo tratamento fiscal" do benefício que compensam ou reparam. Ou seja: não soluciona a questão, esclarecendo que a controvérsia que havia em relação aos benefícios subsistirá no que tange aos valores pagos para compensar a sua supressão prematura.

> **Art. 402.** As Secretarias de Fazenda das unidades federadas e a RFB designarão servidores para compor grupo de trabalho com as finalidades de:
> I – identificar os tipos de incentivos e benefícios fiscais ou financeiro-fiscais concedidos por prazo certo e sob condições;
> II – identificar as respectivas formas de apuração das repercussões econômicas decorrentes;
> III – propor ajustes nas obrigações acessórias a serem prestadas pelos titulares dos benefícios onerosos, para que nelas constem a demonstração da repercussão econômica sobre cada benefício fiscal ou financeiro-fiscal que lhes foi concedido.

 COMENTÁRIOS

A análise dos pedidos de pagamento dos créditos pelo fim dos incentivos requer conhecimento específico e especializado, que algumas autoridades que já trabalham nas Administrações Tributárias de Estados, Municípios, e da União, já possuem. Daí a remissão de que se forme grupo de trabalho que as reúna, a fim de que estudem maneiras de implementar o disposto nesta lei relativamente ao tema. Busca-se, com isso, promover sinergia entre as Administrações Tributárias federal e principalmente estadual, melhorando o controle sobre a concessão e o uso de incentivos fiscais, além de assegurar que os benefícios fiscais estejam alinhados com o desenvolvimento econômico e sejam objeto de controle e transparência adequados.

> **Art. 403.** A RFB especificará sistema eletrônico próprio para o processamento e tratamento das informações, atos e procedimentos descritos nesta Lei Complementar, devendo ser reservados recursos específicos em orçamento da União a partir do ano de 2025.

 COMENTÁRIOS

Este artigo prevê a criação de um sistema eletrônico pela Receita Federal do Brasil (RFB) para o processamento e tratamento das informações exigidas por esta Lei Complementar. Essa disposição reflete uma tendência crescente no Direito Tributário brasileiro de incorporar a tecnologia como ferramenta essencial para a fiscalização, controle e simplificação das obrigações tributárias.

A implementação de sistemas eletrônicos robustos é fundamental para a eficiência administrativa e a transparência no relacionamento entre o Fisco e os contribuintes. Por meio deles, não só se aprimora a fiscalização, mas também se permite maior conformidade tributária, diminuindo a possibilidade de erros e fraudes. É importante, contudo, que tais sistemas permitam a correção de erros e a correta aplicação da lei, sendo indispensável a participação da sociedade civil em sua elaboração. Em respeito ao chamado "devido processo legal tecnológico"[1], devem

---

[1] CITRON, Danielle Keats. Technological due process. *Washington University Law Review*, v. 85, p. 1249.

ser conhecidos os critérios e parâmetros usados pelo sistema, bem como possível a correção de equívocos cometidos por ele, ou por seus usuários[2].

Art. 404. A União deverá complementar os recursos de que trata o § 1º do art. 12 da Emenda Constitucional nº 132, de 20 de dezembro de 2023, em caso de insuficiência de recursos para a compensação de que trata o § 2º do mesmo artigo, limitado aos montantes previstos no projeto de lei orçamentária anual.

Parágrafo único. Os recursos de que trata este Capítulo não serão objeto de retenção, desvinculação ou qualquer outra restrição de entrega, nem estarão sujeitos às limitações de empenho previstas no art. 9º e no inciso II do § 1º do art. 31 da Lei Complementar nº 101, de 4 de maio de 2000.

Art. 405. O saldo financeiro do Fundo de que trata o art. 12 da Emenda Constitucional nº 132, de 20 de dezembro de 2023, existente em 31 de dezembro de 2032, será provisionado no montante correspondente à soma:

I – da estimativa do valor total dos créditos em fase de processamento e dos créditos habilitados administrativamente e ainda sujeitos aos prazos legais de autorização e pagamento;

II – da estimativa do valor correspondente ao montante total de créditos retidos pela RFB nos termos dos §§ 4º e 5º do art. 392 desta Lei Complementar; e

III – do valor proporcional ao risco judicial relativo a eventuais ações que tenham como objeto o pagamento de compensações indeferidas no âmbito administrativo.

§ 1º O valor de que trata o inciso III do *caput* será revisado anualmente em ato conjunto do Advogado-Geral da União e do Ministro de Estado da Fazenda.

§ 2º O saldo do Fundo de que trata o art. 12 da Emenda Constitucional nº 132, de 20 de dezembro de 2023, existente em 31 de dezembro de 2032 e que exceder o provisionamento de que trata o *caput* será transferido ao Fundo Nacional de Desenvolvimento Regional, instituído pelo art. 159-A da Constituição Federal em 120 (cento e vinte) parcelas mensais de igual valor, sujeitas à atualização prevista no § 3º deste artigo, a partir de julho de 2033.

§ 3º O saldo a ser transferido ao Fundo Nacional de Desenvolvimento Regional e as parcelas correspondentes serão atualizados da seguinte forma:

I – a remuneração das disponibilidades e eventual devolução de pagamentos ao Fundo de Compensação de Benefícios Fiscais serão acrescidas ao saldo e as parcelas remanescentes serão aumentadas proporcionalmente;

II – eventual excesso de provisionamento, apurado após as revisões periódicas, será acrescido ao saldo e as parcelas remanescentes serão aumentadas proporcionalmente;

III – eventual insuficiência de provisionamento será descontada do saldo e as parcelas remanescentes serão reduzidas proporcionalmente.

§ 4º Na ausência de saldo financeiro na data de que trata o *caput*, o Fundo de Compensação de Benefícios Fiscais será dissolvido, sendo que:

I – eventual necessidade de compensação posterior será feita por intermédio de dotação orçamentária específica;

II – recursos que sejam posteriormente devolvidos ao Fundo de Compensação de Benefícios Fiscais serão transferidos diretamente ao Fundo Nacional de Desenvolvimento Regional, descontados dos montantes aportados nos termos do inciso I deste parágrafo.

---

[2] MACHADO SEGUNDO, Hugo de Brito. *Direito e inteligência artificial*: o que os algoritmos têm a ensinar sobre interpretação, valores e justiça. 2. ed. Indaiatuba: Foco, 2023, p. 22 e ss.

TÍTULO VIII – DA TRANSIÇÃO PARA O IBS E PARA A CBS

Art. 406

COMENTÁRIOS

Tem-se aqui reforçada ou reiterada a responsabilidade da União pelo fundo destinado à compensação pelo fim dos incentivos fiscais de ICMS, porquanto obrigada, nos limites do seu orçamento, a complementar os recursos necessários à compensação de que trata o § 2º do art. 12 da Emenda Constitucional 132/2023.

Vale lembrar que tanto os incentivos fiscais a serem suprimidos com o fim do ICMS, como a compensação prevista nessa lei para ressarcir as perdas daí decorrentes para os contribuintes, destinam-se a realizar um dos objetivos fundamentais da República, repetido e reiterado em diversas passagens do texto constitucional: a redução das desigualdades regionais. Daí a remissão de que eventual sobra no fundo destinado ao pagamento destas compensações deverá ser destinada ao Fundo Nacional de Desenvolvimento Regional.

CAPÍTULO VII
DA TRANSIÇÃO APLICÁVEL AOS BENS DE CAPITAL

Art. 406. A incidência do IBS e da CBS ficará sujeita às alíquotas estabelecidas neste artigo na venda de máquinas, veículos e equipamentos usados adquiridos até 31 de dezembro de 2032:

I – cuja aquisição tenha sido acobertada por documento fiscal idôneo; e

II – que tenham permanecido incorporados ao ativo imobilizado do vendedor por mais de 12 (doze) meses.

§ 1º Em relação à CBS, as alíquotas previstas neste artigo somente se aplicam na venda dos bens de que trata o *caput* cuja aquisição:

I – tenha ocorrido até 31 de dezembro de 2026; e

II – esteve sujeita à incidência da Contribuição para o PIS/Pasep e da Cofins com alíquota nominal positiva.

§ 2º A partir de 1º de janeiro de 2027, a alíquota da CBS incidente na venda dos bens de que trata o *caput* e o § 1º:

I – fica reduzida a zero para a parcela do valor da base de cálculo da CBS que seja inferior ou igual ao valor líquido de aquisição do bem; e

II – será aquela prevista para a operação, em relação à parcela da base de cálculo da CBS que exceder o valor líquido de aquisição do bem.

§ 3º Em relação ao IBS, as alíquotas previstas neste artigo somente se aplicam na venda dos bens de que trata o *caput* cuja aquisição:

I – tenha ocorrido até 31 de dezembro de 2032; e

II – esteve sujeita à incidência do ICMS com alíquota nominal positiva.

§ 4º A partir de 1º de janeiro de 2029, a alíquota do IBS incidente na venda dos bens de que trata o *caput* e o § 3º:

I – fica reduzida a zero para a parcela do valor da base de cálculo do IBS que seja inferior ou igual ao valor líquido de aquisição do bem multiplicado por:

a) 1 (um inteiro), no caso de bens adquiridos até 31 de dezembro de 2028;

b) 0,9 (nove décimos), no caso de bens adquiridos no ano-calendário de 2029;

c) 0,8 (oito décimos), no caso de bens adquiridos no ano-calendário de 2030;

d) 0,7 (sete décimos), no caso de bens adquiridos no ano-calendário de 2031; e

e) 0,6 (seis décimos), no caso de bens adquiridos no ano-calendário de 2032; e

II – será aquela prevista para a operação, em relação à parcela do valor da base de cálculo do IBS que exceder o valor líquido de aquisição apurado após os ajustes previstos no inciso I deste parágrafo.

§ 5º Na venda dos bens de que trata o *caput*, observar-se-á o disposto no § 3º do art. 380 desta Lei Complementar, em relação à CBS, e no inciso V do § 5º do art. 20 da Lei Complementar nº 87, de 13 de setembro de 1996, em relação ao ICMS.

§ 6º Para fins deste artigo, considera-se valor líquido de aquisição:

I – para bens adquiridos até 31 de dezembro de 2026, o montante correspondente à diferença entre:

a) o valor total de aquisição do bem registrado na nota fiscal; e

b) o valor do ICMS, da Contribuição para o PIS/Pasep e da Cofins incidentes na aquisição do bem, conforme registrados na nota fiscal, que tenham permitido a apropriação de créditos dos respectivos tributos; e

II – para bens adquiridos de 1º de janeiro de 2027 a 31 de dezembro de 2032, a base de cálculo do IBS e da CBS, conforme registrada na nota fiscal, acrescida do valor do ICMS incidente na aquisição que não tenha permitido a apropriação de créditos.

§ 7º Para fins do disposto no inciso I do § 6º, caso não haja informação sobre o valor da Contribuição para o PIS/Pasep e da Cofins incidentes na operação de aquisição do bem, utilizar-se-á no cálculo da diferença o valor correspondente à aplicação das alíquotas de 1,65% (um inteiro e sessenta e cinco centésimos por cento) para a Contribuição para o PIS/Pasep e de 7,6% (sete inteiros e seis décimos por cento) para a Cofins sobre o valor de aquisição do bem constante da nota fiscal.

§ 8º Para os fins deste artigo, também serão considerados bens incorporados ao ativo imobilizado aqueles com a mesma natureza e que, em decorrência das normas contábeis aplicáveis, forem contabilizados por concessionárias de serviços públicos como ativo de contrato, intangível ou financeiro.

Art. 407. A incidência do IBS e da CBS ficará sujeita às alíquotas estabelecidas neste artigo na revenda de máquinas, veículos e equipamentos adquiridos usados.

§ 1º O disposto neste artigo somente se aplica:

I – a revenda efetuada por contribuinte sujeito ao regime regular do IBS e da CBS; e

II – a máquina, veículo ou equipamento cuja aquisição e cuja revenda sejam acobertados por documento fiscal idôneo.

§ 2º Na revenda de bens de que trata o *caput* adquiridos até 31 de dezembro de 2026 e que não tenham permitido a apropriação de créditos da Contribuição para o PIS/Pasep e da Cofins, a alíquota da CBS:

I – fica reduzida a zero para a parcela do valor da base de cálculo da CBS que seja inferior ou igual ao valor líquido de aquisição do bem; e

II – será aquela prevista para a operação, em relação à parcela da base de cálculo da CBS que exceder o valor líquido de aquisição do bem.

§ 3º O disposto no § 2º não se aplica à revenda de bens de que trata o *caput* adquiridos de pessoa física.

§ 4º Na revenda de bens adquiridos pelo revendedor a partir de 1º de janeiro de 2027 e cuja aquisição tenha sido beneficiada pela redução a zero de alíquotas prevista estabelecida pelo art. 406 desta Lei Complementar:

I – a alíquota da CBS incidente na revenda do bem:

a) fica reduzida a zero para a parcela do valor da base de cálculo da CBS que tenha sido beneficiada pela redução a zero da alíquota da CBS nos termos do inciso I do § 2º do art. 406 desta Lei Complementar quando da aquisição do bem; e

b) será aquela prevista para a operação, em relação à parcela da base de cálculo da CBS que exceder o valor de que trata a alínea "a" deste inciso; e

II – a alíquota do IBS incidente na revenda do bem:

a) fica reduzida a zero para a parcela do valor da base de cálculo do IBS que tenha sido beneficiada pela redução a zero da alíquota do IBS nos termos do inciso I do § 4º do art. 406 desta Lei Complementar quando da aquisição do bem; e

b) será aquela prevista para a operação, em relação à parcela da base de cálculo do IBS que exceder o valor de que trata a alínea "a" deste inciso.

COMENTÁRIOS

Tem-se aqui um regime de transição para a incidência de IBS e CBS sobre a revenda de bens de capital usados, no qual, basicamente, nenhum tributo será devido se a venda ocorrer por preço inferior ao da compra, tendo o bem sido efetivamente utilizado e, no caso do art. 406, incorporado por pelo menos um ano ao ativo imobilizado da empresa.

A rigor, é de validade duvidosa a própria incidência de IBS e CBS em tais casos. A venda de bens usados, utilizados na atividade da empresa, em princípio não é operação inerente às suas atividades. Não deveria ser considerada tributável pelo IBS e pela CBS, pelo mesmo motivo que não o era pelo ICMS. Equipara-se à venda de um bem usado por pessoa física não contribuinte do IBS, como um servidor público que vende seu telefone celular usado ao vizinho, uma vez na vida. Se há habitualidade e lucro, já pode não se tratar de venda de bem de capital usado, passando a fazer parte da atividade da empresa, o que é outra questão. De uma forma ou de outra, não havendo ganho na venda, não há IVA-Dual devido, e, se houver ganho, o tributo será devido com as reduções previstas neste artigo, tendo como base precipuamente esse ganho.

Em termos semelhantes ao art. 406, o art. 407 cuida igualmente da incidência de IBS e CBS sobre a venda de bens usados pelo contribuinte, no período de transição ou de implantação do novo sistema de tributação do consumo. Entretanto, no art. 407, não se exige que tais bens tenham estado no ativo imobilizado do contribuinte por pelo menos um ano. O art. 407 por igual cuida das hipóteses de revenda de bens que tenham sido adquiridos de vendedores que se beneficiaram com a redução do art. 406.

CAPÍTULO VIII
DISPOSIÇÕES FINAIS

Art. 408. Sem prejuízo das demais regras estabelecidas nesta Lei Complementar, durante o período de transição para o IBS e a CBS, observar-se-á o disposto neste artigo.

§ 1º Caso a mesma situação prevista em lei configure, até 31 de dezembro de 2025, fato gerador da Contribuição para o PIS/Pasep e da Cofins ou da Contribuição para o PIS/Pasep – Importação e da Cofins-Importação, e, a partir de 1º de janeiro de 2026, fato gerador da CBS, deverá ser observado o seguinte:

I – não será exigida a CBS;

II – serão exigidas, conforme o caso:

a) Cofins;

b) Contribuição para o PIS/Pasep;

c) Cofins – Importação;

d) Contribuição para o PIS/Pasep – Importação.

Art. 408

§ 2º Não se aplicará o disposto no § 1º deste artigo nas hipóteses em que a apuração e o recolhimento da CBS forem realizados nos termos de regimes opcionais previstos nesta Lei Complementar, caso em que será exigida a CBS e não serão exigidas as contribuições sociais de que trata o inciso II do § 1º deste artigo.

§ 3º Para operações ocorridas até 31 de dezembro de 2026, incluindo aquelas que configurem fato gerador pendente na data de publicação desta Lei Complementar, nas hipóteses em que a Contribuição para o PIS/Pasep e a Cofins forem exigidas à medida que recebida efetivamente a receita pelo regime de caixa:

I – considerar-se-á ocorrido o fato gerador da Contribuição para o PIS/Pasep e da Cofins na data do auferimento da receita pelo regime de competência;

II – serão exigidas a Contribuição para o PIS/Pasep e a Cofins no momento do recebimento da receita, ainda que ocorrido após a extinção das referidas contribuições; e

III – não será exigida a CBS sobre o recebimento da receita decorrente da operação, salvo no caso do § 2º deste artigo, hipótese na qual não serão exigidas a Contribuição para o PIS/Pasep e a Cofins.

§ 4º Durante o período de 2029 a 2032:

I – caso a mesma operação configure, em anos-calendários distintos, fatos geradores do Imposto sobre operações relativas à Circulação de Mercadorias e sobre prestações de Serviços de Transporte Interestadual e Intermunicipal e de Comunicação (ICMS) ou do Imposto sobre Serviços de Qualquer Natureza (ISS) e do IBS, prevalecerá a legislação vigente no ano-calendário da primeira ocorrência em relação aos referidos impostos; e

II – caso não tenha se aperfeiçoado, até 31 de dezembro de 2032, o elemento temporal da hipótese de incidência do ICMS ou do ISS:

a) os referidos impostos não incidirão na operação; e b) será devido exclusivamente o IBS na operação.

§ 5º Na hipótese do inciso II do § 4º, o valor remanescente do IBS devido será apurado com base na legislação vigente em 1º de janeiro de 2033.

COMENTÁRIOS

Natura facit non saltum, ou a natureza não dá saltos. Entre espécies animais, línguas, períodos históricos ou qualquer outra divisão que nela se faça, nunca há linhas precisas e delimitadas, mas, muitas vezes, zonas fluidas. É o que se dá na transição que pode apanhar operações *acontecendo*, no gerúndio. Qual regime aplicar? É do que cuida este artigo.

Pode ocorrer de uma operação ser pactuada em um período, as mercadorias remetidas em outro, e o pagamento, parcelado, ocorrer em outro, sendo, nessa extensão, abarcada pelo regime antigo e pelo novo.

Durante o ano de 2026, não se exige CBS, mas apenas PIS e Cofins, salvo se se tratar de regime opcional, tendo o contribuinte feito a opção pelo regime e, nessa condição, manifestando-se expressamente pela submissão à nova contribuição.

Até 31 de dezembro de 2026, PIS e Cofins consideram-se devidos sobre receitas auferidas no regime de competência (quando contabilizado o direito ao crédito, não quando de seu efetivo recebimento), mas as contribuições somente serão exigidas quando as receitas forem efetivamente recebidas, mesmo que isso ocorra só quando as contribuições já tiverem sido extintas. Caso um contribuinte receba o pagamento de uma venda apenas algum tempo depois, quando nem existam mais PIS e Cofins vigorando, mas se o crédito tiver se feito quando tais contribuições estavam em vigor, serão elas devidas, e não a CBS.

TÍTULO I – DISPOSIÇÕES PRELIMINARES   Art. 409

Quanto ao IBS, se se tratar de fato pendente – operação que começou a ocorrer e ainda não terminou quando da mudança do regime –, prevalecerá a legislação vigente quando da primeira ocorrência ou de quando o fato "começou" a ocorrer. Se ainda era a do ICMS, será esse tributo o devido, pelo regime a ele aplicável, não o IBS. Isso durante o período abrangido entre 2029 e 2032. Caso a operação ou o fato "pendente" tenha começado nesse período, mas não se consume antes de 2032, porém só depois dessa data, será devido apenas o IBS.

É preciso, aqui, ter atenção ao *tempus regit actum* e às noções de teoria do direito referentes ao direito intertemporal. Os fatos devem ser regidos pela norma vigente ao tempo em que eles ocorreram. Se um fiscal descobre infração alusiva ao PIS, à Cofins ou ao ICMS, ocorrida em época em que esses tributos estavam plenamente vigentes, e não vigorava ainda a legislação do IBS ou da CBS, mas a descoberta se dá só quando tais novos tributos já sucederam os antigos, deve ser aplicada a legislação antiga, como didaticamente esclarece o art. 144 do CTN, respeitado, é claro, o lapso decadencial.

LIVRO II
DO IMPOSTO SELETIVO

TÍTULO I
DISPOSIÇÕES PRELIMINARES

Art. 409. Fica instituído o Imposto Seletivo, de que trata o inciso VIII do art. 153 da Constituição Federal, incidente sobre a produção, extração, comercialização ou importação de bens e serviços prejudiciais à saúde ou ao meio ambiente.

§ 1º Para fins de incidência do Imposto Seletivo, consideram-se prejudiciais à saúde ou ao meio ambiente os bens classificados nos códigos da NCM/SH e o carvão mineral, e os serviços listados no Anexo XVII, referentes a:

I – veículos;

II – embarcações e aeronaves;

III – produtos fumígenos;

IV – bebidas alcoólicas;

V – bebidas açucaradas;

VI – bens minerais;

VII – concursos de prognósticos e *fantasy sport*.

§ 2º Os bens a que se referem os incisos III e IV do § 1º estão sujeitos ao Imposto Seletivo quando acondicionados em embalagem primária, assim entendida aquela em contato direto com o produto e destinada ao consumidor final.

 COMENTÁRIOS

O Imposto sobre Produtos Industrializados (IPI), sucedido pelo IVA-Dual, tinha, ou ainda tem – porquanto não extinto enquanto se escrevem estas linhas –, uma dupla função. Em parte, fiscal, respondendo por importante parcela da arrecadação tributária federal. E, em parte, extrafiscal, sendo usado como forma de tornar mais onerosos alguns itens tidos como supérfluos ou mesmo prejudiciais à saúde, como os derivados do tabaco. Quando se fazia uma comparação com sistemas tributários de outros países, dizia-se que parte dele correspondia a um IVA, ou à fração de um IVA, incidente apenas sobre a indústria, e parte correspondia a um *excise tax*, destinado a onerar de modo mais pesado itens nocivos.

Art. 409

Com a reforma tributária levada a efeito pela EC 132/2023 e a extinção já programada para o IPI, que será mantido apenas para viabilizar vantagem à Zona Franca de Manaus, conforme explicado nos comentários aos artigos correspondentes ao tema, fez-se necessária a criação não apenas do IVA-Dual, que preencherá o espaço "fiscal" do IPI, mas de um imposto que abarque a função extrafiscal proibitiva, ou *excise tax*: trata-se exatamente do imposto seletivo referido neste artigo.

A inovação, no caso da EC 132/2023 em relação ao que em outros países já existe há mais tempo, é a inclusão de critério ambiental – nocivo à saúde e ao meio ambiente – e também de a produção ou a extração do bem ser nociva, ainda que ele em si mesmo não o seja.

Quanto ao âmbito de incidência do novo imposto, bastante amplo, abarca potencialmente, no que tange à regra de competência, a autorização para que com ele a lei alcance qualquer produto ou serviço que em si, ou em sua geração, agrida a saúde humana ou o meio ambiente. Mas atenção: conquanto já muito amplo, esse âmbito não pode ser alargado, ainda mais, de modo artificial, pelo legislador, com o uso da expressão, já criticada em outros comentários a artigos desta lei, "considera-se", como se ela fosse uma expressão mágica capaz de transformar realidades. Algo que não seja nocivo à saúde, ou ao meio ambiente, não passará a sê-lo apenas porque a lei entendeu que assim deveria ser considerado. Incluir na lei, por exemplo, que se "considera a prática regular de exercícios físicos como nociva à saúde" não faria com que assim o seja para fins de incidência do imposto seletivo sobre atividades realizadas por academias de ginásticas, clubes de natação, professores de *crossfit* etc. A lei não contém essa disposição, é claro, mas usa-se o exemplo apenas para evidenciar ao leitor que a palavra "considera-se" não é suficiente para incluir o que se quiser no rol de itens tributáveis.

Não é razoável, por exemplo, que veículos em geral sejam considerados nocivos ao meio ambiente, incluindo os elétricos, mas caminhões a *diesel* não o sejam, sob o argumento de que caminhões são importantes porque transportam alimentos. Ou o imposto alcança produtos nocivos, ou não. Se o critério for o de baratear alimentos, deve-se reescrever a Constituição, pois não é isso o que lá está escrito no inciso que se acrescentou ao art. 153, com a EC 132/2023.

Os itens descritos no anexo parecem um rol estreito e inadequado de itens a serem tributados de modo extrafiscal porque nocivos à saúde e ao meio ambiente. Incluem-se todos os refrigerantes, adoçados com açúcar ou outro edulcorante (posição 2202.10.00), mas nada relacionado à exploração de madeira em florestas, por exemplo.

Além disso, as remissões constantes deste artigo são frontalmente contrárias aos princípios da simplificação e da transparência. Por que não citar os produtos e serviços no próprio artigo? A prática de referir um anexo, e, lá no anexo, referir códigos que estão em tabela constante de outro documento, acrescenta complexidade inteiramente desnecessária, que só atende aos *lobbies* que pretendam sorrateiramente inserir jabutis nos anexos sem precisar alterar a redação deste artigo.

Quanto aos concursos de prognósticos e *fantasy games*, há realmente um problema que pode ser de saúde pública, tão ou mais grave que o representado pelos produtos derivados do tabaco, e pelas bebidas alcoólicas, no que tange à aptidão para gerar dependência, e aos danos pessoais e sociais que podem trazer aos seus usuários. A questão que se coloca, no caso, é se a sua regularização e tributação são a melhor alternativa para o enfrentamento de tais questões. De um lado, pode-se defender que apenas legalizando se faz possível regulamentar e, por conseguinte, controlar, sendo de resto inevitável, sobretudo com o advento da *internet*, que as pessoas de algum modo acessem tais serviços. Com a regulamentação, o Estado teria maior controle sobre a atividade, e poderia tributá-la, fazendo com que contribuam com o custeio das despesas públicas. Mas, de outro lado, pode-se questionar se, com

TÍTULO I – DISPOSIÇÕES PRELIMINARES   Art. 411

a tributação, o Estado não se torna conivente e até interessado na prática que, ao fim e ao cabo, seria nociva e prejudicial.

> **Art. 410.** O Imposto Seletivo incidirá uma única vez sobre o bem ou serviço, sendo vedado qualquer tipo de aproveitamento de crédito do imposto com operações anteriores ou geração de créditos para operações posteriores.

 COMENTÁRIOS

Pretende-se que o imposto seletivo seja *monofásico*, o que termina por implicar uma forma ou técnica de não cumulatividade. Os tributos que alcançam operações ou atividades econômicas, ou que oneram produtos, serviços ou bens, podem ser, em tese, monofásicos ou plurifásicos. São monofásicos, como o nome está a dizer, quando alcançam o bem, ou o serviço, uma única vez, em uma única fase ou etapa do ciclo econômico que o leva da produção, da importação ou da extração, até o consumo final. Se incide só uma vez, não há como, factualmente, falar-se em acumulação. Já os plurifásicos, que alcançam um mesmo bem ou serviço em mais de uma etapa ou elo da cadeia, podem, em tese, ser cumulativos ou não cumulativos, dependendo de saber se, em cada uma dessas incidências, será ou não possível abater o que já incidiu em etapas anteriores.

No caso do Imposto Seletivo, como dito, optou-se, de modo expresso, pela monofasia. Daí a explicitação de que não se apropriam créditos de incidências anteriores, nem se geram créditos para as seguintes. Mas, se ele realmente vai incidir só uma vez, tais esclarecimentos talvez não fossem sequer necessários.

A questão que se coloca, nessa ordem de ideias, é qual tratamento deve ser dado a um produto, caso ele se submeta a mais de uma etapa ou elo no ciclo econômico desde seu surgimento até o consumo, caso ele passe por algum tipo de transformação, sendo usado como matéria-prima para a fabricação de outro, ou recebendo algum beneficiamento que lhe modifique ou transforme. Coloca-se uma discussão, que é verdadeiramente filosófica, sobre o conceito de *identidade*. Uma cachaça, já tributada pelo Imposto Seletivo, caso usada para a fabricação de um licor, ter-se-á transformado, quando vendida como licor, em outro produto? Poderá sofrer a incidência do Imposto Seletivo como licor, se já o tiver suportado enquanto cachaça? Neste caso, e para evitar a dupla tributação, a lei estabelece que a incidência se dá apenas quando os bens – no caso de fumígenos e bebidas alcoólicas – quando em embalagem destinada ao consumo final, excluindo assim a incidência sobre a cachaça comprada a granel pelo fabricante de licor. É preciso, contudo, ter atenção para outras situações semelhantes, em que a ausência de sistemática de créditos e débitos, e a expressa monofasia impõem ao intérprete que evite entendimentos que levem à acumulação.

> **Art. 411.** Compete à RFB a administração e a fiscalização do Imposto Seletivo.
> **Parágrafo único.** O contencioso administrativo no âmbito do Imposto Seletivo atenderá ao disposto no Decreto nº 70.235, de 6 de março de 1972.

 COMENTÁRIOS

O art. 411 ilustra o quanto o IVA previsto na PEC 45/2019, que originou a EC 132/2023, seria simples, no que tange à fiscalização, e ao contencioso administrativo e judicial, caso

361

tivesse prevalecido a proposta inicial de um IVA-Federal. Seria apenas mais um imposto a ser inserido na competência tributária da União, com fiscalização pela Receita Federal, e contencioso regido pelo Decreto 70.235/1972, exatamente como estes artigos fazem relativamente ao Imposto Seletivo.

Mas entendeu-se que, mesmo determinando a partilha das receitas arrecadadas, como se dá com o imposto de renda, e o IPI, atualmente, essa centralização de competências poderia ser motivo de invalidade da reforma como um todo, por ofensa ao princípio federativo, e optou-se pela solução "dual" que traz incontáveis problemas relacionados ao *enforcement*.

TÍTULO II
DAS NORMAS GERAIS DO IMPOSTO SELETIVO

CAPÍTULO I
DO MOMENTO DE OCORRÊNCIA DO FATO GERADOR

Art. 412. Considera-se ocorrido o fato gerador do Imposto Seletivo no momento:

I – do primeiro fornecimento a qualquer título do bem, inclusive decorrente dos negócios jurídicos mencionados nos incisos I a VIII do § 2º do art. 4º desta Lei Complementar;

II – da arrematação em leilão público;

III – da transferência não onerosa de bem produzido;

IV – da incorporação do bem ao ativo imobilizado pelo fabricante;

V – da extração de bem mineral;

VI – do consumo do bem pelo fabricante;

VII – do fornecimento ou do pagamento do serviço, o que ocorrer primeiro; ou

VIII – da importação de bens e serviços.

COMENTÁRIOS

A pretexto de definir o momento de ocorrência do fato gerador, ou, como se queira, o aspecto ou dimensão temporal das hipóteses de incidência do tributo, o artigo em comento termina por dar pistas também sobre quais são os fatos, ou elementos nucleares, que realizam essa hipótese. Ou, dizendo *quando* se considera ocorrido, esclarece um pouco sobre *o que* se considera ocorrido.

Recorde-se que o tributo é de incidência monofásica. Assim, se incidiu "no primeiro fornecimento do bem", mas depois este bem foi por qualquer razão levado a leilão em hasta pública, porque, *v.g.*, o consumidor que o adquiriu foi executado por devedores trabalhistas, no leilão não poderá haver nova incidência, embora ele esteja igualmente indicado neste artigo. O mesmo se dá caso o bem, em vez de comercializado, seja incorporado ao ativo permanente do fabricante. Caso depois seja arrematado, não poderá haver nova incidência.

Finalmente, quanto ao inciso VII deste artigo, revela-se, novamente, o ranço fiscalista já comentado em artigos atinentes ao momento de ocorrência do fato gerador do IBS e da CBS: ao adotar critérios diversos e alternativos (fornecimento ou pagamento), sendo o critério de escolha a maior vantagem que em cada caso um ou outro oferecer aos interesses do Fisco (o que ocorrer primeiro), revela evidente viés por parte do legislador, a confirmar a frase de

Charles Adams, de que está mais preocupado em agradar o Executivo, que passa a manteiga no seu pão, que o contribuinte, que se esforça para fabricar essa manteiga[1].

CAPÍTULO II
DA NÃO INCIDÊNCIA

> **Art. 413.** O Imposto Seletivo não incide sobre:
> I – as exportações para o exterior de bens e serviços de que trata o art. 409 desta Lei Complementar; (VETADO)
> II – as operações com energia elétrica e com telecomunicações; e
> III – os bens e serviços cujas alíquotas sejam reduzidas nos termos do § 1º do art. 9º da Emenda Constitucional nº 132, de 20 de dezembro de 2023.

 COMENTÁRIOS

As imunidades são exceções constitucionais à competência tributária. Decorrem de regras, constantes do texto constitucional, que excepcionam ou recordam o âmbito alcançado por regras de competência. Não cabe à lei, portanto, estabelecer, criativamente, quando elas se aplicam, e quando não se aplicam.

É conveniente lembrar que existem outras imunidades no texto constitucional que eventualmente podem ser aplicáveis a esse imposto. É o caso da imunidade recíproca, ou da entidade de sindicatos, entidades assistenciais, ou partidos políticos, caso excepcionalmente realizem operações submetidas ao imposto (*v.g.*, importação de bens sujeitos ao Imposto Seletivo). A imunidade não deixará de "aplicar-se" só porque não referida aqui.

Quanto à não incidência, seria de fato contraditório considerar o bem essencial, para efeito de redução do IBS e da CBS, e, de outra banda, nocivo, para fins de sofrer a incidência do IS. Assim, esclarece-se que tais bens não se situam no âmbito de incidência do imposto em questão.

CAPÍTULO III
DA BASE DE CÁLCULO

> **Art. 414**. A base de cálculo do Imposto Seletivo é:
> I – o valor de venda na comercialização;
> II – o valor de arremate na arrematação;
> III – o valor de referência na:
> a) transação não onerosa ou no consumo do bem;

---

[1] No original, "congressional representatives are more concerned with pleasing the tax man who butters their bread than with the plight of taxpayers who produce the butter" (ADAMS, Charles. *For good and evil*: the impact of taxes on the course of civilization. 2. ed. New York: Madison Books, 2001, p. 449). Em uma tradução livre, "os representantes no Congresso estão mais preocupados em agradar a autoridade tributária que passa manteiga no pão deles do que com a situação difícil dos contribuintes que produzem a manteiga".

b) extração de bem mineral; ou

c) comercialização de produtos fumígenos;

IV – o valor contábil de incorporação do bem produzido ao ativo imobilizado;

V – a receita própria da entidade que promove a atividade, na hipótese de que trata o inciso VII do § 1º do art. 409 desta Lei Complementar, calculada nos termos do art. 245.

§ 1º Nas hipóteses em que se prevê a aplicação de alíquotas específicas, nos termos desta Lei Complementar, a base de cálculo é aquela expressa em unidade de medida.

§ 2º Ato do chefe do Poder Executivo da União definirá a metodologia para o cálculo do valor de referência mencionado no inciso III do *caput* deste artigo com base, entre outros, em cotações, índices ou preços vigentes na data do fato gerador, em bolsas de mercadorias e futuros, em agências de pesquisa ou em agências governamentais.

§ 3º Na comercialização de produtos fumígenos, o valor de referência levará em consideração o preço de venda no varejo.

Art. 415. Na comercialização de bem sujeito à alíquota ad valorem, a base de cálculo é o valor integral cobrado na operação a qualquer título, incluindo o valor correspondente a:

I – acréscimos decorrentes de ajuste do valor da operação;

II – juros, multas, acréscimos e encargos;

III – descontos concedidos sob condição;

IV – valor do transporte cobrado como parte do valor da operação, seja o transporte efetuado pelo próprio fornecedor ou por sua conta e ordem;

V – tributos e preços públicos, inclusive tarifas, incidentes sobre a operação ou suportados pelo fornecedor, exceto aqueles previstos no § 2º do art. 12 desta Lei Complementar; e

VI – demais importâncias cobradas ou recebidas como parte do valor da operação, inclusive seguros e taxas.

Parágrafo único. Caso o valor da operação esteja expresso em moeda estrangeira, será feita sua conversão em moeda nacional por taxa de câmbio apurada pelo Banco Central do Brasil, nos termos do regulamento.

COMENTÁRIOS

A base de cálculo deverá ser sempre, por imposição lógica, o fato gerador do tributo, transformado em moeda. Ou o aspecto dimensível do fato gerador, medido, ou representado, economicamente. Não se trata de imposição de alguma norma jurídica, mas de algo ínsito à própria lógica jurídica: se a base para o cálculo for outra, diversa do fato que se diz gerador, é porque o verdadeiro fato gerador é também outro. E se, no caso, a Constituição veda a tributação deste outro fato, a deformação da base será inconstitucional.

Sendo, como diz ser o art. 404 supracomentado, o fato gerador do IS a produção, extração, comercialização ou importação de bens e serviços prejudiciais à saúde ou ao meio ambiente, sua base de cálculo, em cada caso, respectivamente, há de ser o valor do bem ou do serviço produzido, extraído, comercializado ou importado. É basicamente o que consta dos incisos I e II do art. 414, e no art. 415. Quanto aos elementos que integram o valor da operação e, nessa condição, a base de cálculo, tais como juros, multas e descontos, remete-se o leitor aos comentários ao art. 12 desta lei, no qual se trata da base de cálculo do IBS e da CBS.

Relembre-se de que CBS e IS sucedem o IPI, em sua feição dúplice. O lado "fiscal" do IPI é representado pelo IVA-Dual, cuja peça federal é a CBS. Mas o lado "extrafiscal proibitivo" do IPI, um *excise tax*, é sucedido pelo IS. Nessa ordem de ideias, as regras atinentes à

TÍTULO II – DAS NORMAS GERAIS DO IMPOSTO SELETIVO   Art. 416

fixação da base de cálculo do IPI aplicam-se, *mutatis mutandis*, tanto à CBS como ao IS, no que tange à sua incidência sobre bens materiais.

São de validade questionável, nessa ordem de ideias, disposições do art. 414 que autorizam a fixação de valores de referência, a serem estabelecidos pelo Poder Executivo, para serem tomados como base de cálculo. Esses tais valores de referência nada mais são do que "pautas fiscais", que a jurisprudência do Supremo Tribunal Federal sempre repeliu[2]. Somente se pode recorrer a eles quando houver omissão nos registros do valor da operação, ou estes não merecerem fé, nos moldes do art. 148 do CTN[3]. Trata-se de imposição da regra de competência constitucional constante do art. 153, VIII, da CF/1988, aliada ao princípio da capacidade contributiva, que vedam o recurso a valores imaginários para as operações tributadas: só se pode recorrer a eles se houver impossibilidade de se conhecer o valor real[4].

> **Art. 416.** Na comercialização entre partes relacionadas, na hipótese de incidência sujeita à alíquota ad valorem e na ausência do valor de referência de que trata o § 2º do art. 414, a base de cálculo não deverá ser inferior ao valor de mercado dos bens, entendido como o valor praticado em operações comparáveis entre partes não relacionadas.
>
> **Parágrafo único.** Para fins do disposto no *caput*, consideram-se partes relacionadas aquelas definidas no §§ 2º a 5º do art. 5º desta Lei Complementar.

 ## COMENTÁRIOS

Seguindo entendimento já presente na legislação do IPI, o regramento do IS estabelece que, no caso de partes relacionadas, quando a operação está sujeita à tributação por alíquota *ad valorem*, o valor de mercado dos bens passa a ser um piso, abaixo do qual não se pode situar o valor da operação a ser considerado como base de cálculo.

Quando a operação se submete a alíquotas específicas, calculando-se o tributo em valores fixos em reais por cada litro, quilo, metro etc. de produto tributado, não se coloca a questão do valor da operação, pelo que a questão de a operação dar-se entre partes relacionadas é irrelevante. Mas, se as partes forem relacionadas, a saber, se estiverem submetidas a um mesmo poder decisório, de modo análogo àquelas que estão a uma distância inferior a um braço *arm's length*, para usar terminologia do Direito Tributário Internacional, o valor da operação, mesmo real, verdadeiro, sem subfaturamento, pode ser artificialmente mais baixo – pelo fato de estarem sujeitas ao mesmo poder decisório –, o que leva à adoção do valor de mercado como piso.

---

[2] Como há muito tempo decide o STF, "o arbitramento feito pela autoridade lançadora só poderá ser feito mediante 'processo regular' (art. 148 do Código Tributário Nacional), e não por portaria de efeito normativo, sem exame de cada caso particular" (STF, RE 72.400/RN, rel. Min. Barros Monteiro, 1ª Turma, j. 29.10.1971, *DJ* 26.11.1971).

[3] E nem se diga que o art. 148 do CTN, por ter *status* de lei complementar, poderia ser afastado por esta lei. O que dele consta é decorrência evidente da existência de regras constitucionais de competência e do princípio da legalidade, não sendo a mera edição de outra lei complementar, com expressões como "considera-se", suficiente para mudar essa realidade.

[4] Também esse é o entendimento do STJ, segundo o qual "a cobrança do ICMS com base nos valores previstos em pauta fiscal fere os arts. 97, I, e 148 do Código Tributário Nacional e as demais regras do sistema tributário" (STJ, REsp 278.880/MG, rel. Min. João Otávio de Noronha, 2ª Turma, j. 13.12.2005, *DJ* 20.02.2006, p. 255). No mesmo sentido: STJ, REsp 613.396/MG, rel. Min. Denise Arruda, 1ª Turma, j. 14.03.2006, *DJ* 03.04.2006, p. 231.

Quando duas ou mais empresas estão a uma distância igual ou superior a um braço, ou *arm's length*, significa que não são próximas, submetem-se a centros de poder diversos, e perseguem interesses próprios, e não o mesmo. Daí as operações que realizam seguem os padrões normais do mercado. Quando estão próximas demais, sendo, por exemplo, presididas pela mesma pessoa, pode ocorrer de que as operações realizadas entre elas, embora não sejam fraudulentas (realmente se paga o valor acordado, sem nenhum pagamento "por fora" do que foi contabilizado e declarado), não refletem as condições de mercado. O preço é mais baixo, por exemplo, do que seria em condições normais, só porque a operação se deu entre partes relacionadas. Fosse a venda feita a uma terceira pessoa, o vendedor não teria aceitado fechá-la pelo mesmo preço.

Trata-se de situação equivalente àquela em que, em situações internacionais, no que tange ao cálculo do imposto de renda, operações entre partes relacionadas são sujeitas a regras de preços de transferência.

> **Art. 417.** Não integram a base de cálculo do Imposto Seletivo:
> I – o montante da CBS, do IBS e do próprio Imposto Seletivo incidentes na operação; e
> II – os descontos incondicionais.
> § 1º Para efeitos do disposto no inciso II do *caput*, considera-se desconto incondicional a parcela redutora do preço da operação que conste do respectivo documento fiscal e não dependa de evento posterior.
> § 2º Não integra a base de cálculo do Imposto Seletivo a bonificação que atenda as mesmas condições especificadas no § 1º para a caracterização dos descontos incondicionais.
> § 3º O disposto no § 2º não se aplica à tributação por meio de alíquota específica, em que a base de cálculo, expressa em unidade de medida, deve considerar os bens fornecidos em bonificação.
> § 4º Até 31 de dezembro de 2032, não integra a base de cálculo do Imposto Seletivo o montante do:
> I – Imposto sobre operações relativas à Circulação de Mercadorias e sobre prestações de Serviços de Transporte Interestadual e Intermunicipal e de Comunicação (ICMS), previsto no inciso II do art. 155 da Constituição Federal;
> II – Imposto sobre Serviços de Qualquer Natureza (ISS), previsto no inciso III do art. 156 da Constituição Federal.

 ## COMENTÁRIOS

IBS, CBS e IS incidem "por fora", não integrando a própria base de cálculo, o que é esclarecido pelo inciso I deste artigo. O mesmo vale para o ICMS e para o ISS, enquanto subsistirem (até 2032), que por igual não integram a base de cálculo do Imposto Seletivo.

Quanto aos descontos incondicionais, remete-se ao que se escreveu nos comentários ao art. 12, que cuida da base de cálculo do IBS e da CBS. Como o IS junto com a CBS sucedem, cada um à sua maneira, o IPI, que tinha um caráter dúplice de IVA-indústria e *excise tax*, muito do que se construiu, legislativamente, jurisprudencialmente, e doutrinariamente, a respeito do IPI, aplica-se à CBS, e ao IS. É o caso do entendimento referente aos descontos incondicionais.

No caso do IPI incidente sobre a saída de um produto do estabelecimento que o industrializou, sua base de cálculo deve ser, necessariamente, o valor da operação. Do mesmo modo, o Imposto Seletivo. Trata-se da já explicada decorrência da imposição lógica de que

TÍTULO II – DAS NORMAS GERAIS DO IMPOSTO SELETIVO   Art. 417

a base de cálculo do tributo seja sempre o aspecto material, quantitativo, ou dimensível, de seu fato gerador, vale dizer, seja o seu fato gerador "transformado em cifra". O art. 47, II, *a*, do CTN, e este art. 417, II, desta Lei Complementar, portanto, são meramente explicitantes de algo que decorre da própria supremacia dos dispositivos que delimitam o âmbito constitucional do IPI e do IS. Em face dessas premissas, caso tenham sido concedidos descontos incondicionais ao comprador, assim entendidos aqueles concedidos *antes* da ocorrência do fato gerador, estes não podem integrar a base de cálculo correspondente. Exemplificando, se o produto seria vendido por R$ 100,00, mas em face de um desconto concedido ao comprador *antes* da compra terminou sendo vendido por R$ 90,00, esta última quantia é o valor da operação, e sobre ela deve ser calculado o IPI. De modo simples, mas objetivo, pode-se dizer que "os descontos incondicionalmente concedidos não integram a base de cálculo do IPI porque não fazem parte do 'valor da operação' da qual decorre a saída da mercadoria"[5].

Como se trata de decorrência da supremacia constitucional, nem mesmo a lei poderia alterar essa realidade: "Importâncias descontadas incondicionalmente do preço das mercadorias não são fato gerador do IPI. II – A regra que veda a dedução do desconto advinda da alteração introduzida pela Lei 7.798/1989 no art. 14 da Lei 4.502/1962, não se compatibiliza com o CTN, que se reveste da condição de Lei Complementar. III – Na hipótese vertente, o fato gerador do IPI é a saída da mercadoria do estabelecimento industrial, nos termos do art. 46, II, c/c art. 51, II, do CTN). IV – A base de cálculo é o valor da operação de que decorrer a saída da mercadoria; V – Recurso voluntário e remessa obrigatória improvidos; sentença concessiva confirmada"[6].

No caso de bonificação em mercadorias, como explicado nos comentários ao art. 12 desta lei, tem-se efeito econômico equivalente ao do desconto. Tanto faz vender dez mercadorias, e dar um desconto de dez por cento, ou vender dez mercadorias, e dar uma décima primeira de brinde, fazendo com que as onze saiam ao preço de dez. Daí por que bonificação

---

[5] STJ, REsp 318.639/RJ, rel. Min. Peçanha Martins, 2ª Turma, j. 15.09.2005, *DJ* 21.11.2005, p. 174.

[6] TRF2, AMS 026.335, rel. Juiz Ney Fonseca, 1ª Turma, j. 05.10.1999, *DJ* 25.11.1999, p. 91, *RDDT* 53, p. 221. No mesmo sentido: "A Lei Ordinária 7.798/1989, ao não permitir a dedução dos descontos incondicionados, alterou a base de cálculo do IPI, alargando o conceito de 'valor da operação', disciplinado por Lei Complementar (art. 47 do CTN), o que fere o princípio da hierarquia das leis" (STJ, REsp 465.796/SC, rel. Min. Castro Meira, 2ª Turma, j. 16.02.2006, *DJ* 13.03.2006, p. 252). Conferir ainda: "3. A alteração do art. 14 da Lei 4.502/1964 pelo art. 15 da Lei 7.798/1989 para fazer incluir, na base de cálculo do IPI, o valor do frete realizado por empresa coligada, não pode subsistir, tendo em vista os ditames do art. 47 do CTN, o qual define como base de cálculo o valor da operação de que decorre a saída da mercadoria, devendo-se entender como "valor da operação" o contrato de compra e venda, no qual se estabelece o preço fixado pelas partes. 4. Com relação à exigência do IPI sobre descontos incondicionais/bonificação, a jurisprudência do Superior Tribunal de Justiça enverada no sentido de que: 'Consoante explicita o art. 47 do CTN, a base de cálculo do IPI é o valor da operação consubstanciado no preço final da operação de saída da mercadoria do estabelecimento. O Direito Tributário vale-se dos conceitos privatísticos sem, contudo, afastá-los, por isso que o valor da operação é o preço e, este, é o *quantum* final ajustado consensualmente entre comprador e vendedor, que pode ser o resultado da tabela com seus descontos incondicionais. Revela *contraditio in terminis* ostentar a Lei Complementar que a base de cálculo do imposto é o valor da operação da qual decorre a saída da mercadoria e a um só tempo fazer integrar ao preço os descontos incondicionais. *Ratio essendi* dos precedentes quer quanto ao IPI, quer quanto ao ICMS' (REsp 477.525/GO, rel. Min. Luiz Fux, *DJ* 23.06.2003). 'A base de cálculo do Imposto sobre Circulação de Mercadorias e Serviços (ICMS) é o valor da operação, o que é definido no momento em que se concretiza a operação. O desconto incondicional não integra a base de cálculo do aludido imposto' (REsp 63.838/BA, rel. Min. Nancy Andrighi, *DJ* 05.06.2000). 5. Precedentes das 1ª e 2ª Turmas desta Corte Superior" (STJ, AgRg no Ag 703.431/SP, rel. Min. José Delgado, 1ª Turma, j. 02.02.2006, *DJ* 20.02.2006, p. 220).

em mercadorias não implica mudança na base de cálculo, sendo equivalente aos descontos, salvo se a tributação for por alíquotas específicas, visto que nesta hipótese o que importará será a quantidade, a metragem, o peso, o volume etc., sendo irrelevante o valor.

> **Art. 418.** As devoluções de bens vendidos geram direito ao abatimento do valor do Imposto Seletivo cobrado na respectiva operação no período de apuração em que ocorreu a devolução ou nos subsequentes.

 COMENTÁRIOS

Quando há devolução da venda, a operação "desacontece", deixando de ser devido o tributo que em virtude dela foi pago. Daí por que o art. 418 em comento se reporta ao direito subjetivo do vendedor de abater o IS previamente gerado por essa venda, cujo produto foi devolvido, do IS devido no mesmo período, ou em períodos seguintes. Vejam-se, a propósito, os comentários ao art. 12 desta lei.

CAPÍTULO IV
DAS ALÍQUOTAS

Seção I
Dos Veículos

> **Art. 419.** As alíquotas do Imposto Seletivo aplicáveis aos veículos classificados nos códigos da NCM/SH relacionados no Anexo XVII serão estabelecidas em lei ordinária.
>
> **Parágrafo único.** As alíquotas referidas no *caput* deste artigo serão graduadas em relação a cada veículo conforme enquadramento nos seguintes critérios, nos termos de lei ordinária:
>
> I – potência do veículo;
>
> II – eficiência energética;
>
> III – desempenho estrutural e tecnologias assistivas à direção;
>
> IV – reciclabilidade de materiais;
>
> V – pegada de carbono;
>
> VI – densidade tecnológica;
>
> VII – emissão de dióxido de carbono (eficiência energético-ambiental), considerado o ciclo do poço à roda;
>
> VIII – reciclabilidade veicular;
>
> IX – realização de etapas fabris no País; e
>
> X – categoria do veículo.

 COMENTÁRIOS

As alíquotas do Imposto Seletivo, assim como as do IBS e da CBS, devem ser estabelecidas por lei ordinária. Como se trata de imposto de competência da União, caberá ao Congresso fazê-lo, editando lei ordinária federal e assim estabelecendo a alíquota de cada bem ou serviço a ser onerado pelo IS. E, diversamente do que, em regra, se dá com o IVA-Dual (IBS + CBS), que é neutro, o Imposto Seletivo, como o próprio nome o diz, não o é, cabendo-lhe herdar o "lado extrafiscal" do IPI.

Desse modo, quanto aos veículos, a lei ordinária não fixará uma alíquota que os alcance a todos uniformemente, mas diversas, à luz dos critérios previstos neste artigo, os quais, como se percebe, já seguem a determinação inserida no art. 145, § 3º, da CF/1988 pela EC 132/2023, de atenção ao meio ambiente. Daí a reciclabilidade, a pegada de carbono e a eficiência energética serem colocadas como critério.

Quanto a este ponto, é importante observar que, estando a seletividade por critérios ligados à saúde e ao meio ambiente inserida no texto constitucional, fazendo parte do próprio âmbito constitucional do imposto, além de decorrer de princípios expressos e de regras expressamente constantes deste artigo, a lei ordinária não é livre para seguir ou não seguir tais critérios. Não será lícita a fixação de alíquotas que não os observe ou, pior, que os subverta.

Relativamente ao critério "etapas fabris realizadas no Brasil", vale registrar sua duvidosa validade, por ofensa ao princípio da não discriminação, constante em diversos tratados internacionais dos quais o Brasil é signatário, a começar pelo Mercosul. Apenas em relação a tributos aduaneiros, incidentes na importação, um produto brasileiro, ou produzido no Brasil, e um importado de país signatário podem ser diferenciados ou discriminados, ou tratados de modo diferente do ponto de vista tributário. Adentrando o país, a incidência de tributos internos não pode considerar a nacionalidade ou a origem como elemento de discriminação.

> **Art. 420.** A alíquota do Imposto Seletivo fica reduzida a zero para veículos que sejam destinados a adquirentes cujo direito ao benefício do regime diferenciado de que trata o art. 149 desta Lei Complementar haja sido reconhecido pela RFB, nos termos do art. 153.
>
> § 1º No caso de o adquirente ser pessoa referida no inciso II do *caput* do art. 149 desta Lei Complementar, a redução de alíquota de que trata o *caput* alcança veículo cujo preço de venda ao consumidor, incluídos os tributos incidentes caso não houvesse as reduções, não seja superior a R$ 200.000,00 (duzentos mil reais).
>
> § 2º Observado o disposto no § 1º, aplicam-se ao Imposto Seletivo, no que couber, as disposições aplicáveis ao regime diferenciado de que trata a Seção VII do Capítulo IV do Título IV do Livro I, inclusive em relação à alienação do veículo e ao intervalo para a fruição do benefício.

 COMENTÁRIOS

A fim de se evitar a incoerência de reduzir a zero as alíquotas do IBS e da CBS, por se considerar necessário incentivar a aquisição dos itens correspondentes, nas situações indicadas no art. 149 (pessoas com deficiência e taxistas), e, de outro lado, cobrar-se um Imposto Seletivo que pressupõe a necessidade de desincentivar a aquisição desses mesmos bens, o artigo em comento determina que igualmente se zerem as alíquotas do Imposto Seletivo, nas mesmas hipóteses e sob os mesmos requisitos em que a redução se opera em relação ao IVA-Dual.

Seção II
Das Aeronaves e Embarcações

> **Art. 421.** As alíquotas do Imposto Seletivo aplicáveis às aeronaves e embarcações classificadas nos códigos da NCM/SH relacionados no Anexo XVII serão estabelecidas em lei ordinária e poderão ser graduadas conforme critérios de sustentabilidade ambiental nos termos da lei ordinária.

> **Parágrafo único.** A lei ordinária poderá prever alíquota zero para embarcações e aeronaves de zero emissão de dióxido de carbono ou com alta eficiência energético-ambiental.

COMENTÁRIOS

Da mesma forma como se explicou nos comentários ao art. 419, recorde-se que cabe à lei ordinária da União fixar as alíquotas do imposto seletivo, fazendo-o diferentemente para cada produto ou serviço tributado, a depender de sua nocividade à saúde ou ao meio ambiente. Nessa condição, aeronaves poderão ser submetidas a alíquotas diferenciadas, a depender de critérios de sustentabilidade ambiental.

Seção III
Dos Demais Produtos Sujeitos ao Imposto Seletivo

> **Art. 422.** Observado o disposto nos arts. 419 e 420, as alíquotas do Imposto Seletivo aplicáveis nas operações com os bens e os serviços referidos no Anexo XVII são aquelas previstas em lei ordinária.
>
> § 1º Serão aplicadas alíquotas ad valorem cumuladas com alíquotas específicas para:
>
> I – produtos fumígenos classificados na posição 24.02 da NCM/SH; e
>
> II – bebidas alcoólicas, em que as alíquotas específicas devem considerar o produto do teor alcoólico pelo volume dos produtos. § 2º As alíquotas do Imposto Seletivo estabelecidas nas operações com bens minerais extraídos respeitarão o percentual máximo de 0,25% (vinte e cinco centésimos por cento).
>
> § 3º Lei ordinária poderá estabelecer alíquotas específicas para os demais produtos fumígenos não referidos no inciso I do § 1º, as quais serão aplicadas cumulativamente com as alíquotas *ad valorem*.
>
> § 4º As alíquotas ad valorem estabelecidas nas operações com bebidas alcoólicas poderão ser diferenciadas por categoria de produto e progressivas em virtude do teor alcoólico.
>
> § 5º As alíquotas do Imposto Seletivo incidentes sobre bebidas alcoólicas e produtos fumígenos serão fixadas de forma escalonada, de modo a incorporar, a partir de 2029 até 2033, progressivamente, o diferencial entre as alíquotas de ICMS incidentes sobre as bebidas alcoólicas e os produtos fumígenos e as alíquotas modais desse imposto.
>
> § 6º O ajuste de que trata o § 5º:
>
> I – no caso das bebidas alcoólicas poderá ser realizado por estimativa para o conjunto das bebidas ou ser diferenciado por categoria de bebidas; e
>
> II – não condicionará a fixação das alíquotas do Imposto Seletivo à manutenção da carga tributária dos setores ou de categorias específicas.
>
> § 7º As alíquotas aplicáveis a bebidas alcoólicas poderão ser estabelecidas de modo a diferenciar as operações realizadas pelos pequenos produtores, definidos em lei ordinária.
>
> § 8º Para assegurar o disposto no § 7º, as alíquotas poderão ser:
>
> I – progressivas em função do volume de produção; e
>
> II – diferenciadas por categoria de produto.

COMENTÁRIOS

Esta lei complementar, ao tratar dos demais aspectos do Imposto Seletivo, e respeitados os dispositivos constitucionais, pode veicular regras sobre as alíquotas, a serem observadas

TÍTULO II – DAS NORMAS GERAIS DO IMPOSTO SELETIVO   Art. 423

pela União quando da edição de lei ordinária destinada a fixá-las. É o que se dá neste artigo, que estabelece a possibilidade de cumulação de alíquotas específicas ("tantos reais por quilo, ou por litro, de produto tributado"), com alíquotas *ad valorem* (percentual da base imponível), mas apenas para produtos fumígenos e bebidas alcoólicas. Assim, por exemplo, o Imposto Seletivo incidente sobre determinada bebida alcoólica pode ser de R$ 20,00 por litro mais 20% do preço.

Quanto aos minerais, observe-se que eles, em si mesmos, não são necessariamente nocivos à saúde ou ao meio ambiente. Uma barra de ferro, ou de ouro, por exemplo, não é nociva, ou pelo menos não mais que qualquer outro bem, dependendo por certo do uso que se fizer dela. Mas sua *extração* pode, sim, ser bastante nociva ao meio ambiente. Daí a incidência do IS na extração, mas com a alíquota – já delimitada constitucionalmente – de 1% (sobre o valor do mineral extraído).

Como a Constituição estabelece essa incidência "qualquer que seja sua destinação", coloca-se a questão de saber se o imposto pode incidir na exportação de minerais, ou se pode incidir na extração, ainda que depois os minerais extraídos e tributados sejam exportados. O texto constitucional não é claro, imunizando de modo indistinto as exportações ao IS, o que por certo abrirá espaço para questionamentos judiciais.

> **Art. 423.** Caso o gás natural seja destinado à utilização como insumo em processo industrial e como combustível para fins de transporte, a alíquota estabelecida na forma do § 2º do art. 422 desta Lei Complementar deverá ser fixada em zero.
>
> § 1º Para fins de aplicação do disposto no *caput*, o adquirente ou o importador deverá, na forma do regulamento, declarar que o gás natural será destinado à utilização como insumo em processo industrial.
>
> § 2º Na hipótese de ser dado ao gás natural adquirido ou importado com redução de alíquota destino diverso daquele previsto no *caput*, o adquirente ou o importador deverá recolher o Imposto Seletivo calculado com a aplicação da alíquota estabelecida na forma do § 2º do art. 422 desta Lei Complementar, acrescida de multa e juros de mora nos termos do § 2º do art. 29 desta Lei Complementar, na condição de:
>
> I – responsável, para o adquirente; ou
>
> II – contribuinte, para o importador.

 COMENTÁRIOS

O artigo em questão traz uma distinção que não seria necessária caso o Imposto Seletivo fosse plurifásico e não cumulativo, pois neste caso a maior incidência geraria crédito a ser abatido pelo industrial que utilizasse o gás como insumo.

A diferenciação insere complexidade, inerente aos mecanismos de controle, além de ser de constitucionalidade duvidosa: se o âmbito de incidência do Imposto Seletivo é a realização de operação com bens ou serviços nocivos à saúde ou ao meio ambiente, nocividade apurada pelo uso, ou pela extração, não se vê motivo para, usado o gás como insumo, a nocividade desaparecer de modo a justificar a redução. Prejudicial ao meio ambiente, porque gerador de emissões de carbono, ele será em qualquer hipótese (em que seja queimado, pelo menos). A regra, semelhante a que desonera caminhões a *diesel*, é contrária à seletividade que se espera do imposto, e que lhe dá nome, pois com isso se deixa de induzir o agente econômico a buscar alternativas menos poluentes, finalidade central do imposto.

CAPÍTULO V
DA SUJEIÇÃO PASSIVA

> **Art. 424.** O contribuinte do Imposto Seletivo é:
> I – o fabricante, na primeira comercialização, na incorporação do bem ao ativo imobilizado, na tradição do bem em transação não onerosa ou no consumo do bem;
> II – o importador na entrada do bem de procedência estrangeira no território nacional;
> III – o arrematante na arrematação;
> IV – o produtor-extrativista que realiza a extração; ou
> V – o fornecedor do serviço, ainda que residente ou domiciliado no exterior, na hipótese de que trata o inciso VII do § 1º do art. 409 desta Lei Complementar.

 COMENTÁRIOS

Contribuinte é a pessoa que possui relação pessoal e direta com a situação que constitui o fato gerador do tributo. É quem pratica o fato gerador. Ou, se a situação que configura o fato gerador é um verbo (ser proprietário, industrializar, realizar operação, importar etc.), o contribuinte é o sujeito da oração em cujo predicado se acha o aludido verbo. Não porque consta do art. 121 do CTN. Consta do art. 121 do CTN porque é assim. Trata-se de um conceito de lógica jurídica.

Nessa ordem de ideias, sendo o fato gerador do IS a realização de importação, extração, ou produção, dos bens ou serviços considerados nocivos à saúde ou ao meio ambiente indicados nesta lei, contribuintes são as pessoas que realizam tais fatos: o fabricante, na primeira comercialização, ou na incorporação do bem ao ativo imobilizado, ou na tradição do bem em transação não onerosa, e no consumo do bem. Em outros termos: o fabricante, faça o que fizer com o bem depois de ser ele fabricado. O mesmo se dá com o importador desse bem, caso fabricado no exterior, e com o arrematante, caso declarado seu perdimento na importação, e arrematado por terceiro diverso do importador. Lembre-se, nesse caso, que a incidência é monofásica: se se cobrou do importador, não se pode cobrar de elo subsequente. E se houve perdimento, com a consequente cobrança do arrematante, quando o bem for a leilão, não se concebe que subsista a cobrança contra o importador, que perdeu o bem e não consumou, portanto, o fato gerador.

No caso de extração – a extração é nociva ao meio ambiente, ainda que o bem, em si mesmo, não o seja –, o contribuinte é o produtor extrativista que a realiza, seja o que for que ocorra com o bem extraído na sequência: comercialização, consumo, transação não onerosa ou exportação. Lembre-se de que, nesse caso, da extração seguida de exportação, não há imunidade, sendo essa a conclusão que o legislador autor desta lei complementar tira dos artigos da Constituição que, todavia, como comentado anteriormente, não conduzem assim tão claramente a esse resultado.

Em se tratando de serviços de prestação ou oferecimento de *fantasy games* e concursos de prognósticos, também tributados pelo IS, contribuinte é o fornecedor, ou prestador, ainda que residente ou domiciliado no exterior. Nesse caso, como já comentado, há dificuldades de ordem técnica em identificar a ocorrência do fato gerador, para exigir o tributo de quem não está no país, ou responsabilizar o tomador no país. São as dificuldades de *enforcement* que assolam em geral as pretensões de tributar fatos que ocorrem no exterior, e que têm consumidores ou algum outro elemento de conexão no Brasil, mas ocorrem inteiramente

TÍTULO II – DAS NORMAS GERAIS DO IMPOSTO SELETIVO — Art. 425

em ambiente virtual. É difícil, senão impossível, saber se um usuário, na intimidade de sua residência, em seu computador, acessou *site* estrangeiro e contratou serviços que em tese seriam tributáveis no Brasil.

> **Art. 425.** São obrigados ao pagamento do Imposto Seletivo como responsáveis, sem prejuízo das demais hipóteses previstas em lei e da aplicação da pena de perdimento:
>
> I – o transportador, em relação aos produtos tributados que transportar desacompanhados da documentação fiscal comprobatória de sua procedência;
>
> II – o possuidor ou detentor, em relação aos produtos tributados que possuir ou mantiver para fins de venda ou industrialização, desacompanhados da documentação fiscal comprobatória de sua procedência;
>
> III – o proprietário, o possuidor, o transportador ou qualquer outro detentor de produtos nacionais saídos do fabricante com imunidade para exportação, encontrados no País em situação diversa, exceto quando os produtos estiverem em trânsito:
>
> a) destinados ao uso ou ao consumo de bordo, em embarcações ou aeronaves de tráfego internacional, com pagamento em moeda conversível;
>
> b) destinados a lojas francas, em operação de venda direta, nos termos e condições estabelecidos pelo art. 15 do Decreto-Lei nº 1.455, de 7 de abril de 1976;
>
> c) adquiridos pela empresa comercial exportadora de que trata o art. 82 desta Lei Complementar, com o fim específico de exportação, e remetidos diretamente do estabelecimento industrial para embarque de exportação ou para recintos alfandegados, por conta e ordem da adquirente; ou
>
> d) remetidos a recintos alfandegados ou a outros locais onde se processe o despacho aduaneiro de exportação.
>
> **Parágrafo único.** Caso o fabricante tenha de qualquer forma concorrido para a hipótese prevista no inciso III do *caput*, ficará solidariamente responsável pelo pagamento do imposto.

 COMENTÁRIOS

Responsável, nos termos do art. 121 do Código Tributário Nacional, parágrafo único, II, é aquele que, sem ser contribuinte, é obrigado por expressa disposição de lei. E essa pessoa, definida como responsável, destaque-se, em função das regras constitucionais de competência, do princípio da capacidade contributiva, e do princípio da pessoalidade da pena, há de ser alguém dotado de alguma vinculação com o fato gerador da obrigação pela qual é legalmente instado a responder.

No caso deste artigo, tem-se pessoas que têm essa vinculação, encontrando-se envolvidas com o fato gerador e mesmo com possíveis irregularidades que levaram ao não pagamento do tributo em momento oportuno.

O transportador, por exemplo, é obrigado a exigir, para os produtos que transporta, documentação fiscal comprobatória de sua procedência. Caso não as tenha, responderá pelo tributo eventualmente incidente sobre tais produtos, pois poderá estar participando do conluio destinado a que se realizem fatos geradores sem o respectivo registro nem o pagamento do imposto devido. O mesmo se dá com o detentor ou possuidor de produtos mantidos para fins de venda ou industrialização. Sem a documentação, que o industrial ou revendedor é obrigado a possuir, não se tem como saber se o produto já foi tributado, ou não, atraindo a responsabilidade ao possuidor ou detentor, que, claro, poderá demonstrar o prévio recolhimento do tributo pelo contribuinte, apesar de não ter apresentado a documentação quando esta lhe foi exigida. Não será a falta da apresentação da documentação, no momento oportuno, que fará com que tenha de recolher o tributo novamente, por certo, elidindo assim sua responsabilidade.

Quanto ao proprietário, ao possuidor, ao transportador ou a qualquer outro detentor de produtos nacionais saídos do fabricante com imunidade para exportação, encontrados no país em situação diversa, presume-se que, com a frustração da exportação, o Imposto Seletivo não recolhido (porque haveria a exportação) faz-se devido, exigindo-se daquele que se acha com o bem (que deveria ter sido exportado) no território nacional. Há, também aqui, o vínculo com o fato gerador, pois o adquirente do bem que deveria ter sido exportado sabe, ou deveria saber, dessa situação, que levou ao não recolhimento do Imposto Seletivo, podendo invocá-la no ato da compra do produto para exigir a prova do recolhimento do tributo ou, ausente esta, abater do preço o tributo que terá futuramente de recolher. Caso o proprietário seja um terceiro que não tinha como saber que o produto se destinava a uma exportação frustrada, não há como se lhe exigir o imposto na condição de responsável. Aplica-se a mesma lógica subjacente ao entendimento segundo o qual não se pode aplicar a pena de perdimento a quem adquire mercadoria importada de maneira irregular, mas o faz de boa-fé, no mercado interno, sem ter como saber como se deu sua importação[7].

CAPÍTULO VI
DA EMPRESA COMERCIAL EXPORTADORA

Art. 426. O Imposto Seletivo não incide no fornecimento de bens com o fim específico de exportação a empresa comercial exportadora que atenda ao disposto no *caput* e nos §§ 1º e 2º do art. 82 desta Lei Complementar.

 COMENTÁRIOS

Seguindo lógica atualmente já aplicável ao IPI, que, como explicado, em parte o Imposto Seletivo se destina a suceder, e que nesta lei é prevista como aplicável também ao IVA-Dual (referida nessa parte no art. 82, aqui já comentado), o artigo em exame esclarece a não incidência do Imposto Seletivo nos fornecimentos feitos à empresa comercial exportadora, nos termos do art. 82, §§ 1º e 2º, desta lei.

Como a empresa comercial exportadora adquire o produto com a finalidade de exportá-lo, e como as exportações são imunes, as remessas feitas a elas já são desoneradas, para evitar que por vias transversas o tributo fosse exigido sobre os itens a serem exportados, contrariando o mandamento constitucional em sentido contrário e ensejando posteriores pedidos de restituição. Na hipótese de a exportação não se consumar, o tributo, não exigido quando da remessa à comercial exportadora, será por esta devido, conforme disposto no art. 427, *infra*, que se reporta ao art. 82, *supra*.

---

[7] "A aquisição, no mercado interno, de mercadoria importada, mediante nota fiscal emitida por firma regularmente estabelecida, gera a presunção de boa-fé do adquirente, cabendo ao Fisco a prova em contrário. A pena de perdimento não pode se dissociar do elemento subjetivo (inexiste na espécie), tampouco desconsiderar a boa-fé do adquirente" (REsp 489.618/PR, rel. Min. José Delgado, 1ª Turma, *DJ* 02.06.2003).

TÍTULO II – DAS NORMAS GERAIS DO IMPOSTO SELETIVO — Art. 428

> **Art. 427.** A empresa comercial exportadora fica responsável pelo recolhimento do Imposto Seletivo que não foi pago no fornecimento de bens para a empresa comercial exportadora, nas hipóteses de que trata § 5º do art. 82 desta Lei Complementar.
>
> § 1º Para efeitos do disposto no *caput*, considera-se devido o Imposto Seletivo na data de ocorrência do fato gerador, conforme definido no art. 412 desta Lei Complementar.
>
> § 2º Os valores que não forem pagos ficarão sujeitos à incidência de multa e juros de mora nos termos do § 2º do art. 29 desta Lei Complementar.
>
> § 3º Aplica-se ao Imposto Seletivo o disposto no § 10 do art. 82 desta Lei Complementar.

 COMENTÁRIOS

A não incidência do IS nas remessas a comerciais exportadoras é condicionada, por suposto, à exportação que por elas será levada a efeito, e que é imune a impostos, inclusive ao Imposto Seletivo. Ressalvada apenas a exportação de minerais, submetida à controversa exceção já comentada (ver art. 412). Desse modo, se a exportação não se consuma, porque os bens são redestinados ao mercado interno, ou extraviados, o tributo devido no fornecimento à comercial exportadora se faz devido e seu recolhimento passa a ser de responsabilidade desta. Remete-se o leitor, neste ponto, ao que se escreveu nos comentários ao art. 86, *supra*.

CAPÍTULO VII
DA PENA DE PERDIMENTO

> **Art. 428.** Sem prejuízo das demais hipóteses legais, aplica-se a pena de perdimento nas hipóteses de transporte, depósito ou exposição à venda dos produtos fumígenos relacionados no Anexo XVII desacompanhados da documentação fiscal comprobatória de sua procedência.
>
> § 1º A aplicação da pena de perdimento de que trata o *caput* deste artigo, não prejudica a cobrança do Imposto Seletivo devido.
>
> § 2º Na hipótese do *caput* deste artigo, caso os bens estejam em transporte, aplica-se também a pena de perdimento ao veículo utilizado, se as circunstâncias evidenciarem que o proprietário do veículo, seu possuidor ou seus prepostos, mediante ação ou omissão, contribuiu para a prática do ilícito, facilitou sua ocorrência ou dela se beneficiou.
>
> § 3º Para fins do disposto no § 2º:
>
> I – considera-se omissão do proprietário do veículo, seu possuidor ou seus prepostos a não exigência de documentação idônea nas situações em que as características, volume ou quantidade de bens transportados por conta e ordem do contratante ou passageiro permita inferir a prática ilícita;
>
> II – presume-se a concorrência do proprietário do veículo, seu possuidor ou seus prepostos na prática do ilícito nas situações em que constatada adaptação da estrutura veicular tendente a ocultar as mercadorias transportadas;
>
> III – é irrelevante a titularidade do veículo e o valor dos bens transportados; e
>
> IV – compete às locadoras de veículos acautelarem-se dos antecedentes dos locatários ou condutores habilitados, sob pena de presunção da sua colaboração para a prática do ilícito.

 COMENTÁRIOS

Decretado o perdimento dos bens, não faz sentido a cobrança do tributo, à míngua de fato gerador que o justifique. Não se pode cobrar um tributo que pressupõe operação que, por conta do perdimento, não se completa ou conclui. Há evidente *bis in idem*, cabendo ao Fisco decidir se aplica a pena de perdimento, ou se cobra o tributo, acrescido de penalidades pecuniárias.

Quando estabelece ser irrelevante a titularidade do veículo e o valor dos bens transportados, o dispositivo de lei em comento está em verdade procurando contornar jurisprudência firmada relativamente a outros tributos federais e à pena de perdimento em situações análogas[8]. Calcados no princípio da proporcionalidade, os Tribunais costumavam afirmar inaplicável a pena de perdimento ao veículo de transporte, quando este não pertencia ao transportador, e seu valor se mostrava desproporcionalmente superior ao montante dos produtos transportados e do tributo eventualmente suprimido. Neste caso, esclareça-se, tratando-se de uma questão de ordem constitucional, não está ao alcance do legislador infraconstitucional, com o uso de palavras mágicas como "considera-se", contornar a aplicação de normas de superior hierarquia.

Não é razoável exigir das locadoras pesquisas dos antecedentes criminais dos locatários, primeiro porque a infração pode ser cometida pelo locatário pela primeira vez, segundo porque outra pessoa pode estar conduzindo o carro alugado, terceiro porque isso implicaria proibir pessoas com antecedentes de alugar carros. Na verdade, a extensão da pena de perdimento ao veículo é medida excepcional, e apenas quando não houver dúvidas quanto à conivência do transportador com a infração ela é admissível. Não se pode, por meio de disposições legais repletas de presunções e generalizações, criar condições a que terceiros de boa-fé tenham sua propriedade confiscada por conta de infrações que não tinham como saber que estavam sendo praticadas e nas quais não têm qualquer participação. Além de ser evidentemente excessivo, em muitos casos, decretar-se o perdimento de um veículo de algumas centenas de milhares de reais, por conta do descaminho de produtos cujo valor não supere 1% disso.

De fato, caso o proprietário seja igualmente o condutor, e seu veículo tenha fundo falso, no porta-malas, destinado a acondicionar grandes quantidades de mercadoria contrabandeada ou objeto de descaminho, não se pode dizer que ele "não sabia". Diferente é a situação na qual um terceiro cede veículo a alguém que, por sua vez, transporta a pessoa que faz a importação irregular, sem que o transportador e o proprietário sequer tenham como saber disso, estando de resto as mercadorias irregularmente transportadas dentro das bagagens do viajante, por entre suas roupas, as quais não cabe ao transportador inspecionar. Só no caso concreto as particularidades poderão ser consideradas, à luz do princípio da proporcionalidade, não sendo os "considera-se" ou "são irrelevantes" constantes desta lei capazes de alterar essa conclusão, que decorre de normas de superior hierarquia.

> **Art. 429.** Ressalvado o caso de exportação, o tabaco em folhas tratadas, total ou parcialmente destaladas, aparadas ou não, mesmo cortadas em forma regular ou picadas, somente será vendido ou remetido a empresa industrializadora de charutos, cigarros, cigarrilhas ou de fumo desfiado, picado, migado ou em pó, em rolo ou em corda.
>
> § 1º Fica admitida a comercialização dos produtos de que trata o *caput* deste artigo entre estabelecimentos que exerçam a atividade de beneficiamento e acondicionamento por enfardamento.

---

[8] "Conforme a jurisprudência do STJ, no momento do exame da pena de perdimento do veículo, deve-se observar não apenas a proporção entre o seu valor e o da mercadoria apreendida, mas também a gravidade do caso, a reiteração da conduta ilícita ou a boa-fé da parte envolvida" (REsp 1.797.442/PR, rel. Min. Herman Benjamin, 2ª Turma, j. 26.03.2019, *DJe* 30.05.2019).

TÍTULO II – DAS NORMAS GERAIS DO IMPOSTO SELETIVO　　　　　　　　　　　Art. 430

> § 2º O Poder Executivo da União exigirá, para as operações de que trata este artigo, os meios de controle necessários.
>
> § 3º Os bens encontrados em transporte, depósito ou exposição a venda em desacordo à determinação do *caput* estão sujeitos à pena prevista no art. 428 desta Lei Complementar.
>
> ~~§ 4º A venda, remessa ou comercialização dos bens em desacordo com a determinação do *caput* e do § 1º deste artigo sujeita o infrator à multa em montante equivalente ao valor do imposto devido na operação.~~ (VETADO)

 COMENTÁRIOS

A redação do artigo é confusa, pois não há clareza entre o que é produzido pelas indústrias às quais se vende o tabaco descrito no artigo, e a forma como esse tabaco deve ser a elas remetido. Parece o artigo indicar que as empresas que industrializam tabaco, fabricando fumo em pó, fumo migado, fumo picado, fumo desfiado, cigarrilhas, cigarros ou charutos, só podem adquirir tabaco em rolo ou em corda. Ressalvada a remessa a empresas que darão ao tabaco a forma aqui exigida (rolo ou corda), e a exportação, qualquer outra remessa será sujeita à apreensão.

De rigor, ao especificar que o tabaco tratado deve ser comercializado na forma de "rolo ou em corda", o legislador parece estar buscando garantir um maior controle sobre a origem e o destino final do produto. Esse formato específico de acondicionamento é característico de tabaco que ainda não passou por todo o processo de industrialização, ou seja, ainda está em uma fase inicial do beneficiamento. Assim, ao restringir a comercialização para indústrias que irão transformar o tabaco em produtos como cigarros e charutos, o governo tenta impedir a circulação de tabaco não processado no mercado informal ou paralelo, onde o controle fiscal e sanitário seria mais difícil. Previne-se o desvio de tabaco *in natura* para formas de consumo informal ou artesanal, que são mais difíceis de fiscalizar. Por exemplo, o tabaco vendido solto ou em pequenas quantidades pode ser usado por consumidores finais ou por pequenos comerciantes, evitando o pagamento do Imposto Seletivo.

CAPÍTULO VIII
DA APURAÇÃO

> **Art. 430.** O período de apuração do Imposto Seletivo será mensal e o regulamento estabelecerá:
>
> I – o prazo para conclusão da apuração; e
>
> II – a data de vencimento.

 COMENTÁRIOS

Nos termos da jurisprudência do Supremo Tribunal Federal, o vencimento do tributo, conceito no qual se inclui a data na qual se faz devido o pagamento antecipado, no âmbito do lançamento por homologação, pode ser definido por ato infralegal.

A lei, e somente a lei, deve dispor sobre todos os elementos essenciais da relação tributária (fato gerador, sujeito ativo, sujeito passivo, base de cálculo, alíquotas – nesse caso, observadas as exceções constitucionais etc.). Trata-se de imposição do princípio da legalidade. O *prazo* para o pagamento do tributo, porém, pode ser fixado em norma infralegal. É evidente, porém, que se o prazo vier – mesmo desnecessariamente – a ser fixado em lei, só uma outra lei poderá alterá-lo. Em outras palavras, "se não fixado em lei, o prazo para recolhimento de tributo pode ser estipulado por decreto, segundo a jurisprudência prevalente nesta Corte"[9].

No caso deste art. 430, a teor de seu inciso II, a lei é expressa em determinar que o regulamento pode estabelecer a data de vencimento do tributo.

Quanto ao período de apuração, vale dizer, aquele no qual serão considerados ocorridos os fatos geradores, a fim de que se quantifique o tributo sobre eles incidentes e se proceda ao recolhimento até a data do vencimento, o regulamento pode encurtá-lo, mas não o ampliar para além do lapso de trinta dias aqui previsto.

> **Art. 431.** A apuração relativa ao Imposto Seletivo deverá consolidar as operações realizadas por todos os estabelecimentos do contribuinte.

COMENTÁRIOS

Sendo o Imposto Seletivo tributo de competência federal, não se colocam questões relacionadas à identificação de seu credor a depender do local no território nacional onde esteja o contribuinte, o destinatário dos bens ou serviços, ou qualquer outro elemento de conexão. Sendo o credor a União, qualquer estabelecimento do contribuinte, caso este tenha mais de um, pode enfeixar a apuração do tributo devido em razão de fatos praticados em ou por todos os demais.

Recorde-se que os estabelecimentos, embora possam eventualmente gozar de alguma autonomia, para este ou aquele efeito jurídico, são meras divisões ou desmembramentos de uma mesma e única pessoa jurídica. Daí a possibilidade de unificação. Isso, aliás, deve ser lembrado pela jurisprudência, nem sempre coerente quando aprecia os interesses fazendários, que já chegou, em matéria de ICMS, a considerar que um estabelecimento não poderia discutir em juízo o tributo devido pelo outro, se se tratar de ação de restituição do indébito, embora, em se tratando de execução, tenha admitido que todos eles respondem pela dívida.

Com efeito, quanto à legitimidade *ad causam* para figurar no polo passivo de uma execução fiscal, o STJ entende, corretamente, que a pessoa jurídica é uma só, pelo que pouco importa se os débitos foram gerados no âmbito deste ou daquele estabelecimento: todo o seu patrimônio responde por eles[10].

Entretanto, de forma contraditória com esse entendimento, e equivocada, sob a ótica da Teoria Geral do Direito, do Direito Processual Civil, do Direito Tributário e do Direito

---

[9] STJ, REsp 72.004/SP, rel. Min. Pádua Ribeiro, 2ª Turma, j. 18.11.1996, *DJ* 09.12.1996, p. 49243. No mesmo sentido: "no sistema do Código Tributário Nacional (art. 96), a expressão 'legislação tributária' caracteriza um gênero, do qual a lei e o decreto são espécies; atribuindo à 'legislação tributária' força para fixar o tempo do pagamento dos tributos, o art. 160 autorizou que isso se fizesse, indiferentemente, por quaisquer de suas espécies, respeitada, por óbvio, a hierarquia existente entre elas (*v.g.*, um prazo fixado por lei não pode ser alterado por decreto)" (STJ, EDcl no REsp 85.409/SP, rel. Min. Ari Pargendler, 2ª Turma, j. 13.12.1996, *DJ* 03.02.1997, p. 694). O STF tem adotado idêntico entendimento: RE 140.669/PE, rel. Min. Ilmar Galvão, Pleno, j. 02.12.1998, m.v., *DJ* 18.05.2001, p. 86, *RTJ* 178-1/361.

[10] STJ, REsp 1.355.812/RS, rel. Min. Mauro Campbell Marques, j. 22.05.2013.

TÍTULO II – DAS NORMAS GERAIS DO IMPOSTO SELETIVO   Art. 433

Empresarial, o mesmo Tribunal Superior entende, no que tange à restituição do indébito, que tributos pagos indevidamente por uma filial não podem ter sua restituição pleiteada por outra, ou pela matriz:

> Nos termos da jurisprudência pacífica desta Corte, em se tratando de tributo cujo fato gerador operou-se de forma individualizada tanto na matriz quanto na filial, não se outorga àquela legitimidade para demandar, isoladamente, em juízo, em nome das filiais. Isso porque, para fins fiscais, ambos os estabelecimentos são considerados entes autônomos. 2. Precedentes: AgRg no AREsp 73.337/MA, rel. Min. Mauro Campbell Marques, 2ª Turma, j. 06.12.2011, *DJe* 13.12.2011; EDcl no AgRg no REsp 1.075.805/SC, rel. Min. Humberto Martins, 2ª Turma, j. 05.03.2009, *DJe* 31.03.2009; AgRg no REsp 642.928/SC, rel. Min. Denise Arruda, 1ª Turma, j. 06.03.2007, *DJ* 02.04.2007, p. 233[11].

Na verdade, são precisamente os argumentos usados para reconhecer a possibilidade de o patrimônio de todos os estabelecimentos responderem pelas dívidas contraídas no âmbito de um deles que indicam o equívoco deste último julgado. A autonomia dos estabelecimentos é uma técnica destinada apenas a viabilizar o cálculo de alguns tributos, para os quais o controle de estoque, por exemplo, é necessário. Mas não se pode concluir, a partir dela, que cada estabelecimento seja uma pessoa jurídica diversa e independente. Todos são divisões de uma mesma pessoa jurídica, que tanto pode demandar como ser demandada por meio de qualquer deles. Essa questão somente teria alguma relevância se, situados em cidades ou mesmo Estados distintos, tais estabelecimentos estivessem submetidos a juízos diferentes. Nesse caso, porém, a questão é de competência territorial (que é relativa), e não de ilegitimidade ativa. A pessoa jurídica é uma só, podendo-se discutir[12] onde deve propor a ação, mas não extinguir o feito sem exame de mérito por ilegitimidade ativa *ad causam* decorrente da propositura por este e não por aquele estabelecimento.

CAPÍTULO IX
DO PAGAMENTO

> **Art. 432.** O Imposto Seletivo será pago mediante recolhimento do montante devido pelo sujeito passivo.
>
> **Art. 433.** O pagamento do Imposto Seletivo será centralizado em um único estabelecimento e, na forma do seu regulamento, poderá ocorrer na liquidação financeira da operação (*split payment*), observado o disposto nos arts. 31 a 35 desta Lei Complementar.

 COMENTÁRIOS

O art. 432, redundantemente, apenas enuncia o óbvio. Quanto ao art. 433, por se tratar de imposto federal, não importa se o sujeito passivo possui estabelecimentos em diferentes Estados e Municípios, ou no Distrito Federal, o recolhimento pode ser feito por quaisquer

---

[11] STJ, AgRg nos EDcl no REsp 1.283.387/RS, rel. Min. Humberto Martins, 2ª Turma, *DJe* 19.04.2012.

[12] Discussão que, se diga de passagem, é de fácil solução. Sendo a ação movida contra a União, pode o autor promovê-la junto à seção judiciária onde for domiciliado, naquela onde houver ocorrido o ato ou fato que deu origem à demanda ou onde esteja situada a coisa, ou, ainda, no Distrito Federal, nos termos do art. 109, § 2º, da CF/1988.

deles. Daí a remissão de que seja centralizado em um único estabelecimento, nos termos definidos em regulamento. Embora esta lei seja rica em remissões indevidas ao regulamento, delegando a ele matérias reservadas à lei, em ofensa ao princípio da legalidade, não parece ser este o caso aqui. Trata-se de típica matéria delegável ao chamado poder regulamentar. Já não se pode dizer o mesmo da delegação do trato da adoção da sistemática do *split payment*, a qual não deveria ficar a critério de ato do Poder Executivo.

TÍTULO III
DO IMPOSTO SELETIVO SOBRE IMPORTAÇÕES

Art. 434. Aplica-se ao Imposto Seletivo, na importação de bens materiais, o disposto:

I – no art. 65 desta Lei Complementar, em relação ao fato gerador;

II – no art. 66 e no inciso III do art. 413 desta Lei Complementar, em relação à não incidência;

III – no art. 67 desta Lei Complementar, em relação ao momento da ocorrência do fato gerador; e

IV – nos arts. 72, 73 e 74 desta Lei Complementar, em relação à sujeição passiva.

§ 1º As alíquotas do Imposto Seletivo incidentes na importação serão fixadas em lei ordinária.

§ 2º Caso a alíquota do Imposto Seletivo seja ad valorem, a sua base de cálculo, na importação, será o valor aduaneiro acrescido do montante do Imposto sobre a Importação.

§ 3º O Imposto Seletivo, na importação, deverá ser pago no registro da declaração de importação.

§ 4º Fica suspenso o pagamento do Imposto Seletivo incidente na importação de bens materiais quando admitidos nos regimes a que se referem os Capítulos I e II do Título II do Livro I, observada a disciplina estabelecida na legislação aduaneira.

§ 5º No caso de lojas francas, a suspensão de que trata o § 4º deste artigo alcança os bens importados e os bens adquiridos no mercado interno.

§ 6º No caso de bens admitidos temporariamente no País para utilização econômica, a suspensão do pagamento do Imposto Seletivo será parcial, devendo ser pago proporcionalmente ao tempo de permanência dos bens no País, nos termos do art. 89 desta Lei Complementar.

Art. 435. São isentas do pagamento do Imposto Seletivo na importação de bens materiais:

I – as bagagens de viajantes e de tripulantes, acompanhadas ou desacompanhadas, quando submetidas ao regime de tributação especial; e

II – as remessas internacionais, quando submetidas ao regime de tributação simplificada.

 COMENTÁRIOS

Como já explicado, o Imposto Seletivo é um sucessor de parte do IPI, ou, por outras palavras, está destinado a desempenhar papel que atualmente exerce o IPI, que tem função fiscal (sucedida pela CBS) e extrafiscal (sucedida pelo IS). Nessa condição, como ICMS e IPI incidem na importação, IBS, CBS e IS por igual incidem na importação, ainda que, naturalmente, apenas no que tange à importação de bens ou serviços situados em seu âmbito de incidência.

Diz-se que essa incidência deve ocorrer (de IPI, PIS, Cofins, ICMS e, agora, IBS, CBS e IS) nas importações para dar cumprimento aos tratados internacionais firmados pelo Brasil,

TÍTULO IV – DISPOSIÇÕES FINAIS   Art. 437

no qual se estabelece a igualdade de tratamento entre produtos nacionais e importados, no que tange aos tributos locais ou internos. Não seria admissível que produtos fabricados no Brasil fossem sujeitos a tais tributos, e os importados não. E isso é verdade, mas é importante que haja coerência, pois nesta mesma lei há uma série de reduções tributárias concedidas apenas a bens fabricados no Brasil, ou a serviços que usem músicas brasileiras, o que igualmente viola tais normas de Direito Tributário Internacional.

Dado que IBS, CBS e IS sucedem ICMS e IPI, os quais, quando incidentes na importação, submetem-se a algumas disposições semelhantes, para evitar repetições estabelece o artigo em comento a aplicabilidade ao Imposto Seletivo de todo o regime prescrito ao IVA-Dual, naturalmente no que couber ou for compatível com a natureza do Imposto Seletivo.

Importações feitas por via postal ou por viajantes (em sua bagagem) são isentas do IS, submetendo-se apenas ao imposto de importação (e, eventualmente, também ao IBS e à CBS, caso não enquadradas em hipóteses de isenção).

TÍTULO IV
DISPOSIÇÕES FINAIS

> **Art. 436.** As alíquotas específicas referidas neste Livro serão atualizadas pelo IPCA uma vez ao ano, nos termos da lei ordinária.

 COMENTÁRIOS

Alíquotas específicas são aquelas que se expressam por meio da remissão a um valor fixo a ser multiplicado pela quantidade de litros, quilos, metros, enfim, da unidade de medida utilizada para dimensionar o elemento a ser tributado. R$ 2,50 por litro de bebida, ou R$ 1,50 por quilo de tabaco, por exemplo. Nessa condição, diversamente da alíquota *ad valorem*, que representa percentual do valor da base imponível, precisa ser atualizada, de tempos em tempos, caso haja inflação. O artigo em comento estabelece a periodicidade da atualização, que é anual, e incide o IPCA.

> **Art. 437.** A RFB poderá estabelecer sistema de comunicação eletrônica a ser atribuído como DTE, que será utilizado para fins de notificação, intimação ou avisos previstos na legislação do Imposto Seletivo.

 COMENTÁRIOS

Tendo em vista que o Imposto Seletivo é de competência da União, sendo clara e assumidamente um imposto federal (diversamente do IBS), torna-se mais simples a disciplina de seu *enforcement*. Isso se percebe no tratamento do Domicílio Tributário Eletrônico, bem mais simples que a dedicada ao mesmo assunto em relação ao IVA-Dual, em que se prevê a possibilidade de uso de plataformas unificadas para IBS e CBS, e se dispõe longamente sobre formas de harmonização dos regulamentos.

Quanto ao Domicílio Tributário Eletrônico, conforme explicado nos comentários ao art. 332, trata-se de plataforma virtual, acessível pelo sujeito passivo pouco importando onde fisicamente ele estiver – e do mesmo fato, pela autoridade da Administração Tributária, ambiente no qual intimações podem ser feitas, esclarecimentos atendidos, obrigações acessórias cumpridas etc. É muito importante que o contribuinte o utilize com atenção e assiduidade, para evitar que intimações sejam feitas e não percebidas, com prejuízo à sua comunicação com o Fisco e principalmente para a defesa de seus direitos.

Pode-se dizer que, ocorrendo eletronicamente, há o risco de a comunicação se perder, ser recebida e não ser vista etc. Isso é verdade, mas não é prioridade do ambiente virtual. Feitas as intimações pelo correio, com o uso de documentos impressos, não era raro que correspondências ficassem perdidas em portarias, recepções etc., e não fossem adequadamente lidas por seus destinatários. Talvez no ambiente virtual, utilizado com cuidado, tais possibilidades se reduzam.

Cabe ao Fisco, por sua vez, diligenciar para que o sujeito passivo seja efetivamente comunicado. O princípio da cooperação, positivado no art. 145, § 3º, da CF/1988, pela EC 132/2023, o exige. Não é admissível que arme mecanismos de intimação obscuros, pouco amigáveis, para, ancorado na preclusão, suprimir oportunidades que o sujeito passivo teria de pedir a correção de ilegalidades (como se essa correção devesse interessar apenas ao cidadão). É-lhe vedado usar de múltiplos meios de comunicação virtuais insistente e eficientemente apenas para cobrar ou pedir esclarecimentos, esforçando-se para que a comunicação seja efetiva apenas quando isso conduzir a uma maior arrecadação.

> **Art. 438.** O regulamento do Imposto Seletivo de que trata este Livro será editado pelo chefe do Poder Executivo da União.

COMENTÁRIOS

Ainda mais simples é o *enforcement* de um imposto puramente federal, no que tange à edição de seu regulamento. Cabe, como se dá com qualquer outro tributo federal (Imposto de Renda, IPI, Tributos Aduaneiros etc.), ao Presidente da República.

Lembre-se de que os regulamentos editam-se para o fiel cumprimento das leis, devendo se limitar a estabelecer os meios para que sejam observadas ou aplicadas as disposições legais. É-lhes vedado criar obrigações, ou restringir direitos, quando isso não decorrer de lei. Essa é uma lição fácil de ser enunciada abstratamente, sendo certo que a dificuldade, muitas vezes, está em identificar se e quando o regulamento extrapolou o conteúdo do texto legal que diz estar apenas regulamentando.

É importante, ainda, que o regulamento do IS, assim como o do IBS e da CBS, sejam atualizados anualmente, em respeito ao sempre esquecido art. 212 do CTN, que dispõe:

> Art. 212. Os Poderes Executivos federal, estaduais e municipais expedirão, por decreto, dentro de 90 (noventa) dias da entrada em vigor desta Lei, a consolidação, em texto único, da legislação vigente, relativa a cada um dos tributos, repetindo-se esta providência até o dia 31 de janeiro de cada ano.

A legislação tributária é alterada com relativa frequência, o que torna difícil a vida de autoridades fiscais – cuja função é conhecer e aplicar a legislação tributária –, e ainda muito mais difícil a vida do contribuinte, cuja ocupação precípua não é essa, e nem é remunerado para tanto. A consolidação anual da legislação vigente sobre cada tributo, em texto único, tornaria muito mais fácil e rápido o conhecimento e a consulta das normas a serem observadas na relação tributária. Seria o mínimo que o Poder Público poderia fazer em *respeito* ao contribuinte, submetido a um cipoal cada vez mais confuso de normas, além de decorrer do princípio da simplicidade tributária, plasmado no art. 145, § 3º, da CF/1988.

Há quem se refira ao art. 212 do CTN como norma de vigência limitada no tempo, e já exaurida. Sem razão. A consolidação *exigida* pelo art. 212 do CTN não deveria ter sido feita apenas em 90 dias contados do início da vigência do CTN, mas repetida anualmente. A cada ano, portanto, a União, os Estados-membros, o Distrito Federal e os Municípios desrespeitam o disposto no artigo em comento. A disposição se aplica, portanto, ao IS, ao IBS e à CBS. Até porque, repita-se, é forma de dar cumprimento ao princípio da simplicidade e ao da transparência (que envolve uma legislação compreensível), os quais foram inseridos no texto constitucional pela própria EC 132/2023, regulamentada por esta lei complementar.

Como aponta Hugo de Brito Machado, a norma contida no art. 212 do CTN trata de prestação que, se fosse adimplida pelo Poder Público, representaria significativo incremento no respeito ao contribuinte, notadamente no que tange ao direito deste de *conhecer* – com a maior clareza e facilidade possível – a legislação à qual está submetido. Seu descumprimento, portanto, não pode ser sem consequências jurídicas. Não importa se não há sanção expressa e específica, explícita no próprio art. 212. Há sanções que podem ser extraídas de outros pontos do ordenamento, ou que nele estão implícitas, como é o caso da *nulidade* do ato praticado em desrespeito à norma. A principal sanção aplicável ao Poder Público violador do art. 212 do CTN seria a *impossibilidade de aplicar multas ao contribuinte que desrespeitasse a legislação tributária por erro decorrente de seu desconhecimento*. O dever jurídico de cumprir o disposto na legislação subsistiria (*v.g.*, o contribuinte continuaria obrigado a emitir determinado documento, ou a cumprir determinada obrigação), mas não se lhe poderiam impor penalidades pelo descumprimento já consumado, motivado pelo erro[1].

O assunto merece atenção, notadamente em face de uma legislação tributária cada vez mais esparsa e complexa, e de uma transferência cada vez maior de atribuições – que seriam das autoridades tributárias – aos contribuintes, encarregados de cálculos, demonstrativos, apurações e declarações cada vez mais detalhadas, e à antecipação do pagamento do tributo devido em face de tais cálculos, com pesadas punições para o caso de quaisquer erros, ainda que cometidos sem má-fé, por mera dificuldade na compreensão das normas aplicáveis. O mínimo que a Administração Tributária poderia fazer, a esse respeito, seria cumprir o disposto no art. 212 do CTN, o que já facilitaria bastante a compreensão das normas aplicáveis a cada tributo. A menos que os princípios da simplicidade, da cooperação e da transparência tenham sido colocados no texto constitucional apenas para adorná-lo, despidos de qualquer força normativa.

LIVRO III
DAS DEMAIS DISPOSIÇÕES
TÍTULO I
DA ZONA FRANCA DE MANAUS, DAS ÁREAS DE LIVRE COMÉRCIO E DA DEVOLUÇÃO DO IBS E DA CBS AO TURISTA ESTRANGEIRO
CAPÍTULO I
DA ZONA FRANCA DE MANAUS

Art. 439. Os benefícios relativos à Zona Franca de Manaus estabelecidos neste Capítulo aplicam-se até a data estabelecida pelo art. 92-A do ADCT.

---

[1] Confira-se, a propósito: MACHADO, Hugo de Brito. *Comentários ao Código Tributário Nacional*. 2. ed. São Paulo: Atlas, 2005, v. 3, p. 921-941.

Art. 440. Para fins deste Capítulo, considera-se:

I – Zona Franca de Manaus a área definida e demarcada pela legislação específica;

II – indústria incentivada a pessoa jurídica contribuinte do IBS e da CBS e habilitada na forma do art. 442 desta Lei Complementar para fruição de benefícios fiscais na industrialização de bens na Zona Franca de Manaus, exceto aqueles de que trata o art. 441 desta Lei Complementar;

III – bem intermediário:

a) o produto industrializado destinado à incorporação ou ao consumo em processo de industrialização de outros bens, desde que o destinatário imediato seja estabelecimento industrial;

b) o produto destinado à embalagem pelos estabelecimentos industriais;

IV – bem final, aquele sobre o qual não se agrega mais valor no processo produtivo e que é destinado ao consumo.

Parágrafo único. Para fins deste Capítulo, em todas as operações entre partes relacionadas observar-se-á o disposto no § 4º do art. 12 desta Lei Complementar.

Art. 441. Não estão contemplados pelo regime favorecido da Zona Franca de Manaus:

a) armas e munições;

b) fumo e seus derivados;

c) bebidas alcoólicas;

d) automóveis de passageiros;

e) petróleo, lubrificantes e combustíveis líquidos e gasosos derivados de petróleo, exceto para a indústria de refino de petróleo localizada na Zona Franca de Manaus, em relação exclusivamente às saídas internas para aquela área incentivada, desde que cumprido o processo produtivo básico, permanecendo a vedação para todas as demais etapas; e

f) produtos de perfumaria ou de toucador, preparados e preparações cosméticas, salvo quanto a estes (posições 3303 a 3307 da Nomenclatura Comum do Mercosul), se destinados exclusivamente a consumo interno na Zona Franca de Manaus ou se produzidos com utilização de matérias-primas da fauna e da flora regionais, em conformidade com processo produtivo básico.

 COMENTÁRIOS

Até meados do século XX, a região amazônica era uma das mais pobres e isoladas do Brasil, com poucas alternativas de desenvolvimento econômico. Suas dimensões são imensas, de modo que a distância e a carência de infraestrutura geravam a preocupação com sua integração ao restante do Brasil. Somava-se a isso o fato de que a economia da região era altamente dependente de atividades extrativas, como a exploração da borracha e de outros produtos florestais.

Nesse contexto, a Zona Franca de Manaus (ZFM) foi criada para diversificar a economia da região, promovendo a industrialização e reduzindo a dependência de atividades econômicas que, além de insustentáveis a longo prazo, eram vulneráveis a flutuações de mercado. Além disso, a criação da Zona destinava-se a propiciar a presença do Estado na região e garantir que a Amazônia fosse efetivamente parte do território nacional.

Inicialmente prevista e disciplinada na legislação infraconstitucional, a Zona Franca foi "constitucionalizada" em 1988, com o art. 40 do Ato das Disposições Constitucionais Transitórias, que dispõe:

TÍTULO I – DA ZONA FRANCA DE MANAUS, DAS ÁREAS DE LIVRE COMÉRCIO — Art. 443

> Art. 40. É mantida a Zona Franca de Manaus, com suas características de área livre de comércio, de exportação e importação, e de incentivos fiscais, pelo prazo de vinte e cinco anos, a partir da promulgação da Constituição. (Vide Decreto 7.212, de 2010.)
>
> Parágrafo único. Somente por lei federal podem ser modificados os critérios que disciplinaram ou venham a disciplinar a aprovação dos projetos na Zona Franca de Manaus.

Com isso, a Zona Franca não pode mais ser abolida, dentro do prazo previsto, por norma infraconstitucional. Os benefícios a ela inerentes assumiram natureza de imunidades tributárias. A Emenda Constitucional 42/2003 acresceu esse prazo inicial por mais dez anos, e, em 2014, a ele foram acrescidos (EC 83/2014) mais cinquenta anos.

Nesse contexto, com a reforma tributária levada a efeito pela EC 132/2023, fez-se necessário dedicar atenção à ZFM, pois os principais tributos objeto de desoneração em relação à Zona serão abolidos, sucedidos pelo IBS, pela CBS e pelo Imposto Seletivo, que todavia têm perfis diferentes, notadamente no caso de IBS e CBS, que incidem no destino. Daí a necessidade deste capítulo.

> **Art. 442.** Nos termos definidos em regulamento, é condição para habilitação aos incentivos fiscais da Zona Franca de Manaus:
>
> I – a inscrição específica em cadastro da Superintendência da Zona Franca de Manaus – Suframa, para a pessoa jurídica que desenvolva atividade comercial ou fornecimento de serviços; e
>
> II – a inscrição específica e aprovação de projeto técnico-econômico pelo Conselho de Administração da Suframa, com base nos respectivos processos produtivos básicos, para pessoa jurídica que desenvolva atividade industrial.
>
> **Parágrafo único.** No processo de aprovação dos projetos e dos processos produtivos básicos de que trata este artigo, deverão ser ouvidos o Estado do Amazonas e o Município de Manaus.

COMENTÁRIOS

Para que haja algum controle a respeito de quais atividades serão incentivadas, é exigido do contribuinte que deseje se submeter ao regime tributário inerente à Zona Franca de Manaus que seja inscrito em cadastro junto à Superintendência da Zona Franca de Manaus (Suframa), no caso de comércio ou serviço, ou, que além de inscrito, tenha projeto econômico aprovado pelo Conselho da Suframa, se se tratar de indústria.

Para a aprovação do projeto de que trata o inciso II, é preciso que sejam ouvidos o Estado do Amazonas e o Município de Manaus. Primeiro, porque será em seu território que a atividade será desenvolvida, sendo preciso alinhar os aspectos tributários com outros exigidos por órgão de tais entidades públicas, de modo a evitar incoerências e contradições (de o Estado ou o Município exigirem uma postura ou conduta, localmente, e a Suframa, para a aprovação de projeto, exigir outra, quiçá contraditória com a postulada pelo Estado ou pelo Município). Segundo, porque o IBS afetado pelo regramento a ser utilizado para tais empresas será, em muitas das operações, devido ao Amazonas e a Manaus (dependendo de onde estiver o destinatário da operação, como é o caso das que se destinam a empresas situadas na ZFM).

> **Art. 443.** Fica suspensa a incidência do IBS e da CBS na importação de bem material realizada por indústria incentivada para utilização na Zona Franca de Manaus.

Art. 444

§ 1º Não se aplica a suspensão de que trata o *caput* às importações de:

I – bens não contemplados pelo regime favorecido da Zona Franca de Manaus previstos no art. 441 desta Lei Complementar; e

II – bens de uso e consumo pessoal de que trata o art. 57 desta Lei Complementar, salvo se demonstrado que são necessários ao desenvolvimento da atividade do contribuinte vinculada ao projeto técnico-econômico aprovado.

§ 2º A suspensão de que trata o *caput* converte-se em isenção:

I – quando os bens importados forem consumidos ou incorporados em processo produtivo do importador na Zona Franca de Manaus;

II – após a depreciação integral do bem ou a permanência por 48 (quarenta e oito) meses no ativo imobilizado do estabelecimento adquirente, o que ocorrer primeiro.

§ 3º Caso os bens importados com a suspensão de que trata o *caput* sejam remetidos para fora da Zona Franca de Manaus antes da conversão em isenção de que trata o § 2º deste artigo, o importador deverá recolher os tributos suspensos com os acréscimos legais cabíveis, na forma dos § 2º do art. 29 desta Lei Complementar, permitida a apropriação e a utilização de créditos na forma dos arts. 47 a 56 desta Lei Complementar em relação aos valores efetivamente pagos, exceto em relação aos acréscimos legais.

COMENTÁRIOS

A suspensão do IBS e da CBS tratadas neste artigo se assemelham àquela prescrita pelo art. 99 desta lei. Não se exigem os tributos incidentes na importação, mas não propriamente por conta de isenção ou alíquota zero, mas por conta de "suspensão", situação provisória que depende de condição posterior que, não implementada, pode levar à exigência do tributo até então suspenso. No caso deste artigo, a condição é que o bem seja utilizado no âmbito da Zona Franca de Manaus, na atividade incentivada nela realizada. Implementada essa condição, a suspensão converte-se em isenção. Caso o bem seja remetido para outra região do país, ou seja, localidade situada fora da Zona Franca, os tributos se fazem devidos pelo seu importador, gerando créditos relativamente a essa incidência para quem os houver adquirido.

Naturalmente, se se trata de bem não contemplado pelo regime favorecido, assim entendidos aqueles indicados no art. 437, V, não há suspensão em sua importação. Se produzi-los na ZFM não conta com o benefício, não seria coerente que sua importação para a ZFM, para emprego em atividade nela realizada, contasse.

O inciso II do § 1º evidencia a inadequação, pela demasiada amplitude, da definição do que sejam bens destinados a uso ou consumo pessoais, nos termos do art. 30 desta lei, pois veda que sua aquisição possa ocorrer com suspensão do IBS e da CBS, *salvo se demonstrado que são necessários ao desenvolvimento da atividade do contribuinte vinculada ao projeto econômico aprovado*. Ora, se forem necessários ao desenvolvimento da atividade, não serão destinados a uso e consumo pessoal! Mas o fato de poderem em tese ser necessários, mas estarem enquadrados naqueles indicados no art. 30, mostra o quão indevidamente ampla é a definição do art. 57, a cujos comentários se remete a leitora.

Art. 444. Fica concedido ao contribuinte habilitado na forma do art. 442 e sujeito ao regime regular ou ao Simples Nacional crédito presumido de IBS relativo à importação de bem material para revenda presencial na Zona Franca de Manaus.

TÍTULO I – DA ZONA FRANCA DE MANAUS, DAS ÁREAS DE LIVRE COMÉRCIO — Art. 445

§ 1º O crédito presumido de que trata o *caput* será calculado mediante aplicação de percentual correspondente 50% (cinquenta por cento) da alíquota do IBS aplicável na importação.

§ 2º O crédito presumido de que trata este artigo deverá ser deduzido do valor do IBS devido na importação.

§ 3º Ao importador dos bens de que trata o *caput* sujeito ao regime regular do IBS, é garantida a apropriação e a utilização dos créditos integrais de IBS pelo valor do tributo incidente na importação, observadas as regras previstas nos arts. 47 a 56 desta Lei Complementar.

§ 4º O importador deverá recolher IBS corresponde ao valor do crédito presumido deduzido do valor devido na importação com os acréscimos legais cabíveis, na forma do § 2º do art. 29, desde a data da importação, caso:

I – a revenda não cumpra a exigência disposta no *caput*;

II – não se comprove o ingresso do bem no estabelecimento de destino na Zona Franca de Manaus nos prazos estabelecidos em regulamento; e

II – o bem seja revendido para fora da Zona Franca de Manaus ou transferido para fora da Zona Franca de Manaus.

§ 5º No caso do § 4º, será permitida a apropriação de crédito do IBS, exceto em relação aos acréscimos legais, observadas as regras previstas nos arts. 47 a 56 desta Lei Complementar. (VETADO)

COMENTÁRIOS

O art. 444 estabelece um benefício fiscal específico na forma de crédito presumido de IBS para contribuintes habilitados que importem bens materiais destinados à revenda presencial na Zona Franca de Manaus. Esse crédito corresponde a 50% da alíquota do IBS incidente na importação, a ser aplicado para abater esse IBS devido na importação.

O § 4º estabelece situações em que o contribuinte perderá o benefício do crédito presumido, incluindo o descumprimento das condições de revenda presencial na Zona Franca de Manaus, a não comprovação do ingresso do bem no estabelecimento de destino ou sua transferência para fora da Zona Franca. Nesses casos, o contribuinte deverá recolher o valor correspondente ao crédito presumido, acrescido dos encargos legais, assegurando a reversão do benefício caso as condições exigidas não sejam atendidas. Naturalmente, nesse recolhimento, poderá aproveitar os saldos credores de que eventualmente disponha, dentro do regime da não cumulatividade, salvo se se tratar de optante pelo Simples, ao qual a própria sistemática inerente a esse regime simplificado não o permite (mas que, em compensação, se submete a alíquota de IBS menor).

Art. 445. Ficam reduzidas a zero as alíquotas do IBS e da CBS incidentes sobre operação originada fora da Zona Franca de Manaus que destine bem material industrializado de origem nacional a contribuinte estabelecido na Zona Franca de Manaus que seja:

I – habilitado nos termos do art. 442 desta Lei Complementar; e

II – sujeito ao regime regular do IBS e da CBS ou optante pelo regime do Simples Nacional de que trata o art. 12 da Lei Complementar nº 123, de 14 de dezembro de 2006.

§ 1º O disposto no *caput* não se aplica a operações com bens de que trata o § 1º do art. 443.

§ 2º O contribuinte sujeito ao regime regular do IBS e da CBS que realiza as operações de que trata o *caput* poderá apropriar e utilizar os créditos relativos às operações antecedentes, observado o disposto nos arts. 47 a 56 desta Lei Complementar.

> § 3º Deverão ser instituídos controles específicos para verificação da entrada na Zona Franca de Manaus dos bens materiais de que trata o *caput*, nos termos do regulamento.
>
> § 4º Caso não haja comprovação de que os bens destinados à Zona Franca de Manaus ingressaram no destino, nos prazos estabelecidos em regulamento, o contribuinte deverá recolher o valor de IBS e de CBS que seria devido caso não houvesse a redução a zero de alíquotas, com os acréscimos legais cabíveis, na forma do § 2º do art. 29 desta Lei Complementar.
>
> § 5º O disposto no *caput* se aplica também à operação com bem material intermediário submetido a industrialização por encomenda.

COMENTÁRIOS

Em face do art. 4º do Decreto-Lei 288/1967, operações que destinem bens de outras partes do território nacional à Zona Franca de Manaus equiparam-se a exportações. São, portanto, imunes, permitindo a manutenção dos créditos. Até porque a ZFM foi "constitucionalizada" pela CF/1988, nos termos já explicados, o que faz com que esta lei complementar não possa alterar os termos do Decreto-Lei 288/1967, ou qualquer legislação anterior a 1988 pertinente à ZFM pela CF/1988 alçada ao plano constitucional.

Os termos deste artigo, embora tecnicamente diversos, conduzem ao mesmo resultado: a desoneração das operações destinadas à ZFM, quando oriundas de outras partes do Brasil, com a manutenção dos créditos até então acumulados por quem realizar essa operação, vale dizer, por quem "exportar" para a ZFM.

Da mesma forma como acontece em outras desonerações condicionadas, caso não haja a comprovação de que os bens enviados à Zona Franca foram a ela efetivamente destinados e nela utilizados, condição para a redução a zero das alíquotas, o tributo será exigido, com os devidos acréscimos, do contribuinte que deveria tê-lo recolhido e não o fez por conta da (inocorrida) exportação à ZFM.

A redução de que cuida o artigo aplica-se por igual à operação com bem material intermediário submetido à industrialização por encomenda na ZFM, vale dizer, encaminhado à Zona Franca para industrialização como parte de um processo produtivo mais complexo, a ser complementado com a realização de outras etapas, pelo encomendante, situado fora da Zona Franca.

> **Art. 446.** O IBS incidirá sobre a entrada, no estado do Amazonas, de bens materiais que tenham sido contemplados com a redução a zero de alíquotas nos termos do art. 445 desta Lei Complementar, exceto se destinados a indústria incentivada para utilização na Zona Franca de Manaus.
>
> § 1º Na hipótese de que trata o *caput*:
>
> I – o contribuinte do IBS será o destinatário da operação de que trata o *caput* do art. 445 desta Lei Complementar;
>
> II – a base de cálculo do imposto será o valor da operação de que trata o *caput* do art. 445 desta Lei Complementar;
>
> III – o IBS será cobrado mediante aplicação de alíquota correspondente a 70% (setenta por cento) da alíquota que incidiria na respectiva operação caso não houvesse a redução a zero estabelecida pelo art. 445 desta Lei Complementar.
>
> § 2º O valor do IBS pago na forma do inciso III do § 1º permitirá ao contribuinte a apropriação e a utilização do crédito do imposto, na forma dos arts. 47 a 56 desta Lei Complementar.

TÍTULO I – DA ZONA FRANCA DE MANAUS, DAS ÁREAS DE LIVRE COMÉRCIO — Art. 448

 COMENTÁRIOS

As reduções previstas nestes artigos, com vigência a partir de 2029, destinam-se a empreendimentos situados na ZFM que atendam aos requisitos exigidos para o gozo dos benefícios fiscais inerentes à região. Daí por que, caso o bem adentre a região, mas não seja destinado a contribuinte que faria jus a ele, o destinatário torna-se contribuinte e o IBS se faz devido. Tal como em operações desoneradas porque relacionadas a uma exportação, quando a exportação não acontece (p. ex., ver comentários aos arts. 99 e 100, *supra*). Há, contudo, redução em 70% da alíquota que normalmente incidiria na operação, de modo a ainda assim manter-se algum incentivo à região. Apenas, no caso de operação destinada a empreendimento incentivado, a redução se mantém integral.

Naturalmente, a base de cálculo há de ser o valor da operação, devendo ela ser sempre, como várias vezes explicado ao longo destes comentários, o fato gerador transformado em moeda. E, como consequência da não cumulatividade, o valor do IBS pago nos termos deste artigo poderá ser apropriado como crédito, caso efetuado por contribuinte do imposto, sujeito à sua sistemática.

> **Art. 447.** Fica concedido ao contribuinte sujeito ao regime regular do IBS e habilitado nos termos do art. 442 desta Lei Complementar crédito presumido de IBS relativo à aquisição de bem material industrializado de origem nacional contemplado pela redução a zero da alíquota do IBS nos termos do art. 445 desta Lei Complementar.
>
> § 1º O crédito presumido de que trata o *caput* será calculado mediante aplicação dos seguintes percentuais sobre o valor da operação contemplada pela redução a zero da alíquota do IBS nos termos do art. 445 desta Lei Complementar:
>
> I – 7,5% (sete inteiros e cinco décimos por cento), no caso de bens provenientes das regiões Sul e Sudeste, exceto do Estado do Espírito Santo; e
>
> II – 13,5% (treze inteiros e cinco décimos por cento), no caso de bens provenientes das regiões Norte, Nordeste e Centro-Oeste e do Estado do Espírito Santo.
>
> § 2º O crédito presumido deverá ser estornado caso:
>
> I – não se comprove o ingresso do bem no estabelecimento de destino na Zona Franca de Manaus nos prazos estabelecidos em regulamento, exigindo-se os acréscimos legais cabíveis nos termos do § 2º do art. 29 desta Lei Complementar;
>
> II – o bem seja revendido para fora da ZFM ou transferido para fora da ZFM, não se exigindo acréscimos legais caso o estorno seja efetuado tempestivamente.
>
> § 3º Quando do retorno ao encomendante, de bens submetidos a industrialização por encomenda, o crédito presumido de que trata o *caput* se aplica, tão somente, ao valor agregado neste processo de industrialização.
>
> **Art. 448.** Ficam reduzidas a zero as alíquotas do IBS e da CBS incidentes sobre operação realizada por indústria incentivada que destine bem material intermediário para outra indústria incentivada na Zona Franca de Manaus, desde que a entrega ou disponibilização dos bens ocorra dentro da referida área.
>
> § 1º O disposto no *caput* não se aplica a operações com bens de que trata o § 1º do art. 443 desta Lei Complementar.
>
> § 2º Ficam assegurados ao contribuinte sujeito ao regime regular do IBS e da CBS que realiza as operações de que trata o *caput* a apropriação e a utilização dos créditos relativos às operações antecedentes, nos termos dos arts. 47 a 56 desta Lei Complementar.

§ 3º O disposto no *caput* se aplica também à operação com bem material intermediário submetido a industrialização por encomenda, em relação ao valor adicionado na industrialização.

Art. 449. Fica concedido à indústria incentivada na Zona Franca de Manaus, sujeita ao regime regular do IBS e da CBS, crédito presumido de IBS relativo à aquisição de bem intermediário produzido na referida área, desde que o bem esteja contemplado pela redução a zero de alíquota estabelecida pelo art. 448 desta Lei Complementar e seja utilizado para incorporação ou consumo na produção de bens finais.

§ 1º O crédito presumido de que trata o *caput* será calculado mediante aplicação do percentual de 7,5% (sete inteiros e cinco décimos por cento) sobre o valor da operação contemplada pela redução a zero da alíquota do IBS estabelecida pelo art. 448 desta Lei Complementar.

§ 2º No momento do retorno ao encomendante, de bens submetidos a industrialização por encomenda, o crédito presumido de que trata o *caput* se aplica, tão somente, ao valor agregado neste processo de industrialização.

Art. 450. Ficam concedidos à indústria incentivada na Zona Franca de Manaus créditos presumidos de IBS e de CBS relativos à operação que destine ao território nacional, inclusive para a própria Zona Franca de Manaus, bem material produzido pela própria indústria incentivada na referida área nos termos do projeto econômico aprovado, exceto em relação às operações previstas no art. 447 desta Lei Complementar.

§ 1º O crédito presumido de IBS de que trata o *caput* será calculado mediante a aplicação dos seguintes percentuais sobre o saldo devedor do IBS no período de apuração:

I – 55% (cinquenta e cinco por cento) para bens de consumo final;

II – 75% (setenta e cinco por cento) para bens de capital;

III – 90,25% (noventa inteiros e vinte e cinco centésimos por cento) para bens intermediários; e

IV – 100% (cem por cento) para bens de informática e para os produtos que a legislação do Estado do Amazonas, até 31 de dezembro de 2023, estabeleceu crédito estímulo de ICMS neste percentual.

§ 2º O crédito presumido de CBS de que trata o *caput* será calculado mediante aplicação dos seguintes percentuais sobre o valor da operação registrado em documento fiscal idôneo:

I – 6% (seis por cento) na venda de produtos, nos termos do art. 454 desta Lei Complementar; ou

II – 2% (dois por cento) nos demais casos.

§ 3º O disposto no *caput* não se aplica a operações:

I – não sujeitas à incidência ou contempladas por hipóteses de isenção, alíquota zero, suspensão ou diferimento do IBS e da CBS; e

II – com bens não contemplados pelo regime favorecido da Zona Franca de Manaus, previstos no art. 441 desta Lei Complementar.

§ 4º Aos adquirentes dos bens de que trata o *caput* sujeitos ao regime regular do IBS e da CBS, é garantida a apropriação e a utilização integral dos créditos relativos ao IBS e à CBS pelo valor dos referidos tributos incidentes sobre a operação registrados em documento fiscal idôneo, observadas as regras previstas nos arts. 47 a 56 desta Lei Complementar.

§ 5º No caso de vendas para a União em que as alíquotas do IBS estejam sujeitas à redução de que trata a alínea "a" do inciso I do § 1º do art. 473, poderá ser apropriado o crédito presumido de IBS de que trata o § 1º deste artigo, considerando-se, exclusivamente para fins do cálculo do referido crédito presumido, a apuração de saldo devedor de IBS com base nas alíquotas que seriam aplicáveis à operação caso não houvesse a redução a zero.

TÍTULO I – DA ZONA FRANCA DE MANAUS, DAS ÁREAS DE LIVRE COMÉRCIO   Art. 453

> **Art. 451.** Ficam reduzidas a zero as alíquotas da CBS incidentes sobre as operações realizadas por pessoas jurídicas estabelecidas na Zona Franca de Manaus com bem material de origem nacional ou com serviços prestados fisicamente, quando destinadas a pessoa física ou jurídica localizadas dentro da referida área.
>
> **Parágrafo único.** O contribuinte que realizar as operações de que trata o *caput* poderá apropriar e utilizar os créditos relativos às operações antecedentes, observado o disposto nos arts. 47 a 56 desta Lei Complementar.
>
> **Art. 452.** Os créditos presumidos de IBS e de CBS estabelecidos pelos arts. 444, 447, 449 e 450 desta Lei Complementar somente poderão ser utilizados para compensação, respectivamente, com o valor do IBS e da CBS devidos pelo contribuinte, vedada a compensação com outros tributos e o ressarcimento em dinheiro.
>
> **Parágrafo único.** O direito à utilização dos créditos presumidos de que trata o *caput* extingue-se após 5 (cinco) anos, contados do primeiro dia do mês subsequente àquele em que ocorrer sua apropriação.

COMENTÁRIOS

Os créditos presumidos de que cuidam os arts. 444, 447, 449 e 450 não são inerentes à sistemática da não cumulatividade, ou pelo menos não são gerados por ela. São, como o nome indica, presumidos, prestando-se a incentivar atividades realizadas no âmbito da Zona Franca de Manaus. São aproveitados, ou compensados, no âmbito da não cumulatividade do IBS e da CBS, embora não sejam gerados por ela (porque não decorrem de recolhimentos anteriores). A ideia, com eles, é fazer com que contribuintes situados na ZFM não sejam prejudicados com a extinção de tributos como o ICMS e o IPI (que permanece com alíquotas incidentes apenas sobre atividades havidas na ZFM).

A lógica, como se viu de comentários a artigos anteriores, é desonerar operações destinadas à ZFM, mas não fazer com que isso termine apenas diferindo o IBS e a CBS, que deixariam de ser cobrados dos que remetem bens para a ZFM. Daí as operações serem submetidas a alíquota zero, mas ainda assim gerarem créditos presumidos. Evita-se que o benefício se transforme em mero diferimento. Mas, como não se trata de crédito inerente a incidências anteriores efetivas, procede-se à restrição temporal aqui prevista, além de se vedar a transmudação do crédito, de meramente escritural (inerente à não cumulatividade) para patrimonial (passível de ressarcimento em dinheiro ou compensação com outros tributos).

Além dos créditos presumidos, há por igual a previsão de alíquota zero, com manutenção dos créditos inerentes às operações anteriores, no que tange a vendas feitas internamente, na própria ZFM (arts. 448 e 451). Trata-se de redução destinada a incentivar o desenvolvimento da região e compensar, de algum modo, os já apontados efeitos decorrentes da mudança na tributação do consumo, não só com extinção de vários tributos e criação de novos, sujeitos a regime diverso, como especialmente pela definição do destino como critério para determinação da alíquota e do credor do IVA-Dual.

> **Art. 453.** As operações com bens e serviços ocorridas dentro da Zona Franca de Manaus ou destinadas à referida área, inclusive importações, que não estejam contempladas pelo disposto nos arts. 443, 445, 446 e 448 desta Lei Complementar sujeitam-se à incidência do IBS e da CBS com base nas demais regras previstas nesta Lei Complementar.

COMENTÁRIOS

Em esclarecimento desnecessário, o artigo em comento destaca que as operações às quais o disposto nos arts. 443, 445, 446 e 448 não se aplica sujeitam-se ao IBS e à CBS nos

Art. 454

termos das demais regras previstas nesta lei complementar. Ou seja, quando eles não forem aplicáveis, como regras especiais, aplicam-se as regras gerais. Consequência óbvia de noção de teoria do direito, ou mesmo de teoria das normas: no que a norma especial não incide, incidem as normas mais gerais. É preciso lembrar, contudo, também do disposto no art. 451, no que tange à incidência da CBS, dada a previsão de alíquota zero, ali constante, para as operações realizadas por pessoas jurídicas estabelecidas na Zona Franca de Manaus com bem material de origem nacional ou com serviços prestados fisicamente, quando destinadas a pessoa física ou jurídica localizadas dentro da referida área.

> **Art. 454.** A partir de 1º de janeiro de 2027, as alíquotas do IPI ficam reduzidas a zero para produtos sujeitos a alíquota inferior a 6,5% (seis inteiros e cinco décimos por cento) prevista na Tabela de Incidência do Imposto sobre Produtos Industrializados – Tipi vigente em 31 de dezembro de 2023 e que tenham:
>
> I – sido industrializados na Zona Franca de Manaus no ano de 2024; ou
>
> II – projeto técnico-econômico aprovado pelo Conselho de Administração da Suframa (CAS) entre 1º de janeiro de 2022 e a data de publicação desta Lei.
>
> § 1º Serão beneficiados por crédito presumido de CBS, nos termos do inciso I do § 2º do art. 450 desta Lei Complementar os produtos:
>
> I – de que trata o *caput* deste artigo ou
>
> II – ~~que obedeçam aos critérios previstos nos incisos I e II do *caput* e estejam sujeitos à alíquota zero de IPI prevista na Tabela de Incidência do Imposto sobre Produtos Industrializados – Tipi vigente em 31 de dezembro de 2023.~~ (VETADO)
>
> § 2º A redução a zero das alíquotas a que se refere o *caput* deste artigo não alcança os produtos enquadrados como bem de tecnologia da informação e comunicação, conforme regulamentação do art. 16-A da Lei nº 8.248, de 23 de outubro de 1991.
>
> § 3º O Poder Executivo da União divulgará a lista dos produtos cuja alíquota de IPI tenha sido reduzida a zero nos termos deste artigo e do art. 126, inciso III, alínea "a", do ADCT.

 COMENTÁRIOS

O presente artigo segue lógica diversa da que será aplicável à generalidade dos empreendimentos incentivados situados na Zona Franca: a de continuarem a se submeter normalmente às alíquotas do IPI, mas com isenção, de modo a gerarem créditos deste imposto aos seus adquirentes situados em outras partes do País, que o terão zerado, e poderão compensar o saldo credor com outros tributos federais (veja-se o art. 126, III, *a*, do ADCT). No caso dos produtos atualmente onerados com alíquota inferior a 6,5%, optou-se por igualmente zerar a alíquota do imposto, concedendo-se em contrapartida o crédito presumido de CBS previsto no art. 450, § 2º, I, desta lei complementar.

> **Art. 455.** Em relação a bens sem similar nacional cuja produção venha a ser instalada na Zona Franca de Manaus:
>
> I – o crédito presumido de CBS de que trata o art. 450 desta Lei Complementar será calculado mediante aplicação do percentual estabelecido pelo inciso I do § 2º do referido artigo; ou
>
> II – a alíquota do IPI será de, no mínimo, 6,5% (seis inteiros e cinco décimos por cento), podendo o chefe do Poder Executivo da União majorá-la ou restabelecê-la, atendidas as seguintes condições:

TÍTULO I – DA ZONA FRANCA DE MANAUS, DAS ÁREAS DE LIVRE COMÉRCIO — Art. 455

> a) a majoração da alíquota será de, no máximo, trinta pontos percentuais;
>
> b) a alíquota resultante do restabelecimento não poderá ser inferior à prevista no inciso II do *caput* deste artigo;
>
> c) a redução ou restabelecimento não poderá ser efetivada antes de decorridos 60 (sessenta) meses da fixação ou majoração da alíquota do IPI;
>
> d) a redução deverá ser feita de forma gradual, limitada a, no máximo, cinco pontos percentuais por ano.
>
> § 1º No caso de bens com similar nacional cuja produção venha a ser instalada na Zona Franca de Manaus, ficam assegurados os incentivos tributários de que trata esta Lei, salvo os previstos nos incisos I e II do *caput* deste artigo.
>
> § 2º Aplicam-se as condições previstas no inciso II do *caput* e suas alíneas para os produtos industrializados na Zona Franca de Manaus que possuam alíquota positiva de IPI.

 COMENTÁRIOS

O IPI terá sua alíquota zerada para todos os produtos, relativamente a fatos geradores havidos em qualquer outra parte do território nacional, ressalvada apenas a Zona Franca de Manaus, no âmbito da qual existe isenção desse imposto. A ideia (veja-se o art. 126, III, *a*, do ADCT), é que os produtos remetidos da ZFM para outras áreas do território nacional gerarão a seus adquirentes crédito, o qual, por não ter como ser compensado (pois para eles não haverá mais débito do IPI), poderá ser compensado com outros tributos federais ou ressarcido em dinheiro. Daí a fixação pelo Poder Executivo (como é o ordinário em relação ao IPI) da alíquota em até 36,5% (a majoração de até trinta pontos percentuais do montante já aqui fixado de 6,5%), teto aqui legalmente estabelecido. Aliás, embora a alíquota do IPI possa ser estabelecida por ato infralegal, devem-se observar os limites máximos e mínimos previstos em lei (CF/1988, art. 153, § 1º), limite este aqui fixado, para produtos que passarem a ser fabricados na ZFM sem que até então existam similares nacionais, em 36,5%.

Caso haja similar nacional, sendo fabricado em outras partes do país, o artigo não explicita o tratamento a ser dado àqueles que se instalem na ZFM. Aduz apenas que a eles se asseguram "os incentivos de que trata esta lei", excepcionados os deste artigo 455. Pela teoria geral das normas, aplicam-se assim as disposições ordinárias atinentes ao IPI, com as alíquotas estabelecidas para cada produto. Assim, se sua alíquota, prevista em dezembro de 2023, for inferior a 6,5%, aplica-se o disposto no artigo anterior (art. 454). Se for superior ou igual a 6,5%, aplica-se a alíquota especificamente prevista, respeitando-se o art. 462, ou seja, sem se exigir o imposto, em face de isenção, mas ainda assim gerando créditos de IPI (compensáveis com outros tributos federais) aos adquirentes situados em outras áreas do território nacional. Subentende-se, contudo, que essa alíquota de IPI, igual ou superior a 6,5%, há de ser por igual inferior a 30%. Do contrário, não faria sentido fixar esse teto em 30% para produtos sem similar nacional, deixando aquele com similares nacionais preexistentes sujeito a benefício ainda maior. Recorde-se que a alíquota de IPI aplicável à ZFM, em função da isenção concedida à região, e à sistemática adotada com a reforma tributária (ADCT, art. 126, III, *a*), é em verdade indicativa do benefício concedido: quanto maior, mais elevado o crédito concedido aos adquirentes.

Pode parecer um paradoxo que, com a reforma tributária, IBS e CBS estejam projetados para suceder ICMS, IPI, ISS, PIS e Cofins, mas o IPI não seja propriamente extinto, mas "zerado" em suas alíquotas. E, pior: estabelecendo-se que as alíquotas só não serão zeradas, continuando a incidir pelos percentuais atuais, em relação a operações ocorridas na Zona

Franca de Manaus, a qual, pelo texto constitucional, deveria ser incentivada, e não onerada de maneira adicional ao restante do País.

Mas o paradoxo é apenas aparente. Trata-se de uma estratégia ou saída para manter o incentivo à Zona Franca, diante do novo "IVA-Dual" (IBS+CBS), que tem alíquota unificada, sendo neutro, e que adota o "princípio do destino". A neutralidade das alíquotas, somada ao fato de que o tributo é devido pela alíquota fixada no Estado e no Município do destino (no caso do IBS), faz com que, com a reforma, gradualmente o incentivo de instalar-se na Zona Franca de Manaus desapareça. Não importa onde estiver instalada, a indústria pagará o IVA-Dual pela alíquota fixada ao ente federativo de destino.

Contudo, quando todo o restante dos industriais no Brasil continua em tese submetido ao IPI, só que "com alíquota zero", ao passo que os contribuintes estabelecidos na ZFM se submetem ao imposto pela alíquota normalmente prevista para os produtos que industrializam, estes geram crédito de IPI àqueles que deles adquirem tais produtos (ou insumos, ou matérias-primas). Como os adquirentes não têm como aproveitar os créditos, por serem suas saídas sujeitas a alíquota zero de IPI, passam a aproveitá-lo nos termos do art. 11 da Lei 9.779/1999, que estabelece:

> Art. 11. O saldo credor do Imposto sobre Produtos Industrializados – IPI, acumulado em cada trimestre-calendário, decorrente de aquisição de matéria-prima, produto intermediário e material de embalagem, aplicados na industrialização, inclusive de produto isento ou tributado à alíquota zero, que o contribuinte não puder compensar com o IPI devido na saída de outros produtos, poderá ser utilizado de conformidade com o disposto nos arts. 73 e 74 da Lei 9.430, de 27 de dezembro de 1996, observadas normas expedidas pela Secretaria da Receita Federal do Ministério da Fazenda.

Ou seja, para as empresas situadas na Zona Franca de Manaus, a isenção do IPI continua sendo vantajosa, pois faz com que gerem créditos – a serem compensados com outros tributos federais – no montante do IPI que pagariam se não fossem isentas por estarem na Zona Franca.

A isenção, por sua vez, por se tratar de isenção regional, destinada apenas a contribuintes situados na Zona Franca, neste caso não impõe a quem adquire o produto o estorno do crédito correspondente, que é calculado pela alíquota aplicável (já que todas foram zeradas, salvo as aplicáveis à ZFM), algo expressamente explicitado na Lei 9.779/1999, art. 11, transcrita *supra*.

Com efeito, acolhendo tese há muito defendida por Hugo de Brito Machado, o Supremo Tribunal Federal entendeu que, conquanto operações tributadas com alíquota zero não gerem crédito de IPI para quem adquire os produtos, o mesmo não se dá em se tratando de isenções regionais. Primeiro, porque há uma alíquota a partir da qual se pode calcular o crédito, o que inocorre em se tratando de alíquota zero. Segundo, porque, do contrário, a isenção regional perderia inteiramente a razão de ser. Confira-se, a propósito, a seguinte ementa:

> Tributário. Repercussão geral. Imposto sobre Produtos Industrializados – IPI. Creditamento na aquisição direta de insumos provenientes da Zona Franca de Manaus. Artigos 40, 92 e 92-A do ADCT. Constitucionalidade. Artigos 3º, 43, § 2º, III, 151, I, e 170, I e VII, da Constituição Federal. Inaplicabilidade da regra contida no artigo 153, § 3º, II, da Constituição Federal à espécie. O fato de os produtos serem oriundos da Zona Franca de Manaus reveste-se de particularidade suficiente a distinguir o presente feito dos anteriores julgados do Supremo Tribunal Federal sobre o creditamento do IPI quando em jogo medidas desonerativas. O tratamento constitucional conferido aos incentivos fiscais direcionados para sub-região de Manaus é especialíssimo. A isenção do IPI em

TÍTULO I – DA ZONA FRANCA DE MANAUS, DAS ÁREAS DE LIVRE COMÉRCIO   Art. 456

prol do desenvolvimento da região é de interesse da federação como um todo, pois este desenvolvimento é, na verdade, da nação brasileira. A peculiaridade desta sistemática reclama exegese teleológica, de modo a assegurar a concretização da finalidade pretendida. À luz do postulado da razoabilidade, a regra da não cumulatividade esculpida no artigo 153, § 3º, II da Constituição, se compreendida como uma exigência de crédito presumido para creditamento diante de toda e qualquer isenção, cede espaço para a realização da igualdade, do pacto federativo, dos objetivos fundamentais da República Federativa do Brasil e da soberania nacional. Recurso Extraordinário desprovido.[1]

Nessa ordem de ideias, idealizou-se a sistemática, para manter o incentivo à Zona Franca, de reduzir para zero o IPI incidente sobre todos os fatos geradores no País, salvo na Zona Franca, mantendo-se a isenção à região. Assim, empresas nela situadas, vendendo a contribuintes localizados em outras partes do país, propiciam a eles créditos que podem ser compensados ou restituídos nos termos da Lei 9.430/1996, art. 74, além dos demais incentivos de IBS e CBS previstos nesta Lei Complementar.

> **Art. 456.** A redução da arrecadação do IBS e da CBS decorrente dos benefícios previstos neste Capítulo, inclusive em decorrência dos créditos presumidos previstos nos arts. 444, 447, 449 e 450 desta Lei Complementar, deverá ser considerada para fixação das alíquotas de referência.

 COMENTÁRIOS

Durante as discussões sobre a reforma tributária, tornou-se um consenso que qualquer tipo de benefício fiscal, redução de alíquota ou tratamento diferenciado acabará, inevitavelmente, exigindo um aumento na alíquota de referência. Essa é a ideia principal refletida neste artigo, que, na prática, não possui grande valor normativo ou jurídico. O texto parece expressar o desconforto do redator, que, nas negociações políticas, teve que aceitar a criação de regimes especiais ou diferenciados, os chamados "benefícios fiscais".

O raciocínio é simples: se seis pessoas compartilham a conta de um jantar, o valor que cada uma paga será menor do que no cenário em que uma delas eximir-se de pagar, ou pagar menos, o que levará a que o peso sobre as outras seja majorado. Quanto mais pessoas forem dispensadas, maior será a conta para as que restarem. No entanto, essa comparação é simplista e não reflete a complexidade de uma economia real. Em um restaurante, os clientes apenas consomem e pagam, sem gerar algo que altere o valor da conta. Já em um cenário econômico mais complexo, uma redução de tributo pode estimular a atividade econômica, aumentando, assim, a arrecadação. Esse é o conceito subjacente à "Curva de Laffer".

Considere, ilustrativamente, uma empresa que vende bolsas de couro. Se uma bolsa é vendida por R$ 800,00 e a empresa fatura R$ 8.000,00 ao vender 10 bolsas por mês, não é garantido que, aumentando o preço para R$ 1.000,00, o faturamento suba para R$ 10.000,00. Da mesma forma, se o preço for reduzido para R$ 600,00, o faturamento não necessariamente cairá para R$ 6.000,00. Pode ser que, ao vender as bolsas a R$ 600,00, a empresa consiga vender 15 unidades, elevando seu faturamento para R$ 9.000,00. O mesmo raciocínio vale para a alíquota de um tributo e a arrecadação correspondente. Por isso, é simplista usar os benefícios

---

[1] STF, Pleno, RE 592.891, Rel. Min. Rosa Weber, *DJe-204*, publicado em 20.09.2019.

fiscais mencionados nesta seção como justificativa para aumentar a alíquota. Dada a base ampla do IBS e da CBS, que abarcará praticamente todas as operações, é crucial lembrar, mesmo que isso não seja enfatizado com frequência no texto da lei, que a alíquota de referência deve ser ajustada para baixo se a arrecadação superar as expectativas. Afinal, não há como prever com certeza quanto será efetivamente arrecadado com o IVA-Dual.

> **Art. 457.** O Estado do Amazonas poderá instituir contribuição de contrapartida semelhante àquelas existentes em 31 de dezembro de 2023, desde que destinadas ao financiamento do ensino superior, ao fomento da micro, pequena e média empresa e da interiorização do desenvolvimento, conforme previsão do *caput* do art. 92-B do ADCT da Constituição Federal, devendo observar que:
>
> I – o percentual da contrapartida prevista no *caput* será de 1,5% (um ponto e meio percentual), calculado sobre o faturamento das indústrias incentivadas;
>
> II – a contrapartida a que se refere o *caput* será cobrada a partir do ano de 2033, quando do fim da transição prevista nos arts. 124 a 133 do Ato das Disposições Constitucionais Transitórias;
>
> III – no ano de 2033, a cobrança da contrapartida prevista no *caput* será equivalente a 10% (dez por cento) do percentual previsto no Inciso I, ficando o complemento de 90% (noventa por cento) a cargo da recomposição prevista no art. 131, § 1º, II do Ato das Disposições Constitucionais Transitórias;
>
> IV – de 2034 a 2073, o percentual da cobrança da contrapartida prevista no *caput* será acrescido à razão de 1/45 (um quarenta e cinco avos) por ano ao percentual aplicado no ano de 2033, ficando o complemento à cargo da recomposição prevista no art. 131, § 1º, III do Ato das Disposições Constitucionais Transitórias.

 COMENTÁRIOS

Com a promessa de unificar e simplificar tributos, a reforma tributária levada a efeito pela EC 132/2023 terminou por permitir aos Estados-membros criar mais uma "contribuição". Quebrou ainda mais a racionalidade e a sistematicidade do quadro-geral de tributos e de competências, possibilitando aos entes federativos criarem exação a ser "autorizada" pelas leis criadoras do IBS e da CBS, nos moldes do art. 92-B do ADCT:

> Art. 92-B. As leis instituidoras dos tributos previstos nos arts. 156-A e 195, V, da Constituição Federal estabelecerão os mecanismos necessários, com ou sem contrapartidas, para manter, em caráter geral, o diferencial competitivo assegurado à Zona Franca de Manaus pelos arts. 40 e 92-A e às áreas de livre comércio existentes em 31 de maio de 2023, nos níveis estabelecidos pela legislação relativa aos tributos extintos a que se referem os arts. 126 a 129, todos deste Ato das Disposições Constitucionais Transitórias.

A ideia, na teoria, é de que Poder Público e iniciativa privada contribuam com investimentos destinados a desenvolver as referidas regiões, no longo prazo. Daí a destinação ao ensino superior, ao microempreendedorismo e à interiorização.

CAPÍTULO II
DAS ÁREAS DE LIVRE COMÉRCIO

> **Art. 458.** Os benefícios relativos às Áreas de Livre Comércio estabelecidos neste Capítulo aplicam-se até a data estabelecida pelo art. 92-A do ADCT.

TÍTULO I – DA ZONA FRANCA DE MANAUS, DAS ÁREAS DE LIVRE COMÉRCIO Art. 460

> **Art. 459.** Para fins do disposto nesta Lei Complementar, as seguintes áreas de livre comércio ficam contempladas com regime favorecido:
>
> I – Tabatinga, no Amazonas, criada pela Lei nº 7.965, de 22 de dezembro de 1989;
>
> II – Guajará-Mirim, em Rondônia, criada pela Lei nº 8.210, de 19 de julho de 1991;
>
> III – Boa Vista e Bonfim, em Roraima, criadas pela Lei nº 8.256, de 25 de novembro de 1991;
>
> IV – Macapá e Santana, no Amapá, criada pelo art. 11 da Lei nº 8.387, de 30 de dezembro de 1991; e
>
> V – Brasiléia, com extensão a Epitaciolândia, e Cruzeiro do Sul, no Acre, criadas pela Lei nº 8.857, de 8 de março de 1994.

 COMENTÁRIOS

Áreas de Livre Comércio situam-se nas fronteiras internacionais do Brasil, como se percebe das indicadas neste artigo (cidades de fronteira do Amazonas, Rondônia, Roraima, Amapá e Acre), e se sujeitam a benefícios fiscais semelhantes aos aplicáveis à Zona Franca de Manaus.

A finalidade de tais benefícios é semelhante à dos concedidos à ZFM, fortalecendo a economia de tais cidades, incentivando-as, de modo a consolidar a presença do Estado em suas fronteiras. Com a sucessão de IPI, ICMS, ISS, PIS e Cofins pelo IBS, CBS e IS, esta lei complementar não poderia deixar de dar tratamento específico a essas áreas, como faz com a ZFM, assunto do qual tratam os artigos seguintes.

> **Art. 460.** Nos termos definidos em regulamento, é condição para habilitação aos incentivos fiscais das Áreas de Livre Comércio:
>
> I – a inscrição específica em cadastro da Superintendência da Zona Franca de Manaus – Suframa, para a pessoa jurídica que desenvolva atividade comercial ou fornecimento de serviços; e
>
> II – a inscrição específica e aprovação de projeto técnico-econômico pelo Conselho de Administração da Suframa para desenvolvimento de atividade de industrialização de produtos em cuja composição final haja preponderância de matérias-primas de origem regional, provenientes dos segmentos animal, vegetal, mineral, exceto os minérios do Capítulo 26 da NCM/SH, ou agrossilvopastoril, observada a legislação ambiental pertinente.
>
> § 1º No processo de aprovação dos projetos de que trata este artigo, deverá ser ouvido o Poder Executivo do Estados em que localizada a Área de Livre Comércio.
>
> § 2º A Suframa disciplinará os critérios para caracterização da preponderância de matéria-prima de origem regional na composição final do produto de que que trata o inciso II do *caput*.

 COMENTÁRIOS

Tal como se dá com a Zona Franca de Manaus, para a fruição de benefícios não basta estar geograficamente situado na região. É preciso tratar-se de empreendimento que atenda a certos requisitos, sendo inscrito junto aos órgãos competentes e tendo projeto econômico (da atividade a ser ali desenvolvida) por eles aprovado. Quanto ao disposto no *caput* deste artigo, em mais um exemplo de prodigalidade na delegação, recorde-se que o regulamento não pode dispor sobre condições para que alguém tenha o direito subjetivo aos benefícios inerentes a uma área de livre comércio: cumpre-lhe regular o procedimento para pleitear os

397

benefícios, não condições materiais ao seu gozo. Lembre-se de que a regra inerente a um benefício fiscal equivale a uma regra de tributação virada ao contrário: do mesmo modo que o regulamento não pode criar situações nas quais o tributo será devido, não pode fazê-lo para inventar novas hipóteses em que o incentivo não será concedido. O mesmo pode ser dito da disciplina dos critérios para caracterização da preponderância de matéria-prima de origem regional: dentro de uma margem razoável, a Suframa pode fazê-lo, o que não quer dizer que tenha total arbítrio nessa fixação, até mesmo para dizer que a preponderância exige que 100% da matéria-prima seja regional, o que não seria preponderância, mas exclusividade.

> **Art. 461.** Fica suspensa a incidência do IBS e da CBS na importação de bem material realizada por indústria habilitada na forma do inciso II do *caput* do art. 460 desta Lei Complementar e sujeita ao regime regular do IBS e da CBS para incorporação em seu processo produtivo.
>
> § 1º Não se aplica a suspensão de que trata o *caput* às importações de: I – bens de que trata o art. 441 desta Lei Complementar; e
>
> II – bens de uso e consumo pessoal de que trata o art. 57 desta Lei Complementar, salvo se demonstrado que são necessários ao desenvolvimento da atividade econômica do contribuinte vinculada ao projeto econômico aprovado.
>
> § 2º A suspensão de que trata o *caput* converte-se em isenção:
>
> I – quando os bens importados forem consumidos ou incorporados em processo produtivo do importador na respectiva Área de Livre Comércio;
>
> II – após a depreciação integral do bem ou a permanência por 48 (quarenta e oito) meses no ativo imobilizado do estabelecimento adquirente, o que ocorrer primeiro.
>
> § 3º Caso os bens importados com a suspensão de que trata o *caput* sejam remetidos para fora da Área de Livre Comércio antes da conversão em isenção de que trata o § 2º, o importador deverá recolher os tributos suspensos com os acréscimos legais cabíveis, na forma do § 2º do art. 29 desta Lei Complementar, permitida a apropriação e utilização de créditos na forma dos arts. 47 a 56 desta Lei Complementar em relação aos valores efetivamente pagos, exceto em relação aos acréscimos legais cabíveis.

COMENTÁRIOS

Remete-se a leitora, aqui, aos comentários ao art. 443, *supra*, atinente à disposição semelhante, mas aplicável à ZFM. O que se comentou ao referido artigo aplica-se, *mutatis mutandis*, às Áreas de Livre Comércio. Trata-se de redução condicionada (suspensão), com a possibilidade de cobrança do IBS e da CBS caso a condição não se verifique. Atente-se principalmente à regra sobre os bens de "uso e consumo pessoal". Como consignado nos comentários ao art. 443, a regra, aqui repetida, evidencia a inadequação, pela demasiada amplitude, da definição do que sejam bens destinados a uso ou consumo pessoais, nos termos do art. 57 desta lei, pois veda que sua aquisição possa ocorrer com suspensão do IBS e da CBS, *salvo se demonstrado que são necessários ao desenvolvimento da atividade do contribuinte vinculada ao projeto econômico aprovado*. Ora, se forem necessários ao desenvolvimento da atividade, não serão destinados a uso e consumo pessoal! Mas o fato de poderem em tese ser necessários, mas estarem enquadrados naqueles indicados no art. 57, mostra o quão indevidamente ampla é a definição do art. 57, a cujos comentários se remete a leitora.

> **Art. 462.** Fica concedido ao contribuinte habilitado na forma do art. 460 e sujeito ao regime regular ou ao Simples Nacional crédito presumido de IBS relativo à importação de bem material para revenda presencial na Área de Livre Comércio.

TÍTULO I – DA ZONA FRANCA DE MANAUS, DAS ÁREAS DE LIVRE COMÉRCIO   Art. 463

§ 1º O crédito presumido de que trata o *caput* será calculado mediante aplicação de percentual correspondente 50% (cinquenta por cento) da alíquota do IBS aplicável na importação.

§ 2º O crédito presumido de que trata este artigo deverá ser deduzido do valor do IBS devido na importação.

§ 3º Ao importador dos bens de que trata o *caput* sujeito ao regime regular do IBS, é garantida a apropriação e a utilização dos créditos integrais de IBS pelo valor do tributo incidente na importação, observadas as regras previstas nos arts. 47 a 56 desta Lei Complementar.

§ 4º O importador deverá recolher IBS corresponde ao valor do crédito presumido deduzido do valor devido na importação com os acréscimos legais cabíveis, na forma dos § 2º do art. 29, desde a data da importação, caso:

I – a revenda não cumpra a exigência disposta no *caput*;

II – não se comprove o ingresso do bem no estabelecimento de destino na Área de Livre Comércio nos prazos estabelecidos em regulamento; e

II – o bem seja revendido para fora da Área de Livre Comércio ou transferido para fora da Área de Livre Comércio.

§ 5º ~~No caso do § 4º, será permitida a apropriação de crédito do IBS, exceto em relação aos acréscimos legais, observadas as regras previstas nos arts. 47 a 56 desta Lei Complementar.~~ (VETADO)

 COMENTÁRIOS

Remete-se a leitora aos comentários ao art. 444 desta Lei, disposição bastante semelhante à presente, com a distinção de ser aplicável à Zona Franca de Manaus, ao passo que aqui se cuidam de áreas de livre-comércio. Mas o que se prescreve, relativamente a ambas, é basicamente a mesma coisa.

Art. 463. Ficam reduzidas a zero as alíquotas do IBS e da CBS incidentes sobre operação originada fora da área de livre comércio que destine bem material industrializado de origem nacional a contribuinte estabelecido na área de livre comércio que seja:

I – habilitado nos termos do art. 460 desta Lei Complementar; e

II – sujeito ao regime regular do IBS e da CBS ou optante pelo regime do Simples Nacional de que trata o art. 12 da Lei Complementar nº 123, de 14 de dezembro de 2006.

§ 1º O disposto no *caput* não se aplica às operações com bens de que trata o § 1º do art. 461 desta Lei Complementar.

§ 2º O contribuinte sujeito ao regime regular do IBS e da CBS que realiza as operações de que trata o *caput* poderá apropriar e utilizar créditos relativos às operações antecedentes, observado o disposto nos arts. 47 a 56 desta Lei Complementar.

§ 3º Deverão ser instituídos controles específicos para verificação da entrada nas Áreas de Livre Comércio dos bens de que trata o *caput*, nos termos do regulamento.

§ 4º Caso não haja comprovação de que os bens destinados às Áreas de Livre Comércio ingressaram no destino, nos prazos estabelecidos em regulamento, o contribuinte deverá recolher o valor de IBS e de CBS que seria devido caso não houvesse a redução a zero de alíquotas, com os acréscimos legais cabíveis nos termos do § 2º do art. 29 desta Lei Complementar.

COMENTÁRIOS

Remete-se a leitora, aqui, aos comentários ao art. 445, *supra*, atinente à disposição no todo análoga, mas aplicável à ZFM.

> **Art. 464.** O IBS incidirá sobre a entrada, no estado em que localizada a área de livre comércio, de bens materiais que tenham sido contemplados com a redução a zero de alíquotas nos termos do art. 463 desta Lei Complementar, exceto se destinados a indústria incentivada para utilização nas Áreas de Livre Comércio.
>
> § 1º Na hipótese de que trata o *caput*:
>
> I – o contribuinte do IBS será o destinatário da operação de que trata o *caput* do art. 463 desta Lei Complementar;
>
> II – a base de cálculo do imposto será o valor da operação de que trata o *caput* do art. 463 desta Lei Complementar;
>
> III – o IBS será cobrado mediante aplicação de alíquota correspondente a 70% (setenta por cento) da alíquota que incidiria na respectiva operação caso não houvesse a redução a zero estabelecida pelo art. 463 desta Lei Complementar.
>
> § 2º O valor do IBS pago na forma do inciso III do § 1º permitirá ao contribuinte a apropriação e a utilização do crédito do imposto, na forma dos arts. 47 a 56 desta Lei Complementar.
>
> § 3º O valor do IBS pago na forma do § 4º do art. 463 desta Lei Complementar permitirá ao contribuinte a apropriação e utilização do crédito do imposto na forma dos arts. 47 a 57 desta Lei Complementar, exceto em relação aos acréscimos legais.

 COMENTÁRIOS

Remete-se a leitora, aqui, aos comentários ao art. 446, *supra*, atinente a disposição no todo análoga, mas aplicável à ZFM

> **Art. 465.** Fica concedido ao contribuinte sujeito ao regime regular do IBS e da CBS e habilitado na forma do art. 460 desta Lei Complementar crédito presumido de IBS relativo à aquisição de bem material industrializado de origem nacional contemplado pela redução a zero da alíquota do IBS nos termos do art. 463 desta Lei Complementar.
>
> § 1º O crédito presumido de que trata o *caput* será calculado mediante aplicação dos seguintes percentuais sobre o valor da operação contemplada pela redução a zero da alíquota do IBS nos termos do art. 463 desta Lei Complementar:
>
> I – 7,5% (sete inteiros e cinco décimos por cento), no caso de bens provenientes das regiões Sul e Sudeste, exceto do Estado do Espírito Santo; e
>
> II – 13,5% (treze inteiros e cinco décimos por cento), no caso de bens provenientes das regiões Norte, Nordeste e Centro-Oeste e do Estado do Espírito Santo.
>
> § 2º O crédito presumido deverá ser estornado caso:
>
> I – não se comprove o ingresso do bem no estabelecimento de destino na Área de Livre Comércio nos prazos estabelecidos em regulamento, exigindo-se os acréscimos legais cabíveis nos termos do § 2º do art. 29;
>
> II – o bem seja revendido para fora da Área de Livre Comércio ou transferido para fora da Área de Livre Comércio, não se exigindo acréscimos legais caso o estorno seja efetuado tempestivamente.

TÍTULO I – DA ZONA FRANCA DE MANAUS, DAS ÁREAS DE LIVRE COMÉRCIO	Art. 469

Art. 466. Ficam reduzidas a zero as alíquotas da CBS incidentes sobre as operações realizadas por pessoas jurídicas estabelecidas na Área de Livre Comércio com bem material de origem nacional ou serviços prestados fisicamente, quando destinados a pessoa física ou jurídica localizadas dentro da referida área.

Parágrafo único. O contribuinte que realizar as operações de que trata o *caput* poderá apropriar e utilizar os créditos relativos às operações antecedentes, observado o disposto nos arts. 47 a 56 desta Lei Complementar.

Art. 467. Fica concedido à indústria sujeita ao regime regular de IBS e de CBS e habilitada na forma do inciso II do *caput* do art. 460 desta Lei Complementar créditos presumidos de CBS relativo à operação que destine ao território nacional bem material produzido pela própria indústria na referida área nos termos do projeto econômico aprovado.

§ 1º O crédito presumido de que trata o *caput* será calculado mediante aplicação do percentual de 6% (seis por cento) sobre o valor da operação registrado em documento fiscal idôneo.

§ 2º O disposto no *caput* não se aplica a operações:

I – não sujeitas à incidência ou contempladas por hipóteses de isenção, alíquota zero, suspensão ou diferimento da CBS;

II – com bens de que trata o art. 441 desta Lei Complementar.

§ 3º Aos adquirentes dos bens de que trata o *caput*, caso estejam sujeitos ao regime regular do IBS e da CBS, é garantida a apropriação integral dos créditos relativos à CBS pelo valor incidente na operação registrado em documento fiscal idôneo, observadas as regras previstas nos arts. 47 a 56 desta Lei Complementar.

Art. 468. Os créditos presumidos de IBS e de CBS estabelecidos pelos arts. 462, 465 e 467 desta Lei Complementar somente poderão ser utilizados para compensação, respectivamente, com valores de IBS e CBS devidos pelo contribuinte, vedada a compensação com outros tributos e o ressarcimento em dinheiro.

Parágrafo único. O direito à utilização dos créditos presumidos de que trata o *caput* extingue-se após 5 (cinco) anos, contados do primeiro dia do mês subsequente àquele em que ocorrer sua apropriação.

 COMENTÁRIOS

Remete-se a leitora, aqui, aos comentários aos arts. 447 a 452, *supra*, atinentes a disposições análogas, mas aplicáveis à ZFM.

Art. 469. Para fins deste Capítulo, em todas as operações entre partes relacionadas observar-se-á o disposto no § 4º do art. 12 desta Lei Complementar.

 COMENTÁRIOS

O art. 12, § 4º, desta Lei cuida da base de cálculo do IBS e da CBS, nas hipóteses em que faltar o valor da operação (ele não for informado), ou quando este valor não seja determinado, ou não esteja representado em dinheiro. Aplica-se também à hipótese de operação entre partes relacionadas, assim entendidas entidades sujeitas a um mesmo centro decisório. Sociedades comerciais de um mesmo grupo econômico, por exemplo. Presume-se em tais casos que o valor praticado nas operações realizadas entre elas pode até ser verdadeiro, no sentido de que corresponde ao montante realmente pago pela mercadoria ou pelo serviço, mas será artificialmente definido pelo fato de as partes estarem ligadas, levando à possibilidade de o seu preço não ser necessariamente o "de mercado".

Diante da redação do art. 12, § 4º, aplicável a qualquer operação entre partes relacionadas, a disposição deste art. 469 a rigor não seria necessária. Tem-se, contudo, reforço didático da aplicabilidade do tal dispositivo.

> **Art. 470.** A redução da arrecadação do IBS e da CBS decorrente dos benefícios previstos nesta Seção, inclusive em decorrência dos créditos presumidos previstos nos arts. 462, 465 e 467 desta Lei Complementar, deverá ser considerada para fixação das alíquotas de referência.

 COMENTÁRIOS

Tem sido uma constante, nos debates em torno da reforma tributária, que todo benefício, tratamento diferenciado, redução de alíquota etc., genericamente chamados "benefícios fiscais", implicarão necessariamente majoração da alíquota de referência. É basicamente essa a ideia que está refletida neste artigo, que a rigor não tem qualquer efeito normativo ou utilidade jurídica, salvo a de revelar o ranço do redator do texto, que o leva a todo o instante a dar esse recado, como a dar vazão ao inconformismo por ter tido de ceder, nos debates políticos, ao estabelecimento de regimes especiais ou diferenciados, ou, como queiram, "benefícios fiscais".

Parte-se, para tanto, da ideia, correta, de que se em uma mesa de restaurante, em que comem seis pessoas, se as seis dividirem a conta igualmente, ou conforme o consumo de cada uma, o valor a ser pago será menor do que se a uma delas se der o "benefício" de não pagar nada, ou de pagar menos que o devido. O ônus que recairá sobre as outras será evidentemente maior. Quanto mais pessoas da mesa forem dispensadas, maior será a conta para as que tiverem de dividi-la.

O problema é que esse exemplo, demasiadamente simplista, não reflete a economia em toda a sua complexidade. Na mesa do restaurante, as pessoas apenas consomem, e pagam por isso, sem nada produzir que possa alterar o valor da conta. Em um cenário econômico real e, nessa condição, complexo, uma redução de tributo pode levar a um incremento da atividade econômica, implicando aumento de arrecadação. Trata-se da ideia subjacente à chamada "Curva de Laffer".

Imagine-se, se se quiser continuar nos exemplos, uma empresa voltada à venda de óculos e relógios. Determinados óculos são vendidos a R$ 500,00, e o faturamento mensal da empresa com eles é de R$ 5.000,00, pois ela vende em média 10 óculos por mês. Não é certo que, se o preço for elevado para R$ 600,00, o faturamento será R$ 6.000,00, do mesmo modo que não é certo que uma redução para R$ 400,00 levará o faturamento para R$ 4.000,00. É possível que, por R$ 400,00, a empresa venda o dobro da quantidade de óculos, que assim ficarão mais baratos que os do concorrente, e seu faturamento, com a venda de 20 óculos em vez de 10, saltará para R$ 8.000,00.

A mesma coisa ocorre com a alíquota de um tributo e a arrecadação por ele gerada. Daí ser demasiadamente simplista usar os benefícios previstos nesta seção como apelo retórico para aumento de alíquota. É importante, neste ponto, ser coerente, ameaçando com reduções nessa alíquota a cada restrição arbitrária ao direito de crédito, por exemplo, em amesquinhamento à não cumulatividade, que consta desta lei, como as que figuram nos arts. 57, 199, 211, 226, 247 e 276, por exemplo, que simplesmente proíbem o crédito, e as inúmeras outras que condicionam o crédito ao "efetivo pagamento" ou mesmo ao "reconhecimento" do Fisco à luz do pagamento feito pelo elo anterior da cadeia, contrariando a Constituição.

TÍTULO I – DA ZONA FRANCA DE MANAUS, DAS ÁREAS DE LIVRE COMÉRCIO   Art. 471

A ausência dessas ameaças nestas e em outras hipóteses em que a acumulação ocorrerá, por defeitos desta lei, é indicadora do ranço presente em sua redação.

Diante da base bastante mais ampla do IBS e da CBS, que alcançarão praticamente tudo, é preciso ter em conta, por igual, embora isso não seja repetido com tanta intensidade no texto legal, que a alíquota de referência deverá ser *reduzida* se a arrecadação for superior à que está sendo estimada (e, na verdade, ninguém tem ideia, de modo antecipado, de quanto será arrecadado efetivamente com o IVA-Dual).

CAPÍTULO III
DA DEVOLUÇÃO DO IBS E DA CBS AO TURISTA ESTRANGEIRO

Art. 471. Ato Conjunto do Ministério da Fazenda e do Comitê Gestor do IBS poderá prever que o valor do IBS e da CBS incidentes sobre o fornecimento de bens materiais para domiciliado ou residente no exterior, realizado no País durante permanência inferior a 90 (noventa) dias, será devolvido a este no momento em que ocorrer sua saída do território nacional.

§ 1º A restituição do IBS e da CBS de que trata o *caput* observará o seguinte:

I – será aplicada apenas aos bens adquiridos constantes de sua bagagem acompanhada, durante o período de permanência do residente ou domiciliado no exterior, fornecidos por contribuintes habilitados;

II – será aplicada apenas às saídas por via aérea ou marítima;

III – poderá ser solicitada a comprovação física de que o bem objeto da devolução dos tributos consta na bagagem do domiciliado ou residente no exterior no momento de sua saída do território nacional; e

IV – poderá ser descontada do montante da devolução parcela para pagamento dos custos administrativos relacionados ao benefício de que trata este artigo.

§ 2º O Ministério da Fazenda e o Comitê Gestor do IBS regulamentarão o disposto neste artigo, inclusive em relação:

I – a outras condições a serem observadas para solicitação da devolução de que trata este artigo;

II – a forma de habilitação dos contribuintes de IBS e CBS de que trata o inciso I do § 1º;

III – a taxa de câmbio aplicável para fins do disposto no inciso IV deste parágrafo;

IV – ao limite da devolução, o qual não poderá ser inferior a US$ 1.000,00 (mil dólares norte-americanos);

V – à devolução, que terá como parâmetro o valor total de bens adquiridos por pessoa.

 COMENTÁRIOS

Seguindo padrão adotado por outros países que também possuem imposto sobre o valor acrescentado (IVA), estabelece-se, neste artigo, a possibilidade de devolução do imposto ao turista estrangeiro, quando de sua saída do País, relativamente aos valores que tiverem incidido sobre os bens por ele adquiridos durante sua estadia no Brasil.

Parte-se da premissa, nem sempre adotada de forma coerente, de que o "verdadeiro" contribuinte do tributo seria o consumidor, e, sendo ele estrangeiro, devolve-se o valor correspondente, seguindo-se a mesma lógica subjacente à desoneração das exportações.

Seria interessante, por coerência com essas disposições e com as alusivas ao *cashback*, dispor que também o consumidor final poderia pleitear a restituição do indébito, no caso de recolhimento indevido, em qualquer outra situação, a saber, independentemente de se tratar de estrangeiro de passagem pelo País.

Questionável, no caso deste artigo, e que se tem mostrado frequente nesta lei complementar, é o excesso de delegação ao Poder Executivo. A lei delega o delegável, como o estabelecimento das formalidades (obrigações acessórias) a serem seguidas pelo contribuinte que se desejar habilitar como capaz de gerar restituição ao turista (estabelecimentos *tax free* ou *tax refund*, como se vê no exterior), mas também o indelegável, porquanto confere ao Comitê Gestor do IBS e ao Ministério da Fazenda a faculdade de instituir ou não a sistemática de devolução, de fixar um teto, além de "outras condições" (quais?!) para o recebimento da restituição, em clara ofensa à legalidade tributária.

TÍTULO II
DAS COMPRAS GOVERNAMENTAIS

Art. 472. Nas aquisições de bens e serviços pela administração pública direta, por autarquias e por fundações públicas, as alíquotas do IBS e da CBS serão reduzidas, de modo uniforme, na proporção do redutor fixado:

I – de 2027 a 2033, nos termos do art. 370 desta Lei Complementar; e

II – a partir de 2034, no nível fixado para 2033.

Parágrafo único. Não se aplica o disposto neste artigo às aquisições que, cumulativamente, sejam efetuadas de forma presencial e sejam dispensadas de licitação, nos termos da legislação específica.

Art. 473. O produto da arrecadação do IBS e da CBS sobre as aquisições de bens e serviços pela administração pública direta, por autarquias e por fundações públicas será integralmente destinado ao ente federativo contratante, mediante redução a zero das alíquotas do IBS e da CBS devidos aos demais entes federativos e equivalente elevação da alíquota do tributo devido ao ente contratante.

§ 1º Para fins do atendimento ao disposto no *caput* deste artigo:

I – nas aquisições pela União:

a) serão reduzidas a zero as alíquotas do IBS dos demais entes federativos; e

b) será a alíquota da CBS fixada em montante equivalente à soma das alíquotas do IBS e da CBS incidentes sobre a operação, após a redução de que trata o art. 472 desta Lei Complementar;

II – nas aquisições por Estado:

a) serão reduzidas a zero a alíquota da CBS e a alíquota municipal do IBS; e

b) será a alíquota estadual do IBS fixada em montante equivalente à soma das alíquotas do IBS e da CBS incidentes sobre a operação, após a redução de que trata o art. 472 desta Lei Complementar;

III – nas aquisições por Município:

a) serão reduzidas a zero a alíquota da CBS e a alíquota estadual do IBS;

b) será a alíquota municipal do IBS fixada em montante equivalente à soma das alíquotas do IBS e da CBS incidentes sobre a operação, após a redução de que trata o art. 472 desta Lei Complementar; e

IV – nas aquisições pelo Distrito Federal:

a) será reduzida a zero a alíquota da CBS;

TÍTULO III – DISPOSIÇÕES TRANSITÓRIAS   Art. 474

> b) será a alíquota distrital do IBS fixada em montante equivalente à soma das alíquotas do IBS e da CBS incidentes sobre a operação, após a redução de que trata o art. 472 desta Lei Complementar.
>
> § 2º Não se aplica o disposto no *caput* e no § 1º deste artigo às aquisições que, cumulativamente, sejam efetuadas de forma presencial e sejam dispensadas de licitação, nos termos da legislação específica.
>
> § 3º Aplica-se o disposto neste artigo às importações efetuadas pela administração pública direta, por autarquias e por fundações públicas, assegurada a igualdade de tratamento em relação às aquisições no País.

 COMENTÁRIOS

As compras governamentais poderiam ter sido simplesmente beneficiadas com imunidade, ressalvando-se a manutenção dos créditos, tal como se faz com as exportações. Seria preferível a essa regulamentação assaz complexa, por meio da qual todas as alíquotas devidas aos demais entes – diversos do contratante – são zeradas, elevando-se ao patamar do que seria a alíquota total (a soma da alíquota de todos os entes federativos, não fosse a circunstância de serem zeradas) a alíquota aplicável à operação, de sorte que todo o tributo incidente reverta para os cofres da própria entidade adquirente, que paga pelo bem ou pelo serviço. Um caminho extenso e tortuoso para os recursos saírem de um bolso e entrarem no outro, resultado idêntico ao da imunidade.

O dispositivo estabelece sua aplicação também no que tange às importações, mas, neste caso, é de validade duvidosa a norma que determina a incidência do IBS e da CBS, por conta da imunidade recíproca. As imunidades subjetivas, assim entendidas as referidas nas alíneas *a*, *b* e *c* do art. 150, VI, da CF/1988, aplicam-se independentemente do tipo de imposto, se sobre o patrimônio e a renda, ou se sobre o consumo, ou o comércio exterior. No caso de aquisição no mercado interno, a entidade pública adquirente não é contribuinte de direito do tributo, logo sua imunidade, embora pudesse ter sido alargada por uma emenda constitucional, não o foi, então não impede a incidência. Mas, no caso de importação, sim, sendo de validade duvidosa, como dito, disposições, seja desta lei complementar, seja do texto constitucional obra do constituinte reformador (que deve obediência ao art. 60, § 4º, da CF), que determinem o contrário, ainda que para "destinar ao ente importador" todo o produto da arrecadação. Embora neste caso não haja diferença econômica entre reconhecer a imunidade ao comprador, no caso das entidades mencionadas nas demais alíneas (igrejas, partidos, entidades sem fins lucrativos), existe a diferença, sendo evidente o amesquinhamento da imunidade que lhes reconhece a Constituição.

TÍTULO III
DISPOSIÇÕES TRANSITÓRIAS

> **Art. 474.** Durante o período compreendido entre 2027 e 2032, os percentuais para incidência ou creditamento de IBS e de CBS previstos nos arts. 447, § 1º, 449, § 1º, e 465, § 1º, desta Lei Complementar serão reduzidos nas seguintes proporções:
>
> I – 9/10 (nove décimos), em 2029;
>
> II – 8/10 (oito décimos), em 2030;
>
> III – 7/10 (sete décimos), em 2031; e
>
> IV – 6/10 (seis décimos), em 2032.

Art. 475

 COMENTÁRIOS

As alíquotas de IBS e CBS serão gradualmente majoradas, no período de transição (2027 a 2032), paralelamente à redução gradual dos tributos que por eles serão sucedidos. Daí a disposição em comento, a estabelecer progressão análoga para os créditos presumidos. Conforme as alíquotas forem aumentando, os créditos o serão por igual.

CAPÍTULO I
DA AVALIAÇÃO QUINQUENAL

Art. 475. O Poder Executivo da União e o Comitê Gestor do IBS realizarão avaliação quinquenal da eficiência, eficácia e efetividade, enquanto políticas sociais, ambientais e de desenvolvimento econômico:

I – da aplicação ao IBS e à CBS dos regimes aduaneiros especiais, das zonas de processamento de exportação e dos regimes dos bens de capital do Reporto, do Reidi e do Renaval, de que trata o Título II do Livro I;

II – da devolução personalizada do IBS e da CBS, de que trata o Capítulo I do Título III do Livro I;

III – da Cesta Básica Nacional de Alimentos, de que trata o Capítulo II do Título III do Livro I;

IV – dos regimes diferenciados do IBS e da CBS, de que trata o Título IV do Livro I; e

V – dos regimes específicos do IBS e da CBS, de que trata o Título V do Livro I.

§ 1º A avaliação de que trata o *caput* deverá considerar, inclusive, o impacto da legislação do IBS e da CBS na promoção da igualdade entre homens e mulheres e étnico-racial.

§ 2º Para fins do disposto no inciso II do *caput*, a avaliação de que trata o *caput* deverá considerar o impacto sobre as desigualdades de renda.

§ 3º Para fins do disposto no inciso III do *caput*, a composição dos produtos que integram a Cesta Básica Nacional de Alimentos deve ter como objetivo garantir a alimentação saudável e nutricionalmente adequada, em observância ao direito social à alimentação, devendo satisfazer os seguintes critérios:

I – privilegiar alimentos in natura ou minimamente processados; e

II – privilegiar alimentos consumidos majoritariamente pelas famílias de baixa renda.

§ 4º Para fins do disposto no § 3º, consideram-se:

I – alimentos in natura ou minimamente processados, aqueles obtidos diretamente de plantas, de animais ou de fungos e adquiridos para consumo sem que tenham sofrido alterações após deixarem a natureza ou que tenham sido submetidos a processamentos mínimos sem adição de sal, açúcar, gordura e óleos e outros aditivos que modifiquem as características do produto e substâncias de raro uso culinário;

II – alimentos consumidos majoritariamente pelas famílias de baixa renda, aqueles que apresentam as maiores razões entre:

a) a participação da despesa com o respectivo alimento sobre o total da despesa de alimentos das famílias de baixa renda; e

b) a participação da despesa com o respectivo alimento sobre o total da despesa de alimentos das demais famílias.

§ 5º Para fins de cálculo da razão a que se refere o inciso II do § 4º serão utilizadas as informações da POF do IBGE e, para a delimitação das famílias de baixa renda, será tomado como referência o limite de renda monetária familiar per capita de até meio salário-mínimo.

§ 6º Para fins do disposto no inciso IV do *caput*, para fins do regime diferenciado de tributação, a definição dos alimentos destinados à alimentação humana deverá privilegiar

TÍTULO III – DISPOSIÇÕES TRANSITÓRIAS   Art. 476

alimentos *in natura* ou minimamente processados, exceto aqueles consumidos majoritariamente pelas famílias de alta renda.

§ 7º O Tribunal de Contas da União e os Tribunais de Contas dos Estados e Municípios poderão, em decorrência do exercício de suas competências, oferecer subsídios para a avaliação quinquenal de que trata esse artigo.

§ 8º Caso a avaliação quinquenal resulte em recomendações de revisão dos regimes e das políticas de que tratam os incisos do *caput*, o Poder Executivo da União deverá encaminhar ao Congresso Nacional projeto de lei complementar propondo:

I – alterações no escopo e na forma de aplicação dos regimes e das políticas de que tratam os incisos do *caput*; e

II – regime de transição para a alíquota padrão, em relação aos regimes diferenciados de que trata o inciso IV do *caput*.

§ 9º A primeira avaliação quinquenal será realizada com base nos dados disponíveis no ano-calendário de 2030 e poderá resultar na apresentação de projeto de lei complementar pelo Poder Executivo da União, com início de eficácia para 2032, a ser enviado até o último dia útil de março de 2031.

§ 10. Na avaliação quinquenal de que trata o § 9º, serão estimadas as alíquotas de referência de IBS e CBS que serão aplicadas a partir de 2033, considerando-se os dados de arrecadação desses tributos em relação aos anos de 2026 a 2030.

§ 11. Caso a soma das alíquotas de referência estimadas de que trata o § 10 resulte em percentual superior a 26,5% (vinte e seis inteiros e cinco décimos por cento), o Poder Executivo da União, ouvido o Comitê Gestor do IBS, deverá encaminhar ao Congresso Nacional projeto de lei complementar propondo medidas que reduzam o percentual a patamar igual ou inferior a 26,5% (vinte e seis inteiros e cinco décimos por cento).

§ 12. O projeto de lei complementar de que trata o § 11 deverá:

I – ser enviado ao Congresso Nacional até 90 (noventa) dias após a conclusão da avaliação quinquenal;

II – estar acompanhado dos dados e dos cálculos que basearam a sua apresentação; e

III – alterar o escopo e a forma de aplicação dos regimes e das políticas de que tratam os incisos do *caput*.

§ 13. As avaliações subsequentes deverão ocorrer a cada 5 (cinco) anos, contados dos prazos estabelecidos no § 9º.

Art. 476. O Poder Executivo da União realizará avaliação quinquenal da eficiência, eficácia e efetividade, enquanto política social, ambiental e sanitária, da incidência do Imposto Seletivo de que trata o Livro II.

§ 1º A avaliação de que trata este artigo será realizada simultaneamente à avaliação de que trata o art. 475 desta Lei Complementar.

§ 2º Aplica-se à avaliação de que trata este artigo, no que couber, o disposto no art. 475 desta Lei Complementar.

 COMENTÁRIOS

A extrafiscalidade pressupõe ou consiste no uso intencional do efeito indutor do tributo, para a consecução de fins constitucionalmente valorizados. O tributo, por meio do ônus ou do peso por ele representado, é usado para desestimular a prática de certas condutas, ou para estimular outras. No caso do Imposto Seletivo, desestimular a produção, a extração e o consumo de bens e serviços nocivos à saúde ou ao meio ambiente.

Influência de uma visão positivista do Direito, contudo, levou estudiosos do Direito Tributário no Brasil, em especial na segunda metade do século XX, a considerarem impróprio, porque alheio ao seu "objeto de estudo", fazer considerações em torno de tais objetivos, ou fins, a serem perseguidos com o uso da tributação extrafiscal. E muito menos estudar se o tributo com efeitos extrafiscais está efetivamente conduzindo à finalidade pretendida[1]. Essas seriam preocupações próprias para economistas, políticos e sociólogos. Ao estudioso do Direito interessaria apenas a norma.

A consequência foi um empobrecimento do estudo da extrafiscalidade sob uma ótica jurídica, com efeitos especialmente nos mecanismos voltados ao controle do seu uso. Justifica-se, à luz do princípio da igualdade, um tratamento desigual entre contribuintes que podem ter a mesma capacidade contributiva e realizam fatos semelhantes, porque um estaria incorrendo em conduta contrária a algum valor caro ao Direito (saúde, meio ambiente etc.), ou favorável a algum outro (promoção do emprego, da redução das desigualdades regionais etc.), sem se ter efetiva atenção sobre se tais valores estão de fato sendo atendidos, ou desatendidos, com a calibragem do ônus tributário. Reduz-se o tributo deste ou daquele setor, ou aumenta-se o de outro, sem se aferir se de fato as empresas se instalam em regiões mais pobres por isso (ou se não se instalariam nelas de uma forma ou de outra, ou mediante redução tributária menor que a concedida).

Trata-se de um equívoco, pois saber se a norma atinge a finalidade indicada na Constituição, atingimento este que é o motivo pelo qual se tolera um tratamento diferenciado, é tema evidentemente jurídico, atinente ao respeito ou ao cumprimento de disposições constitucionais. Daí o acerto do artigo em comento em exigir essa revisão, para dar força e coro à necessidade de acompanhamento da efetividade de políticas ligadas à extrafiscalidade, com a possibilidade até mesmo de se alterarem percentuais redutores previstos nesta lei, com a edição de nova lei complementar para este fim. O problema foi o não estabelecimento de qualquer sanção, o que pode deixá-lo como mera recomendação destinada a tornar mais bonito e politicamente correto o texto da lei, mas sem qualquer efeito prático, tal como o art. 212 do CTN ou o art. 145, § 3º, da CF/1988.

CAPÍTULO II
DA COMPENSAÇÃO DE EVENTUAL REDUÇÃO DO MONTANTE ENTREGUE NOS TERMOS DO ART. 159, INCISOS I E II, DA CONSTITUIÇÃO FEDERAL EM RAZÃO DA SUBSTITUIÇÃO DO IPI PELO IMPOSTO SELETIVO

Art. 477. A partir de 2027, a União compensará, na forma deste Título, eventual redução no montante dos valores entregues nos termos do art. 159, incisos I e II, da Constituição Federal, em razão da substituição da arrecadação do IPI, pela arrecadação do Imposto Seletivo, conforme disposto nesta Lei Complementar.

§ 1º A compensação de que trata o *caput* será apurada mensalmente, a partir de janeiro de 2027, pela diferença entre:

I – o valor de referência para o mês, calculado nos termos do art. 478 desta Lei Complementar; e

II – o valor entregue, no mês, em decorrência da aplicação do disposto nos incisos I e II do *caput* do art. 159 da Constituição Federal sobre o produto da arrecadação do IPI e do Imposto Seletivo.

§ 2º O valor apurado nos termos do § 1º:

---

[1] MACHADO SEGUNDO, Hugo de Brito. Ciência do Direito Tributário, economia comportamental e extrafiscalidade. *Revista Brasileira de Políticas Públicas*, Brasília, v. 8, nº 2, p. 636-639, 2018.

TÍTULO III – DISPOSIÇÕES TRANSITÓRIAS   Art. 479

I – quando negativo, será deduzido do montante apurado na forma do § 1º no mês subsequente;

II – quando positivo, será entregue no segundo mês subsequente ao da apuração, na forma prevista nos incisos I e II do *caput* do art. 159 da Constituição Federal.

§ 3º O valor de que trata o inciso II do § 2º será entregue nas mesmas datas previstas para a entrega dos recursos de que tratam os incisos I e II do *caput* do art. 159 da Constituição Federal, observada sua distribuição em valores iguais para cada uma das parcelas entregue no mês.

Art. 478. O valor de referência de que trata o inciso I do § 1º do art. 477 desta Lei Complementar será calculado da seguinte forma:

I – para os meses de janeiro a dezembro de 2027, corresponderá ao valor médio mensal de 2026, calculado nos termos do § 1º deste artigo, corrigido pela variação do IPCA até o mês da apuração e acrescido de 2% (dois por cento);

II – a partir de janeiro de 2028, será fixado em valor equivalente ao valor de referência do décimo segundo mês anterior, corrigido pela variação em 12 (doze) meses do produto da arrecadação da CBS, calculada com base na alíquota de referência.

§ 1º O valor médio mensal a preços de 2026 corresponde à soma dos valores entregues de 2022 a 2026 em decorrência da aplicação do disposto nos incisos I e II do *caput* do art. 159 da Constituição Federal sobre o produto da arrecadação do IPI, corrigidos a preços de 2026 pela variação da arrecadação do IPI e divididos por 60 (sessenta).

§ 2º A correção pela variação do IPCA de que trata o inciso I do *caput* será realizada com base:

I – no índice do IPCA relativo ao respectivo mês de apuração; e

II – no índice médio do IPCA para 2026.

§ 3º O Tribunal de Contas da União publicará, até o último dia útil do mês subsequente ao da apuração, o valor de referência de que trata o *caput*.

Art. 479. O valor a ser entregue a título da compensação de que trata o art. 477 desta Lei Complementar observará os mesmos critérios, prazos e garantias aplicáveis à entrega de recursos de que trata o art. 159, incisos I e II, da Constituição Federal.

§ 1º É vedada a vinculação dos recursos da compensação de que trata o *caput* a órgão, fundo ou despesa, ressalvados:

I – a realização de atividades da administração tributária;

II – a prestação de garantias às operações de crédito por antecipação de receita;

III – o pagamento de débitos com a União e para prestar-lhe garantia ou contragarantia;

IV – os percentuais mínimos para ações e serviços de saúde previstos no art. 198, § 2º, da Constituição Federal;

V – os percentuais mínimos a serem aplicados na manutenção e desenvolvimento do ensino conforme art. 212 da Constituição Federal; e

VI – a parcela destinada à manutenção e ao desenvolvimento do ensino na educação básica e à remuneração condigna de seus profissionais, conforme art. 212-A da Constituição Federal.

§ 2º É vedada a retenção ou qualquer restrição à entrega e ao emprego dos recursos da compensação de que trata o *caput* aos Estados, ao Distrito Federal e aos Municípios, conforme art. 160 da Constituição Federal.

 COMENTÁRIOS

Com a reforma tributária, a promessa inicial era a de extinguir IPI, ICMS, ISS, PIS e Cofins, substituindo-os todos por um único IVA, federal, com alíquota uniforme, e neutro, com base ampla e não cumulatividade também ampla.

Algumas dessas promessas foram frustradas no próprio texto da PEC 45/2019, que teve de ser ajustado para conformá-las. É o caso do crédito amplo, que na redação original não era garantido (o dispositivo era semelhante ao do ICMS, comportando assim, em tese, as mesmas e descabidas restrições feitas pela LC 87/1996 e aceitas pela jurisprudência), e que mesmo na redação final não foi inteiramente respeitado, pois se deixou margem para restrições por normas infraconstitucionais. Veja-se, a propósito, o elastério que nesta lei complementar se deu ao conceito de "bem destinado a uso e consumo pessoal".

Outra foi a de extinção do IPI, que não foi exatamente extinto, mas reduzido a zero em todo o território nacional, menos na Zona Franca de Manaus (ADCT, art. 126, III, *a*).

Seja como for, reduzido a zero o IPI, haverá possível impacto na repartição de receitas levada a efeito pela União com os Estados, Distrito Federal e Municípios, pois a União partilha com os entes subnacionais parcela de sua arrecadação com alguns impostos, dentre os quais o IPI. Daí a previsão, neste artigo, de mecanismo de compensação.

CAPÍTULO III
DO COMITÊ GESTOR DO IBS

Seção I
Disposições Gerais

Art. 480. Fica instituído, até 31 de dezembro de 2025, o Comitê Gestor do Imposto sobre Bens e Serviços (CGIBS), entidade pública com caráter técnico e operacional sob regime especial, com sede e foro no Distrito Federal, dotado de independência técnica, administrativa, orçamentária e financeira.

§ 1º O CGIBS, nos termos da Constituição Federal e desta Lei Complementar, terá sua atuação caracterizada pela ausência de vinculação, tutela ou subordinação hierárquica a qualquer órgão da administração pública.

§ 2º O regulamento único do IBS definirá o prazo máximo para a realização das atividades de cobrança administrativa, desde que não superior a 12 (doze) meses, contado da constituição definitiva do crédito tributário, após o qual a administração tributária encaminhará o expediente à respectiva procuradoria, para as providências de cobrança judicial ou extrajudicial cabíveis, nos termos definidos no referido regulamento.

§ 3º O CGIBS, a Secretaria Especial da Receita Federal do Brasil e a Procuradoria-Geral da Fazenda Nacional poderão implementar soluções integradas para a futura administração e a cobrança do IBS e da CBS.

§ 4º As normas comuns ao IBS e à CBS constantes do regulamento único do IBS serão aprovadas por ato conjunto do CGIBS e do Poder Executivo federal.

§ 5º O regulamento único do IBS preverá regras uniformes de conformidade tributária, de orientação, de autorregularização e de tratamento diferenciado a contribuintes que atendam a programas de conformidade do IBS estabelecidos pelos entes federativos.

§ 6º As licitações e as contratações realizadas pelo CGIBS serão regidas pelas normas gerais de licitação e contratação aplicáveis às administrações públicas diretas, autárquicas e fundacionais da União, dos Estados, do Distrito Federal e dos Municípios.

§ 7º O CGIBS observará o princípio da publicidade, mediante veiculação de seus atos normativos, preferencialmente por meio eletrônico, disponibilizado na internet.

COMENTÁRIOS

As disposições alusivas ao Comitê Gestor do IBS constariam, inicialmente, apenas de outra lei complementar, cujo projeto (PLP 108/2024) tramitava paralelamente ao PLP 68/2024, que deu origem a esta Lei Complementar 214/2025. Durante a tramitação deste último, porém, inseriram-se os artigos constantes deste Capítulo, já a cuidar aqui de alguns aspectos deste órgão *sui generis* da Administração Tributária Brasileira.

A rigor, o Comitê Gestor é um órgão federal. Essa é a natureza de uma entidade formada por pessoas que de algum modo representam todos os entes periféricos de uma federação (Estados, Distrito Federal e Municípios). É o caso do Senado, por exemplo, que não deixa de ser um órgão da União, parte de seu Poder Legislativo, pelo fato de ser formado por representantes dos Estados-membros e do Distrito Federal. A circunstância de não ser ele vinculado ou subordinado a, ou tutelado por, nenhum outro órgão da Administração Pública, não faz dele um órgão estadual ou municipal. É apenas um novo órgão federal, independente dos demais, uma espécie de "Administração Tributária Federal 2", dedicada apenas ao IBS e por isso não subordinada ao Presidente da República (como ocorre com a Receita Federal).

A dualidade do IVA foi pensada para enfraquecer o argumento de que a reforma tributária levada a efeito pela EC 132/2023 seria inconstitucional, por ofensa ao princípio federativo (CF/1988, art. 60, § 4º, I). À União caberia a competência para instituir a "banda" ou "fatia" federal do IVA, que corresponde à contribuição sobre bens e serviços (CBS). Já aos entes periféricos, Estados, Distrito Federal e Municípios, caberia o imposto sobre bens e serviços (IBS). Seriam ambos gêmeos siameses, duas bandas de uma mesma noz (CF/1988, art. 149-B), vistos assim, por quem os examina "de fora", como um só tributo, incidente sobre operações sobre bens e serviços pela alíquota correspondente à soma das alíquotas federal, estadual e municipal (ou distrital).

O problema reside no fato de o IVA assim idealizado ser devido ao ente federativo periférico de destino, ou seja, naquele em que localizado o destinatário da mercadoria ou tomador do serviço, com a criação de um órgão, o aqui comentado "Comitê Gestor", para arrecadá-lo e em seguida distribuí-lo. Some-se a isso o fato de que o imposto, embora supostamente "de competência compartilhada", é instituído por lei complementar da União.

Caso se recorde o disposto, de modo meramente didático, no art. 6º do Código Tributário Nacional, essa natureza federal do Comitê Gestor e do próprio IBS, torna-se mais clara. Realmente, o tal artigo estabelece que a atribuição constitucional de competência tributária compreende a competência legislativa plena, e que os "tributos cuja receita seja distribuída, no todo ou em parte, a outras pessoas jurídicas de direito público pertencerão à competência legislativa daquela a que tenham sido atribuídos". Ou seja: o fato de o IBS ser criado por lei da União, arrecadado por órgão central e depois partilhado, em sua receita, com Estados-membros, Distrito Federal, e Municípios, não elide a circunstância de tratar-se de tributo federal.

A camuflagem, se por um lado distancia a crítica fundada no art. 60, § 4º, I, da CF/1988, por outro cria problemas sérios relacionados ao *enforcement* da legislação alusiva ao IBS. A primeira questão que se pode colocar, nesse ponto, é: quem é o seu credor? O Comitê Gestor ou os Estados-membros, o Distrito Federal e os Municípios? Talvez se coloque, quanto ao credor do IBS, problema semelhante ao já estabelecido há décadas no que tange a outros tributos "indiretos", relativamente ao seu "verdadeiro devedor".

No campo do ICMS e do IPI, quando se trata de o sujeito passivo pleitear algum direito, próprio da relação tributária (*v.g.,* uma imunidade subjetiva ou a devolução de valor pago de modo indevido), estabelece-se um jogo altamente incoerente, em que o "verdadeiro" contribuinte é sempre aquele que não está postulando nada. Se o pedido de restituição é feito pelo dito "contribuinte de direito", diz-se que o verdadeiro pagador seria o consumidor final, contribuinte de fato. Se o inverso ocorre, e o pedido de restituição é feito pelo contribuinte de fato, nega-se sua legitimidade, ao argumento de que o verdadeiro contribuinte seria o comerciante, contribuinte de direito. Com a criação do comitê gestor, a quem caberá "apenas repassar" o IBS arrecadado ao Estado e ao Município de destino, algo semelhante poderá ocorrer, na outra ponta da relação tributária: quando o contribuinte ajuizar demanda discutindo a cobrança do IBS e alojar o Comitê Gestor no polo passivo, como réu, este dirá que o verdadeiro réu deve ser o Estado e o Município, e vice-versa.

O problema de considerar os Estados, o Distrito Federal e o Município como os verdadeiros credores, contudo, é que isso inviabiliza por completo o processo judicial tributário. Um contribuinte com sede em uma cidade, e com clientes em milhares de outras cidades espalhadas pelo país (uma operadora de telefonia, de internet, de *streaming* etc.) terá, caso queira mover ação declaratória ou de restituição, de ajuizar demanda contra todos os municípios? Em qual juízo? E de onde sairá o precatório? São perguntas que nem o redator deste artigo sabe responder, tanto que se reporta (§ 2º) à remessa do expediente para cobrança do crédito tributário "pela respectiva procuradoria", sem indicar qual. E, no caso do artigo subsequente, no § 12, faz alusão ao "foro de Brasília", mas não esclarece se se trata da seção judiciária federal ou do próprio Distrito Federal.

Esses problemas só evidenciam que o IBS é um imposto federal, o Comitê Gestor é um órgão federal, e apenas se procede à distribuição dos recursos entre Estados e Municípios, havendo critérios especiais de escolha e participação de seus membros para garantir maior participação dos entes periféricos e menor ingerência do ente central em seu funcionamento. Desse modo, deve o Comitê Gestor ser o órgão considerado como o credor da relação tributária, centralizando todos os entes federativos destinatários dos recursos arrecadados não apenas para a comodidade destes e da arrecadação, mas também para figurar como credor para fins de legitimação processual.

Seção II
Do Conselho Superior do CGIBS

Art. 481. O Conselho Superior do CGIBS, instância máxima de deliberação do CGIBS, tem a seguinte composição:

I – 27 (vinte e sete) membros e respectivos suplentes, representantes de cada Estado e do Distrito Federal; e

II – 27 (vinte e sete) membros e respectivos suplentes, representantes do conjunto dos Municípios e do Distrito Federal.

§ 1º Os membros e os respectivos suplentes de que trata:

I – o inciso I do *caput* deste artigo serão indicados pelo Chefe do Poder Executivo de cada Estado e do Distrito Federal; e

II – o inciso II do *caput* deste artigo serão indicados pelos Chefes dos Poderes Executivos dos Municípios e do Distrito Federal, da seguinte forma:

a) 14 (quatorze) representantes eleitos com base nos votos de cada Município e do Distrito Federal, com valor igual para todos; e

b) 13 (treze) representantes eleitos com base nos votos de cada Município e do Distrito Federal, ponderados pelas respectivas populações.

§ 2º A escolha dos representantes dos Municípios no Conselho Superior do CGIBS, a que se refere o inciso II do *caput* deste artigo, será efetuada mediante realização de eleições distintas para definição dos membros e respectivos suplentes de cada um dos grupos referidos nas alíneas "a" e "b" do inciso II do § 1º deste artigo.

§ 3º A eleição de que trata o § 2º deste artigo:

I – será realizada por meio eletrônico, observado que apenas o Chefe do Poder Executivo Municipal em exercício terá direito a voto;

II – terá a garantia da representação de, no mínimo, 1 (um) Município de cada região do País, podendo o Distrito Federal ser representante da Região Centro- Oeste;

III – será regida pelo princípio democrático, garantida a participação de todos os Municípios, sem prejuízo da observância de requisitos mínimos para a candidatura, nos termos desta Lei Complementar e do regulamento eleitoral;

IV – será realizada por meio de um único processo eleitoral, organizado pelas associações de representação de Municípios de âmbito nacional, reconhecidas na forma da Lei nº 14.341, de 18 de maio de 2022, cujos associados representem, no mínimo, 30% (trinta por cento) da população do País ou 30% (trinta por cento) dos Municípios do País, por meio de regulamento eleitoral próprio elaborado em conjunto pelas entidades.

§ 4º Os Municípios somente poderão indicar, dentre os membros a que se refere o inciso II do *caput* deste artigo, 1 (um) único membro titular ou suplente, inclusive para o processo eleitoral.

§ 5º Cada associação, de que trata o inciso IV do § 3º, para a eleição prevista no § 2º, em relação aos representantes referidos na alínea "a" do inciso II do § 1º deste artigo, apresentará até uma chapa, a qual deverá contar com o apoiamento mínimo de 20% (vinte por cento) do total dos Municípios do País, contendo 14 (quatorze) nomes titulares, observado o seguinte:

I – os nomes indicados e os respectivos Municípios comporão uma única chapa, não podendo constar de outra chapa;

II – cada titular terá 2 (dois) suplentes, obrigatoriamente de Municípios distintos e observado o disposto no inciso I deste parágrafo;

III – em caso de impossibilidade de atuação do titular, caberá ao primeiro suplente sua imediata substituição;

IV – vencerá a eleição a chapa que obtiver mais de 50% (cinquenta por cento) dos votos válidos;

V – caso nenhuma das chapas atinja o percentual de votos indicado no inciso IV deste parágrafo, será realizado um segundo turno de votação com as 2 (duas) chapas mais votadas, hipótese em que será considerada vencedora a chapa que obtiver a maioria dos votos válidos.

§ 6º Cada associação, de que trata o inciso IV do § 3º, para a eleição prevista no § 2º, em relação aos representantes referidos na alínea "b" do inciso II do § 1º deste artigo, apresentará até uma chapa, a qual deverá contar com o apoiamento de Municípios que representem, no mínimo, 20% (vinte por cento) do total da população do País, contendo 13 (treze) nomes titulares, observado o disposto nos incisos do § 5º deste artigo.

§ 7º O membro eleito na forma dos §§ 5º e 6º deste artigo poderá ser:

I – substituído, na forma definida pelo CGIBS, por decisão da maioria:

a) dos votos dos Municípios do País, quando se tratar dos representantes a que se refere a alínea "a" do inciso II do § 1º deste artigo; ou

b) dos votos dos Municípios do País ponderados pelas suas respectivas populações, quando se tratar dos representantes a que se refere a alínea "b" do inciso II do § 1º deste artigo;

> II – destituído por ato do Chefe do Poder Executivo do Município que o indicou.
>
> § 8º Na hipótese de destituição do titular e dos respectivos suplentes, será realizada nova eleição para a ocupação das respectivas vagas, no prazo previsto pelo regimento interno do CGIBS.
>
> § 9º Exceto na primeira eleição, prevista no § 2º deste artigo, as demais eleições terão o acompanhamento durante todo o processo eleitoral de 4 (quatro) membros do Conselho Superior do CGIBS, escolhidos pelos 27 (vinte e sete) representantes dos Municípios de que trata o inciso II do *caput* deste artigo.
>
> § 10. O regulamento eleitoral poderá definir outras atribuições dos membros de que trata o § 9º deste artigo para acompanhamento do processo eleitoral.
>
> § 11. É vedada a indicação de representantes de um mesmo Município simultaneamente para o grupo de 14 (quatorze) representantes de que trata a alínea "a" do inciso II do § 1º deste artigo e para o grupo de 13 (treze) representantes de que trata a alínea "b" do referido inciso.
>
> § 12. O foro competente para solucionar as ações judiciais relativas aos processos eleitorais de que trata este artigo é o da comarca de Brasília, no Distrito Federal.

COMENTÁRIOS

O Conselho Superior do Comitê Gestor é neste artigo indicado como sua instância máxima de deliberação, não restando claro, ainda, se tais deliberações em nível hierárquico máximo envolvem os julgamentos de eventuais recursos contra lançamentos tributários, por exemplo. Como órgão da Administração Tributária, o Comitê Gestor, tal como a Receita Federal e as Fazendas dos Estados e dos Municípios, possui órgãos executivos e órgãos de julgamento, não estando claro ainda se o Conselho Superior terá essas duas funções ou se haverá outro órgão ou setor, dotado de alguma independência, competente para apreciar ou realizar o chamado controle interno da legalidade dos atos administrativos praticados pelo próprio Comitê Gestor, a exemplo do que se dá entre o Carf e a Receita Federal. A matéria será objeto de outra lei complementar, possivelmente fruto do PLP 108/2024, ainda em tramitação quando da publicação desta lei complementar.

O Distrito Federal terá representantes indicados por seu Governador, tal como os demais Estados-membros, e também eleitos nos moldes aplicáveis aos demais Municípios, dada a natureza híbrida do Distrito Federal, dotado de competências tributárias próprias de Estados, e também de Municípios. A "ponderação pelas populações" a que alude o inciso II, *b*, poderá fazer, dependendo de como ocorra, com que Municípios mais populosos tenham representação majoritária no órgão, que poderá passar a atuar de modo a atender precipuamente os interesses de tais Municípios, acentuando a assimetria existente em relação aos entes federativos situados em diferentes regiões do país. Espera-se que a vedação do § 11 contribua de algum modo para que não haja tanta concentração.

Quanto aos Estados e ao Distrito Federal, na parte em que se assemelha a estes, não há dificuldade na indicação do representante no Conselho: será o Secretário de Finanças ou titular do cargo equivalente, de cada um dos 27 entes federativos. No caso dos Municípios, em número superior a cinco mil, isso seria impossível. Daí a solução da eleição, de modo a dar legitimidade aos membros correspondentes: se não existem membros oriundos de cada um dos municípios, os poucos que integrarão o órgão pelo menos contam com o aval da maioria deles.

Dispõe o § 12 que o foro competente para solucionar as ações judiciais relativas aos processos eleitorais de que trata este artigo é o da comarca de Brasília, no Distrito Federal,

TÍTULO III – DISPOSIÇÕES TRANSITÓRIAS Art. 482

sem indicar, contudo, se se trata do foro eleitoral ou da justiça comum e, no caso desta, se a federal ou a estadual, embora a redação pareça sugerir esta última hipótese. É de duvidosa constitucionalidade, porém, submeter ao Judiciário do Distrito Federal o julgamento de um conflito que pode envolver este ente federativo, de um lado, e representantes de outros entes federativos (e dos interesses destes), de outro. Isso só evidencia a já apontada natureza federal do Comitê Gestor, e os intricados problemas de ordem processual que essa estruturação administrativa do imposto trará.

Art. 482. Os membros do Conselho Superior do CGIBS serão escolhidos dentre cidadãos de reputação ilibada e de notório conhecimento em administração tributária, observado o seguinte:

I – a representação titular dos Estados e do Distrito Federal será exercida pelo ocupante do cargo de Secretário de Fazenda, Finanças, Tributação ou cargo similar que corresponda à autoridade máxima da administração tributária dos referidos entes federativos; e

II – a representação dos Municípios e do Distrito Federal será exercida por membro que não mantenha, durante a representação, vínculo de subordinação hierárquica com esfera federativa diversa da que o indicou e atenda, ao menos, a um dos seguintes requisitos:

a) ocupar o cargo de Secretário de Fazenda, Finanças, Tributação ou cargo similar que corresponda à autoridade máxima da administração tributária do Município ou do Distrito Federal;

b) ter experiência de, no mínimo, 10 (dez) anos na administração tributária do Município ou do Distrito Federal;

c) ter experiência de, no mínimo, 4 (quatro) anos como ocupante de cargos de direção, de chefia ou de assessoramento superiores na administração tributária do Município ou do Distrito Federal.

§ 1º Os membros de que trata o *caput* deste artigo devem, cumulativamente:

I – ter formação acadêmica em nível superior compatível com o cargo para o qual foram indicados;

II – não se enquadrar nas hipóteses de inelegibilidade previstas nas alíneas "a" a "q" do inciso I do *caput* do art. 1º da Lei Complementar nº 64, de 18 de maio de 1990.

§ 2º Os membros do Conselho Superior do CGIBS serão nomeados e investidos para o exercício da função pelo prazo de que trata o *caput* do art. 480 e poderão ser substituídos ou destituídos:

I – em relação à representação dos Estados e do Distrito Federal, pelo Chefe do Poder Executivo;

II – em relação à representação dos Municípios e do Distrito Federal, na forma prevista no § 7º do art. 481 desta Lei Complementar; e

III – em razão de renúncia, de condenação judicial transitada em julgado ou de pena demissória decorrente de processo administrativo disciplinar.

§ 3º O suplente substituirá o titular em suas ausências e seus impedimentos, na forma do regimento interno.

§ 4º Em caso de vacância, a função será exercida pelo respectivo suplente durante o período remanescente, exceto nos casos de substituição.

§ 5º O membro do Conselho Superior do CGIBS investido na função com fundamento na alínea "a" do inciso II do *caput* deste artigo que vier a deixar de ocupar o cargo de Secretário de Fazenda, Finanças, Tributação ou similar deverá ser substituído ou destituído no prazo de 10 (dez) dias, contado da data de exoneração, caso não preencha outro requisito para ser membro do Conselho Superior do CGIBS.

Art. 483

 COMENTÁRIOS

Em síntese, o artigo em comento define como membros do Conselho Superior do Comitê Gestor os secretários de estado ou de município encarregados da pasta ligada à Fazenda. Daí a remissão a conhecimento em "administração tributária", e não propriamente em "Direito Tributário", e à ocupação de cargo que "corresponda à autoridade máxima da administração tributária dos referidos entes federativos". Para os Municípios, podem-se indicar pessoas que não sejam necessariamente seus secretários de finanças ou fazenda, desde que não tenham vínculo com outra entidade federativa e tenham pelo menos dez anos de experiência na administração tributária do município ou do Distrito Federal, ou quatro anos como ocupante de cargo de chefia, direção ou assessoramento superiores na administração tributária do Município ou do Distrito Federal. É natural que se exija formação acadêmica compatível (Direito, Economia, Contabilidade etc.) com as funções a serem exercidas, embora na história da administração tributária brasileira existam exemplos de grandes figuras que não a possuíam, como era o caso de Everardo Maciel, que, conquanto engenheiro com especialização em geologia, foi um grande secretário da Fazenda, durante o Governo Fernando Henrique Cardoso.

O artigo cuida da destituição dos representantes, por ato unilateral do Governador do Estado, ou do Distrito Federal, ou do Chefe do Poder Executivo do Município que o indicou, conforme se trate de representante do Estado, do Distrito Federal, ou do Município, respectivamente. Trata-se de consequência da autonomia dos entes federativos, que se quer preservar, e da natureza de uma "secretaria de fazenda compartilhada" que se pretende dar ao Comitê Gestor. Mas essa facilidade de o Executivo de cada ente federativo substituir seu representante só evidencia a impossibilidade de estes, ou do Conselho Superior por eles integrado, ter competências de julgamento, ou revisoras de julgamento, porquanto tais membros não terão a mínima independência ou autonomia para tomar decisões que eventualmente desagradem os gestores dos entes federativos que representam, por contrariarem suas pretensões arrecadatórias, mesmo quando estas não estejam em conformidade com a lei.

Seção III
Da Instalação do Conselho Superior

Art. 483. O Conselho Superior do CGIBS será instalado em até 120 (cento e vinte) dias contados da data de publicação desta Lei Complementar.

§ 1º Para fins do disposto no *caput* deste artigo:

I – os membros titulares e suplentes do Conselho Superior do CGIBS deverão ser indicados em até 90 (noventa) dias contados da data de publicação desta Lei Complementar, mediante publicação no Diário Oficial da União:

a) pelos Chefes dos respectivos Poderes Executivos, no caso dos Estados e do Distrito Federal; ou

b) nos termos do processo eleitoral previsto nesta Lei Complementar, no caso dos Municípios e do Distrito Federal;

II – para a primeira gestão do Conselho Superior do CGIBS, a posse dos indicados como membros titulares e suplentes considera-se ocorrida:

a) no primeiro dia útil da segunda semana subsequente à publicação no Diário Oficial da União da indicação de todos os membros; ou

b) na data a que se refere o *caput* deste artigo, caso não tenha sido publicada a indicação de todos os membros;

TÍTULO III – DISPOSIÇÕES TRANSITÓRIAS Art. 483

> III – os membros titulares do Conselho Superior do CGIBS elegerão entre si o Presidente e os 2 (dois) Vice-Presidentes do CGIBS; e
>
> IV – o Presidente do CGIBS comunicará ao Ministro de Estado da Fazenda a instalação do Conselho Superior do CGIBS, indicando a conta bancária destinada a receber o aporte inicial da União mediante operação de crédito de que trata o art. 484 desta Lei Complementar.
>
> § 2º Até que seja realizado o aporte da União de que trata o art. 484 desta Lei Complementar, as despesas necessárias à atuação do Conselho Superior do CGIBS serão custeadas pelos entes de origem dos respectivos membros.
>
> § 3º Após o recebimento do aporte da União de que trata o art. 484 desta Lei Complementar, o Conselho Superior do CGIBS adotará as providências cabíveis para a instalação e o funcionamento do CGIBS.
>
> § 4º O regimento interno do CGIBS estabelecerá os meios para realizar sua gestão financeira e contábil enquanto não for disponibilizado o sistema de execução orçamentária próprio do CGIBS.

COMENTÁRIOS

A criação do Comitê Gestor seria originalmente levada a efeito por outra lei complementar, que cuidaria também do processo administrativo, e cujo projeto tramitava paralelamente ao desta. Era o PLP 108/2024. Talvez por indefinição quanto à data de aprovação do PLP 108/2024 ou pela necessidade de instalar logo o Comitê Gestor, acrescentaram-se estes artigos no PLP 68, que originou esta lei complementar, já quando próxima a conclusão do processo administrativo.

Os prazos de que trata este art. 483, notadamente o prazo para instalação previsto no *caput*, de 120 dias, demonstram a preocupação do legislador em garantir a celeridade na estruturação do CGIBS, o que é indispensável para a implementação da reforma tributária de consumo.

A natureza *sui generis* do órgão cria dificuldades, também, para o seu custeio, e não apenas ao *enforcement* do Direito Tributário. Nessa seara, o § 2º dispõe que, até o aporte da União, as despesas necessárias ao funcionamento do Conselho serão custeadas pelos entes de origem dos membros. Essa previsão evidencia a necessidade de articulação entre os entes federados para assegurar o funcionamento inicial do órgão. Após o aporte da União, o Conselho deverá adotar as providências para sua instalação e funcionamento plenos, o que inclui a criação de estruturas administrativas e operacionais compatíveis com suas atribuições. O § 4º determina que o regimento interno do CGIBS disporá sobre a gestão financeira e contábil enquanto não for disponibilizado um sistema próprio de execução orçamentária. Essa regra é fundamental para evitar paralisias operacionais e garantir a continuidade do planejamento financeiro do órgão.

Em suma, o dispositivo em questão demonstra a preocupação do legislador em estabelecer diretrizes para a instalação do Conselho Superior do CGIBS, conferindo prazos, competências e condições operacionais mínimas para o início de suas atividades. A norma procura equilibrar a necessidade de celeridade com a organização administrativa, prevendo mecanismos para contornar eventuais atrasos e garantindo a transição para a nova estrutura tributária. Um ponto que merece atenção é a possível sobrecarga financeira inicial para os entes federados enquanto não ocorrer o aporte da União, e a dificuldade operacional em dividir as despesas entre todos eles até que o IBS gere receitas para tanto, e até que haja o aporte da União. A efetividade do CGIBS dependerá da capacidade dos entes federados de colaborarem e cumprirem os prazos estabelecidos.

> **Art. 484.** A União custeará, por meio de operação de crédito em 2025, o valor de R$ 600.000.000,00 (seiscentos milhões de reais), reduzido de 1/12 (um doze avos) por mês que haja transcorrido até, inclusive, o mês em que se der a comunicação de que trata o inciso IV do § 1º do art. 483 desta Lei Complementar.
>
> § 1º Os valores a serem financiados pela União serão distribuídos em parcelas mensais iguais e sucessivas, de janeiro de 2025 ou do mês subsequente à comunicação a que se refere o inciso IV do § 1º do art. 483 desta Lei Complementar até o último mês do ano.
>
> § 2º As parcelas mensais de que trata este artigo serão creditadas até o décimo dia de cada mês, observado, no caso da primeira parcela, o prazo mínimo de 30 (trinta) dias entre a comunicação realizada nos termos do inciso IV do § 1º do art. 483 desta Lei Complementar e a data do crédito.
>
> § 3º O financiamento da União ao CGIBS realizado nos termos deste artigo será remunerado com base na taxa Selic da data de desembolso até seu ressarcimento à União.
>
> § 4º O CGIBS efetuará o ressarcimento à União dos valores financiados nos termos deste artigo em 20 (vinte) parcelas semestrais sucessivas, a partir de junho de 2029.
>
> § 5º O CGIBS prestará garantia em favor da União em montante igual ou superior ao valor devido em razão da operação de crédito de que trata este artigo, que poderá consistir no produto de arrecadação do IBS destinada ao seu financiamento.
>
> § 6º O CGIBS sujeitar-se-á à fiscalização pelo Tribunal de Contas da União exclusivamente em relação aos recursos a que se refere este artigo, até o seu integral ressarcimento.

 COMENTÁRIOS

Pela sistemática idealizada na EC 132/2023, o Comitê Gestor deverá ser custeado com a receita arrecadada por ele próprio, com o Imposto sobre Bens e Serviços (IBS). A questão é que a arrecadação do IBS será iniciada, se aprovadas todas as normas a tanto necessárias dentro dos prazos exigidos pela ordem jurídica, em 2026. Daí a necessidade em 2025, do aporte mencionado neste artigo, que regulamenta o art. 14 da EC 132/2023. Essa é a razão, por igual, das reduções proporcionais a cada mês transcorrido até a comunicação de efetiva implantação do órgão, nos termos do art. 483, § 1º, IV. Essa redução por fração mensal busca não apenas incentivar uma rápida organização e comunicação do Conselho, mas especialmente evitar que a União envie recursos em tese necessários à manutenção do órgão por um ano, quando ele efetivamente estará em funcionamento apenas por dez, nove ou oito meses, enfim, por um período inferior a doze meses. Se os seiscentos milhões de reais são suficientes para o funcionamento em 2025, se houver demora na implantação, e o Conselho for instituído e começar a funcionar apenas em julho, metade deste valor não será necessário.

O § 3º determina que o financiamento será remunerado pela taxa Selic, alinhando-se às práticas de mercado para operações de crédito. Não se trata de doação, mas de empréstimo, que, nessa condição, deverá ser remunerado, o que reflete a preocupação com a responsabilidade fiscal e evita que o financiamento inicial seja tratado como um subsídio direto.

O § 4º define o prazo e as condições para o ressarcimento à União, estipulando vinte parcelas semestrais a partir de junho de 2029. Essa previsão cria um intervalo significativo entre o desembolso e o início da amortização, permitindo ao CGIBS consolidar sua estrutura antes de iniciar o pagamento, o qual terá início quando a arrecadação do IBS já estará ocorrendo em níveis que permitam esse pagamento. A propósito, para assegurar o ressarcimento, o §

5º exige a prestação de garantias pelo CGIBS, que podem incluir o produto da arrecadação do IBS. Essa medida protege os interesses da União e reforça a solvência do financiamento.

O último parágrafo estabelece a competência do Tribunal de Contas da União (TCU) para fiscalizar exclusivamente os recursos vinculados à operação de crédito até o integral ressarcimento. Essa limitação busca preservar a autonomia do CGIBS, ao mesmo tempo que assegura a *accountability* no uso dos recursos públicos. Quando estiver fazendo uso dos recursos obtidos com a arrecadação do próprio IBS, o CGIBS não estará mais sujeito ao controle do TCU, não havendo clareza na legislação sobre quem exercerá então essa função, ou se o CGIBS ficará alheio a qualquer controle desta ordem. Não é o que se extrai do art. 156-B, § 2º, IV, da CF/1988, e isso para não referir princípios constitucionais como Estado de Direito, publicidade, republicano etc. É preciso que, na outra lei complementar que detalhará a disciplina (e não só a criação, como nesta), se estabeleça como Estados, Distrito Federal e Municípios farão o "controle externo" do Comitê Gestor, neste quesito.

CAPÍTULO IV
DO PERÍODO DE TRANSIÇÃO DAS OPERAÇÕES COM BENS IMÓVEIS

Seção I
Das Operações Iniciadas antes de 1º de Janeiro de 2029

Subseção I
Da Incorporação

Art. 485. O contribuinte que realizar incorporação imobiliária submetida ao patrimônio de afetação, nos termos dos artigos 31-A a 31-E da Lei nº 4.591, de 16 de dezembro de 1964, que tenha realizado o pedido de opção pelo regime específico instituído pelo art. 1º e tenha o pedido efetivado nos termos do art. 2º, ambos da Lei Federal nº 10.931 de 2004, antes de 1º de janeiro de 2029, pode optar pelo recolhimento de CBS, da seguinte forma:

I – a incorporação imobiliária submetida ao regime especial de tributação prevista nos arts. 4º e 8º da Lei Federal nº 10.931/2004 ficará sujeita ao pagamento de CBS em montante equivalente a 2,08% da receita mensal recebida;

II – a incorporação imobiliária submetida ao regime especial de tributação prevista no § 6º e § 8º do art. 4º e parágrafo único do art. 8º da Lei Federal nº 10.931/2004 ficará sujeita ao pagamento de CBS em montante equivalente a 0,53% da receita mensal recebida.

§ 1º A opção pelo regime especial disposto no *caput* afasta qualquer outra forma de incidência de IBS e CBS sobre a respectiva incorporação, ficando sujeita à incidência destes tributos exclusivamente na forma disposta neste artigo.

§ 2º Fica vedada a apropriação de créditos do IBS e da CBS pelo contribuinte submetido ao regime especial de que trata o *caput* em relação às aquisições destinadas à incorporação imobiliária submetida ao patrimônio de afetação.

§ 3º A opção pelo regime especial disposto no *caput* impede a dedução dos redutores de ajuste previstos no art. 257 e do redutor social previsto no art. 259 na alienação de imóveis decorrente da incorporação imobiliária.

§ 4º O contribuinte sujeito ao regime regular do IBS e da CBS que adquirir imóvel decorrente de incorporação imobiliária submetida ao regime específico de que trata o *caput* não poderá apropriar créditos de IBS e CBS relativo à aquisição do bem imóvel.

§ 5º No caso de aquisição por contribuinte sujeito ao regime regular do IBS e da CBS, as operações tributadas pelo regime opcional de que trata o *caput* constituirão redutor de

Art. 486

> ajuste equivalente ao que seria constituído caso o imóvel fosse adquirido de não contribuinte do regime regular do IBS e da CBS, nos termos do inciso III do *caput* do art. 258.
>
> § 6º Os créditos de IBS e CBS decorrentes dos custos e despesas indiretos pagos pela incorporadora e apropriados a cada incorporação na forma prevista no § 4º do art. 4º da Lei Federal nº 10.931 de 2004 deverão ser estornados pela incorporadora.
>
> § 7º No caso da opção de que trata este artigo, aplica-se a Lei Federal nº 10.931 de 2004 naquilo que não for contrário ao disposto neste artigo.

 COMENTÁRIOS

Este artigo, como os demais que constam deste capítulo, trata de um regime de transição, para operações com imóveis realizadas no período de passagem do regime anterior (ICMS, ISS, PIS, Cofins, IPI), para o novo (IBS, CBS e IS). Para contratos firmados até determinada data, CBS incide sobre a receita obtida por meio de alíquotas mais baixas, de modo cumulativo, vale dizer, sem a apropriação de créditos. É o caso, referido neste artigo, da incorporação imobiliária submetida ao patrimônio de afetação, nos termos dos arts. 31-A a 31-E da Lei 4.591, de 16 de dezembro de 1964, relativamente à qual o contribuinte tenha realizado o pedido de opção pelo regime específico instituído pelo art. 1º e tenha o pedido efetivado nos termos do art. 2º, ambos da Lei Federal 10.931/2004, antes de 1º de janeiro de 2029. Ao que sugere o artigo, não há incidência de IBS.

Nesta hipótese, de modo cumulativo (sem apropriar créditos – § 4º) e sem fazer jus aos redutores previstos nos arts. 257 e 259, o contribuinte submete-se à alíquota de apenas 2,08% sobre sua receita, em se tratando de incorporação imobiliária submetida ao regime especial de tributação prevista nos arts. 4º e 8º da Lei Federal 10.931/2004. E de 0,53% de receita, na incorporação imobiliária submetida ao regime especial de tributação prevista nos §§ 6º e 8º do art. 4º e parágrafo único do art. 8º da Lei Federal 10.931/2004.

Subseção II
Do Parcelamento do Solo

> **Art. 486.** O contribuinte que realizar alienação de imóvel decorrente de parcelamento do solo, que tenha o pedido de registro do parcelamento, nos termos da Lei Federal nº 6.766, de 19 de dezembro de 1979, efetivado antes de 1º de janeiro de 2029, pode optar pelo recolhimento de CBS com base na receita bruta recebida.
>
> § 1º As operações sujeitas ao regime de que trata este artigo estarão sujeitas ao pagamento de CBS em montante equivalente a 3,65% da receita bruta recebida.
>
> § 2º A opção pelo recolhimento disposta no *caput* afasta qualquer outra forma de incidência de IBS e CBS sobre o respectivo parcelamento do solo, ficando sujeita à incidência tributária destes tributos exclusivamente na forma disposta no *caput*.
>
> § 3º Fica vedada a apropriação de créditos de IBS e CBS pelo contribuinte que realizar a opção de que trata o *caput*.
>
> § 4º A opção pelo recolhimento disposta no *caput* impede a dedução dos redutores de ajuste previstos no art. 257 e do redutor social previsto no art. 259 na alienação decorrente de parcelamento do solo.
>
> § 5º O contribuinte sujeito ao regime regular do IBS e da CBS que adquirir imóvel decorrente de parcelamento do solo submetido ao regime de tributação de que trata o *caput* não poderá apropriar crédito de IBS e CBS relativo à aquisição do bem imóvel.

TÍTULO III – DISPOSIÇÕES TRANSITÓRIAS Art. 487

§ 6º No caso de aquisição por contribuinte sujeito ao regime regular do IBS e da CBS, as operações tributadas pelo regime opcional de que trata o *caput* constituirão redutor de ajuste equivalente ao que seria constituído caso o imóvel fosse adquirido de não contribuinte do regime regular do IBS e da CBS, nos termos do inciso III do *caput* do art. 258.

§ 7º Considera-se receita bruta a totalidade das receitas auferidas na venda das unidades imobiliárias que compõem o parcelamento do solo, bem como as receitas financeiras e variações monetárias decorrentes desta operação.

§ 8º O pagamento de CBS na forma do disposto no *caput* deste artigo será considerado definitivo, não gerando, em qualquer hipótese, direito à restituição ou à compensação, exceto em caso de distrato da operação.

§ 9º As receitas, custos e despesas próprios do parcelamento de solo sujeito à tributação na forma deste artigo não deverão ser computados na apuração da base de cálculo da CBS devida pelo contribuinte em virtude de suas outras atividades empresariais.

§ 10. Para fins do disposto no § 7º deste artigo, os custos e despesas indiretos pagos pelo contribuinte no mês serão apropriados a cada parcelamento de solo, na mesma proporção representada pelos custos diretos próprios das operações decorrentes do parcelamento de solo, em relação ao custo direto total do contribuinte, assim entendido como a soma de todos os custos diretos de todas as atividades exercidas pelo contribuinte.

§ 11. Os créditos de IBS e CBS decorrentes dos custos e despesas indiretos pagos pelo contribuinte e apropriados a cada parcelamento do solo na forma prevista no § 10 deverão ser estornados pelo contribuinte.

§ 12. O contribuinte fica obrigado a manter escrituração contábil segregada para cada parcelamento de solo submetido ao regime de tributação previsto neste artigo.

COMENTÁRIOS

Em moldes semelhantes ao do artigo anterior, este cuida por igual de regra de transição, alcançando alienação de imóvel decorrente de parcelamento do solo, que tenha o pedido de registro do parcelamento, nos termos da Lei Federal 6.766, de 19 de dezembro de 1979, efetivado antes de 1º de janeiro de 2029. Neste caso, tais operações estarão sujeitas ao pagamento de CBS em montante equivalente a 3,65% da receita bruta recebida.

Do mesmo modo que no artigo anterior, vedam-se os créditos, restrição que nessas hipóteses se justifica porque se trata de regime excepcional, opcional, e que submete o contribuinte a alíquota bem mais reduzida que a padrão.

Subseção III
Da Locação, da Cessão Onerosa e do Arrendamento do Bem Imóvel

Art. 487. O contribuinte que realizar locação, cessão onerosa ou arrendamento de bem imóvel decorrente de contratos firmados por prazo determinado poderá optar pelo recolhimento de IBS e CBS com base na receita bruta recebida.

§ 1º A opção prevista no *caput* será aplicada exclusivamente:

I – para contrato com finalidade não residencial, pelo prazo original do contrato, desde que este:

a) seja firmado até a data de publicação desta Lei Complementar, sendo a data comprovada por firma reconhecida ou por meio de assinatura eletrônica; e

b) seja registrado em Cartório de Registro de Imóveis ou em Registro de Títulos e Documentos até 31 de dezembro de 2025 ou seja disponibilizado para a RFB e para o Comitê Gestor do IBS, nos termos do regulamento;

Art. 488

II – para contrato com finalidade residencial, pelo prazo original do contrato ou até 31 de dezembro de 2028, o que ocorrer primeiro, desde que firmado até a data de publicação desta Lei Complementar, sendo a data comprovada por firma reconhecida, por meio de assinatura eletrônica ou pela comprovação de pagamento da locação até o último dia do mês subsequente ao do primeiro mês do contrato.

§ 2º As operações sujeitas ao regime de que trata este artigo estarão sujeitas ao pagamento de IBS e CBS em montante equivalente a 3,65% da receita bruta recebida.

§ 3º A opção pelo recolhimento disposta no *caput* afasta qualquer outra forma de incidência de IBS e CBS sobre a respectiva operação, ficando sujeita à incidência destes tributos exclusivamente na forma disposta no *caput*.

§ 4º Fica vedada a apropriação de créditos do IBS e da CBS pelo contribuinte que realizar a opção de que trata o *caput*, em relação às operações relacionadas ao bem imóvel sujeito ao regime opcional de que trata este artigo.

§ 5º A opção pelo recolhimento disposta no *caput* impede a utilização do redutor social previsto no art. 260.

§ 6º Considera-se receita bruta a totalidade das receitas auferidas nas operações de que trata o *caput*, bem como as receitas financeiras e variações monetárias decorrentes desta operação.

§ 7º O pagamento de IBS e CBS na forma do disposto no *caput* deste artigo será considerado definitivo, não gerando, em qualquer hipótese, direito à restituição ou à compensação.

§ 8º As receitas, custos e despesas próprios das operações que tratam o *caput* não deverão ser computados na apuração da base de cálculo do IBS e da CBS devida pelo contribuinte em virtude de suas outras atividades empresariais.

§ 9º Os custos e despesas indiretos pagos pelo contribuinte no mês serão apropriados a cada operação, na mesma proporção representada pelas receitas dessas operações, em relação à receita total do contribuinte.

§ 10. Os créditos de IBS e CBS decorrentes dos custos e despesas indiretos apropriados pelo contribuinte e alocados às operações sujeitas ao regime opcional de que trata este artigo nos termos do § 9º deverão ser estornados.

§ 11. O contribuinte fica obrigado a manter escrituração contábil segregada com a identificação das operações submetidas ao regime de tributação previsto neste artigo.

 COMENTÁRIOS

Em moldes semelhantes ao do artigo anterior, este cuida por igual de regra de transição, alcançando locação, cessão onerosa ou arrendamento de bem imóvel decorrente de contratos firmados por prazo determinado, até a publicação desta Lei Complementar e seja registrado em Cartório de Registro de Imóveis ou em Registro de Títulos e Documentos até 31 de dezembro de 2025, ou disponibilizado para a RFB e para o Comitê Gestor do IBS, nos termos do regulamento. Tais contratos estarão sujeitos ao IBS e à CBS pela alíquota de 3,65%, ônus que representa a incidência de ambos os tributos, não dispondo a lei sobre quanto corresponde a um, e a outro, o que seria relevante para fins de divisão do correspondente produto da arrecadação.

Seção II
Das Operações Iniciadas a partir de 1º de Janeiro de 2029

Art. 488. A partir de 1º de janeiro de 2029, o contribuinte poderá deduzir da base de cálculo do IBS incidente na alienação de bem imóvel, o montante pago na aquisição de bens e serviços realizada entre 1º de janeiro de 2027 a 31 de dezembro de

TÍTULO III – DISPOSIÇÕES TRANSITÓRIAS | Art. 488

2032 que sejam utilizados para a incorporação, parcelamento do solo e construção do imóvel.

§ 1º A dedução de que trata o *caput* correspondente ao valor das aquisições de bens e serviços:

I – sujeitos à incidência do imposto previsto no art. 155, II ou do imposto previsto no art. 156, III, ambos da Constituição Federal;

II – contabilizados como custo direto de produção do bem imóvel; e

III – cuja aquisição tenha sido acobertada por documento fiscal idôneo.

§ 2º Na alienação de bem imóvel decorrente de incorporação ou parcelamento do solo poderão ser deduzidos da base de cálculo do IBS os custos e despesas indiretos pagos pelo contribuinte sujeitos ao ICMS ou ISS, os quais serão alocados no empreendimento na mesma proporção representada pelos custos diretos próprios do empreendimento em relação ao custo direto total do contribuinte, assim entendido como a soma dos custos diretos de todas as atividades exercidas pelo contribuinte.

§ 3º Os valores a serem deduzidos correspondem à base de cálculo do IBS e da CBS relativa à aquisição dos bens e serviços, conforme registrada em documento fiscal, multiplicada por:

I – 1 (um inteiro), no caso de bens e serviços adquiridos entre 1º de janeiro de 2027 e até 31 de dezembro de 2028;

II – 0,9 (nove décimos), no caso de bens e serviços adquiridos no ano-calendário de 2029;

III – 0,8 (oito décimos), no caso de bens e serviços adquiridos no ano-calendário de 2030;

IV – 0,7 (sete décimos), no caso de bens e serviços adquiridos no ano-calendário de 2031; e

V – 0,6 (seis décimos), no caso de bens e serviços adquiridos no ano-calendário de 2032.

§ 4º A dedução a que se refere o *caput* não afasta o direito à apropriação dos créditos de IBS e CBS pagos pelo contribuinte, assim como a aplicação dos redutores de ajuste previstos no art. 257 e do redutor social previsto no art. 259.

§ 5º O disposto neste artigo não se aplica caso o contribuinte tenha optado pelo regime especial de que trata o art. 485 ou realizado a opção de que trata o art. 486.

§ 6º Os valores a serem deduzidos da base de cálculo poderão ser utilizados para ajuste da base de cálculo do IBS de períodos anteriores ou de períodos subsequentes relativos ao mesmo bem imóvel ou ao mesmo empreendimento, quando excederem o valor da base de cálculo de IBS do respectivo período.

 COMENTÁRIOS

Iniciadas a vigência da legislação alusiva ao IBS e a cobrança desse tributo, estabelece este artigo, para suavizar o impacto do novo tributo sobre operações de alienação de bens imóveis ocorridas a partir de 1º de janeiro de 2029, a possibilidade de dedução, de sua base de cálculo, dos gastos com bens e serviços utilizados na incorporação, no parcelamento do solo e na construção do respectivo imóvel havidos entre 1º de janeiro de 2027 e a data da alienação, limitada esta a 31 de dezembro de 2032. Trata-se de uma forma de o IBS incidir apenas sobre o "valor agregado" da operação, só que por uma aproximação mais semelhante à sistemática da "base sobre base", que, aliás, bem poderia ter sido adotada para IBS e CBS de uma forma geral.

Os bens e serviços cujo valor poderá ser abatido da base de cálculo do IBS serão apenas aqueles que tiverem sido onerados por ISS ou ICMS, com aquisição devidamente documentada e que tenham sido contabilizados como custo direto de produção do referido bem.

Essa dedução não afasta o direito à apropriação dos créditos de IBS e CBS pagos pelo contribuinte, assim como a aplicação dos redutores de ajuste previstos no art. 257 e do redutor social previsto no art. 259. Trata-se de uma redução de base de cálculo adicional, destinada a minimizar o impacto do novo tributo neste período de transição, até porque os custos de aquisição, havidos antes da implantação do IBS (e onerados pelo ICMS ou pelo ISS) não seriam aproveitáveis na sistemática da não cumulatividade inerente ao novo tributo, por terem sido alcançados ainda pelos tributos antigos, por ele sucedidos.

Seção III
Disposições Finais

> **Art. 489.** A receita total do IBS e da CBS recolhida nos termos dos art. 487 será distribuída entre a CBS e as parcelas estadual e municipal do IBS na proporção das respectivas alíquotas de referência do momento de ocorrência do fato gerador.

 COMENTÁRIOS

O art. 487, já comentado, cuida de regime especial, de transição, de aplicação de IBS e CBS, para contratos de locação, cessão onerosa ou arrendamento de imóvel, quando celebrado por prazo determinado e até dezembro de 2025. Esse regime especial envolve o recolhimento de tais tributos pelo percentual já indicado, de 3,65% da receita bruta recebida pelo contrato. Daí a remissão, neste art. 489, a que o valor arrecadado com IBS e CBS, com a aplicação de tal percentual sobre a receita do contribuinte, em tais hipóteses, deverá ser dividido entre União, Estados e Municípios na proporção das alíquotas que cada um deles tiver fixado, vigentes no momento da ocorrência do fato gerador.

> **Art. 490.** O disposto no § 2º do art. 6º não se aplica ao Fundo de Arrendamento Residencial – FAR de que trata a Lei nº 10.188, de 12 de fevereiro de 2001, que poderá manter a integralidade dos créditos de IBS e CBS relativos aos bens ou serviços adquiridos pelo FAR, mesmo em caso de doação.

 COMENTÁRIOS

O § 2º do art. 6º desta Lei Complementar trata de doações de bens ou serviços que tenham permitido ao doador a apropriação de créditos. Estabelece, para tais hipóteses, que ou a doação deve ser tributada pelo valor dos bens doados, ou os créditos devem ser anulados. Essa é uma maneira de fazer com que o doador, tendo apropriado créditos para conseguir produzir o bem ou o serviço doado, não se beneficie do crédito, já que a doação em princípio não é onerada pelo IBS e pela CBS. Anular o crédito ou tributar a doação como se o bem ou o serviço estivessem sendo vendidos pelo valor de mercado é uma maneira de neutralizar esses créditos. O que o artigo em comento esclarece é que essa regra não se aplica aos bens e serviços adquiridos por Fundos de Arrendamento Residencial. Ou seja: bens e serviços adquiridos por tais fundos, mesmo que posteriormente haja doação, poderão ter seus créditos apropriados e estes não precisarão ser estornados.

TÍTULO IV
DISPOSIÇÕES FINAIS

Art. 491. Na hipótese de fusão, extinção ou incorporação de quaisquer dos ministérios, secretarias e demais órgãos da administração pública citados nesta Lei Complementar, ato do chefe do Poder Executivo da União definirá o órgão responsável pela assunção das respectivas responsabilidades previstas nesta Lei Complementar.

COMENTÁRIOS

A disposição constante deste artigo é completamente desnecessária, pois na hipótese de fusão, extinção ou incorporação de órgãos, o ato que levar a alteração a efeito definirá o que deverá ocorrer com as competências dos órgãos fundidos, extintos ou incorporados. E, se não o fizer, este artigo tampouco prevê qualquer consequência para o descumprimento.

Art. 492. Para efeito do disposto nesta Lei Complementar:

I – a Nomenclatura Comum do Mercosul/Sistema Harmonizado – NCM/SH corresponde àquela aprovada pela Resolução Gecex nº 272, de 19 de novembro de 2021;

II – a Nomenclatura Brasileira de Serviços – NBS corresponde àquela aprovada pela Portaria Conjunta RFB/SECEX nº 2.000, de 18 de dezembro de 2018.

§ 1º Os códigos constantes desta Lei Complementar estão em conformidade com a NCM/SH e com a NBS de que tratam os incisos I e II do *caput*.

§ 2º Eventuais alterações futuras da NCM/SH e NBS de que trata o *caput* que acarretem modificação da classificação fiscal dos produtos mencionados nesta Lei Complementar não afetarão as disposições a eles aplicadas com base na classificação anterior.

COMENTÁRIOS

O grande mal das remissões legislativas é a posterior alteração das normas para as quais se fazem as remissões. Ficam como *links* quebrados em páginas na *internet*, que remetem a outras páginas cuja manutenção e subsistência está fora do controle do autor da página que as refere, e, quando são extintas ou mudam de endereço, geram mensagem de erro para o usuário que tenta acessá-las a partir do *link* ou da remissão.

Este artigo contém regras, a rigor desnecessárias, para esclarecer as consequências de alterações na NCM/SH e na NBS – lista com a classificação de produtos e de serviços referidos nesta lei complementar. Estabelece que as remissões são feitas às classificações constantes de tais tabelas na data em que publicada esta lei, que são, no caso da Nomenclatura Comum do Mercosul/Sistema Harmonizado (NCM/SH), a correspondente àquela aprovada pela Resolução Gecex 272, de 19 de novembro de 2021, e, no que tange à Nomenclatura Brasileira de Serviços (NBS), a aprovada pela Portaria Conjunta RFB/Secex 2.000, de 18 de dezembro de 2018. Se houver mudança posterior em tais nomenclaturas, não importa, isso não alterará as remissões feitas nesta lei, que se consideram feitas, repita-se, às classificações relativas a tais tabelas vigentes na data de elaboração do texto desta lei complementar, que são as anteriormente mencionadas.

Diz-se que o esclarecimento é desnecessário porque assim já seria, com ou sem este artigo. Trata-se de consequência de uma noção de Teoria Geral do Direito, em face da qual a norma referida considera-se parte integrante do texto que a refere, sendo a referência uma técnica legislativa de economia de palavras. Como registra Hugo de Brito Machado, comentando artigos do Código Tributário Nacional que se reportavam ao Código Civil (de 1916), depois que este foi substituído pelo Código de 2002:

> Quanto o art. 29 do Código Tributário Nacional refere-se à propriedade, domínio útil ou à posse de imóvel por natureza, *como definido na lei civil*, está simplesmente atraindo elementos definidores desses conceitos. O conceito de propriedade, o conceito de domínio útil, o conceito de posse e o conceito de imóvel por natureza devem ser definidos com elementos extraídos da lei civil. Não de uma lei civil futura, certamente, mas da lei civil vigente na data em que foi promulgado o Código Tributário Nacional[1].

Idêntico raciocínio se pode desenvolver diante das remissões constantes desta lei à NCM, à NBS, ou a qualquer outra lei, quando da definição de conceitos ou realidades a serem alcançadas por esta lei, remissões que se destinam apenas a evitar repetições, mas que devem ser entendidas como se o texto da norma referida, vigente à época da promulgação desta lei, estivesse aqui reproduzido. A remissão presta-se apenas a tornar desnecessária a reprodução, e, com ela, ainda mais volumosa esta lei complementar.

> **Art. 493.** As referências feitas nesta Lei Complementar à taxa SELIC, à taxa DI, ao IPCA e a outros índices ou taxas são aplicáveis aos respectivos índices e taxas que venham a substituí-los.

COMENTÁRIOS

Caso Selic, IPCA ou outro índice mencionado nesta lei sejam extintos, o diploma que os extinguir há de criar outro índice, para representar a taxa de juros, e a inflação, os quais por certo serão empregados em tudo e para tudo o que Selic e IPCA o são. Inclusive para os propósitos desta lei, sendo este artigo meramente explicitante disso.

> **Art. 494.** Em relação aos atos conjuntos do chefe do Poder Executivo da União e do Comitê Gestor do IBS de que tratam os arts. 131, § 2º, 132, § 2º, 134, 138, § 10, 144, §§ 2º e 3º, 145, § 2º, e 146, §§ 3º e 4º, deve-se observar o disposto no § 2º do art. 126 desta Lei Complementar e no art. 14 da Lei Complementar nº 101, de 4 de maio de 2000, quando da revisão prevista no art. 475 desta Lei Complementar. (VETADO)

COMENTÁRIOS

O dispositivo em comento foi vetado. Sobre ele, se tivesse sido aprovado, poder-se-ia dizer o seguinte: "Os atos normativos editados pelo Poder Executivo – da União e do Comitê Gestor – indicados neste artigo ensejam aumento de hipóteses de desoneração tributária. São aqueles que, na avaliação quinquenal prevista no art. 475 desta lei complementar, podem ampliar a lista de itens submetidos a reduções nas alíquotas de IBS e CBS. Como qualquer disposição que implique desoneração, deverão observar o art. 14 da Lei de Responsabilidade Fiscal.

Um ponto que pode ser suscitado em relação ao mencionado art. 14 da LRF, em geral, guarda pertinência com a Curva de Laffer e a ideia de que nem toda redução implica, necessariamente, queda de arrecadação, podendo dar-se o inverso. Além disso, no caso específico

---

[1] MACHADO, Hugo de Brito. *Comentários ao Código Tributário Nacional*. 3.ed. São Paulo: Atlas, 2015, v. 1, p. 316-317.

dos atos que atualizarem a lista de itens sujeitos a fatores de redução de alíquota, tem-se o fato de que, por se tratar da mera atualização da lista, incluindo-se nela itens novos (e que por isso mesmo não foram levados em conta em estimativas de arrecadação anteriores), não há, propriamente, *perda* de arrecadação. Apenas se deixa de arrecadar algo que até então já não era arrecadado (já que o item é novo e sua inclusão destina-se a atualizar a lista).

Colha-se, por exemplo, o art. 126 desta lei. Se se incluir no rol por ele referido dispositivos médicos que não existiam quando da elaboração do rol anterior, por certo não haverá redução de valores até então arrecadados (já que os dispositivos não existiam e, nessa condição, não eram tributados)".

> **Art. 495.** Fica recriada, na estrutura básica do Ministério da Fazenda, a Escola de Administração Fazendária – ESAF, com as seguintes competências:
>
> I – integrar a rede de escolas de governo do Poder Executivo federal e o sistema de escolas de governo da União, sob a coordenação da Fundação Escola Nacional de Administração Pública – ENAP;
>
> II – promover a gestão do conhecimento para o desenvolvimento de profissionais dos órgãos que integram o Ministério da Fazenda, visando ao aperfeiçoamento da gestão das finanças públicas e à promoção da cidadania fiscal;
>
> III – promover e intensificar programa de treinamento e capacitação técnico-profissional ajustado às necessidades do Ministério da Fazenda nas suas diversas áreas;
>
> IV – sistematizar e planejar o recrutamento e a seleção de pessoal para preenchimento de cargos e funções do Ministério da Fazenda, inclusive processos de remoção;
>
> V – supervisionar, orientar e controlar os processos seletivos previstos no item anterior;
>
> VI – planejar cursos não integrados no currículo normal da Escola;
>
> VII – executar projetos e atividades de recrutamento, seleção e treinamento que venham a ser convencionados com organismos nacionais e internacionais.
>
> § 1º A direção-geral da ESAF será exercida por Auditor-Fiscal da Receita Federal do Brasil.
>
> § 2º O Decreto que dispuser sobre a estrutura básica do Ministério da Fazenda disporá sobre as medidas necessárias ao cumprimento do disposto no *caput*, inclusive a redistribuição de pessoal necessária ao funcionamento da ESAF, o restabelecimento de seu patrimônio e instalações físicas e dotações orçamentárias. (VETADO)

 ## COMENTÁRIOS

O dispositivo em comento foi vetado, por entender o Executivo que a alteração não poderia ter sido levada a efeito por meio de emenda feita em projeto de lei que cuidava de outro assunto. Teria que constar da redação original do texto apresentado por iniciativa do Executivo, já que altera a estrutura deste. A justificativa é duvidosa, pois a sanção do Presidente convalidaria possível problema decorrente de não ter sido do Executivo a iniciativa. De uma forma ou de outra, fosse essa a razão única do veto, deveria o Executivo apresentar novo projeto com essa finalidade, pois a recriação da ESAF seria saudável sob todos os aspectos. Veja-se, a propósito, o que poderia ser comentado a respeito do artigo, se tivesse sido aprovado: "O artigo de que se cuida recria a Escola de Administração Fazendária (Esaf) no âmbito do Ministério da Fazenda, conferindo-lhe competências amplas e estratégicas, reafirmando sua importância histórica como centro de excelência na formação e capacitação de profissionais da administração tributária e financeira do Brasil.

A recriação da Esaf reflete um movimento de valorização institucional e de fortalecimento da capacidade técnica do Ministério da Fazenda. A Esaf, enquanto parte da estrutura básica do Ministério, torna-se peça-chave no desenvolvimento de políticas de capacitação e formação voltadas para a gestão das finanças públicas e a promoção da cidadania fiscal.

A integração da Esaf à rede de escolas de governo do Poder Executivo federal e ao sistema coordenado pela Enap evidencia sua natureza estratégica como escola de governo, alinhando-a a padrões de excelência e promovendo a colaboração com outras instituições de ensino governamental.

A recriação da Esaf representa um marco importante para o fortalecimento do Ministério da Fazenda e para a administração tributária como um todo. A Esaf desempenhou, historicamente, um papel essencial na formação de quadros técnicos, sendo reconhecida por sua excelência. Sua integração ao sistema de escolas de governo e a ampliação de suas competências, especialmente no que diz respeito à cidadania fiscal e à colaboração com organismos internacionais, sinalizam um compromisso renovado com a eficiência, a inovação e a governança pública.

Esse movimento também deve ser analisado no contexto da reforma tributária, uma vez que a Esaf poderá desempenhar papel relevante na capacitação de servidores e no apoio técnico necessário para a transição ao novo modelo tributário. O restabelecimento da Esaf é um passo promissor para a modernização e o fortalecimento da gestão pública tributária e financeira".

> **Art. 496.** A Lei nº 5.172, de 25 de outubro de 1966 – Código Tributário Nacional, passa a vigorar com as seguintes alterações:
> "Art. 9º (...)
> IV – cobrar impostos e a contribuição de que trata o inciso V do art. 195 da Constituição Federal sobre:
> (...)
> b) entidades religiosas e templos de qualquer culto, inclusive suas organizações assistenciais e beneficentes;

 COMENTÁRIOS

Atualiza-se o art. 9º do CTN com as alterações levadas a efeito no texto constitucional pela EC 132/2023, tanto para dar mais amplitude à liberdade religiosa, como para explicitar que a imunidade do art. 150, VI, da CF/1988 também se aplica à contribuição sobre bens e serviços, e não apenas sobre impostos.

> **Art. 497.** O Decreto-Lei nº 37, de 18 de novembro de 1966, passa a vigorar com a seguinte redação:
> "Art. 44. (...)
> Parágrafo único. As informações prestadas pelo sujeito passivo na declaração de importação constituem confissão de dívida pelo contribuinte e instrumento hábil e suficiente para a exigência do valor dos tributos incidentes sobre as operações nela consignadas, restando constituído o crédito tributário." (NR)

 COMENTÁRIOS

É preciso cautela na compreensão de que quaisquer informações prestadas em uma declaração são confissão de dívida. Só pode ser assim considerada, uma confissão de dívida, a declaração na qual o sujeito passivo reconhece a existência de uma dívida, e não adimple o compromisso decorrente de sua própria declaração. Literalmente, a redação deste artigo

TÍTULO IV – DISPOSIÇÕES FINAIS   Art. 501

parece autorizar que qualquer informação constante da declaração pode ser usada para a formulação de uma cobrança, contra a qual o contribuinte não poderia se opor, por ter "confessado". Essa conclusão, contudo, discrepa da própria lógica subjacente ao entendimento do STJ de que a Fazenda pode considerar "confissão", dispensando lançamento e encaminhando à cobrança, declarações apresentadas no lançamento por homologação, e não pagas, sob a justificativa de que o contribuinte não iria "se defender de sua própria apuração. Presidiria essa ideia o argumento de que a Fazenda estaria apenas "homologando" a apuração entregue pelo contribuinte e inadimplida. Nessa ordem de ideias, não se pode admitir a figura de uma "homologação com alterações", de modo que se o contribuinte apresente declaração com informações, mas nela não reconhece dívida alguma (p. ex., por se declarar isento), o Fisco não pode aproveitar essa declaração "pela metade" e considerar que houve confissão: será preciso fazer lançamento de ofício e dar ao contribuinte direito de defesa.

Art. 498. A Lei nº 10.931, de 2 de agosto de 2004, passa a vigorar com as seguintes alterações:

"Art. 3º O terreno e as acessões objeto da incorporação imobiliária sujeitas ao regime especial de tributação, bem como os demais bens e direitos a ela vinculados, não responderão por dívidas tributárias da incorporadora relativas ao Imposto sobre a Renda das Pessoas Jurídicas – IRPJ, à Contribuição Social sobre o Lucro Líquido – CSLL, à Contribuição para o Financiamento da Seguridade Social – COFINS, à Contribuição para os Programas de Integração Social e de Formação do Patrimônio do Servidor Público – PIS/PASEP, à Contribuição sobre Bens e Serviços – CBS e ao Imposto sobre Bens e Serviços – IBS, exceto aquelas calculadas na forma do art. 4º sobre as receitas auferidas no âmbito da respectiva incorporação." (NR)

Art. 499. A Lei nº 7.998, de 11 de janeiro de 1990, passa a vigorar com as seguintes alterações:

"Art. 11. (...)

V – 18% (dezoito por cento) da Contribuição Social sobre Bens e Serviços – CBS; e

VI – outros recursos que lhe sejam destinados." (NR)

Art. 500. A Lei nº 8.019, de 11 de abril de 1990, passa a vigorar com as seguintes alterações:

"Art. 1º A arrecadação correspondente a 18% (dezoito por cento) da Contribuição Social sobre Bens e Serviços – CBS e a decorrente da contribuição para o Programa de Formação do Patrimônio do Servidor Público, criado pela Lei Complementar nº 8, de 3 de dezembro de 1970, será destinada, a cada ano, à cobertura integral das necessidades do Fundo de Amparo ao Trabalhador (FAT), de que trata o art. 10 da Lei nº 7.998, de 11 de janeiro de 1990." (NR)

"Art. 2º Conforme estabelece o § 1º do art. 239 da Constituição Federal, pelo menos 28% (vinte e oito por cento) da arrecadação mencionada no artigo anterior serão repassados ao Banco Nacional de Desenvolvimento Econômico e Social (BNDES), para aplicação em programas de desenvolvimento econômico." (NR)

Art. 501. A Lei Complementar nº 87, de 13 de setembro de 1996, passa a vigorar com as seguintes alterações:

"Art. 31-A. Em relação aos fatos geradores ocorridos de 1º de janeiro de 2029 a 31 de dezembro de 2032, as alíquotas do imposto serão reduzidas nas seguintes proporções das alíquotas previstas nas legislações dos Estados ou do Distrito Federal, vigentes em 31 de dezembro de 2028:

I – 10% (dez por cento), em 2029;

II – 20% (vinte por cento), em 2030;

III – 30% (trinta por cento), em 2031; e

IV – 40% (quarenta por cento), em 2032.

§ 1º O disposto no *caput* aplica-se a todas as operações e prestações tributadas pelo imposto, inclusive:

I – aos combustíveis sobre os quais a incidência ocorre uma única vez, a que se refere a Lei Complementar nº 192, de 11 de março de 2022;

II – às alíquotas estabelecidas na Resolução nº 22, de 19 de maio de 1989, e na Resolução nº 13, de 25 de abril de 2012, ambas do Senado Federal.

§ 2º No período de que trata o *caput*, os benefícios ou os incentivos fiscais ou financeiros relativos ao imposto serão reduzidos na mesma proporção da redução das alíquotas prevista nos incisos do *caput*.

§ 3º Para os fins da aplicação do disposto no § 2º, os percentuais e outros parâmetros utilizados para calcular os benefícios ou incentivos fiscais ou financeiros relativos ao imposto serão reduzidos na mesma proporção da redução das alíquotas, em decorrência do disposto no *caput* deste artigo.

§ 4º O disposto no § 3º não se aplica caso os benefícios ou os incentivos fiscais ou financeiros relativos ao imposto já tenham sido reduzidos proporcionalmente por força da redução das alíquotas em decorrência do disposto nos termos do *caput* deste artigo.

§ 5º Compete ao Conselho Nacional de Política Fazendária (Confaz) estabelecer a disciplina a ser observada na hipótese a que se refere o § 3º.

§ 6º Para fins do disposto no § 5º, as deliberações serão aprovadas por maioria simples dos votos.

§ 7º Os benefícios e incentivos fiscais ou financeiros referidos no art. 3º da Lei Complementar nº 160, de 7 de agosto de 2017, serão reduzidos na forma deste artigo, não se aplicando a redução prevista no § 2º-A do art. 3º da referida Lei Complementar."

Art. 502. A Lei nº 9.430, de 27 de dezembro de 1996, passa a vigorar com as seguintes alterações:

"Art. 64. Os pagamentos efetuados por órgãos, autarquias e fundações da administração pública federal a pessoas jurídicas, pelo fornecimento de bens ou prestação de serviços, estão sujeitos à incidência, na fonte, do imposto sobre a renda e da Contribuição Social sobre o Lucro Líquido." (NR)

Art. 503. A Lei nº 9.432, de 8 de janeiro de 1997, passa a vigorar com as seguintes alterações:

"Art. 11. (...)

§ 9º-A. O disposto no § 9º não se aplica à Contribuição Social sobre Bens e Serviços – CBS." (NR)

Art. 504. A Lei nº 9.718, de 27 de novembro de 1998, passa a vigorar com as seguintes alterações:

"Art. 9º As variações monetárias dos direitos de crédito e das obrigações do contribuinte, em função da taxa de câmbio ou de índices ou coeficientes aplicáveis por disposição legal ou contratual serão consideradas, para efeitos da legislação do imposto sobre a renda e da Contribuição Social sobre o Lucro Líquido, como receitas ou despesas financeiras, conforme o caso." (NR)

Art. 505. A Lei nº 9.779, de 19 de janeiro de 1999, passa a vigorar com a seguinte redação:

"Art. 11. (...)

Parágrafo único. O disposto no *caput* também se aplica caso a matéria-prima, produto intermediário e material de embalagem seja utilizado em produto sujeito ao Imposto Seletivo." (NR)

Art. 506. A Medida Provisória nº 2.158-35, de 24 de agosto de 2001, passa a vigorar com as seguintes alterações:

"Art. 30. A partir de 1º de janeiro de 2000, as variações monetárias dos direitos de crédito e das obrigações do contribuinte, em função da taxa de câmbio, serão consideradas, para

TÍTULO IV – DISPOSIÇÕES FINAIS   Art. 509

efeito de determinação da base de cálculo do imposto sobre a renda e da CSLL, bem assim da determinação do lucro da exploração, quando da liquidação da correspondente operação." (NR)

Art. 507. A Lei nº 10.637, de 30 de dezembro de 2002, passa a vigorar com as seguintes alterações:

"Art. 35. A receita decorrente da avaliação de títulos e valores mobiliários, instrumentos financeiros, derivativos e itens objeto de hedge, registrada pelas instituições financeiras e demais entidades autorizadas a funcionar pelo Banco Central do Brasil, instituições autorizadas a operar pela Superintendência de Seguros Privados – Susep e sociedades autorizadas a operar em seguros ou resseguros em decorrência da valoração a preço de mercado no que exceder ao rendimento produzido até a referida data será computada na base de cálculo do Imposto sobre a Renda das Pessoas Jurídicas e da Contribuição Social sobre o Lucro Líquido somente quando da alienação dos respectivos ativos." (NR)

Art. 508. A Lei Complementar nº 116, de 31 de julho de 2003, passa a vigorar com as seguintes alterações:

"Art. 8º-B. Em relação aos fatos geradores ocorridos de 1º de janeiro de 2029 a 31 de dezembro de 2032, as alíquotas do imposto serão reduzidas nas seguintes proporções das alíquotas previstas nas legislações dos Municípios ou do Distrito Federal, vigentes em 31 de dezembro de 2028:

I – 10% (dez por cento), em 2029;

II – 20% (vinte por cento), em 2030;

III – 30% (trinta por cento), em 2031; e

IV – 40% (quarenta por cento), em 2032.

§ 1º No período de que trata o *caput*, os benefícios ou os incentivos fiscais ou financeiros relativos ao imposto serão reduzidos na mesma proporção da redução das alíquotas prevista nos incisos do *caput*.

§ 2º Para os fins da aplicação do disposto no § 1º, os percentuais e outros parâmetros utilizados para calcular os benefícios ou incentivos fiscais ou financeiros relativos ao imposto serão reduzidos na mesma proporção da redução das alíquotas, em decorrência do disposto no *caput* deste artigo.

§ 3º O disposto no § 2º não se aplica, caso os benefícios ou os incentivos fiscais ou financeiros relativos ao imposto já tenham sido reduzidos proporcionalmente por força da redução das alíquotas nos termos do *caput* deste artigo."

 COMENTÁRIOS

Os dispositivos em comento cuidam, dentre outros assuntos, da redução gradual do ISS, e do ICMS, que serão no mesmo passo sucedidos pelo IBS, cujas alíquotas serão paulatinamente majoradas, até chegarem ao seu patamar ordinário, nos mesmos prazos. Almeja-se, com isso, proceder-se a uma transição paulatina entre o sistema de tributação do consumo composto por ICMS, ISS, IPI e PIS/Cofins, de um lado, e o inaugurado pela EC 132/2023, consubstanciado por IBS, CBS e IS.

Art. 509. A Lei nº 10.833, de 29 de dezembro de 2003, passa a vigorar com as seguintes alterações:

"Art. 23. A incidência da CIDE, nos termos do inciso V do art. 3º da Lei nº 10.336, de 19 de dezembro de 2001, sobre os gases liquefeitos de petróleo, classificados na subposição 2711.1 da Nomenclatura Comum do Mercosul – NCM, não alcança os produtos classificados no código 2711.11.00." (NR)

"Art. 30. Os pagamentos efetuados pelas pessoas jurídicas a outras pessoas jurídicas de direito privado, pela prestação de serviços de limpeza, conservação, manutenção, segurança, vigilância, transporte de valores e locação de mão de obra, pela prestação de serviços de assessoria creditícia, mercadológica, gestão de crédito, seleção e riscos, administração de contas a pagar e a receber, bem como pela remuneração de serviços profissionais, estão sujeitos à retenção na fonte da Contribuição Social sobre o Lucro Líquido – CSLL." (NR)

"Art. 31. O valor da CSLL de que trata o art. 30 será determinado mediante a aplicação, sobre o montante a ser pago, do percentual de 1% (um por cento)." (NR)

"Art. 32. (...)

Parágrafo único. Será exigida a retenção da CSLL nos pagamentos:" (NR)

"Art. 33. A União, por intermédio da Secretaria da Receita Federal, poderá celebrar convênios com os Estados, Distrito Federal e Municípios, para estabelecer a responsabilidade pela retenção na fonte da CSLL, mediante a aplicação da alíquota prevista no art. 31, nos pagamentos efetuados por órgãos, autarquias e fundações dessas administrações públicas às pessoas jurídicas de direito privado, pelo fornecimento de bens ou pela prestação de serviços em geral." (NR)

"Art. 34. Ficam obrigadas a efetuar as retenções na fonte do imposto sobre a renda e da CSLL, a que se refere o art. 64 da Lei nº 9.430, de 27 de dezembro de 1996, as seguintes entidades da administração pública federal:" (NR)

"Art. 67. Na impossibilidade de identificação da mercadoria importada, em razão de seu extravio ou consumo, e de descrição genérica nos documentos comerciais e de transporte disponíveis, será aplicada, para fins de determinação dos impostos incidentes na importação, alíquota única de 70% (setenta por cento) relativa ao Imposto de Importação e ao Imposto sobre Produtos Industrializados – IPI.

(...)

§ 3º A alíquota de que trata o *caput* será distribuída nos seguintes percentuais:

I – 35% (trinta e cinco por cento), a título de alíquota do Imposto de Importação; e

II – 35% (trinta e cinco por cento), a título de alíquota do IPI." (NR)

Art. 510. A Lei nº 10.931, de 2 de agosto de 2004, passa a vigorar com as seguintes alterações:

"Art. 4º Para cada incorporação submetida ao regime especial de tributação, a incorporadora ficará sujeita ao pagamento equivalente a 1,92% (um inteiro e noventa e dois centésimos por cento) da receita mensal recebida, o qual corresponderá ao pagamento mensal unificado do seguinte imposto e contribuições:

(...)

§ 6º Para os projetos de incorporação de imóveis residenciais de interesse social cuja construção tenha sido iniciada ou contratada a partir de 31 de março de 2009, o percentual correspondente ao pagamento unificado dos tributos de que trata o *caput* deste artigo será equivalente a 0,47% (quarenta e sete centésimos por cento) da receita mensal recebida, desde que, até 31 de dezembro de 2018, a incorporação tenha sido registrada no cartório de imóveis competente ou tenha sido assinado o contrato de construção.

(...)

§ 8º Para os projetos de construção e incorporação de imóveis residenciais de interesse social, o percentual correspondente ao pagamento unificado dos tributos de que trata o *caput* deste artigo será equivalente a 0,47% (quarenta e sete centésimos por cento) da receita mensal recebida, conforme regulamentação da Secretaria Especial da Receita Federal do Brasil." (NR)

"Art. 8º Para fins de repartição de receita tributária e do disposto no § 2º do art. 4º, o percentual de 1,92% (um inteiro e noventa e dois centésimos por cento) de que trata o *caput* do art. 4º será considerado:

TÍTULO IV – DISPOSIÇÕES FINAIS

Art. 515

(...)

Parágrafo único. O percentual de 0,47% (quarenta e sete centésimos por cento) de que trata o § 6º do art. 4º será considerado para os fins do *caput*: " (NR)

Art. 511. A Lei nº 11.033, de 21 de dezembro de 2004, passa a vigorar com as seguintes alterações:

"Art. 14. Serão efetuadas com suspensão do Imposto sobre Produtos Industrializados – IPI, e, quando for o caso, do Imposto de Importação – II, as vendas e as importações de máquinas, equipamentos, peças de reposição e outros bens, no mercado interno, quando adquiridos ou importados diretamente pelos beneficiários do Reporto e destinados ao seu ativo imobilizado para utilização exclusiva na execução de serviços de:" (NR)

Art. 512. A Lei nº 11.051, de 29 de dezembro de 2004, passa a vigorar com as seguintes alterações:

"Art. 32. Para efeito de determinação da base de cálculo do Imposto sobre a Renda das Pessoas Jurídicas e da Contribuição Social sobre o Lucro Líquido, os resultados positivos ou negativos incorridos nas operações realizadas em mercados de liquidação futura, inclusive os sujeitos a ajustes de posições, serão reconhecidos por ocasião da liquidação do contrato, cessão ou encerramento da posição." (NR)

Art. 513. A Lei nº 11.079, de 30 de dezembro de 2004, passa a vigorar com as seguintes alterações:

"Art. 6º (...)

§ 6º A partir de 1º de janeiro de 2014, para os optantes conforme o art. 75 da Lei nº 12.973, de 13 de maio de 2014, e de 1º de janeiro de 2015, para os não optantes, a parcela excluída nos termos do § 3º deverá ser computada na determinação do lucro líquido para fins de apuração do lucro real e da base de cálculo da CSLL em cada período de apuração durante o prazo restante do contrato, considerado a partir do início da prestação dos serviços públicos.

(...)

§ 11. Ocorrendo a extinção da concessão antes do advento do termo contratual, o saldo da parcela excluída nos termos do § 3º, ainda não adicionado, deverá ser computado na determinação do lucro líquido para fins de apuração do lucro real, da base de cálculo da CSLL e da contribuição previdenciária de que trata o inciso III do § 3º no período de apuração da extinção." (NR)

Art. 514. A Lei nº 11.096, de 13 de janeiro de 2005, passa a vigorar com as seguintes alterações:

"Art. 8º (...)

§ 1º A isenção de que tratam os incisos I e II do *caput* deste artigo recairá sobre o lucro decorrente da realização de atividades de ensino superior, proveniente de cursos de graduação ou cursos sequenciais de formação específica." (NR)

Art. 515. A Lei nº 11.196, de 21 de novembro de 2005, passa a vigorar com as seguintes alterações:

"Art. 11. A importação de bens novos relacionados pelo Poder Executivo destinados ao desenvolvimento, no País, de software e de serviços de tecnologia da informação, relacionados em regulamento pelo Poder Executivo, sem similar nacional, efetuada diretamente pelo beneficiário do Repes para a incorporação ao seu ativo imobilizado, será efetuada com suspensão da exigência do Imposto sobre Produtos Industrializados – IPI.

§ 1º A suspensão de que trata o *caput* converte-se em isenção após cumpridas as condições de que trata o art. 2º desta Lei, observado que:

I – o percentual de exportações de que trata o art. 2º desta Lei será apurado considerando-se a média obtida, a partir do ano-calendário subsequente ao do início de utilização dos bens adquiridos no âmbito do Repes, durante o período de 3 (três) anos-calendário; e

II – o prazo de início de utilização a que se refere o inciso I deste artigo não poderá ser superior a 1 (um) ano, contado a partir da data de sua aquisição." (NR)

"Art. 110. Para efeito de determinação da base de cálculo do IRPJ e da CSLL, as instituições financeiras e as demais instituições autorizadas a funcionar pelo Banco Central do Brasil devem computar como receitas ou despesas incorridas nas operações realizadas em mercados de liquidação futura:" (NR)

Art. 516. A Lei Complementar nº 123, de 14 de dezembro de 2006, passa a vigorar com as seguintes alterações:

"Art. 1º (...)

IV – ao cadastro nacional único de contribuintes a que se refere o inciso IV do § 1º do art. 146 da Constituição Federal." (NR)

"Art. 2º (...)

I – Comitê Gestor do Simples Nacional, vinculado ao Ministério da Fazenda, composto de 4 (quatro) representantes da União, 2 (dois) dos Estados e do Distrito Federal, 2 (dois) dos Municípios, 1 (um) do Serviço Brasileiro de Apoio às Micro e Pequenas Empresas (Sebrae) e 1 (um) das confederações nacionais de representação do segmento de microempresas e empresas de pequeno porte referidas no art. 11 da Lei Complementar nº 147, de 7 de agosto de 2014, para tratar dos aspectos tributários;

(...)

III – Comitê para Integração das Administrações Tributárias e Gestão da Rede Nacional para Simplificação do Registro e da Legalização de Empresas e Negócios – CGSIM, vinculado ao Ministério da Fazenda, composto por representantes da União, Estados, Municípios e Distrito Federal e demais órgãos de apoio e de registro, na forma definida pelo Poder Executivo, para tratar dos atos cadastrais tributários e do processo de registro e de legalização de empresários e de pessoas jurídicas.

(...)

§ 4º-A. O quórum mínimo para a realização das reuniões do CGSN será de 3/4 (três quartos) dos membros, dos quais um deles será necessariamente o Presidente ou seu substituto.

(...)

§ 8º Os membros do CGSN e do CGSIM serão designados pelo Ministro de Estado da Fazenda, mediante indicação dos órgãos e entidades vinculados.

§ 8º-A. Dos membros da União que compõem o CGSN, 3 (três) serão representantes da Secretaria Especial da Receita Federal do Brasil e 1 (um) do Ministério do Empreendedorismo, da Microempresa e da Empresa de Pequeno Porte ou do órgão que vier a substituí-lo." (NR)

"Art. 3º (...)

§ 1º Considera-se receita bruta, para fins do disposto no *caput*, o produto da venda de bens e serviços nas operações de conta própria, o preço dos serviços prestados, o resultado nas operações em conta alheia e as demais receitas da atividade ou objeto principal das microempresas ou das empresas de pequeno porte, não incluídas as vendas canceladas e os descontos incondicionais concedidos.

(...)

§ 4º (...)

V – cujo sócio ou titular de fato ou de direito seja administrador ou equiparado de outra pessoa jurídica com fins lucrativos, desde que a receita bruta global ultrapasse o limite de que trata o inciso II do *caput*;

(...)

TÍTULO IV – DISPOSIÇÕES FINAIS

XII – que tenha filial, sucursal, agência ou representação no exterior.

(...)

§ 19. Para fins do disposto nesta Lei Complementar, devem ser consideradas todas as atividades econômicas exercidas, as receitas brutas auferidas e os débitos tributários das entidades de que trata o *caput* e o art. 18-A, ainda que em inscrições cadastrais distintas ou na qualidade de contribuinte individual, em um mesmo ano-calendário." (NR)

"Art. 12. (...)

§ 1º (Vetado).

§ 2º O Simples Nacional deve observar os princípios da simplicidade, da transparência, da justiça tributária, da cooperação e integração das administrações tributárias da União, dos Estados, do Distrito Federal e dos Municípios e da defesa do meio ambiente.

§ 3º A União, os Estados, o Distrito Federal e os Municípios exercerão a administração tributária do Simples Nacional de forma integrada, nos termos e limites estabelecidos pela Constituição Federal e por esta Lei Complementar." (NR)

"Art. 17. (...)

II – cujo titular ou sócio seja domiciliado no exterior;

(...)

XV – que realize atividade de locação de imóveis próprios;" (NR)

"Art. 25-A. Os dados dos documentos fiscais e declarações de qualquer espécie serão compartilhados entre as administrações tributárias da União, dos Estados, do Distrito Federal e dos Municípios, na forma estabelecida pelo CGSN."

"Art. 25-B. O MEI, definido no art. 18-A, deverá apresentar anualmente à Secretaria Especial da Receita Federal do Brasil declaração única e simplificada de informações socioeconômicas e fiscais, observados prazo e modelo aprovados pelo CGSN.

Parágrafo único. As informações da declaração referida no *caput* têm caráter declaratório, constituindo confissão de dívida e instrumento hábil e suficiente para a exigência dos tributos e contribuições que não tenham sido recolhidos resultantes das informações nela prestadas."

"Art. 26. (...)

II – manter em boa ordem e guarda os documentos que fundamentaram a apuração dos impostos e contribuições devidos e o cumprimento das obrigações acessórias a que se referem os arts. 25 e 25-B desta Lei Complementar enquanto não decorrido o prazo decadencial e não prescritas eventuais ações que lhes sejam pertinentes.

(...)

§ 3º A exigência das declarações a que se referem os arts. 25 e 25-B não desobriga a prestação de informações relativas a terceiros.

(...)

§ 4º-A. (...)

II – disponibilização por parte da administração tributária estipulante de programa gratuito para uso da empresa optante.

(...)

§ 12-A. A escrituração fiscal, nos termos do § 4º-A, acarreta a dispensa de prestação da informação prevista no § 12." (NR)

"Art. 38-A. (...)

I – de 2% (dois por cento) ao mês-calendário ou fração, a partir do dia seguinte ao término do prazo originalmente fixado para a entrega da declaração, incidentes sobre o montante dos impostos e contribuições decorrentes das informações prestadas no sistema eletrônico de cálculo de que trata o § 15 do art. 18, ainda que integralmente pago, no caso de ausência de prestação de informações ou sua efetuação após o prazo, limitada a 20% (vinte por cento), observado o disposto no § 2º deste artigo; e

(...)

§ 1º Para fins de aplicação da multa prevista no inciso I do *caput*, será considerado como termo inicial o dia seguinte ao término do prazo originalmente fixado para a entrega da declaração e como termo final a data da efetiva prestação ou, no caso de não prestação, da lavratura do auto de infração.

(...)

§ 3º Observado o disposto no § 2º, as multas serão reduzidas:

I – à metade, quando a declaração for apresentada após o prazo, mas antes de qualquer procedimento de ofício;

II – a 75% (setenta e cinco por cento), caso haja apresentação da declaração no prazo fixado em intimação.

(...)

§ 5º Considerar-se-á não entregue a declaração que não atender às especificações técnicas estabelecidas pelo CGSN.

§ 6º Na hipótese prevista no § 5º, o sujeito passivo será intimado a apresentar nova declaração, no prazo de 10 (dez) dias, contado da ciência da intimação, e sujeitar-se-á à multa prevista no inciso I do *caput*, observado o disposto nos §§ 1º e 2º." (NR)

"Art. 41. (...)

§ 4º Aplica-se o disposto neste artigo aos impostos e contribuições que não tenham sido recolhidos resultantes das informações prestadas nas declarações a que se referem os arts. 25 e 25-B." (NR)

Art. 517. A Lei Complementar nº 123, de 14 de dezembro de 2006, passa a vigorar com as seguintes alterações:

"Art. 3º (...)

§ 1º-A. A receita bruta de que trata o § 1º também compreende as receitas com operações com bens materiais ou imateriais, inclusive direitos, ou com serviços.

(...)

§ 11. Na hipótese de excesso do limite previsto no art. 13-A, caso a receita bruta auferida pela empresa durante o ano-calendário de início de atividade ultrapasse 1/12 (um doze avos) do limite estabelecido multiplicado pelo número de meses de funcionamento nesse período, a empresa não poderá recolher o ICMS, o ISS e o IBS na forma do Simples Nacional, com efeitos retroativos ao início de suas atividades.

(...)

§ 13. O impedimento de que trata o § 11 não retroagirá ao início das atividades se o excesso verificado em relação à receita bruta não for superior a 20% (vinte por cento) do limite referido naquele parágrafo, hipótese em que os efeitos do impedimento ocorrerão no ano-calendário subsequente.

(...)

§ 15. Na hipótese do § 14, para fins de determinação da alíquota de que trata o § 1º do art. 18, da base de cálculo prevista em seu § 3º e da aplicação de alíquota sobre a parcela excedente de receita bruta prevista em seus §§ 16, 16-A, 17, 17-A, 17-B e 17-C, serão consideradas separadamente as receitas brutas auferidas no mercado interno e aquelas decorrentes da exportação." (NR)

"Art. 13. (...)

IX – Imposto sobre Bens e Serviços – IBS;

TÍTULO IV – DISPOSIÇÕES FINAIS

Art. 517

X – Contribuição Social sobre Bens e Serviços – CBS.

§ 1º (...)

XII-A – IBS e CBS incidentes sobre:

a) a importação de bens materiais ou imateriais, inclusive direitos, ou de serviços;

b) ~~as operações sujeitas ao regime de substituição tributária no âmbito do IBS e da CBS;~~ (VETADO)

(...)

XIV-A – Imposto Seletivo – IS sobre produção, extração, comercialização ou importação de bens e serviços prejudiciais à saúde ou ao meio ambiente;

(...)

§ 10. É facultado ao optante pelo Simples Nacional apurar e recolher o IBS e a CBS de acordo com o regime regular aplicável a esses tributos, hipótese em que as parcelas a eles relativas não serão cobradas pelo regime único.

§ 11. A opção a que se refere o § 10 será exercida para os semestres iniciados em janeiro e julho de cada ano, sendo irretratável para cada um desses períodos, devendo ser exercida nos meses de setembro e abril imediatamente anteriores a cada semestre." (NR)

"Art. 13-A. Para efeito de recolhimento do ICMS, do ISS e do IBS no Simples Nacional, o limite máximo de que trata o inciso II do *caput* do art. 3º será de R$ 3.600.000,00 (três milhões e seiscentos mil reais), observado o disposto nos §§ 9º a 15 do mesmo artigo, e nos §§ 17 a 17-C do art. 18." (NR)

"Art. 16. (...)

§ 2º A opção de que trata o *caput* deste artigo deverá ser realizada no mês de setembro, até o seu último dia útil, produzindo efeitos a partir do primeiro dia do ano-calendário seguinte ao da opção, ressalvado o disposto no § 3º deste artigo." (NR)

"Art. 18. (...)

§ 1º Para fins de determinação da alíquota nominal, o sujeito passivo utilizará a receita bruta acumulada nos doze meses antecedentes ao mês anterior ao do período de apuração.

§ 1º-A. (...)

I – RBT12: receita bruta acumulada nos doze meses antecedentes ao mês anterior ao do período de apuração;

(...)

§ 3º Sobre a receita bruta auferida no mês incidirá a alíquota efetiva determinada na forma do *caput* e dos §§ 1º, 1º-A e 2º.

§ 4º (...)

I – revenda de mercadorias e da venda de mercadorias industrializadas pelo contribuinte, que serão tributadas na forma do Anexo I desta Lei Complementar, observado o inciso II;

II – venda de mercadorias industrializadas pelo contribuinte sujeitas ao IPI mantido nos termos da alínea "a" do inciso III do art. 126 do Ato das Disposições Constitucionais Transitórias da Constituição Federal, de 1988, que serão tributadas na forma do Anexo II desta Lei Complementar;

(...)

§ 4º-A. (...)

I – decorrentes de operações ou prestações sujeitas à tributação concentrada em uma única etapa (monofásica), bem como, em relação ao ICMS, ao IBS e à CBS, que o imposto já tenha sido recolhido por substituto tributário ou por antecipação tributária com encerramento de tributação;

Art. 517

(...)

§ 5º As atividades industriais serão tributadas na forma do Anexo I desta Lei Complementar, ressalvada a venda de mercadorias industrializadas pelo contribuinte sujeitas ao IPI mantido nos termos da alínea "a" do inciso III do art. 126 do Ato das Disposições Constitucionais Transitórias da Constituição Federal, de 1988, que serão tributadas na forma do Anexo II desta Lei Complementar.

(...)

§ 5º-K. Para o cálculo da razão a que se referem os §§ 5º-J e 5º-M, serão considerados, respectivamente, os montantes pagos e auferidos nos doze meses antecedentes ao mês anterior ao do período de apuração para fins de enquadramento no regime tributário do Simples Nacional.

(...)

§ 10. Na hipótese do § 7º, a sociedade de propósito específico de que trata o art. 56 desta Lei Complementar ou a empresa comercial exportadora não poderão deduzir do montante devido qualquer valor a título de crédito de IPI, IBS e CBS, decorrente da aquisição das mercadorias e serviços objeto da incidência.

(...)

§ 14. Observado o disposto no § 14-A, a redução no montante a ser recolhido no Simples Nacional relativo aos valores das receitas decorrentes da exportação de que trata o inciso IV do § 4º-A deste artigo também corresponderá às alíquotas efetivas relativas ao ICMS e ao ISS, apuradas com base nos Anexos I a V desta Lei Complementar.

§ 14-A. A redução no montante a ser recolhido no Simples Nacional relativo aos valores das receitas decorrentes da exportação de que trata o inciso IV do § 4º-A deste artigo corresponderá às alíquotas efetivas relativas ao IPI, ao IBS e à CBS, apuradas com base nos Anexos I a V desta Lei Complementar.

(...)

§ 16. Na hipótese do § 12 do art. 3º, a parcela de receita bruta que exceder o montante determinado no § 10 daquele artigo será tributada conjuntamente com a parcela que não o exceder, conforme alíquotas efetivas de que trata o § 1º-A.

(...)

§ 17. Observado o disposto no § 17-B, na hipótese do § 13 do art. 3º, a parcela de receita bruta que exceder o montante determinado no § 11 daquele artigo, em relação aos percentuais aplicáveis ao ICMS e ao ISS, será tributada conjuntamente com a parcela que não o exceder, conforme alíquotas efetivas de que trata o § 1º-A.

(...)

§ 17-B. Na hipótese do § 13 do art. 3º, a parcela de receita bruta que exceder o montante determinado no § 11 daquele artigo estará sujeita, em relação aos percentuais aplicáveis ao IBS, será tributada conjuntamente com a parcela que não o exceder, conforme alíquotas efetivas de que trata o § 1º-A.

§ 17-C. O disposto no § 17-B aplica-se, ainda, à hipótese de que trata o art. 13-A, a partir do mês em que ocorrer o excesso do limite da receita bruta anual e até o mês anterior aos efeitos do impedimento.

(...)

§ 24. Para efeito de aplicação do § 5º-K, considera-se folha de salários, incluídos encargos, o montante pago, nos doze meses antecedentes ao mês anterior ao do período de apuração, a título de remunerações a pessoas físicas decorrentes do trabalho, acrescido do montante efetivamente recolhido a título de contribuição patronal previdenciária e FGTS, incluídas as retiradas de pró-labore." (NR)

"Art. 18-A. (...)

TÍTULO IV – DISPOSIÇÕES FINAIS Art. 517

§ 3º (...)

IV – a opção pelo enquadramento como Microempreendedor Individual importa opção pelo recolhimento:

a) da contribuição referida no inciso X do § 1º do art. 13 desta Lei Complementar na forma prevista no § 2º do art. 21 da Lei nº 8.212, de 24 de julho de 1991;

b) do ICMS, do ISS, do IBS e da CBS nos valores fixos previstos no inciso V deste parágrafo;

V – o MEI, com receita bruta anual igual ou inferior a R$ 81.000,00 (oitenta e um mil reais), recolherá, na forma regulamentada pelo Comitê Gestor, valor mensal correspondente à soma das seguintes parcelas:

(...)

d) IBS e CBS nos valores discriminados no Anexo VII desta Lei Complementar;

e) ICMS e ISS nos valores discriminados no Anexo VII desta Lei Complementar;" (NR)

"Art. 21. (...)

§ 3º-A. Os débitos do IBS e da CBS poderão ser extintos mediante recolhimento:

I – na liquidação financeira da operação (*split payment*), observado o disposto nos arts. 31 a 35 da lei instituidora do IBS e da CBS;

II – efetuado pelo adquirente, nos termos do art. 36 da lei instituidora do IBS e da CBS.

(...)

§ 14-A. Em caso de pagamento indevido, a restituição do IBS e da CBS somente será devida ao contribuinte na hipótese em que:

I – a operação não tenha gerado crédito para o adquirente dos bens ou serviços; e

II – tenha sido observado o disposto no art. 166 da Lei nº 5.172, de 25 de outubro de 1966 (Código Tributário Nacional)." (NR)

"Art. 23. (...)

§ 1º As pessoas jurídicas e aquelas a elas equiparadas pela legislação tributária não optantes pelo Simples Nacional terão direito a crédito correspondente ao ICMS, ao IBS e à CBS incidentes sobre as suas aquisições de bens materiais ou imateriais, inclusive direitos, e de serviços de microempresa ou empresa de pequeno porte optante pelo Simples Nacional, em montante equivalente ao cobrado por meio desse regime único.

§ 2º A alíquota aplicável ao cálculo do crédito de que trata o § 1º deverá ser informada no documento fiscal e corresponderá aos percentuais de ICMS, IBS e CBS previstos nos Anexos I a V desta Lei Complementar para a faixa de receita bruta a que a microempresa ou a empresa de pequeno porte estiver sujeita no mês de operação.

§ 3º Na hipótese de a operação ocorrer no mês de início de atividades da microempresa ou empresa de pequeno porte optante pelo Simples Nacional, a alíquota aplicável ao cálculo do crédito de que trata o § 1º corresponderá aos percentuais de ICMS, IBS e CBS referentes à menor alíquota prevista nos Anexos I a V desta Lei Complementar.

§ 4º (...)

I – a microempresa ou empresa de pequeno porte estiver sujeita à tributação do ICMS no Simples Nacional por valores fixos mensais, em relação ao direito de crédito desse tributo ao adquirente;" (NR)

"Art. 25. As informações relativas aos fatos geradores do Simples Nacional deverão ser prestadas pela microempresa ou empresa de pequeno porte optante no mês subsequente ao de sua ocorrência, no prazo estabelecido para o pagamento dos respectivos tributos, no sistema eletrônico de cálculo de que trata o § 15 do art. 18, mediante declaração simplificada transmitida à Secretaria Especial da Receita Federal do Brasil, observado, em relação às informações, o modelo aprovado pelo CGSN.

Art. 517

(...)

§ 2º A declaração de trata o *caput* conterá as informações socioeconômicas e fiscais do optante conforme forma e prazos definidos pelo CGSN.

(...)

§ 6º A Secretaria da Receita Federal do Brasil poderá apresentar ao optante declaração assistida no sistema eletrônico de que trata o *caput*, na forma e prazo previstos pelo CGSN.

§ 7º A declaração assistida realizada nos termos do § 6º deste artigo, caso o contribuinte a confirme ou nela realize ajustes, constitui confissão de dívida em relação às operações ocorridas no período.

§ 8º Na ausência de manifestação do contribuinte sobre a declaração assistida no prazo de que trata o *caput*, presume-se correto o saldo apurado e considera-se constituído o crédito tributário.

§ 9º O disposto nos §§ 6º a 8º não afasta a prerrogativa de lançamento de ofício de crédito tributário relativo a diferenças posteriormente verificadas pela administração tributária." (NR)

"Art. 26. (...)

§ 1º O MEI fará a comprovação da receita bruta mediante apresentação do registro de vendas ou de prestação de serviços na forma estabelecida pelo CGSN.

(...)

§ 6º (...)

II – será obrigatória a emissão de documento fiscal nas vendas e nas prestações de serviços realizadas pelo MEI.

(...)

§ 10. O ato de emissão ou de recepção de documento fiscal por meio eletrônico estabelecido pelas administrações tributárias, em qualquer modalidade, de entrada, de saída ou de prestação, na forma estabelecida pelo CGSN, representa sua própria escrituração fiscal e elemento suficiente para a fundamentação e a constituição do crédito tributário, possuindo caráter declaratório e constituindo confissão do valor devido dos tributos." (NR)

"Art. 31. (...)

§ 3º O CGSN regulamentará os procedimentos relativos ao impedimento de recolher o ICMS, o ISS e o IBS na forma do Simples Nacional, em face da ultrapassagem do limite estabelecido na forma do art. 13-A." (NR)

"Art. 32. (...)

§ 3º Aplica-se o disposto no *caput* e no § 1º em relação ao ICMS, ao ISS e ao IBS à empresa impedida de recolher esses impostos na forma do Simples Nacional, em face da ultrapassagem do limite a que se refere o art. 13-A." (NR)

"Art. 38. O Microempreendedor Individual que deixar de apresentar a Declaração Simplificada a que se refere o art. 25-B desta Lei Complementar, no prazo fixado, ou que a apresentar com incorreções ou omissões, será intimado a apresentar declaração original, no caso de não-apresentação, ou a prestar esclarecimentos, nos demais casos, na forma e prazos definidos pelo Comitê Gestor, e sujeitar-se-á às seguintes multas:

I – de 2% (dois por cento) ao mês-calendário ou fração, incidentes sobre o montante dos tributos e contribuições informados na Declaração Simplificada, ainda que integralmente pago, no caso de falta de entrega da declaração ou entrega após o prazo, limitada a 20% (vinte por cento), observado o disposto no § 3º deste artigo;

(...)

§ 3º A multa mínima a ser aplicada será de R$ 50,00 (cinquenta reais). " (NR)

"Art. 38-A. O sujeito passivo que deixar de prestar as informações previstas no art. 25, no prazo referido em seu *caput*, ou que as prestar com incorreções ou omissões, será intimado a fazê-lo, no caso de não apresentação, ou a prestar esclarecimentos, nos demais casos, no prazo estipulado pela autoridade fiscal, na forma definida pelo CGSN, e sujeitar-se-á às seguintes multas, para cada mês de referência:" (NR)

"Art. 41. (...)

§ 5º (...)

VI – o crédito tributário relativo ao IBS." (NR)

"Art. 65. (...)

§ 4º (...)

I – a União, em relação ao IPI;" (NR)

"Art. 87-B. Para os efeitos da opção de que trata o § 2º do art. 16, para o ano-calendário de 2027, a opção de que trata o *caput* do art. 16 será exercida no mês de setembro de 2026." (NR)

Art. 518. A Lei Complementar nº 123, de 14 de dezembro de 2006, passa a vigorar com as seguintes alterações:

"Art. 3º (...)

§ 11. Na hipótese de excesso do limite previsto no art. 13-A, caso a receita bruta auferida pela empresa durante o ano-calendário de início de atividade ultrapasse 1/12 (um doze avos) do limite estabelecido multiplicado pelo número de meses de funcionamento nesse período, a empresa não poderá recolher o IBS na forma do Simples Nacional, com efeitos retroativos ao início de suas atividades." (NR)

"Art. 13-A. Para efeito de recolhimento do IBS no Simples Nacional, o limite máximo de que trata o inciso II do *caput* do art. 3º será de R$ 3.600.000,00 (três milhões e seiscentos mil reais), observado o disposto nos §§ 9º a 15 do mesmo artigo, e nos §§ 17 e 17-A a 17-C do art. 18." (NR)

"Art. 18-A. (...)

§ 3º (...)

IV – (...)

b) do IBS e da CBS nos valores fixos previstos no inciso V deste parágrafo;

(...)

§ 4º-B. O CGSN determinará as atividades autorizadas a optar pela sistemática de recolhimento de que trata este artigo, de forma a evitar a fragilização das relações de trabalho." (NR)

"Art. 31. (...)

§ 3º O CGSN regulamentará os procedimentos relativos ao impedimento de recolher o IBS na forma do Simples Nacional, em face da ultrapassagem do limite estabelecido na forma do art. 13-A." (NR)

"Art. 32. (...)

§ 3º Aplica-se o disposto no *caput* e no § 1º em relação ao IBS à empresa impedida de recolher esses impostos na forma do Simples Nacional, em face da ultrapassagem do limite a que se refere o art. 13-A." (NR)

"Art. 35. Aplicam-se aos impostos e contribuições devidos pela microempresa e pela empresa de pequeno porte, inscritas no Simples Nacional, as normas relativas aos juros e multa de mora e de ofício previstas para o imposto de renda." (NR)

Art. 519. Os Anexos I a V da Lei Complementar nº 123, de 14 de dezembro de 2006, passam a vigorar com a redação dos Anexos XVIII a XXII desta Lei Complementar.

> **Art. 520.** A Lei Complementar nº 123, de 14 de dezembro de 2006, passa a vigorar acrescida do Anexo VII constante do Anexo XXIII desta Lei Complementar.

COMENTÁRIOS

Os arts. 516 a 520 procedem à atualização da Lei Complementar 123/2006, que disciplina o Simples Nacional, de sorte a compatibilizá-la com a reforma tributária operada pela EC 132/2023 e com a regulamentação constante desta lei complementar.

> **Art. 521.** A Lei nº 11.488, de 15 de junho de 2007, passa a vigorar com as seguintes alterações:
>
> "Art. 38. É concedida isenção do Imposto de Importação, do Imposto sobre Produtos Industrializados e da CIDE- Combustíveis, nos termos, limites e condições estabelecidos em regulamento, incidentes na importação de:" (NR)

COMENTÁRIOS

Além de corrigir um erro gramatical grave na redação original do art. 38 da Lei 11.488/2007, no qual constava "é concedido isenção", o art. 521 em comento suprime a isenção de PIS e Cofins originalmente concedida, mantendo apenas a de imposto de importação, IPI e Cide-combustíveis. Os incisos, não modificados, cuidam de troféus, medalhas, placas, estatuetas, distintivos, flâmulas, bandeiras e outros objetos comemorativos recebidos em evento cultural, científico ou esportivo oficial realizado no exterior ou para serem distribuídos gratuitamente como premiação em evento esportivo realizado no País; bens dos tipos e em quantidades normalmente consumidos em evento esportivo oficial; e material promocional, impressos, folhetos e outros bens com finalidade semelhante, a serem distribuídos gratuitamente ou utilizados em evento esportivo oficial.

> **Art. 522.** A Lei nº 11.508, de 20 de julho de 2007, passa a vigorar com as seguintes alterações:
>
> "Art. 6º-A. (...)
>
> § 4º (...)
>
> I – contribuinte, nas operações de importação, em relação ao IPI e ao Imposto de Importação;
>
> II – responsável, nas aquisições no mercado interno, em relação ao IPI.
>
> (...)
>
> § 7º (...)
>
> I – alíquota 0% (zero por cento), decorrido o prazo de 2 (dois) anos, contado da data de ocorrência do fato gerador, na hipótese do IPI; e" (NR)
>
> "Art. 6º-B. (...)
>
> § 2º (...)
>
> I – alíquota 0% (zero por cento), na hipótese do IPI; e" (NR)
>
> **Art. 523.** A Lei nº 11.898, de 8 de janeiro de 2009, passa a vigorar com as seguintes alterações:

"Art. 10. Os impostos e contribuições federais devidos pelo optante pelo Regime de que trata o art. 1º desta Lei serão calculados pela aplicação da alíquota única de 33% (trinta e três por cento) sobre o preço de aquisição das mercadorias importadas, à vista da fatura comercial ou documento de efeito equivalente, observados os valores de referência mínimos estabelecidos pela Secretaria da Receita Federal do Brasil, sem prejuízo do disposto no § 3º do art. 9º desta Lei." (NR)

Art. 524. A Lei nº 11.945, de 4 de junho de 2009, passa a vigorar com as seguintes alterações:

"Art. 12. A aquisição no mercado interno ou a importação, de forma combinada ou não, de mercadoria para emprego ou consumo na industrialização de produto a ser exportado poderá ser realizada com suspensão do Imposto de Importação e do Imposto sobre Produtos Industrializados – IPI." (NR)

Art. 525. A Lei nº 12.249, de 11 de junho de 2010, passa a vigorar com as seguintes alterações:

"Art. 30. (...)

§ 7º À pessoa jurídica beneficiária do Retaero não se aplica o disposto na alínea "b" do inciso I do § 1º do art. 29 da Lei nº 10.637, de 30 de dezembro de 2002." (NR)

"Art. 31. (...)

§ 3º (...)

I – de contribuinte, em relação ao IPI incidente no desembaraço aduaneiro de importação;

II – de responsável, em relação ao IPI.

Art. 526. A Lei nº 12.350, de 20 de dezembro de 2010, passa a vigorar com as seguintes alterações:

"Art. 30. As subvenções governamentais de que tratam o art. 19 da Lei nº 10.973, de 2 de dezembro de 2004, e o art. 21 da Lei nº 11.196, de 21 de novembro de 2005, não serão computadas para fins de determinação da base de cálculo do Imposto sobre a Renda da Pessoa Jurídica – IRPJ e da Contribuição Social sobre o Lucro Líquido – CSLL, desde que tenham atendido aos requisitos estabelecidos na legislação específica e realizadas as contrapartidas assumidas pela empresa beneficiária.

§ 1º O emprego dos recursos decorrentes das subvenções governamentais de que trata o *caput* não constituirá despesas ou custos para fins de determinação da base de cálculo do IRPJ e da CSLL." (NR)

"Art. 31. A aquisição no mercado interno ou a importação, de forma combinada ou não, de mercadoria equivalente à empregada ou consumida na industrialização de produto exportado poderá ser realizada com isenção do Imposto de Importação e com redução a zero do IPI." (NR)

Art. 527. A Lei nº 12.431, de 24 de junho de 2011, passa a vigorar com as seguintes alterações:

"Art. 16-E. (...)

I – de contribuinte, em relação ao IPI vinculado à importação e ao Imposto de Importação;

II – de responsável, em relação ao IPI." (NR)

Art. 528. A Lei nº 12.598, de 21 de março de 2012, passa a vigorar com as seguintes alterações:

"Art. 9º (...)

§ 3º (...)

I – de contribuinte, em relação ao IPI incidente no desembaraço aduaneiro de importação; e

II – de responsável, em relação ao IPI.

Art. 529. A Lei nº 12.599, de 23 de março de 2012, passa a vigorar com as seguintes alterações:

"Art. 14. (...)

§ 4º (...)

I – de contribuinte, em relação ao IPI incidente no desembaraço aduaneiro e ao Imposto de Importação; ou

II – de responsável, em relação ao IPI de que trata o inciso III do *caput*.

Art. 530. A Lei nº 12.715, de 17 de setembro de 2012, passa a vigorar com as seguintes alterações:

"Art. 18. (...)

III – do IPI, do Imposto de Importação e da Contribuição de Intervenção no Domínio Econômico destinada a financiar o Programa de Estímulo à Interação Universidade-Empresa para o Apoio à Inovação incidentes sobre:" (NR)

"Art. 20. (...)

Parágrafo único. (...)

II – conter a expressão "Venda efetuada com suspensão da exigência do IPI", com a especificação do dispositivo legal correspondente e do número do atestado emitido pelo Ministério da Ciência, Tecnologia e Inovação." (NR)

"Art. 23. (...)

Parágrafo único. (...)

I – contribuinte, em relação ao IPI vinculado à importação; ou

II – responsável, em relação ao IPI e à Contribuição de Intervenção no Domínio Econômico destinada a financiar o Programa de Estímulo à Interação Universidade-Empresa para o Apoio à Inovação." (NR)

Art. 531. A Lei nº 13.097, de 19 de janeiro de 2015, passa a vigorar com as seguintes alterações:

"Art. 14. Observado o disposto nesta Lei, serão exigidos na forma da legislação aplicável à generalidade das pessoas jurídicas o Imposto sobre Produtos Industrializados – IPI devido pelos importadores e pelas pessoas jurídicas que procedam à industrialização e comercialização dos produtos classificados nos seguintes códigos da Tabela de Incidência do Imposto sobre Produtos Industrializados – Tipi, aprovada pelo Decreto nº 7.660, de 23 de dezembro de 2011:" (NR)

"Art. 33. Ficam estabelecidos valores mínimos do IPI em função da classificação fiscal na Tipi, do tipo de produto e da capacidade do recipiente, conforme Anexo I desta Lei." (NR)

Art. 532. A Lei nº 13.586, de 28 de dezembro de 2017, passa a vigorar com as seguintes alterações:

"Art. 6º (...)

§ 2º (...)

I – dos tributos federais incidentes na importação a que se referem os incisos I e II do § 1º deste artigo; ou

II – do tributo federal a que se refere o inciso II do § 1º deste artigo.

(...)

§ 8º A aquisição do produto final de que trata este artigo será realizada com suspensão do pagamento do Imposto sobre Produtos Industrializados." (NR)

Art. 533. A Lei nº 14.148, de 3 de maio de 2021, passa a vigorar com as seguintes alterações:

TÍTULO IV – DISPOSIÇÕES FINAIS Art. 537

"Art. 4º (...)

§ 3º Fica dispensada a retenção do IRPJ e da CSLL quando o pagamento ou o crédito referir-se a receitas desoneradas na forma deste artigo.

Art. 534. A Lei nº 14.789, de 29 de dezembro de 2023, passa a vigorar com as seguintes alterações:

"Art. 11. O valor do crédito fiscal não será computado na base de cálculo do IRPJ e da CSLL." (NR)

"Art. 17. O disposto nesta Lei não impedirá a fruição de incentivos fiscais federais relativos ao IRPJ e à CSLL concedidos por lei específica, inclusive os benefícios concedidos à Zona Franca de Manaus e às áreas de atuação da Superintendência do Desenvolvimento do Nordeste (Sudene) e da Superintendência do Desenvolvimento da Amazônia (Sudam)." (NR)

Art. 535. A Lei Complementar nº 101, de 4 de maio de 2000, passa a vigorar com as seguintes alterações:

"Art. 2º (...)

IV – (...)

a) na União, os valores transferidos aos Estados, Distrito Federal e Municípios por determinação constitucional ou legal, inclusive os valores entregues aos Estados e ao Distrito Federal por meio do Fundo instituído pelo art. 159-A da Constituição, e as contribuições mencionadas na alínea "a" do inciso I e no inciso II do art. 195, e no art. 239 da Constituição;" (NR)

~~**Art. 536.** A Lei nº 11.907, de 2 de fevereiro de 2009, passa a vigorar com as seguintes alterações:~~

~~"Art. 292. (...)~~

~~V – Escola de Administração Fazendária – ESAF.~~

~~§ 1º Os titulares de cargos efetivos remunerados por subsídio em exercício nas escolas de que tratam os incisos II, III e V do *caput* deste artigo não farão jus à percepção da GAEG.~~

~~§ 2º O quantitativo máximo de servidores que poderão perceber a GAEG, independentemente do número de servidores em exercício nas escolas de que tratam os incisos II, III e V do *caput* e o art. 292-A, será o estabelecido no Anexo CLXI desta Lei.~~

~~§ 3º Respeitado o limite global estabelecido no Anexo CLIX desta Lei, poderá haver alteração dos quantitativos fixados para cada nível, mediante ato do Ministro de Estado do Ministério ao qual a escola de que tratam os incisos II, III e V do caput e o art. 292-A, respectivamente, esteja vinculada, desde que haja compensação numérica de um nível para outro e não acarrete aumento de despesa. (NR)~~ (VETADO)

Art. 537. A Lei nº 9.718, de 27 de novembro de 1998, passa a vigorar com as seguintes alterações:

"Art. 5º A Contribuição para o PIS/Pasep e a Cofins incidentes sobre a receita bruta auferida pelo produtor ou importador nas operações com etanol, inclusive para fins carburantes, serão calculadas com base nas alíquotas, respectivamente, de 5,25% (cinco inteiros e vinte e cinco centésimos por cento) e 24,15% (vinte e quatro inteiros e quinze centésimos por cento).

(...)

§ 1º (...)

IV – por distribuidor, no caso de venda de etanol combustível.

§ 4º O produtor e o importador de que trata o *caput* deste artigo poderão optar por regime especial de apuração e pagamento da Contribuição para o PIS/Pasep e da Cofins, com incidência única, no qual as alíquotas específicas das contribuições são fixadas, respectivamente, em R$ 34,33 (trinta e quatro reais e trinta e três centavos) e R$ 157,87 (cento e cinquenta e sete reais e oitenta e sete centavos) por metro cúbico de etanol combustível.

(...)

§ 4º-C. Na hipótese de venda de gasolina pelo distribuidor, em relação ao percentual de álcool anidro a ela adicionado, ficam reduzidas a zero as alíquotas da Contribuição para o PIS/Pasep e da Cofins.

(...)

§ 4º-D. (...)

I – no caso de cooperativa não optante pelo regime especial de que trata o § 4º deste artigo, os valores da Contribuição para o PIS/Pasep e da Cofins devidos serão obtidos pela aplicação da alíquota prevista no *caput* do art. 5º.

(...)

§ 10. A aplicação dos coeficientes de que trata o § 8º deste artigo não poderá resultar em alíquotas da Contribuição para o PIS/Pasep e da Cofins superiores a, respectivamente, a 1,65% (um inteiro e sessenta e cinco centésimos por cento) e 7,6% (sete inteiros e seis décimos por cento) do preço médio de venda no varejo.

§ 11. O preço médio a que se refere o § 10 deste artigo será determinado a partir de dados colhidos por instituições idônea, de forma ponderada com base nos volumes de etanol comercializados nos Estados e no Distrito Federal nos 12 (doze) meses anteriores ao da fixação dos coeficientes de trata o § 8º deste artigo.

§ 12. No ano-calendário em que a pessoa jurídica iniciar atividades de produção ou importação de álcool a opção pelo regime especial poderá ser exercida em qualquer data, produzindo efeitos a partir do primeiro dia do mês em que for exercida." (NR)

Art. 538. A Lei nº 10.637, de 30 de dezembro de 2002, passa a vigorar com a seguinte redação:

"Art. 2º (...)

§ 1º-A. Excetua-se do disposto no *caput* deste artigo a receita bruta auferida com a venda de etanol, inclusive para fins carburantes, à qual se aplicam as alíquotas previstas, conforme o caso, no art. 5º da Lei nº 9.718, de 27 de novembro de 1998." (NR)

Art. 539. A Lei nº 10.833, de 29 de dezembro de 2003, passa a vigorar com a seguinte redação:

"Art. 2º (...)

§ 1º-A. Excetua-se do disposto no *caput* deste artigo a receita bruta auferida com a venda de etanol, inclusive para fins carburantes, à qual se aplicam as alíquotas previstas, conforme o caso, no art. 5º da Lei nº 9.718, de 27 de novembro de 1998." (NR)

Art. 540. Ficam revogados os seguintes dispositivos do art. 5º da Lei nº 9.718, de 27 de dezembro de 1998:

I – incisos I e II do *caput*;

II – incisos I e II do § 4º;

III – incisos I e II do § 4º-A;

IV – incisos I e II do § 4º-C;

V – inciso II do § 4º-D;

VI – §§ 9º, 13-A e 14-A; e

VII – §§ 21 e 22.

Art. 541. Fica revogado, a partir de 1º de janeiro de 2025, o inciso VII do § 1º do art. 13 da Lei Complementar nº 123, de 2006.

Art. 542. Ficam revogados a partir de 1º de janeiro de 2027:

I – a alínea "b" do *caput* do art. 3º da Lei Complementar nº 7, de 7 de setembro de 1970;

II – o art. 1º da Lei Complementar nº 17, de 12 de dezembro de 1973;

TÍTULO IV – DISPOSIÇÕES FINAIS   Art. 542

III – os seguintes dispositivos da Lei Complementar nº 70, de 30 de dezembro de 1991:
a) os arts. 1º a 6º; e
b) os arts. 9º e 10;
IV – a Lei nº 9.363, de 13 de dezembro de 1996;
V – os seguintes dispositivos da Lei nº 9.430, de 27 de dezembro de 1996:
a) os §§ 7 e 8º do art. 64; e
b) o art. 66;
VI – os arts. 53 e 54 da Lei nº 9.532, de 10 de dezembro de 1997;
VII – os arts. 11-A a 11-C da Lei nº 9.440, de 14 de março 1997;
VIII – os arts. 1º a 4º da Lei nº 9.701, de 17 de novembro de 1998;
IX – os seguintes dispositivos da Lei nº 9.715, de 25 de novembro de 1998:
a) do art. 2º:
1. o inciso I do *caput*; e
2. os §§ 1º e 2º;
b) o art. 3º;
c) os arts. 5º e 6º;
d) os incisos I e II do *caput* do art. 8º; e
e) os arts. 12 e 13;
X – os arts. 2º a 8º-B da Lei nº 9.718, de 27 de novembro de 1998;
XI – a Lei nº 10.147, de 21 de dezembro de 2000;
XII – os seguintes dispositivos da Medida Provisória nº 2.158-35, de 24 de agosto de 2001:
a) o art. 1º;
b) os arts. 4º e 5º;
c) os arts. 12 a 18;
d) o art. 20;
e) o inciso I do art. 23;
f) os arts. 42 e 43; e
g) o art. 81;
XIII – a Lei nº 10.276, de 10 de setembro de 2001;
XIV – a Lei nº 10.312, de 27 de novembro de 2001;
XV – os seguintes dispositivos da Lei nº 10.336, de 19 de dezembro de 2001:
a) o art. 8º; e
b) o art. 14;
XVI – os seguintes dispositivos da Lei nº 10.485, de 3 de julho de 2002:
a) os arts. 1º a 3º; e
b) os art. 5º e 6º;
XVII – os arts. 2º e 3º da Lei nº 10.560, de 13 de novembro de 2002;
XVIII – os seguintes dispositivos da Lei nº 10.637, de 30 de dezembro de 2002:
a) os arts. 1º a 5º-A;
b) os arts. 7º e 8º;
c) os arts. 10 a 12;
d) o art. 32; e
e) o art. 47;
XIX – a Lei nº 10.676, de 22 de maio de 2003;

XX – os arts. 17 e 18 da Lei nº 10.684, de 30 de maio de 2003;
XXI – os seguintes dispositivos da Lei nº 10.833, de 29 de dezembro de 2003:
a) os arts. 1º a 16;
b) o art. 25;
c) o § 1º do art. 31;
d) os arts. 49 e 50;
e) o art. 52;
f) o art. 55;
g) os arts. 57 e 58; e
h) o art. 91;
XXII – o § 4º do art. 5º da Lei nº 10.848, de 15 de março de 2004;
XXIII – os seguintes dispositivos da Lei nº 10.865, de 30 de abril de 2004:
a) os arts. 1º a 20;
b) os arts. 22 e 23;
c) os arts. 27 a 31;
d) o art. 34;
e) os arts. 36 a 38;
f) o art. 40 e 40-A; e
g) o art. 42;
XXIV – o art. 4º da Lei nº 10.892, de 13 de julho de 2004;
XXV – os seguintes dispositivos da Lei nº 10.925, de 23 de julho de 2004:
a) o art. 1º;
b) os arts. 7º a 9º-A; e
c) os arts. 13 a 15;
XXVI – os seguintes dispositivos da Lei nº 10.931, de 2 de agosto de 2004:
a) os incisos II e IV do *caput* do art. 4º; e
b) do art. 8º:
1. os incisos I e II do *caput*; e
2. os incisos I e II do parágrafo único;
XXVII – os arts. 2º a 5º da Lei nº 10.996, de 15 de dezembro de 2004;
XXVIII – os seguintes dispositivos da Lei nº 11.033, de 21 de dezembro de 2004:
a) o § 2º do art. 14; e
b) o art. 17;
XXIX – os seguintes dispositivos da Lei nº 11.051, de 29 de dezembro de 2004:
a) o art. 2º;
b) os arts. 7º a 10; e
c) os arts. 30 e 30-A;
XXX – o inciso II do § 3º e o § 12 do art. 6º da Lei nº 11.079, de 30 de dezembro de 2004;
XXXI – o inciso I do art. 50-A da Lei nº 11.101, de 9 de fevereiro de 2005;
XXXII – os incisos III e IV do *caput* do art. 8º da Lei nº 11.096, de 13 de janeiro de 2005;
XXXIII – da Lei nº 11.116, de 18 de maio de 2005:
a) arts. 3º a 9º; e
b) o art. 16;

TÍTULO IV – DISPOSIÇÕES FINAIS Art. 542

XXXIV – os seguintes dispositivos da Lei nº 11.196, de 21 de novembro de 2005:
a) o arts. 4º a 6º;
b) os §§ 1º, 3º e 5º do art. 8º;
c) o art. 9º;
d) os arts. 12 a 16;
e) os arts. 28 a 30;
f) do art. 31:
1. o inciso II do *caput*; e
2. o § 7º;
g) os arts. 41 a 51;
h) os arts. 55 a 59;
i) os arts. 62 a 65;
j) o art. 109; e
k) o § 4º do art. 110;
XXXV – o art. 10 da Lei nº 11.371, de 28 de novembro de 2006;
XXXVI – os seguintes dispositivos da Lei Complementar nº 123, de 14 de dezembro de 2006:
a) os incisos IV e V do art. 13;
b) o parágrafo único do art. 22;
c) o inciso IV do § 4º do art. 23;
d) as alíneas "b" e "c" do inciso V do § 3º do art. 18-A; e
e) os arts. 19 e 20;
f) o § 15-A do art. 18;
g) os §§ 3º a 5º do art. 25;
h) do art. 38:
1. o inciso II do *caput*; e
2. o § 6º;
i) os incisos I e II do § 4º do art. 41.
XXXVII – os seguintes dispositivos da Lei nº 11.484, de 31 de maio de 2007:
a) os incisos I e II do *caput* do art. 3º;
b) a Seção II à Seção V do Capítulo II;
c) o inciso I do § 2º do art. 4º-B; e
d) o art. 21;
XXXVIII – os seguintes dispositivos da Lei nº 11.488, de 15 de junho de 2007:
a) os incisos I e II do *caput* do art. 3º; e
b) os incisos I e II do *caput* do art. 4º;
c) o art. 6º;
XXXIX – os seguintes dispositivos da Lei nº 11.508, de 20 de julho de 2007:
a) os incisos III a VI do *caput* do art. 6º-A;
b) os incisos III a VI do *caput* do art. 6º-B;
c) o art. 6º-D; e
d) o inciso II do art. 6º-H;
XL – os seguintes dispositivos da Lei nº 11.727, de 23 de junho de 2008:

a) os arts. 5º a 7º;
b) os arts. 9 a 12;
c) os arts. 14 a 16;
d) os arts. 24 e 25; e
e) o art. 33;
XLI – os arts. 1º e 2º da Lei nº 11.774, de 17 de setembro de 2008;
XLII – a Lei nº 11.828, de 20 de novembro de 2008;
XLIII – os seguintes dispositivos da Lei nº 11.898, de 8 de janeiro de 2009:
a) os incisos III e IV do *caput* do art. 9º; e
b) os incisos III e IV do § 1º do art. 10;
XLIV – os seguintes dispositivos da Lei nº 11.945, de 4 de junho de 2009:
a) o § 2º do art. 1º;
b) o art. 5º;
c) o inciso II do § 1º do art. 12;
d) o art. 12-A; e
e) o art. 22;
XLV – o art. 4º da Lei nº 12.024, de 27 de agosto de 2009;
XLVI – os arts. 32 a 37 da Lei nº 12.058, de 13 de outubro de 2009;
XLVII – o art. 4º da Lei nº 12.096, de 24 de novembro de 2009;
XLVIII – os seguintes dispositivos da Lei nº 12.249, de 11 de junho de 2010:
a) os arts. 1º a 14;
b) o § 8º do art. 30;
c) do art. 31:
1. os incisos I e II do *caput*; e
2. o inciso I do § 1º; e
d) o art. 32;
XLIX – os seguintes dispositivos da Lei nº 12.350, de 20 de dezembro de 2010:
a) os arts. 1º a 29;
b) o inciso II do § 2º do art. 30;
c) o § 2º do art. 31; e
d) os arts. 54 a 57;
L – os seguintes dispositivos da Lei nº 12.431, de 24 de junho de 2011:
a) os arts. 16-A a 16-C; e
b) o art. 51;
LI – os seguintes dispositivos da Lei nº 12.546, de 14 de dezembro de 2011:
a) os arts. 1º a 3º; e
b) os arts. 47-A e 47-B;
LII – os seguintes dispositivos da Lei nº 12.598, de 21 de março de 2012:
a) do art. 9º:
1. os incisos I e II do *caput*; e
2. o inciso I do § 1º;
b) o art. 9º-A; e
c) o art. 10;

TÍTULO IV – DISPOSIÇÕES FINAIS Art. 542

LIII – os seguintes dispositivos da Lei nº 12.599, de 23 de março de 2012:
a) os arts. 5º a 7º-A; e
b) do art. 14:
1. os incisos I e II do *caput*; e
2. o § 1º;
LIV – os seguintes dispositivos da Lei nº 12.715, de 17 de setembro de 2012:
a) o inciso II do *caput* do art. 18;
b) os arts. 24 a 33;
c) o inciso I do § 7º do art. 41; e
d) o art. 76;
LV – os seguintes dispositivos da Lei nº 12.794, de 2 de abril de 2013:
a) os arts. 5º a 11; e
b) os arts. 14 a 17;
LVI – os seguintes dispositivos da Lei nº 12.839, de 9 de julho de 2013:
a) o art. 2º; e
b) o art. 8º;
LVII – os arts. 1º a 3º da Lei nº 12.859, de 10 de setembro de 2013;
LVIII – a Lei nº 12.860, de 11 de setembro de 2013;
LIX – os arts. 29 a 32 da Lei nº 12.865, de 9 de outubro de 2013;
LX – os seguintes dispositivos da Lei nº 12.973, de 13 de maio de 2014:
a) os arts. 56 e 57; e
b) o § 2º do art. 69;
LXI – os seguintes dispositivos da Lei nº 13.043, de 13 de novembro de 2014:
a) a Seção VI do Capítulo I;
b) a Seção XVI do Capítulo I; e
c) o parágrafo único do art. 97;
LXII – os seguintes dispositivos da Lei nº 13.097, de 19 de janeiro de 2015:
a) os arts. 24 a 32;
b) o art. 34;
c) o art. 36;
d) o art. 147; e
e) o art. 153;
LXIII – o art. 8º da Lei nº 13.169, de 6 de outubro de 2015;
LXIV – os seguintes dispositivos da Lei nº 13.586, de 28 de dezembro de 2017:
a) do art. 5º:
1. os incisos III e IV do § 1º; e
2. o § 5º; e
b) do art. 6º:
1. os incisos III a VI do § 1º;
2. o inciso I do § 3º; e
3. o inciso I do § 9º;
LXV – o inciso II do § 12 do art. 11 da Lei nº 13.988, de 14 de abril de 2020;
LXVI – os incisos I e II do *caput* do art. 4º da Lei nº 14.148, de 3 de maio de 2021;

LXVII – os arts. 31 e 32 da Lei nº 14.193, de 6 de agosto de 2021;
LXVIII – os incisos III e IV do art. 13 da Lei nº 14.301, de 7 de janeiro de 2022;
LXIX – o art. 4º da Lei nº 14.374, de 21 de junho de 2022;
LXX – os arts. 9º a 9º-B da Lei Complementar nº 192, de 11 de março de 2022; e
LXXI – os arts. 2º a 5º da Lei nº 14.592, de 30 de maio de 2023.

Art. 543. Ficam revogados a partir de 1º de janeiro de 2033:

I – o Decreto-lei nº 406, de 31 de dezembro de 1968;

II – os seguintes dispositivos da Lei Complementar nº 24, de 7 de janeiro de 1975:
a) os arts. 1º a 12; e
b) os arts. 14 e 15;

III – a Lei Complementar nº 87, de 13 de setembro de 1996;

IV – a Lei Complementar nº 116, de 31 de julho de 2003;

V – os seguintes dispositivos da Lei Complementar nº 123, de 2006:
a) do art. 13:
1. os incisos VII e VIII do *caput*;
2. os incisos XIII e XIV do § 1º; e
3. o inciso II do § 6º;
b) do art. 18:
1. o § 5º-E;
2. os §§ 14, 17, 17-A, 22-A e 23;
c) a alínea "e" do inciso V do § 3º do art. 18-A;
d) os §§ 4º e § 4-A do art. 21;
e) o art. 21-B;
f) os incisos I e II do *caput* do art. 22;
g) o § 5º do art. 23;
h) os §§ 12 a 14 do art. 26;
i) o inciso V do § 5º do art. 41;
j) inciso II do § 4º do art. 65;

VI – a Lei Complementar nº 160, de 7 de agosto de 2017; e

VII – a Lei Complementar nº 192, de 11 de março de 2022.

Art. 544. Esta Lei Complementar entra em vigor na data de sua publicação, produzindo efeitos:

I – a partir do primeiro dia do quarto mês subsequente ao da sua publicação, em relação aos arts. 537 a 540;

II – a partir de 1º de janeiro de 2025, em relação aos arts. 35, 58, *caput*, 60, § 3º, 62, 266, 317, 403, 480 a 484, 516 e 541;

III – a partir de 1º de janeiro de 2027, em relação aos arts. 450, exceto os §§ 1º e 5º, 461, 467, 499, 500, 502, 504 a 507, 509 a 515, 517, 519 a 534 e 542;

IV – a partir de 1º de janeiro de 2029, em relação aos arts. 446, 447, 449, 450, §§ 1º e 5º, 464, 465 e 474;

V – a partir de 1º de janeiro de 2033, em relação aos arts. 518 e 543; e

VI – a partir de 1º de janeiro de 2026, em relação aos demais dispositivos.

Brasília, 16 de janeiro de 2025; 204º da Independência e 137º da República.

LUIZ INÁCIO LULA DA SILVA

TÍTULO IV – DISPOSIÇÕES FINAIS   Art. 544

 COMENTÁRIOS

O art. 544 incorre em impropriedade terminológica, embora se trate de algo já arraigado na linguagem utilizada na edição de textos normativos no país. Vigência é a aptidão para incidir, vale dizer, alcançar os fatos previstos na lei, quando venham a ocorrer, fazendo com que deles, em face da incidência, se irradiem efeitos jurídicos, ou, por outros termos, direitos e obrigações. Entrar em vigor, portanto, é começar a produzir efeitos, se se fala destes efeitos jurídicos, e não dos efeitos sociológicos, ligados ao efetivo cumprimento da norma.

Os prazos previstos nos seis incisos deste artigo, portanto, são prazos de vigência para as diferentes partes desta lei, e, nessa condição, para as normas jurídicas previstas ou veiculadas nessas partes.

ANEXOS

 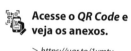

REFERÊNCIAS BIBLIOGRÁFICAS

ADAMS, Charles. *For good and evil*: the impact of taxes on the course of civilization. 2. ed. New York: Madison Books, 2001.

ATALIBA, Geraldo. *Apontamentos de Ciência das Finanças, Direito Financeiro e Tributário*. São Paulo: RT, 1969.

ATALIBA, Geraldo. *Hipótese de incidência tributária*. 6. ed. São Paulo: Malheiros, 2010.

BALEEIRO, Aliomar. *Limitações constitucionais ao poder de tributar*. 7. ed. atual. por Misabel Abreu Machado Derzi. Rio de Janeiro: Forense, 1997.

BECKER, Alfredo Augusto. *Teoria geral do Direito Tributário*. 3. ed. São Paulo: Lejus, 1998.

BORGES, José Souto Maior. *Isenções tributárias*. São Paulo: Sugestões Literárias, 1969.

CARRAZZA, Roque Antonio. *ICMS*. 8. ed. São Paulo: Malheiros, 2002.

CARVALHO, Paulo de Barros. A definição da base de cálculo como proteção constitucional do contribuinte. In: ASOREY, Rubén O. (dir.). *Protección constitucional de los contribuyentes*. Madri/Barcelona: Marcial Pons, 2000.

CITRON, Danielle Keats. Technological due process. *Washington University Law Review*, v. 85, p. 1249.

COÊLHO, Sacha Calmon Navarro. *Curso de Direito Tributário*. 9. ed. Rio de Janeiro: Forense, 2007.

COSTA, Alcides Jorge. *ICM na Constituição e na lei complementar*. São Paulo: Resenha Tributária, 1978.

CRUZ, Álvaro Ricardo de Souza. *O discurso científico na modernidade*: o conceito de paradigma é aplicável ao direito? Rio de Janeiro: Lumen Juris, 2009, p. 203.

ECO, Umberto. *Os limites da interpretação*. Trad. Pérola de Carvalho. São Paulo: Perspectiva, 2015.

FELTES, Heloísa Pedroso de Moraes. *Semântica cognitiva*: ilhas, pontes e teias. Porto Alegre: ediPUCRS, 2007.

GUIMARÃES, Ylves José de Miranda. *ICM*: análise e princípios estruturais. São Paulo: LTr, 1976.

MACHADO, Hugo de Brito. Sanções penais tributárias. In: MACHADO, Hugo de Brito (coord.). *Sanções penais tributárias*. São Paulo: Dialética, 2005.

MACHADO, Hugo de Brito. *Aspectos fundamentais do ICMS*. São Paulo: Dialética, 1997.

MACHADO, Hugo de Brito. *Aspectos fundamentais do ICMS*. 2. ed. São Paulo: Dialética, 1999.

MACHADO, Hugo de Brito. *Comentários ao Código Tributário Nacional*. São Paulo: Atlas, 2004, v. 2.

MACHADO, Hugo de Brito. *Comentários ao Código Tributário Nacional*. 2. ed. São Paulo: Atlas, 2005, v. 3.

MACHADO, Hugo de Brito. *Comentários ao Código Tributário Nacional*. 3. ed. São Paulo: Atlas, 2015, v. 1.

MACHADO, Hugo de Brito. *Curso de Direito Tributário*. 13. ed. São Paulo: Malheiros, 1998.

MACHADO, Hugo de Brito. *Curso de Direito Tributário*. 23. ed. São Paulo: Malheiros, 2003.

MACHADO, Hugo de Brito. *Curso de Direito Tributário*. 27. ed. São Paulo: Malheiros, 2006.

MACHADO, Hugo de Brito. *Curso de Direito Tributário*. 30. ed. São Paulo: Malheiros, 2009.

MACHADO, Hugo de Brito. *Direito Tributário – II*. São Paulo: RT, 1994.

MACHADO, Hugo de Brito. *Imposto de Circulação de Mercadorias*. São Paulo: Sugestões Literárias, 1971.

MACHADO, Hugo de Brito. *O ICM*. São Paulo: Sugestões Literárias, 1971.

MACHADO, Hugo de Brito. Sanções políticas no Direito Tributário. *Revista Dialética de Direito Tributário*, n. 30, p. 46-49.

MACHADO, Hugo de Brito. Tributação indireta no Direito brasileiro. In: MACHADO, Hugo de Brito (coord.). *Tributação indireta no Direito brasileiro*. São Paulo: Malheiros, 2013.

MACHADO, Hugo de Brito; MACHADO, Schubert de Farias. *Dicionário de Direito Tributário*. São Paulo: Atlas, 2011, p. 70.

MACHADO SEGUNDO, Hugo de Brito. Ainda a restituição dos tributos indiretos. *Nomos*, v. 32.2, p. 223-274, 2012.

MACHADO SEGUNDO, Hugo de Brito. Ciência do Direito Tributário, economia comportamental e extrafiscalidade. *Revista Brasileira de Políticas Públicas*, v. 8, n. 2, p. 639-659, 2018.

MACHADO SEGUNDO, Hugo de Brito. *Direito e inteligência artificial*: o que os algoritmos têm a ensinar sobre interpretação, valores e justiça. São Paulo: Foco, 2022.

MACHADO SEGUNDO, Hugo de Brito. *Direito e inteligência artificial*: o que os algoritmos têm a ensinar sobre interpretação, valores e justiça. 2. ed. Indaiatuba: Foco, 2023.

MACHADO SEGUNDO, Hugo de Brito. IVA-dual: pode a lei dispor livremente sobre o que são bens destinados ao uso ou ao consumo pessoal(is)? *Revista Direito Tributário Atual*, n. 56, p. 317-328, 2024. Disponível em: https://doi.org/10.46801/2595-6280.56.13.2024.2541.

MACHADO SEGUNDO, Hugo de Brito. *Repetição do Tributo Indireto*: incoerências e contradições. São Paulo: Malheiros, 2011.

REFERÊNCIAS BIBLIOGRÁFICAS

MACHADO SEGUNDO, Hugo de Brito. Tributação indireta no Direito brasileiro. In: MACHADO, Hugo de Brito (coord.). *Tributação indireta no Direito brasileiro*. São Paulo: Malheiros, 2013.

MACHADO SEGUNDO, Hugo de Brito; MACHADO, Raquel Cavalcanti. La fiscalité de la micro-production d'énergie életrique au Brésil. *Revista Direito Tributário Atual*, n. 48, ano 39, p. 557-567, 2º quad. 2021.

MELO, José Eduardo Soares de. *ICMS*: teoria e prática. São Paulo: Dialética, 1996.

MIRANDA, Pontes de. *Comentários à Constituição de 1946*. Rio de Janeiro: Borsoi, 1960, t. II.

MIRANDA, Pontes de. *Comentários à Constituição de 1967*. São Paulo: RT, 1968, v. 1.

MIRANDA, Pontes de. *Comentários ao Código de Processo Civil*. 3. ed. atual. por Sérgio Bermudes. Rio de Janeiro: Forense, 2001, t. IV.

NEVIANI, Tarcísio. *A restituição de tributos indevidos, seus problemas, suas incertezas*. São Paulo: Resenha Tributária, 1983.

OBERSON, Xavier. *Taxing robots*: helping the economy to adapt to use of artificial intelligence. Massachusetts: Elgar, 2019.

OLDMAN, Oliver; SCHENK, Alan. *Value added tax*: a comparative approach. Cambridge: Cambridge Univesity Press, 2007.

POPPER, Karl. *Em busca de um mundo melhor*. Trad. Milton Camargo Mota. São Paulo: Martins Fontes, 2006.

RIDLEY, Matt. *The evolution of everything*: how new ideas emerge. New York: Harper Collins, 2015.

ROCHA, Valdir de Oliveira. *Determinação do montante do tributo*. São Paulo: Dialética, 1995.

SACCHETTO, Claudio; MARASSI, Marco (ed.). *Introduction to comparative tax law*. Torino; Catanzaro: Rubbettino, 2008.

SOUSA, Rubens Gomes de. Imposto sobre valor acrescido no sistema tributário. *Revista de Direito Administrativo*, São Paulo, v. 110, p. 17, 1972.

TEIXEIRA, Alexandre Alkmim. *To split or not to split*: o *split payment* como mecanismo de recolhimento de IVA e seus potenciais impactos no Brasil. *Revista Direito Tributário Atual*, n. 50, p. 27-46, 2022. Disponível em: https://revista.ibdt.org.br/index.php/RDTA/article/view/2139.

TERRA, Ben. *Sales taxation*: the case of value added tax in the European Community. Boston: Kluwer Law and Taxation Publishers, 1988.